詳細かつ明解

ゼロからの貿易実務

寺尾秀雄 著

文眞堂

推薦の言葉

日本貿易学会 第20代会長
横浜商科大学 名誉教授
コロンビア大学経済学部客員研究員
経済学博士 **山田 晃久**

貿易取引とは、国内取引と基本的には同じであるが、国境を越えて行われるので、国により環境が異なり貿易管理制度・通貨・法律・取引慣行などに違いがある。このため、国内取引より一層複雑になりがちであるが、学習すれば実際にはそれほど難しくはない。本書をバイブルとして常に持ち歩き、学習することをおすすめしたい。

すなわち、異なる国の売主と買主が取引対象とする商品について、媒体のコミュニケーション（例えば英語）及び具体的実務行為（オファー、契約、決済、商品の引渡し等）を通じて、異質の環境下で取引のプロセスを遂行するのである。

より具体的にいえば、**取引交渉**の結果、**貿易売買契約**を成立させ、契約商品を買主に引き渡すため、国境を越えるには政府認可を必要とする通関、輸送する船会社や航空会社などが係わる**モノの流れ**、買主の輸入者は輸入代金を支払う義務が生じる**カネの流れ**がある。さらに通常、貿易取引は国内取引よりもリスクが高いといえるから、**リスク軽減**のために運送上の貨物保険があり、民間保険ではカバーしきれないような貿易保険等もある。

上記の取引交渉、貿易売買契約、モノの流れ、カネの流れ、リスク軽減の**５本柱**が貿易の基本であり、これらを学べば、貿易取引などはなんら難解なものではない。本書は、この5本柱をすべて網羅しており、基本書としてはより実務的に詳細であり高度である。

本書の第1章はまず、取引交渉及び貿易売買契約について説明し、第2章は交渉・契約に不可欠な定型貿易条件及びこれに関連する国際規則のインコタームズなどにふれている。第3章において通関・船積み・決済等に係わる船積書類や通関書類等の「書類（カミ）の流れ」、第4章では決済上の伝統的な信用状、第5章で貨物保険・貿易保険・PL保険について詳述する。第6章は、貨物輸送の運送、第7章では輸出入通関に必要な基本的知識、第8章において日本貿易の基本法ともいうべき「外国為替及び外国貿易怯」（外為法)、第9章は輸出貨物の船積及び輸入貨物の荷卸、第10章では決済と外国為替、第11章は特に貨物を引渡した後のクレーム処理について説明する。最後の部分は第12章の世界の貿易管理制度と取引形態、第13章の貿易英語は上記で述べた貿易取引における媒体のコミュニケーションをもって完結する。

本書は、まさに貿易取引の総合的視点にたった、輸出入書類書式・図表・写真などをふんだんに掲げ理解しやすく、貿易実務書としては近年では類のない良書といえる。

2020年11月吉日

まえがき

この半世紀、世界経済の状況の変化には目を見張るものがあります。また、我が国を取り巻く国際貿易の環境も大きく変化してきています。例えばコンピューターの普及やコンテナ船の進捗、GATTからWTO、FTA（EPA）に対応する各国の反応、地球の環境維持のための各種条約、リーマン・ブラザーズ破産時の不況、東日本大震災、英国のEU離脱、トランプ政権による米中貿易戦争、新型コロナウィルスの影響等々数え上げればきりがありません。しかし、このようなときにこそ、自分に役立つ実務能力を身につけることは、「貿易取引を志す者にとって不可欠なもの」であります。以前には貿易業界における船積書類のEDI(電子化)という言葉をよく耳にしました。今後は、さらなるAI化の進歩により情報化社会が大きく深化することでしょう。しかし、これから先いかにコンピュータ化等が進んでも、例えば学校に数学の授業が必要であるように、貿易に携わる者にとって、貿易の基本としての国際ルールを理解することは必要最低限なこととしてなくなることはないでしょう。

貿易とは、よく「リスクの巣である。」と、言われていますが実際に、運送・決済・信用・不可抗力・為替等において様々なリスクが存在しています。貿易実務の学習とは、これらのリスクを回避する方法を知りビジネスを展開していくことであり、このことは、実務家にとって極めて重要なことです。本書は、運送・決済・保険・為替・法務・貿易英語等に関する貿易の初学者用教本であり、したがって、なるべくわかり易い日常の表現で書き下ろされています。実務経験年数の少ない社会人、大学、専門学校の学生の方々に「貿易実務のマニュアル書」として役立てて頂き貿易に関する実力を養ってもらいたいと存じます。

さらに、本書の目的として、もうひとつ挙げておきたいこととして、かねがね貿易関連の仕事をされている方、または、その方向へ進みたい方にとって貿易実務の能力を測る指針としての実力試験の必要性であります。平成に入り一般社団法人国際貿易マネジメント協会が主催する認定試験等が運営されております。このことは、学習者にとって嬉しいことであります。試験内容には、３級貿易スペシャリスト／貿易取引者、２級貿易スペシャリスト／貿易取引主任者そして１級貿易スペシャリスト／貿易管理士等があるようです。この他にも日本貿易実務検定協会のC級レベル、B級レベル等も顕在します。本書は、貿易実務全体を理解するとともに、これら協会が主催する初級レベル試験の合格を狙う対策本としても作成されています。貿易の基本を理解することにより、貿易実務の資格を取得してみることは一考に値することでしょう。そして、興味のある方には、さらに上級レベルの貿易関連資格取得にチャレンジしてみることをもお薦めしたい。

貿易は、国際ルールをはじめとして「インターナショナル」なものであるため、日本語はもちろん、横文字の専門用語（150～200語程）が使われています。初学者が学習をスタートする場合、語学学習のようにこれらの専門用語を理解することがあわせて必要です。そして、ベクトルの方向性をはっきりさせ、効率の良い学習を図るために、「試験合格」という目標を作ることが、学習効果を高めるように思われます。これから先、一人でも多くの方が独学では難しいといわれている貿易実務に精通されることを心より願うものであります。

なお、本書出版にあたり経済学博士（元日本貿易学会会長）山田晃久教授、そして、文眞堂の前野隆氏、前野弘太氏にお世話になり、この場をかりて感謝の意を表したい。

本書の使い方において、太字部分および網掛け部分は、実務上基本的な所であり貿易実務の試験対策上においても知っておきたいところであります。一方、Guide！および 小文字部分は細かな部分であり初級レベルの試験には出題されません。飛ばして読んでもかまいません。しかし、興味のある方は参考にして頂きたいところです。

本書は理解度の確認ができるように、各章の最後に確認テストも付してありますのでトライしてみて下さい。何となくわかったつもりで読み進めてしまわないように工夫されています。

最後になりましたが、本書はすでに文眞堂より出版の「貿易実務ガイドライン」の改訂版として筆を加えて、この度出版されております。

関係諸氏の御協力をここに改めて御礼申し上げたい。

2020年11月 吉日

寺 尾 秀 雄

目　次

2．Exercise（解答例文）

その３　分野別重要基本英単語100

（復習用）貿易実務の主なポイント

第1章　売買契約

1．4 P
2．3 C's、4 C's
3．信用調査方法（3つ）
4．申込み（確定申込み，反対申込み，サブコン，先売御免）
5．諾成契約、要式契約
6．到達主義、発信主義
7．書式の戦いと優先順位
8．見本とFAQ
9．More or Less Termsと3つのトン
10．不可抗力
11．ウイーン売買条約
12．エンタイヤー・アグリーメント

第2章　インコタームズ

1．2020年インコタームズ（11種類）
2．ICCによる罰則（なし）
3．1990年の追加（3つ）
4．2000年改正（特にFCAの引渡し）
5．2010年改正（シップスルールから本船上へ）
6．2020年改正（DPA、DPU、DDPの違い）
7．CIFとFOBの保険手配と運送手配
8．船積前検査（PSI）の費用負担
9．所有権
10．EXWとFCAの違い
11．FCA、FOBと保険

第3章　船積書類

1．三大船積書類
2．B／Lの役割（特色）
3．B／Lの種類
4．B／L（荷受人欄の書き方）
5．B／Lの枚数（オリジナル3枚）
6．オンボード・ノーテーション
7．保険証券（オリジナル2枚）
8．AWB（オリジナル1枚）
9．仮送り状
10．（SGSの）PSI
11．原産地証明書（3種類）
12．為替手形（B／E／オリジナル2枚）

第4章　信用状

1．L／Cのメリットとデメリット
2．特色（原則／3つ）
独立抽象性、書類取引、厳密一到
3．当事者（4人）の名称
4．種類（取消不能、確認、買取銀行指定、譲渡可能、回転）
5．買取り、取立と買戻し
6．信用状の発送方法（3つ）
7．アメンドとディスクレ（アンペイド）
8．ディスクレの処置方法（L／Gネゴ、ケーブルネゴ、B／C方式）
9．為替手形の当事者（4人）の名称
10．信用状の主な記載内容
11．D／P手形、D／A手形
12．手形の名宛人は誰（とくにL／C時）
13．手形金額（数字とスペルアウト部分）

第５章　貨物海上保険

1．ICCと英国海上保険法（MIA）
2．旧約款と新約款
3．運送人の賠償責任限度
4．保険期間とFOB保険
5．希望利益（期待利益）
6．CIF時の被保険者／白地裏書
7．海上損害の種類（共同海損等）
8．保険条件と特約
9．免責事由
10．小損害免責（フランチャイズとエクセス）
11．予定保険と確定保険
12．予備クレームと保険クレーム
13．輸入税保険

貿易保険（輸出手形保険）

1．リスクの種類と保険者
2．保険金支払の満額（MAXの補償率）は何％か
3．船積日より３週間以内にどうする
4．買取後５営業日以内にどうする
5．被保険者は誰か
6．保険料を支払う者は誰か

ＰＬ保険

1．ＰＬ法の意義
2．製品の欠陥の免責事由
3．保険会社の免責事由
4．除斥期間と消滅時効
5．未加工の農水産品
　ＰＬ保険法とＰＬ保険の運用の違い
6．設備、据付作業
7．検査、修理、回収等
8．損害損償請求時ベース、
　事故発生時ベース
9．民法、商法等をカバー

第６章　運送

（海上輸送）

1．定期船（コンテナ）と不定期船（在来船）
2．運送人の損害賠償責任（SeaとAir）
3．用船契約
　バース・ターム（ズ）と
　ライナー・ターム（ズ）、
　フリー・インとフリー・アウト　等
4．オンボード・ノーテーション
5．Ｂ／Ｌの裏書（白地裏書）
6．割増料金（BAF、CAF）

（航空輸送）

7．ワルソー条約とモントリオール条約
8．MAWBとHAWB
9．NVOCC
10．重量逓減制
11．ＡＳ取り（みなし運賃）
12．一般貨物賃率、特定品目賃率、品目分類賃率

（複合輸送）

13．アメリカ・ランド・ブリッジとミニ・ランド・ブリッジ　等
14．ネット・ワーク・ライアビリティとユニフォーム・ライアビリティ

第7章　輸出入通関

（通関）

1．輸出入申告の時期（郵便物の申告）
2．インボイス（仕入書）の提出
3．輸出／輸入してはならない貨物
4．ワシントン条約と輸入申告
5．AEO制度（特定輸出者／特例輸入者／認定通関業者等）
6．本船扱・艀中扱等
7．ＡＴＡカルネ
8．延期限の延長（延納）
9．輸入許可前貨物引取承認（ＢＰ承認）
10．原産地を偽った表示等
11．保税地域と保税運送
12．収容
13．不服申立て

（関税）

1．申告納税と賦課課税
2．税率の優先順位
3．特恵関税
4．相殺関税と不当廉売関税と緊急関税（セーフ・ガード）
5．タリフ・クォータ（ＴＱ品目）
6．修正申告と更正の請求
7．延滞税と加算税
8．減免税
9．国の消費税と地方消費税

第8章　外為法（他法令）

1．輸出許可(ワッセナー・アレンジメント)
2．リスト品目とキャッチオール規制
3．グループA国（ホワイト国）
4．輸出承認（特定の貨物／特定の取引）
5．輸入承認（ＩＱ品目等／有効期限）
6．事前確認品目と通関時確認品目
7．許可証、承認証の有効期限

第9章　船積と荷卸

（船舶の船積）

1．在来船（Ｓ／Ａ、Ｓ／ＯとＭ／Ｒ等）
2．コンテナ船（すべてドック・レシート）
3．LCL貨物／ FCL貨物（何パックか）
4．不知文言（Unkown Clause）
5．バンニング（バン詰）

（船舶の荷卸）

6．在来船（Ｄ／Ｏとカーゴ・ボート・ノート）
7．コンテナ船(デバンニング・レポート等)
8．Ｌ／Ｇ（又はＬ／Ｉ）渡し

（航空機の荷卸）

9．リリース・オーダー
10．トラスト・レシート（丙号）と約束手形
11．AWBの荷受人

第10章　決済と外国為替

（決済）

1．コルレス契約（デポ銀とノンデポ銀）
2．並為替と逆為替
3．バイラテラル・ネッティング
4．一覧払（At sight）と期限付（Usance／Time）
5．SWBとサレンダー(ド) Ｂ／Ｌ等

（為替）

6．仲値
7．TTBレートとTTSレート
8．アットサイト・レートとアクセプタンス・レート
9．直物相場と先物相場
10．暦月渡し、順月渡し
11．買予約と売予約
12．通貨オプション
13．為替のマリーとネッティングの違い
14．リーズ・アンド・ラグス

（輸入金融）

15．本邦ローン
16．外銀ユーザンス
17．シッパーズ・ユーザンス
18．直跳ねと跳返り金融（ハネ金）

第11章 （貿易）クレーム

1．クレームとコンプレイン
2．マーケット・クレーム
3．予備クレーム（運送クレーム）は何日以内に
4．本クレーム
5．Waiver
6．調停と仲裁
7．ニューヨーク条約の意義
8．日本商事仲裁協会、AAA、CIETAC等
9．仲裁と裁判の違い

第12章 貿易と環境等

1．WTOの基本精神
貿易障害の実質的撤廃
（関税の引き下げと数量制限の撤廃）
無差別の原則
（最恵国待遇と内国民待遇）
2．水際取締り制度（輸入差止申立等）
3．FTAとEPAの違い
4．TPP（CPTTP）、RCEPとFTAAP
5．USMCAとTAG
6．バーゼル条約とモントリオール条約（ウイーン条約）
7．ワシントン条約附属書Ⅰ、Ⅱ、Ⅲ
8．販売店と代理店の違い
9．委託加工貿易（順と逆の違い）
10．並行輸入
11．仲介貿易
12．逆輸入
13．OEM
14．開発輸入
15．サービス貿易
16．個人輸入／個人輸出

第13章 貿易英語

1．専門用語（約100の単語）
2．例文（約30）／申込み、承認、保険、船積、決済、クレーム等の各基本表現（すべて短文であり範囲は狭い）

第1章

取引交渉から契約まで

貿易取引の登場人物

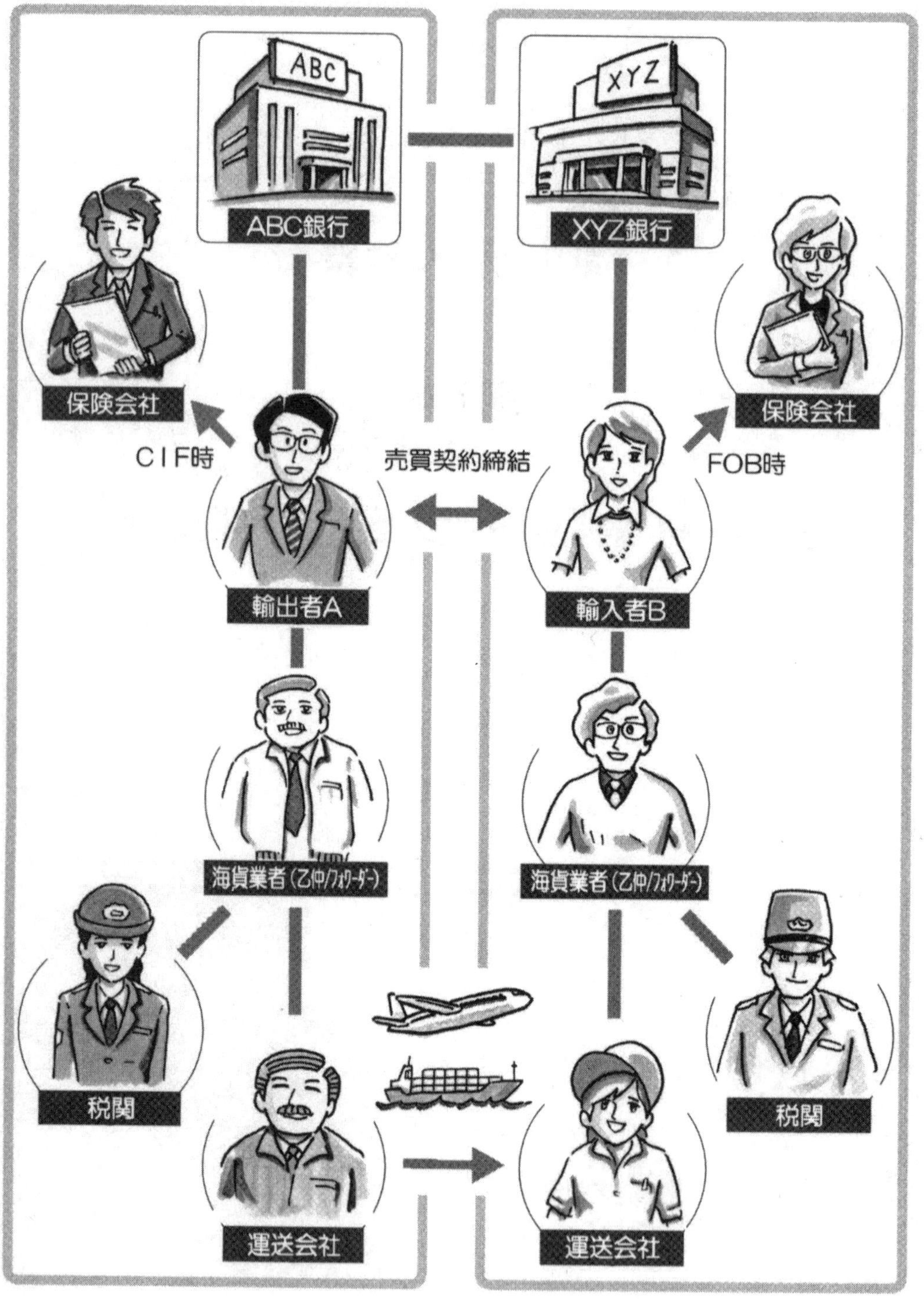
ABC
ABC銀行
XYZ
XYZ銀行
保険会社
CIF時
売買契約締結
FOB時
保険会社
輸出者A
輸入者B
海貨業者（乙仲/フォワーダー）
海貨業者（乙仲/フォワーダー）
税関
税関
運送会社
運送会社

What's the Point?

貿易（物及びサービスの国際間の移動）の取引相手を見つけるためには、どの国（又は、地域）の誰（取引相手）と取引すべきかについて、次の手順が定石である。

1．まず、**マーケティングによる市場調査等を行う**。

2．契約締結にむけて**取引交渉をスタート**する。

3．**信用調査を行い**相手先を選定する。

4．そして、申込みとその承諾により契約が成立（契約締結）すると契約書を作成する。

ここでは、まず契約成立までの流れおよび契約書の内容を中心に**物・紙・金**の動きに関して学習する。

貿易実務の基本

貿易実務の基本は、次の３点を理解することであるといわれている。

(1)　国際ルール（これを、家にたとえると右図のようになる）

①　ヘーグ・ウィズビー・ルール／関税三法 等

②　英国保険法／国連の仲裁ルール 等

③　UCP600／外為法

④　インコタームズ／ウィーン売買条約 等

(2)　船積書類等（第３章）

インボイス、パッキングリスト、船荷証券、AWB、保険証券、重量容積証明書、領事送り状、SGS、原産地証明書、燻蒸証明書、等

(3)　貿易英語（第13章）

①　単語　100余

②　例文　 30余

貿易を家に喩えると
三本柱（①②③）と土台（④）

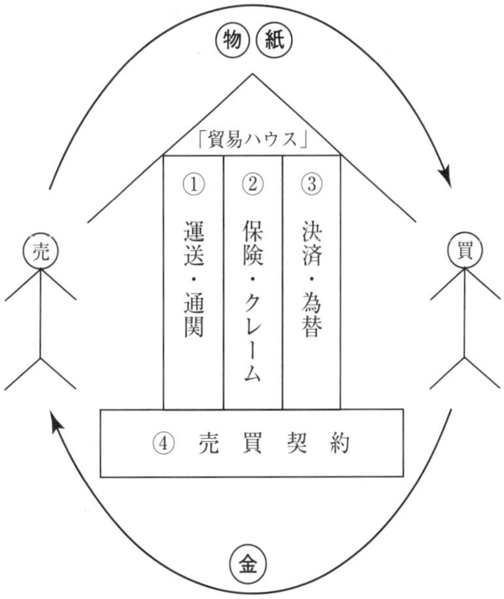

1．貿易取引の流れ

まず始めに、貿易取引における輸出者および輸入者の業務の流れをここでみることにしよう。

貿易：国境を越えての物（及びサービス）と書類（紙）と金の動き

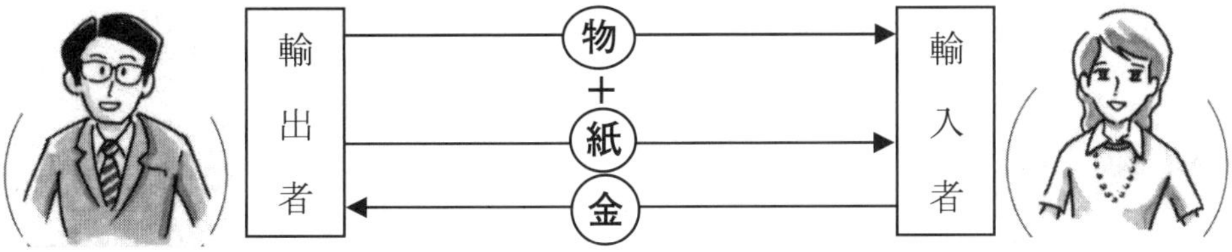

上図の**紙**とは船積書類（Shipping Documents／第３章参照）のことである。

この船積書類（S／D）は、為替手形取引時は、銀行経由にて、また、送金取引時は輸出者から輸入者に直接送付される（61頁参照）。

輸出業務の流れ	輸入業務の流れ
(1) **市場調査の実施** 取引相手国の政治、経済、法的規制、環境、慣習等を調査し、商品ニーズを知ることは重要かつ、不可欠なことである。	(1) **市場調査の実施** 国内で売れそうな商品を市場調査により捜し出す。そして、どこから輸入するかについて調査する。
(2) **信用調査と取引先の選定** 取引相手国および取引企業を選定した後にダン・レポート等による信用調査を行い、リスクをより少なくすることが必要となる。	(2) **信用調査と取引先の選定** 売主同様に買主にとっても、自己リスク削減のため信用調査は必要なことである。
(3) **法的規制のチェック** 他法令 (輸出許可、輸出承認) 等自国および、相手国の貿易管理体制を再確認しておくことも大切な業務である。	(3) **法的規制のチェック** 輸入承認等の他法令のチェックは(1)の市場調査でも行われるが、契約時にもう一度チェックし対応しておくことが大切である。
(4) **取引交渉** 手紙文、ＦＡＸ等により取引相手に取引の勧誘そして、申込み等を行う。	(4) **取引交渉** 必要に応じて反対申込み等をして、合意にむけて交渉を行う。
(5) **売買契約の締結** 売買取引の内容について契約書を作成し、お互いに署名捺印する。	(5) **売買契約の締結** 取引交渉によりお互いに合意できれば、自己により有利な契約書（含む裏面約款）を作成する。
(6) **為替予約** 必要に応じて売買契約締結後に為替リスク回避のため為替予約をする。	(6) **為替予約** 必要に応じて売買契約締結後に為替リスク回避のため為替予約をする。
(7) **信用状の受取** 通知銀行経由にて信用状を受け取り、これを待って商社等であればメーカーに注文を、メーカーであれば製造を開始する。	(7) **信用状の発行依頼** 信用状取引である場合には、買主は発行銀行に信用状の開設を依頼する。送金取引（前払、後払）等の場合であれば、買主は貨物の到着を待つことになる。
(8) **運送と保険の手配** ＣＩＦ条件等（運賃前払い）による契約においては、売主は買主のために船会社等と運送契約をまた、保険会社と保険契約をしなければならない。	(8) **運送と保険の手配** ＦＯＢ条件等（運賃後払い）による契約においては、原則として買主が船舶や保険の手配をすることになる。
(9) **輸出通関および船積** 通常、これらの手続きは、輸出者に代わって海貨業者により行われる。 ① 貨物を保税地域等に搬入する。 ② 税関より輸出許可を受ける。 ③ 船会社に依頼して、貨物を船積する（船荷証券の入手）。 輸出者は船積書類をそろえ、輸入者に船積通知（Ｓ／Ａ）をする。	(9) **代金決済と船積書類** 為替手形による決済においては、銀行により手形の呈示を受け、商品代金を支払い（または引受けて）船積書類を受け取る。この船積書類の中に船荷証券（Ｂ／Ｌ）が含まれていてこれにより、貨物を引き取ることができる。
(10) **商品代金の回収** 自己の取引銀行において為替手形を作成し、船積書類の買取を依頼する。	(10) **輸入通関と貨物引取り** 海貨業者にＢ／Ｌを渡して輸入通関および、保税地域等からの貨物の引取りを依頼する。

貿易を始めるにあたり、有望な取引相手を見つけだすことは、輸出入者にとってお互いに大切なことである。そのためには、**直接相手先をいきなり捜し始めるのではなく、どの市場が自社にとって望ましいのかを、まず見極めることからスタートするのが原則**である。例えば、輸出者にとって、どんなに魅力のある相手でもその輸入国において、当該商品に関する厳しい輸入規制等がなされているようでは、将来性のある健全なる取引関係を築くことは考えにくいからである。自社の商品を輸出するにあたってどの国、又は、地域に販売すべきかを、市場調査(Market Research)等による情報により総合的に判断をし、その枠の中から相手先を選別し、そこにアプローチをかけ、契約にこぎつけることとなる(輸入の場合も、基本的に国内のニーズにあった商品を捜し出すことが重要となる。輸出同様にマーケティングが必要となる)。

本章では、市場調査から契約までのプロセスを順を追って理解してみたい。

2．市場調査(マーケティング)

アメリカ・マーケティング協会が2007年に発表したマーケティングの定義では「マーケティングとは、顧客、依頼人、パートナー、及び社会全体にとって価値ある物を創り出し、伝達し、流通させ、交換する活動であり、制度であり、またプロセスである。」とされている。つまり、市場調査により企業が消費者等の顧客のニーズを知り、顧客満足により企業側も利益を得るとする考え方のことである。そして、この活動を国境を越えて行うことを国際マーケティングとかグローバルマーケティングと呼んでいる。**円高**と海外の**労賃の安さ**をベースとして日本企業のグローバル化が促進されてきた。

輸出者が自社商品をどの国（又は地域）に売るべきかをマーケティングすることを輸出マーケティング、そして、輸入者が自国の市場調査によりニーズを知りそれを海外から調達することを輸入マーケティングという。いずれの場合においても、顧客のニーズをベースとして満足できる製品を造り、魅力的な価格を設定し最もふさわしい物流チャンネルを利用して、その製品にマッチする宣伝広告等を一連のプロセスにおいて、計画的かつ戦略的に実施することが大切である。これをマーケティング・ミックス（27頁参照）という。

具体的には、自社商品の売れ行きに関して、その商品ニーズについての情報を収集分析し、まず、**相手国又は、地域を選び、そして、相手先を絞りこんでいく**ことになるが、このためには次の情報が重要となる。

⑴　情報収集の調査項目

相手国の一般的情報

① 面積、気候、人口、人種、言語、宗教、所得水準、教育水準、慣習等
② 政治的安定度、経済的安定度、対日政策等
③ 税法、民商法等の法制度等－例えば米国の独禁法（シャーマン反トラスト法)、敵産管理法／米国のマネーロンダリングの規則（キューバ、イラク等が対象）に対する規制には注意を要する。
④ 通信網、交通、運送(道路、鉄道、空港、港湾)事情等
⑤ その他（**富裕層**はどれ位存在するのか等）

該当商品に関する情報

① 輸入規制、優遇措置
② 関税率、外為法等（**他法令等法的規制**も国／地域を選ぶ大切な要因となる。）
③ 競合商品（どのような**競合他社**がいるのか重要となる。あまりに強い相手なら通常、進出しない。）
④ 輸入実績と将来の見通し
⑤ 流通経路
⑥ その他

Guide！

我が国における**輸出検査法、輸出デザイン法**は、平成９年に、また、**外為法の特殊決済、輸出入報告等**は平成10年に実質的に**廃止**されている。（但し、真珠に関しては同組合により民間レベルの自主規制として、今でも輸出検査が行われている）。輸出入取引法に関してはそのもの自体は廃止されてはいないが、平成15年に指定貨物としての**該当貨物はなくなっている。**

国際的検査機関として日本海事検定機関、日本検査（株）、ロイド、ベリタス等がある。

(2)　市場調査（マーケティング）の具体的方法

マーケティングの具体的な手法としては、Ｒ＋ＳＴＰ＋４Ｐを行うことであるといえる。

1．Ｒとはリサーチのこと。

(1)　マクロ分析（人口、経済、文化、自然、技術、政治等の調査をする。）
→どんな市場に誰（どのような客と敵）がいて、自分は何ができるかを知る。
→マクロ分析はインターネットで自分で調べられる／経済と法律は必須条件となる。

(2)　ミクロ分析
どんな敵（競争相手）がいて、どれ位強いかを知る（ミクロ分析は専門家にまかせるとよい／200万円位かかる）
→参入余地や魅力のある市場なのか等を分析により検討する

(3)　**ＳＷＯＴ分析**（自社の整理／自分（３～４名の役員）でやる）

①　Strength
②　Weakness
③　Opportunity
④　Threat

	強み **(S)**	弱み **(W)**
内部（社内）	技術力・財務力が強い等	人材不足，高齢化、資金力不足等
	機会 **(O)**	脅威 **(T)**
外部（市場）	健康志向上昇，需要、人口増大等	強い競合、軍事政権、人手不足等

自社の強みをどう活かすか弱みにどう対応できるかを分析する。

2．次にＳＴＰへ（営業アタックリストを作成してみるとよい）／１と２を市場調査等という。

(1)　Segmentation　→　どんな層に売るのか
(2)　Targeting　→　その層の中でもとくに誰を狙うのか（売り込むターゲットを絞り込む）
(3)　Positioning　→　そして、自分の立位置を確立する＝自社が他社と異なる（特別な）存在感／特色をだせるかということ。

3．そして、４Ｐへ（Product、Price、Place、Promotion／マーケティングの基本）

４Ｐとは、何を、いくらで、どこで、どのように知らせるかの戦略であり、売上げが億以上の会社の場合には特に実施してみるとよい。

４ＰのなかでPlace（ディストリビューション／販売チャンネルの整理）がロジスティックといって最重要視されている。

→“Place”の構築を考えながら歩いていると、他の３Ｐが見えてくるといわれている。
→自分でできなければ専門家を活用するとよい。
→誰に売るのかの作業に１～３年位かかることもある。
もし契約をしたら売って終りとしないこと（契約後の必要なフォローも大切）。

（検討事項）

(1)　自社社員の意識改革が大切／全社であたること／プロジェクト・チーム作りも一案。
(2)　そのために知識（研修等）を身につけることが欠かせない。
(3)　社長は必ず現地へ行くこと（但し、一流ホテルに１週間滞在しているのみではうまくいかない）
(4)　日本には世界に誇る良い物が沢山ある。しかし、良い物のみでは、販売できない。
(5)　アセアンの経済統合、ＴＰＰ等によりアジアは将来、今よりさらに近くなる。

市場調査の主趣

企業の利益をあげるために、企業は、自社商品に関する市場調査を行い次の事項を検討することにより、総合的な販売戦略を決めている。これを**マーケティング・ミックス（4P）**という。

マーケティングの主な手法は、R（リサーチ）＋STP（segmentation/targeting/positioning）＋4P（マーケティング・ミックス）であるといわれている。

ここでは、マーケティング・ミックスの4Pについて簡単に述べてみたい。

① **製品計画（Product）**

製造業者は、その製品（サービスをも含む）をその市場において適合するように調整（色、形、デザイン等）し、その製品の市場における安定化、長期化を図っている。この製品計画は、最近においては、エネルギー、資源、環境等との関係、つまり生態的考慮が併せて必要とされている。

② **価格決定（Price）**

競争のある市場においては、その製品の特性及び、その市場のニーズにより価格が設定されている。

③ **流通システム（Place）**

その製品の特性（重量品、高価品、腐敗しやすいか等）および、市場の特性、法的規制等を鑑みて、どのようなチャンネル（卸売業、小売業者等）を通じて、どのような運送経路を構築していくかを考えることである。運送経路に関しては、在庫の問題を含め顧客満足を損なわずに費用を最小にすることが望ましい。これをロジスティックスという。かつての物流のことである。

④ **販売促進（Promotion）**

商品計画、価格決定、流通システムを考慮して、広告（口コミ、販売促進を含む）をどのように実施すべきかの戦略である。

企業はこれら4P（上記①、②、③、④）の内容に基づいて総合戦略を設定し、市場に対して具体的なアプローチ（何を、いくらでどのように売るのか）をかけることになる。これを、**マーケティング・ミックス**と呼んでいる（なお、例えば国内のマーケティング・ミックス（4P）を海外の市場に調整し直すことを**マーケティング・リミックス**という）。

マーケティング・ミックスのイメージ

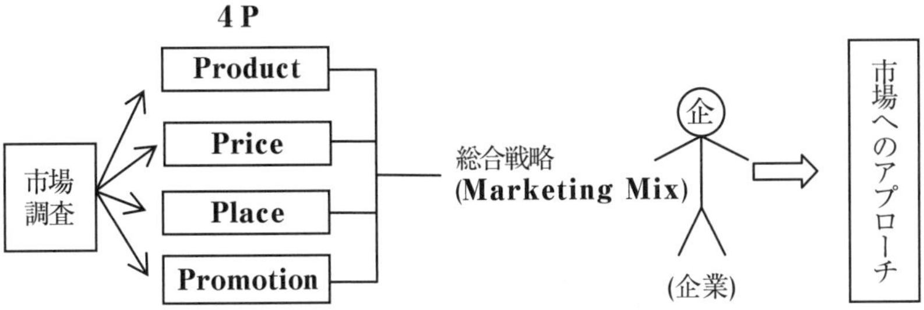

Guide！

グローバル・ロジスティクス（国際ロジスティクス）について

マーケティングの4PのうちPlace（物流）を拡大解釈し、コスト削減及び顧客サービス向上をめざして「原材料」の調達から生産をはじめとして最終消費者への販売にいたるまでの物の流れを戦略的に管理することをロジスティクスという。また、それに商品開発等を加えて構築することをSCM（サプライ・チェーン・マネジメント）といって、調達／生産／販売／運送等の輪（チェーン）を一連の業務としてとらえ物流そして財務全体の最適化を図ろうとしている。

このチェーンの川上である調達から川下である消費者までの物流リード・タイムを短縮し、アウト・ソーシング等により在庫や物流コストの無駄を取り除くことにより、より安く、よりスピーディー（Just in Time）に商品を消費者に届けられるとするものである（但し、これを巧みに実践することはやさしいものではない）。

国内のみならず国際取引にも適用したものをグローバル・ロジスティクスと呼ばれている。

３．取引相手の発見

国、地域の選定後に取引先としての業者を探し出すことになるが、その方法としては次のようなものがある。

① **JETRO**(日本貿易振興機構)、**商工会議所**、MIPRO((財)対日貿易投資交流促進協会)、貿易情報センターにおいて情報を入手する。不明な点は、とくにジェトロ(JETRO)や商工会議所の担当者に聞くと手厚くかつ、具体的に教示してくれる。ジェトロには、700名を超える海外スタッフがいる。

② 地方公共団体（東京都中小企業振興公社）の貿易相談係または、取引銀行とくに東京リサーチインターナショナルの貿易相談係あるいは、貿易商社等から情報を得たり相談することができる。

ジェトロの**TTPP**（Trade Tie-up、Promotion Program）に売りたい商品を登録しておいて海外からの引合い（マッチング）を待つこともできる。

③ **国際見本市、展示会等にて相談する。**

国内、国外の展示場の開催情報を得るには、ジェトロの**J-messe**というものがある。

最近では、例えば**アリババ等のオンライン海外展示会（インターネット上の自社ブース造り）**に出店してみるという方法もある。

④ 大きなプロジェクトの場合には、専門の**マーケティング会社やコンサルタントに有料にて依頼**する場合もある。

⑤ 必要に応じて、自ら現地へ行って**現地調査**を行う。

⑥ 出入商人（保険会社、物流会社、商社等）からある程度の情報を得ることも可。

情報の収集は、労をいとわずにいくつかの方法で収集すべきであり、１ヶ所のみの情報で判断しないことがここでは大切である。

そして、市場調査で収集した情報をベースとして、次のステップとしては具体的な事業計画を作成しその選んだ地における会社に輸出する（場合により出店する）ことになる。

考えているのみでは、先に進まないので動きながら考えること（断念することも含めて）が大切である。

４．信用調査

マーケティングの有効な実施により、取引先となる業者が絞り込まれた後は、その業者が信頼のおける相手か否かを見極めることになる。相手企業に関するリスクを回避するために取引交渉をスタートしながら**遅くても取引契約締結前までに信用調査を行う**ことが一般的である。マーケティング等により選んだ業者に対して自社のカタログ等を送付し、取引相手の対応を見極めてから、信用調査をかけることが一般的である。

我が国においては、我々の祖先が農耕民族であったせいか、全般的にリスク管理の意識が薄弱であるといわれており、特に貿易取引においては調査対象一社につき数万円程の信用調査の重要度がもっと強調されてもよいと思われる。

(1)　信用調査の方法

① 銀行照会 (Bank Reference)

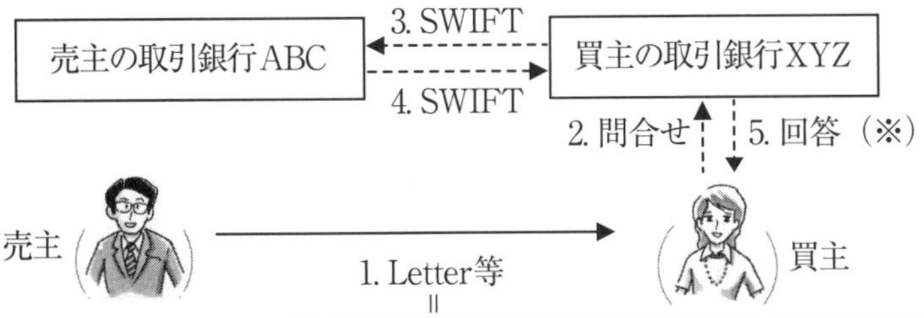

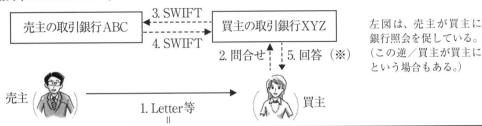

左図は、売主が買主に銀行照会を促している。（この逆／買主が買主にという場合もある。）

（銀行照会の例文）
We（売主）have heard your name and address from the Chamber of Commerce in your city.
We（売主）refer to the ABC Bank for our credit standing.

相手の業者の財務状態 (Financial Standing) に関しては、その業者の取引銀行に照会するのが一般的である。照会方法としては、例えば、買主の取引銀行から売主の取引銀行へ SWIFT 等にての問合せにより実施されている。銀行照会における**銀行の主観的な意見を Bank Opinion（銀行所見）**という。通常、この銀行所見の内容に関して銀行は責任を取らない旨の免責文言が銀行所見の末尾に記載されている。
（ABC 銀行の免責文言の例／上図 5 回答（※）の一部として下記内容が記載されていることが多い。）

"The information is given in strict confidence and without prejudice（不利益）to this Bank."

一般的にアメリカ系の銀行よりもイギリス系の銀行の方が銀行所見に対して慎重な対応である。

② 同業者照会 (Trade Reference)

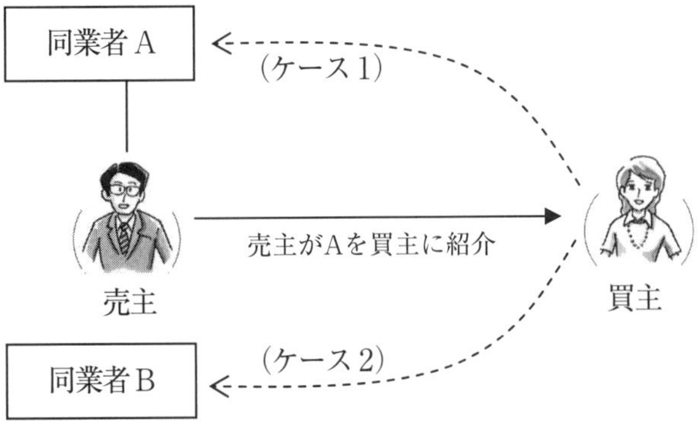

相手先の同業者等に例えばアンケート方式の質問書等を送付して照会することをいう。この問い合わせの自社の文面に「我が社は将来逆の場合がもしあれば、貴社のために喜んで協力致します。」等と書き加えておくと返送してもらえることもあるのでお勧めしたい。

上記図②のケース 1 は、売主に紹介されたところに、ケース 2 は、買主が自ら捜し出した売主の同業者に問い合わす例である。

③ 商業興信所 (Mercantile Credit Agency) の利用

ここでは、いわゆる**ダン・レポート (Dun and Bradstreet 社**／ D&B 社による報告書）が最もよく知られている。費用は、それなりに（数万円／件）かかるが正確で詳しい情報が期待できる（既存：3~7 日、新規：10~30 日位）ため広く利用されている。

東京商工リサーチ、**帝国データバンク**が現在、一般窓口として、また、**ジェトロ**や**商工会議所**等においても、会員サービスの一環としてダン・レポートの申し込みを引き受けている。後述する貿易保険における**「海外商社名簿」**(Buyer's List) の信用格付けもダン・レポートを資料として作成されている。

アメリカに本社のある D&B 社以外にもフランスの**コファス・ジャパン**による調査を利用することもできる（同社では、信用調査の他にも債権回収やファクタリングを依頼することができる）。

さらに、ムーディーズ・ジャパンやスタンダード・アンド・プアーズ等の信用格付機関の信用格付を参考とすることもある。

買手にとって前途の方法以外にも、**トライアル・オーダー**／Trial Order（試しの少量の注文）をすることにより売手のマナーを知ることが可能である。取引開始時において実践的かつ効果的な手段であるとされている。

⑵　信用調査の内容

主な調査内容として、その必要最小限度なものとしては次の３点（①、②、③）であり、これらを調査内容の**3C's**という。これらの調査は一度限りではなく必要に応じて定期的に行うことをも検討したい。

① CHARACTER（誠実さ、品格）

経営者等の人柄、契約履行の誠実性、周囲の評判等のことである。財政的なこととは異なり数字上のものではないが、企業を判断する重要なポイントとなる（ビジネスでは、当該企業の誠実性と熱意（現地での評判）等がまず大切である）。

② CAPITAL（財政状態、資金力）

資本金、資産内容、負債等の数字的な状況である（できれば当該企業のみ２～３年程の数字を検討したい）。

③ CAPACITY（営業能力、販売力）

経営能力や営業能力のことで、その企業の売上高、生産高、利益率、成長率、販路の充実度（販売店等の数）等により判断される。

上記の事項に次のことを加えると、**4C's**となる。

④ CONDITIONS（企業環境、政治や経済の状況）

その企業を取りまく状況のことで、具体的には、その国の政治、経済や市場の状況、輸出入規制等の有無のことである。

⑤ COLLATERAL（担保能力）等が加えられることもある。

⑥ その他

当事者がその他必要と思われる事柄を依頼することができる。

Guide !

ダン・レポートの総合評価（日本語で依頼することもできる。）

ダン・レポートの総合評価は４分類（下記の１～４）されている。

1	(High)	諸条件が満たされている。	3	(Fair)	信用できるも考慮すべき点もある。
2	(Good)	諸条件が概ね満たされている。	4	(Limited)	信用度に問題があり危険である。

なお、D&B社の調査対象国として北朝鮮、キューバ、ブラジル等は除かれている。

５．予備(的)交渉から契約成立まで

契約が成立するためには、申込みと承諾により当事者の意思が完全に合致することが必要であり、この合致により契約は成立する。契約までの流れは、次頁の図－１にあるように通常、予備(的)交渉からスタートする。

予備(的)交渉開始後に、相手の**申込み**に対して**承諾**をすれば民法、商法の規定により**契約は成立する。**繰り返しになるが、**申込＝承諾→契約成立**となることが法律により規定されている。

貿易取引の商談は、郵送では往復10日以上かかってしまうため、Eメール（又はFAX）により行われている。

予備(的)交渉から契約成立までの一例をあげると次のような流れとなる。

図１—１

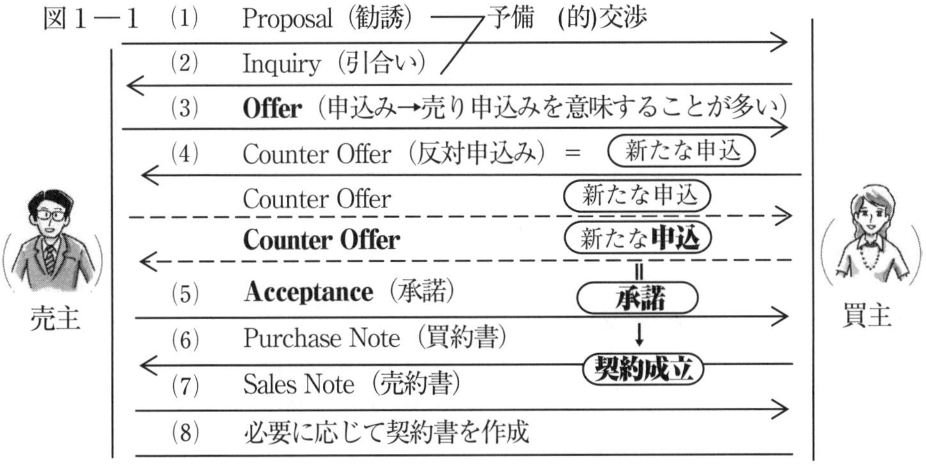

（上記(3)の最初にした申込みを原（もと）申込み、Initial Offer、Original Offerともいう。）

(1) Proposal(プロポーザル／勧誘)

広い意味では不特定多数への広告、宣伝、ダイレクトメールおよび、特定者に商品情報記載のカタログ等を送付する等のことをいう。つまり、買い申し込みを誘うための売主から買主へのアプローチのことである。予備的交渉であり、申込みの誘引（Invitation to Offer）ともいう。

(2) Inquiry(Enquiry／引合い)

（売主からの勧誘を受け、又は)、買主が自発的にカタログ、価格表、商品サンプル等、興味ある商品の一般的情報を売主からえるための、アプローチおよび売主にオファーをしてもらうために問い合わすことを引合いという。売主への買主サイドからのアプローチのことである。

(3) Offer(申込み)

申込みには、売主が行う売り申込み(Selling Offer)と、買主が行う買い申込み(Buying Offer)とがある。しかし、通常、申込みというと売り申込みを意味している場合が多い。買い申込みにはBidという言葉が使われている。各国における法律により**申込みが承諾されれば契約成立**となる。そして、この申込みには、予備的交渉とは異なり次の条件が含まれている。

次の①～⑤までを五大主要条件／利害対立が強い条件という。

① **商品およびその品質**　② **数量**
③ **価格**　④ **引渡し**(③、④はインコタームズを準拠)
⑤ **決済**　⑥ 輸送（優良な運送業者を選ぶことは、利害対立は少ない。）
⑦ その他（保険、荷印、梱包、検査、クレーム、⑥、⑦は仲裁等／利害対立が弱い条件である。）

上記の条件のすべてが入っていないからといって、申込みではないと解するべきではなく、その内容が申込みの意味であれば申込みである。申込みは、相手方に到達した時に効力が発生し、その期限が到来した時に失効する。

Offer（申込み）の種類

① Free Offer（期限の定めのない申込み）

Free Offer とは、期限の定めのない申込みのことである。民法の規定により「合理的時間が経過した時に失効する」と定められている。この場合、合理的期限内に承諾すれば契約は成立する。しかし、期限の定めのない申込みは、契約の成立等においてこの「合理期間内」の解釈に関して問題が生じやすい（リスクがある）ので、多くの場合において有効期限を定めた確定申込み (Firm Offer) が使われている。

② Firm Offer（確定申込み）

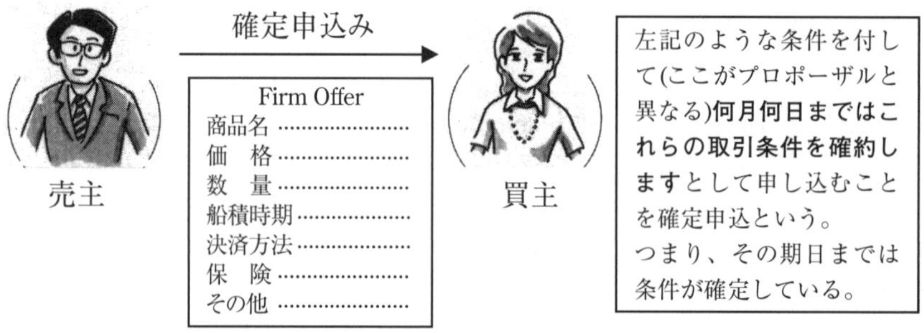

Firm Offer に記載の**定められた期日までは、申込みの効力が有効であることが確定された申込みのことである。この間に買主により承諾されれば売主の都合による拒絶はできない。**つまり、契約は成立することになる（但し、英米法では買主の承諾前に売主の撤回通知が買主に到達すれば撤回可となる）。

例１ 売主が買主の承諾を拒否できない場合（下図）
（例文）“We offer you firm the following subject to your reply received here by noon on October 15 TOKYO Time.”

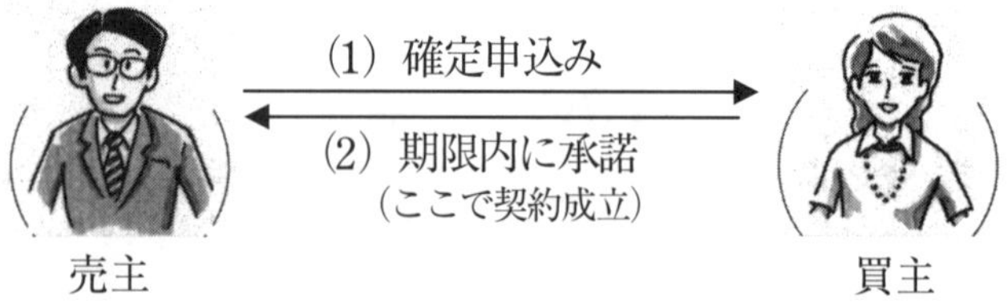

ファックスやテレックス等による承諾の効力の発生は、相手方に到達した時（到達主義）となる（法改正により郵便による承諾時にも到達主義／後述）。

この場合、買主の承諾とは申込期日内における反対申込みのない 100% の承諾を意味している。

例２ 売主が買主の承諾を拒否できる場合（下図）

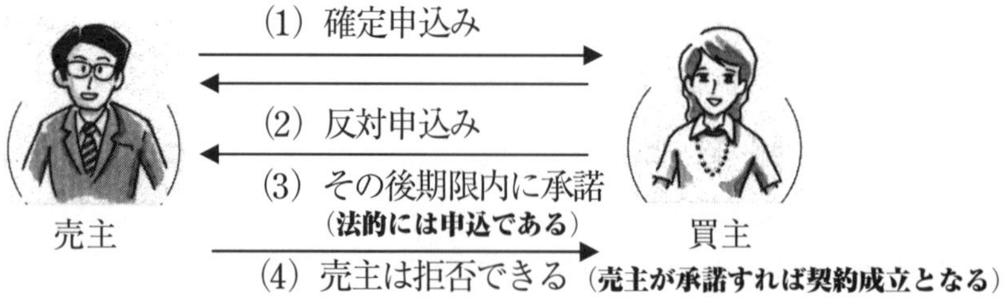

例２のように買主が売主の確定申込みに対して反対申込みをした場合（上図の(2)）には、その後買主

が考え直して有効期限内に承諾（上図の⑶）をしたとしても、売主は買主の承諾（法的には申込）を拒否することが可能となる。この場合、拒否するか承諾するかは売主が決めることができることになる（上図の⑷）。

一方、アメリカの **UCC（Uniform Commercial Code / 米国統一商法典）** においては、確定申込みの（五大）**主要条件**（29 頁⑶ ①～⑤）**以外**に関する反対申込みであれば**契約は成立する**と規定されている。

③ **Counter Offer**（反対申込み／逆申込み／修正申込み／前々頁図１－１の⑷）

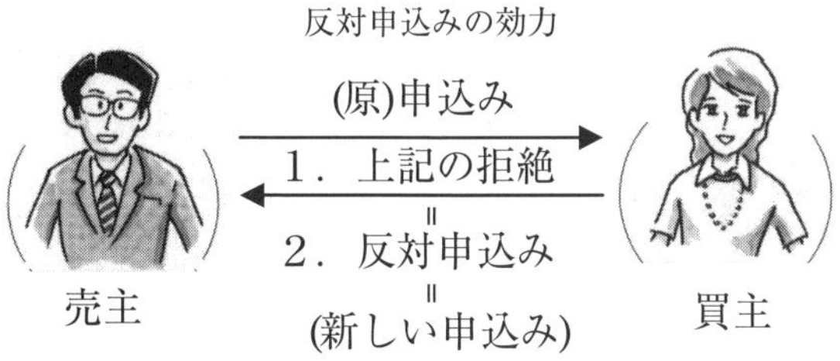

申込みの取引条件の一部の変更を条件として返事をする（例えば価格を安くして欲しい、船積時期を早くして欲しい等）こと。

反対申込み（条件付承諾ともいう）とは、申込みを受けた相手が、その条件を変更したり又は、追加をしたりして相手方に返事をすることである。この反対申込みは、承諾ではなく相手の申込みを拒絶したことになる。また、この反対申込みとは同時に新しい申込みをも意味している。

反対申込みの**法的効力**は、２つの側面を有している。

反対申込み＝１．相手の申し込みの拒絶 ＋ ２．新しい申込み

これに対して（次頁の）承諾（Acceptance）とは、鏡像の原則 (ミラー・イメージ・ルール) といって、承諾内容のすべてが申込みと同じ内容でなくてはならない。ここに反対申込みと承諾の相違がある。実際、この反対申込みを繰り返すことによって、直前の反対申込みをそのまま承諾すれば契約にたどり着くこともある。

注意すべきこととして、「当社は、ここに承諾致します。但し、できれば～して頂きたく存じます。／ **We accept your offer if ～**」というＥメールなり FAX 文を受けたとき、この～という条件を問題なくできるので自分勝手に契約が成立したと思い込まないことである。この場合における相手の承諾は、実は、反対申込みをしているのであって契約成立を望むならそれに対する承諾を忘れずに送付することが実務上大切である。

④ **その他** (申込みの勧誘／ Invitation to Offer)

(i) **Sub-Con Offer ／サブコン・オファー／最終確認条件付申込み／**
Offer subject to Seller's Final Confirmation

（例文）"We offer you the following subject to our final confirmation."

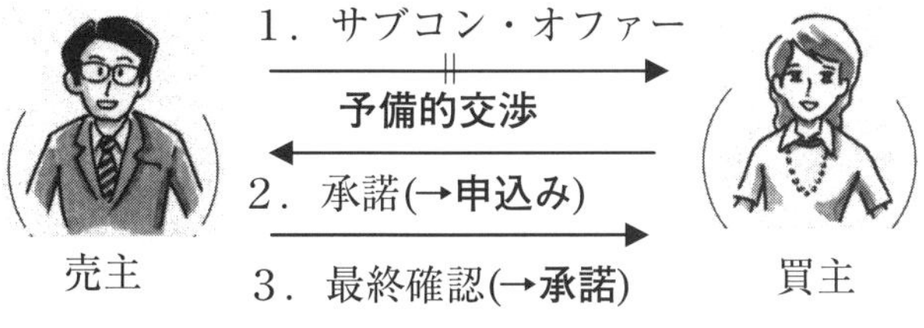

２＋３＝契約成立

法的には、
１は予備的交渉であり
２が申込みとなり
３が承諾となる。
従って、２の段階ではなく３の段階で契約は成立する。

近い将来に例えば製品原料等の価格が値上りしそうなとき、又は、在庫が残り少ないようなとき、あるいは価格変動の激しい商品のときには、**売主の最終確認を条件とする申込み**（条件付オファーともいう）をすることができる。売主は「この申込みに対して買主からの承諾を得たとしても、契約成立のためには、さらに売主（我が社）の最終確認が必要となります。」としているのである。従って、この方法においては**法的に見ると**サブコン・オファーに対する「買主の承諾」は「**申込み**」であって、売主の「最終確認」が「**承諾**」ということになる。この意味からするとサブコン・オファー自体は、**予備（的）交渉**であり、積極的な申込み方とはいえないが、状況によりこの方法が望ましいこともある。

⒤ **先売り御免申込み (Offer subject to Prior Sale / Offer subject to being unsold)**
（例文）"We offer you subject to our prior sale."
買主の注文が殺到するようなとき、あるいは在庫が残り少ないときには、「早い者勝であり、在庫がなくなったときには、あなたの申込みの効力はありません。つまり、在庫切後は承諾は無効となる。」とする申込み方法である。
この方法も**サブコン・オファー同様に法的には予備的交渉**に該当する。

ⅲ 交叉申込 (cross offer)

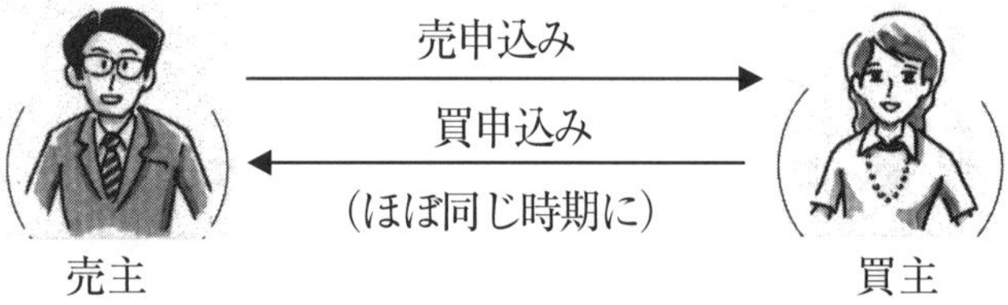

ほぼ同じ時期に同じ内容の申込みが売主、買主の双方からあった場合には、どちらかの申込みを承諾とみなすことにより契約が成立するものであろうか（もっとも、この種のケースはめったに生じるものではないが･･･）。
売主と買主が同時に申込みをした際に契約が成立するかについては、我が国においては肯定説が有力である。しかしながら、外国との貿易取引においては、例えば米国における判例をみてみると肯定説、否定説の両方があるため、**国際取引においては取引を確定するために何かしらの返事（承諾となる）をしておくことが大切**となる点に留意したい。

⑷　Counter Offer(反対申込み)／(前頁③を参照)

⑸　Acceptance(承諾) ／ミラー・イメージ・ルール (鏡像の原則)
契約というものは前述のように申込みと承諾により成立する。承諾は相手の申込み内容 (条件) をそのまま無条件で認めることである（絶対的承諾／ Absolute Acceptance という）。したがって**一部承諾**（**条件付承諾**／ Conditional Acceptance）は通常、**反対申し込み**となる。承諾の効力は国により異なるが、我が国ではＥメール、ファックス等の場合には、**原則として到達主義**を、また、（民法改正により）**郵便の場合にも到達主義**をとっている。
申込みを承諾するときには、買主は買約書 (Purchase Note 、Purchase Order ／ Order Sheet ／注文書ともいう) にて、また、売主は 売約書 (Sales Note ／ Confirmation Order ／注文請書ともいう) にて再確認する。そして、中小企業等においてはこの売約書等が、契約書の代用（売約書を注文請書型、買約書を注文書型ともいう）として多く使用されている。なお、金額の大きい取引の場合や大企業においては、改めて契約書 (Contract(Sheet) – 31 頁図１－１の⑻) を作成して万全を期している。契約書等の作成時において、その内容（裏面約款を含めて）を充分吟味検討して作成することが企業にとってとても重要なことである。

①　諾成契約と要物契約

（貿易取引における）売買契約は（大陸法の国々においては）**諾成契約**（当事者の口頭合意だけでも契約は成立する /Consensual Contract）である。このことは、電話等による口頭合意であっても法的に契約は成立することを意味している。しかしながら、後日のトラブルを予防するため、又、慣習としても貿易取引においては書面による契約書を取り交わしている。

一方、金銭契約においては、契約時において金銭がなければ契約は成立しない。これを要物契約という。売買契約は契約をする時に物品がなくても契約は成立する。このことは、売買契約は金銭の契約とは異なり**要物契約ではない**とされている。

②　要式契約と不要式契約

婚姻や離婚等は、その成立のためには書式による届出が必要でありこれらを要式契約という。

これに対して売買契約等は、書類がなくても口頭合意でも法的には契約は成立するためこれを**不要式契約**という（上記の要物契約と混同しないように留意したい）。

ところで承諾の効力発生は、Eメールや FAX 等時の場合、到達主義である。しかし、ある特定の国において発信主義がとられていた場合であっても、売主の確定申込み時に例えば、「東京時間（到着地の時間）の正午に到着することを条件とする（下記例文）。」と、特約的に申し込むことにより、相手国の効力発生に関する規定にかかわらずその法的効力を発信主義ではなく到達主義とすることができる。

（例文）
We offer you firm the following subject to your reply (being) received here by noon on June 30 Tokyo Time.

Guide !

沈黙は承諾か。

例えば売手の申込みに対して買手が沈黙していた場合、契約は成立するのであろうか。

答えは、NO（成立しない）である。

しかしながら、長期継続の商取引においては例外扱いとされている。この場合には、沈黙は承諾とされている。

従って、長期契約において、買手が沈黙は承諾ではない旨を望む場合には、契約書等に「申込みに対する承諾は、書面にて行うものとする。」等と記載しておく必要がある。

③　承諾の効力発生時期

我が国の承諾についての効力発生時期が、到達主義か発信主義のどちらをとるかは下図のようになっている。但し、このことは国により異なっているため、通常、契約書において（契約後の通知に関して）は売主、買主の話し合いによりどちらをとるかが決められている（到達主義の場合が殆どである）。

対話者間	**Eメール, FAX** **電　話** 等	日 本	**到達主義**	米国においては発信主義
隔地者間	**郵便,** 電報	日 本	**到達主義**	米国においては発信主義

我が国の**郵便物**においても民法改正により現行では**到達主義**となっている。

(6)　買約書（かいやくしょと読む／ Purchase Note), (7)　売約書（Sales Note), (8)　契約書（contract Note)

買主は売主に通常、買約書 (Purchase Note) 又は、注文書 (Order Sheet ／ Purchase Order) を送付し、売主はそれを受けて、注文請書 (又は、売約書 (Sales Note)) を送付している。この場合、売主の Sales Note（又は、買主の Purchase Note のこともある）が契約書代わりとして使われることが多い。また、必要に応じて契約書 (Contract Sheet) が作成されることもあることは前述した。

① 書式の戦い (Battle of forms)

売主と買主とが裏面約款に関して、それぞれが相手作成のものより自社に有利な裏面約款を作成し、相手の署名を求めようとするものである。契約書の作成において表面記載内容はすでに合意されているものの、その裏面に印刷する内容（**裏面約款／一般 (的) 取引条件／ General Terms and Conditions of Business**／51 頁、57 頁参照）についてさらに話し合われることになる。これを**書式の戦い／ (The) Battle of Forms** と呼んでいる。多くの場合、どちらの書式が使用されるかは、売主と買主との力関係により決められている。

この書式の戦いに対する対応策としては、次のような対応が考えられる。

(i) 根気よく話し合い自社のものを使用しようとする。

(ii) 相手側のものを使用するが当方が同意できないところは削除して署名する。

(iii) 話し合いの結果お互いに妥協した内容の新しいものを作成する。

(iv) どうしても合意できない時は、署名をしないままにしておく（この場合、英米では Last Shot Doctrin といって最後に送り付けた契約書が優先される)。

貿易取引においては一般論ではあるが物を持っている側である売主の意向が強いといわれている。

② 契約書記載文言の優先順位

契約書の記載内容に関して、表面と裏面の記載内容に矛盾がある場合、まず手書部分が最も優先する。次に、**タイプ文言**そして、**印刷文言**（裏面約款のこと）の順に**優先する。**

つまり、**書入条項（手書）＞タイプ文言＞印刷文言**の順番で矛盾しているところは解釈される。

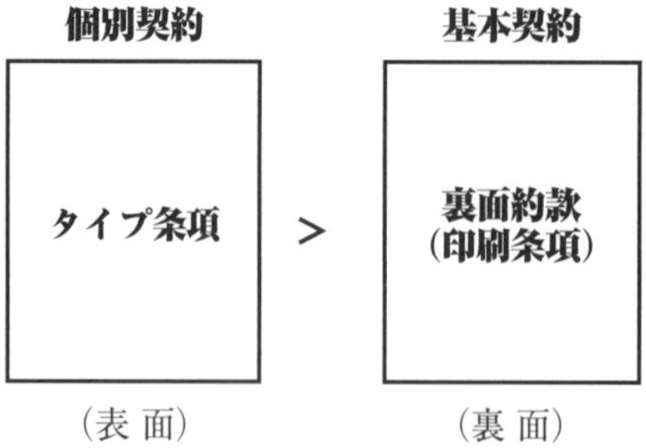

事例

「**表面には FOB 取引**としかし、**裏面には CIF 取引**と記載」

この場合には表面記載の FOB 取引と解釈される。つまり、表面（タイプ条項）には今回の取引内容が、そして、裏面（印刷条項）には、今回を含めてこれから先のベースとなる取引条件が記載されているため、もし異なる（矛盾した）ことが記載されていれば表面の内容が今回の取引には適用される。

Guide !

(i) **Entire Agreement** Clause（**完全合意条項／包括合意条項**／次頁 “We as Seller ～ hereto.” まで参照)

契約書が売主、買主間における唯一の合意書であり、**契約締結前**の契約書以外の**文書や口頭による合意内容はいっさい無効**であるとする条項である（契約書の表面に記載されている)。このことは、**Parol Evidence Rule**（口頭証拠排除の原則／口頭証拠とあるがここでは書類も含まれる）と称されている。なお、書面により**契約締結後の合意**（**修正**／アメンドメント／契約内容の変更）は可能である。

(ii) **英米法の約因**（Consideration）とは何か。

売買契約に関する法律は、大別すると大陸法と英米法がある。我が国は大陸法が準拠法であるが、英国等においては英米法とされている。英米法においては、契約成立のためには、両者の合意のみならず約因が必要とされている。約因とは、見返り（商品の見返りは代金が必要）のことで、いわば “give and take” の考え方をとっている。従って、英国等においては、日本と異なり、(約因のない）贈与契約を履行しなくても原則として法律により保護されることはない。

このことは、確定申込みであっても英国では（大陸法及びウィーン売買条約と異なり)、輸入者が承諾する前に輸出者が撤回通知を輸入者に到達させることができれば、確定申込みの撤回が可能となる。

(iii) 売買契約書を２通作成し署名をして我が国から相手側に送付し、そしてそのうちの１通を送り返してもらった場合には、**我が国においての収入印紙貼付は不要**である。

但し、その逆の場合においては、(我が国において署名をしたときには）収入印紙の貼付が必要とされている。

契約書（セールズノート使用例）

KOKUSAI TRADING CO.,LTD
1-2-3 Ohi-Machi, Shinagawa-ku,
Tokyo, Japan 〒140-0001

May 21, 202_

SALES NOTE NO.11

General Electric Corporation
234 Maple St., Los Angeles,
Calif. U.S.A.

We as Seller are pleased to confirm this day our sale to you as buyer, subject to all of the TERMS AND CONDITIONS ON THE FACE AND REVERSE SIDE HEREOF.
If you find herein anything not in order, please let us know immediately. Otherwise, these terms and conditions shall be considered as expressly accepted by you, and constitute the ENTIRE AGREEMENT between the parties hereto.

(商品明細) Description:	Electric Light Bulbs Type YZ-012
(数量) Quantity:	About 1,850 pieces
(単価) Unit Price:	US $9.00 per pce. CIF Los Angeles
(総額) Total Amount:	About US $16,650.00
(船積時期) Shipment:	August Shipment from Yokohama Japan by ocean freight, subject to seller's receipt of L/C July 5, 202_
(仕向地) Destination:	Los Angeles , USA
(海上保険) Insurance:	Seller to cover the CIF value plus 10 % against All Risks including War and S.R.C.C. Risks
(支払条件) Payment:	Draft at 30 days after sight under Irrevocable L/C: usance interest for seller's account
(包装) Packing:	About 50 pcs in a case
(荷印) Shipping Mark:	

LOS ANGELES
C/No.1-37
MADE IN JAPAN

(摘要)　Remarks:
Please return to us the duplicate formally signed
Accepted and confirmed by:

GENERAL ELECTRIC CORPORATION	KOKUSAI TRADING CO.LTD
______________________	______________________
Managing Director （買主の署名）	Sales Manager （売主の署名）

6．契約書の作成

申込みの承諾により契約が成立すると、契約書（又は、売約書等）を通常２通作成し、各々が署名をして各自一通ずつ所持することとなる（正本／Original／First Original と副本／Duplicate／Second Original であり、両方ともオリジナルである）。この契約書（又は売約書等）の裏面には裏面約款といって、売主と買主の両者が中長期取引の叩き台として遵守すべき**一般(的)取引条件 (General Terms and Conditions of Business)** と呼ばれるものが、将来の中長期におけるお互いのリスクを回避（そして、できるだけ自分に有利に）するために印刷されている。これを一般的取引条件協約書（Agreement（又は Memorandom) of General Terms and Conditions of Business）という。

ビジネスには、単発的な１～２回で終了するもの（スポット取引時という）もあるが、多くの場合同じ相手と継続して取引されるものである（契約期間は、３年～５年位のものが多い）。後者の場合、当事者間の中長期取引において発生するであろうビジネスの条件（リスク）を合意事項として決めておき、その内容を表面（個別契約）とは別に裏面に印刷（基本契約）する。このことは、よりスムーズな効率のよい取引を展開しようとするものである。この合意事項のことを裏面約款の作成、又は、印刷条項という。但し、スポット契約においては裏面約款は必要とされていない（取引によっては、取引の自由度を優先させるために、あえて契約書を作成しないこともある）。

その都度の取引内容(商品名、数量、価格、船積の時期等)については、契約書の表面（個別契約）にタイプ条項として作成される。もしタイプ条項と裏面約款の内容に相違が生じたときには、(例えば、裏面約款では分割積不可／タイプ条項では分割船積可、あるいは裏面約款では CIF／タイプ条項では FOB の場合には、) 通常、**タイプ条項(今回の取引における契約内容)が優先**されることとなる（但し、契約書において表面が優先する旨を記載しておくことが望ましい）。

裏面約款(一般(的)取引条件)において、売買契約書に記載される代表的な項目として、次のような項目を挙げることができる（実際の裏面約款に関しては 51 頁⑵基本契約書参照）。

裏面約款に記載される項目の一例

⑴ 商品の**品質** (Quality)
⑵ **数量** (Quantity)
⑶ 価格 (Price)
⑷ 決済 (Payment)
⑸ 受渡 (**船積** -Shipping または納期 -Delivery のこと)
⑹ 保険 (Insurance)
⑺ クレームと仲裁 (Claim and Arbitration)
⑻ **不可抗力** (Force Majeure)
⑼ **準拠法** (Governing Law)
⑽ 管轄条項（Jurisdiction Clause)
⑾ その他（船積通知（Shipping Notice）, **荷印** (Shipping Mark) 等)
⑿ ウィーン売買条約（CISG)
⒀ 補足／その他の契約書

⑴　商品の品質 (Quality)

取引をするうえでその商品の品質については、買主にとって特に重要な関心事である。書面上のみでは品質の内容が具体的に伝わらないからである。ここでは実際の取引において品質がどのように保証され、また、決められているのかその方法を学習してみよう。なお、売主には、品質に関して、見本、規格、説明と一致する旨の瑕疵担保責任（保証）がかされている。

商品の品質決定方法は、通常、商品見本等により行われている。

品質の決定方法

① **見本売買 (Sale by Sample)** 　㈠ **品質見本** (Quality Sample) が使用されている
② 説明売買 (Sale by Description) 見本が不要なもの ㈡ **銘柄・商標売買** (Sale by Brand、Sale by Trademark) ㈢ **規格売買** (Sale by Grade/JIS, BS, UL, I SO 等)
見本が不可能なもの ㈣ **仕様書売買** (Sale by Specifications) ㈤ **標準品売買** (Sale by Standard)

① 見本売買

品質決定の方法は、原則として売主から送付される見本により行われており、多くの商品が見本売買により品質を伝えている（但し、宝石や食品等は見本のみでの契約は難しい。現地にて商品を見ることが大切である)。

㈠ 品質見本（Quality Sample）

品質見本には、次のような種類がある。

A. 売手見本 (Seller's Sample)

売主から買主に送られるもの (原 (モト) 見本／ Original Sample) のことである。

B. 控え見本 (Keep Sample/Duplicate Sample)

売主が自己の手元に置いておく見本のこと。

C. 第三見本 (Triplicate Sample)

契約成立後に売主が、メーカー又は、問屋に参考のためにあたえる見本のこと。

A、B、C をワンセットとして、**組見本 (Set Sample)** という。さらに、次のものがある。

D. **船積見本 (Shipping Sample) ／先発見本 (Advance Sample)**

船積後に実際にこういうものを船積しました、として買主に送る見本のこと。

E. 買手見本 (Buyer's Sample)

売主にこういうものを作ってほしい、と買主から送られてくる見本のこと。

F. **反対見本／対 (タイ) 見本 (Counter Sample)**

売主が買手見本を入手後に、買主の承認をえるために送る見本のこと。

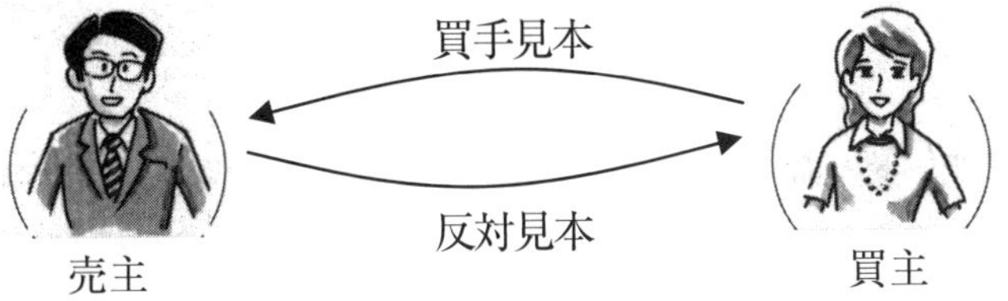

買手見本
こういう物を作って下さい。
反対見本
こんな物でよろしいですか。

又は、買主が、売手見本を入手後、もっとこういう物を作ってほしいとして送る見本のこと。

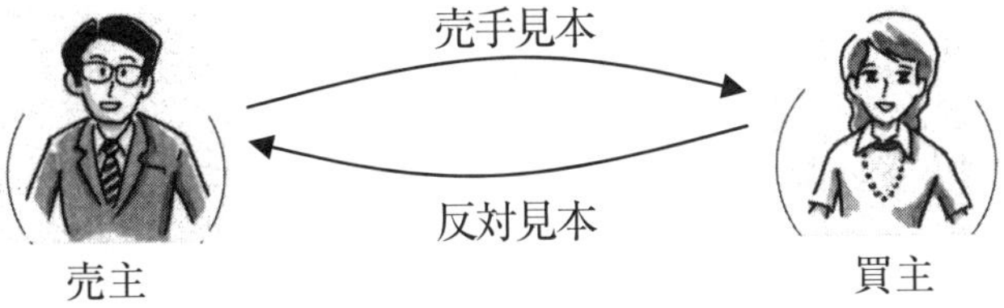

売手見本
こういう物でいかがでしょうか。
反対見本
いや、こんな物にできますか。

② 説明売買

見本が不要なもの

(ロ) 銘柄売買・商標売買

品質の保証、決定にあたり見本を使う必要のない商品がある。ルイ・ビトンやシャネル等の有名銘柄であれば、その品質はよく知れ渡っており、見本は必要とされない。これに準じた有名商標であれば同じようなことがいえよう。銘柄や商標がいわば「物いわぬセールスマン」であり見本の役割を果たしている（見本送付の代わりにカタログ送付で代用できる)。

(ハ) 規格売買

商品の中でも工業用品は、国際的なしっかりとした規格が設けられている。例えばJIS (日本工業規格)、ISO (ISO 規格／ International Standard Organization ／国際標準化機構) 等がこれにあたる。これらの商品規格が商品の品質を明らかにしている。その他にも ASTM（American Society for Testing and Material ／米国材料試験協会規格)、BS（British Standards ／英国標準規格)、UL（Underwriter Labolatories ／米国安全規格)、DIN（Deutsches Institfut fur Nomung ／ドイツ工業品規格）等がある。

見本が不可能なもの

(ニ) 仕様書売買

大型機械、精密機器等の場合には、見本の送付は不可能であるため設計図、写真、イラスト等で品質を表わした**仕様書 (Specifications** ／説明書／スペック／数値データのこと) が使用されることとなる。

また、薬品、化学薬品等にも成分の説明書（化学式等）が使われている。

(ホ) 標準品売買

商品と見本の正確な一致が難しいもの (農産物等は、腐敗する等というリスクもある) においては、公的検査機関が定める標準品により品質を定めている。

例えば、**農作物の場合**には、**FAQ(Fair Average Quality Terms ／平均中等品質条件)** という国際標準があり、輸出国における検査機関がFAQ の基準のどの品質にあたるかを検査をし、その**契約をした年度の品質**を定め品質検査証明書を発行する。**中等品質以上を輸出対象品とし、**買手が受け取った時点の品質が**その年の中等品質以上であればクレームの対象となることはない。**

同じように、**木材** (「す」を調べる) や**鉄鉱石** (鉄分の含有量を調べる) 及び冷凍魚（解凍しないとわからないので）等の場合には、**GMQ(Good Merchantable Quality Terms ／適商品質条件)** が国際基準として使われている。

上記 FAQ および GMQ は、買主が受け取った時点での商品品質が条件（揚地条件）とされている。

また、オーストラリアの小麦の標準を定める ASW(Australia Standard Wheat ／豪州標準小麦) 等をも挙げることができる（ASW とは、FAQ に代えてオーストラリアの小麦に適用されている)。

品質について考慮すべきこととして、その品質の良し悪しを、どの時点をもって決定するのかということがある。具体的には、**船積品質条件** (Shipped Quality Terms ／ CIF、FOB 条件等の場合) と**揚地品質条件** (Landed Quality Terms ／ DAP 等 D 条件の場合／化学薬品等や食品原材料等に多く適用) のうちどちらにするかということである。しかし、インコタームズとの関係もあって多くの場合は、船積時における品質つまり、船積品質条件にて契約されている。但し、商品 (なま物、冷凍品等) によっては、インコタームズの規定にかかわらず特約として揚地条件とすることもある。

なお、売主検査に関して、話し合いにより “Saller's Inspection is final.”（積地条件）にする場合と、“The Inspection at final destination is final.”（揚地条件）とする場合とがある。

Guide !

(i) 見本売買を基本としてさらに、検査証明書を添付する等のいわば前述の複数の方法を組合わせる場合も考えられる。

(例) ヘルメット（商品見本＋商品強度の検査証明書)

(ii) 有償見本

高価格な商品の場合には、無償見本としてではなく有償見本として提供されることが多い。

展示会等におけるサンプルは、原則として有償である。

(iii) 品質に関する契約書裏面約款の具体例

Quality The Sellers shall guarantee all shipments to confirm to samples, types, or descriptions, with regard to quality and condition. （日本語訳） **品質** 売主は、すべての積送貨物が、品質及び状態に関して、見本、規格、もしくは説明に一致することを保証する。

(2)　**数量 (Quantity)**

数量とは単位のことであり、商品により次のような単位の種類が定められている。

品質決定時点同様に、数量決定時点に関しても船積数量条件と陸揚数量条件（次頁②参照）とがある。

① 数量の単位 (Unit of Quantity)

(i) 重量 (Weight)

(イ) **Metric Ton** (1,000kg) ／メートル・トン／キロ・トン／仏トン

現在、米国等一部の国を除いてほとんどの国々おいては、この単位が使われている。米国等では、貿易取引はメトリック・トン（日本語ではメートル・トンともいう）を使用するとされている。しかし、現在に至ってもすべての取引がメトリック・トンに徹底されてはいないようである。

(ロ) **Short Ton (907kg**/2,000 ポンド) ／軽トン／**米トン**／ American Ton ／ Net ton

米国では、今でもこの単位を使用して取引することがある。

(ハ) **Long Ton (1,016kg**/2,240 ポンド) ／重トン／**英トン**／ English Ton ／ Gross ton

英国において最近まで使われていたが欧州統合により、今ではメトリック・トンに移行している。

総重量 (Gross Weight ／ GW) とは、梱包 (**風袋**／ **Tare**) を含んだ重さである。また、風袋(「ふうたい」と読む) を除いたものを**正味重量 (Net Weight ／ NW** ／正味数量ともいう **)** という。

(ii) 容積 (Measurement)

(イ) Cubic Meter (M3 (エム・スリー＝m^3) ／立方メートル (立米) ／リューウベイ)

(ロ) Cubic Foot（f^3 ／立方フィート）

現在では、容積の単位として Cubic Meter が使用されている。

また、在来船の運賃計算には 1M3 ＝ 1 t (1,000kg) とした容積トンが使用されている。

(ハ) その他

貨物によっては、Gallon、Liter 、Barrel や Bushel（穀物の単位）等の単位もある。

(iii) 長さ (Length)…… コード、線等

Meter が主に使用されているが、Foot(12inches)、Inch、Yard(3ft) 等もある。

(iv) 面積 (Dimension)…… ボード、板、タイル等

Square Meter (m^2/SM) が使用されるが、他に Square Foot もある。

(v) 個数 (Number)

貨物の種類によって、Piece(Pcs/ 個) 、Head (頭) 、Set(台) 、Pair(対)、Dozen(12 個) 、Gross(GS/12 × 12=144 個／ 12 ダース)、Great Gross(12 × 12 × 12=1,728 個／大グロス) 等がある。

(vi) 包装 (Packing)

包装の単位で、Case（箱）、Carton（段ボール）、Bale(俵)、Bag (袋) 、Drum (樽)、Can (缶)、Bombe(ボンベ／爆弾のことではない) 等がある。

② 数量決定の時点

数量に関して、**船積（時）数量条件**(Shipped Weight Terms ／ Shipped Weight Final) にするのか、**陸揚(時)数量条件**(Landed Weight Terms ／ Landing Quantity Terms) にするのかについては通常、インコタームズによって決められる。実務で多く使用されている CIF、FOB 等の場合、船積時点（積地条件）となっている。

(i) 最低引受可能数量 (Minimum Quantity Acceptable)

商品の運送にあたり、ある一定量以下では、同じ価格では契約できないことや、また、商品によっては、一定量以下の契約では採算がとれないこともある。このようなときには、見積等において最低引受可能数量が決められることがある（個人輸入等で割増な料金となってもかまわなければ最低引受可能数量以下でも引き受けられるケースも考えられないわけではないが、ビジネスでは採算が第一である）。

一方、その会社における供給に限りがあり、多くのバイヤーに供給したいような場合には、逆に最大引受可能数量 (Maximum Quantity Acceptable) が定められることもある（日本企業では徹夜してでも引き受ける所もある）。

一方、売買契約において、売主が希望する場合、例えば、**四半期毎の最低取引数量**としての **Minimum Quantity** が決められることもある。

(ii) 数量過不足認容条件 (More or Less Terms)

用船契約における穀物類や鉱石等のような貨物 (**散 (バラ) 荷／ Bulk Cargo**) においては、到着時における正確な数量を定めることは、難しいことがある。このような場合には、過不足容認条項において一定の過不足があっても、契約違反に (クレームの対象と) ならないとされている。

具体的には、**About/Approximately**/Circa(約) という文字が数量の前に付くと、**10% の過不足**が認められる。

また、**10%以外の過不足**を表現するときには、**More or Less** という語句が使用されている。

(例) “Seller has the option of delivering 5% more or less on the contracted quantity.”

「５％以内の数量過不足は、売主の権利とする。」このことは、売主がプラス、マイナス５％の数量を確保するために具体的にどれ位の量を積載すべきかを決めることができるという意味である。

なお、話し合いにより “Seller” を “Buyer” とすれば「買主の権利」となる。

(3)　価格 (Price)

価格に関しては、貿易条件 (建値／第２章 インコタームズ参照) を何にするかで決められている。つまり、どこでいくらでその貨物を引き渡すのか、そして、取引通貨をどうするかを決めることである。

ビジネス交渉において、価格は他の貿易条件（品質、メインテナンス、荷姿等）により影響を受けるものであり、単に価格と数量により決められるものではない。

① 貿易条件

インコタームズとして代表的なものには、次のようなものがある。

(イ) FOB(本船甲板渡価格)

売主が、本船に貨物を積み込むまでの費用を負担するという条件。運賃、保険料等は買主負担となる。

(ロ) CIF(運賃、保険料込渡価格)

売主が貨物の船積までの費用と輸入港までの運賃、保険料等を負担するという条件。

(ハ) CFR(C&F ／運賃込渡価格)

売主が、船積までの費用と輸入港までの運賃を負担するという条件。保険料は、買主負担となる。これらを図にすると次頁のようになる。

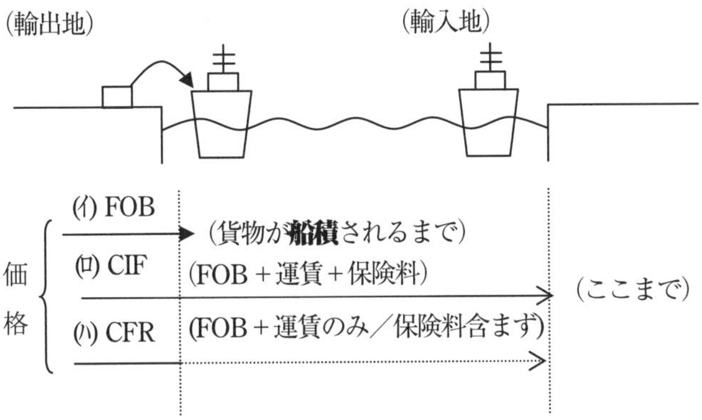

FOB 価格とは、その商品の価格、経費、諸掛、売主の利益等船積までに必要とされるコストをいう。また、インターコムズ 2010 以降における FOB 価格では、(シップス・レールではなく) 船積時点が費用負担の分岐点となっている（詳細は第２章参照）。

価格の表示方法としては、例えば、輸出者 (日本)、輸入者 (米国) 間の取引価格 US$30,000、運賃 US$2,000、保険料 US$150 とすると次のように表示される。

(イ) **FOB 時** (例) US$30,000 FOB TOKYO → (価格) と (貿易条件) と (都市名) を意味している。 **FOB** の運賃は、輸出港においては支払われていないため、輸入港を表示せず、**輸出港** (輸出港が属する都市名としての、例えば東京) が表示される。この場合は、**運賃着払い (Freight Collect ／運賃後払い)** となる。なお、**FCA** 時は**輸出地名**（内陸地を含む）を表示する。
(ロ) **CIF 時** (例) US$32,150 CIF Los Angeles **CIF** は、輸入港までの運賃 (と保険料) が含まれているため **輸入港** (都市名としての、例えば Los Angeles とする) が表示される。この場合、**運賃元払い (Freight Prepaid ／運賃前払い)** となる。 なお、**CIP** 時は**輸入地名**（内陸地を含む）を表示する。
(ハ) **CFR 時** (例) US$32,000 C&F Los Angeles **CFR(C&F)** は、運賃は、輸入港まで支払われているため、**輸入港**が表示される。CIF 同様に**運賃元払い（Freight Prepaid）**となる。なお、**CPT** 時は**輸入地名**を表示する。

Guide !

増加費用（原料費、人件費、為替等の値上がり分／ 51 頁参照）

契約書裏面約款における増加費用／ Increased Cost 等の条文（輸出地における費用の増加分を価格に加算できる旨を記載すること）は、売主はこれを加入したがるが、反対に買主はこれを削除しようとする (「書式の戦い」の一例)。契約締結時において、このように利害が対立する事由に関しては、双方による話合が必要とされる。

また、不可抗力時等による価格上昇等は双方の話し合いとするという Hardship Clause を契約書に記載することもある。しかし、価格に関しては契約時点での価格（固定価格）とする考え方が根強く残っている。

② 使用通貨

例えば、米国と取引をするのに自国通貨 (円建) とするのか、相手国通貨 (ドル建) とするのかという選択がある。この場合、どちらかに為替リスクが生じることになる。もし日本企業が円建とすれば為替リスクは、相手側で負うこととなる。当該相手が売主であれば為替リスク分を、価格にプラスしてくるということが充分考えられる。買主（日本企業）がこれを避けてドル建で取引をすれば、この場合には為替リスクは買主が負うことになる。また、米国以外の国との取引においても、相手国通貨がマイナーな通貨である場合には、基軸通貨であるUSドルで取引が行われていることが多い。

(4) 決済 (Payment)

売主に対する買主の支払いがどのような方法でなされるかということは、契約書における当事者の話し合いにより決められる。この決済方法を具体的に売主にとって有利な順に並べてみると、次のようになる。
① 前受・前払の送金方法
② L/C 付荷為替手形（「売主は当該方法による支払いを原則とする。」と、契約書裏面に記載されることが少なくない。）
③ 後受・後払いの荷為替手形(D/P 手形、D/A 手形)
④ 後受・後払いの送金方法
決済内容の詳細に関しては、第10章で学ぶことにしたい。

(5) 受渡(船積 Shipping ／納期 Delivery)

受渡しとは、売主が買主に商品を渡す納期のことである。国内取引において納期というと、買主の施設まで届けてもらうのが一般的であるため、輸入地と思いがちである。しかし、貿易取引においては、輸出国の港に停泊している本船に積んだとき(船積時)とすることが一般的である。実務で多いCIF、FOBの受渡しは積地条件として、船積をする場所およびその時期等が決められる。従って、積地条件においては、“(Time of) **Delivery**”とするよりも“(Time of) **Shipment**”と契約書等に表示することが誤解を少なくするために望ましいといえよう。

一方、商品によっては例えば、X'mas商品等のように納期が大切な商品である場合には、契約書に **“Time is of Essence.”** と記載することもある。但し、一般的な商品にこの旨を記載しても無視されることもある。

船積時期（Time of Shipment）の種類

① **直(じき)積(Immediate Shipment ／ As Soon As Possible Shipment** ／ At Once Shipment ／ Prompt Shipment) 売主が、買主との話し合いによりなるべく早急に船積を約束する船積方法のことであるが、その意味するところに客観性がない。また、どれ位早くするのかという国際的な統一性もないため勧められる方法ではない。なお、UCP600（第3条）では、信用状等の書類においてこれらの言葉は使用してはならない（銀行は無視してよい）と規定されている（通常、契約後2週間から1月以内での船積を意味することが多い）。
② **単月積(例えば August Shipment ／ 8月積**という) 特定月の初日から末日（例えば8月1日～8月31日）までに船積を行えばよい方法で、貿易取引では最も多く使用されている。
③ **連月積(例えば August/September Shipment** ／8月・9月積という) 製造が長期におよんだり、または大量に注文を受け分割船積が予想されるようなときに使用される。
④ **日数指定方式(Shipment: Within 30 days after receipt of L/C)** L/C 受領日後、例えば30日以内とか、または、契約後何日以内とか、特定日後何日以内とかにする方法である。買主からのL/C到着がしばしば遅れるような取引である場合等に使用される。
⑤ 日時指定方式（例えば Shipment: August 20) 一定期間内ではなく、日時が決められている方法もある。一般の貨物では使用されないが、船舶や航空機の引渡時等では、引渡日が指定されている。

Guide !

分割船積の場合には、売主により各船積を個別の独立した契約とみなすと契約書に記載されることがある（初めの船積に契約違反があっても、残りは違反としないという意味である）。これは、UCP600 第32条において、買主の立場を優先して初めの船積に違反（例えば船積の遅延等）があれば残りの分も違反とみなすと規定されているためである。

(6) 保険 (Insurance)

保険を付保する者が、売主なのか買主なのかについては、インコタームズの規定に従うことになる。さらに保険条件を何にするかについても決められる。なお、保険金額については、通常 **CIF 価格の 110 %** が最高保険金額とされ、その旨が記載される。

保険条件

通常は、貨物の種類によって下記の保険条件のうちひとつが選ばれる。

① **ICC(C)** ／ **FPA**(Free from Particular Averages ／単独海損不担保) →鉄鉱石、石炭等で使用される。

② **ICC(B)** ／ **WA**(With (Particular)Average ／単独海損担保) →穀物、豆類等で使用される。

③ **ICC(A)** ／ **A/R**(全危険負担) →製品、半製品で使用される。

この保険条件に特約として、戦争・ストライキ・暴動・騒乱の危険 (With War & S.R.C.C.Risks) をさらに付保することが殆どである。

インコタームズに関しましては第２章において、また、貨物（海上）保険に関しては、第５章において学習する。

(7) クレームと仲裁 (Claim and Arbitration)

クレームが生じた場合の対応方法として、次のようなことが契約書に記載される。

① クレームの提起期限

輸出者にとって買主からの貿易クレームが無期限に行えるようでは困るので、貨物到着後何日以内（例えば 30 日以内／この期間は話し合いによる）に限ると契約書に記載される。しかしながら、輸入者は、6 月以内等と長い期間を主張するため、話し合いによりその期間は取り決められている。

② クレームの提起方法

輸入地において貨物引取後、梱包の不備等による貨物の損傷等がある場合には、鑑定報告書等のような書面を添付してクレームをする旨等が決められる。契約書の裏面約款として「話し合い(和解)を(例えば)90 日してなお解決できない場合には、仲裁により解決するものとする。そして、その仲裁判断は両者を拘束するものとし、かつ、最終的なものとする。」等と記載される。

③ クレームの処理方法

クレームを解決する方法としては、次のような方法がある。

(イ) 和解（Compromise）

(ロ) 斡旋（Conciliation）

(ハ) 調停（Mediation）

(ニ) **仲裁（Arbitration）**

(ホ) 裁判（Lawsuit）

上記のうち和解または仲裁が今のところ有効かつ、一般的な方法であるといえよう。

なお、詳細については第 12 章において学習する。

⑻ 不可抗力 (Force Majeure ／ Frustration ／ウィーン売買契約では Impediments)

売主にとって、普通程度の注意や予防策では、防止できない突発的な非常事態に起因する契約不履行（船積不可、納期遅延等）のことをいう。当初は主に自然災害 (Act of God) を中心としていたが、現在では**人為的なものも加えられている**。貿易取引においては、**不可抗力による損害は、主として売主の免責扱い**となりクレームの対象とはならない。具体的には、「洪水、地震、台風、津波、海固有の危険、火災、爆発、天災、輸出禁止、出入港禁止、検疫制限、**ストライキ**(※)等、燃料、電力等の不足、革命・戦争等、**疫病**（チフス、コレラ等／ Epidemic ／ Pandemic)、その他船舶等の突発的出来事」を挙げることができる。

不可抗力の事例は具体的に契約書の裏面に記載しておくことが大切である。契約書に具体例として記載されていなければ、例えばサーズ、マーズ、新型コロナウィルス等は、Epidemic（疫病）のみでは原則として不可抗力とは認められない可能性がある。なお、上記（※）印のストライキ等に関して、売主の生産現場労働者のストライキを売主は含む買主は含まないとして揉めることがあるので事前の話し合いが必要となる。

不可抗力時には、輸出者は自社で「不可抗力証書」を作成し、商工会議所のサイン証明を、又は公証役場の印を取得することもある。不可抗力の解除権は、話し合いとされている。従って、契約時に（例えば）話し合いが 90 日以上継続した場合には、書面通知により解除できるとすることもできる。

不可抗力の具体例（契約書記載事例）

“(hereinafter referred to as “Force Majeure”) including but not limited to flood, earthquake, tyhoon, tidal wave, perils of the sea, fire, explosion, act of God, prohibition of exportation, embargo or other type of trade control, governmental order, regulation ordirection, or quarantine restriction, strike, lockout, slowdown, sabotage, or other labor dispute, war (declared or not), hostilities, riot, civil commotion, modilization, revolution or threat thereof, boycotting, accidents or breakdown of machinery, plant transportation or loading facilities, shortage of petroleum products, fuel, electricity, energy sourceas, water, other raw materials, substantial change of the present intemational monetary system or other severe economic dislocation, bankruptcy or in-solvency of the manufacturers or suppliers of the Goods, Epidemic or any other causes of circumstances directly or indirectly affecting the activities of seller, manufacturer or supplier of the Goods.”

⑼ 準拠法 (Governing Law)

当事者が交わした契約内容において、トラブルが生じた場合、その成立や効力、そして、契約内容の解釈に関して、**どの国の法律**（第三国の法律を含む）**を準拠させるか**を決める必要がある。通常、売主、買主ともに自国の法律を主張することが多く、両者の利害が対立して合意がえられないこともある。従って、そのようなときには当該項目が削除されることもある。あまりこだわりすぎて、契約自体が流れてしまうようなことになっても、本末転倒となってしまう。この条項は何もトラブルが生じないときには関係ないが何か争いがあった場合には、どこの国の法律に照らして契約書を解釈すべきかが問題となる。

そのため、あらかじめ話し合いにより準拠法を決めておくことが望ましい。

⑽ 管轄条項（Jurisdiction Clause)

準拠法以外にも管轄条項といって、紛糾時の仲裁地や裁判地をどこの国で行うかも話し合われる（準拠法の国と仲裁地等の国は、必ずしも同じ国である必要はない)。この場合、話し合いによっては、被告地主義（クロス式ともいう／申立側を不利にすることにより話し合いを促している）といって訴えられた地（被告地）にて仲裁（又は裁判）を行うという考え方もあり、少なからず採用されている。

⑾ その他

その他当事者が必要と思われる条項が、話し合いにより取り決められる。例えば次のような条項を挙げることができる。

① **船積通知** (Shipping Advice)

インコタームズにおいても、売主は、船積をした旨を買主に遅滞なく通知しなければならないと規定されている。船積書類(コピー)の送付により買主は船名、積込日、数量、価格等を把握することができ、国内においてより積極的な営業活動等を行うことが出来る。従って、売主は船積時には直ちに電信によりその旨を通知する等と記載する。なお、FOBの場合には、買主は、船積通知により確定保険を付保することになるため、売主による当該通知はより重要なものとなる。

② 荷印 (Shipping Marks)

貨物梱包の表面に印刷する荷印に関しては、原則として買主が契約時に契約書にて売主に指定する。指定のない場合には売主が判断し乙仲等に手配をする。なお、必要に応じてケアマーク／注意マーク(Fragile、Keep Dry、Handle with care、Do not stack ／上積み禁止等) も荷印と共に記載される。

(例)

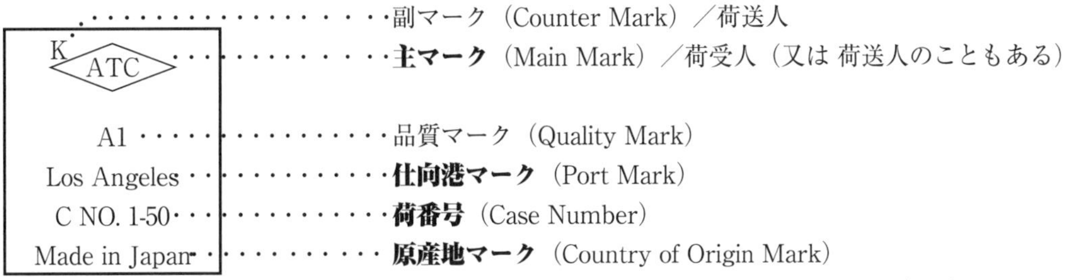

(上記副マークと品質マークは省略されていることが多い。)

③ 検査 (Inspection)

商品の品質は、契約時の話合いにより、輸出地及び輸入地の必要な検査を決めることができる。さらに商品により法令による検査があれば契約書に別途項目を建ててその内容を決めることもできる。

④ 知的所有権 (Intellectual Property)

知的所有権に該当する貨物である場合には、その権利が侵害されたことから生じる紛争をどう解決するか、その処理方法が取り決められる。この紛争とは、輸入品が輸入国において知的所有権の問題が発生した場合等のことであり、深刻な事態に発展することがしばしば見うけられる。

中国国内における主な商標権侵害事例として、BPPLE、SUSIKI、SQNY、HONGDA、HERWES、HIPHONE 5、PMUA、STARBOCKS 等がかつて見受けられた。

⑿ **ウイーン売買条約** (CISG)

売買に関する国際ルールとしての**ウイーン売買条約** (1988年 国連国際物品売買条約) に関して、**英国はまだ批准していない。**我が国においては2008年7月1日より同条約に加盟し、2009年8月1日から発効されている。このため、我が国としても同条約の対応が必要とされている。

ウイーン売買条約とは俗名で正式には**CISG**／シスグ／United Nations Convention on Contracts for the International Sales of Goods という。

この条約は売買契約の成立及び売主、買主の権利義務を規定している。①輸出入国ともに条約締結国であればCISGに契約書に記載しなくても**CISGが自動適用**されることになる。②しかし、そうでない(双方が、又はどちらか一方が条約締結国でない) 場合には“This Contract is subject to CISG.”と記載することにより適用される。③また、CISGに従わない旨 (“The provisions of CISG will not apply to this contract.”) を規定すれば従わなくてもよい。但し、この場合には、例えば日本法を適用する旨をも記載しておかないと日本法が (自動的に) 適用されることはないので留意したい。

我が国は71番目の締約国となる**英国は、2017年現在、締約国ではない**が、近い将来加入の予定である。

Guide!

(i) インコタームズおよびUCPの規定は、ウィーン売買条約の規定より優先される。

(ii) ウィーン売買条約は、物品の売買に関するものであり、サービス貿易や個人輸入に関しては、適用されない。

(iii) ウィーン売買条約における物品の保証期間は、引渡しから2年とされている。

(iv) ウィーン売買条約は、契約全体をカバーした内容ではないので準拠法としての適用が排除される傾向が強い。

⒀　補足／その他の契約書

委託販売契約等の場合／売買契約以外にも委託販売契約等がある（473頁参照）。

当事者の関係（取引形態／Privity／下記 Guide ⅱ参照**）**

これは、委託販売契約等の場合において、輸出者（委託販売者）が取引をする相手（受託者）を、（イ）代理人 (Agent/ 代理店) として取引をするのか（ロ）、それとも本人 (Distributor ／販売店) としての立場で取引をするのかを決めることである。従って、受託者が代理人 (Agent) であれば、

(イ) Transaction as **Principal to Agent**（本人対代理人の取引／**代理店契約**）、となる。

また、本人 (Distributor) としてであれば、

(ロ) Transaction as **Principal to Principal**（本人対本人の取引／**販売店契約**／売買契約の一種）となる。

上記(イ)の**代理人（または代理店）**とは販売**手数料**をとって本人の代理をするが、**責任は本人**（輸出者／委託者）**が負う**ことになる。代理店（Agent）は在庫品等に対しての責任を負う必要はない。

上記(ロ)の**販売店 (Distributor)** とは、自己の名前と責任において取引をする者をいう。このことは、**在庫品が残れば販売店では、自己の責任において処分する**こととなる。海外進出を図る者（輸出者）が、相手国に代理店を置くのかあるいは販売店とするのか、あるいは自社の直営店を置くのか、状況により判断されるべき重要事項である。さらに、本人（輸出者／委託者）自らが輸入国に直営会社を設立したり、あるいは輸入国パートナーと合弁会社を設立したりすることも考えられる選択肢である。

代理店には、総代理店（**Sole Agent**）や一手代理店（**Exclusive Agent**）また、支払保証代理人（**Del Credere Agent**）等がある。販売店で Sole Agent に相当するところは、総輸入元（**Sole Distributor**）であり、一手代理店に相当するのは一手販売店（**Exclusive Distributor**）である。Sole と Exclusive は通常、Sole より Exclusive の方がより排他的という意味合いが強いと米国を中心として解釈されている。我が国においては、多くの場合代理店と販売店とは、混同して使用されているのが現状であり、契約書のタイトル（名称）よりもその契約書の内容がどのように記載されているかにより代理店と販売店とを区別すべきである。代理店（代理人）契約の特色は手数料であり、その手数料により商品の販売を委託される者のことを代理店（代理人）という。

Guide !

(ⅰ) Del Credere Agent（支払保証代理人）とは、（デル・クレデールとはイタリア語で保証のこと）販売委託者の代理店 (代理人) が売却した商品の支払いに関して、代理店側が販売委託者にその支払いを保証することである。この場合には、通常の手数料の他に保証することに対する手数料 (Del Credere Commission) をも、販売委託者は代理店に支払うこととなる（474頁参照）。

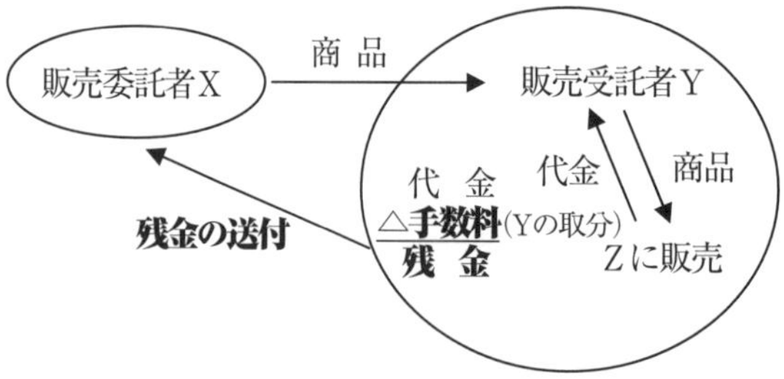

商品が売れた分の代金から通常の手数料を差し引いた残金をＹはＸに送金する。通常の手数料以外にも保証料としての手数料（デル・クレデール・コミッション）をさらにとって、その後の残金を送付する代理人のことを、デル・クレデール・エージェントという。

(ⅱ) **当事者の関係（Privity）**に関しては、主に、代理店契約等において用いられており、通常の**売買契約書においては、省略**されていることが多い。要するに契約を交わす当事者が**本人（Principal）なのか代理人（Agent）なのか**を契約書の裏面約款に記載することを Privity という（契約相手が本人であると思っていたら、実は代理人であり、後日になって代理人手数料を請求される等ということを防ぐため契約の段階で当事者の立場を明確にしておくことをいう）。

(ⅲ) 国際契約には、売買契約をベースとしてその他にも秘密保持契約、販売店契約、代理店契約、ライセンス契約等がある。

7．契約書（売買契約書）の解説

（1）個別契約書（表面／タイプ条項／ Short Form ／略式のもの／ 37 頁参照）

SALES CONTRACT

ORIGINAL

① 売主名と住所

Contract No.　　　Date
③ 契約番号　　　作成日

Buyer
② 買主名と住所

(Remarks)
④ 特記事項
（事例）
Shipment : October
Subject to Seller's reciept of L/C
by September 10, 202_

Trade Terms(Shipping Terms)
⑧ 貿易条件

Vessel on　　　On or about
⑤ 本船名　　　出港予定日

From　　　Via
⑥ 積出港　　　経由地（なければブランク）

To　　　Thence to (Final Destination)
⑦ 仕向港　　　最終仕向地（なければブランク）

Payment Terms
⑨ 支払条件
（事例）
Payment in advance in full amount
(又はDraft at sight with L/C)

DESCRIPTION OF GOODS	QUANTITY	UNIT PRICE	AMOUNT
⑩ 商品名	数量	単価	価格

Insurance
⑪ 保険条件（事例）ICC(A) with Ware S.R.C.C. for 110 % of invoice value

Packing
⑫ 梱包方法（事例）12 pieces to be packed in a carton

Inspection
⑬ 検査方法（事例）Factory Inspection is final (又は PSI required)

Special Terms of Conditions
⑭ 特約

⑮ We as Seller are pleased to confirm this day our sale to you as Buyer, subject to all of the TERMS AND CONDITIONS ON THE FACE AND REVERSE SIDE HEREOF. If you find herein anything not in order, please let us know immediately. Otherwise, these terms and conditions shall be considered as expressly accepted by you, and constitute the ENTIRE AGREEMENT between the parties hereto.

(Buyer)　　　(Seller)

by ⑰ 買主の署名　　　by ⑯ 売主の署名

⑱ Please sign and return immediately the DUPLICATE to us.

出所：ジャストプロ

（解説）

① Sales Contract 時は、売主名と住所を記載する。(Purchase Contract 時は、買主名と住所となる。)

② Sales Contract 時は、買主名と住所を記載する。(Purchase Contract 時は、売主名と住所となる。)

③ 契約番号とは、売約書の整理番号のこと。Date は、契約書の作成日のこと。

④ 特記事項とは、前頁の契約書には例えば船積に関しての項目がないので必要なら記載する。

⑤ 本船名とは、売主の予約した船名のこと。そして、本船の出港予定日を、配船表を見て記載する。

⑥ 積出港とは、荷を本船に積んだ港名のこと。経由港があれば記載する。

⑦ 荷を卸す港名のこと。ここでいう最終仕向地とは、奥地輸送のこと。

⑧ 貿易条件とは、インコタームズのこと。

⑨ 支払条件

（事例）Payment in advance in full amount（全額前払い）／Draft at sight with L/C（信用状付一覧払手形）等と決済方法を記載する（第10章参照）。

⑩ 商品名、数量、単価、合計金額を記載する。

⑪ 保険条件には、ICC(A)、ICC(B)、ICC(C) がある（第5章参照）。

⑫ 梱包の仕様

梱包には、次のような種類がある（その外見を**荷姿**というが、商品に合った**梱包方法が大切**である）。

(i)カートン（段ボール）梱包

(ii)ケース（木材等の箱）梱包

(iii)パレット（土台にのせてバンドで固定）梱包

(iv)クレート（貨物が見えるように木材等で囲う）梱包

(v)スキッド（角材の上にバンドで固定）梱包

⑬ 輸出者の最終検査又は、PSI 検査そして、輸入地検査等話し合いにより必要な検査を記載する。

（事例）Factory Inspection Final（通常必要な検査／慣れてくると As usual 等と記載することもある）。

⑭ その他の特記事項がもしあれば記載する。

⑮ Entire Agreement Clause（包括合意条項／完全合意条項／最終性条項）

Complete（又は、Final）Agreement Clause とも呼ばれているが、次の事を意味している。

(イ) 契約書の裏面約款も契約の一部であることを、買主に念をおしている。

(ロ) 契約締結にいたるまでに、FAX 等によりさまざまな合意がなされていることがある。レター・オブ・インテント（意図表明状）やメモランダム（覚書）等の予備的合意もこれらに含まれる。これらの合意と契約書の内容とに相違があると、後でトラブルを生じることもあるため**エンタイヤー・アグリーメント条項**がある。このことは**当事者間の合意内容はすべて契約書に書かれており、契約締結以前の合意内容は、口頭であれ、書面であれ契約書の内容と矛盾しているところは、無効になる旨を意味している。つまり本契約書が唯一の完全なる合意事項である旨をここでは明示している。このことは、口頭証拠排除の原則（Parol Evidence Rule）と称されている。**

Entire Agreement は、Parol Evidence Rule を契約書に反映しているといえる。

但し、この場合における注意点として、レター・オブ・インテント等の予備的合意文書の記載文言（書き方）が重要となる。例えば、具体的な数字を入れて“In case of ～, ABC Co., LTD. agree to pay us $100,000.00.”等と相手方と署名入りで約束してしまうと、後日 ABC 社に責任が発生することもありうるので注意したい。両者の言い分が決着つかない場合には、裁判においては裁判官の判断するところとなる。

また、後日の契約書の修正は双方の合意によりその旨を盛り込むことにより可能である。

⑯ 輸出者の署名欄

⑰ 輸入者の署名欄

⑱ 契約書の Original と Duplicate の両方に売主は署名をして買主に送付し、そのうちの Duplicate に買主の署名をもらい送り返してもらうことになる。

Guide !

Long Form の契約書の形式（略式でないもの）

Contract / Agreement（タイトル）

① This Agreement, made and entered into on this 4th day of July, 202 __ by and between ABC and XYZ

WITNESSETH:

（Witness の古い英語で以下のことを証するの意）

② WHEREAS ,ABC desires to sell to XYZ certain products hereinafter set forth;
WHEREAS , XYZ is willing to purchase from ABC such products.

③ NOW, THEREFORE, in consideration of the mutual covenants and premises hereinafter contained, the parties hereto agree as follows:

Definition

④ Article 1 Product（製品とは…）
Article 2 Affiliate（関連会社とは…）
Article 3 Month（又は Year の定義）
Article　（その他必要に応じて）

⑤ IN WITNESS WHEREOF（上記の証として）, the parties hereto have executed（署名しました）this Agreement the day and year first above written.

For ΛBC
For XYZ

上記①は、何年何月何日に ABC 社と XYZ 社は本契約を締結し、以下のことを証するとある。
上記②を **Whereas Clause（背景説明条文）**という。輸出入者の背景を説明している条文であり英米法の考え方による。本来記載がなくてもかまわない。なお､Whereas は～なので（as）の意で Recitals（前文）と記載することもある。
上記③は、**約因**（契約の原因）のことでありこれにより法律の効力を有することになる。②、③ともに英米法独特の表現方法となっている。貿易取引における Long Form の契約書では今でも上記①、②、③が削除されていないこともある。

⑵　**基本契約書**（裏面約款／印刷条項／必要な一般条項等を記載／英文契約書は本文末付録参照／略式のもの）
契約書における**裏面約款**の内容について、輸出契約書と輸入契約書に分けてそれぞれ要点を解説してみたい。

輸出契約書（Sales Contract ／英文契約書は本文末付録参照）

1 増加費用（Increased Cost）

契約締結後に、売主の輸出のための履行費用が増加した場合には、それらは買主負担とする。増加費用には、例えば運賃率、税金等の政府関係諸費用、戦争、ストライキ、暴動危険の保険料のアップ等が挙げられる。

2 決済（Payment）

買主は、契約金額の全額と銀行諸費用（日本以外のものを含む）を支払うものとする。また、相殺決済を禁止する。
⑴ L/C 取引の場合、以下の条件に従うものとする。
① Irrevocable and Unrestricted であること。
② L/C は、A Prime Bank（一流銀行）で発行されたものであること。
③ 貨物の船積日（B/L Date）後、7 日間以上買取りのための L/C 有効期限があること。また L/C の失効は輸出国（日本）においてさせること。これは、現地渡しでは、通常の場合と輸出者が間違える可能性があるためである。
④ 本契約書の諸条件と L/C 内容が、厳密に一致していること。
⑤ インボイス金額の全額である一覧払手形を代金支払の原則とする。
⑥ 買主が、信用状を提供しない場合には、売主は以下の権利を行使することができる。
㈠ 本契約の一部または全部の解除

(ロ) 船積の延期および保管（費用は買主負担）
(ハ) 商品の転売（費用は買主負担）
(2) 支払いがD/P、D/Aまたは、後払い送金の場合においては、売主が買主の支払いに疑問を抱いたときには、売主は買主に次の要求ができるものとする。
① 担保の提供／相当の保証
② 本契約書第９条規定の救助手段等の選択
③ 商品の船積停止

３ 船積み（Shipment）
(1) インコタームズがFOB、FCA等の場合には、買主が船腹を手配し、売主に対して船積みの指示をする。
CIF、CIP等の場合には、売主が船腹を手配し、本契約書の表面にある期日までに船積を行う。但し、船腹があいていることを前提とする。
(2) B/L, SWB, AWB等の運送書類の日付は、船積日（または受渡日）の証拠となる。
そして航空運送においては、商品を航空運送人（直送）またはその代理人（混載）に引き渡したときに、危険負担が売主から買主に移るものとする。
(3) 分割船積契約においては、**個々の分割船積を独立した契約とみなす。**つまり、契約違反がひとつの船積にあったとしても、他の部分の船積になければ、他の部分に影響を及ぼさないものとする（UCP第32条に関連している)。

４ 保険（Insurance）
CIF等のように売主の費用で保険契約を結ぶ場合には、次の内容とする。
(1) **インボイス金額（CIF・CIP）の110%を保険金額**とする。
(2) 通常の海上危険（マリン・リスク）のみを担保するものとする。
(3) そして、**売主は**ICCの**分損不担保（FPA／最小条件）を付保**するものとする。
買主の要求により追加の保険（Any additional insurance）**を手配するときには、その差額は買主負担**とする。
なお、信用状なしのD/P、D/A取引において、かつ買主が保険を手配するような場合には、買主は、必要事項（保険証券等の番号、保険会社の名称等）を、予定船積みに間に合うように売主に通知すべきものとする。

５ クレーム（Claim）
(1) 商品が仕向地に到着後（Sales Contractなので例えば）15日以内にケーブル、又は、テレトランスミッションにより売主にクレームの通知をしなければならない。また、テレトランスミッション等を発した後（例えば）**15日以内**に、公正な鑑定機関による鑑定報告書（サーベイレポート）を売主に提出しなければならない。
売主は、欠陥品の修繕（repair)、交換（replace）または代金払戻し（repay）の選択の自由を有するものとする。
(2) 輸出地における買取りの遅れ、銀行手続や郵便事情により、買主のB/L等の船積書類入手が遅れた場合において、発生した費用は買主負担とする。
(3) **売主は、間接損害（Consequential Damages）等については、免責**とする。

６ 保証（Warranty／ワランティ）
本契約書において特に**明示（明示の保証／Express Warranty）されていなければ、それ以外のことつまり、黙示の保証（Implied Warranty）に対しては売主は何ら保証**（ワランティ）**するものではない。**この条項はUCCの規定（任意法であるため修正可）を否定することになり契約当事者にとって重要なことであるため、英文は大文字またはゴシック体になっている（小文字で書くと無視できるので要注意)。これにより「黙示の保証」の拡大解釈を防止している。したがって、契約書における保証に関する明示文書の内容が重要となる。黙示の保証に関して**売主は、一般的な目的としての貨物の商品性（Merchantability）および契約書にある具体的な商品目的としての適合性（Fitness for Purpose）についてもここでは保証をせず、さらに、それ以外の特定の目的（NO OTHER WARRANTIES）に合致することをも保証するものではないとしている。これを黙示の保証の排除（Disclaimer）という。**このことは、売主の立場からすれば、買主からあまり細かく商品目的を聞かずに、例えば工業用品であればJIS規格にて売却してしまう方が免責されやすいといえよう。大切なことなので契約書には大文字の英文にてこの旨記載することになっている。ただし、取引においては貨物の商品性に関して買手との話し合いにより実質的には保証することとなる（要は、**契約書に記載されていること以外は保証しない**としている）。

Guide !

(i) 明示の保証とは、文書(口頭をも含む)にてはっきりと保証していることをいう。また、黙示の保証とは、法律(UCC等)が付与している保証のことで具体的には貨物の商品性（例えば靴に穴があいていない等）と特定な目的への適合性（例えばとても重い巨体な人に通常の椅子を売ったらつぶれてしまった等）に関する保証のことである。なお、明示の保証に関して、CISG第35条においては絶対的保証として2年とされている。しかし、これは任意規定であるため契約（特約として）により例えば商品保証期間数ヵ月（期間は話し合いによる）と短くすること（売主にとっては必要なことである）ができる。

(ii) 契約書の商品表示に関する事例

Description of Goods欄に“Leather Shoes”とだけ表示がある場合、買手は茶色のものと思っているところに、黒色の靴が届いても買手は強い立場にいると言い難い。そこで、“Leather Shoes (Color : Brown)”等と表示しておくことが必要となる。買手は、ともすると、商品番号等その他細かいことを書きたがるものであるが、必要以上のことを表示することは、逆に慎むべきでもある。

(iii) 保証（Warranty）と補償（Indemnity）

Warranty（保証）とは、売主の商品に対しての瑕疵担保責任のことである。商品の品質不良に対して売主が商品を取り換えたり、代金の1部または全部を値引き、または戻金したりすることを、具体的には意味している。

しかしながら、その商品が起因して、例えば人が傷ついたり、死亡したりした場合、PL法（強制法なので）がらみでは多額の損害賠償金が請求されることがある。通常、買主との話し合いにより売主は、**補償（Indemnity）条項**／Hold Harmless Clause等において**第三者の怪我等に対する損害の補償**について対応している。この場合、製品の欠陥が原因であれば**通常の損害**(General Damage)**等に関してはそれなりの補償はするものの、特別の損害・間接損害**(Special Damages / Incidential Damages・付随的損害及び運送費、検査費等のこと / Consequential Damages・派生的損害／結果的損害／間接費用のことで範囲の広いものとなる）**等に関しては補償はするものの補償金額を制限する内容**（Capとか Basketという）**にしておくことがまずは売主の対応としては望ましい**ことである（責任上限や間接支払、逸失利益の責任があっても実際には売主と買主との力関係によりどのようにするかが決められる）。

例文　“In any event, Seller will not be liable for any special or consequential damages.”

ただし、このような記載があっても商品により再販売者が怪我をしたり死亡した場合には**PL法により売主が責任回避できないこともある。**しかしながら、状況に応じて必要な事項は契約書に入れておくことが大切である。

(iv) 保証期間（Warranty Period）

機械類等製品によっては、保証期間が定められる。例えば、**船積日**から2年とか、又は、**買主工場の検査合格日**から2年とか、あるいは船積日から24か月そして、検査合格日から18か月のうち**どちらか早い方**までとする等の定め方がある。

7 特許、商標等（Patent, Trade Mark, etc.)

買主は、売主に対して買主国または、第三国であるかを問わず知的所有権（特許、実用新案、意匠、商標、著作、図案、銘柄、その他の工業所有権）の侵害に関していかなるクレームをもしないものとする。

CISG 42条においては、特定の合意がない場合には、特許権等に関することは輸入国においても売主に責任ありとされており、従って、ここで売主に責任なし（免責）とする買主の合意を得たいとしている。

但し、売主は、買主によるものでなく売主国におけるものについては売主の責任とする。

本契約は、あくまで商品売買であり、知的所有権そのものの売買（ライセンス契約）ではないものとする。

8 不可抗力（大陸法では Force Majeure / 英米法では Frustration）

売主は、以下に掲げる不可抗力に基因することにより商品の全部または、一部の船積／引渡の遅延、引渡不能又は本契約に関する不履行に対して買主よりのクレームを回避することができる。また、売主は不可抗力の旨を買主に書面にて通知することにより船積時期等の延期及び本契約の全部または一部について買主と話し合うものとする。

(1) 洪水、地震、台風、津波、海固有の危険、火災、爆発またはその他の天災
(2) 輸出禁止、出入港禁止またはその他の貿易規制
(3) 政府の命令、規則または指示もしくは**検疫上の制限（伝染病／Epidemics 等を含む）**
(4) **ストライキ**、ロックアウト、操短罷業、サボタージュまたはその他の労働争議
(5) 戦争、戦闘行為、暴動、騒乱、動員、革命またはそれらの脅威、ボイコット
(6) 機械設備、プラント、運送または積込設備の事故もしくは故障
(7) 石油製品、燃料、電力、エネルギー資源、水その他の**原材料の不足**
(8) 現行の国際通貨制度の大幅な変更またはその他の**急激な経済変動**
(9) 商品の製造者または供給者の破産もしくは支払不能
(10) または、商品の売主・製造者または供給者の活動に直接、間接に影響を与えるその他の事由または事情

(cf) **物価のスライド（値上がり）は売主の不可抗力とみなされない。**また、不可抗力により買主の代金支払いが免れることはない。

物価のスライド等、不可抗力に準じる事態が発生したときには、Hardship Clause（履行困難条項）に該当する。これはお互いに誠心誠意をもって交渉する旨を約束する条項のことである。さらに、(例えば) 90日話し合っても合意をえられないときには、仲裁により解決するとか、契約は解約するとかを契約書に取り決める場合もある。

(cf) **サーズや鳥インフルエンザそして、新型コロナ等**に関して懸念のある場合には、その旨を**不可抗力の事項の中に記載しておくとよい**。これがないと新しい現象であるために不可抗力として認められないことが多い。

また、テロ（戦争ではない）に関しても必要なら本条に記載しておくべきである（Warlike Conditions Concluding acts of terrorism)。

(cf) 列挙事項のひとつである Strike に関して**売主の労働争議は、通常、不可効力には含まれない**。しかし、場合によっては売主責任問題とされることもある。

9 債務不履行（Default）

買主が契約条件を履行しないとき（契約違反)、支払不能または破産状態となったとき、またはこれに類する状態になった場合には、売主は買主に書面にて通知することにより次の手段（救済手段）をとることができる。下記は救済の具体例である。

(1) 契約の全部または一部の解除（これは、相手が悪いことをした時にすることができる。)
(2) 船積の延期または停止
(3) 商品の運送の差し止め
(4) 買主負担による商品の保管または転売
(5) 割賦金等における繰延払分についての期限の利益の喪失

Guide !

(i) 但し、上記(1)〜(5)について買主のささいな契約違反は、対象外とされている。
(ii) その国の法律（日本の会社更生法、米国の連法破産法等）により、売主の救済手段がとれないこともある。
(iii) 本条項は、法定解除権（民法541条から543条）によると手続きに時間がかかるため、約条解除権の行使として、契約において規定しようとするものである。なお、相手がこれに従わなければ猶予期間が必要とされる（民法54条)。したがって、何ら催告なしにと記載しておくこともある。
(iv) 相手が悪くない時には、双方の話し合いにより中途解約ということになる。従って、このことに関しても必要に応じて契約書に書いておくこともある。
(v) 売主にとって分割払いの時等には、「期限の利益の喪失」を定める条項を入れておくことも必要であろう。これにより買主の代金支払いをより確実化することが期待できる。

10 譲渡禁止（No Assignment または Assignment）

買主は、売主との書面による事前同意をなくして、本契約に関する全部または一部の権利または義務を他人に譲渡してはならない（例えば、事業譲渡等のこと）。このことは双方の契約上の権利を確保するためのものである。

11 権利不放棄（No Waiver）又は権利放棄（Waiver）

本契約における売主の権利は、売主が書面により放棄しない限り、放棄したものとみなされない（例えば、支払遅延利息請求権等のこと）。つまり、売主が何らかの権利放棄（waiver）を一度したから（たとえば、売主が支払いを猶予してあげる等）といって、売主が書面で放棄しない限り、買主はその売主の行為を盾として、売主の権利放棄を主張できないとするものである。つまり、英米法の「禁反言の原則（Estoppel／エストペル）」に関してこれを適用せずとしている（英米法の考え方である）。

権利不放棄の事例

売主が一度支払いを猶予したからといって、次回も売主が猶予するとは限らない。従って、本条文により次回以降この場合買主は支払いの猶予を次回以降においては売主に主張できないことになる。

12 仲裁（Arbitration）

本契約について紛争等がある場合には、東京における（社）日本商事仲裁協会の仲裁手続規則により解決するものとする紛争処理をどこでするかに関して、明文化されていない場合には、被告地主義という考え方が有力である。また、仲裁結果としての**仲裁判断裁定は最終的なもの**（“The arbitral award shall be final and binding upon both parties.” と契約書にある／つまり裁判はできないとしている）**として双方を拘束する**。なお、**仲裁は非公開**であるため裁判のように他の会社等に自社の秘密がもれてしまうという心配は少ない。また、仲裁には 事前合意により**妨訴抗弁が認められている**。

13 定型貿易条件および準拠法（Trade Terms and Governing Law）

本契約書の定型貿易条件は、2020 年度版 ICC インコタームズとする。契約書には、通常、“Incoterms 2020 as amended.” 等と記載されていることが少なくない（この場合、1番新しい 2020 年インコタームズが適用される）。

準拠法／Governing Law とは、紛争があった場合に「どこの国の法律」を適用して解決するかということである。この場合、ウィーン売買条約加入国同志であれば CISG が適用される。注意すべきことは、契約書に日本法を適用するとのみ記載したのみでは CISG が適用されるため、CISG の適用を望まない場合には、「CISG を適用しない旨及び日本法を適用する旨」を記載しておく必要がある。

捕捉：その他の一般条項

(1) 通知条項（Notice）

相手への通知は、誰（実務上の責任者が多い）にしたらよいのか、又、口頭ではなく書面でする旨および通知の効力を発信主義とするのか、到達主義とするのかそのどちらかを定めるものである。通知の効力は**原則として到達主義が採られることが多い。**

(2) 当事者の関係（Privity/Relationship of Parties）

委託販売契約等において、委託者（Principal）が受託者（Agent）との関係を明確にしようとするものである。通常、受託者は単に代理人でありそれ以上の（本人としての）権限は何ら有していないとするものである。本条により、売主は競合禁止義務を、買主に課することになる。なお、委託販売契約（Sales Representative Agreement）の場合は、本人対代理人としてであるが、販売店契約（Distribution Agreement）の場合には、本人対本人として締結されることになる。

Guide !

代理店手数料（Agent Commission）は、通常３～５％であり、多くとも６～７％位である。２桁（10～15％位）の手数料をとっていると場合によっては代理店ではなく販売店契約とみなされてしまうこともあるため留意しておきたい。

⑶ **契約期間（Contract Period）**

特に**代理店契約時等**において、契約期間が何年なのか定めたものである。また、更新、解約について例えば、「契約満了時にどちらかが解約を申し出るまでは契約は更新されたものとする。」等とすることもある。しかし、基本的には話し合いにより決められている。通常、代理店サイドの業績が良好な場合には、その国の代理店保護法等により代理店契約をスムーズに満了させることは難しい。

但し、**我が国と英国には代理店保護法の制定がない**ことに留意したい。

Guide !

契約の有効期限

契約期間の定めは自由であり、期限の定めのないものは原則としてずっと有効ということになる。しかし、期限の定めのない場合の更新条項としては、次の３パターンが記載されることもある。

(i) 本契約はどちらからかの更新の旨の意思表示があれば更新するものとする（黙っていれば更新されない）。

(ii) 本契約はどちらからかの解約の旨の意思表示がなければ更新するものとする（継続したい時に使用する／黙っていれば更新される）。

(iii) 双方の合意により更新できるものとする（法的にはあまり意味がなく交渉のきっかけにすぎない）。

⑷ **秘密保持条項（Secrecy of Confidentiality）**

ライセンス契約等の業務提携契約（Business Tie Agreement）において、何が秘密で何が秘密でないのかをはっきりさせ、かつ、その賠償責任に関して契約をするにあたって取り決められる。この責任は通常、従業員にも秘密保持義務が課されるものとされている。ただし、その秘密情報に関しては例えば“Strictly Confidential”等と書類に記載する等して秘密であるものとそうでないものとをはっきり区別して管理、保管しておかなくてはならない。業務提携契約において、売買契約締結に先がけて秘密保持契約（Secrecy Agreement）が結ばれることが多い。

秘密保持契約後、業務提携契約が締結されない場合もある。必要に応じて、秘密保持条項として売買契約書の中に挿入される場合も少なくない。

⑸ **損害賠償制限条項（Limitation on Liability）**

商品（例えば数百万円のもの）を売って、その何倍かの損害賠償を請求されるようでは、売主にとって商売にならない。そこで、あらかじめ損害賠償の上限（Cap という）を定めておく規定である。

但し、PL 法（強制法）が絡む場合には、当該条文は無視される。

⑹ **分離可能性条項（Severability）**

契約書の一部の規定が無効になっても、他の規定の有効性、合法性そして強制執行可能性に影響しないとする規定である。但し、不公正又は、不衡平な場合には、除かれる。

⑺ **誠実協議条項（Good Faith Negotiation Clause）／ハードシップクローズ（Hardship Clause）**

当事者が紛争に陥ったとき、また、契約にないことに関しては当事者間においてよく話し合いをする旨のものであり、我が国の**信義誠実の原則**に通ずるものである。日本人は、このような考え方に異論はないものと思われるが、外国との交渉においてはあまり意味はなく気休め程度のものと解しておいた方がよい。国際取引において大切と思われることは、前述したように契約書に書いておくことが肝要である。

外国の相手の方からあまり細いことは気にせずにお互いに“Amicably settle in Good Faith.”で行きましょう等と申し出があったような場合には、逆に充分注意しなければならないタフな相手であると思われる。

誠実協議条項やハードシップ条項は、日本法における発想からできた条文ともいえるが、英米法の観点からはそれ程意味のない条文であるという者もいる。

輸入契約書（Purchase Contract ／裏面約款／英文契約書は本文末付録参照）

輸出契約書と同じように裏面に一般的取引条件（General Terms and Conditions ／裏面約款）が印刷されている。

１ 調整禁止（No Adjustment）

本契約書表面記載の価格が最終的なものであり、売主の費用（材料、人件費、運賃、保険料、公租公課等）**に変動があったとしても、何ら調整することは、できない**（固定価格とする）ものとする。

２ 諸費用（Charges）

輸出国における関税、税金、銀行諸費用等はすべて売主負担とする。

３ 船積み（Shipment）

本契約書表面記載の船積期限を、売主は厳守するものとする。これができないときには、買主は書面により船積期限の延長または本契約の解除ができるものとする。

(cf) **確定期売買**

買主は、売主の船積が例えば１日か２日程遅延した場合、契約違反として契約を解除しうるものであろうか。

この回答は、契約書の内容によるというべきである。つまり、契約書の船積条項において **"Time of shipment and delivery is the essence of this contract."** 等と記載されていればたとえ１両日の遅れでも買主は重大な違反（Material Breach）として解約可能とされている。しかし、もしこのようにしておかなければ数日の遅延により契約の解約までを行うことは難しいといえよう。

(cf) **出航後の船舶等の事故**

売主が契約期日までに船積しその後台風等船舶の都合により遅延した場合には、**当該契約が CIF 等の積地条件であれば売主責任を問うことは原則として難しい。**インコタームズ上、責任の分岐点が船積時点であるためである。

売主が船舶を手配するときには、通常使用される船舶、又は、航空機に商品を積み離路することなく、通常のルートにより運送するものとする。また積込完了後には、売主は買主に対し船積通知をする。

４ 保険（Insurance）

CIF 等のように売主が保険をつけるべき場合には、次の内容とする。

(1) 商品の CIF、又は、CIP 全額の 110％を保険金額とする。

(2) ICC のオール・リスク（ス）条件とする。

(3) 好評な保険業者または保険会社であること。

なお、上記条件を超える保険であるときは、買主負担にて売主が手配するものとする。

５ クレーム（Claim）

クレームの提起は、買主または買主の顧客によるかを問わず、最終仕向地に到着し、開梱・検査後すみやかに書面により行うものとする。この場合、検査しうる状態に置かれた後、**６月以内**（我が国の民法における隠れた瑕疵の品質保証期間）に通知することを条件とする。

６ 保証（Warranty／ワランティ）

売主は、次のことを保証するものとする。

(1) **商品は、本契約書表面の商品明細**（ここでの記載内容が勝負どころとなる）**および見本、仕様書等の資料と十分一致していること。**

(2) 商品は、良質であり、担保等の負担がいっさいないこと。

なお、本ワランティは、商品の検査または買主の代金支払いにより、放棄されるものではない。

買主が、商品の欠陥を見つけたときは、買主は次のような選択権を有する（買主の救済）。

(1) 売主負担にて商品の交換または修理を請求する。
(2) 商品の引取りを拒否する。
(3) 本契約の全部または一部を取り消す。
上記において、買主は、買主または買主の顧客の損失を売主に請求できるものとする。

Guide !
(i) 品質保証（瑕疵）について
買主は、売主に6月間の瑕疵通知期間を要求することが少なくない。これは、欠陥には、すぐわかる瑕疵（Patent Defect）と隠れた瑕疵（Latent Defect）とがあり後者の場合、民法526条において瑕疵通知義務期間を6月以内としているためである（ウィーン売買条約においては最長2年としている）。
(ii) 補償（Indemnity）について
単なる商品の代替品分の費用の保証（通常損害／General Damage）のみならず、**特別損害（Special Damage）があれば、商品受領後であっても買主は売主に補償（Indemnity）請求できるようにしておくことがPL法がらみで大切となる。**

7 特許、商標等（Patent, Trade Mark, etc.）
売主は、買主に対して当該商品の知的所有権（特許、実用新案、意匠、商標、著作、図案、銘柄、その他の工業所有権）の侵害に関していかなるクレームもしないものとする。もし、クレームが生じた場合において、そして、その結果被った買主負担の費用、防御費用等があるときは、売主が賠償する。但し、買主は、買主国におけるそのような侵害に対しては責任を負うものとする。

8 不可抗力（Force Majeure）
買主は、以下に掲げる不可抗力による商品の全部または一部の受領、遅延または不履行もしくは本契約に関する不履行（戦争等による不払い等）に対して責任を負わないものとする。
また、買主は不可抗力の旨を売主に書面にて通知することにより本契約の全部またはその出来事により影響を受けた部分を取り消すか、相当期間延期することができる。
(1) 天災
(2) 戦争または武力闘争
(3) 輸入制限
(4) 政府の規制
(5) ストライキ
(6) その他同等の理由
なお、売主からの不可抗力の通知に対して買主は船積遅延に同意する。但し、この場合、その出来事より30日を超える遅延が生じたときには、買主の判断により書面にて通知することにより、買主は本契約の全部またはその出来事により影響を受けた部分を取り消すことができる。この場合において、買主が売主に支払った金額は、すべて売主は買主に払い戻す。

9 債務不履行（Default）
売主が本契約条件を履行しないとき、破産状態となったとき、またはこれに類する状態になった場合には、買主は売主に書面にて通知することにより次の手段（救済手段）をとることができる。
(1) 本契約の履行の停止
(2) 商品の船積または、引取りの拒否
(3) 引取済みの商品を買主が処分し、売主の債務不履行によって生じた買主の損失部分に充当
(4) 本契約の全部または一部の解除

Guide !

(i) 損害賠償の要因

① 債務不履行（契約上のこと）

② 不法行為（契約にないこと。例えば公害や知財等に抵触したとき。）

③ 担保責任（契約は遵守しているが、違法（隠れた瑕疵等）があるとき。）

(ii) 遅延賠償金

金の遅延の場合は、年6%（民法）

物の遅延の場合は、法律に定めがないので必要なら遅延賠償金の額を定めておくとよい。

10 譲渡禁止（No Assignment / Assignment）

売主は、買主との書面による同意をなくして、本契約に関する全部または一部の権利または義務を他人に譲渡してはならない。

11 権利不放棄（No Waiver / Waiver）

本契約における買主の権利は、買主が書面により放棄しない限り、放棄したものとみなされない。

(事例) 分割船積において1回目の遅延に関して買主が文句を言わなかったとしても2回目以降はそのことに関係なく契約書通りに対応できるとするものである。

12 仲裁（Arbitration）

本契約について紛争等がある場合には、東京における（社）日本商事仲裁協会の仲裁手続規則により解決するものとする。また、仲裁判断（裁定）は最終的（shall be final and binding）なものとして双方を拘束する。

Guide !

管轄負け

仲裁を相手国においてするような場合、200万～300万円位の事例であるケースでは、コストと手間との関係でしっかりとした主張をあきらめてしまうことが少なくない。これを管轄負けと呼んでいる。

13 定型貿易条件および準拠法（Trade Terms and Governing Law）

本契約書の定型貿易条件は、2020年度版ICCインコタームズとする。

本契約書の成立、効力、解釈および履行については、日本国の法律を適用し、それにより解釈する。

(必要に応じて次の条項が入ることもある。)

14 PL法

輸入者にとっては、必要に応じ（商品や相手国により）PL法に関する損害賠償責任を輸出者にも転嫁しておくこと等の対策が大切となる。

8．外為法等の他法令

我が国においては、貿易取引は原則として自由であり誰でも行うことが可能である。しかし、一定の貨物（武器・麻薬・条約該当品等）に関しては外為法等のいわゆる他法令（関税法以外の法律）により取り締られている。このことは、しっかりとした事前チェックなしに輸出入に関する売買契約を締結してしまい、そして、その後になって他法令の許認可を取得することができず輸出入することができないような事態に陥ってしまうと相手側から損害賠償金を請求されるという可能性も生じてしまうことを意味している。

必要に応じて自社商品が最新の他法令に該当しているか否かの契約事前の確認が重要とされている。

他法令の詳細に関しては、第８章において後述する。

9．原価計算

貿易取引においては、国内の取引と比較してみるといろいろな経費（諸掛りという）が嵩むものであり、そのため商品の原価計算をとくにしっかりとしておかなくてはならない。この原価計算を、わかり易くするために、次頁に掲げるような図表としてまとめてみた。次頁図表の①～⑥は、輸出者が行うべき原価計算でありまた、それをベースに⑦～⑨を輸入者が計算し輸入総費用が導きだされる。

ここで留意したいことのひとつに、商品、市場によっても多少の違いはあるものの、企業にとって結果的に商品価格がいくらになったとするコストプラス法の時代ではすでになく、競争の激化によりいくら以内に商品価格を抑えなければならないという枠があるということである。このような場合にはコストブレイクダウン法の手法が取られることになる。競争の激化によりいかに良い物をより安くかつ、消費者ニーズに合ったものをという観点に沿って正しい情報を得ることが重要となっている。

取引価格の設定方法

⑴ **コストプラス法** 必要経費に売主の利益を加えて、販売価格を算出する。 コスト＋利益＝価格 → 演繹法的アプローチ
⑵ **コストブレイクダウン法** 買主（消費者）の購入価格（需要）を調べて、それを基にして必要経費、製造原価（または仕入原価）を算出する。 価格－コスト＝利益 → 帰納法的アプローチ
⑶ **競争重視型法** 競争相手企業の類似製品の価格を参考に価格を算出する。自社商品に自信があれば高めに、逆に後発なら通常低めに価格を設定しなければならない。 価格＝コスト＋利益

費用明細

① 仕入原価 ―――― 保税倉庫搬入迄

② 船積の費用 ―――― 15,000 円/M3(Min 30,000 円)

(1) 保税倉庫料 ---------- 1M3/110 円/1 日
(2) 輸出通関料 ---------- 5,600 円
(3) 税関検査諸費用 ---------- 6,500 円
(4) 船積料 ---------- 5,600 円/M3
(5) CFS チャージ ---------- 3,570 円/M3
(6) トラック運送費 ---------- 1,500 円/M3＝1t
(7) M/W リスト ---------- 1,000 円/1 件

③ その他

(1) 銀行手数料
　(イ) L/C 通知料　　4,500 ～8,000 円
　(ロ) 輸出手形買取費用(郵便料)　2,000 円((例)米国向け)
　(ハ) 輸出ユーザンス金利(期限付手形)
(2) 一般通信費用(SWIFT.etc)

④ 利益

(①＋②＋③) × 数 10 %

①＋②＋③＋④　　FOB価格

⑤ 海上運賃

(1)Base Rate	US $ 000 /M3	×	000M3
(2)C/Surcharge	US $ 000 /%	×	〃
(3)B/Surcharge	US $ 000 /M3	×	〃

⑥ 海上保険料

CIF × 110 % × 0.5 % 程度

$$\frac{C \ \& \ F \times 1.1 \times 0.5\ \%}{1 - 1.1 \times 0.5\ \%}$$

FOB ＋ F ⑤＋ I⑥＝CIF価格

⑦ 輸入税 ―――― CIF × 輸入税率

⑧ L/C 費用

(1) L/C 発行料 ____ L/C 金額×1/10% × 電信売相場(Min. ￥3,000)
　　Cable L/C ____ 電信料実費
(2) 取引保証料(L/C) ____ 年 1.1 %
(3) 輸入ユーザンス利息 ____ (参考)米ドル

⑨ 輸入通関費用 ____ ￥15,000/M3(Min. ￥50,000)

(1) 輸入通関料 ―――― ￥11,000/1 件
(2) 税関検査料 ―――― 実費(倉庫→検査場)
(3) 保税倉庫保管料 ―――― ￥740/M3 × 日数(フリータイム５～７日経過後)
(4) 現品確認手数料 ―――― 実費
(5) 国内トラック配送料－実費－指定場所まで

輸入総費用(上記の①～⑨)

輸入者サイドの費用明細

輸入採算表

1	輸入先		6	転売先	
2	品名			数量	
3	積出日		7	納期	
4	積出地		8	受渡場所	
5	支払条件		9	支払条件	

	項目	金額	摘要
10	仕入原価		
11	貨物運賃		
12	海上保険料		
	小計（A）		
13	輸入関税		
14	消費税		
15	信用状発行手数料		
16	ユーザンス諸掛		
17	銀行保証料		
18	陸揚・通関費用		
19	倉庫費用		
20	国内輸送料		
21	火災保険料		
22			
	小計（B）		
23	販売原価(A＋B)		
24	見積利益		
	合計		
25	転売価格		

転売価格（上記25）は、輸入者の利益（上記24）を加えると、商品にもよるが商品原価（上記10）の3倍から5倍になることも少なくない。

10. 契約締結後の物（貨物）・紙（船積書類）・金（代金）の流れ

契約締結後は、売主、買主ともに契約内容を実行しなければならない。換言すれば、売主は「物」と「紙」とを無事に買主に引渡し、これに対して買主は「金」を支払うことになる。この商取引の流れをまとめると以下のようになる。

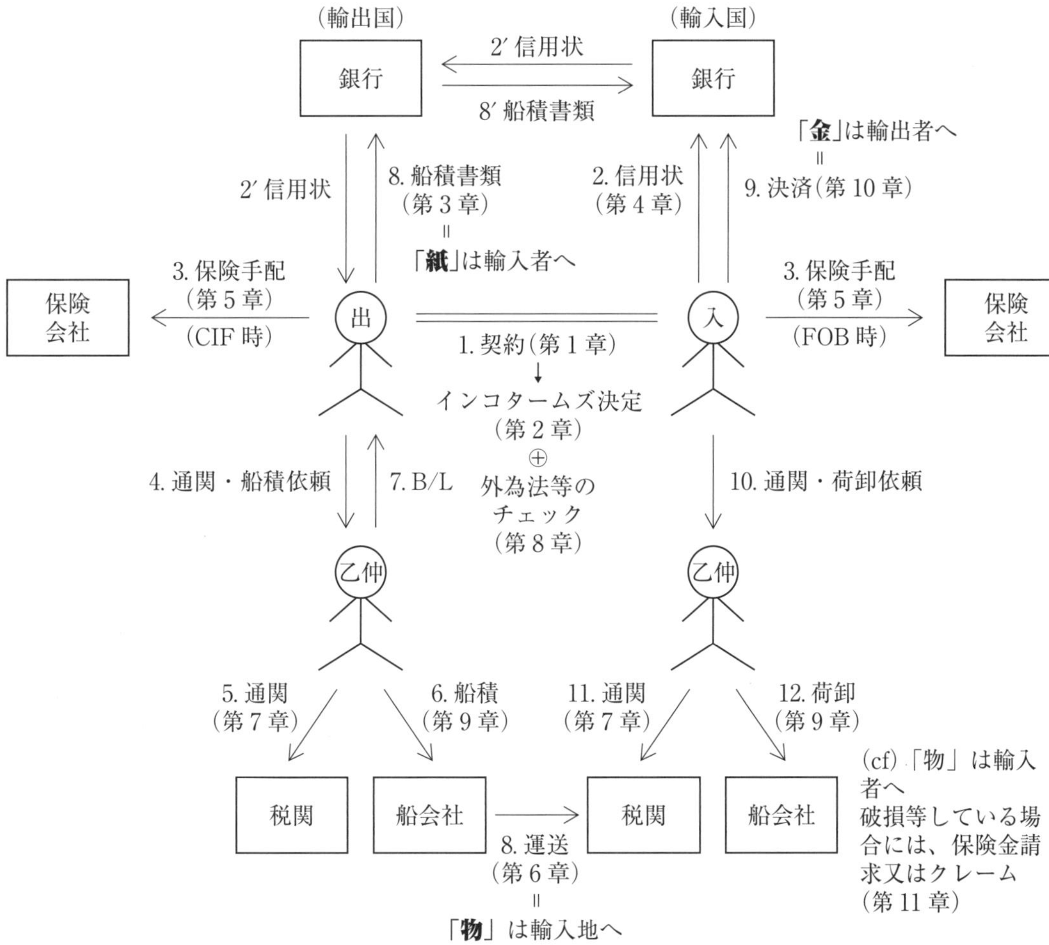

上図は信用状取引によるものである。

送金時には、上図 2、2′ の流れはない。従って、1 の次は、3 → 4 …となる。この場合、「紙」（船積書類のこと）は上図のように銀行経由ではなく輸出者から輸入者へ航空便にて直送されている。

貿易の流れからすると信用状の開設等（第４章）が、契約の次にくる。つまり、第３章となるべきである。しかし、船積書類（第３章）が理解されていないと信用状の理解が伴わないため、**本書においてはあえて信用状が第４章**とされている。

まとめ問題1

問 次の文章は取引交渉から契約までに関するものである。その記述の正しいものには○印を、誤っているものには×印をつけなさい。

1．マーケティング・ミックスの4Pとは、Price、Place、ProfitそしてPromotionのことである。

2．信用調査の4C'sとは、Character、Capital、CapacityそしてCourtesyのことをいう。

3．売主のサブコン・オファーに対して買主がそのままそれを承諾をすれば、それにより契約は成立することになる（第9問参照）。

4．反対申込みとは、相手の申込みを拒否して、新しい申込みをすることである。

5．貿易の売買契約においては、口頭の約束により契約したものは、内容がわかりにくいので、法的にも不十分な契約とされ正式の契約とみなされない。

6．売り手の申込みに対する承諾は、承諾を通知する方法によって、効力発生の時期が異なっている。郵便にて承諾（ACCEPTANCE）をした場合の効力は、わが国においては原則として到達主義をとっている。

7．取引先に対して、売主が商品を売りたい旨の具体的な申込みをする場合、あらかじめ返事をもらう期限を定めて通知することが多い。そのような申込みのことを確定申込み、又は、ファーム・オファーといわれている。

8．売主の8月10日付売りオファー（売り申込み）に対して、買主が直ちに"Your firm offer of August 10 is acceptable if the price is 5,000 yen per unit."として承諾すれば、契約は成立する。

9．売主の8月10日付売りオファー（売り申込み）に"This offer is subject to our confirmation"と記載されている場合、買い主がそれを直ちに承諾すると契約は成立する。

10．契約書のタイプ条項と印刷条項とに矛盾があった場合、通常、タイプ条項の内容が優先される。

11．輸出入両国がウィーン売買条約（CISG）に加入している場合には、その条約内容は自動適用される。

解答と解説

解答

1－×　2－×　3－×　4－○　5－×　6－○　7－○　8－×
9－×　10－○　11－○

解説

1．4Ｐとは、Product（商品計画）、Price（価格決定）、Place（流通システム）そして、Promotion（販売促進）のことである（Profitの項目はない）。

2．信用調査の４Ｃ'sとは、その企業のCharacter(誠実さ)、Capital（財政状態）、Capacity（営業能力）、Condition（企業環境）のことである。

3．サブコン・オファーとは、買主の承諾（法的にはこれが申込みであるので）があってもさらに売主の承諾を必要とするものである。買主の申込みのみでは契約は成立しない。

4．正しい記述である。この反対申込みを承諾すれば契約成立となる。

5．法的には契約は口頭による合意であっても（もちろん書面でも）成立する。これを諾成契約という。但し、貿易取引においては、慣習として書面を作成している。

6．正しい記述である。ＥメールやＦＡＸ等の申込み、申込みの撤回、承諾等の効力発生時期は、原則として到達主義である。一方、郵便物等の隔地者間の承諾の効力発生時期は、我が国においては発信主義をとっていたが、民法改正により原則として到達主義となっている。

7．正しい記述である。

8．申込みに対して条件を付ければ反対申込みとなり、契約は成立しない。

9．本肢はサブコン・オファー（確認条件付申込み）のことであり、この段階ではまだ契約は成立していない。

10．正しい記述である（但し、契約書にタイプ条項が優先する旨を記載しておくことが望ましい）。

11．正しい記述である。なお、どちらかが又は両方ともにCISGに加入していない場合には、"This contract is subject to CISG."と記載することにより適用される。

第2章

貿　易　条　件

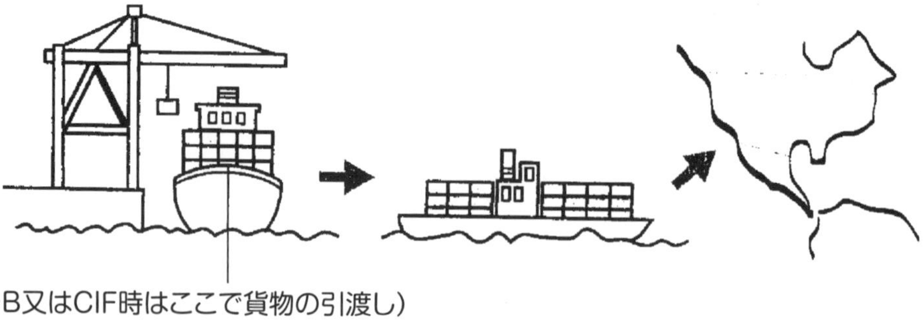
(FOB又はCIF時はここで貨物の引渡し)

インコタームズは
何にしましょうか
今回はFOBで
お願いしたいわね・・・
売買契約締結
輸出者A
輸入者B

What's the Point?

貿易取引において、契約時にその商品をいくらで、どこで引き渡すのか等を決めることは不可欠なことである。これらのことを**貿易条件／Trade Terms**という。

しかし、その具体的な条件に関してその内容が各国により統一されていないと当事者間でトラブルとなり易い。また、ひとつひとつ貿易条件の内容を当事者がその都度交渉により決めているようではわずらわしい。そこで、国際ルールとしての定型貿易条件が定められている。具体的には、国際商業会議所による**インコタームズ**（**Incoterms**／International Commercial Terms）が使用されている。正式には、International Rules for the Interpretation of Trade Tems／貿易条件の解釈のための国際規則という。

最新のインコタームズ2020においては**11 種類**あり、そのうちのどのインコタームを使用するかは契約時に当事者の話し合いにより決められる。

1．(定型)貿易条件(Trade Terms)

商取引において、貿易条件の解釈は、かつてその国の慣習により若干の異なりがあった。そのため、国際間で通用する一定のルールなしのままでは誤解、紛争、訴訟等をまねきやすく、当事者は、不要な時間と費用を要しかねない。また、その都度交渉して取り決めるという労力を省くためにも、国際的にその解釈が統一された定型貿易条件の必要性があった。**ICC(国際商業会議所**／International Chamber of Commerce)により1936年に国際ルールとしてまとめられたものがインコタームズ(International Commercial Termsの略語)である。しかし、インコタームズは条約ではなく**任意規定である**（**法律ではない**）ため、その適用は当事者間の話し合いがベースとされている。

現行のインコタームズ2020は、次のような規定であり本章で学習していく。

A 売主の義務（A_2,A_3,A_9が最も重要）	B 買主の義務（B_2,B_3,B_9が最も重要）
(A_1) 一般的事務 売主の提出書類（商業送り状等の船積書類）は紙又は電子媒体である等の規定	(B_1) 一般的事務 買主は代金を支払う義務がある。又、書類提出はは紙又は電子媒体である等の規定
(A_2) 引渡し（許可、認可、安全確認等の手続を含む）	**(B_2) 引渡しの受取り**（許可、認可、安全確認等の手続を含む）
(A_3) 危険の移転	**(B_3) 危険の移転**
(A_4) 運送	(B_4) 運送
(A_5) 保険契約	(B_5) 保険契約
(A_6) 引渡書類／運送書類 売主は、運送書類等を買主に提出しなければならない等の規定	(B_6) 引渡書類／運送書類 買主は、船積書類等を受け取らなければならない等の規定
(A_7) 輸出通関／輸入通関	(B_7) 輸出通関／輸入通関
(A_8) 照合／包装／荷印	(B_8) 照合／包装／荷印
(A_9) 費用の分担（書類取得費用を含む）	**(B_9) 費用の分担**（書類取得費用を含む）
(A_{10}) 通知 売主は買主に船積通知をする旨等の規定	(B_{10}) 通知 買主は、本船名等を売主に通知をする等の規定

インコタームズは時代の状況変化に伴い、インコタームズの解釈の修正および追加を1953年、1967年、1976年、1980年、1990年、2000年、2011年とほぼ10年に一度行なっている。最新のものとして、2020年1月1日に一部改正が実施されている。これをインコタームズ2020という。

契約書の裏面約款において通常、Incoterms of this contract shall have the meanings by “the Incoterms 2020, as amended.”（インコタームズ2020又は、その後改正されたものを適用するの意。）等と記載される。

インコタームズ以外にも、1932年にILA(国際法協会／International Law Association)のワルソー・オックスフォード規則があるが、インコタームズの存在のためその後の改正もないまま、現在、ほとんど使用されていない。

また、1919年に作成され1941年に改正された改正米国貿易定義もあるが、これはアメリカ国内取引用のものであり（83頁参照)、インコタームズのような国際ルールではない。

インコタームズは、法律ではないので、あくまでそれを使用するか否かは契約書における当事者の合意によって成立する国際規則である。従って、インコタームズを使用しないとしても**ICCによる罰則があるわけではない**（インコタームズの規定は、強制力がないので、契約書においてその規定に従う旨の合意をえておく必要がある)。

なお、コンピューターソフトウェア等の**無形物に関しては対象外**とされている。

インコタームズ2020の主な改正点の内容は後述の(5)インコタームズ2020（79頁）を参照のこと。

インコタームズ2010版

(E系)
1. **EXW**(Ex Works／工場渡)
(F系)
2. **FOB**(Free On Board／本船渡)
3. **FCA**(Free Carrier／運送人渡)
4. FAS (Free Alongside Ship／船側渡)
(C系)
5. **CIF**(Cost, Insurance and Freight／運賃保険料込)
6. **CIP**(Carriage and Insurance Paid To／輸送費保険料込)
7. **CFR**(Cost and Freight／運賃込)
8. **CPT**(Carriage Paid To／輸送費込)
(D系)
9. **DAT(※)**(Delivered at Terminal／ターミナル持込渡)
10. **DAP**(Delivered at Place／仕向地持込渡)
11. **DDP**(Delivered Duty Paid／関税込持込渡)

インコタームズ2020版

A. 複合輸送（コンテナ船）用／単一又は複数の運送手段用
1. **EXW**(Ex Works／工場渡し)
2. **FCA**(Free Carrier／運送人渡し)
3. **CPT**(Carriage Paid To／輸送費込み)
4. **CIP**(Carriage and Insurance Paid To／輸送費保険料込み)
5. **DAP**(Delivered at Place／仕向地持込渡し)
6. **DPU**(Delivered at Place Unloaded／荷卸込持込渡し)
7. **DDP**(Delivered Duty Paid／関税込持込渡し)
B. 在来船用／海上および内陸運送用
8. **FAS**(Free Alongside Ship／船側渡し)
9. **FOB**(Free On Board／本船渡し)
10. **CFR**(Cost and Freight／運賃込み)
11. **CIF**(Cost,Insurance and Freight／運賃保険料込み)

（※）インコタームズ2010のDAT（Delivered at Terminal／ターミナル渡し）は、インコタームズ2020ではDPUと名称が変更されている。

インコタームズ2020（全11規則）の大別

上記のAはコンテナ船（Multimodal Transport／**Place to Placeの輸送**）にて指定仕向地まで輸送→ EXW、FCA、CIP、CPT、DAP、DPU、DDPの７規則ある。
上記のBは在来船（Conventional Vessel／**Port to Portの輸送**）にて指定仕向港まで運送→ FAS、FOB、CIF、CFRの４規則ある。

インコタームズ2020のイメージ（詳細は80頁参照）

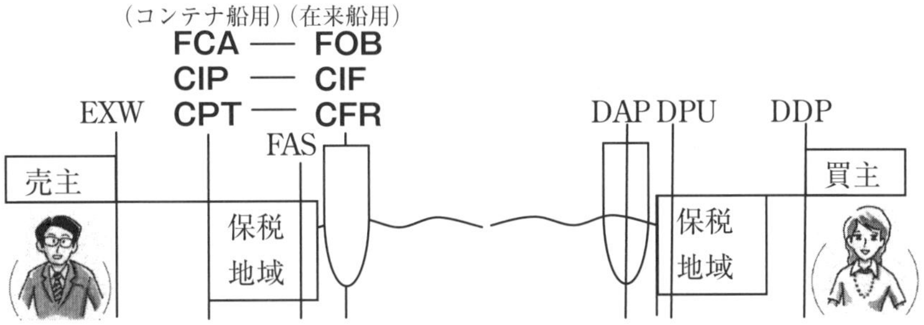

2. インコタームズの意味するもの

それでは、インコタームズの内容に関して上図の左（下記① Exw）より逐次そのポイントを述べてみたい。

なお、インコタームズにおいて、買主は売買契約に従って代金を支払わなくてはならないと規定（69頁B－(1) A9、B9）されているものの、その支払方法や支払場所等についての規定はない。

(1) **貨物の引渡し場所**（A_2)、(B_2）と**危険負担**（A_3)、(B_3)、**そして費用負担**（A_9)、(B_9）が、最も重要なところである。

貿易取引において売主と買主間で取り決める**貨物の引渡場所（**(A_2)、(B_2）／**以下㋑**という），**危険の分岐点（**(A_3)、(B_3）／**以下㋺**という），そして**費用の分岐点（費用負担**／（A_9)、(B_9）／**以下㋩**という）に関するインコタームズの規定は，次のようになっている。

繰り返しになるがインコタームズに関する規定(前述69頁の(1)～(10))のうち最も重要なことは、ここでいう㋑、㋺、㋩の規定を理解することである。始めに強調したいことは、この㋑、㋺、㋩に関して、**C類型以外においては、㋑＝㋺＝㋩**と定められていることである。

後述する**C類型**（CIF,CFR,CIP,CPT）については、**㋑＝㋺≠㋩**と規定されている。

㋑ 貨物の引渡し（69頁の（A_2)、(B_2）のこと）

売主はどこで貨物を引渡すのか、また買主としてはどこで貨物を受取るのかということである。

㋺ 貨物の危険負担（69頁の（A_3)、(B_3）のこと）

売主はどこまで貨物の責任を負うか（逆に、買主はどこから責任を負うか）ということである。責任の分岐点ともいう。

㋩ 貨物の価格（69頁の（A_9)、(B_9）のこと）

売買契約の代金を意味してる（契約書に記載される金額）。

ここでいう原則として㋑＝㋺＝㋩であるということは、売主はこの定められた地点（㋑）で貨物を引渡し、同時に引渡した後の貨物の損傷等に関する責任はそこで買主に移転させ（㋺)、そして、そこまでの諸費用を貨物本体の価格に加算（㋩）して契約を締結するということになる。

積地条件

① **EXW**（EX Works／工場渡し）

売主は、売主の施設（工場、倉庫等）**に貨物を置いて、買主の処分に委ねることとされている。**

ここでの㋑、㋺、㋩は売主の施設であり、売主は貨物を自己の施設に置いておくだけでよい（但し、売主は貨物のある場所を買主に知らせる義務を負う）。従って、買主手配の**トラック等の積込み義務は買主にある。**（しかし、実務では特約によりトラック等への積込み費用を売主負担とすることができる。）貨物引渡し後の運賃、保険料等も買主負担である（EXWの価格は、国内販売価格に最も近いものである）。

Ex Factory(工場渡し)、Ex Warehouse(倉庫渡し)、Ex Mill(製鉄所渡し、製粉所渡し)、Ex Plantation(農場渡し)、Ex Mine(鉱山渡し)、Ex Godown(倉庫渡し)等がEXWとしてまとめられている。

EXW は、**売主にとって、最も義務の小さいもの**である（買主が売主に輸出通関をさせるときは、EXW ではなく、FOB を使用すべきである)。

理論的には、この条件 (建値) が最も買主にとって廉価にて輸入することができる (輸入者が、質の良い運送会社、保険会社を選べる立場であれば良い規則である) といわれている。ロジスティクスの考え方が普及している米国等では我が国よりも使用頻度が多い。なお、EXW の地名は国内地であるがあわせて地番等も記載すべきとされている。

② **FOB**(Free on Board ／本船 (甲板) 渡)

船積までの費用を売主が負担する。ここでの㋑、㋺、㋩は**本船に積み込まれた時**／本船にタッチ・ダウンした時である。そして、輸入港までの運賃、保険料は買主が負担する。

この場合、運賃は **Freight Collect** (運賃着払い／買主負担) である。下記④の CIF とともに最も多く使用されている。

FOB では例えば、US ＄10,000 FOB Tokyo として表示される。この場合の Tokyo とは**輸出港**が所在する**都市名**（輸入地までの運賃が支払われていないので）を意味している。

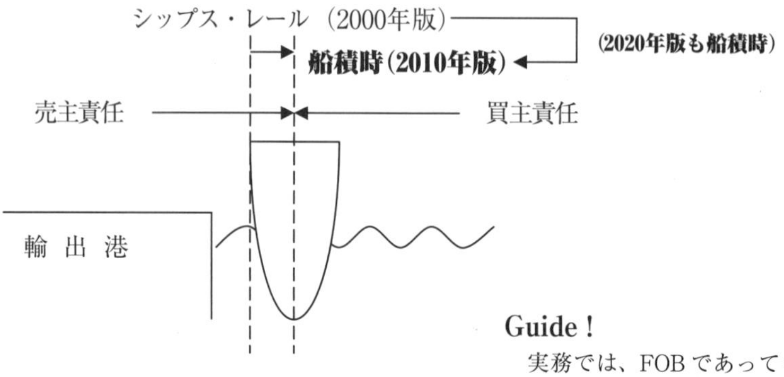

㋑＝㋺＝㋩

Guide !

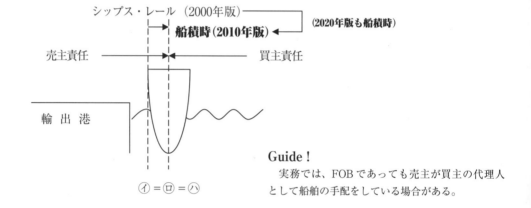

実務では、FOB であっても売主が買主の代理人として船舶の手配をしている場合がある。

Guide!

在来船時の **FOB Stowed** ／ **FOB ST** ／積付け費込みについて

FOB 規則（ルール）は、貨物を本船に置くまでが原則として売主責任であり、その後の本船での**積付け等は買主責任**である。しかし、特殊な貨物に関しては**売主が積付けを行う**ことがある。これを **FOB Stowed** (FOB ST) という。さらに、積付けのみならず**荷ならし**（位置の調整等）をも売主負担とする場合には **FOB Stowed and Trimmed** という。

③ FAS（Free Alongside Ship ／船側渡し）

船側までの費用を売主が負担する。ここでの㋑、㋺、㋩は**船側**（在来船のクレーンが届く場所）である。従って、**船積は買主**が手配した船舶に、（原則として）買主により行われることになる。FAS は木材や大型機械等限られた貨物に使用されているものであり、それ以外の貨物で使用されることはない。

輸出通関手続（及び輸出許認可取得）**および輸出通関手続の費用は、売主**が行う。

④ **CIF**(Cost,Insurance and Freight ／運賃・保険料込み渡し)

売主が船積までの費用 (FOB) および、**輸入港到着までの運賃と保険料を負担**する。ここでの**㋑、㋺**は**本船積込時**であるが㋩は **FOB 代金**（**cost** という）**および輸入港到着時までの運賃・保険料込**となる。

運賃は **Freight Prepaid**(運賃元払い／運賃前払い／売主負担) となる。

保険に関しても売主負担であるが（CIF の貨物は原則として原料なので)、**売主は、最小担保条件の保険**（**ICC(C) 条件**又は FPA 条件のこと）を取得すれば足りる（つまり、それ以上の保険条件の保険料に関しては、**買主がその差額を負担する**）旨がインコタームズにおいては規定されている（次頁⑦ CIP 及び 79 頁 2020 年改正点②参照)。

CIF では、例えば、US ＄12,500 CIF Los Angeles として書類等に表示される。この場合の Los Angeles は**輸入港**の属する**都市名**（運賃が輸入港まで含まれているので）を意味している（なお、売主負担の運賃・保険料は、最終的には買主に請求されることになる)。

⑤ **CFR**（C ＆ F ／ Cost and Freight ／運賃込み（渡し））

1990 年版において、それまでの C&F のことを CFR とアルファベット３文字表示に改正された。

ここでの㋑、㋺は**船積時**である。CFR における㋩には**輸入港到着までの運賃**が含まれている。

この場合、売主が船積までの費用（cost という）と**輸入港到着までの運賃を負担**するため、運賃は、**Freight Prepaid(** 運賃元払い) となる。しかし、**保険料は、買主が負担**する。CFR では例えば、US ＄12,000 CFR Los Angeles として表示される。CIF 同様に Los Angeles は**輸入港の都市名**を意味している。

(i)C グループにある C&I に関しては、インコタームズには規定されていない。**C&I** とは、**売主が船積までの費用と保険料を負担**するが、**運賃は買主が負担**するというものである。

(ii) CIF でいう運賃、保険料を売主が負担するということは、その負担者（売主）が自社と付き合いのある保険会社へ保険を申込み、そして、船会社へ船舶の手配をもそれぞれするということを意味している。このことは、しかしながら、CIF における運賃、保険料は売主は契約価格として買主に請求されるため**最終的には買主が支払う**（つまり、**売主が立替払いをしている**という）ことになる。

(iii) FOB、CFR、CIF 価格の内容

1.	**製造原価→** EXW 価格のこと。
2.	**輸出諸掛** 梱包費用、倉庫料、検査料、通関費用、船積費用等のこと。
3.	**輸出者の利益等** 通信費用、銀行経費、通信料、利益等のこと→ **1 + 2 + 3 = FOB 価格**となる。
4.	**運賃→ 1 + 2 + 3 + 4 = CFR(C&F) 価格**となる。
5.	**保険料→ 1 + 2 + 3 + 4 + 5 = CIF 価格**となる。

1990 年に追加された**コンテナ船用**及び**空航貨物用**の積地条件（複合輸送用）

⑥ **FCA**（**Free Carrier** ／運送人渡し）

ここでの㋑、㋺、㋩は**運送人に渡すまで**とされている。この場合、売主は輸出地において**買主指定の運送人に**商品を**渡すところまでの費用を負担**する。また、**この時に危険負担も売主から買主に移る。**

⑦ **CIP**（**Carriage and Insurance Paid to**／輸送費保険料込み（渡し））

ここでの㋑、㋺は**売主指定の運送人に渡すまで**である。CIP の㋩（価格）は輸入地（**買主指定仕向地**）**到着までの輸送費と保険料**が含まれている。この場合、売主は、買主の指定仕向地までの輸送費、および保険料を負担する。インコタームズの規定においては（CIP の貨物は原則として製品なので）**売主は、ICC(A) 条件**又はオールリスク（ス）条件）**を取得する旨が規定されている**（ここは、インコタームズ 2020 の改正点である）。

危険負担は積地条件なので、FCA と同じく運送人に渡した時である（CIP では**売主指定の運送人**であり、FCA では**買主指定の運送人**とされている）。

なお、CIP の C は Cost ではなく Carriage(輸送費) の C である。このことは在来船用の Port to Port の運賃 (Freight) ではなく、複合輸送 (コンテナ船) 用の Place to Place に対応すべく輸送費 (Carriage) とネーミングされている。

⑧ **CPT**（**Carriage Paid to** ／ Carrier ／輸送費込み（渡し））

ここでの㋑、㋺は（CIP と同じく）**売主指定の運送人に渡すまで**である。CPT の㋩には、輸入地（**買主指定の仕向地**）**到着までの輸送費が含まれている**。この場合、売主は、買主の指定仕向地までの輸送費を負担する。

保険料は買主負担となる。

揚地条件

⑨ **DAP**（**Delivered at Place**／仕向地持込渡し／81頁9、10参照）

ここでの㋑、㋺、㋩は**指定仕向港**（本船甲板上）**又は、仕向地到着時の輸送手段上**（トラック等の荷台上）である。この場合、**荷卸しは、買主の義務**とされている。

⑩ **DPU**（**Delivered at Place Unloaded**／荷卸込持込渡し／81頁9、10参照）

ここでの㋑、㋺、㋩は**指定仕向港又は、仕向地到着時におけるターミナルにおいて輸送手段から売主が荷卸し、買主の処分に委ねられた時**である。ここでは、**売主が荷卸義務を負っている**（インコタームズ2010のDATに相当するものである）。

⑪ **DDP**（Delivered Duty Paid／仕向地持込関税込み渡し）

ここでの㋑、㋺、㋩も買主の施設（**買主の指定場所**）である。この場合、輸入地の合意した地点(仕向地)まで、売主が費用負担する（**輸入地の通関手続および関税をも含み売主が行う**ことになっている）。本規則での**荷卸し義務は買主**にある（荷卸しの準備ができている状態で車輌上にて買主の処分に委ねられる。危険負担もここまで売主が負担する。／老婆心ながらここでいう荷卸し義務とは、買主指定場所におけるものであり、輸入港におけるものではない。

DDP規則はEXW規則と対象的に**買主にとって最も義務の小さい**ものである。

引渡し場所と危険負担（についてもう一度）

引渡し場所とは、売主は貨物をどこで買主に引き渡すのか（輸出地／積地条件なのか 輸入地／揚地条件までなのか）ということである。また、このことは同時に買主は売主から貨物をその場所で受け取らなければならないことをも意味している。

危険負担とは、例えば貨物が破損した場合に、売主と買主とでどちらに責任があるのか(責任の分岐点)、つまり、売主と買主の危険(リスク／責任)の分岐点のことである。このことは、具体的には貨物が滅失・損傷したような場合に、その責任がある側（分岐点より以前なら売主、以後なら買主）により保険会社に対して保険金の支払請求がなされなければならないことを意味している。

結論的には、C類型のものを除き、前述したように引渡し場所及び、危険負担（責任の分岐点）そして、価格の分岐点は、同じところということになる。

Guide!

インコタームズと異なる危険負担（リスク移転時期）の設定

例えば買主の工場で売主による最終調整をした後に機械類等を買主に引き渡すような場合には、CIF等で契約をして、しかし、リスク移転時期に関しては、別途契約書において、「買主工場における検査終了時とする。」と規定することも可能である。

⑵　コンテナ船用インコタームズ（1990年版）の必要性

1960年代に、当時の米国シーランド社により初めて大西洋に(我が国においては1968年に箱根丸が初めて太平洋に)コンテナ船が登場して以後、コンテナ輸送の発展ぶりはめざましく、今日、先進国においては、輸送の多くにコンテナ船が使用されている。

コンテナ輸送における運送人の責任は、**在来船**のように、船舶が**荷を引き揚げた時**から**荷卸しされるまで**（テークル主義という）ではなく、大口貨物（**FCL貨物**）はコンテナ・ターミナルの**コンテナ・ヤード(CY)で**、また、小口貨物（**LCL貨物**）は、**コンテナ・フレイト・ステーション(CFS)にて、運送人**(船会社)**に引き渡された時点から指定仕向地にて運送人から引き渡されるまで**とすると規定されている。このことは、在来船のときより少し内陸側にその引き渡し場所がずれ込んでいることを意味している。つまり、在来船とコンテナ船とでは、引渡場所(責任の分岐点)および、価格の分岐点等(前述の㋑、㋺、㋩)が異なっている。

このため1990年の改正時において**コンテナ船用**および**航空機用**として**FCA、CIP、CPT**の3条件がICCにより新しく設けられたわけである。

これら新設されたFCA、CIP、CPTのインコタームズは、（在来船のように港から港ではなく）複合運送の時代における、**Place to Place用**のものとして規定されている。

コンテナ船用として追加（FCA、CIP、CPT）

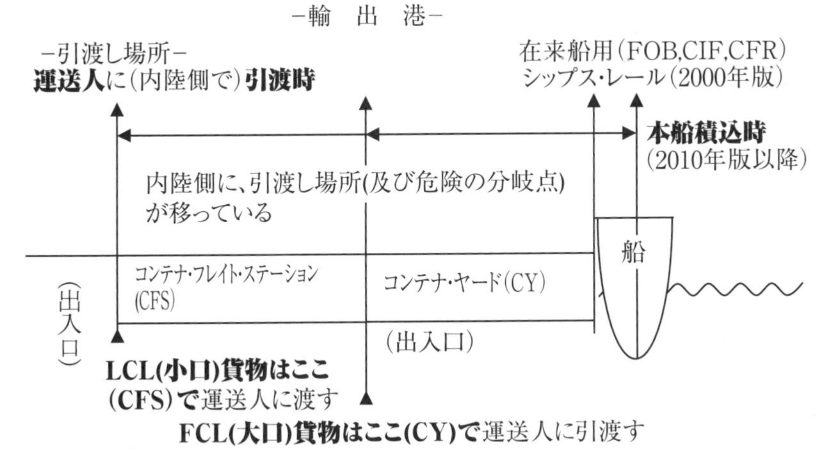

運送人が複数いるときは、最初の運送人に渡したときが、引き渡し場所となる。

なお、**航空貨物においてもコンテナ船用のものを使用すべきであると、インコタームズでは規定されている。**

(cf) 国連等によりアルファベット3文字表示が望ましいとの依頼があり、C&FはCFRに改正された。さらに重要な改正として、FOB、CIF、CFRは在来船用として、そして、1990年版よりFCA、CIP、CPTはコンテナ船用（及び航空機用）としてはっきりと分けられた。

(cf) コンテナ船、航空機用のFCA、CIP、CPTの使用は、しかしながら、インコタームズが法律でないため2020年現在においても徹底されていない。

まとめ（詳細は次頁参照）

㋑**費用負担**	（────┤）
㋺**危険負担と**㋩**引渡場所**	（- - - - -┤）

Eグループ

（１）**EXW**(m)

────┤ **売主の施設**まで（EXW以外通関費用は売主）
- - - - -┤ **売主の施設**にて／**指定船積地**

Fグループ

（２）**FOB**(C)

────┤ **船積時**まで（通関費用、船積費用は売主／船の手配は買主）
- - - - -┤ **船積時**にて（本船上に置かれたとき）／**指定船積港**

（３）FAS(C)

────┤ **船側**まで（通関費用は売主／船積費用は買主）
- - - - -┤ **船側**にて／**指定船積港**

（４）**FCA**(m)

────┤ **運送人に渡**すまで（通関費用は売主／船積費用は買主）
- - - - -┤ **運送人に渡**したとき／**指定引渡地**

Cグループ

（５）**CIF**(C)

────┤ 輸入港到着までの**運賃、保険料**を含む
- - - - -┤ **船積時**にて／**指定仕向港**

（６）**CIP**(m)

────┤ 指定仕向地までの**輸送費、保険料**を含む
- - - - -┤ **運送人に渡**したとき／**指定仕向地**

（７）**CFR（C&F）**(C)

────┤ 輸入港までの**運賃**（のみ）を含む
- - - - -┤ **船積時**にて／**指定仕向港**

（８）**CPT**(m)

────┤ 指定仕向地までの**輸送費**（のみ）を含む
- - - - -┤ **運送人に渡**したとき／**指定仕向地**

Dグループ（77頁表参照）

（９）**DAP**(m)

────┤ **指定仕向地**まで（**荷卸は買主**）
- - - - -┤ **合意された地点**／**指定仕向地**

（10）**DPU**(m)

────┤ （指定仕向港又は指定仕向地における）**合意された地点**まで（**荷卸は売主**）
- - - - -┤ **合意された地点**にて／**指定仕向地**

（11）**DDP**(m)

────┤ **指定仕向地**まで（**関税込**）
- - - - -┤ **合意された地点**／**指定仕向地**

上記の(m)とはコンテナ船用（Multiple Transport）、(C)とは在来船用（Conventional Vessel）のインコタームズである。

Guide!

(i)　インコタームズ費用内訳

主な諸掛り内訳 / インコタームズ	輸出地								sea(Air)		輸入地			
	貨物代金	倉庫保管費	梱包費	車両積込費	国内輸送費	通関・許認可費	港湾（ターミナル）費	本船船積費	（国際）**輸送費**(F)	**海上保険費**(I)	**※輸入港荷卸費**	通関費・輸入税	国内輸送費	**仕向地荷卸費**
Eグループ														
EXW	→	→	→											
Fグループ														
FCA	→	→	→	→	→	→								
FAS	→	→	→	→	→	→	→							
FOB	→	→	→	→	→	→	→	→						
Cグループ														
CFR	→	→	→	→	→	→	→	→	→		→			
CPT	→	→	→	→	→	→	→	→	→		→			
CIF	→	→	→	→	→	→	→	→	→	→	→			
CIP	→	→	→	→	→	→	→	→	→	→	→			
Dグループ														
DAP	→	→	→	→	→	→	→	→	→	→	→		→	
DPU	→	→	→	→	→	→	→	→	→	→	→		→	→
DDP	→	→	→	→	→	→	→	→	→	→	→	→	→	

（輸出申告価格）（輸入申告価格）

※インコタームズでは、**CIF価格等の輸入港荷卸費用は、原則として売主負担**とされている。
但し、**関税法**の規定において**荷卸費用**は、輸入通関時の**課税価格（CIF価格）には、算入されない**（274頁参照）。
輸入港荷卸費用に関して、インコタームズと関税法では異なっている。
実務では荷卸費用の負担に関して売主、買主間にて話し合っておくことが賢明である。

Guide!

(i) 輸出入において実際に多く使用されているのは、航空機の場合も含めて在来船用のFOB, CIF, CFR(C&F)の3基則がほとんど(90%以上)を占めている。この意味からすると現況では、コンテナ及び航空貨物輸送用のインコタームズ（FCA, CIP, CPT等）の使用度の徹底は今しばらくの間待たなければならないといえよう。なお、ある大学の調査によると、1990年改正のFCA, CIP, CPTの使用度は、実務上では、3規則の合計でも10%未満であったという報告もある。

(ii) EXWでは、輸出地の工場等において引渡され、そこで危険の移転があるとされている。EXWにおけるトラック等への積込費の負担に関して、買主にあると解釈することができる。但し、契約時に特約により売主にさせることが可能である。もし買主が、トラック等への積込みを売主に負担させたい場合には、その旨を特約として契約で取り決めておく必要がある。

(iii) FAS（船側渡し）とは、FOBの変形したものであり、船上ではなく船側（デリックの届く範囲内に貨物を置く）において、引渡し危険の移転が行われる。木材等の一部の貨物分であり、一般の貨物には使用されていない。

(iv) D類型は、売手の引渡し、危険負担、費用負担すべてが輸入地（揚地）であるという規則である。最近では日本の工場の海外移転等による本支店間の取引増加や競争の激化、さらには米国等の企業のグローバル化等により、以前と比べると多く使われるようになっている。

(3) インコタームズ2000の改正点

次の2点が主な改正点である。

① FAS、DEQにおける通関手続き

通関手続を誰が行って関税を誰が支払うかということについて、次のように改正された。

FASにおける**輸出通関手続**は、それまで買主が行うものであったが、2000年改正により**売主**が行うことになった（82頁参照）。

一方、**DEQ**における**輸入通関手続**は、売主とされていたものが**買主**が行うこととなった。これは、その国にいる当事者が当地の通関手続を行うことが、物の流れとしてより自然であるためである。

② FCAにおける**引渡時点**

FCAの引渡は、（最初の）運送人に貨物を引渡した時であるが、この引渡しに関して、さらに詳しく規定された。

(イ) **売主の施設**における場合 売主は、買主が手配した車両に、**売主が貨物を積込んだ時に引渡が完了**する。ここが、EXWと異なるところである。
(ロ) **売主の施設以外**（コンテナ・ターミナル等のこと）における場合 貨物が**売主の車両に積まれている状態で、買主の処分に委ねられた時に引渡は完了**する。 つまり、売主の車両から**荷卸しする義務は買主**にあることを意味している。

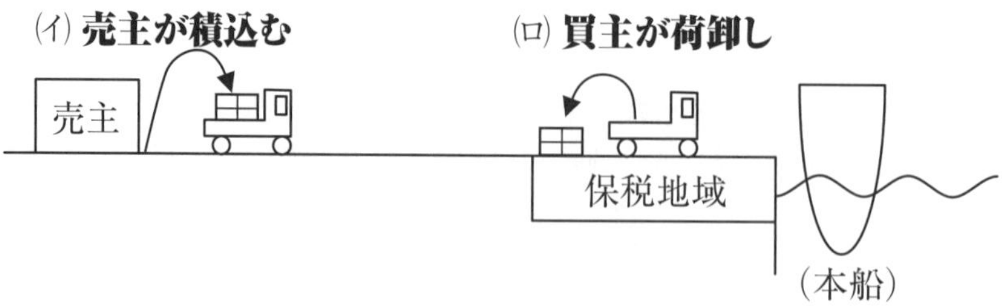

(4) インコタームズ 2010 の改正点

① FOB、CIF、CFR の引渡し時点が「シップス・レール」から「本船に貨物が置かれた時（積込時）」とされている（これにより本船上落下貨物の損傷責任は売主となる)。

貨物が船積された時（2011年1月1日以降適用）

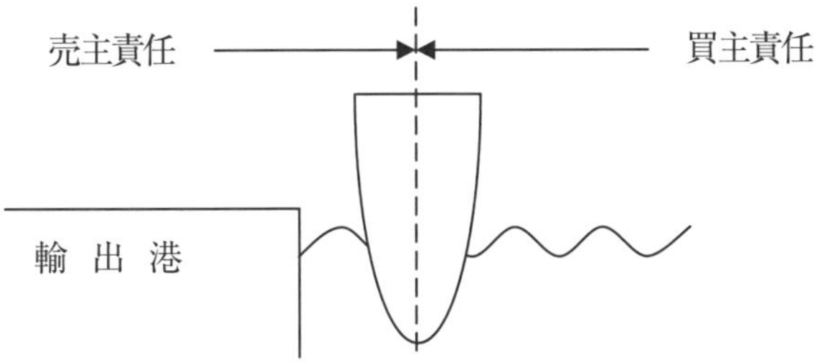

② D グループの改正 ／ D グループの整理

DEQ —— **DAT**（Delivered At Terminal ／ターミナル持込渡）／ **2020 版では DPU**（下記(5)①参照）

DES
DDU } —— **DAP（Delivered At Place ／ 仕向地持込渡）**
DAF

DDP —— **DDP（今まで通り／ Delivered Duty Paid ／ 仕向地持込関税込渡）**

DAT（2020 年版では DPU）は、荷卸しは売主義務であるが、輸入通関は買主義務とされている。
DAP は荷卸し（荷卸し費用とその危険）も輸入通関も買主義務とされている。

	荷卸し義務	輸入通関義務
DAP ／仕向地持込渡し	**買主**	**買主**
DPU ／荷卸込持込渡し	**売主**	**買主**
DDP ／仕向地持込関税込渡し	**買主**	**売主**

③インコタームズの適用は**国内での売買契約にも適用可**とされている。
④今まで使用の条件（Terms）が、規則（Rules）という用語になっている。

(5) インコタームズ 2020 の改正点

2020 年版における改訂は小幅なものであるが、その主な内容は次のようになっている。

① DAT から DPU に変更

インコタームズ 2010 の DAT(Delivered at Terminal ／ターミナル持込渡し) がなくなって、2020 年版では **DPU(Delivered at Place Unloaded ／荷卸込持込渡し)** と名称が変更されている。これは、単純に名称が変えられたということである。2010 年版のように Terminal か Place かを強調する名称ではなく売主が荷卸をして買主に引渡すのか、しないで引渡すのかが DAT と DAP の違いであるため Unloaded(荷卸をして) を強調し、DAT から DPU と変更されている。

② CIF と CIP の保険補償範囲の変更

CIF は、在来船用（つまり、原料等の散荷用）のものであり、一方、CIP はコンテナ船用（つまり、製品用）のものである。従って、**CIF** は今まで通り売主が付保すべき保険条件は **ICC(C) 又は FPA 条件**で足りる（売主と買主の合意により他の保険条件であってもかまわない）が、**CIP** に関しては、売主は **ICC(A) 又は A/R 条件**を付保するもの（合意によりより低い保険条件であってもよい）と変更されている。以前から変更すべきであると指摘されていたところであり、歓迎すべきことである（但し、コンテナ船に CIF が使用されたときには、ICC（C）条件が適用されることになる)。

第2章

インコタームズ2020 ／ 11種類まとめ図

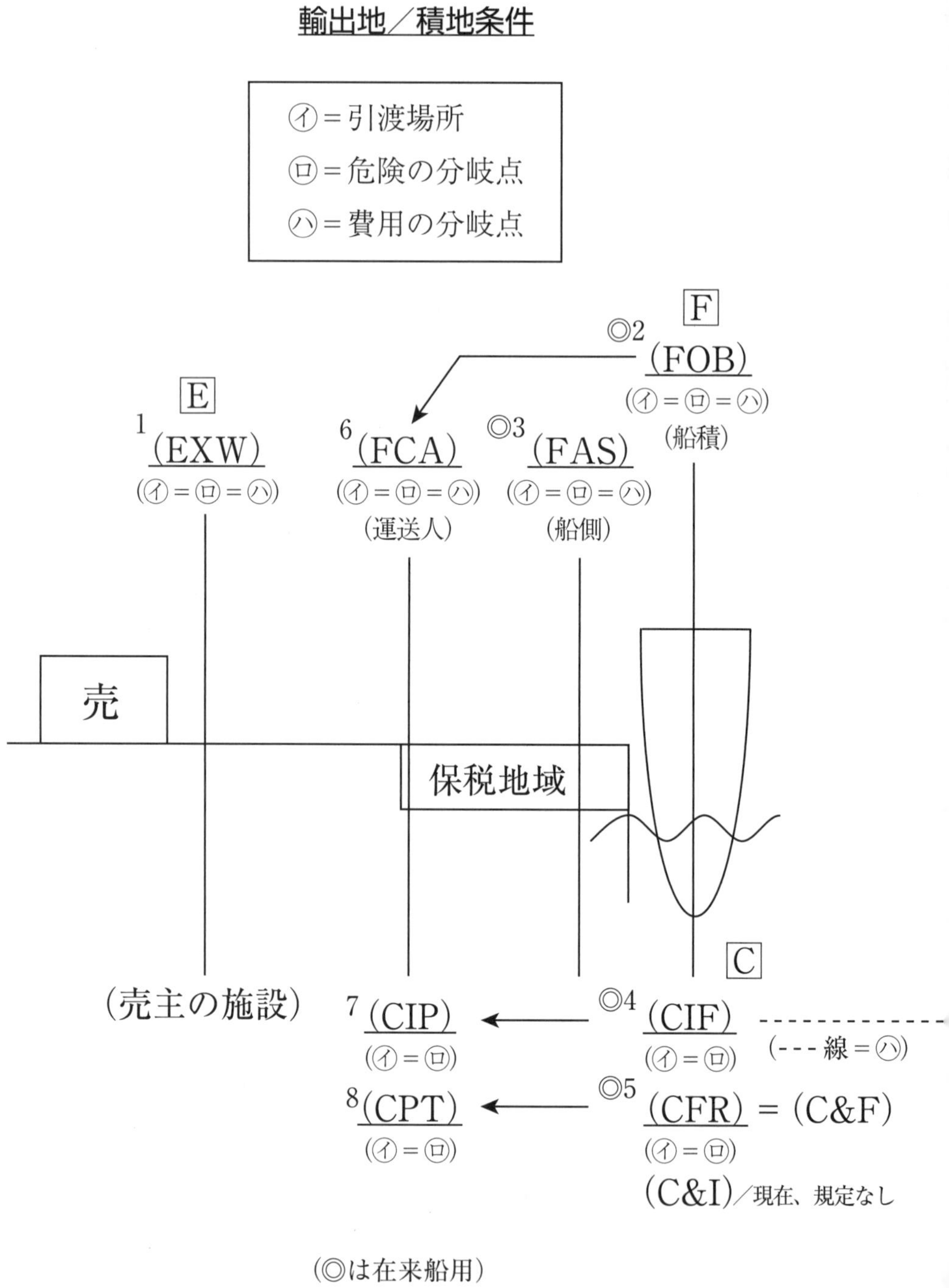

輸入地／揚地条件

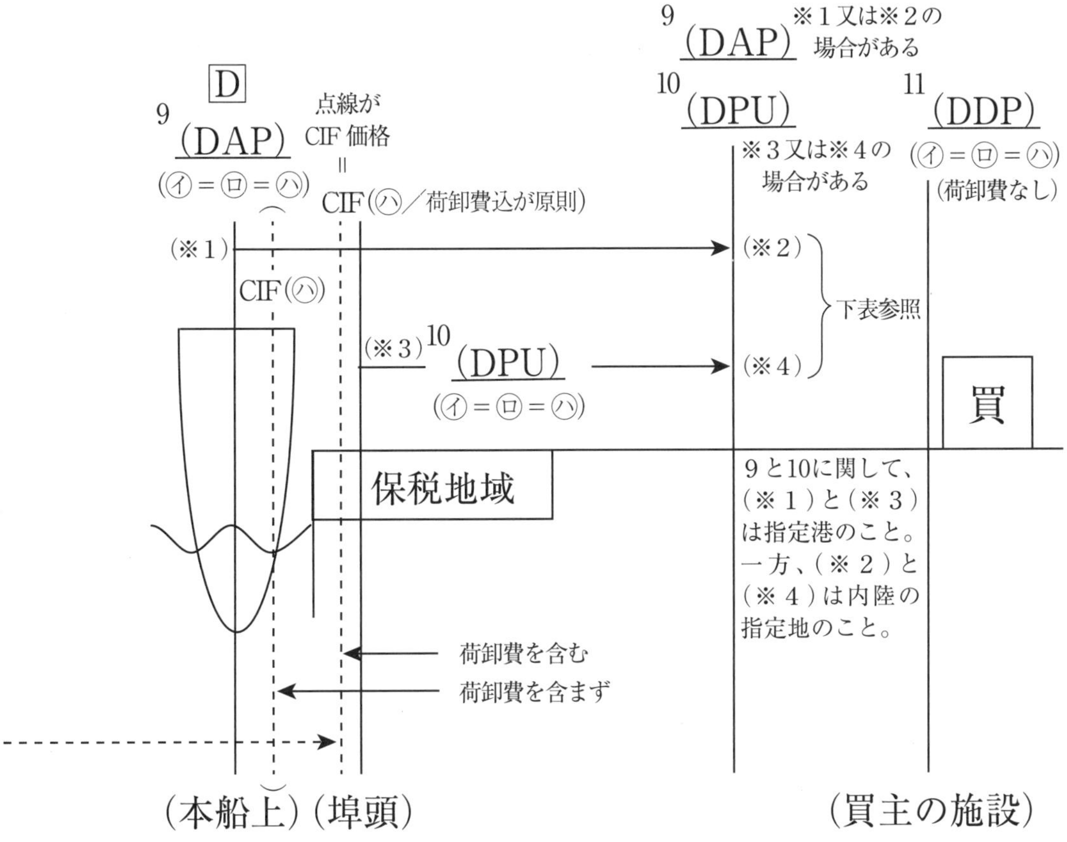

Ｄグループのポイント	荷卸し業務	輸入通関業務
DAP／仕向地持込渡	買主	買主
DPU／荷卸持込渡	売主	買主
DDP／仕向地持込関税込渡	買主	売主

③　**FCA 規則**における**オンボードノーテーションの付記のある船荷証券の提供**

コンテナ船貨物の取引においてもFCAを使用せずFOBを使用した場合、本船の船上に貨物が置かれるまでは、売主責任となるためそこまでの事故等は売主責任となる。本来、FCAを使用すれば運送人に渡した時までが売主責任となるため、買主としてはFOBが望ましくFCAの使用が普及しない要因となっている。このことは、とくに内陸地（コンテナ・ターミナル）と船積港が遠隔地である場合には無視できないところである。

そこでICCはFCA使用の場合の**船荷証券にオンボードノーテーションの付記のある船荷証券を提供**させて貨物が本船に置かれるまでは、売主の義務としてFCAの使用を一歩前進させようとしている。しかしながら、オンボードノーテーションは信用状取引等ですでに利用されていてこのことのみでFCA使用時の船積前の事故等において売主と買主の責任が明確になったとはいいがたい。実際、このことはICC自体も今だに悩ましいところではあるとしている。

従って、実務的には必要に応じてこの部分（FCA引渡後から船積前までの間）の売主、買主の責任に関して事前に話し合っておくべきである（つまり、2020年版改正においてもこの部分に関して抜本的な解決が計られたとはいい難い）。

④　FCA, DAP, DPU, DDPにおける運送方法の補足

2010年版においての物品運送は、第3者による運送が前提となっていた。しかし、2020年版においては、（とくに）FCA、DAP、DPU、DDPの規則において（Dグループにおいては）売主、そして、（FCAにおいては）買主が**自己の運送手段を用いて運送の手配**をしていることが（欧米では）多く、従って、このことがインコタームズに明文化された。これにより第3者の関与なしでの運送（自己運送）も可能とされている。

⑤　安全関連要件の追加

米国の同時多発テロを引金にインコタームズのA2/B2等に輸送に関して安全関連要件が追加された。

⑹　通関手続

インコタームズには、通関手続は、売主、買主のうちどちらが行わなければならないかということも規定されている。輸出入時において通関手続の義務を負う者は下記のようになっている。原則として輸出通関は輸出者が、輸入通関は輸入者が行う。そして、関税等はその通関義務者が負担する。

2020年度版	**輸出通関**	**輸入通関**
⑴ EXW	**（買主）**	（買主）
⑵ FOB	（売主）	（買主）
⑶ FAS	（売主）	（買主）
⑷ FCA	（売主）	（買主）
⑸ CIF	（売主）	（買主）
⑹ CIP	（売主）	（買主）
⑺ CFR	（売主）	（買主）
⑻ CPT	（売主）	（買主）
⑼ DAP	（売主）	（買主）
⑽ DPU	（売主）	（買主）
⑾ DDP	（売主）	**（売主）**

左図のように、EXWとDDPのみが非住居者による通関となっている。

EXWの輸出通関は、買主に引渡後なので買主が行う。この場合、輸出通関を売主がする場合には、EXWではなくFOBが望ましい。

DDPの輸入通関はDuty Paidなので売主が行う。DDPにおいて輸入通関義務を特約により買主とする場合には、DDPではなくDAP（又はDPU）で契約することが望ましい。

インコタームズに規定はないがヨーロッパにおける貿易条件に**フランコ**(Franco)というものがある。これはインコタームズでいう**DDP／揚地条件**に匹敵するものである。

⑺　その他

① 保険と運送（船舶）の手配

インコタームズの保険に関する規定は、CIF および CIP（つまり、I のある規則）の場合、売主に付保する義務 **(ここでいう義務とは、相手のためにしなくてはならないことを意味している)** があるとしている。その他の条件時―EXW, **FOB, CFR(C&F), D 類型**のもの―には、**売主、買主のどちらにもその義務はないとインコタームズでは規定されている**。但し、実務上では FOB、CFR 等において買主は自分のために保険を手配しているし、また、D 類型の場合にも売主は自分のために保険を付保している。D 類型において、貨物到着前に貨物に損傷等があれば、引渡し前のことであるため、通常、売主は新しい貨物と代えなければならない。この場合、売主は自分のために保険を付保している訳である。

インコタームズにおける規定では、義務とは、相手のためにすることである。（自分のためにすることを義務とはいわない。）このため **E および F グループにおいて買主に保険を手配する義務はなく、**同様に **D グループにおいて売主にその義務なし**とされている。

一方、運送（船の手配）に関してはどちらかにその義務ありと定めている。ここでいう義務は、より積極的に権利と置き換えて考えてもさしつかえない。

運送（船の手配）及び**保険の手配**をまとめると下表のように規定されている。

		保険		運送	
		売主	買主	売主	買主
E	EXW	―（義務）なし	（義務）なし	―（義務）なし	**（義務）なし**
F	FOB	―（義務）なし	**（義務）なし**	―（義務）なし	（義務）有
	FAS	―（義務）なし	**（義務）なし**	―（義務）なし	（義務）有
	FCA	―（義務）なし	**（義務）なし**	―（義務）なし	（義務）有
C	CIF	―　**（義務）有**	（義務）なし	―　（義務）有	（義務）なし
	CIP	―　**（義務）有**	（義務）なし	―　（義務）有	（義務）なし
	CFR(C&F)	―（義務）なし	**（義務）なし**	―　（義務）有	（義務）なし
	CPT	―（義務）なし	**（義務）なし**	―　（義務）有	（義務）なし
D	DAP	―**（義務）なし**	（義務）なし	―　（義務）有	（義務）なし
	DPU	―**（義務）なし**	（義務）なし	―　（義務）有	（義務）なし
	DDP	―**（義務）なし**	（義務）なし	―　（義務）有	（義務）なし

Guide !

(i) 上図の運送 (船の手配) とは、本船を売主と買主のうちどちらが手配するかということであり、その本船に荷を船積する義務 (船積義務) や輸出通関の義務等と混同しないようにしたい。

(ii) **運送（船の手配）**に関して、**EXW** は、**買主にその義務がない**と規定されている。このことは、売主との契約をするうえで、運送契約をしておく必要がない（買主は必ずしも輸入国に運ぶ必要はない）という意味である。どのような方法で運送するか、また、買主が輸出地において転売をすることをも含めて買主の自由であるということを意味している。

② **検査**

検査に関しては原則として売主の義務になっている。**通常、必要な**品質、容積重量、個数等の**検査費用は売主が負担**する。但し、SGS 等のような**輸入国の法令により指定されている（強制的な）船積前検査の費用は、買主負担**とされている(これを Pre-Shipment Inspection/PSI という)。

船積前検査機関としては、SGS (Societe Generale de Surveillance／本部スイスのジュネーブ)やコテクナ、ビューローベリタス等がよく知られている。

一方、**輸出国の法令により行う（強制的な）検査がある時は、その費用は売主負担**となる（我が国のかつての輸出検査法等）。

Guide !

DDP における船積検査の義務は輸出国の法令により指定されている場合及び輸入国の法令により指定されている場合ともに売主の義務とされている。

この他にも包装、荷印の費用については、売主負担となっている。なお、包装に適切な荷印（Shipping Marks）を付けることは、売主の義務とされている。

③ 通知義務

契約の履行を円滑に進めるため、**売主に対して買主への通知義務として船積通知（Shipping Advice）**、その他必要な情報を提供して買主へ引き渡しする旨を規定している。売主がこの通知を怠ったことにより例えば、買主が保険の付保に支障が生じたような場合には、売買契約上、売主の契約違反となり買主からの損害賠償の対象になりうる。

FOB 時には、原則として買主が船舶の予約を行うが、その船舶名を売主に知らせることが、買主の通知義務とされている。

④ **所有権**

貨物の**所有権の移転時期**（及び契約の有効性）**に関しては、**英国と米国の考え方が一致しておらず、そのためかインコタームズにおいては、**ふれられていない。**

所有権に関する有力な考え方としては、例えば、米国では船積時に形式的に所有権は買主に移転するが、実質的(その効力としては)には、買主の代金支払いにより書類が買主へ引き渡されるまでは移転せず、その書類引き渡しをもって船積時点まで遡及して所有権の移転があったとする所有権遡及説の考え方がある。

その他には、例えば、英国では伝統的な考え方として船積時に所有権も買主に移転するとしている。

所有権は、代金決済が例えば前払い送金時等であれば船積時に買主に移転しても売主にとって支障はない。しかし、貨物が輸入地に到着した後で代金決済がなされる（代金後払い時の）ような場合には、上記の遡及説の方が売主にとって都合がよい。

貨物の所有権の規定は、インコタームズにおいてはふれられていないので、代金決済等に応じて必要であれば(必要になることは多くはないが)契約書等に所有権移転の時期に関して記載されることになる。

Guide !

ウイーン売買条約とインコタームズとの比較

	ウイーン売買条約	インコタームズ
①　売主／買主の義務	有	**有**
②　危険の移転時期	有	**有**
③　契約の成立	**有**	無
④　契約違反の救済	**有**	無
⑤　所有権の移転時期	無	無

左図①、②に関しては、売主、買主（当事者）の合意により**インコタームズが優先**する。

③、④に関しては、**ウイーン売買条約の批准により同条約が原則として適用**される。

⑤に関しては、国際間の統一的な規定はない。従って、契約時に必要なら話し合いにより、決められる。

インコタームズには、所有権以外にも代金支払い方法や契約違反時の対応等に関する規定はない。

御参考／改正米国貿易定義

国際取引においては殆ど使用されていないものの、1919年に**米国国内取引用**の独自の貿易条件として誕生し、1941年に改正されている改正米国貿易定義（Revised American Foreign Trade Definitions）というものがある。これには、Ex Point of Origin、FOB、FAS、CIF、C&F、Ex Dock等がある。

このうち注意すべきはFOBであり改正米国貿易定義においては、FOBはインコタームズのように必ずしも本船への船積をもって、契約履行とする積地条件のものとは限られていない。広大な陸地を有するため港での本船の積み込み以外にも内陸において、トラックや鉄道(貨車)等に積み込みを前提とするもの等も含めてFOBと呼んでいる。

改正米国貿易定義のFOBには、具体的に次の6種類がある。

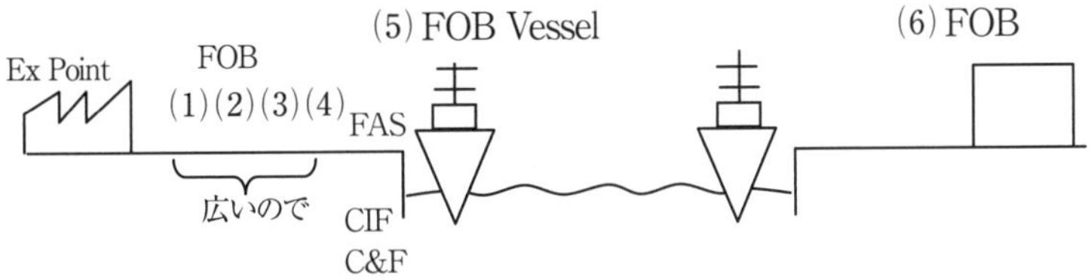

(1) 指定国内地指定国内運送人積込渡
(2) 指定国内地指定国内運送人積込渡((1)＋指定輸出地までの運賃前払)
(3) 指定国内地指定国内運送人積込渡((1)＋指定輸出地までの運賃後払い)
(4) 指定輸出地指定国内運送人到着渡
(5) **FOB Vessel(インコタームズのFOBにあたる)**
(6) 輸入国指定地(持込)渡（インコタームズのDDP条件にあたる）

米国との貿易取引においても、インコタームズを使用することが大切である。しかし、この場合、FOBのみの表示では、意味があいまいとなるため“What is your FOB?”をはっきりさせておくことに留意しなければならない。

ちなみに、**インコタームズのFOBは、改正米国貿易定義のFOB Vessel**に相当する。

まとめ問題2

問 次の文章はインコタームズ2020（2020年1月1日適用）に関するものである。その記述の正しいものには○印を、誤っているものには×印をつけなさい。

1. インコタームズのEXWは、売主に輸出通関義務がある。

2. インコタームズは、国際商業会議所（ICC）によりまとめられたものであるが、条約でも法律でもない。従って、インターコムズを遵守しない場合であっても、ICCより罰則を受けることはない。

3. インコタームズのCIFにおける責任の分岐点は、輸入港に到着した貨物を、本船甲板上で買主に委ねられたときとされている。また、この時点が価格の分岐点でもある。

4. FOBでは、船積みのため貨物が輸出港における本船に積み込まれたときに、価格及び責任の分岐点そして、引渡場所であるとされている。

5. FOBは積地条件であるため、インコタームズの規則においてはFOBの運送契約の締結は、売主の義務であるとされている。

6. CFRの場合、本船甲板上のシップス・レールにて貨物が売主から買主に引渡される時、危険負担も買主に移転する。

7. FCAの場合、輸出港において売主が貨物を買主指定の運送人に引渡した時に、危険負担は売主から買主に移転する。

8. インコタームズの規則では、CIPは、コンテナ貨物の運送に使用すべき規則である。また、航空運送においても使用すべき規則である。

9. US$200 per price FOB Nagoya は、名古屋港本船甲板渡しのことで、名古屋へ輸入される商品1個につき200米ドルの価格であるという意味となる。

10. インコタームズのFASにおいて、輸出国の通関手続は、輸入者にその義務がある。

11. DPU（Delivered at Place Unloaded／荷卸持込渡し）の荷卸し義務は売主に、また、DAP（Delivered At Place／仕向地持込渡）の荷卸し義務は買主にあるとされている。輸入通関手続義務は、DPU、DAPともに買主である。

12. DDP（Delivered Duty Paid）の荷卸し義務は買主にあるが、輸入通関義務は売主にある。

13. CIPにおける売主の保険手配の義務は、原則としてICC(A)条件、そして、CIFの場合は、原則としてICC(C)条件とされている。

解答と解説

解答

1 − ×　2 −○　3 − ×　4 −○　5 − ×　6 − ×　7 −○　8 −○
9 − ×　10 − ×　11−○　12−○　13−○

解説

1．EXW においては、輸出通関および輸入通関は買主が行う。

2．正しい記述である。法律ではないため、罰則規定等はない。但し、契約上にインコタームズを取り入れていれば契約違反として相手側から損害賠償金を請求されることはありうることである。

3．CIF は、輸入港ではなく輸出港において船積されたときに売主から買主に貨物の引渡し及び危険負担が移転すると規定されている。しかし、価格に関しては、FOB と異なり輸入港到着までの運賃及び保険料が契約価格に含まれている。

4．正しい記述である。

5．特約で輸出者としない限り、輸入者が手配することになっている。

6．CFR、CIF、FOB の引渡し場所は、本船に置かれた（積込まれた／タッチダウンした）ときである。

7．正しい記述である。CIP 時には、買主指定のではなく、売主指定の運送人となる。

8．正しい記述である。（但し、実務ではインコタームズの規則通りとはなっていない）。

9．FOB Nagoya は、名古屋から輸出される貨物のことである。

10. 輸出者の通関手続は輸出者にその義務があるとされている。

11. 正しい記述である（2020 年改正点）。

12. 正しい記述である。

13. 正しい記述である（2020 年改正点）。

第3章

貿　易　の　書　類

船積書類（紙）の流れ

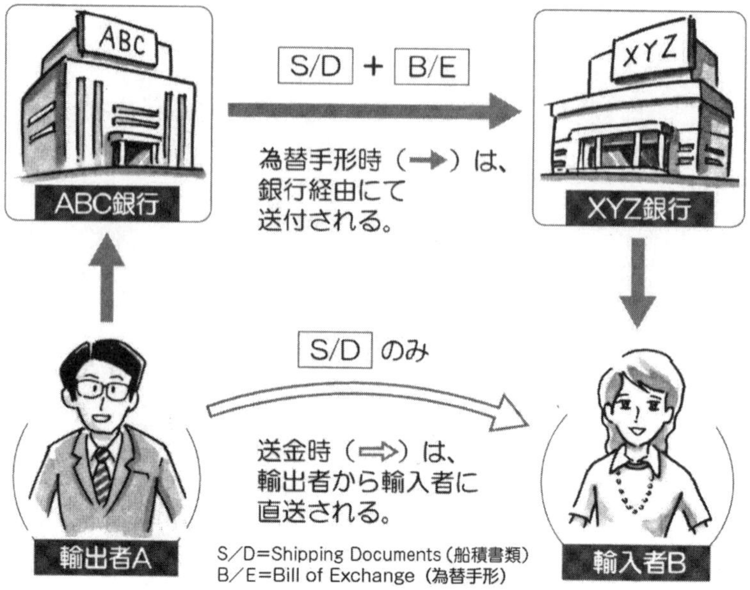

我が国における主な船積書類（S/D）と作成者

1	船荷証券/Bill of Lading （又は航空運送状/Air Waybill）	船会社 （航空会社）
2	保険証券（又は保険承認状）	保険会社
3	商業送り状（Invoice）	輸出者
4	梱包明細書	輸出者
5	原産地証明書	商工会議所
6	燻蒸証明書	協会登録業者
7	為替手形（支払指図書／Bill of Exchange／B/E）	輸出者

上記５、６は必要に応じて作成される（1、3、4等は輸出及び輸入通関時にも使用される）。

What's the Point?

貿易取引において使用する書類にはさまざまなものがあるが、これらを大きく分類してみると、次のようになっている。ここでは船積書類の内容およびその役割を中心に把握したい。

貿易の書類
- A.銀行提出用 ………… 1. 船積書類（第3章）＋為替手形（第4章）＝荷為替手形
- B.海貨業者(乙仲)提出用 ……
  - 2.税関提出用（第7章）
  - 3.船積・荷卸用（第9章参照）

1．船積書類(銀行提出用)

輸出者が荷為替手形作成時に銀行に提出する船積書類(Shipping Documents)には、下記のようなものがある（詳しくは後述する）。

主要書類として／**三大船積書類**（下記(1)、(2)と(3)のこと）

A.船積関係

(1) **船荷証券(Bill of Lading (B/L)**／航空輸送時は**Air Waybill (AWB)**／91頁参照

B.保険関係

(2) **保険証券(Insurance Policy (I/P)**、又は、**保険承認状(Insurance Certificate))**／96頁参照

C.売買関係付属書類

(3) **商業送り状(Commercial Invoice)**／101頁参照

D.送り状の関連書類

(4) **包装明細書(Packing List)**／104頁参照

(5) **容積重量証明書／重量容積証明書**／容積証明書ともいう(Certificate and List of Measurement and/or Weight /又は、略して Measurement List)／106頁参照

(6) カタログ等(Catalog／Brochure)／107頁参照

E.特定国用の証明書関係

(7) **税関送り状(Customs Invoice)**／107頁参照

カナダ、ナイジェリア、ケニア、南アフリカ共和国等

(8) **領事送り状(Consular Invoice)**／107頁参照

中南米、アフリカ、ニクラグア、ドミニカ、ホンジュラス等にて使用／パナマ、アルゼンチンはスペイン語表記

(9) SGS等のCRF(Clean Result of Findings)／107頁参照

パキスタン、インドネシア、バングラディシュ、ウガンダ、カメルーン等にて使用

(10) **原産地証明書(Certificate of Origin)**／109頁参照

F.衛生関連書類

(11) 検査証明書(Inspection Certificate／Certificate of Inspection)／109頁参照

商品の品質等を証明するために必要な証明書である。我が国においては、輸出検査法による検査はなくなっている。

(12) 検疫証明書(Quarantine Certificate)／109頁参照

日本から輸出される植物が輸出国の植物検査条件に適合している旨の証明書を植物検疫証明書という。また、家畜及び水産動物が伝染性疫病がない旨を証明するものを動物衛生証明書という。

⒀ **燻蒸証明書 (Certificate of Fumigation)**／109 頁参照

農産品や木材を使用しての梱包時には、輸出時にその木材を害虫処理対策として熱処理又は臭化メチル等による燻蒸処理等をした旨の表示が必要とされている（ヒート・トリートメントが主流）。そして、世界の多くの国々（中国、ドイツ等はとくに厳しい）において、木材梱包材に燻蒸をした旨の証明書 (燻蒸証明書) が船積書類のひとつとして必要とされている。但し、梱包材がプラスチック・パレット (プラパレ) 等の場合には必要とされていない。

G. 請求書（支払指図書）関連書類

⒁ **為替手形 (Bill of Exchange)** ／ 147 頁参照

決済方法が為替手形時において必要とされている。為替手形は請求書としての機能を有している。L/C 決済時及び D/P、D/A 決済時に使用される。但し、送金時に為替手形が使用されることはない。

ISBP（国際標準銀行実務）の規定では、為替手形は船積書類に含まれていない。

(1)　船荷証券 (B/L)

① (Forwarding Agent) Towa Unyu K.K.

② B/L No. ABC - 110

③ YOKOHAMA Lines.Ltd.

④ BILL OF LADING

Shipper

⑤ KOKUSAI Trading Co.,LTD.,

Consignee

⑥ to order

Notice Party

⑦ General Electric Corporation
Los Angeles,California
U.S.A.

RECEIVED by the carrier the Goods stated below in apparent good order and condition unless otherwise noted, for transportation from the piece of receipt to the place of delivery, subject to the terms and conditions provided for on the face and back hereof.
One of the original Bills of Lading must be surrendered duty endorsed in exchange for the Goods of delivery order.
IN WITNESS whereof, the number of original Bills of Lading stated below have been signed, one of which being accomplished, the other(s) to be void.

(terms of this Bill of Lading continued on the back hereof)

⑧ Pre-Carriage by	⑨ Place of Reciept Yokohama, CFS		
⑩ Ocean Vassel Voy.No. SAKURA MARU	⑪ Port of Loading Yokohama,Japan		
⑫ Port of Discharge Los Angeles,U.S.A.	Port of Delivery Los Angeles,CFS	⑬ Final dectnation for the Marchant's reference	

Particuless furnished by Shipper

⑭ Container No. Seal No. Masks and Numbers	No. of Contains Kind of Package	Discription of Goods	Gross Weight	Measurement
⑰	⑮	⑯ Electric Light Bulbs	⑱	⑲
G E C LOS ANGELES C/No.1-37 MADE IN JAPAN	37 Cases		2,331 kgs	3.626 M^3
		⑳ " Freight Prepaid "		
㉑ Total Number of Containers or Packages Recieved by the Carrier	Thirty-Seven(37)Cases Only.-			

㉒ Freight and Charges	Revenue tons	Rate	Per	Prepaid	Collect
Ocan Freight	3.626M^3	us$ 100.00	M^3	us$ 362.60	
Currency Surcharge		48%		us$ 174.05	
Bunker Surcharge		us$ 4.00	M^3	us$ 14.50	
Delivery Charge		us$ 20.00	M^3	us$ 551.15	us$ 72.52

Exchange Rate ㉓	㉔ Prepaid at Yokohama.Japan	Payable at ㉖	Place and Date of Issue Yokohama,Japan August 31, 202_
	Total Prepaid in Yen ㉕	No. of Original B/L Three (3) ㉗	by YOKOHAMA LINES, LTD. (Signed) ㉚

㉘ LADEN ON BOARD THE VESSEL
August 31, 202_　by (Signed)

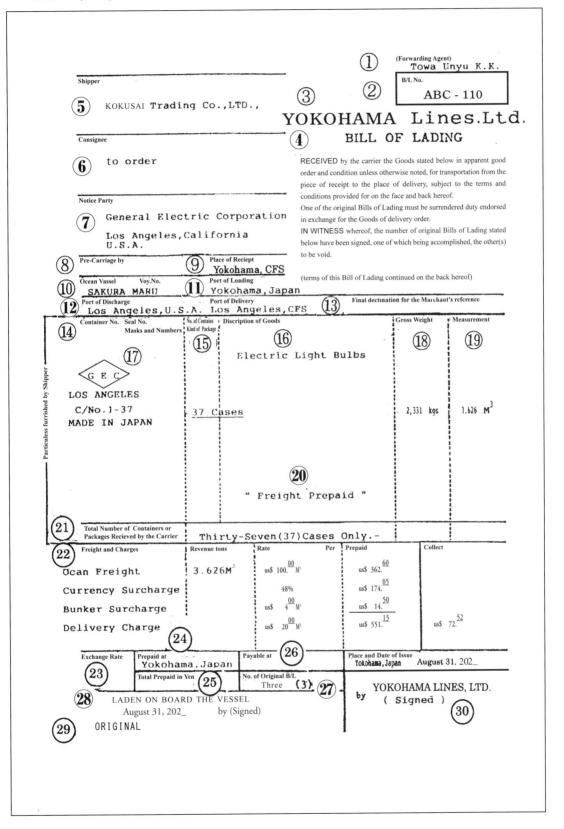

㉙ ORIGINAL

船荷証券とは受戻証券性のある**有価証券**であり、**運送契約証**（**運送契約書そのものではない**／電車の切符のようなもので運送を引き受けた旨を証明している）および**受領証**の役割を有している。B/L の受戻証券性(受戻性)とは、貨物を引渡し請求の際に船荷証券と交換で受け取ることができるということである。また、指図式の場合には船荷証券を裏書譲渡できるので、これを**流通性を有している**という。船積証券の裏面にはヘーグ・ウィズビー・ルール等による運送に関する約款が通常記載されている。

(解説)

下記の太文字表記部分を特に理解したい。

① Forwarding Agents

依頼した海貨業者の名称

② B/L No,

船荷証券の番号

③ 船会社の名称

④ "Received by the carrier from the shipper in apparent good order‥" とコンテナ船の場合には記載されている。

この記載は、コンテナ船用の受取船荷証券 (Received B/L) であることを意味している。つまり、船積されていなくても運送人に荷が渡されたときに B/L が発行される。この場合には、船積後に On Board Notation (船積注記／船積裏書 ㉘) が原則として必要となる。これにより Shipped on board B/L としての効力（船積をした旨の証明）を持たせることができる。

在来船用の船積船荷証券 (Shipped B/L) の場合には、④の部分の書き出しは **"Shipped on board the goods…"**「荷は船積されました…」と記載されている。従って、船積船荷証券という。

⑤ Shipper (荷送人)

通常は輸出者 (売主) の名称となる。

⑥ Consignee (荷受人)

信用状取引の場合には、**指図式船荷証券 (Order B/L)** が発行される。この場合、**荷受人欄は To order 又は、To order of Shipper** 等と信用状通りに記載して **B/L の裏面には白地裏書 (Blank Endorsement)** をする。

前払いや後払いの送金方式による取引の場合には、記名式船荷証券 (Straight B/L) となり、荷受人欄には通常は輸入者名が例えば To ABC Co., LTD. 等と記載される。

⑦ Notify Party (貨物到着通知先)

荷が到着後の通知先 (輸入者等) のことである。

⑧ Pre-Carriage by

奥地から運送されて来た場合には、誰が運送してきたかを明らかにするためにその運送人名を記載する（不明なときは、空欄にしておく)。

⑨ Place of Receipt

荷を受取る場所のことで、例えば、Yokohama, CFS（又は CY）と記載する（354 頁参照)。

⑩ Ocean Vessel と Voyage No.

本船名と航海番号。

⑪ Port of Loading (積出港)

本船の出航する港の地名。

⑫ Port of Discharge (荷卸港)

荷卸される港の地名。

⑬ Port of Delivery (引渡港)

荷物が引渡される場所のことで、例えば Los Angeles, CFS（又は CY）と記載する。

⑬の右にある Final destination for Merchant's reference には、輸入地の奥地名を必要に応じて記載する。

⑭ Container No.(コンテナ番号) と Seal No.(シールの番号)
コンテナの番号とシール (封印) の番号が記載される (LCL 貨物時には省略されている)。

⑮ No. of Containers, Kinds of Packages
コンテナの数、容器の種類 (ケースとかカートン等のこと)
（例えば、LCL 貨物時に 37 Cases と、又、FCL 貨物時は 60 Cases in one container と記載する）

⑯ Description of Goods (商品名)
商品の名称を記載する (インボイスと異なり商品明細の記載は不要である)。

⑰ Marks and Numbers (荷印)
荷印 (Shipping Mark) を記載する。

⑱ Gross Weight (総重量)
例えば kg を単位として記載する。

⑲ Measurement (容積)
例えば M3を単位として記載する。

⑳ "Freight Prepaid"
CIF (又は CFR) **等のときには Freight Prepaid (運賃元払い)** と、**FOB 等のときには Freight Collect (運賃着払い)** と記載する。

㉑ Total Number of Containers or Packages Received by the Carrier
船会社が受け取ったコンテナ又は容器 (ケース、カートン等) の数量のこと。

㉒ Freight and Charges (運賃と費用)
この欄には本船の運賃と、その他費用を記載する。
但し、**"Freight As Arranged" (契約運賃通り)** とのみ記載しておくことも少なくない。

㉓ Exchange Rate
運賃は米ドル表示のため日本円に換算するレートのことである。
円の換算レートは、本船入港日の前日の TTS (電信売相場) が適用されている (通常、省略されていることが多い)。

㉔ Prepaid at
運賃元払いの場合、どこ（都市名）で支払われたかを明記する。

㉕ Total Prepaid in Yen
円での支払い総額のこと (通常、省略されていることが多い)。

㉖ Payable at
運賃着払いの場合、どこ（都市名）で支払われるかを明記する。

㉗ No of Original B/L
発行された船荷証券のオリジナル枚数のこと (通常、**3 通**)。

㉘ On Board Notation
(1) **Laden On Board the Vessel の明示**と (2) **船積日 (B/L Date** という) および (3) **運送人の署名**が必要とされている（但し、**運送人の署名はなくてもかまわない**）。

㉙ Original
この船荷証券がオリジナルであることを証するもの。

㉚ Carrier のサイン
誰 (船会社なのか運送人なのか) が Carrier なのかを明示して署名されていなければならない。

Guide !

(i) 船荷証券の運送人の署名（UCP600 第20条）

UCP の規定では、B/L の運送人の署名は次のように明示しなければならないとされている。

① 運送人又はその代理人

② 船長又はその代理人

実務では、上記②の場合は、ほとんどなく上記①の場合となるが、具体的には、次のように作成される。

① 運送人（船会社のこと）の場合

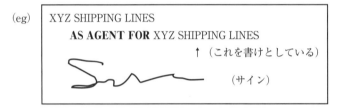

(eg)

XYZ SHIPPING LINES

AS CARRIER ←（これを書けとしている）

（サイン）

① 運送人の代理人（海貨業者のこと）の場合

(eg)

XYZ SHIPPING LINES

AS AGENT FOR XYZ SHIPPING LINES

↑（これを書けとしている）

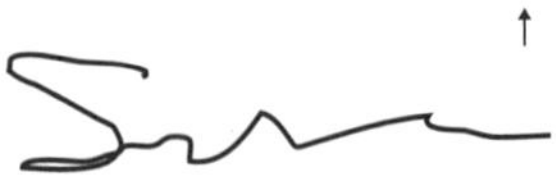

（サイン）

つまり、運送責任が、誰なのか（上記のうち上の船会社なのか下の代理人としての海貨業者なのか）をはっきりと明示すべきであると、UCP で規定されている（従って、銀行は、この記載のない署名（サイン）のみの B/L では、ディスクレの対象としている）。

(ii) 海上運送においては、原則として Bill of Lading (B/L) が使われている。また、航空運送においては、貨物輸送の迅速性 (スピード) が損われないように Air Waybill (AWB) を使用している。

(iii) 海上貨物運送状 (**Sea Waybill** ／ SWB) について（405 頁参照）

船舶の高速化やコンテナ船の普及等により航海日数が短縮 (中国、韓国等の近隣諸国からであれば数日のうちに我が国に到着する) されている。このため荷主が荷を早く受け取れるようにするために航空貨物の Air Waybill(AWB) を真似た Sea Waybill (SWB) が船荷証券 (B/L) の代わりとして用いられる（荷受人である旨を証明すれば荷を受け取ることができる)。

Sea Waybill は Air Waybill 同様に**有価証券性はないので、洋上転売等運送中に第三者に転売することはできない。**従って、洋上販売時においては船荷証券 (B/L) の発行が必要とされる。但し、洋上転売が行われることは現在殆どないため、我が国においても近隣諸国との取引においては、SWB の普及がめざましい。

Sea Waybill は、UCP600 においてその使用について規定されており、また、万国海法会の CMI 統一規則においても認められている。

一方、サレンダード B/L は、一部の国々(アジア、アメリカ)において使用されているものの、その法的根拠はなく法律、条約で規定されたものではない。従って、事故発生時には（担保力もないので）問題が生じやすいといわれている（406 頁参照)。

(iv) B/L は、有価証券であるためオリジナル3枚のうち1枚に取引金額と関係なく 200 円の収入印紙を貼付しなくてはならない。但し、殆どの場合には税務署に別納しておりこの場合には、収入印紙の貼付は省略されている。

(v)記名式 B/L の裏書譲渡

我が国の商法の規定では、記名式船荷証券の表面（通常右下のサインの付近）に "Endorsement is not allowed." とか "Endorseent Prohibited."（裏書禁止）等の記載があれば裏書できないが、なければ裏書譲渡ができるとされている。

しかしながら、欧米の規定では、記名式船荷証券は裏書不可とされている（国により法律がここでは異なっている)。

船腹を予約する際の配船予定表

ABC Land

SAILING SCHEDULE

北米輸出（PNW）　JAPAN TO WEST COAST

VESSEL	VOY. NO	ARRIVAL/SAILING		ARRIVAL				
		Kobe (Osaka/ Nagoya/ Moji)	Yokohama (Tokyo/S himizu)	Tacoma	Vanc. B. C.	Chicago	New York	Toronto
SL EXPRESS	138EE	9/21-21	9/22-23	10/1	10/4	10/5	10/7	10/8
SL INDEPENDENCE	119E	9/28-28	9/29-30	10/8	10/11	10/12	10/14	10/15
SL MARINER	098E	10/5-5	10/6-7	10/15	10/18	10/19	10/21	10/22
SL FREEDOM	099E	10/12-12	10/13-14	10/22	10/25	10/26	10/28	10/29
SL VOYAGER	142E	10/19-19	10/20-21	10/29	11/1	11/2	11/4	11/5
SL DEVELOPER	121E	10/26-26	10/27-28	11/5	11/8	11/9	11/11	11/12
SL EXPRESS	139E	11/2-2	11/3-4	11/12	11/15	11/16	11/18	11/19
SL INDEPENDENCE	120E	11/9-9	11/10-11	11/19	11/22	11/23	11/25	11/26
SL MARINER	099E	11/16-16	11/17-18	11/26	11/29	11/30	12/2	12/3
SL FREEDOM	100E	11/23-23	11/24-25	12/3	12/6	12/7	12/9	12/10
SL VOYAGER	143E	11/30-30	12/1-2	12/10	12/13	12/14	12/16	12/17
SL DEVELOPER	122E	12/7-7	12/8-9	12/17	12/20	12/21	12/23	12/24
SL EXPRESS	140	12/14-14	12/15-16	12/24	12/27	12/28	12/30	128/31

北米輸出（PSW）　JAPAN TO WEST COAST

VESSEL	VOY. NO	ARRIVAL/SAILING		ARRIVAL				
		Kobe (Osaka/ Nagoya/ Moji)	Yokohama (Tokyo/S himizu)	Long Beach (L. A)	Oakland (S. F.)	Chicago	Houston	Atlanta
SL DEFENDER	100E	9/21-21	9/21-22	10/1	10/5	10/6	10/3	10/7
SL INNOVATOR	094E	9/27-27	9/28-29	10/8	10/12	10/13	10/10	10/14
SL EXPLORER	098E	10/4-4	10/5-6	10/15	10/19	10/20	10/17	10/21
SL LIBERATOR	102E	10/11-11	10/12-13	10/22	10/26	10/27	10/24	10/28
SL ENDURANCE	095E	10/18-18	10/19-20	10/29	11/2	11/3	11/31	11/4
SL PATRIOT	100E	10/25-25	10/26-27	11/5	11/9	11/10	11/7	11/11
SL DEFENDER	101E	11/1-1	11/2-3	11/13	11/16	11/17	11/14	11/18
SL INNOVATOR	095E	11/8-8	11/9-10	11/20	11/23	11/24	11/21	11/25
SL EXPLORER	099E	11/15-15	11/16-17	11/27	11/30	11/1	12/28	12/2
SL LIBERATOR	103E	11/22-22	11/23-24	12/4	12/7	12/8	12/5	12/9
SL ENDURANCE	096E	11/29-29	12/30-1	12/11	12/14	12/15	12/12	12/16
SL PATRIOT	101E	12/6-6	12/7-8	12/18	12/21	12/22	12/19	12/23
SL DEFENDER	102E	12/13-13	12/14-15	12/25	12/28	12/29	12/26	128/0

Unit Train service also available to the following points:

PNW: Montreal, Philadelphia, Baltimore, Norfolk, Minneapolis, St. Paul, Boston.

PSW: New York, Jacksonville, Savannah, Philadelphia, Baltimore, Miami, New Orleans, For other points filed in tariffs, please consult your ABC Land representative for details.

(2)　保険証券 (Insurance Policy)

資料－１５

① THE YAMADA FIRE & MARINE INSURANCE COMPANY,LIMITED

Assured(s) etc.

② KOKUSAI Trading Co.,Ltd.

Invoice No. GEC-0011 ③

④ Policy No. 33-123456

Amount insured US$18,315.00 ⑤

Claim, if any, Payable at/in

by

⑥
Benson and Johnson,Inc.
123 Washington Street
Los Angeles,Calif.90010
U.S.A.

Conditions:

⑦ ICC (A) with War & S.R.C.C.
Whether in hold or on deck

⑧ Local Vessel or Conveyance

⑨ From (interior port or place of loading)

⑩ Ship or vessel called the "SAKURA Maru"

⑪ At and from Yokohama,Japan

⑫ Sailing on or about August 31, 202-

⑬ Arrived at, unshipped at Los Angeles,U.S.A

thence to ⑭

Goods and merchandise

⑮

37 Cases of Electric Light Bulbs

SPECIMEN

Subject to the following Clauses as printed overleaf

Institute Cargo Clauses
Institute War Clauses (Cargo)
Institute Strikes Riots & Civil Commotions Clauses
Institute Replacement Clause (applying to machinery)
Label Clause
Duty Clause (applying only to duty insured)
Institute Dangerous Drugs Clause

Marks & Numbers as per Invoice No. specified above.

⑯ Place and Date signed in Yokohama, August 20, 202_

⑰ No. of policies issued Two(2)

[illegible]

Be it known that

[illegible]

For THE YAMADA FIRE & MARINE INSURANCE COMPANY, LIMITED

(Signed)

⑱ AUTHORIZED SIGNATORY

(解説)

下記の太字表記部分を特に理解したい。

① Insurer

保険者（保険会社のこと）の名称

② Insured (Assured)

被保険者 (保険金を受け取る者) の名称

③ Invoice No.

貨物のインボイス番号 (どの取引のものか参考までに記載してある。)

④ Policy No.

保険証券の番号

⑤ Amount insured

保険金額 (通常 CIF 価格の 110 %)

⑥ Claim, if any, Payable at/in

輸入地における保険金支払人 (代理店名を記載する。)

⑦ Conditions

保険条件 (ICC (A)、ICC (B)、ICC (C) 等がある。通常、War & S.R.C.C. を付保する。)

ここでは in hold（船艙積）でも on deck（甲板積）でも同一保険がかけられているとある（記載しなくてもよい)。

⑧ Local Vessel or Conveyance

奥地からの接続運送手段 (truck, rail, lighter 等) を記載。ないときはブランクにする。

⑨ From (interior port or place of loading)

奥地からの仕出地 (または仕出港) をもしあれば記載する。ないときはブランクにする。

⑧、⑨の記載があるときは、奥地保険があるということである。また、ブランクのときには、奥地保険はないということである。従って、奥地保険が必要なときに（保険申込時に）その記載を忘れないように留意したい。

⑩ Ship or vessel called the

積載船名

⑪ At and from

積込港

⑫ Sailing on or about

出港予定日

⑬ Arrived at, unshipped at

荷卸港

⑭ thence to

最終仕向地 (または仕向港)、**つまり荷卸港からさらに奥地まで輸送する場合にはその地名**（例えば、Chicago 等）を記載する。**奥地のないときはブランク**にする。

⑮ Goods and merchandise

商品名、数量、梱包の種類を記載する。

⑯ Place and Date signed in

保証証券の**発行場所と発行日**

但し、発行日は B/L Date より前でなくてはならない。

⑰ No of policies issued

発行されたオリジナルの保険証券の枚数 **(通常 2 枚)**

⑱ 保険者名と責任者のサイン

保険証券の署名は、肉筆のサインである必要はなく印刷されたものまたはスタンプでも支障ない。

保険契約成立の証拠として保険会社により発行されるものである。Insurance Certificate (保険承認状) が発行される場合もある。保険証券は、船荷証券と異なり**有価証券ではない。**

保険に関する詳細については、第5章を参照のこと。

Guide !

(i) 保険証券の表面下3分の1位から裏面にかけてICC（協会貨物）約款が印刷されている。我が国においては、数年前より新約款（のフォーム／様式）が使用されている。

(ii) 保険証券の発行に際して、保険会社において(金額に関係なく) 200円の収入印紙を貼付することになっている。(但し、多くの場合、別納されているため実際には収入印紙の貼付は省略されている場合もある。なお、保険承認状の場合には、証券ではないので通常、収入印紙は貼付されていない。)

(3) 商業送り状(Commercial Invoice)

②
KOKUSAI TRADING CO.,LTD.
1-2-3 Ohi-Machi, Shinagawa-ku
Tokyo,Japan

①
INVOICE

③ No. GEC-0011
④ DATE August 20, 202_
⑤ ORDER No. SN-11

SOLD TO: ⑥ General Electric Corporation
ADDRESS: ⑦ 234 Maple Street, Los Angeles, Calif. 90036, U.S.A.

Shipped from: ⑧Yokohama Japan
to: ⑨ Los Angeles, U.S.A.
via: ⑩

Name of Vessel: ⑪ SAKURA MARU
Sailing Date on or about: ⑫ August 31, 202_

Mark & Numbers	Description of Goods	Quantity	Unit Price	Amount
⑬	⑭	⑮	⑯	⑰
	ELECTRIC LIGHT BULBS			CIF Los Angeles in U.S.Dollares
G E C LOS ANGELES C/No.1-37 MADE IN JAPAN				
	"SP" Brand, Bulb No.0011 Size:Large(Clean Glass)			
		1,850 pcs	US$9.00	US$16,650.00

L/C No.0123 ⑱

Kokusai Trading Co., Ltd.

⑲

Authorized Signature

⑳ E.&O.E.

第3章

商業送り状は、その貨物の**明細書、計算書、請求書の役割**を果たす輸出者作成の船積書類のひとつである。送り状(Invoice)をその使用にあわせて分類すると次のようになっている。

① **商業送り状(Commercial Invoice**／契約後に作成**)**

(i) 船積インボイス(Shipping Invoice)

船積された貨物の出荷案内、明細、代金請求を兼ねた書類のことで商業送り状のことを、船積インボイス(契約直前のProforma Invoiceに対して契約後のもの)という。売買インボイス(Sales Invoice)ともいう。見本品の送付用としては特に見本インボイス(Sample Invoice)という名称で使用される。

(ii) **仮送り状(Proforma Invoice**／契約前に作成**)**

仮送り状(Proforma Invoice)とは、売買契約締結直前に輸出者が送る取引促進のための明細書のことである。また、輸入者が商業送り状がないときに輸入通関用として作成して税関に提出することもある。契約書の内容と相違ないときには、契約書の代用として使用されることもある。

② 公用送り状(Official Invoice)

(iii) **税関送り状(Customs Invoice)**

カナダ、オーストラリア、ニュージーランド、南アメリカ等の国の輸入税関時に提出するもの用(税関指定の様式を使用)として輸出者により作成される。

(iv) **領事送り状(Consular Invoice)**

輸出者が作成する中南米、東南アジア、アフリカ等への国向の税関提出用のもの。
輸出者は、領事館等にConsular Fee（送り状査証料）を支払うことになる。
領事送り状は輸入者の脱税防止用として輸入国の法令で規制されている。
公用送り状は、商業送り状の付属的なものであり証明書的な性格を帯びている。輸入国によっては 領事送り状の代わりにSGS等の船積前検査によるCRF（Clean Result Findings）が要求される。

（解説）

① この例は、商業送り状である。Commercialと書いてあるものとないものとがある。

② インボイスの作成者である輸出者の氏名と住所を記載する。

③ No
インボイスの整理番号のこと（後日のために記載する。）

④ Date
インボイスの作成日のこと

⑤ Order No
参考として注文書番号として売約書（又は買約書）の番号を記載する。

⑥ Sold To
輸入者の名称

⑦ Address
輸入者の住所

⑧ Shipped from
積出港の地名

⑨ to
仕向港の地名

⑩ Via
経由地があれば記載する(無ければブランクにしておく)。

⑪ Name of Vessel
本船の名称（配船表を見て記載する。）

⑫ Sailing Date on or about
本船の出港予定日（配船表を見て記載する。）

⑬ Marks and Numbers
荷印のこと

⑭ Description of goods
商品名の記載のみでもかまわない。但し、L/C 取引時には商品名とその明細を記載する。通常、L/C 取引時には、L/C に**商品明細**が記載されている。

商品明細とは、例えば、"SP" Brand,
Bulb No,0011
Size: Large (Clear glass) のことである（129 頁⑮参照）。

UCP600 の規定により **L/C 上の商品明細とインボイスの商品明細は一致していなければならない**。しかし、**他の船積書類の商品明細の記載は不要である。**他の船積書類に関しては、**矛盾しない表現であれば、**(つまり、**商品名のみの記述でも**）かまわないとされている。

なお、UCP による商品明細について過度の記述は排除されている点に留意したい。

⑮ Quantity
商品の数量のこと

⑯ Unit Price
単価のこと

⑰ Amount
価格のことで⑮×⑯＝⑰となる。

⑱ 参考としてL/C 取引の場合にL/C No が記載されることが多い。(貨物を取るときに、輸入者に便利なように)。

⑲ 輸出者の名称と責任者の署名
L/C取引において、インボイスに**Signed Commercial Invoice**とあれば、**仕出国における輸出者(仕出人)の署名が必要**となる。

UCP600 第 18 条にはL/C に Commercial Invoice のみの記載であれば（Signed と書かれていなければ）、インボイスに受益者の署名はなくてもかまわないと規定されている。

但し、輸入者は、受益者の署名があった方が安心できるので、通常、信用状等には、（偽物防止のため）Signed Commercial Invoice が要求されている。

⑳ **E. & O.E.**(Errors and Omissions are Excepted)
「誤字脱字は、お許し下さい。」という意味である。たとえ書類に誤字や脱字があっても、当方に責任を追求しないで欲しいということである。しかし、この表示があったとしても法的には輸出者の責任が免除されるわけではないので正確な書類作りが望まれる。

Guide !

(i) 商品数が多く１枚のインボイスに書ききれない場合には、２枚目を作成してホッチキス等で止めておくことになる。

(ii) インボイスの様式は特に定まっていないためその様式はいろいろな種類がある。しかし、インボイスに記載する記載内容は、WCO 等による話し合いにより定められている。

⑷　パッキング・リスト（梱包明細書／包装明細書／Packing List）

KOKUSAI TRADING CO.,LTD
1-2-3　Ohi-Machi.Shinagawa-ku
Tokyo.Japan

①PACKING　LIST

②Our Invoice NO. GEC-0011

SOLD TO　⑤General Electric Corporation　③Date August 20,202_

ADDRESS　⑥234 Maple Street, Los Angeles,Calif.90036,U.S.A　④Your Order NO. SN-11

Shipped from ⑦　Yokohama.Japan　Sailing date on or about　⑪ August 31. 202_
to ⑧　Los Angeles.U.S.A
via ⑨
Shipped per ⑩　SEKURA MARU

Mark&Numbers	Description of Goods	Quantity	Weight		Measurement
			Net	Gross	
⑫	⑬	⑭	⑮		⑯

ELECTRIC LIGHT BULBS

GEC
LOS ANGELES
C/NO.1-37
MADE IE JAPAN

"SP"Brand.
Bulb NO.0011
size: Large(Clear Glass)

C/NO.1-37	1,850pcs(a　50　pcs)	2,331　kgs (a　63　kgs)	3.626　M3 (a　0.098　M3)
Total: 37 ctns	1,850pcs(a　50　pcs)	2,331　kgs	3.626 M3

L/C NO.0123

Kokusai Trading Co. Ltd.

⑰

Authorized Signature

買主や税関が荷を照合する場合に使うインボイスの補足的書類である。梱包ひとつの重量、容積、梱包の中の荷の個数等も記載されている。しかし、インボイスと異なり**貨物の価格の表示**はない。売主は通常、船積書類としてさらには、Shipping Advice 時に B/L, インボイス等とともにこれらのコピーをメール又は FAX 等にて買主に送付することになっている。

(解説)

① Packing List

買主または税関が積荷照合の際，包装をあけなくても、中味がわかるように、インボイスの補足資料として使われる。インボイスとほぼ同じ記載内容であるが荷の重量、容積については詳しく記載されている。

② Our Invoice No

インボイスの番号のこと

③ Date

パッキング・リストの作成日

④ your order No

参考のために注文書番号を記載する。

⑤ Sold to

輸入者の名称

⑥ Address

輸入者の住所

⑦ Shipped from

積出港の地名

⑧ to

仕向港の地名

⑨ Via

経由地

⑩ Shipped Per

本船の名称

⑪ Sailing Date on or about

本船の出港予定日

⑫ Marks and Numbers

荷印

⑬ Description of Goods

商品名を記載する。

⑭ Quantity

商品の数量と(　)内には1ケースに何個入っているかを記載する。

⑮ Weight (Net and Gross)

貨物の正味重量 (Net Weight) と総重量 (Gross Weight) を原則として記載する。
総重量のみが記載されていることも多いので必要に応じて正味重量 (メーカーに聞いて確かめる) も記入する。(　) 内は1ケースの重量である。

パッキング・リストは輸出者が作成するものであるが、海貨業者が、日本海事検定協会等の検量後に作成されることも多い。

⑯ Measurement

貨物の容積を記載する。単位は M3 と表記し、m^3 とは通常書かない。なお、検量では貨物の重量と容積が計られて重量・容積証明書が発行される。

⑰ 輸出者の署名 (会社名も記載されなければならない。)

(5)　容積重量証明書／重量容積証明書（Certificate and List of Measurement and / or Weight）

インボイスの付属書類のひとつであり、梱包明細書を裏付ける梱包ごとの容積と総容積および重量と総重量の証明書である。**船舶の運賃はこれを基に計算**される。信用状に要求がなければ船積書類として銀行に提出しなくてもよいが、インボイスの補足資料でもある。在来船貨物や LCL 貨物を保税地域搬入後、国土交通省が許可した日本海事検定協会（NKKK）等の検量業者（宣誓検量人／Sworn Measurer）により作成されている。

名称が長いのでメジャーメントリスト（Measurement List）ともいう。

SHIN NIHON KENTEI KYOKAI

(NEW JAPAN SURVEYORS AND SWORN MEASURERS ASSOCIATION)

LICENSED BY JAPANESE GOVERNMENT

HEAD OFFICE: No 25-20, TAKANAWA 3-CHOME MINATO-KU, TOKYO JAPAN
FAX No. (03)3449-2814
TELEX NO. 242-3486
BRANCHES: ALL PRINCIPAL PORTS IN JAPAN

CERTIFICATE AND LIST OF MEASUREMENT AND/OR WEIGHT

Certificate No.
Shipper
Forwarding Agent
Our Ref. No.
Page
Date & Place of Issue
Date & Place of Measuring and/or Weighing

Ocean Vessel　Voy. No.
Place of Receipt　Port of Loading
Port of Discharge　Place of Delivery　Final Destination

Marks & Nos.	Number of P'kgs.	Kind of Packages	Description of Goods	Gross Weight	Measurement

QATAR　(IN BOX)

PACKAGE NO.
GROSS WEIGHT
DIMENSIONS LXWXH
P.O.NO.
COUNTRY OF ORIGIN

(L) (W) (H)
M CM　M CM　M CM　KG.　CU.METER

CASE
1
2
3

- TO BE CONTINUED -

We hereby certify that the goo... and/or weighed by our measurers solely for the freight purpose ... carry...el.

出所：新日本検定協会

Guide !

散荷の場合には、船の喫水（ドラフト）によるドラフトサーベイが行われている。

⑹ カタログ等

商品によっては、カタログや仕様書 (Specifications) 等が船積書類の一部として要求されることがある。これらは輸入地において輸入申告をする際、貨物の税率確定等のため税関へ提出する書類として使用されることになる。

⑺ **税関送り状 (Customs Invoice)** ／次頁参照

特定の輸入国税関が必要としているもので、カナダやオーストラリア、ニュージーランド、南アフリカ共和国等の国々において採用されている。輸出者が輸入地税関用 (カナダ用は次頁参照) として送り状を作成し商品の価格や数量を証明することになる。米国は 1982 年にこれを廃止している (つまり通常のコマーシャルインボイスで足りるとしている)。

国連においては、輸出者に負担をかけるものとしてその廃止を勧告するなど批判的な立場をとっている。

⑻ **領事送り状 (Consular Invoice)**

輸入者の脱税防止のために、特定の輸入国通関時において必要とされている。この場合、輸出者が輸出国における輸入国領事館にて輸出者作成の領事送り状に、商品の価格や数量等が間違いない旨を証明してもらう (下図)。その際、領事館にはビザ料 (領事査証料／ Consular Fee) を支払うものとされていて、インコタームズでは原則として買主負担と規定されている。

中南米、アフリカ、東南アジアの国々では、この送り状を必要とする国がある。

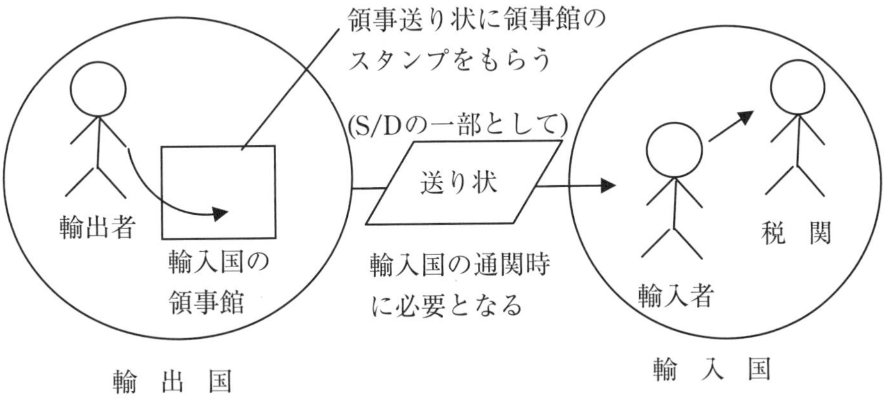

⑼ **SGS 等の CRF ／船積前検査 (PSI** / Pre-Shipment Inspection)

スイスのジュネーブに本部のある SGS 社 (Societe Generale de Surveillance ／日本本社は横浜市保土ヶ谷区にある) の発行する CRF (Clean Result Findings) を船積書類のひとつとして、一部輸入国の法律により要求されている。これも、脱税防止のためのものである。輸出者が輸出国の SGS 社 (我が国には SGS in Japan として横浜市西区に支社がある) にて書類を発行してもらい、輸入者が輸入国通関時に使用する。この書類がないと輸入許可を受けることはできない。

SGS 社の他にも、COTECNA、Bureau Veritas、Intertek Testing Services (ITS) 等があり、検査機関は輸入国により指定されている。

(7)　税関送り状

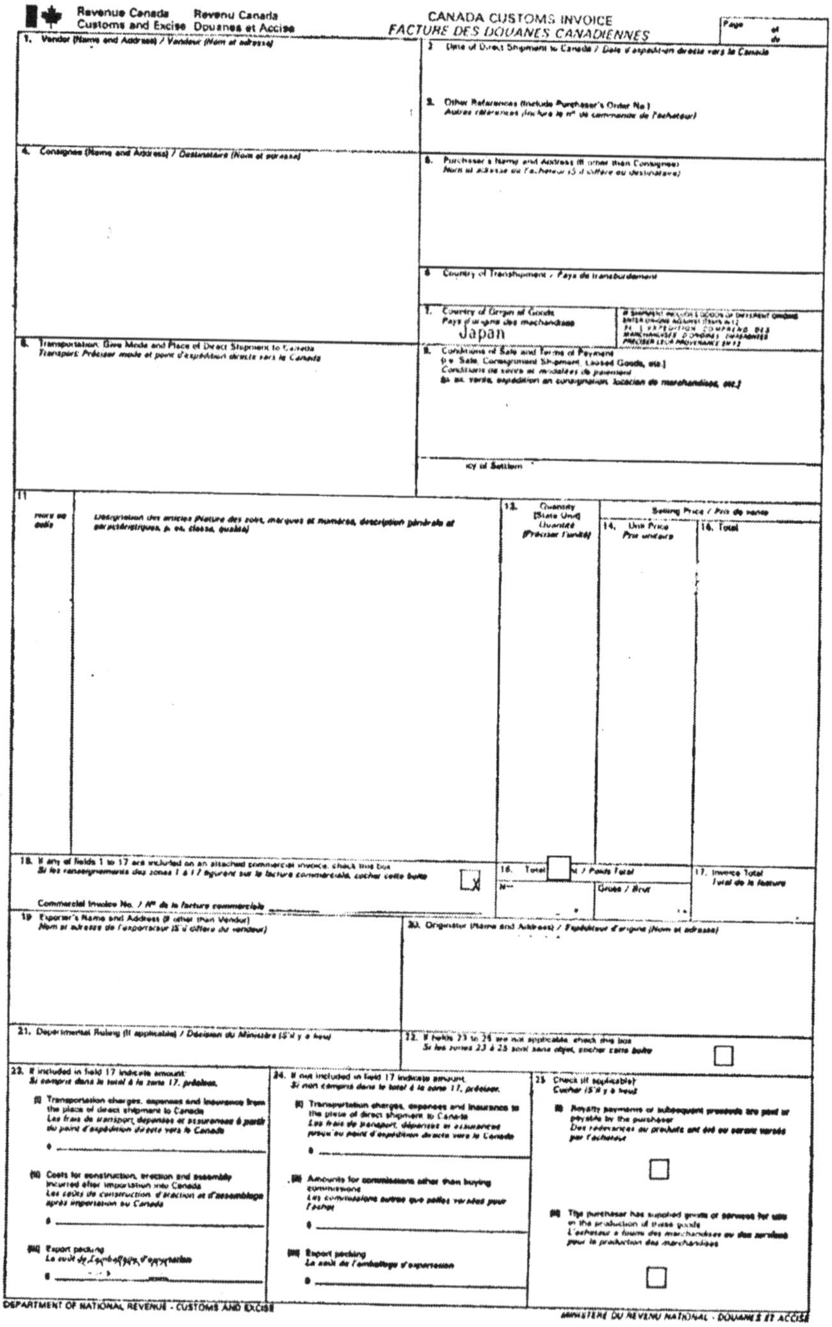
Revenue Canada　Revenu Canada
Customs and Excise　Douanes et Accise

CANADA CUSTOMS INVOICE
FACTURE DES DOUANES CANADIENNES

Page　of / de

1. Vendor (Name and Address) / Vendeur (Nom et adresse)

2. Date of Direct Shipment to Canada / Date d'expédition directe vers le Canada

3. Other References (Include Purchaser's Order No.) / Autres références (Inclure le nº de commande de l'acheteur)

4. Consignee (Name and Address) / Destinataire (Nom et adresse)

5. Purchaser's Name and Address (if other than Consignee) / Nom et adresse de l'acheteur (S'il diffère du destinataire)

6. Country of Transhipment / Pays de transbordement

7. Country of Origin of Goods / Pays d'origine des marchandises　Japan

8. Transportation: Give Mode and Place of Direct Shipment to Canada / Transport: Préciser mode et point d'expédition directe vers le Canada

9. Conditions of Sale and Terms of Payment (i.e. Sale, Consignment Shipment, Leased Goods, etc.) / Conditions de vente et modalités de paiement (p. ex. vente, expédition en consignation, location de marchandises, etc.)

10. Currency of Settlement

11. No. of Pkgs / Nombre de colis

12. Specification of Commodities (Kind of Packages, Marks and Numbers, General Description and Characteristics, i.e. Grade, Quality) / Désignation des articles (Nature des colis, marques et numéros, description générale et caractéristiques, p. ex. classe, qualité)

13. Quantity (State Unit) / Quantité (Préciser l'unité)

Selling Price / Prix de vente

14. Unit Price / Prix unitaire

15. Total

16. Total Weight / Poids Total — Net — Gross / Brut

17. Invoice Total / Total de la facture

18. If any of fields 1 to 17 are included on an attached commercial invoice, check this box / Si les renseignements des zones 1 à 17 figurent sur la facture commerciale, cocher cette boîte

Commercial Invoice No. / Nº de la facture commerciale

19. Exporter's Name and Address (If other than Vendor) / Nom et adresse de l'exportateur (S'il diffère du vendeur)

20. Originator (Name and Address) / Expéditeur d'origine (Nom et adresse)

21. Departmental Ruling (If applicable) / Décision du Ministère (S'il y a lieu)

22. If fields 23 to 25 are not applicable, check this box / Si les zones 23 à 25 sont sans objet, cocher cette boîte

23. If included in field 17 indicate amount: / Si compris dans le total à la zone 17, préciser:
(i) Transportation charges, expenses and insurance from the place of direct shipment to Canada / Les frais de transport, dépenses et assurances à partir du point d'expédition directe vers le Canada　$
(ii) Costs for construction, erection and assembly incurred after importation into Canada / Les coûts de construction, d'érection et d'assemblage après importation au Canada　$
(iii) Export packing / Le coût de l'emballage d'exportation　$

24. If not included in field 17 indicate amount: / Si non compris dans le total à la zone 17, préciser:
(i) Transportation charges, expenses and insurance to the place of direct shipment to Canada / Les frais de transport, dépenses et assurances jusqu'au point d'expédition directe vers le Canada　$
(ii) Amounts for commissions other than buying commissions / Les commissions autres que celles versées pour l'achat　$
(iii) Export packing / Le coût de l'emballage d'exportation　$

25. Check (If applicable): / Cocher (S'il y a lieu):
(i) Royalty payments or subsequent proceeds are paid or payable by the purchaser / Des redevances ou produits ont été ou seront versés par l'acheteur
(ii) The purchaser has supplied goods or services for use in the production of these goods / L'acheteur a fourni des marchandises ou des services pour la production des marchandises

DEPARTMENT OF NATIONAL REVENUE - CUSTOMS AND EXCISE　MINISTÈRE DU REVENU NATIONAL - DOUANES ET ACCISE

⑽ **原産地証明書 (Certificate of Origin)** ／110、111、112 頁参照

人にたとえればパスポートのようなもので**どこの国からの貨物**かを輸入申告時に**節税等**のために税関に証明する書類である。以下の３種類がある。

① 特恵関税適用貨物の場合に税関に提出するものを**特恵原産地証明書 (Form A** ／我が国が発行することはない（110 頁参照）) という。これにより関税を原則として無税にすることができる（対象国は 295 頁参照）。

② この他にも WTO 加盟国としての**協定税率適用**のとき、又は、他国からの偽物防止（**Made in Japan の証明等**）のとき等に必要とされる **WTO 原産地証明書 (一般用**（111 頁参照）) がある。

③ さらに、EPA 用としての条約国協定税率適用時等に必要とされる**条約国原産地証明書** (112 頁参照／具体的な対象国は 464 頁表参照) もある。

輸出国の商業会議所や税関又は、輸出国における輸入国領事館等にて証明を受けることになる。我が国においては、各地の商工会議所等にインボイス登録後に原産地証明書の発行を依頼することができる。(なお、EPA 用においては、条約国により認定輸出者証明や自己証明等の制度がある。／295 頁参照)

⑾ 検査証明書 (Inspection Certificate / Certificate of Inspection)

商品の品質、数量等が、船積時においてどのような状態であったかを証明するものである。主に輸入者の依頼、又は、輸出国や輸入国の法律によって作成される。例えば輸入国政府指定の検査機関としてSGS やコテクナ等が有名である。

我が国における輸出検査法や輸出デザイン法等に関しては、すでにその役割を終え現在廃止されている（但し、我が国における真珠業界組合においては今でも民間レベルの自主規制として輸出時の検査を実施している)。

⑿ 検疫証明書 (Quarantine Certificate)

動物（伝染病等）及び植物（細菌、害虫等）の輸出入に対しては、国により基準が設けられており、それを充たしていなければならない。輸出時に、輸出国の基準を充たすのみならず原則として輸入国の基準をも充たしていることが要求されている。輸出国の証明書が要求されている場合には、船積書類のひとつとなる。また、必要に応じて輸入通関時においても検査される。

⒀ **燻蒸証明書** (Certificate of Fumigation)

梱包材が木材 (厚さ６ミリ以下時は不要) の場合、輸出時に業者により**害虫や細菌を駆除**するために燻蒸消毒を行い、無害なものとすることにより証明書が発行される。また、船艙の中を燻蒸消毒して穀物等を船に積載するようなときにも消毒済を証するものとして発行されることがある。

処理方法には、熱処理と臭化メチル処理とがある。米国、EU、オーストラリア、中国等 69 国が対象国とされている。

プラスチック材や薄い木材を張りあわせた LVL 材使用の場合には、対象外となる。

⑽−①　原産地証明書(**特恵原産地証明書／Form A**)

Certificate of Origin

1. Goods consigned from (Exporter's business name, address, country)	Reference No. GENERALISED SYSTEM OF PREFERENCES CERTIFICATE OF ORIGIN (Combined declaration and certificate) FORM A Issued in ---------------------------------- (country) See Notes overleaf
2. Goods consigned to (Consignee's name, address, country)	
3. Means of transport and route (as far as known)	4. For offcial use

5. Item number	6. Marks and numbers of packages	7. Number and kind of packages ; description of goods	8. Origin criterion (see Notes overleaf)	9. Gross weight or other quantity	10. Number and date of invoices

11. Certification	12. Declaration by exporter
It is hereby certified, on the basis of control carried out, that the declaration by the exporter is correct. -- Place and date, signature and stamp of certifying authority	The undersigned hereby declares that the above details and statements are correct : that all the goods were produced in ---------------------------------- (country) and that they comply with the origin requirements specified for those goods in the Generalised System of Preferences for goods exported to -- (importing country) -- Place and date, signature of authorised signatory

⑽－② 原産地証明書（WTO原産地証明書／一般用）

1. Exporter (Name, address, country)

（輸出者名）住所、国名を記入

CERTIFICATE OF ORIGIN

issued by

The Tokyo Chamber of Commerce & Industry

Tokyo, Japan

2. Consignee (Name, address, country)

（荷受人名）住所、国名も記入

※ Print ORIGINAL or COPY

（ORIGINAL又はCOPY）

3. No. and date of Invoice

（インボイス番号と日付）

4. Country of Origin

（原産国）　JAPANと記入
（NIPPONはNG）

5. Transport details

（輸送手段）

L/C時はTo orderとし、
From Place to Place by Vesselとする。

6. Remarks

（備考）通常ブランク／転売先を
記入することもある

7. Marks, numbers, number and kind of packages; description of goods

（荷印、荷番号、梱包数と種類、商品名）

L/C又はインボイス通りに記入する。
もしL/CにVheicle等とミススペルがあれば下記のようになる。
“Vheicle (Vehicle)…（　）内は正しいスペル

8. Quantity

（数量）

TOPPANFORMS 1-6 KANDA SURUGADAI, CHIYODA-KU, TOKYO, JAPAN　Japan CCI Ref No. 1701-A

9. Declaration by the Exporter

The undersigned, as an authorized signatory, hereby declares that the above-mentioned goods were produced or manufactured in the country shown in box 4.

Place and Date: Tokyo （インボイスの日付以降の日）

(Signature)

(Name)

（輸出者署名）
登録済のもの

10. Certification

The undersigned hereby certifies, on the basis of relative invoice and other supporting documents, that the above-mentioned goods originate in the country shown in box 4 to the best of its knowledge and belief.

The Tokyo Chamber of Commerce & Industry

（商工会議所認証）

(No., Date, Signature and Stamp of Certifying Authority)

Certificate No. （ブランクで提出）

© The Japan Chamber of Commerce & Industry

TOKYO CCI Form CO 1999.10

⑽−③　**締約国原産地証明書**（日墨協定特定原産地証明書の例）

AGREEMENT BETWEEN JAPAN AND THE UNITED MEXICAN STATES
FOR THE STRENGTHENING OF THE ECONOMIC PARTNERSHIP

CERTIFICATE OF ORIGIN

1. Exporter's Name and Address:	**Certification No.** **3. Importer's Name and Address:**
2. Producer's Name and Address:	**4. Transport details (optional)**

5. HS Tariff Classification Number	6. Description of goods	7. Quantity	8. Preference criterion	9. Other Instances	10. Invoice

11. Remarks:

12. Declaration by the Exporter or Producer: I, the undersigned, declare that: - the good(s) described above meet the condition(s) required for the issue of this certificate; - the information that supports this Certificate is true and accurate and I assume the responsibility for proving such representations in accordance with the Agreement. Place and Date: ____ Signature: ____ Name: ____ Company: ____ Title: ____ Telephone / Fax: ____ E-mail: ____	**13. Certification:** The undersigned, hereby certifies, on the basis of the documentation necessary to support this Certificate, that the above-mentioned good(s) are considered as originating. This Certificate consists of ____ pages, including all attachments. Competent governmental authority or Designee office: ____ Stamp Issuing Country: ____ Place and Date: ____ Signature: ____

２．海貨業者提出用書類

⑴　船積用書類

シッピング・インストラクションズ（船積依頼書／船積指図書／ Shipping Instructions）

To:NIHON TSUUN CO.,LTD ②
TEL:(03)3334-5678

③ NO.GEC-0011
④ DATE August 20, 202_

① SHIPPING INSTRUCTIONS

SHIPPER: ⑥ KOKUSAI TRADING CO.,LTD
VESSEL: ⑦ SAKURA MARU ⑧ sailing on or about August 31, 202_
FROM ⑨ Yokohama,Japan TO ⑩ Los Angeles, U.S.A. Via ⑪
CONSIGNEE: ⑫ To Order
NOTIFY: ⑬ General Electric Corporation. Los Angeles. California

MARKS & NOS	NO of P'KGS	DESCRIPTION of GOODS	W/M
⑭	⑮	⑯	⑰
		ELECTRIC LIGHT BULBS	
◇GEC◇ LOS ANGELES C/NO.1-37 MADE IN JAPAN		Gross 2,331 kgs	3,626 M3

⑱ FREIGHT:PREPAID
PAYABLE AT

⑲ B/L DATE August 31, 202_

FORWARDER⑳ Sht
INVOICE 3 Sht
PACKING UST 3 Sht
E/D NO 2 Sht
INSPECTION CERTIFICATE 2 Sht
Sht
Sht

REQUIRED
B/L ORIGINAL 3 Sht
B/L COPY 3 Sht
M/W LIST 2 Sht
Sht
Sht

BOOKING㉑
AGENT LINE Kawasaki lines Ltd
NAME & DATE
Remarks㉒

S/O NO ㉓ B/L NO

Export Ledger No

Shipping Instructions は**船積依頼書**、又は、**船積指図書**と訳されている。

船積申込書 (Shipping Application) または**船積指図書 (Shipping Order) と混同しないようにしたい。**

Shipping Instructions とは、輸出者が海貨業者 (乙仲) あてに在来船の船積申込時に B/L 等の書類作成上の要点を指示したものである。

Shipping Order とは、これを受けて船会社が船長あてに船積するように指図する書類(第９章参照)である。

(解説)

① Shipping Instructions

輸出者が、船積時に海貨業者に対してこの書類の内容にて船積をするよう依頼 (指示) をする時に作成される書類である。B/L は、この書類が基になって作成される。従って、各項目を正確に作成しなければならない。

② To :

海貨業者の名称

③ No

インボイスの番号

④ Date

船積依頼書の作成日

⑤ Name of Person in Charge

必要であれば担当者名を記載する。

⑥ Shipper

荷送人のことで通常、輸出者名となる。

⑦ Vessel

本船の名称 (輸出者／又は、海貨業者が予約／ Booking した船名のこと)

⑧ Sailing on or about

本船の出港予定日

⑨ From

積出港の地名

⑩ To

仕向港の地名

⑪ Via

経由地（例えば欧州行の船舶が香港に立ち寄る場合、香港と記載。なければブランク）

⑫ Consignee (荷受人)

指図式船荷証券 (為替手形決済時) のときには **To order 又は、To order of shipper** 等とし、**記名式船荷証券**(送金決済時)のときには**To 輸入者名**とする。(**航空貨物 (AWB) の場合**、**為替手形**のときには通常、**銀行名**を、そして、**送金方式** (前払、後払時) のときには、**輸入者名**を記載する。

⑬ Notify

Notify Party (着荷通知先) のことで、Arrival Notice (着荷案内) をする相手先を記載する。

⑭ Marks and Nos.

荷印を記載する。

⑮ No of P'KGS

梱包の数量

⑯ Description of Goods

商品名 (明細は不要である)。

⑰ W/M

重量と容積を記載する。

⑱ Freight

CIF のときには **Freight Prepaid** なので Payable At を X 印で消す。また、**FOB** のときは **Freight Collect** なので Prepaid を X 印で消し、Payable At には、(例えば) Los Angeles, USA とする。

⑲ B/L DATE

信用状取引で例えば8月積の条件であれば最終船積日は8月31日である。従って、**B/L Date も最終船積日**(8月31日)**まで**としなければディスクレの対象となる。B/L Date は原則として本船の出港日であるが、海貨業者に依頼することにより入港日とすることは可能である。また、B/L は在来船の場合には、原則として本船出港日の翌日に発行してくれる。

⑳ Forwarder

海貨業者用の欄があるが輸出者はブランクにしておくこと。

㉑ Booking, Name and Date

予約した船会社名と船会社の担当者名(必要があるとき)および予約日を記載する。

㉒ Remarks

貨物の搬入倉庫名や搬入予定日をここは通常、日本語で記載する。

㉓ S/O No と B/L No

Shipping Order (船積指図書) の番号と船荷証券番号 (輸出者には、わからないのでブランクにしておくこと) が海貨業者により記載される。

⑵　**税関提出用書類**

輸出時

輸出通関は、輸出者の依頼を受けた海貨業者(乙仲)が必要書類に基づいて税関に対して行うものである。主な税関提出用書類には次のようなものがある。

① インボイス

通関関係においては送り状は仕入書とも呼ばれている。税関申告内容が、区分1（問題なし）の場合には輸出入申告時ともにインボイス（仕入書）等の提出を要さない。しかし、区分2（書類審査）及び区分3（現物審査）のときには、税関に提出しなければならない（第7章参照）。

② パッキング・リスト

インボイス同様に区分1の場合には、原則として税関に提出する必要はない（下記③も同様である）。

③ B/L のコピー

④ 他法令関係書類

外為法等の他法令の許可、承認等に該当する貨物である場合には、輸出申告の時までに許可書、承認書等の提出が例外なく必要とされる(第8章参照)。

⑤ 運賃明細書、保険料明細書

輸出申告はFOB価格により行われる。そのためインボイス(仕入書)提出時において(i)インボイス価格がCIF価格の場合には、運賃明細書と保険料明細書(デビット・ノート)を添付してFOB価格がわかるようにしなければならない。(ii)また、インボイス価格がCFR価格であれば運賃明細書を提出することになる。

(i)　**CIF価格－運賃明細書－保険料明細書＝FOB価格**、また、

(ii)　**CFR価格－運賃明細書＝FOB価格**となる。

（輸入時の申告価格はCIF価格のため(iii)インボイスがFOB価格のときには、

(iii)　**FOB価格＋運賃明細書＋保険料明細書＝CIF価格**となる。）

輸入時

輸入通関時には上記①～⑤は輸出時に準じる。そして、必要に応じて⑥、⑦等が税関に提出されている。

⑥ 原産地証明書

原産地証明書を必要とする取引であれば、輸出者または海貨業者は、商工会議所等にて必要に応じた原産地証明書を発行してもらう。原則として輸入申告時に税関に提出すると、関税が無税となる。

原産地証明書の有効期限は、発給の日から(輸入申告時までに)1年以内とされている。また、課税価格の総額が20万円以下の場合および特例輸入申告時には、税関への提出は不要である。

⑦ 関税納付書、消費税納付書

Attention !

区分1によりインボイス等を税関に提出しない場合、（特例輸入申告時及び特定輸出申告時を含む）、それらの書類の原本を、申告者の事務所に**5年間保存**しておかなくてはならない（269頁表参照）。

まとめ問題3

問 次の記述は船積における書類に関するものである。その記述の正しいものには○印を、誤っているものには×印をつけなさい。

1. 商業送り状は、輸出貨物の明細書、計算書、出荷案内書であり、また、取引貨物の代金請求書でもある。

2. 国際複合一貫輸送におけるコンテナ船の船荷証券は、受取船荷証券である。この場合、L/C 取引時においてOn Board Notation がB/Lに記載されていなければ、通常、買取りできない。

3. 船荷証券には、指図(人)式船荷証券と呼ばれるものがある。これは、貨物の荷受人の欄に、"To order"、もしくは"To order of shipper"と書かれているものをいう。

4. 記名式船荷証券と呼ばれる船荷証券は、貨物の荷受人の欄に、その貨物の輸入者等特定人の名前が記載されたものをいう。

5. 領事送り状(Consular Invoice)とは、貨物の輸入申告の際、節税のため輸入者が輸入国の領事館に証明してもらわなければならないものである。

6. 税関送り状(Customs Invoice)とは、輸入国の税関に提出するものであり、どこの国においても当該送り状の提出が義務づけられている。

7. 航空貨物運送状(Air Waybill)や海上貨物運送状(Sea Waybill)は、貨物の受取書である。船荷証券と異なり、この運送状のオリジナルを輸入国運送会社に提出しなくても貨物の引渡しを受けることが可能である。

8. 我が国の税関に提出する特恵関税用の原産地証明書は、フォーム Aに限られている。

9. 三大船積書類とは、船荷証券、保険証券そして梱包明細書のことである。

10. 我が国への輸入通関書類として、インボイスがFOBのときには、運賃明細書と保険料明細書とをインボイスに添付して税関に提出し必要なCIF 価格を証明する必要がある。

解答と解説

解答

1－○　2－○　3－○　4－○　5－×　6－×　7－○　8－○
9－×　10－○

解説

1．正しい記述である。船荷証券、保険証券とあわせて三大船荷証券といわれている。

2．正しい記述である。L/C 取引時の受取船荷証券(Received B/L)等の船積書類を買取の際には、B/LにOn Board Notationの記載があって船積船荷証券(Shipped B/L)として扱われ買取が可能となる。オンボードノーテーションには、(1)船積をした旨の表示(2)B/L Dateの表示(3)そして、通常、運送人の責任者の署名があることが必要とされている((3)は改正によりなくてもかまわない)。

3．正しい記述である。指図(人)式のものは流通性(Negotiable)のある船荷証券となる。

4．正しい記述である。記名式船荷証券は、英語でStraight B/L (Non-Negotiable B/L)という。権利がストレートに荷送人から荷受人に移るためである。

5．領事送り状とは、中南米、アフリカ、東南アジア諸国に輸出する場合、脱税防止のため、輸出者が輸出国にある該当輸入国の領事館により取引代金、数量等を証明してもらうものである。そして、輸入国の税関に提出される。

6．税関送り状は、カナダ、オーストラリア、ニュージーランドおよび、南アフリカ諸国等特定の国においてのみ必要とされるものである。国連では当該送り状は廃止すべきであるとしている。

7．正しい記述である。有価証券性がないためAWB同様にSWB (オリジナル)の提出をしなくてもAWBのコピー、又は、アライバル・ノーティス等により荷を受け取ることができる。この時アライバル・ノーティスに荷受人(通常、輸入者)の署名が必要となる。

8．正しい記述である。従って、フォームA以外のものでは原則として特恵関税は適用されない。

9．船荷証券、保険証券、そして、インボイスのことを三大船積書類という。

10．正しい記述である。我が国においては、輸入時はCIF価格、輸出時はFOB価格である旨を税関に証明して、通関時の申告が行われている(あるいは、税関提出用インボイスとして輸入時であればCIF価格のインボイスを作成して提出することもある)。

第４章

信　用　状

信用状の発行と買取り

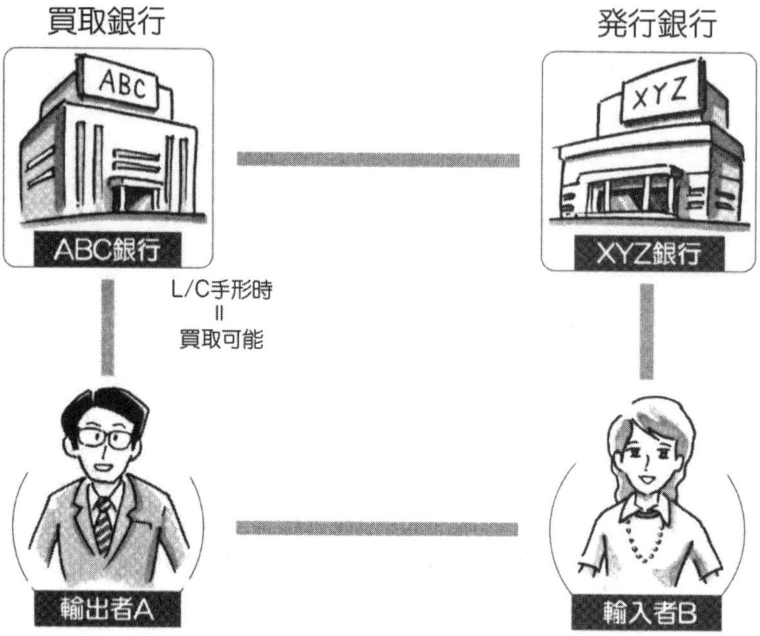

代金支払方法の種類

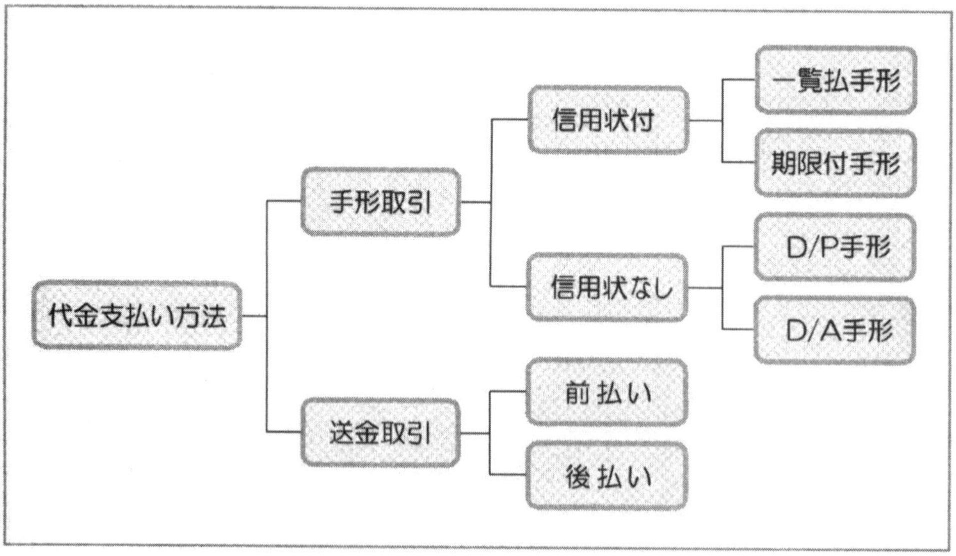

What's the Point?

貨物代金の支払いに関して、前払いか後払いかの送金方式のみでは、輸出入者のどちらかにリスクが残る。特に、輸出者にとって信用力の乏しい輸入者との取引時には、代金回収に関しての不安を感じるものである。そこで、信用力のある一流銀行の与信を活用した信用状取引は、貿易の促進に少なからず貢献しているといえよう。また、**信用状(Letter of Credit)**に関しては、**信用状統一規則**としての**UCP600**(Uniform Customs and Practice for Documentary Credits, No.600/2007年7月1日発行)において信用状取引に関する解釈ルールが規定されている。貿易に関する国際ルールのうちでも信用状を使用した代金決済の仕組を理解することは、今でも貿易取引を理解するうえにおいて大切な部分である。

1. 信用状取引

(1) 信用状の意義

信用状とは、輸入者の依頼により信用状発行銀行が輸入者に代わって代金の支払いを輸出者の船積書類にディスクレがないという条件付にて確約している(連帯)保証状のことである。

貿易取引をするうえで、前受・前払では輸入者には、「輸出者はほんとうに貨物を船積するのか」とするリスクが生じ、反対に後受・後払では、輸出者に、「輸入者がほんとうに代金を支払うのか」とするリスクが生じる。

これを、そのまま放置すれば取引相手が遠い外国にいるということ、そして、時としてまだよくわからない相手であるということもあって、売買取引自体が流れてしまう可能性がある。

また、あえて取引を進めたとしても、実際代金未払い等という事態になれば、これをたとえ法的手段に訴えたとしてもかなり手間のかかることであり面倒な局面を迎えることになる。

信用状取引はこのようなリスクを避け、よりスムーズに取引をスタートさせるための決済方法である。信用状取引は、お金のやり取りのプロとしての銀行の与信を利用している取引(与信業務)であるといえよう。

信用状のメリット

① **輸出者**にとっては、一流銀行(Prime Bank)による支払確約により**代金回収のリスクがカバー**され、かつ、代金回収の時期が**船積後、銀行の買取によりすぐに代金を入手**することができる（資金繰りが良い）というダブルのメリットがある。

② **輸入者**にとっては、信用状により**輸出者を拘束**することができるということと、前払方式の決済と比較すると、資金負担が軽減されるというメリットがある（但し、預金担保をする場合には、前払のようなものともいえる）。ここでいう輸出者を拘束することができるということは、輸入者は輸出者に買取銀行の買取のために、L/C記載上の(契約)条件を確実に実施させることができるということである。輸入者は契約書にある条件通りに輸出者を動かすことができることは、輸入者にとってメリットとなる。

なお、**発行銀行の支払い保証**とは、絶対的なものではなくL/C記載の条件が満たされた(ディスクレがない)時に初めて代金の支払いを確約するという**条件付確約**を意味している。

信用状のデメリット

信用状のデメリットとしては、**輸入者にとって**信用状開設の際、銀行から担保を要求される等**それなりの金銭的負担**がかかる点を挙げることができる（前述のように預金担保提出時には、一種の前払い決済に近いともいえる)。従って、輸入者の信用状態に心配がなければ信用状付取引とする必要はないともいえる。しかし、輸入者の信用状態が今はよくても様々な要因により将来的には、企業の倒産ということは起こりうるものである。L/C付とするか否かはそれなりの長短があり様々な要因をベースとして一考に値するところでもある。

ラテンアメリカの国々では、信用状制度そのものがないため(送金やD/A手形等の)後払いによる決済が少なくない。我が国においては、円高等により輸出企業の海外進出が多く、送金やD/A手形による本支店間取引が増加し、特に顕著な動きとして**送金決済が増えている**。しかし、今後も信用力という観点から信用状による取引がなくなることはないであろう。

⑵　信用状の原則(特色)

信用状内容に関する統一規則としての**ICC**(International Chamber of Commerce／国際商業会議所)**信用状統一規則／UCP600**により、次のような原則(特色)が規定されている。

① **信用状独立抽象性の原則**(Independent Principle of the Credit / UCP600第4条)

信用状取引の際、右図における3種類の契約のうち(ハ)の発行銀行の代金支払い保証（確約）は、(イ)の輸出入者の売買契約および(ロ)の信用状発行契約から独立している。

この独立しているとは、信用状の確約(ハ)は右図(イ)および(ロ)とは**無関係(別の取引)**であるということである(但し、売主が詐欺を働いていてその事実を買取銀行が知っている場合は例外となりうる)。

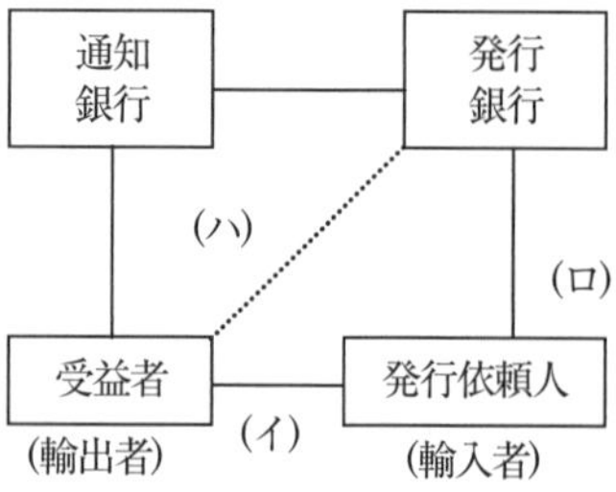

(イ)　売買契約
(ロ)　L/C発行契約
(ハ)　代金支払の保証(確約)

別取引であるということは(イ)の売買契約において、たとえ輸出者が当該契約に違反しようとも、また(ロ)の発行依頼人がそれにより支払いをしないよう発行銀行に申し出ようとも(ハ)の支払い保証（確約）はそれらとは別個(無関係／独立しているということ)に存在するものであり、ディスクレのない限りその支払いは発行銀行により確約されるということである。従って、受益者(輸出者)は、船積書類にディスクレさえなければ信用状発行銀行による確約を受けることができるわけで、発行銀行の確約とはそれほど強いものといえる。

② **書類取引の原則**(UCP600第5条)

書類取引の原則とは、輸出者が揃える**船積書類に書類上の瑕疵がなければたとえ貨物に瑕疵があったとしても**発行銀行は、代金の支払いを**確約**しなければならないとするものである。**銀行は貨物（サービス又は履行を含む）の瑕疵責任を負う必要はなく、船積書類のみをチェックすればよい**（表面上の形式審査でよい）とされている。換言すれば、貨物(サービス又は履行を含む)と書類とは別々に切り離して考えるべきものとされ、銀行から貨物に対する責任が取り除かれている。このことは、貨物にもし不良品があったとしても輸入者は銀行にそのことに対して責任を求めることはできず、船積書類に不一致(ディスクレ)がなければ輸入者は代金支払いに応じなければならない（信用状に「貨物の品質が良好でなければ代金は支払わない。」と記載しても、当該書類取引の原則という規定により当該記載は無視される）。

ここが信用状のアキレス腱であるといわれている。この点をカバーするために輸入者は、たとえ信用状取引であっても取引相手によってはしっかりとした検査を輸出地で行い、品質証明書の添付を信用状において求めたりあるいは、トライアル・オーダーの徹底なりをして充分検品対策を講じなければならない。L/C付取引も完全なものではなく、貨物の中味、品質等に対しては、銀行は免責とされている。輸入者は品質対策として、上記のように、L/Cの本文に船積書類の一部として品質証明書(検査証明書)の添付を条件とすることが考えられる。それでもそのリスクがカバーされないのであれば輸入者が、現地に出向することもありうるわけで、この点充分に注意しなければならない。

不幸にして最終的に貨物に異状があったときは、ディスクレがなければ代金支払後に保険クレーム、又は、貿易クレームとして売主と買主の話し合いにより対応しなければならない。

Guide ！

(i) 信用状に複数通の書類が要求されている場合、原則として**原本1通と残りはコピー**でかまわない（但し、**B/Lに関しては全通原本**（オリジナル）**でなくてはならない**（UCP600第17条））。

(ii) 商業送り状は、発行依頼人宛に作成されたものでなくてはならない。また、**商業送り状の商品明細**は、**信用状記載内容に完全に一致**していなくてはならない（但し、他の船積書類に関しては、矛盾しない程度に同じであればよい）。

③ **厳格(または厳密)一致の原則**(Doctrine of strict compliance)

信用状取引においては、通常、**発行銀行とコルレス関係にある通知銀行が**船積書類の**買取り**(Negotiation／代金の立替払い)**をしてくれる**（144頁⑾①参照）。買取をする理由としては発行銀行の確約があることにあわせて船積書類のなかに有価証券であるB/Lが含まれているからである。

買取の際、買取銀行は、銀行が負担する金利等を差し引いて輸出代金を支払っている。なお、当該買取実行のためには、**船積書類、荷為替手形の内容がL/C条件と一字一句同じでなくてはならない**。これを**厳格(厳密)一致の原則**という。ディスクレ判断の国際基準として、また、UCPの補完的役割として、国際標準銀行実務(International Standard Banking Practice / **ISBP**)が作成されている。

一方、厳密一致の原則に対して**実質一致の原則**という考え方も存在する。実質一致の原則とは、国連を中心に取引円滑化のためにささいなミスタイプ等(例えばYamada BoekiがYamoda Boeki等)に関しては、実質的に一致しているものとし、ディスクレとはしないとする考え方である。しかし、輸出者としては、厳密一到の原則を確実に実行することが我が身を守ることができるという点を仕事に慣れてきても忘れないことである。

④ 発行銀行が主たる債務者

信用状取引における発行銀行の立場は、輸入者の従たる債務者ではなく、発行銀行が取引の**主たる債務者**として信用状金額の支払いを保証(確約／連帯保証)しているものである。主たる債務者の場合には、従たる債務者とは異なり受益者は輸入者に支払いの催告をしなくても直接発行銀行に催告し代金の支払いを請求することができる。

(3) 信用状の当事者

信用状取引の書類と資金の流れについては、下図のようになっている。

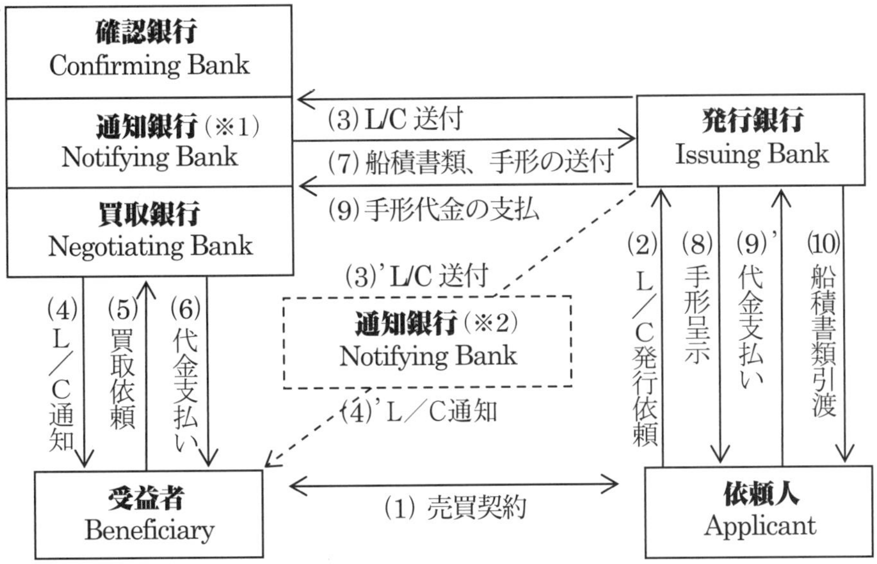

※1：(3)、(4) 売主が(発行銀行コルレス先の)自社取引銀行を指定した場合。
※2：(3)'、(4)'売主の指定がない場合は、発行銀行が自行コルレス先銀行を通知銀行とすることもある。

信用状には取消不能信用状(Irrevocable L/C)と取消可能信用状(Revocable L/C)とがあるが、取消可能信用状は現在使用されていない。従って、UCP600においては取消可能信用状に関しては削除されている。なお、**取消不能信用状の場合には、当事者の同意がなければ発行銀行は、支払保証の取消や条件変更をすることができない**。この場合における当事者とは、信用状統一規則の規定によると**発行銀行、受益者そしてもしあれば確認銀行**の三者である(但し、取引の利害関係者という意味では、**開設依頼人(信用状発行依頼人**／輸入者)をも当事者とすることができる)。

(4) 信用状の分類

信用状はその使用目的、法的効力等によって次のように分類することができる。

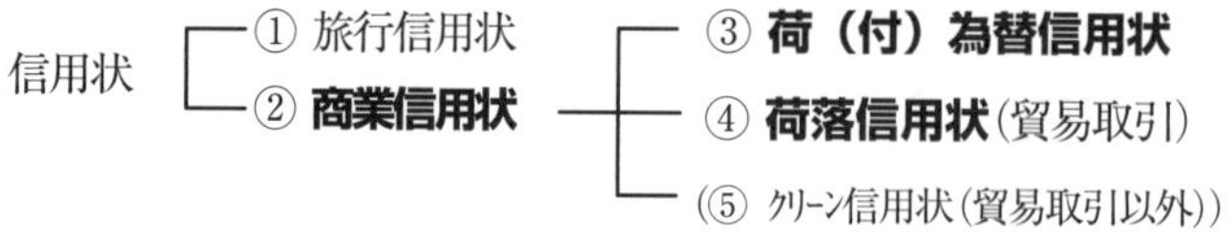

① 旅行信用状 (Traveler's Credit)

当該信用状は､旅行者が海外で資金を調達するために持ち歩く旅行信用状 (お金が必要なときに発行銀行に請求する) から発達してきている。貿易においては旅行信用状が使用されることはなく (旅行においても現在殆ど使用されていない)､商業信用状が使用されている。

② 商業信用状 (Commercial Credit)

輸入者の依頼に基づき輸入者の取引銀行が発行するものをいう。そして、輸出者がその信用状の条件を履行し為替手形を振り出すことにより、その手形の支払いについて与信を行った銀行により一定の条件により代金の支払いが保証される。信用状は、代金の支払いを確約する保証状 (Instrument) である。手形に船積書類の貼付船積書類 (Shipping Documents) を必要とする荷為替信用状 (上図③) と、必要としない荷落信用状 (上図④) とにさらに分けることができる。

③ **荷（付）為替信用状** (Documentary Credit)

輸出者が為替手形を振り出すときに､船積書類 (＝荷を受け取る権利が化体されている有価証券としての船荷証券等) が担保として要求されているものである。このとき作成される手形のことを荷 (付) 為替手形 (Documentary Bill) と呼んでいる。発行銀行は、この荷つまり船積書類 (のうちとくに B/L) を担保として支払保証をしている。荷 (付) 為替信用状とは、輸出者が振り出す為替手形に、船積書類を添付することを規定している信用状のことである。

④ **荷落信用状** (Clean Credit ／無担保信用状)

B/L クライシス等に起因して**船積書類は、輸出者から輸入者に直送され、為替手形のみが銀行経由で振り出される**ことがある。このやり方は主に本支店間等の決済に利用されている。この時使用される手形のことを荷落為替手形という。銀行は買取時に船積書類をチェックすることができず、本支店間以外の取引においては輸出者及び輸入者の信用が問われることになる (船積書類が直送されるため発行銀行が貨物を担保にすることができないためである)。スタンド・バイ・クレジットもこの一種であるといえる (128 頁⑨(ロ)参照)。

(⑤ クリーン信用状 (Clean Credit))

クリーン信用状とは、貿易外取引に使用されているものをいう。例えば親会社が海外の子会社のために、第三者からの借入金返済を保証する場合に使用される。

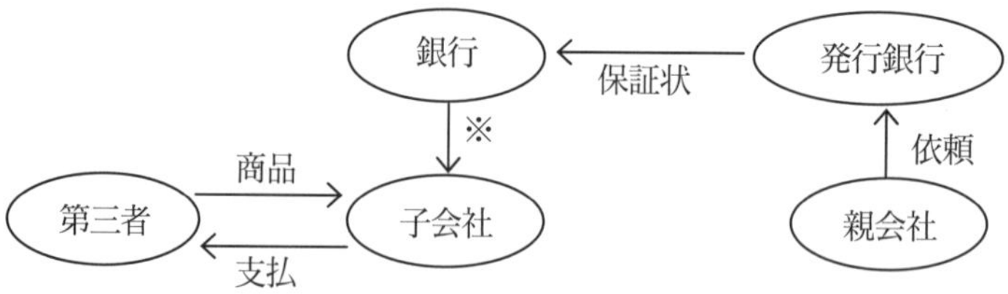

※この保証状は、子会社が第三者への支払金を返済できない場合、子会社に代わって、その取引銀行が支払いを引き受けて発行銀行にその支払いを請求する。

(5) 信用状の種類

貿易取引における信用状には､次に掲げるような種類がある（1枚の信用状に下記の内容が記載されている)。例えば、Irrevocable で Unconfirmed で General である Credit といった具合である。

① **取消不能信用状** (Irrevocable Credit) と**取消可能信用状** (Revocable Credit)

信用状が発行された後に、当事者 (UCP600 では受益者、発行銀行、もしあれば確認銀行) の同意なしに信用状を取り消したり、条件の変更をしたりすることができない信用状のことを取消不能信用状という。

また、取消可能信用状とは、信用状発行後でも発行銀行が当事者 (受益者等) の同意なしに、信用状を取り消したり、条件の変更をしたりすることができるものをいう。取消可能信用状は、輸出者にとって不安定なものとなり信用状の意味がうすれるため現在では、使用されていない。UCP600 においては、取消可能信用状は存在しないものとして削除されている。

このことは**取消不能信用状とも取消可能信用状とも表示のない信用状は、取消不能信用状**として取り扱われることを意味している (UCP400 においては、取消可能信用状として、また、UCP500 においては、取消不能信用状として取り扱われていた)。

② **確認信用状** (Confirmed Credit) と**無確認信用状** (Unconfirmed Credit)

確認信用状とは、発行銀行あるいは輸入国の信用度に不安がある場合、通常、受益者の依頼により**発行銀行以外の銀行 (通常は､通知銀行等が確認銀行となる) が､発行銀行に追加してさらに支払い確約（再保証）をしている信用状**のことをいう。輸出国における確認銀行 (Confirming Bank) は、発行銀行と同様の責任を持つこととなるため**ディスクレがない限り**において買取りに応じている。確認銀行の責任とは、発行銀行が倒産したり、輸入国の為替が停止された等のような場合に確認銀行 (通常、通知銀行等) に確約義務が生じるものである。

但し、船積書類に**ディスクレがある場合には、確認銀行に確約義務はなくなる**のでこの点輸出者は、特に注意すべきである。確認信用状にはその旨 (Confirmed) の表示が信用状になくてはならない。

一方、無確認信用状とは、発行銀行のみの支払保証がある信用状のことである。

Guide!

サイレントコンファメーション（又は、サイレントコンファーム）

通常は、輸出者との話合いにより輸入者が信用状発行依頼時に、確認信用状か無確認信用状かを発行銀行に申し込むことになる。しかし、発行銀行には何も知らせずに輸出者の依頼により通常、通知銀行等が確認銀行となることをサイレントコンファメーションという。発行銀行にとって他の銀行がダブルで保証するということは、あまり名誉なことではないので、確認銀行は発行銀行（及び輸入者）に黙って確認をすることをいう。

なお、発行銀行にその旨を知らせる場合を、オープンコンファメーションという。

③ **買取銀行指定信用状** (Restricted Credit / Nominated Credit / Special Credit) と
買取銀行無指定信用状 (General Credit / Open Credit)

発行銀行の都合等により、受益者が振り出す**手形の買取りを特定の銀行** (輸出地にある発行銀行の支店等) **に限定**している信用状のことを買取銀行指定信用状という。

これに対して、買取銀行の指定がなく、受益者が自己の取引銀行において買取をしてもらえる信用状を買取銀行無指定信用状という。通常は、買取銀行無指定信用状によることが殆どである。

また、**どちらかの表示のない信用状は、買取銀行無指定信用状** として取り扱われる。
買取銀行が指定 (リスト) されると、自社の取引銀行経由で指定銀行に船積書類が行くため受益者にとって何かと便が悪く (手数料や手間の面で不便である)、**受益者としては**、次回取引より輸入者に依頼して**買取銀行指定文言** (Restrict clause) **を削除してもらうこと**が賢明である。

なお、買取銀行指定信用状であっても、買取指定銀行を経由さえすれば**買取指定銀行以外の銀行**（自社の取引銀行）による**買取は可能である**。

買取銀行指定信用状には、下記の文言が記載されている。

リストリクト文言の例： “This credit is available **with the XYZ Bank Only.**” 又は、 “Negotiations under this credit **are restricted to the XYZ Bank, Tokyo.**” 等 リストのない場合の例： “This credit is available **with any Bank.**” 等

（買取）指定銀行イメージ図

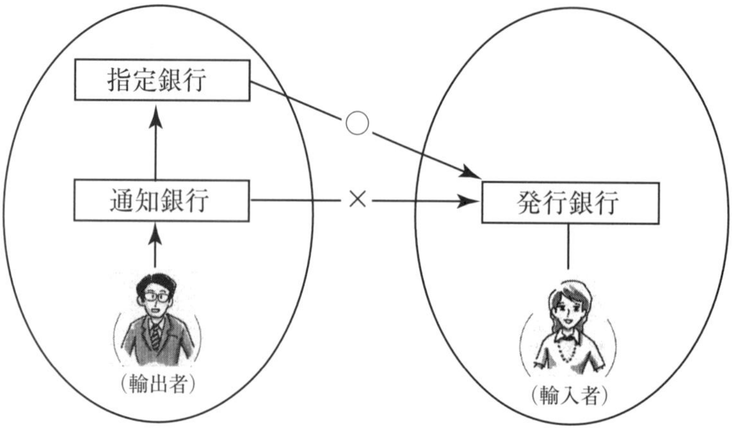

左図において輸出者が指定銀行と取引がない場合には、通知銀行にまず買取ってもらい、通知銀行が指定銀行に買取ってもらうことになる。そして、指定銀行が発行銀行に必要書類を送付することとなる。

④ **譲渡可能信用状** (Transferable Credit)

信用状金額の全部、又は、一部を、1名（下図右側のBのみ）**ないし複数の第三者**（下図右側のB、C、D）**に譲渡することができる信用状**のことをいう。

但し、**この譲渡は1回限り**であって、さらに次の者への譲渡は認められていない。

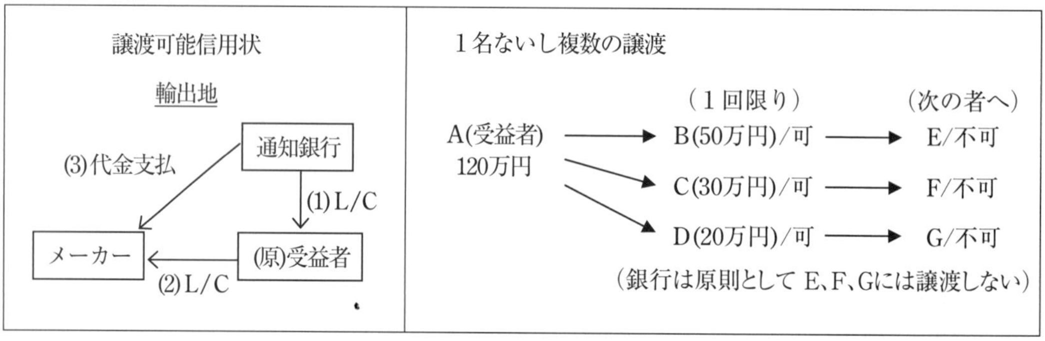

譲渡可能信用状においては、**信用状に Transferable と明示**しておくか、あるいは受益者名のあとに and or his transferees と表示しておかなくてはならない (譲渡可能文言がないと譲渡されない)。

通常、発行銀行のコルレス先である通知銀行が譲渡銀行となる。

この譲渡可能信用状は、上図の左図のように売手である輸出者 (例えば商社) がメーカー等に対しての仕入代金の支払保証等に用いられている。しかしながらこの方法では、メーカー等に信用状を渡してしまうことになるため商品の単価や買手の名称等を知られてしまい、この点において輸出者 (原受益者) にとって都合の良いものではない。メーカー等に輸出者の顧客 (輸入者) を奪われてしまう可能性が生じてしまうためである。

Guide ！

代金振替依頼書にする場合

輸出者は、メーカー等に商品代金や買手のことを知らさせない方法として、信用状をメーカー等に渡さずに通知銀行から信用状代金をメーカーに振り込んでもらうよう買取銀行に依頼をするという方法(下図)がある。この方法では**信用状の代わりに「代金振替依頼書」**の発行を銀行に依頼し、受益者は、この代金振替依頼書をメーカー等に渡すことになる。この場合における注意点として、この代金振替依頼書はあくまで銀行と受益者間における信用状代金の支払先変更の契約であって、信用状代金の支払いを通知銀行がメーカー等に保証するというものではないということである。なぜならば銀行は、ディスクレ等により信用状の支払いに支障をきたした場合には、メーカー等に代金を支払うことはない。このため銀行は、メーカーとのトラブルを避けるため、この旨のリスクをメーカー等によく周知してもらうよう行員を指導している。

代金振替依頼書

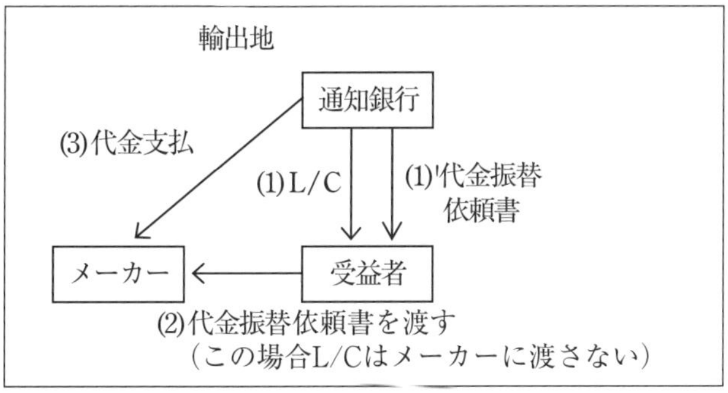

⑤ **回転信用状**／循環信用状(Revolving Credit)

回転信用状とは、発行銀行に支払う信用状発行手数料等の負担および銀行との交渉を含む手続を軽減、効率化するために、一度発行した信用状が繰り返し使えるよう**信用状金額が一定期間経過後、自動的に元に戻る(復元する)**信用状のことをいう(下記(イ)、(ロ)、(ハ)参照)。但し、どのような取引においてもということではなく、1.**同一の商品**を 2.**同一の取引先**と 3.**継続して行われる取引**であることが要件となる(実務では、この信用状が古文書になる位まで使用されているケースもある)。

回転信用状の文面には“This credit is revolving.”と明示する必要がある。

信用状金額の更新方法としては次のようなものがある。

(イ) 手形振出後一定期間(手形期間等)が経過すれば、自動的に決済とは関係なくその金額全部が更新される。

(ロ) 一定期間のうち、振り出された手形金額の支払通知分の金額のみを更新する。

(ハ) 船積ごとにその分の金額全部が自動的に更新される。

⑥ 償還請求権付信用状(With Recourse Credit)と 無償還請求権信用状(Without Recourse Credit)

信用状にWith Recourseの表示のあるもの、又は、**何の表示のないものは、With Recourse Credit**として取り扱われる。With Recourse Creditとは、振り出された手形が、ディスクレや発行銀行の倒産により不渡りとなった場合には、**手形の振出人(受益者)は、償還請求(買戻し)に応じなければならない**とする信用状のことである。この場合、振出人は償還義務(買戻し義務のこと)を負うことになり、手形も償還権付のものを作成しなければならない。

これに対して、ディスクレ等により**銀行が振出人に償還請求(買戻し)することができない信用状のことを、Without Recourse Credit**という(この場合、信用状にWithout Recourse Creditの表示がなくてはならない)。

日本の手形法(第9条)においては、Without Recourseは原則として認められていない。しかしながら、欧米の銀行においてはWithout Recourseが実施されているため、我が国の銀行においても最近では銀行間の競争上(良い顧客の確保という面から)この旨が要求されれば特約として認めることがある。この場合においては、手形振出人の船積書類に、たとえディスクレがあったとしても買取銀行(＝割引銀行)が償還請求(買戻し)することはできなくなる。

Guide !

(i) 買取銀行が、ディスクレ等により一度支払った代金を償還するよう受益者に請求することを**買戻し**という。

(ii) 手形の効力は、手形作成地の法律が準拠法となっている。例えば米国(輸出国)において買戻しがない旨の手形(Without Recourse の手形)が作成されれば、日本の輸入者としては、この手形に関して米国法が準拠法となるため、たとえディスクレがあったとしても米国の輸出者は買戻しに応じなくてもよいという点に留意しなければならない。

(iii) **フォーフェイティング**／Forfaiting

信用状付期限付手形時に買取銀行が輸出者に**買戻し義務を負わせずに**(without recourse／non recourse で)**買取をすることを、フォーフェイティング**という（但し、1千万以下では取扱われず又、取扱はメガバンクに限られている)。

(iv) **輸出ファクタリング**／Factoring

輸出者が**ファクタリング会社**に手数料を払って、輸入者の**代金決済未払分**（L/C なし取引を含む）**を保証してもらうことを**(輸出)**ファクタリング**という。ファクタリング会社は、輸入者の信用レベルが一定以上の場合を対象している。

なお、ファクタリング会社が輸入者の信用リスクを対外的に保証することを輸入ファクタリングという。

⑦ 後日払信用状（Deffered Payment Credit）

買取は行われず（後払いとして）信用状条件にある支払期日に代金を支払うという信用状である。これを後日払信用状という。例えば欧州等においては、印紙税が高く従って、手形は振り出さずに、特定期日払（後日払）の確約が行われている。UCP においても、このような手形なし信用状の発行が認められている。

⑧ 引受信用状（Acceptance Credit）と一覧払い信用状（Sight Credit）

期限付手形による信用状のことを引受信用状という。Usance Credit ともいう。なお、一覧払い手形による信用状のことを一覧払い信用状（Sight Credit）という。通常、どちらも買取りの対象とされている。

⑨ スタンドバイ・クレジット(Standby Credit／SBC)

(i) **本店の保証状**（欧州では Demand Guarantee という）としてのもの

スタンドバイ・クレジットとは、例えば、日本企業の海外支店等が、海外の銀行から融資を受ける際、日本の本社の取引銀行が、融資銀行に対して返済の保証をする保証状のことをいう。この場合、**当該支店がもしも期日までに返済できなければ融資銀行は、発行銀行に手形を振り出して求償する。当該支店が期日までに支払えば発行銀行への手形による求償は行われない。**もし当該支店の代金支払いがない場合に当該信用状が使用されるため、スタンドバイ(待機している)・クレジットと呼ばれている。

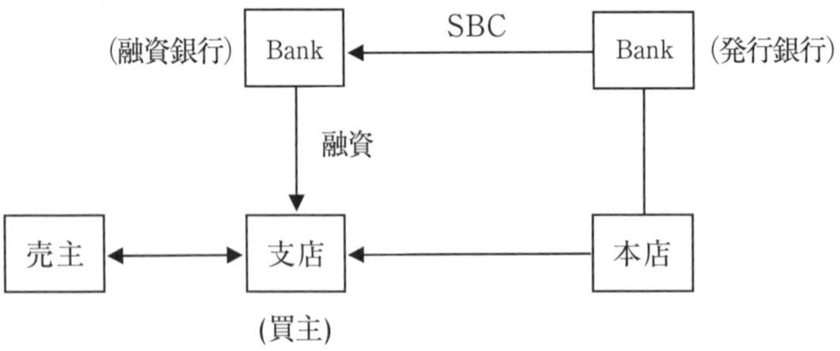

(ii) **貿易取引におけるもの**

最近、貿易取引における B/L の危機等を起因として、アメリカを中心に送金決済時又は、為替手形決済時に**荷落為替手形**(Documentary Clean Bill)として信用状が使用されている。この場合、為替手形(Documentary Clean Bill)のみが発行銀行に送付され、**船積書類は、輸出者**(支店)**より輸入者**(本店)**に直送**される。このような信用状のことを、スタンドバイ・クレジットという。名前は、クレジット(信用状)とあるが法的には上記の⑦－(イ)同様の保証状である。この場合における保証状とは、主たる売買契約がなくなれば従たる発行銀行の保証もなくなることになり、この点においてはいわゆる信用状の保証(確約)とは意味あいが異なっている。

UCP600 においても**スタンドバイ・クレジットに関してふれられている。**しかし、詳しい規定は ISP98(International Standby Practices／国際スタンドバイ規則)に規定されている。

ISP と前述した ISBP(International Standard Banking Practice／123 頁)と混同しないよう留意したい。

Stand by Credit における決済方法は、送金決済が多く使用されている。

(6) 信用状の読み方

ここで、信用状の内容についてふれてみたい。

① **THE BANK OF ABCD , LTD**

Place and date of issue

② Los Angeles, June 20, 202_

③ IRREVOCABLE DOCUMENTARY CREDIT	Credit Number of issuing bank ④ 0123	Credit Number of advising bank
Advising Bank ⑤ The Bank of Tokyo Ltd. Tokyo Office 3-2-3, Mita. Minato-ku, Tokyo, Japan	Applicant ⑦ General Electric Corporation 234 Maple Street, Los Angeles Calif. 90036, U.S.A.	
Beneficiary ⑥ Kokusai Trading Co., Ltd. 1-2-3, Ohi-machi, Shinagawa-ku, Tokyo, Japan	Amount ⑧ US$16,650.00 (Say U.S.Dollars Sixteen Thousand Six Hundred and Fifty Only) Expiry Date ⑨ for negotiation September 15, 202_	

Dear Sir(s).

⑩ We hereby issue in your favor this documentary credit which is available by negotiation of your drafts at Thirty (30) days after sight for full invoice cost drawn on us under this credit, and accompanied by the following documents:

⑪ Signed commercial invoice in triplicate

⑫ Marine insurance policy or certificate in duplicate, endorsed in blank, for 110% of the invoice cost including: The Institute Cargo Clauses (ICC (A)), the Institute War Clauses and the Institute Strikes Riots and Civil Commotions Clauses.

⑬ Full set of clean on board ocean bills of lading dated not later than August 31, 202_, made out to order and blank endorsed and marked "Freight Prepaid" and Notify General Electric Corporation, Los Angeles, California, USA.

⑭ Packing List in triplicate

⑮ covering

about 1,850 Pcs. of Electric light bulbs "SP" Brand, Bulb No. 0011 size: Large (clear glass)
US$9.00 per piece
C.I.F. Los Angeles

⑯ Shipment from Yokohama, Japan ⑰ to Los Angeles, U.S.A.	Partial shipments are ⑱ not permitted.	Transhipments are ⑲ not permitted.

⑳ Special conditions: Drafts and documents must be presented for negotiation within fifteen (15) days after the on board date of bills of lading, but within the credit validity. ㉔

	Advising bank's notification
㉑ We hereby engage with drawers, endorsers and bona fide holders that drafts drawn and negotiated in conformity with the terms of this credit will be duly honored on presentation and that drafts accepted within the terms of this credit will be duly honored at maturity. ㉕ The amount of each draft must be endorsed on the reverse of this credit by the negotiation bank Yours faithfully, ㉓ **THE BANK OF ABCD , LTD.** LOS ANGELES OFFICE (Signed)	㉒

㉖ This Credit is subject to UNIFORM AND PRACTICE FOR DOCUMENTARY CREDITS INTERNATIONAL CHAMBER OF COMMERCE NO.600

（㉔については次々頁を参照）

受益者（輸出者）は、前頁の信用状の条件（①〜㉕）通りの書類（⑩，⑪，⑫，⑬，⑭）を作成しなければならない。一方、依頼人（輸入者）は、信用状により契約通りの条件で書類を輸出者に作成させることができる。

(解説)

① The Bank of ABCD, LTD
発行銀行名

② Place and date of issue
信用状作成地および作成日

③ Irrevocable Documentary Credit
取消不能信用状(印刷されている)

④ Credit Number
of issuing bank (左)
発行銀行の信用状整理番号
of advising bank (右)
通知銀行の信用状整理番号

⑤ Advising Bank
通知銀行の名称と住所

⑥ Beneficiary
受益者の名称と住所

⑦ Applicant
依頼人の名称と住所

⑧ Amount
信用状金額(通常、インボイス金額と同額である。)

⑨ Expiry Date
信用状有効期限
有効期限日が買取銀行サイドの休日である場合には、**最初の銀行営業日まで有効期限は延長される**（但し、船積期限（**B/L Date**）**に関する延長期限はない**）。

⑩ Drafts
船積書類(⑪ ⑫ ⑬ ⑭)と一緒に、受益者は手形(インボイス価格で一覧後30日払いのもの)を作成し発行銀行に振り出せば買取りに応じます旨の内容が記載されている。

⑪ Signed commercial invoice
署名された商業送り状(3通)(通常、Singedとあるのでこの場合にはサインが必要である)

⑫ Insurance Policy or Certificate
保険証券又は保険承認状を2通／白地裏書をして／保険金額はインボイス価格の110%で／I.C.C. (A)条件にS.R.C.C.を付保すること。

⑬ Full set of bills of lading
無故障の船積船荷証券を全通(通常3通)／船積日は8月31日以前のB/L Dateで／指図式で白地裏書のある／運賃前払いと記載のある／着荷通知先はGeneral Electric Corporation及び住所を記載しておくこと。
輸入者の都合でFull setではなく2/3 Setとある場合、B/L 1通を輸入者に直送することがある。この場合、貨物を発行銀行の担保とすることができなくなるので輸出者はその旨を発行銀行に確認すべきである。

⑭ Packing List
梱包明細書(3通)

⑮ Covering (条件)
インボイスに記載すべき条件 (輸出者が商品を間違えないよう商品明細) として Covering の所に具体例が書かれている。

⑯ Shipment from
船積港

⑰ To
仕向港

⑱ Partial shipment
分割船積ができるか否か (不可の場合に not allowed、又は prohibited でも可)

⑲ Transhipment
積替えができるか否か (不可の場合 not allowed、又は prohibited でも可)

⑳ 特約
(この例では) 船積後 15 日以内に買取銀行に書類を持ち込むように指示されている。

㉑ 信用状確約文言
信用状に定められている書類を提示し手形を振り出してくれれば支払いは振出人 (または裏書人または善意の第三者) に保証致します旨が記載されている。

㉒ Advising bank's notification
通知銀行がこの信用状の真正性等をチェックして間違いがなければここに通知銀行のスタンプ等が押される (この項目のない信用状も多くある)。

㉓ 発行銀行名と責任者の署名

㉔ 信用状によっては、以下のような内容が記載されていることがある。
Special conditions : All bank charges outside the U.S. are for the account of beneficiary.
輸入地以外で要した銀行の手数料は受益者負担とする（127 頁の信用状には当該㉔の記載はない。)。
(本書の前記信用状には記載されていないが、このような内容 (上記の英文) が買取銀行あてに記載されていることもある。)

㉕ 信用状の裏書
The amount of any draft under this credit must be endorsed on the reverse here of.
信用状の裏面に信用状金額 (の残高) を記載しておくこと。
なお , ㉔、㉕の内容は、発行銀行から買取銀行宛に指示されたものである。

㉖ 信用状準拠文言
This credit is subject to UNIFORM CUSTOMS AND PRACTICE FOR DOCUMENTARY CREDITS, INTERNATIONAL CHAMBER OF COMMERCE PUBLICATION NO.600.
本信用状に疑義が生じたときには、UCP600 を準拠することと、記載されている。

Guide !

(i) Beneficiary Certificate（ベネサトという）
当該信用状にはその記載はないが、信用状によっては輸出者がしたこと（例えば、シッピングアドバイスを期日までに送付した旨の書類）を輸出者が作成し、その旨を証明することがある。
ベネサトの他にイスラエル港不寄港証明書（船会社で発行してくれる）等もある。

(ii) 品質対策としての信用状
信用状の手形金額（129 頁⑩）は、通常、full（又は 100%）と記載される。しかしながら、商品に例えば 1 割程の不良品がある場合、輸出者の承解を得て手形金額を full とせず例えば 90% とすることがある。この場合、不良品がなければ後日、輸入者は 10% 分の代金を送金することになる。信用状を貨物の品質対策として使用することも可能である。

(iii) 信用状取引にも一覧払い手形と期限付手形がある。L/C 付であるので、どちらの場合であっても買取が可能となる。この手形のことを、信用状付手形と呼んでいる（但し、後払い信用状もある／ 128 頁⑦参照)。

参考までにSWIFT様式信用状の構成例は、次のようになっている。

MT=700（Massage Type／ケーブル用所定の様式）	ISSUE OF DOCUMENTARY CREDIT
Sender's Bank（発行銀行）	The Bank of ～ Ltd.
27：Sequence of Total（枚数）	1/1
40A：Form of Documentary（信用状の種類）	IRREVOCABLE
20：Credit Number（信用状番号）	20-12345
31C：Date of Issue（発行日）	200823
40E：Governing Rule（準拠ルール）	UCP・URR LATEST VERSION
31D：Date and Place of Expiry（有効期限、有効地）	200928 JAPAN
50：(Applicant)	依頼者名
59：(Beneficiary)	受益者名
32B：(Currency Code, Amount)	USD100,000.00
39B：(Maximum Credit Amount)	Not Exceeding
41D：Available with, By（指定銀行）	ANY BANK（XYZ Bank）
42C：Drafts at（手形期限）	AT SIGHT（AT 60 DAYS AFTER SIGHT）
42A：Drawee（為替手形の名宛人）	
43P：Partial Shipment（分割船積）	ALLOWED
43T：Transshipment（積替え）	ALLOWED
44A：(Place of Reciept)	
44E：(Port of Loading)	YOKOHAMA, JAPAN
44F：(Port of Discharge)	LOS ANGELS, U.S.A.
44B：For Transportation to（最終目的地／もしあれば）	
44C：Latest Date of shipment（船積期限）	201030
45A：Description of Goods and/or Services（貨物・役務の明細証明）	
46A：Documents Required（船積書類）	SIGNED COMMERCIAL INVOICE IN 4 FOLDS FULL SET OF CLEAN ON BOARD MARINE BILLS OF LADING MADE OUT TO THE ORDER AND BLANK ENDORSED…
47A：Additional Conditions（追加条件）	ベネサト等
71B：Charges（費用負担）	ALL BANKING CHARGES OUT SIDE OF ～ ARE FOR BENEFICIARYS ACCOUNT
48：Period Presentation（特約）	有効期限（31D）に関する特約
49：Confirmation Instructions（確認不可の指図）	WITHOUT（CONFIRMED）
（53A：）（補償銀行名／もしあれば）	
（78：）Sender to Receiver Information（その他銀行への指図／もしあれば／（例）銀行裏書等）	

(7) 信用状の開設

信用状を開設(発行)するためには、**その都度**銀行にそなえつけの所定の様式である「**信用状発行依頼書**」を輸入者が記載すること(資料－1)により行われる。しかしながら、この場合、あらかじめ輸入者は取引銀行において所定の手続が必要となる。何の手続をもせずにいきなり発行銀行に信用状の開設依頼をしても輸入者の信用力がなければ信用状が開設されることはない。

開設時には開設手数料（Opening Charge）と保証金（Deposit）が必要となる（140頁Guide!参照）。

開設のための手続

はじめに、信用状発行依頼者は、発行銀行の開設承諾を受けて次の約定書等(①～③のこと)を差し入れておかなくてはならない（下記①～③の書類は**一度提出すればその後の提出は不要**である）。

① **銀行取引約定書**(銀取という／136頁)

銀行に当座預金や信用状の開設等銀行の与信行為を必要とする際に、銀行取引全般に関する基本的契約書であり、借入金や利息、損害金等に関してこの約定書に従う旨等が記載されている。約定書とは、銀行との基本的な契約書のことである。

② **外国為替取引約定書**(137頁)

国際貿易においては外国為替取引が生じるため、この為替取引に関する契約書が必要となる。輸入者の買取代金の支払保証に関することや、先物為替は自己責任において行う旨等が記載されている。

③ **商業信用状約定書**(138頁)

信用状開設にあたり必要とされる書類である。その主な内容は次の通りである。

(イ) 暗号文字の使用
(ロ) 担保を差し入れる(第3条)
(ハ) 輸入者が手形等の償還義務を負う(第11条)
(ニ) **ディスクレ時には、輸入者への事前通知を省略して支払拒絶ができる**(但し、我が国においては発行銀行は輸入者とのトラブルを避けるため同規定にかかわらずディスクレの旨を輸入者に知らせている)。
(ホ) **貨物を受けとった後にはディスクレがあっても輸入者は文句は言えない**（つまり、アンペイドにはできない）。
(ヘ) 裁判は、銀行の所在地を所轄する裁判所で行う等の旨が記載されている。

Guide !

ちなみに受益者(輸出者)も貿易取引をする場合において、自社の取引銀行に次のような書類を差し入れることになる。

(1) 銀行取引約定書(略して銀取という／銀行と取引をする場合の基本的な契約書のこと／136頁参照)
(2) 外国向為替手形取引約定書(139頁)

この外国向為替手形取引約定書は、輸出者が手形を作成し買取をしてもらう上で重要な契約書であり、とくに下記の点を留意しなくてはならない。

① 受益者は船積書類が信用状条件と一致していることを保証する。(外国向為替手形取引約定書第5条)
② ディスクレによりアンペイドが生じた際には、受益者は買戻債務を負うものとする(外国向為替手形取引約定書第15条)。

信用状発行依頼書

（次頁参照）

APPLICATION FOR IRREVOCABLE DOCUMENTARY CREDIT

TO : **The Bank of** ABCD, Ltd.

I/WE HEREBY REQUEST YOU TO ISSUE AN IRREVOCABLE DOCUMENTARY CREDIT DETAILED BELOW AND TO ADVISE THE UNDERMENTIONED BENEFICIARY OF ISSUANCE OF THE CREDIT.

取引先番号　お取引先名

L/C No.　-　-20

（太線の枠内のみご記入下さい。）

ADVISING BANK （特にご指定のある場合ご記入下さい。）

DATE

お客様 REF.番号 （※）

BENEFICIARY (NAME & ADDRESS)

信用状の通知方法
- ☐ AIRMAIL
- ☐ AIRMAIL, WITH BRIEF PRELIMINARY CABLE ADVICE (MAIL CONFIRMATION が原本になります。)
- ☐ FULL CABLE WITHOUT MAIL CONFIRMATION (CABLE ADVICE が原本になります。)

APPLICANT (NAME & ADDRESS)

確認の要否　☐ CONFIRMED (確認)　☐ UNCONFIRMED (無確認)

譲渡可能　☐ TRANSFERABLE
（条件付の場合は、SPECIAL CONDITIONS 欄にその旨を記入して下さい。なお、通知銀行を譲渡手続取扱銀行とします。）

AMOUNT

(　　　% MORE OR LESS ALLOWED.)

手形の要件
THIS CREDIT IS AVAILABLE
- ☐ ON SIGHT BASIS
- ☐ BY ACCEPTANCE OF DRAFTS

AT ______ (PLEASE INDICATE TENOR)

FOR ______ % OF THE INVOICE/STATEMENT VALUE DRAWN ON YOU OR YOUR CORRESPONDENT.

EXPIRY DATE OF CREDIT ______ (YEAR/MONTH/DAY)

LATEST DATE FOR SHIPMENT ______ (YEAR/MONTH/DAY)

DOCUMENTS MUST BE PRESENTED WITHIN ______ DAYS AFTER THE DATE OF SHIPMENT BUT WITHIN THE VALIDITY OF THE CREDIT.

PARTIAL SHIPMENTS　☐ **ALLOWED**　☐ **PROHIBITED**

TRANSHIPMENT　☐ **ALLOWED**　☐ **PROHIBITED**

SHIPMENT DISPATCH TAKING IN CHARGE FROM/AT （船積港等）

FOR TRANSPORTATION TO （仕向港等）

お取引店使用欄

R/S No.

- ☐ 輸入報告書
- ☐ 仲介貿易（決済時報告）
- ☐ その他
- ☐ 不要
- ☐ I/L No.：
  - 日　付：
  - 有効期限：
  - 金　額：
  - 関税番号：

仲介貿易確認資料
- ☐ マスター L/C
- ☐ 売渡契約書　☐ 送金
- ☐ D/P・D/A

☐ 撥返り融資利用
金額：　　千円
科目：☐ 商手 ／ ☐ 手貸
期間：　頃から　日間

☐ ユーザンス利用
- ☐ 自行ユーザンス（本邦ローン）
  - ☐ 期間　　日間
  - ☐ 期日未定
- ☐ 貿易適用ユーザンス（本邦ローン）
  - 利用通貨：
- ☐ 外銀ユーザンス

☐ 保任状付

GSB部宛連絡事項

（必要な項目の☐に×印を記入し、アンダーラインの部分は必要に応じご記入下さい。）

REQUIRED DOCUMENTS AS FOLLOWS :

☐ SIGNED COMMERCIAL INVOICE IN ______ INDICATING ______
（I/L No.・L/C No. 等を記入して下さい。）

☐ INSURANCE POLICY OR CERTIFICATE IN DUPLICATE, ENDORSED IN BLANK FOR 110% ______ OF INVOICE VALUE INCLUDING INSTITUTE CARGO CLAUSES (☐ **ALL RISKS** / ☐ **W.A.** / ☐ **F.P.A.**), INSTITUTE WAR CLAUSES, INSTITUTE STRIKES RIOTS & CIVIL COMMOTIONS CLAUSES.

☐ FULL SET OF CLEAN ON BOARD OCEAN BILLS OF LADING / ☐ FULL SET OF CLEAN NEGOTIABLE COMBINED TRANSPORT BILL OF LADING
MADE OUT ☐ TO ORDER OF SHIPPER AND BLANK ENDORSED
☐ TO
MARKED FREIGHT ☐ **PREPAID** / ☐ **COLLECT**,　NOTIFY : APPLICANT / ______

☐ CLEAN AIR WAYBILLS CONSIGNED ☐ TO The Bank of Tokyo-Mitsubishi, Ltd.
☐ TO ______
MARKED FREIGHT ☐ **PREPAID** / ☐ **COLLECT**,　NOTIFY : APPLICANT / ______

☐ PACKING LIST IN ______

☐ CERTIFICATE OF ORIGIN IN ______　☐ G.S.P. CERTIFICATE OF ORIGIN (FORM A) IN ______

☐ BENEFICIARY'S CERTIFICATE STATING THAT

☐ OTHER DOCUMENTS :

SHIPMENT OF (GOODS) : （極力簡潔にご記入下さい。）

TRADE TERMS : ☐ FOB　☐ C&F　☐ CIF　☐ ______　PLACE ______

INSURANCE IS TO BE EFFECTED BY APPLICANT / WITH ______
（FOB または C&F の場合、保険会社名をお知らせ下さい。）

SPECIAL CONDITIONS :

REIMBURSEMENT BY TELECOMMUNICATION IS ☐ **ACCEPTABLE** / ☐ **PROHIBITED.** （T/Tリンバースを許容するかどうか記入して下さい。）

ALL BANKING CHARGES OUTSIDE JAPAN ARE FOR A/C OF ☐ APPLICANT / ☐ BENEFICIARY. （ご指示なければ、APPLICANTとして扱わせて頂きます。）

DISCOUNT CHARGES / USANCE INTEREST ARE / IS FOR A/C OF ☐ APPLICANT / ☐ BENEFICIARY.

ACCEPTANCE COMMISSIONS ARE FOR A/C OF ☐ APPLICANT / ☐ BENEFICIARY.

（期限付手形の振出を要求する場合のみ記入して下さい。）

（ファクシミリ送信の場合）

発信日	
GSB部番号	
送信先	L/C 開設

取引店名

取引先員

検 印	責 任	担 当	印鑑照合

IN CONSIDERATION OF YOUR ISSUING A LETTER OF CREDIT SUBSTANTIALLY CONFORMING TO MY/OUR REQUEST HEREIN, I/WE HEREBY AGREE AND UNDERTAKE TO HOLD MYSELF/OURSELVES LIABLE TO YOU AS PER CONDITIONS SET FORTH IN THE COMMERCIAL LETTER OF CREDIT AGREEMENT AND SUPPLEMENTS THERETO OR THE AGREEMENT ON LETTER OF CREDIT TRANSACTIONS AS THE CASE MAY BE, SIGNED BY ME/US AND SEPARATELY SUBMITTED TO YOU.

I/WE UNDERSTAND THAT THIS LETTER OF CREDIT SHALL BE SUBJECT TO UNIFORM CUSTOMS AND PRACTICE FOR DOCUMENTARY CREDITS (1993 REVISION), INTERNATIONAL CHAMBER OF COMMERCE, PUBLICATION NO.500.

YOURS VERY TRULY,

印

Authorized Signature（署名又は記名捺印）

担当者 ______

所属部課 ______

電話番号　-　-　内線 ______

Guide !

今まで述べたように所定の手続きをした後で、前頁の信用状発行依頼書により、その都度発行銀行に信用状の発行を依頼することができる。

信用状発行依頼書の留意点

信用状の開設にあたり、信用状本体の内容とあわせて下記の点をも正確に記載する（必要な枠の中にレ点をいれる）ことが必要とされている（下記は、信用状発行依頼書（前頁）の右上（※）部分）。

DATE

お客様 REF.番号

信用状の通知方法

☐ AIRMAIL

☐ AIRMAIL, WITH BRIEF PRELIMINARY CABLE ADVICE
(MAIL CONFIRMATION が原本になります。)

☐ FULL CABLE WITHOUT MAIL CONFIRMATION
(CABLE ADVICE が原本になります。)

確認の要否　☐ CONFIRMED (確認)　☐ UNCONFIRMED (無確認)

譲渡可能　☐ TRANSFERABLE

(条件付の場合は、SPECIAL CONDITIONS 欄にその旨を記入して下さい。なお、通知銀行を譲渡手続取扱銀行とします。)

手形の要件

THIS CREDIT IS AVAILABLE

☐ ON SIGHT BASIS

☐ BY ACCEPTANCE OF DRAFTS

AT ______________________
(PLEASE INDICATE TENOR.)

FOR ______ % OF THE INVOICE/STATEMENT VALUE
DRAWN ON YOU OR YOUR CORRESPONDENT.

FOR TRANSPORTATION TO (荷揚港等)

☐ 撥返り融資利用

金額：　　　千円

科目：☐ 商手 ／ ☐ 手貸

期間：　　頃から　　日間

☐ ユーザンス利用

☐ 自行ユーザンス（本邦ローン）

☐ 期間　　　日間

☐ 期日未定

☐ 異種通貨ユーザンス（本邦ローン）

利用通貨：

☐ 外銀ユーザンス

（第10章にて後述）

銀行取引約定書

収入印紙	**銀 行 取 引 約 定 書**

平成　　年　　月　　日

株式会社　　　　　　　銀行　御中

住　所
本　人　　　　　　　　　　㊞

私は、貴行との取引について、次の条項を確約します。

第１条（適用範囲）

① 手形貸付、手形割引、証書貸付、当座貸越、支払承諾、外国為替その他いっさいの取引に関して生じた債務の履行については、この約定に従います。

② 私が振出、裏書、引受、参加引受または保証した手形を、貴行が第三者との取引によって取得したときも、その債務の履行についてこの約定に従います。

第２条（手形と借入金債務）

手形によって貸付を受けた場合には、貴行は手形または賃金債権のいずれによっても請求することができます。

第３条（利息、損害金等）

① 利息、割引料、保証料、手数料、これらの戻しについての割合および支払の時期、方法の約定は、金融情勢の変化その他相当の事由がある場合には、一般に行なわれる程度のものに変更されることに同意します。

② 貴行に対する債務を履行しなかった場合には、支払うべき金額に対し年14%の割合の損害金を支払います。この場合の計算方法は年365日の日割計算とします。

第４条（担保）

① 債権保全を必要とする相当の事由が生じたときは、請求によって、直ちに貴行の承認する担保もしくは増担保を差し入れ、または保証人をたてもしくはこれを追加します。

② 貴行に現在差し入れている担保および将来差し入れる担保は、すべて、その担保する債務のほか、現在および将来負担するいっさいの債務を共通に担保するものとします。

③ 担保は、かならずしも法定の手続きによらず一般に適当と認められる方法、時期、価格等により貴行において取立または処分のうえ、その取得金から諸費用を差し引いた残額を法廷の順序にかかわらず債務の弁済に充当できるものとし、なお残債務がある場合には直ちに弁済します。

検　閲	実　施

外国為替取引約定書

外国為替取引約定書

年　　月　　日

株式会社　　　　　　銀行　御中

住　　所
氏　　名　　　　　　　　　　　　㊞

私は、貴行との外国為替取引について、　年　　月　　日差し入れた銀行取引約定書の各条項を承認の上、次のとおり確約致します。

I　信用状取引約定

第1条（定　義）

この約定における用語の定義は、次のとおりとします。

1．信用状

私の依頼にもとづき、私の計算において、一定の要件が充足されていることを条件として、輸入為替手形と引換えに、貴行が直接または間接に受益者その他これに準ずる者（以下「受益者等」という。）に対して支払を行うことについての貴行の確約をいう。

2．輸入信用状

輸入為替手形の支払、引受その他これらに準ずる行為（以下「支払、引受等」という。）の条件として、付帯荷物を表示する書類の提供を要求する信用状をいう。

3．クリーン信用状

前号以外の信用状をいう。

4．輸入為替手形

貴行の発行した信用状にもとづく輸入貨物代金その他外国へ支払うべき金銭債務を表示した為替手形、受領書またはこれらと同様の書類をいう。

5．付属書類

運送書類（船荷証券、航空運送状その他運送契約を証明する書類をいう。）、保険書類、商業送り状等輸入為替手形に添付された書類をいう。

6．付帯荷物

付属書類に表示された荷物をいう。

7．補償債務

貴行の発行した信用状にもとづく輸入為替手形について、受益者等または支払、引受等を行った為替取引先等に対して、貴行が信用状発行銀行として負担する債務をいう。

検　閲	実　施

第
４
章

信用状取引約定書

信用状取引約定書

年　　月　　日

株式会社　　　　　銀行　御中

住　　所
本　　人
住　　所
保 証 人

私は、貴行との信用状取引について、　年　　月　　日差し入れた銀行取引約定書の各条項のほか、次の各条項を確約します。

第１条（定義）

この約定における用語の定義は、次のとおりとします。

１．信用状

私の依頼にもとづき、私の計算において、一定の要件が充足されていることを条件として、輸入為替手形と引換えに、貴行が直接または間接に受益者その他これに準ずる者（以下「受益者等」という。）に対して支払を行うことについての貴行の確約をいう。

２．輸入信用状

輸入為替手形の支払、引受その他これらに準ずる行為（以下「支払、引受等」という。）の条件として、付帯荷物を表示する書類の提供を要求する信用状をいう。

３．クリーン信用状

前号以外の信用状をいう。

４．輸入為替手形

貴行の発行した信用状にもとづく輸入貨物代金その他外国へ支払うべき金銭債務を表示した為替手形、受領書またはこれらと同様の書類をいう。

５．付属書類

運送書類（船荷証券、航空運送状その他運送契約を証明する書類をいう。）、保険書類、商業送り状等輸入為替手形に添付された書類をいう。

６．付帯荷物

付属書類に表示された荷物をいう。

７．補償債務

貴行の発行した信用状にもとづく輸入為替手形について、受益者等または支払、引受等を行った為

検　閲	実　施

外国向為替手形取引約定書抜粋

第3条　（担保）

① 付帯荷物および付属書類は、外国向荷為替手形の買取によって負担する手形上、手形以外の債務ならびにこれに付随する利息、割引料、損害金、手数料および諸費用の支払の担保として貴行に譲渡します。

② 貴行が買い取った外国向荷為替手形の再買取を第三者に依頼する場合は、貴行は付帯荷物および付属書類をその担保として提供することができます。

③ 貴行が付帯荷物および付属書類について担保権を実行し、第1項の債務ならびに利息等に充当した後なお剰余金がある場合には、貴行はこれを法定の順序にかかわらず私の貴行に対して負担する他の債務の弁済に充当することができます。

第5条　（外国向為替手形および付属書類の真正等）

私が貴行に提出する外国向為替手形および付属書類は、正確、真正かつ有効であり、信用状つき取引の場合は信用状条件と一致していることを保障します。これを前提として取り扱ったことにより、万一損害が生じた場合には、私が負担します。

第15条　（買戻債務）

① 外国向為替手形の買取を受けた後、次の各号の事由が一つでも生じた場合には、当該各号に記載する外国向為替手形について、貴行から通知、催告等がなくても当然手形面記載の金額の買戻債務を負担し、直ちに弁済します。なお、信用状条件により貴行が引受人または支払人となっている外国向為替手形についても、同様とします。

1. 私について銀行取引約定書第5条第1項各号の事由が一つでも生じた場合(外国の法制上それらに相当する場合を含む。次号についても同じ。)には、すべての外国向為替手形。
2. 外国向為替手形の支払義務者について銀行取引約定書第5条第1項各号の事由が一つでも生じた場合には、その者が支払義務者となっているすべての外国向為替手形。
3. 外国向為替手形の支払義務者による支払、引受または債務の確認が拒絶された場合には、その外国向為替手形。

② 外国向為替手形の買取を受けた後、次の各号の事由が一つでも生じた場合には、当該各号に記載する外国向為替手形について、貴行の請求によって手形面記載の金額の買戻債務を負担し直ちに弁済します。なお、信用状条件により貴行が引受人または支払人となっている外国向為替手形についても、同様とします。

1. 外国向為替手形の取立、再買取が拒絶された場合には、その外国向為替手形。
2. 貴行が外国向為替手形の代り金相当額の償還を請求された場合には、その外国向為替手形
3. 外国向為替手形の支払義務者による支払が行われたにもかかわらず、貴行における外国向為替手形の代り金の回収が遅延し、もしくは不能となった場合には、その外国向為替手形。
4. 前各号以外のときでも外国向為替手形について債権保全を必要とする相当の事由が生じた場合には、その外国向為替手形。

③ 前2項なお書により私が買戻債務を負担した場合、私が貴行の引受署名のある手形の交付を受けているときには、当該手形の返還債務を負い、当該手形をその取扱店に持参することにより当該買戻債務の弁済に代えることもできます。

④ 私が前3項の債務を負担した場合には、私は貴行に対する手形上の権利は行使しません。なお、私以外の者から当該手形が支払のため呈示され貴行がその支払をした場合には、私はその手形面記載の金額につき求償債務を負担し、直ちに弁済します。

(8) 信用状の発送

信用状発行依頼書により発行された信用状は、発行銀行より次のいずれかの方法にてコルレス先(第10章−1参照)である通知銀行に送られる。発行銀行が受益者に信用状を直送しない理由は、受益者では信用状の真正性(本物か否か)を判断できないからである。

① **郵送**

とくに急いでいないときに航空便にて信用状を通知銀行に郵送等する。時間がかかることと、紛失する可能性がまれにあるため現在ではあまり使われていない。

② **プレ・アド**／プレリミナリー・ケーブル・アドバイス(Preliminary Cable Advice／予告通知書／142頁)

信用状の重要な部分(輸出入者名、L/C金額、船積期限、L/C有効期限等)のみをSWIFT(銀行は盗聴の可能性のあるFAXはこのような場合には使用しない)、又は、ケーブル等(テレックスは現在使用されていない)にて事前通知(プレ・アド)する。その後に原則として、信用状の全文(Full Details)を航空便にて郵送する。

この場合、プレ・アドに、"Full Details to follow" 等と記載されていれば、**後日の郵送分**である**メール・コンファメーションが原本**となる。

プレ・アドは、例えば、輸入者が早期の納品を希望していても、受益者はまず信用状が確実に発行されるものか否かを知りたいものである。信用状発行の旨を迅速に輸出者に伝えたいような場合に用いられるものであり、ショート・ケーブルとも呼ばれている。

③ **フル・ケーブル・アドバイス**

至急に受益者へ届けたいときに用いられるものであるが、実際の取引では、フル・ケーブルの手数料はそれほど高いものでもなく、また、郵便より確実にかつ迅速に到達するためSWIFT、又は、ケーブルによるこの方法が多く使用されている。銀行のテレ・コミュニケーションは現在、SWIFTを主流としている。国､地域(アフリカ等)によりSWIFT回線(テレックスは現在使用されていない)のないところでは、KDDの電報回線となる。

フル・ケーブル・アドバイスにおいては、**そのケーブル分が信用状の原本**とされている。

Guide!

発行銀行の信用状**保証料**は、(通常3ヶ月毎に) L/C金額×1.1%×信用状期間 (92日) ÷365日 (最低6,000円位) である (銀行により異なる)。

信用状発行事務**手数料** (15,000円／件) が必要となる (通信料／郵便料は銀行により廃止されている)。

この他にも信用状開設時には (預金) **担保金** (L/C金額) **等**を積むことになる。

(9) 通知銀行の役割

発行銀行から受益者に対しての信用状を通知(Advice)することを委託された銀行を、通知銀行(Advising Bank / Notifying Bank)とか取次銀行(Transmitting Bank)という。信用状は通知銀行により接受され受益者に書留郵便にて送付、又は、手渡されている。この場合、通知銀行は次のような手順にて信用状の接受と通知を行うものとする。

① **真正性の確認**

郵送の場合には、コルレス先として有している署名鑑により署名の照合(Signature Verify という)を行う。

電信の場合には、電鍵(テスト・キー／Test Key／Test Cypher／暗号のこと)により、真正性を確認している。

② **発行銀行への照会**

信用状等に本物か否か等に関して疑問がある場合には、通知銀行は、委託関係にある発行銀行にその旨を照会することになる。

③ **添え状**(Cover Letter / Covering Letter)**の添付**

信用状の受益者への通知の際は、カバー・レター(カバーリング・レター)を添えて行うものとする。

カバー・レターには主に次のようなことが記載されている。

(i) **単に通知 (Solely an advice) するのみ**であって、信用状の内容に関しては当行には責任はありません。

(ii) 受益者は、**信用状の内容をよくチェック** (突合) して下さい。

(iii) このカバー・レターは、**信用状と一緒に保存**しておいて下さい。

(iv) その他

Guide!

相応の注意

通知した信用状が偽造されていたものであることが、後になって判明した場合の通知銀行の責任は、いかがなものであろうか。

このことに関しては、通常、通知銀行が「**相応の注意**」(Reasonable Care) をもって信用状の真正性について形式審査をしていれば、UCP の規定により**銀行は免責**されると解釈されている。

④ 信用状の確認

通知銀行が受益者の依頼に応じてもしも信用状の確認 (支払確約) をする場合には、通常、Cover Letter (Advice Form ともいう) に確認文書 (例えば、"We added our confirmation to this credit.") が記載される。

この確認を発行銀行に通知することなしに黙ってすることを、サイレントコンファメーションという (Silent Confirmation ／サイレントコンファームともいう)。米国においては、時としてこのことはコルレス関係にある発行銀行に対する背信的行為として問題視されることもあるが、我が国においてはこの件に関して違法性はないと解されている。

通常は、**通知銀行がこの確認を行う**ので通知銀行が確認銀行となる (通知銀行以外の銀行が、銀行間の事情により確認をするケースもある)。

プレ・アド

Preliminary Advice of Credit

The Bank of XYZ Ltd. GLOBAL SERVICE BANKING DIVISION

PRELIMINARY ADVICE OF CREDIT

DELIVERY OFFICE

DATE: __________

MESSRS:

For all communications
please quote
OUR REF. No. ____________

Advised through

Credit No.

For

Gentlemen:

We advise you that we received a teletransmission

Date of issue ____________

From

Through

Their Ref.

reading in substance as shown on the attached sheet

特に重要事項（サインが違っているとか確認信状である旨等）がこの枠の中に英文で記載される。

We will deliver to you the operative credit instrument when received, to which this letter must be attached.
（我が行は、**買取可能な書類**を送付しますの意）

Please note that this letter is solely an advice and conveys no engagement on our part.
（**単に通知する**のみです。**信用状内容に関する責任は取りません**の意）

As the above−mentioned message was received by teletransmission, we assume no responsibility for any errors and/or omissions in the transmission and/or translation of the teletransmission, and we reserve the right to make such corrections as may be found necessary.

THIS ADVICE IS SUBLECT TO THE UNIFORM CUSTOMS AND PRACTICE FOR DOCUMENTARY CREDITS (1993 REVISION), INTERNATIONAL CHAMBER OF COMMERCE PUBLICATION NO.500.

Yours very truly.
The Bank of XYZ, Ltd.
COPY
____
Authorized Signature

⑽ アメンド（Amendment ／条件変更／修正）

① 信用状の突合とアメンド

信用状到着後、受益者は、信用状記載事項が契約書の内容と合致しているか否かをチェックする（**突合**という）必要がある。

その主な突合内容としては次のようなことが挙げられる。

(i) 信用状到着後から船積期限や信用状有効期限また買取呈示期限等が充分であるか。
(ii) 信用状金額が契約金額とあっているか。
(iii) 過不足条項の場合には About が入っているか。
(iv) 分割積み（Partial Shipment）や積替え（Transshipment）は契約書通りか。
(v) その他契約にあるものが欠けていないか、契約にないものが追加されていないか等。

次に、L/C 内容が契約内容と合致していない場合は、よく検討して必要な場合には、**アメンド（条件変更／修正／Amendment）**をメールや FAX にて信用状開設依頼人に依頼することになる。但し、契約書との突合の結果の不一致が受益者にとってとくに支障のない内容（船積期日が若干早目に記載されているが、その期日内に船積が充分可能である等のように許容できる場合等）であれば、その内容通りにすればよいことであって、どのような場合においても必ずアメンドをしなければならないわけではない。

②アメンドの方法

(i) 受益者サイドからの場合

受益者が依頼人にアメンド内容を記載した文面（例えば以下の内容例）**を電子メールやＦＡＸ等により送付**してその内容を伝える。

L/C 内容変更の内容例（輸出者が輸入者経由で発行銀行に送付する例文）

RE:SN13 L/C received with many thanks. But ship date and expiry should be September 30 and October 15 instead of August 31 and September 15. Please amend L/C promptly and confirm by return mail.

依頼人はこの MAIL 文記載の書面を発行銀行に持参して「信用状条件変更依頼書」を記入のうえ「信用状変更通知書」を作成してもらう。この送付文書により受益者が承諾している旨を発行銀行に証明することが可能となる。

後日、「信用状変更通知書」が通知銀行を経由して受益者に送られてくるので、受益者はこれを信用状にホッチキス等にてアタッチしておくとよい。

なお、アメンドには受益者が通知銀行経由で発行銀行そして依頼人へと変更の旨を伝えるやり方もある。

L/C 内容の変更が必要でない場合にも、受益者は L/C が到着した旨および本船出港の予定日等を依頼人に通知することが望ましい。

(ii) 発行銀行、又は、買手からの場合

信用状内容の記載ミス等により、輸入地サイドからのアメンドの場合にも、発行銀行より通知銀行経由で「信用状変更通知書」（Revision of Credit）が受益者に送付される。この場合、通知銀行経由にて受益者の同意を得るための同意書（Consent Letter）も添付されてくる。受益者が承諾のときには、信用状に変更通知書を信用状に添付して保存しておき、そして同意書を返送する。不承諾のときには、その旨を通知銀行に申し出ることになっている。

しかし、この場合、もしも何の返事をも受益者がしないときには、この**受益者の沈黙をして「みなし同意」としてはならない**という点に留意したい。この場合、通知銀行は、「態度で示す同意」といって、後日受

益者のそろえる船積書類の内容を見て、受益者が条件変更に同意したか否かを判断することになる。「態度で示す同意」とは原信用状内容で船積書類が作成されていれば不承諾であり、アメンドの内容で作成されていれば承諾ということになる。

⑾ **買取り**（船積書類の審査）と**ディスクレ**（**Negotiation** と **Discrepancy** ／ Irregularity ／不一致）

① **買取り（Negotiation）**

輸出者は、船積書類に為替手形と信用状及び買取依頼書（148頁参照）を添付して銀行に買取依頼を行う。**船積書類と為替手形にディスクレがなければ銀行（買取銀行）は、この時点で代金を支払ってくれる**（手形代金が外国通貨の場合にこの買取りのことを Negotiation という。一方、手形代金が自国通貨の場合には、Discount（割引く）という）。

② **ディスクレ**

信用状取引においては発行銀行により支払いが保証（確約）されているため、原則として買取銀行による買取りが可能となる。しかし、この発行銀行による保証（確約）は書類にディスクレ（不一致）がないとする条件付保証である。買取銀行の買取りのためには、荷為替手形と船積書類の内容が信用状条件と一致していなければならない。買取銀行がたとえディスクレのある書類を買取ったとしても発行銀行（又は、輸入者）が、買取りを拒絶する可能性もある。そこで買取銀行は、信用状条件通りに書類が作成されているかを充分審査し、もし**ディスクレ（不一致）があれば買取りを拒絶（アンペイド）することもできる**（詳細は、下記③(i)、(ii)、(iii)参照）。

買取時に買取銀行が行う審査とは、船積書類が信用状条件と形式上一致しているか否かのものである。さらに、後日、輸入地において発行銀行による書類の審査が同じように行われることになっている。この場合における銀行の**支払い拒絶（アンペイド）の通知期間は UCP600 の規定により船積書類受取日から５銀行営業日以内**（5 Days Rule という）とされている。

この形式上（書類上）の審査とは、厳密にそして徹底的に実施されれば、殆どの書類にディスクレ（ささいなミスタイプ等を含めれば）があるといわれている程である。しかし、それではスムーズな業務がそこなわれかねないため実務においては船積書類の審査は ISBP の基準に沿いながらある程度銀行の判断にまかせられる面がある。我が国の発行銀行は、ディスクレ発覚時は、その旨を輸入者に連絡し代金支払いの旨を確認している。

③ **ディスクレの処置方法**

買取銀行は例えば、船荷証券の日付（B/L Date）が期限を過ぎていたり、B/L にリマークスが入っていたりするようなディスクレがある場合には、通常、買取りを拒絶することができる。このような場合、受益者にとって次のような銀行との対応策がある。

(i) **L/G ネゴ方式**（L/G Negotiation）

ディスクレ内容がささいなものであるときには、受益者が買取銀行に **L/G（Letter of Guarantee ／保証状）**又は L/I（Letter of Indemnity ／補償状）を差し入れることにより、買取りを促すという方法がある。後日、発行銀行によりアンペイドとされた場合には、受益者は買戻し（償還請求）に応じなければならない。

受益者が買取銀行にとって信用力がない場合やディスクレの内容が重大なもの（例えば B/L Date が遅れている等）であるよう場合には、買取銀行により L/G ネゴ方式による買取りは拒絶される。

買取銀行によって買取られる際には、ディスクレの内容を発行銀行に知らせておくことが原則であるが、知らせずに行われることもある。

(ii) **ケーブル・ネゴ方式**（Cable Nego）

受益者の依頼により買取銀行がディスクレの内容を買取り前に SWIFT 等で発行銀行に伝え、買取に関する発行銀行の承諾を得ることにより買取りが行われる。我が国の発行銀行はこの場合、輸入者に当該ディスクレに関しての買取りの旨を確認している。この場合、信用状統一規則の規定上においては、買取りをするか否かの最終判断は発行銀行にあるとされている。

この方法による依頼は、受益者によるケーブルネゴ依頼書(146 頁)により行われ、そして、輸出者が照会手数料を買取銀行に支払うことになる。

(iii) **B/C 方式(取立方式**／ Bill for Collection 方式)

輸出者の取引銀行が、ディスクレ内容や受益者の信用度等により買取りをしない判断をした場合には、荷為替手形と船積書類は、そのまま発行銀行に送付され発行銀行の判断を待つことになる。この方法は、手形を取立手形扱いとして資金を回収しようとするものであり、B/C 方式（アプルーバル扱い／取立方式）という。取引銀行は、発行銀行から代金受領後に輸出者に支払うことになる。

買取依頼書と取立依頼書

受益者が自社の取引銀行に買取りをしてもらうときには、**買取依頼書**（148 頁／後述）を、また、買取りはせず取立とするときには、**取立依頼書**（149 頁／後述）を提出することになっている。

買取時の手形を買取手形(**Bill Bought** ／ **BB 手形**)と、そして、取立時の手形を(同じ手形ではあるが)取立手形（**Bill for Collection** ／ **BC 手形**）と呼んでいる。

第4章

Guide!

(i) 買取時における**アメンド対応**

船積書類の買取時には、信用状買取有効期限の関係でアメンドをする程の時間的余裕がない場合が多く、また、買主に直接アメンド内容を知らせたくないとする売主の状況等も働いて、ディスクレがあると L/G ネゴ方式を希望する受益者が少なくない。ディスクレ内容等によりどの方法(前頁(イ)、(ロ)、(ハ))にするかは、買取銀行との話し合いにより決められる。

但し、**時間的余裕があるときは、前頁の(イ)、(ロ)、(ハ)はせずに**買取銀行経由にて**アメンドをすることも可能である**。

(ii) L/C 付手形の取立（プリテンド扱い）

輸出者が買取銀行への金利を節約したいとき等には、買取扱いとせず取立扱いとすることもできる。これをプリテンド扱いという。レートは TTB レートが適用される。この場合、銀行の書類審査は行われる。

(iii) 輸入者のディスクレ対応

重大なディスクレがある場合には、輸入地側の対応がより早く判るケーブル・ネゴ方式をとる傾向がある。また、ディスクレがあると輸入者によってはディスクレを理由に、時として値下げを申し出てくることもある。輸入者のこのような対応がビジネスのモラルに反するか否かは国により人により異なるが、通常、我が国においては、多少のディスクレがあっても輸入者はディスクレとせず(商品が必要なので)代金を支払うケースが殆どである。

(iv) アンペイド(支払拒否)

ディスクレがありそれを発行銀行(又は輸入者)がアンペイドとした場合、船積書類は、輸出地の銀行に返送される。従って、輸入者は貨物を受け取っておいて、ディスクレを基にアンペイドを主張することはできない。

(v) **主なディスクレ内容**として次のようなものがある。

(イ) **Stale B/L** ／ B/L 発行日後 **21 日を経過した後**に買取依頼がある。
(ロ) **Late Presentation** ／信用状の **Special Conditions に記載の期間を経過**してから買取依頼することである。
(ハ) **L/C Expiry** ／信用状の**買取有効期限経過後**の買取依頼である。
(ニ) Late Shipment ／信用状の船積期限より遅く船積されているB/L である。
(ホ) Short Shipment ／信用状で要求の数量より数量不足で船積されている。
(ヘ) Partial Shipment ／信用状で分割船積が禁止されているのに分割船積されている旨のB/L である。
(ト) Over Drawing ／信用状の許容金額以上の手形が振り出されている。
(チ) Short Drawing ／分割船積が禁じられているのに信用状金額以下の手形が振り出されている。

ケーブルネゴ　依頼書

平成　　年　　月　　日

株式会社　　　　　　銀行　御中

住所

氏名

印

平成　年　月　日付の当社依頼書を以って貴行に買取/支払/引受（以下、買取等）を依頼しました下記(1)の信用状付外国向荷為替手形（以下、本件荷為替手形）について、下記(2)の理由により、買取等の可否につき信用状発行銀行（以下、発行銀行）に対して電信にて照会してくださるようお願いします。

本取扱いに係わる貴行および発行銀行の電信料等、一切の費用は当社の負担とし、貴行との取決めに従い、または貴行から請求あり次第直ちにお支払いします。

なお、本件荷為替手形が貴行確認信用状に基づくものである場合、買取等につき発行銀行の承諾が得られたときであっても、本件荷為替手形の買取等については、貴行の確認銀行としての義務は免除されたものとして取扱われても異議ありません。

記

(1)　荷為替手形の明細

手形番号　：　…………

手形金額　：　…………

信用状番号　：　…………

信用状発行銀行　：　…………

(2)　DISCREPANCY(IES)

2．荷為替手形の作成

信用状取引における荷為替手形の買取りのためには、信用状通りのディスクレのない船積書類と為替手形が必要となる。この場合、売主は**荷為替手形買取依頼書**(148頁)**により買取りを銀行に依頼**する(**買取手形**／Bill Bought／BB手形という)。

また、(L/Cなしの)D/P・D/A手形の場合には、**荷為替手形取立依頼書**(149頁)**により銀行に取立を依頼**する(**取立手形**／Bill for Collection／BC手形という)。

荷為替手形等はL/C付の時は、L/Cをみて、L/Cなしの時は契約書をみて作成される。

L/C付手形の場合およびL/Cなし手形の場合においても船積書類及び為替手形の送付は通常、2分割(2 lots／最近は1 lotの銀行もある)されて、輸出地の銀行から名宛人に航空便にて送付される(送金時も原則2 lotsである／この場合にも、1 lotで送付することもある)。

為替手形は、**支払指図書**でありオリジナル2通と輸出者の控用がセット(3枚1組)となっている。このため**組手形(Set Bill)**ともいわれており、国内取引において使用される約束手形のように1通(Sole Bill／単独手形)のみ作成されるものとは区別されている。

ここでは、荷為替手形の記載内容をL/C付手形とD/P・D/A手形の場合とに分けてそれぞれ理解していく。繰り返しになるが、**L/C付荷為替手形においては買取依頼書により買取り(買取手形／Bill Bought／BB手形)が行われるが、D/P・D/A手形の場合には、原則として買取りはなく取立依頼書により取立手形(Bill for Collection／BC手形)として扱われる**ことになる。

手形法による当事者名

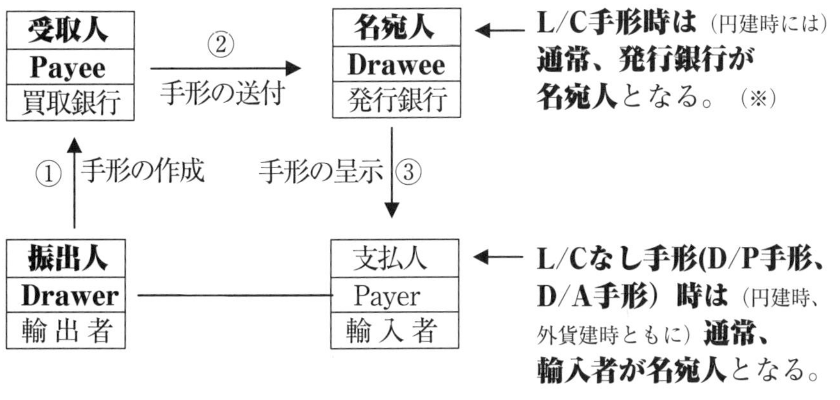

(※) ドル等の外貨建時には通常、ニューヨークにある発行銀行のコルレス先(補償銀行／決済銀行／Reimbursement bank)が名宛人となる。

買取依頼書

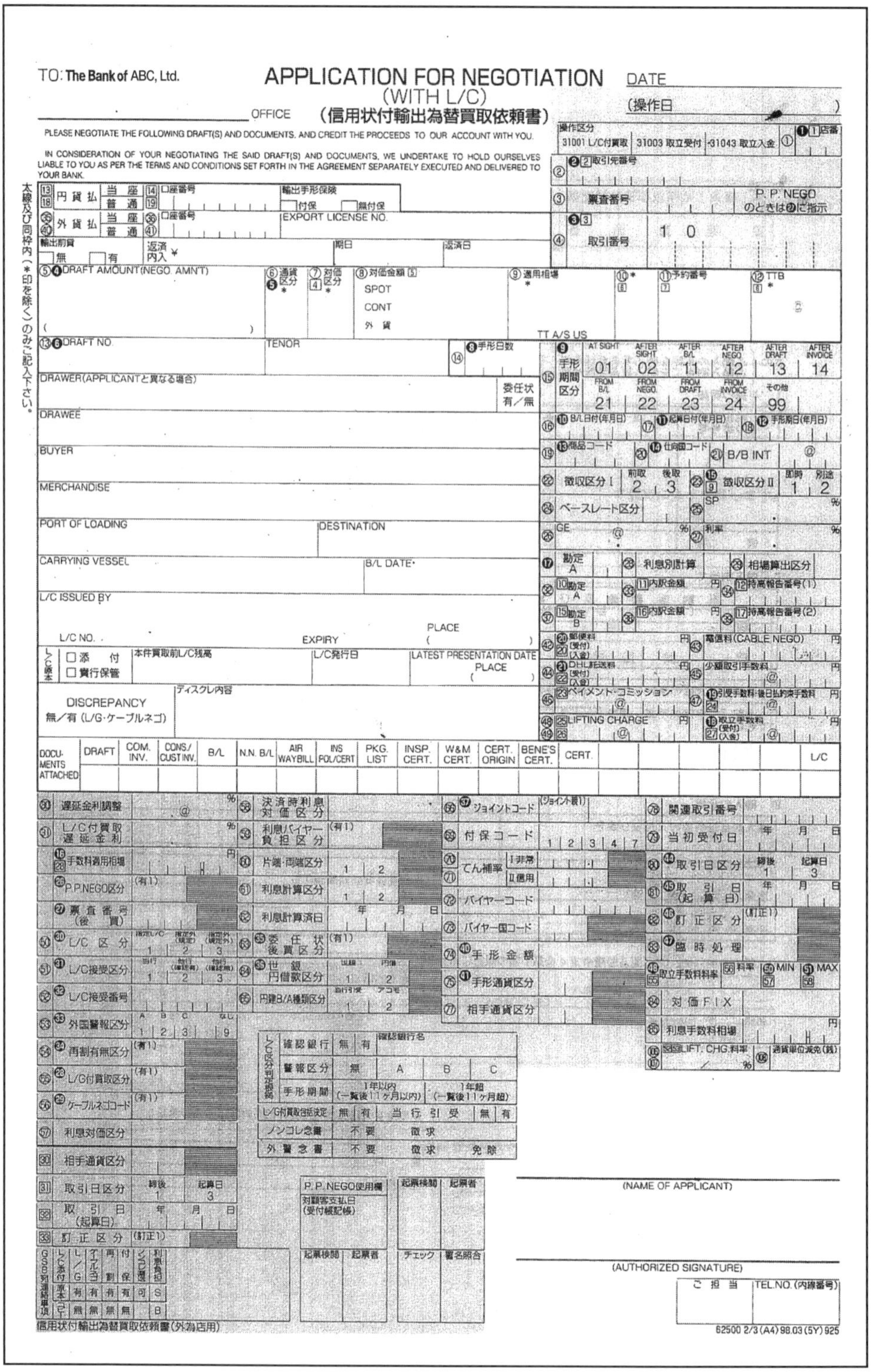
TO: The Bank of ABC, Ltd.

APPLICATION FOR NEGOTIATION (WITH L/C)

DATE

（信用状付輸出為替買取依頼書）

OFFICE

（操作日　　　　）

PLEASE NEGOTIATE THE FOLLOWING DRAFT(S) AND DOCUMENTS, AND CREDIT THE PROCEEDS TO OUR ACCOUNT WITH YOU.

IN CONSIDERATION OF YOUR NEGOTIATING THE SAID DRAFT(S) AND DOCUMENTS, WE UNDERTAKE TO HOLD OURSELVES LIABLE TO YOU AS PER THE TERMS AND CONDITIONS SET FORTH IN THE AGREEMENT SEPARATELY EXECUTED AND DELIVERED TO YOUR BANK.

操作区分　31001 L/C付買取　31003 取立受付　31043 取立入金

店番　取引先番号　稟査番号　P. P. NEGO のときは⑳に指示　取引番号　1　0

太線及び同枠内（＊印を除く）のみご記入下さい。

円貨払　当座　普通　口座番号　輸出手形保険　付保　無付保

外貨払　当座　普通　口座番号　EXPORT LICENSE NO.

輸出前貸　無　有　返済内入 ¥　期日　返済日

DRAFT AMOUNT (NEGO. AMN'T)　通貨区分　対価区分　対価金額　SPOT　CONT　外貨　適用相場　予約番号　TTB　TT A/S US

DRAFT NO.　TENOR　手形日数

手形期間区分　AT SIGHT 01　AFTER SIGHT 02　AFTER B/L 11　AFTER NEGO. 12　AFTER DRAFT 13　AFTER INVOICE 14　FROM B/L 21　FROM NEGO. 22　FROM DRAFT 23　FROM INVOICE 24　その他 99

DRAWER (APPLICANTと異なる場合)　委任状 有／無

DRAWEE

BUYER

MERCHANDISE

PORT OF LOADING　DESTINATION

CARRYING VESSEL　B/L DATE

L/C ISSUED BY

L/C NO.　EXPIRY　PLACE

L/C原本　□添付　□貴行保管　本件買取前L/C残高　L/C発行日　LATEST PRESENTATION DATE　PLACE

DISCREPANCY 無／有 (L/G・ケーブルネゴ)　ディスクレ内容

B/L日付(年月日)　起算日付(年月日)　手形期日(年月日)　商品コード　仕向国コード　B/B INT

徴収区分Ⅰ　前取 2　後取 3　徴収区分Ⅱ　即時 1　別途 2

ベースレート区分　SP　GE　利率

勘定A　利息別計算　相場算出区分

勘定 A　内訳金額　円　持高報告番号(1)

勘定 B　内訳金額　円　持高報告番号(2)

郵便料(受付)(入金)　電信料(CABLE NEGO)

DHL郵送料(受付)(入金)　少額取引手数料

ペイメント・コミッション　引受手数料・後日払約束手数料

LIFTING CHARGE　取立手数料(受付)(入金)

DOCUMENTS ATTACHED　DRAFT　COM. INV.　CONS./CUST.INV.　B/L　N.N. B/L　AIR WAYBILL　INS POL/CERT　PKG. LIST　INSP. CERT.　W&M CERT.　CERT. ORIGIN　BENE'S CERT.　CERT.　L/C

遅延金利調整　L/C付買取遅延金利　手数料適用相場　P.P.NEGO区分（有1）　稟査番号（後買）　L/C区分　L/C接受区分　L/C接受番号　外国警報区分　A B C なし 1 2 3 9　再割有無区分（有1）　L/G付買取区分（有1）　ケーブルネゴコード（有1）　利息対価区分　相手通貨区分　取引日区分 時後 1 起算日 3　取引日(起算日) 年 月 日　訂正区分（訂正1）

決済時利息対価区分　利息バイヤー負担区分（有1）　片端・両端区分 1 2　利息計算区分 1 2　利息計算済日 年 月 日　委任状後買区分（有1）　世銀円借款区分 1 2　円建B/A種類区分 1 2

ジョイントコード　付保コード 1 2 3 4 7　てん補率 Ⅰ非常 Ⅱ信用　バイヤーコード　バイヤー国コード　手形金額　手形通貨区分　相手通貨区分

関連取引番号　当初受付日 年 月 日　取引日区分 時後 1 起算日 3　取引日(起算日) 年 月 日　訂正区分（訂正1）　臨時処理　取立手数料料率　料率　MIN　MAX　対価FIX　利息手数料相場　円　LIFT. CHG.料率　通貨単位減免(銭)

L/C区分判定事項　確認銀行 無 有 確認銀行名　警報区分 無 A B C　手形期間 1年以内(一覧後11ヶ月以内) 1年超(一覧後11ヶ月超)　L/G付買取依頼決定 無 有 当行引受 無 有　ノンコレ念書 不要 徴求　外警念書 不要 徴求 免除

GSB別途記載事項　L/C添付 原本 写　L/G 有 無　アイテム合 有 無　再割 有 無　付保 有 無　ジコ関連 可 S B　利息負担

P.P. NEGO使用欄　対顧客支払日(受付帳記帳)　起票検閲　起票者　チェック　署名照合

(NAME OF APPLICANT)

(AUTHORIZED SIGNATURE)

ご担当　TEL.NO.(内線番号)

信用状付輸出為替買取依頼書(外為店用)

62500 2/3 (A4) 98.03 (5Y) 925

取立依頼書

TO: **The Bank of** ABC, Ltd.

APPLICATION FOR COLLECTION (WITHOUT L/C)
（信用状なし輸出為替取立依頼書）

＿＿＿＿＿＿ OFFICE　　DATE (受付操作日　　)

WE HEREBY REQUEST YOU TO COLLECT THE FOLLOWING DRAFT(S) AND DOCUMENTS, IN ACCORDANCE WITH THE TERMS AND CONDITIONS SET FORTH ON THE BACK HEREOF. PLEASE CREDIT THE PROCEEDS TO OUR ACCOUNT WITH YOUR

＿＿＿＿＿＿ OFFICE

THIS COLLECTION IS SUBJECT TO UNIFORM RULES FOR COLLECTIONS(1995 REVISION), INTERNATIONAL CHAMBER OF COMMERCE, PUBLICATION NO. 522.

操作区分　31003 取立受付　31043 取立入金　① 店番

② 取引先番号　③ 取引番号 1 2

本線及び同枠内（＊印を除く）のみご記入下さい。

円貨払（当座／普通）口座番号　外貨払（当座／普通）口座番号　EXPORT LICENSE No.

輸出前貸 □無 □有　返済内入 ¥　期日　返済日

④ DRAFT AMOUNT(CREDIT AMOUNT) ＊(　)　⑤ 通貨区分 ＊　❹ 対価区分 ＊　❺ 対価金額 SPOT CONT 外貨　適用相場 ＊　❻ ＊　❼ 予約番号　❽ TTB ＊ @

⑥ DRAFT NO.・振出日　TENOR　⑧ 手形日数　⑦ 引渡条件 (1) D/P (2) D/A　⑨ 手形期間区分 01 02 11 12 13 14 / 21 22 23 24 99

DRAWER　委任状 有／無　⑩ B/L日付(年月日)　⑪ 起算日付(年月日)　⑫ 手形期日(年月日)

DRAWEE'S NAME　BUYER'S CODE No.　⑬ 商品コード　⑭ 仕向国コード　⑮ 徴収区分Ⅱ 即時 1 別途 2

DRAWEE'S ADDRESS　⑯ 手数料適用相場 @ 円　❾ 徴収区分Ⅱ 即時 1 別途 2

MERCHANDISE　勘定 A　内訳金額 円

PORT OF LOADING　DESTINATION　勘定 B　内訳金額 円

CARRYING VESSEL　B/L DATE　持高報告番号(1)　持高報告番号(2)

PRESENT THROUGH (NAME OF BANK) (BRANCH) (CITY)　取立手数料 (受付時) (入金時) 円　郵便料 (受付時) (入金時) 円

COUNTRY　DHL託送料 (受付時) (入金時) 円　LIFTING CHARGE 円 @

DOCUMENTS ATTACHED	DRAFT	COM. INV.	CONS./CUST. INV.	B/L	NN B/L	AIR WAYBILL	INS POL/CERT	PKG LIST	INSP. CERT	W&M CERT	CERT. ORIGIN	SHIPPER'S CERT	CERT					

INSTRUCTIONS(TO BE MARKED"X")

DELIVER DOC'S AGAINST		PAYMENT.		ACCEPTANCE.	IN CASE OF NON-ACCEPTANCE &/OR NON-PAYMENT.
NOTIFY US OF ACCEPTANCE		BY CABLE.		BY AIRMAIL.	NOTIFY US BY CABLE WITH REASONS.
NOTIFY US OF PAYMENT		BY CABLE.		BY AIRMAIL.	NOTIFY US BY AIRMAIL WITH REASONS.
NOTIFY US OF CREDIT		BY CABLE.		BY AIRMAIL.	HOLD DRAFT PROTESTED UNTIL OUR FURTHER INSTRUCTIONS. ★
REMIT THE PROCEEDS		BY CABLE.		BY AIRMAIL.	HOLD DRAFT WITHOUT PROTESTING UNTIL OUR FURTHER INSTRUCTIONS. ★

COLLECT INTEREST AT　% P.A. FROM　TO　× STORE AND INSURE THE GOODS.　× PREVENT PUBLIC AUCTION, IF NECESSARY.

COLLECT INTEREST AT　% P.A. FOR DELAY IN PAYMENT.　IN CASE OF NEED, REFER TO OUR AGENT/REPRESENTATIVE

BASIS OF CALCULATION FOR INTEREST TO BE COLLECTED. □360 □365 DAYS IN A YEAR. ※

CHARGES TO BE COLLECTED FROM DRAWEE.

CHARGES TO BE DEDUCTED FROM THE PROCEEDS NOTIFYING US OF ALL PARTICULARS.

CHARGES/INTEREST □MAY BE WAIVED. □MAY NOT BE WAIVED. ○　WHO HAS NO AUTHORITY BUT WILL ENDEAVOR TO OBTAIN ACCEPTANCE AND/OR PAYMENT OF THE DRAFT AS DRAWN.

PRESENT DRAFT ON ARRIVAL OF GOODS.

OTHER INSTRUCTIONS:

★に、ご指示のない場合には、PROTEST WAIVEDとさせていただきます。
※に、ご指示のない場合には、360DAYS BASESとさせていただきます。
○に、ご指示のない場合には、WAIVEDとさせていただきます。

㉒ バイヤーコード	㊲ ジョイントコード	㊹ 取引日区分 即後 1 起算日 3	取立手数料料率 料率 % MIN MAX
㉓ バイヤー国コード	㊵ 手形金額	㊺ 取引日（起算日） 年 月 日	LIFTING CHARGE 料率 %
㉔ 標準航海日数	㊷ 関連取引番号	㊻ 訂正区分 (訂正1)	通貨単位減免(銭)
㉕ 荷着払条件有無 (有1)	㊸ 当初受付日 年 月 日	㊼ 臨時処理 ▸	

記票検閲　記票者　ノンコレ含業 不要 徴求　外貨含業 不要 徴求 先除　チェック　署名照合

GSB発連絡事項 可・無　ノンコレ直送　D/F保証 有・無　手数料適用相場 ▶　クロスレート　相手通貨区分　取引日区分 即後 1 起算日 3　取引日（起算日） 年 月 日　訂正区分 (訂正1)

対顧客支払日(受付帳)　ご担当　TEL. NO.(内線番号)

(NAME OF APPLICANT)

(AUTHORIZED SIGNATURE)

信用状なし輸出為替取立依頼書(取引店用)

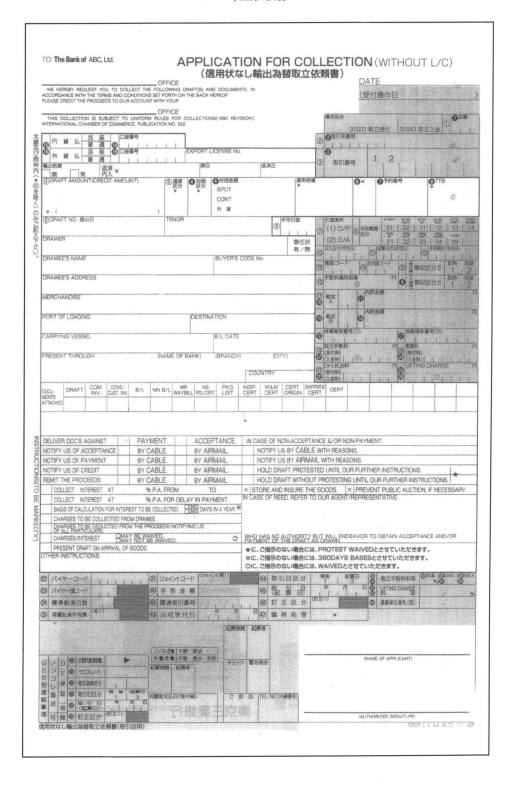

L/C付手形

① BILL OF EXCHANGE

NO. ② 1234　　　③ TOKYO (PLACE)　④ Septemcer 2, 202- (DATE)

FOR ⑤ US$ 16,650.00

At ⑥ Thirty (30) days after　　sight of this FIRST of Exchange ⑦

(Second being unpaid) Pay to ⑧　The Bank of TOKYO LTD. ⑨　or order the sum of

⑩ Say US Dollers Sixteen Thousand Six Hundred Fifty Only

⑪ Valued received and charge the same

to account of ⑫ General Electric Corporation

Drawn under ⑬ The Bank of ABCD, LTD. Los Angeles, California, U.S.A.

L/C No. ⑭ 0123　　dated ⑮ Jun 20, 202_

To ⑯ The Bank of ABCD, LTD. Los Angeles, California, U.S.A.

REVENUE STAMP ⑱

⑲ ______________　　⑰ Kokusai Trading Co., LTD. (Signed)

(1) **L/C 付手形** (150 頁)
為替手形の主な記載内容

為替手形 年　　月　　日 私はすでに金〇〇〇〇を受け取っており ますので上記金員を買取銀行 (Payee) に お支払い下さい。 名宛人様へ　　　　　　振出人より

(解説)
① 為替手形文言 (法定文言)
Bill of Exchange という**法定文言**（次頁 Guide! (イ)参照）**がない手形は（B/L と異なり）無効**となる。
② 手形番号
手形の整理番号であり、インボイス番号が使われることが多い。
③ 振出地
輸出地の銀行の所在地を記入する。
④ 振出日
B/L Date 日以降、銀行に手形を持ち込んだ日 (L/C 有効期限内) までの任意の日を記入する。
⑤ 手形金額 (法定文言)
例えば US$16,650[00] のように記入する。
⑥ 支払期日 (Tenor) (法定文言)
一覧払いなら At ××××× (この間に×又は…を入れて抹消する) sight とする。
期限付なら例えば、At Thirty (30) days after---sight とする。
⑦ 破棄文言 (無効文言)
どちらかひとつの手形 (第 1 券 (First Bill) 又は、第 2 券 (Second Bill) のうちどちらか) が有効であり、他は無効とする旨の記載がある。
⑧ 支払委託文言 (法定文言)
受取人 (⑨) に支払って下さいとする文言である。
⑨ 受取人 (法定文言)
発行銀行から支払いを受ける人の名（買取銀行名）が記載される (買取銀行でない場合には、ブランクにしておく)。通常受取人の次に or order とある指図式手形が殆どである。
⑩ 手形金額 (法定文言) ／手形金額は訂正することはできない
改竄防止のため、手形金額が英文でスペルアウトされる（**この欄に訂正印があると手形が無効となる**)。
(例) US Dollars Sixteen Thousand Six Hundred (and) Fifty Only
(又は、Dollars Sixteen Thousand Six Hundred (and) Fifty Only in U.S.currency)
セントがある場合には、例えば 50 セントなら Fifty の次に Cents、又は、Fifty Only とドルの次に続けて記載する。Only とは日本語の也に該当する。なお、例えば US Dollars と記載した場合には Say (日本語の金に該当) を入れる必要はない (入れてもかまわない)。
⑪ 対価文言
⑩ の金額をすでに受け取っているので、その額を⑫ (支払人／輸入者) に請求するとする文言である。
⑫ 支払人
名宛人 (⑯) と異なるときに記入する。L/C 付手形の場合、通常名宛人は発行銀行であるので、支払人 (⑫) のところには輸入者の名前（と住所）を記入する。
L/C なし手形の場合には、支払人と名宛人は同じとなり記載する必要がなくなるため、この欄はない。
もしある場合には、空白としておく。

⑬, ⑭, ⑮はL/C 手形用 (L/C なし手形ではこの欄なし)
⑬ 発行銀行名 (支店名まで記入する)
⑭ L/C 番号
⑮ L/C 作成日
⑯ 名宛人 (Drawee) (法定文言)
　L/C 付の場合には、通常、発行銀行名となる。
(L/Cには､通常drawn on usとあり､このusとは発行銀行のことである｡⑯はL/Cの記載通りに記入する｡)
　信用状取引時の**名宛人**は発行銀行であるが、当該銀行が手形の支払いを引受けた時には、**引受人**と、また、手形代金を支払った時には、**支払人**となる。
　なお、信用状統一規則では、L/C 付手形の名宛人を**発行依頼人（輸入者）とすべきではない**と規定している。
⑰ 振出人 (Drawer) (法定文言)
　通常銀行に署名登録している受益者 (輸出者) が、会社名記載の社判を押して輸出地にてサインをする。
⑱ 収入印紙
　外貨建の場合には､我が国では第一券のみに**手形金額と関係なく 200 円の収入印紙を貼付**して､イニシャルか 2 本線等で消印を入れておく。
　なお、円貨建の場合には、額面が 10 万円以下なら収入印紙貼付は不要である。但し、10 万円超のときには収入印紙貼付が必要とされている。
⑲ 輸入地に届いて呈示されたときに、D/P 手形時は輸入者が手形代金支払時にサインをする (D/A 手形の時にもサインされるが、これは手形の引受を意味している)。

Guide!

手形の特色
(イ) 要式性
法定記載事項 (①、⑤、⑩、⑥、⑧、⑨、⑯、⑰) が要件として記載されていることが、手形に効力をもたせるたるに必要とされている（法定記載事項の内容は各国の手形法の違いにより若干異なっている）。
(ロ) 文言性
手形に記載されていることが、有効であるということである。
(ハ) 無因性 (抽象性)
売買関係等と手形代金の支払いは無関係であるということ。このことにより、たとえ貨物に異状があったとしても代金は支払わなければならないことになる。
(ニ) 流通性
　手形は有価証券であるため流通性を有しているということである。
(ホ) 呈示性
　手形は、名宛人に呈示 (Presentation) されなければならないということである。
(ヘ) 手形記載事項に関して
A. 有益的記載事項
　償還請求権、利息文言、拒絶証書不要文言等があり、記載されていればその文言は有効となる。
B. 有害記載事項
　分割文言や支払いに条件を付す文言等をいうが、これらの記載は許されない。
例えば、商品受取後に代金を支払う旨等を手形に記入するとその手形は無効となるので注意したい。
C. 無益的記載事項
　破棄文言 (⑦)、対価文言 (⑪)、L/C 文言等 (⑬, ⑭, ⑮) をいう。記入されていても手形の効力には関係ないものとされている。

⑵ **D/P、D/A 手形**(154頁)

日英米等では、信用状による取引が行われているが、国によっては、例えばヨーロッパの一部の国々、中南米等の開発途上にある国々では、貿易取引の手形決済は、L/C 手形ではなく D/P, D/A 手形による取引となっている。現在、ビジネスの競争激化等を背景として、D/P, D/A 手形そして、送金による取引が増加している。

Guide!

(i) 我が国の最近の決済状況（件数ベース）

1. 送金決済　　70%台
2. L/C による決済　　20%位／信用状取引は、減少している。
3. D/P、D/A 決済　　10%以内

(ii) 手形上に“Without Recourse”の記載がある場合、原則として償還請求権は、放棄されたものとみなされる（つまり、無償還請求権（Non Recourse）扱いとされ手形の遡及権（買戻し）はなくなるものとされる)。

何もその旨の表示がないものは、With Recourse 扱いとなる。

D/P 手形・D/A 手形

① BILL OF EXCHANGE

NO. ② 0123 　　　　　③ Tokyo, September 2, 202_

FOR ④ US$ 16,650.00

At ⑤ Thirty (30) days after sight of this FIRST of Exchange ⑥ (Second of the same tenor and date being unpaid) Pay to ⑦ ⑧ The Bank Limited or order the sum of

⑨ Say US dollers Sixteen Thousand Six Handred Fifty Only

Value received ⑩

Deliver documents against ⑪ Acceptance

To ⑫ General Electric Corporation

⑭ Revenue Stamp

⑮（輸入地にて輸入者のサイン）　　　　⑬ Ohkura Trading Co., Ltd.

ここで、D/P、D/A 手形の記載内容に関してもふれてみたい。L/C 付手形と基本的には変わるものではないが、主な相違点としては次のようなところである。

(イ) **名宛人が原則として輸入者**である。

(ロ) **L/C 文言は不要**であるため記載されていない (L/C 手形の⑫⑬⑭⑮がない)。

(ハ) **D/P 手形か D/A 手形かを記載**をする (前頁⑪)。

(解説)

① 為替手形文言
② 手形番号
③ 振出地、振出日
④ 手形金額
⑤ 手形期間
⑥ 破棄文言
⑦ 支払委託文言
⑧ 受取人
⑨ 手形金額
⑩ 対価文言

（①〜⑩）L/C 付手形に準じる。

取立手形のときには、理論的には Value will receive であろうが、買取の場合もあるので Value received と記載されている。

⑪ 手形条件文言

D/P なのか、D/A なのかを表示しなくてはならない (**表示のないものは D/P 扱い**となる)

⑫ 名宛人

L/C なし手形の場合の名宛人は輸入者となる。

⑬ 輸出者の社名明記の社判を押してサインをする (個人ではないので、社名が必要である)

⑭ 収入印紙 (L/C 手形に準じる／我が国においては 200 円)

⑮ 呈示時の輸入者のサイン (D/P 手形は支払時、D/A 手形は引受時) が必要とされる。

Guide!

(i) L/C 付手形においても、代金の最終的な支払人は輸入者である。従って、支払人欄 (L/C 手形の to account of ／⑫) は、輸入者となる。一方、D/P、D/A 手形の場合には、発行銀行はないので代金の支払人は輸入者しかいない。わざわざ支払人欄を手形に記載する必要はないので D/P、D/A 手形には印刷されていない（もし印刷されている時は、空白にしておく)。

(ii) L/C なし手形には、L/C 文言欄 (⑬、⑭、⑮) も不要となる（L/C 手形を D/P、D/A 手形の代用とすることができる)。

(iii) 船積書類等の到着に関しては、呈示銀行からの Arrival Notice (到着案内通知) によって輸入者は書類の到着を知ることとなる。

(iv) 取立手形に関する統一規則は ICC の **URC522 (Uniformed Rules for Collection NO522** (1995 年度版)) に規定されている。

(v) **ダイレクト・コレクション**

B/L クライシスを避けるため、ダイレクト・コレクションといって、**輸出者が船積書類を**輸出地の銀行を経由せず**に輸入地の取立銀行へ直送する方法**がある。これは船積書類を迅速に輸入地に届けるために行うものである。

この場合の主な注意点として、次のようなことを挙げることができる。

(イ) 輸出地の銀行では、為替手形のみを振出すことになるが、このような取立に輸出地の銀行 (仕向銀行) が応じてくれるかをよく確認しなくてはならない。通常は輸出者の信用力の問題もからみ仕向銀行としてはかなり慎重であると予想される。米国等との取引時にはこの方法が使われることもある。

(ロ) 呈示銀行は Arrival Notice に Direct Collection である旨を明示して、輸入者に知らせなくてはならない。

(ハ) その他取扱指図に関する書類のなかに URC522／Uniform Rules for Collection／取立統一規則適用の旨を入れておくことが望ましい。

まとめ問題4

問 次の文章は、信用状に関するものである。その記述の正しいものに○印を、誤っているものには×印をつけなさい。

1. 我が国における貿易取引においては、信用状取引による決済方法が送金取引よりも多く使用されている。

2. 輸出者が呈示する為替手形および船積書類は、信用状に記載されている条件と合致する必要がある。また、ICCがまとめた信用状に関する国際ルールをUCP600という。

3. 信用状に基づいて銀行が買取る船積書類は、信用状統一規則の規定に基づいて審査を要するが、必要に応じて銀行は船積貨物を検査することもある。

4. 取消不能信用状において発行銀行は、受益者および確認銀行(確認銀行がある場合)の同意がない限り、一方的に信用状の取消し・内容変更ができない信用状をいう。

5. 発行銀行又は、輸入国の信用ランクによっては、国際的に信用のある輸出者の取引銀行等がダブルで支払確約をしている信用状がある。これを確認信用状といい、通常、輸出地の通知銀行が確認銀行となることが少なくない。

6. 譲渡可能信用状(Transferable L/C)において、受益者(売主)は、信用状金額の全部または一部を第三者に譲渡することができる。この場合、その譲渡は、原則として1回限りとされている。

7. 信用状発行銀行が、輸入書類にディスクレを発見した場合は、当該発行銀行は代金の支払いを拒否することができる。これをアンペイドと呼んでいる。

8. 信用状の独立抽象性の原則により、輸出者に売買契約違反があれば発行銀行は、代金の支払いをしないことができる。

9. 荷為替手形は、為替手形に、船荷証券、海上保険証券、送り状、そして税関の輸出許可書などの船積書類を添付したものをいう。

10. 信用状に基づいて振り出される荷為替手形は、信用状記載の条件に合致して振り出されなければならない。また、為替手形は請求書(支払指図書)としての役割を有している。

11. 信用状付荷為替手形における名宛人は、通常、輸入者である。

12. 輸入者は、保証状(L/G)により貨物を受け取った後であっても、船積書類にディスクレがあればアンペイドとすることができる。

解答と解説

解答

1－×　2－○　3－×　4－○　5－○　6－○　7－○　8－×
9－×　10－○　11－×　12－×

解説

1. 我が国の海外進出により本支店間取引が増加し、現在では送金取引によるケースの割合の方が多い。しかし、本支店以外の取引においては今後ともに信用状取引がなくなることはない。

2. 正しい記述である。UCP (信用状統一規則) において、信用状の解釈基準が規定されている。

3. 銀行は、書類取引の原則により貨物を検査する必要はない。銀行は、信用状にある書類の審査をすればよいことになっている。

4. 正しい記述である。なお、UCP600の規定においては「当事者」の中に依頼人(輸入者)は入っていない(しかし、実務的には、発行銀行は、輸入者の同意を取っているため当事者とされている)。

5. 正しい記述である。但し、船積書類にディスクレがあると、確認銀行の支払確約はなくなってしまう。

6. 正しい記述である。

7. 正しい記述である。しかし、我が国においてはディスクレがあっても、輸入者が代金を支払う場合には原則としてアンペイドにはしていない(ディスクレ イコール アンペイドではない)。

8. 独立抽象性の原則とは、発行銀行は、売買契約や信用状発行契約等他の契約とは関係なく、ディスクレのない限り代金の支払いを保証(確約)するということである。売買契約違反に関しては、当事者(売主、買主)の話し合いにより決着することになる。

9. 船積書類のなかに輸出許可書等の通関証明書類は、含まれていない。

10. 正しい記述である。荷為替手形は、信用状の内容にあわせて作成される。そして、信用状は契約書を基にして作成される。

11. D/P、D/A手形における荷為替手形の名宛人は、通常、輸入者である。しかし、信用状手形における場合には、通常、発行銀行である。

12. 輸入者の貨物受領後にディスクレを発見しても発行銀行との「商業信用状約定書」において、輸入者はアンペイドにすることはできないと規定されている。

第５章

貿易における保険

保険の手配

1．貨物海上保険（運送中の貨物の損傷等に対して）

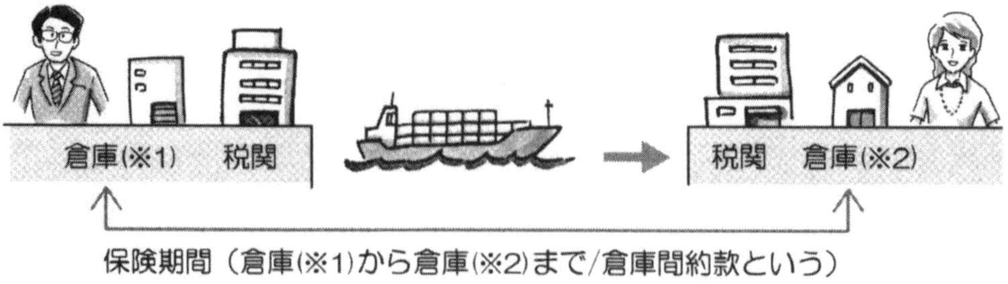

上記保険の種類

貨　物	旧約款	新約款
製品等	オール・リスクス（A/R）	ICC（A）
穀物等	単独海損（W/A）	ICC（B）
石材,木材等	単独海損不担保（FPA）	ICC（C）

（ICC（A）〜（C）に）＋ War & S.R.C.C.

（現行では、新約款が使用されている）

2．貿易保険（非常危険/戦争等と信用危険/買主の倒産等というリスクに対して）

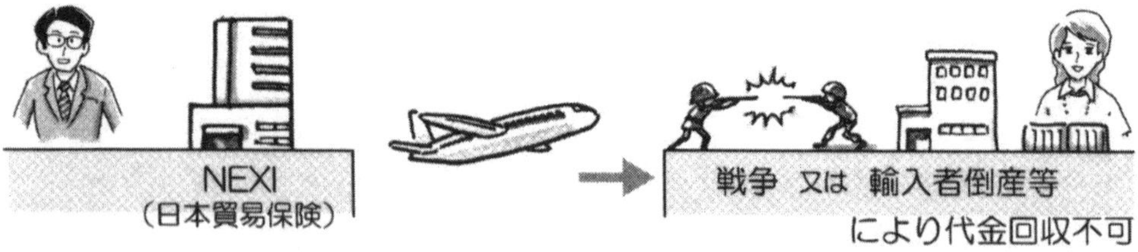

3．PL保険（貨物が起因して購入者がけが等をした場合の損害賠償に対して）

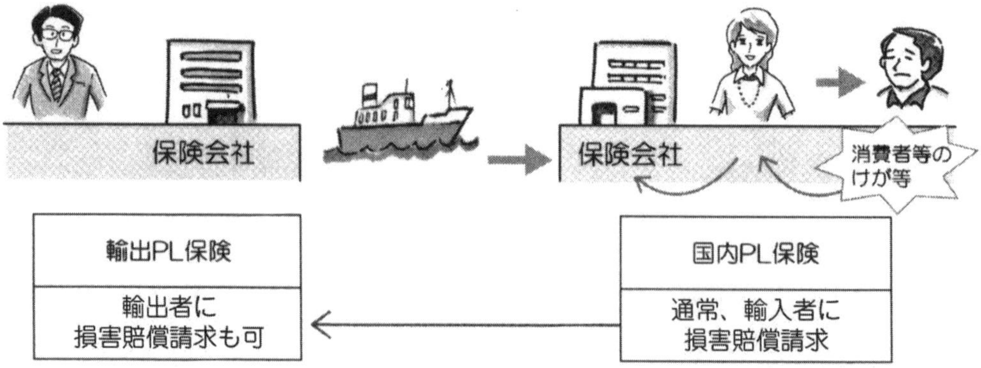

> **What's the Point?**
> 輸出国から輸入国へ運送中に貨物が航海過失等により損傷等したとしても、ヘーグ ウィズビールール等の規定により**運送人**は通常、**免責扱い**とされる。このような事情を背景として、運送リスクのヘッジ策として貨物海上保険を付保する必要性があるといえよう。
> ここでは1.**貨物海上保険**の**保険期間、保険条件**の種類そして、**保険の手続**等に関して学習する。
> また、貨物海上保険とはリスクの異なる2.**貿易保険**と3.**PL保険**についても併せて学習していく。

1．貨物海上保険（Marine Cargo Insurance ／海上貨物保険／貨物保険ともいう）

(1)　保険の種類

保険は、商取引において欠かすことのできないリスク対策のひとつであるが民間の保険会社が取り扱う保険には次のようなものがある。

- 保険
  - **損害保険**
    - **マリン**（海上保険）
      - **貨物(海上)保険 (Cargo Insurance)**
        - 外航
        - 内航
      - 船舶保険 (Hull Insurance)
      - 運賃保険 (Freight Insurance)
      - （貨物海上保険といっても、航空輸送も含まれる。）
    - ノンマリン（国内保険）
      - 火災保険
      - 自動車保険
      - 傷害保険
  - 生命保険

上図の保険のうち貿易における輸出入業者が貨物損傷等のリスクに対して必要とする保険は、貨物（海上）保険 (海上のみならず航空、陸上区間をも含む) である。この貨物海上保険には内航 (国内海上運送／ FOB 保険を含む) と外航 (海外の運送／仲介貿易を含む) とに分かれている。

上図の運賃保険とは、運賃着払いのときに船会社がかける保険のことである。FOB の場合、貨物に損傷等があると輸入者によっては、運賃を払わない者がいる。このようなリスクに対して船会社等が付保している保険のことをいう。船会社等に払われる運賃分の代金は、輸入者が受けとる保険金から控除されることになっている。

近代の貨物（海上）保険は、数百年前の 14 世紀後半にイタリアで発祥し、その後 17 世紀に入りロンドンを中心としてイギリスで明文化された。これにより保険証券 (Insurance Policy) 等はすべて**英語** (米語ではない) で書かれている。

保険が成立しているか否か等に関しては、その国の法律、例えば日本で保険を付保すれば日本の法律が適用（**契約締結地準拠主義**という）される。しかし、**保険金決済の争い事は**、日本の裁判所であっても**イギリスの法律 (1906 年英国海上保険法 ／ Marine Insurance Act 1906 / MIA) を準拠法**とすることになっている。この保険に関する重要な部分は約款として保険証券に記載されている。保険証券は、通常、オリジナルは２通発行され１枚目には Original (First Original)、そして２枚目には Duplicate (Second Original) と赤字印刷で表示されている。それぞれがオリジナルであり、信用状に必要枚数 (通常、２通／ in duplicate) が書かれている。また、控え用等のコピーにはコピー (copy) と書類に表示されている。

保険証券 (Insurance Policy) には、イギリスのロンドン保険業者協会 (Institute of London Underwriters ／ 1998 年の合併により International Underwriting Association of London となっている／アンダーライターズとは書面の下に署名する保険業者のこと) により承認され採用されている約款が保険証券の裏面に印刷されている。これを **Institute Cargo Clause (ICC / 協会貨物約款)** という。

1963 年版の約款 **(旧約款／ SG Form / Ships and Goods Form)** は昔ながらの古い英文で表現されており、以前よりその解釈が難解である等という批判が発展途上国を中心として根強く存在していた。1968 年になると、国連の UNCTAD (国連貿易開発会議) において、その改正に向けて動き出すこととなった。

そこで、これまでの慣習、判例を重んじたイギリスは、取り急ぎ1982年にUNCTADの批判を形式的に吸収（現代英語に改正）しつつも実質的には既存のものとほぼ同じである新約款(新ICC)を制定し、この動きの鎮静化を図った。

この**新約款(MAR Form / Marine Form)**は、その後、英米諸国を中心に使用されていたが2009年には保険約款の一部改訂もあり、現在では**我が国においても**新約款によるフォームが**採用されている**。なお、旧約款と新約款の内容はほぼ同じものとなっている。

Guide !

1982年版の新約款としてのICC (A)、(B)、(C) のMAR FORMの内容が2009年5月に一部改訂されている。一部改訂の主な部分は、1982年新約款においては、船会社倒産は不担保、つまり免責（旧ICCではA/Rでは担保、WA、FPAでは不担保）とされていたが、2009年新約款においては、「船会社の倒産情報を被保険者が知っていたか、又は、通常の業務において知っているべきであった場合」にのみ免責とされている（つまり、船積時に倒産を知らなかった場合には**船会社倒産リスクも保険でカバーされるようになっている**）。これにより今までの旧約款と新約款の内容は、ほぼ違いのないものとなり、現在では、信用状で指定等されていない限り**2009年版の新約款がベースとして使用されている。**

(2)　貨物海上保険の必要性

貨物を運送する際、船会社等は、運送上のリスクとしての**航海(上の)過失**(船海中の衝突、座礁、沈没等の船舶の取扱い等の海技過失のこと)や、海上特有の危険(台風、高波等)により貨物に滅失(Loss)、損傷(Damage)が発生したとしても責任を負わなくてもよいことになっている。但し、船会社の**商業過失**(貨物の扱い、保管、積卸し等における従業員の過失等人為的ミスによる損害)については 有責 とされている。

そして、有責である場合であっても、その貨物代金をすべて賠償するわけではなく、一定の枠が定められている（下記Attention !参照)。このことは、1924年にブリュッセルで成立(日本は1957年に加盟)したヘーグ・ルール(1968年ヘーグ・ウイズビー・ルール)という運送に関する条約により決められている（ハンブルグ・ルールでは、航海過失をも運送人の責任としている)。運送人免責扱いにより荷主が貨物損傷等のリスクをカバーするためには、保険契約を締結しておかなくてはならない。

運送人の責任

商業過失(運送人の人為ミス／ミスハンドリング、不勘航性事故等)ありと認められ、運送人に責任が生じる場合における運送人の責任は次のように規定されている。

海上輸送時	**666.67SDR／包、又は、2SDR／KGのうちどちから荷主に有利な方**
航空運送時	**19SDR／KG**(航空輸送時には、上記のパー包（／包）という考え方はない。)

SDRとは、Special Drawing Rights(特別引出権)のことである。

(150円台／SDR 2020年7月現在、日経新聞)

SDRは、運送人が賠償を負う際に使用される架空の貨幣単位である。

(3)　貨物海上保険を付保する者

保険事故発生により保険金を支払う者、つまり保険会社のことを**保険者(Insurer / Assurer)**という。日本では個人業者(Underwriter)は認められておらず、法人会社または、その代理店が保険者である。また、損害賠償としての保険金を受け取ることのできる者を**被保険者(Insured / Assured)**といって、貨物(**保険の目的**という)に対して**被保険利益**(Insurable Interest)を有している者のことをいう。被保険利益とは、貨物の事故等により経済的損傷を受ける人と貨物とに利害関係があることをいう。事故等により被保険者が保険金を受け取る正当な利益を有していることが保険契約成立のため必要とされている。

英法(MIA)では我が国の商法(大陸法)とは異なり、保険契約者という概念はない。このことは英法においては他人のために保険契約を行うことを認めていないということを意味している。英法では、海上保険契約における当事者は保険者と被保険者ということになる。

CIF/CIPにおける被保険者は、通常、**輸出者である**（FOB時は輸入者）。そして、船積後に輸出者は、保険証券の裏側に**白地裏書**をすることにより、被保険者を**輸入者に移転**させている。

インコタームズ（第2章）においてすでに学習したように、CIF(又は、CIP)およびC&I(C&Iはインコタームズに規定はないが)のときには、輸出者が輸入者のために保険契約をする義務がある。また、FOB(又は、FCA)およびCFRのときには、輸入者が、そしてDグループのときには輸出者が自己のために保険を付保することになる(インコタームズの規定による保険の手配は、83頁参照)。

Guide !

(i) 海上輸送リスク

荒天遭遇（Heavy Weather）、海水侵入（Ingress of See Water）、投げ荷（Jettison）、波ざらい（Washing Over Board）、火災・爆発（Fire、Explosion）、沈没（Sinking）、衝突（Collision）、座礁（Grounding）、海賊行為（Piracy）、戦争・テロ（War、Terrorism）等がある。

(ii) 自国保険主義

開発途上国によっては、自国保険主義といって、自国以外の相手国において保険を付保することを禁止している国（途上国）があるので、この場合には注意を要する。また、このような場合の保険料金は日本のものより割高となることが多く、保険会社とよく相談する必要がある。

(iii) 決済方法と建値

参考までに決済方法が後払である場合には、輸出者としては以下の観点からすればIのある建値(FOB等よりCIF、CIP)を選ぶべきであろう。これは、後払のときに万が一にも輸出者が輸入者から支払いを受けられないような場合、通常、貨物は輸出者のもとへ積戻されてくる。このようなときにもし事故が発生した場合、(可能性は少ないが)、CIF等であれば輸出者が保険を付保しているため輸出国の保険会社に保険金請求を行うことが可能となるからである（さらに178頁Guide !(i)未必利益保険をも参照)。

(4)　**保険期間**(図－1－(4)参照)

国内で使われている自動車保険や火災保険の保険期間は、原則、1年間であり必要に応じて更新している。しかし、貨物保険の保険期間は、時間の概念(**期間建**)としてではなく場所(どこからどこまで)の概念(**場所建**)として表示されている。保険期間は、協会貨物約款(ICC)により仕出地の倉庫(又は、保管場所)から仕向地の倉庫(又は、保管場所)までをカバーする**倉庫間約款／Warehouse to Warehouse Clause**（W/W／ダブダブという)が原則である。倉庫間約款は、売主が保険を手配する**CIF（CIP）等において適用**されている。例えば、東京にある商社が、CIFで米国のロサンジェルスに向けて輸出する際には、通常、東京における倉庫（の貨物を動かした時）からロサンジェルスにある倉庫（にて荷卸完了）まで保険が有効である。さらに、奥地保険といってこの取引が、例えば長野にあるメーカーで製造され、東京港からロサンジェルス港まで輸送され、そして、例えばニューヨークの輸入者まで届けられるべきものである場合には、奥地保険が必要である旨を保険申込時に申し出て保険証券にその旨表示しておけば、長野の倉庫から、そして、ニューヨークの倉庫までの陸上輸送を含めて保険でカバーすることが可能となる。

倉庫間約款といっても、**保険期間**は仕向地倉庫に到達しなくても**本船から荷卸完了後60日(航空の場合は30日)経過すると終了**してしまうので、何らかの理由(例えば洪水等)でロサンジェルスから最終仕向地であるニューヨークまでその期間内に到着しないときには、保険期間は最終仕向地到着前であっても終了する。保険期間終了後は保険によるカバーがなくなってしまう。もちろん、あらかじめ割増保険料によりこの期間(船舶輸送時は60日)を延長することは可能である。

さらに、**最終目的地を変更**したり**貨物を開けて分配のため仕分け**をしてから倉庫に保管(または割当もしくは分配)したりすると、貨物損傷のリスクが発生するため60日前であっても**保険期間はそこで終了**することになっている（戦争危険の保険期間／174頁参照)。

次に、**FOBおよびCFRの保険期間**においては、倉庫から倉庫までの期間が適用されず、**船積から倉**

庫までの期間が適用される。これらの場合には、保険会社の担保責任の開始は倉庫からではなく荷が船積された時から開始されるという旨の**FOB Attachment Clause**（FCA 時は FCA アタッチメントという）という特別約款が保険証券に挿入されることになる。FOB および CFR の場合には、被保険者利益が保険を手配する**輸入者にとって**船積以前には発生しないため**保険期間は船積から**とされている。

ここで重要なことは、FOB、CFR 時においては**輸出地の倉庫から船積までの間**は、**保険面では丸裸**であるということである。そのためこれをカバーする保険として**FOB 保険**（和文証券／国内保険／地震関連は引受けない）というものがある。輸出者が、必要に応じ（任意で）この間を FOB 保険によりカバーすることができる。輸入者に依頼して特約にてこの間の保険を付保してもらうこともできるが、輸出者にとって自分で FOB 保険を手配した方が確実であり安心できる。神戸沖地震や東日本大震災以来、この FOB 保険の必要性が輸出者にとって再度見直されているといえよう。

FOB Attachment Clause とは FOB（又は、CFR）時において買主が保険を手配する際の約款であり、その内容は「貨物が本船に積み込まれる以前の危険は担保しない」ということ、つまり、「貨物が本船に積み込まれた時にその時点から買主が危険を担保する」ということを意味している。保険期間に関して重要な意味を有している。

図－１－(4)
保険期間のイメージ

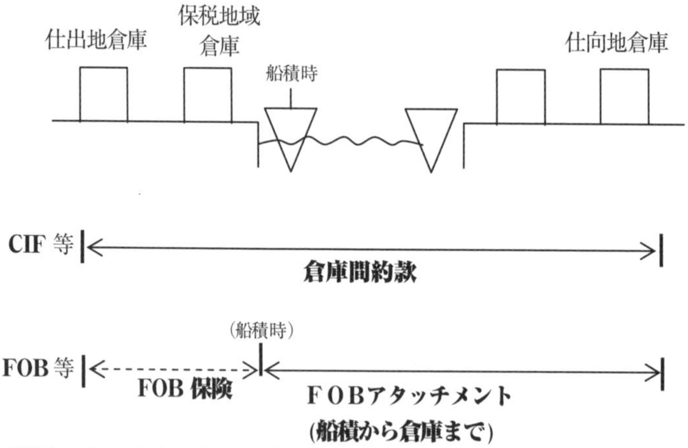

（FCA時は、**FCAアタッチメント**と、又、FAS時は、**FASアタッチメント**という）

コンテナ貨物を FCA で契約した場合、貨物の引渡し場所は、コンテナ・ヤード（CY／大口貨物）、又は、コンテナ・フレイト・ステーション（CFS／小口貨物）において運送人に引渡した時である。このことは、在来船の FOB のときよりも、引渡し場所が少し内陸側にずれているといえる。**FCA 等の**コンテナ輸送における保険期間は、**運送人に引渡した時から倉庫まで**である。**コンテナ船の場合、輸出者にとって FOB よりも FCA で契約した方が、保険期間という観点から有利**であるといえる。

一方、**輸入者にとって、FOB の引渡しは船積時**であるためコンテナ船であっても **FCA ではなく FOB の方が有利**であるともいえよう（従って、このあたりの話し合いが売主、買主間で必要とされる）。

Guide !
船会社の運送責任

船会社の運送責任は、在来船においては船積から荷卸まで（Tackle to Tackle／Tackle Principle／テークル主義という）が原則である。しかし、**コンテナ船**用の FCA, CIP, CPT **の場合には、運送人に引渡した時**（CY 又は CFS）**から荷主に引渡すまで**（CY 又は CFS）**の間において荷主が損害を立証した場合に船会社の責任が発生**することになる（運送人の賠償責任：162 頁網掛け参照）。

⑸ 保険価額 (Insurable Value) と保険金額 (Insured Amount)

保険の対象となる貨物の金額 (価値) に対しては、保険価額と保険金額という概念がある。

保険価額 (Insurable value) とは、貨物を金銭的に見積った評価額のことであり、保険事故発生により予想される損害額 (被保険者の填補最高限度額) のことである。現在、保険価額は、保険会社と被保険者 (保険契約者) 間の協定価格として **CIF(又は CIP) 価格の 110%** と定められている。

これに対して、保険金額 (Insured Amount) とは、１回の事故において保険契約上保険者が填補責任を負う最高金額のことであり、保険価額の範囲内にて決められる。通常、**保険価額** (CIF 価格の110%) **と保険金額** (CIF 価格の110%) **とは同額 (全部保険**／ Full Insurance) とされている。そして、保険金額が保険価額 (CIF ×110%) を上回るときは**超過保険** (Over Insurance) といって、この超過部分は原則として無効とされる。また、反対に下回るときは受取ることのできる保険金額もそれにあわせて少なくなる (例えば、満額の 80%／図－１－⑸参照)。これを**一部保険** (Under Insurance) という。

CIF 価格 ×110 % の 10% 分のことを **希望利益 (** 期待利益／見込利益／ **Imaginary Profit ／ Expected Profit)** といって輸入者の利益分として CIF 価格に加算されている。保険申込時に利益率の高い貨物に関してこの 10% を 20% ～ 30% と上乗せする事について保険会社と相談することは可能である。貨物によって転売益がとても高い（骨董品等の）場合には、例えば MAX で 150%位として保険会社と交渉することも可能ではある (保険料はその分高くなる)。

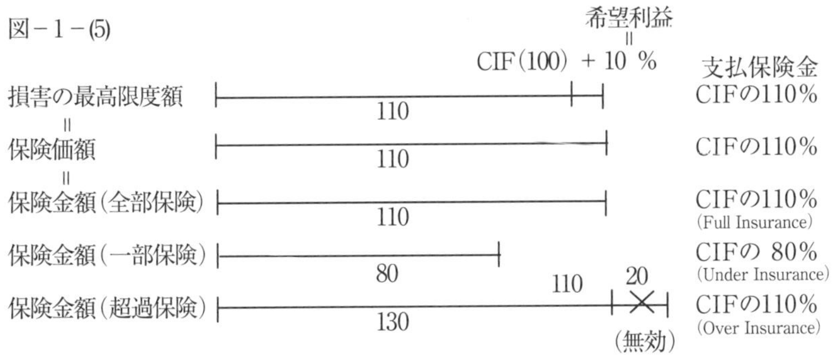

（保険料算出の公式）

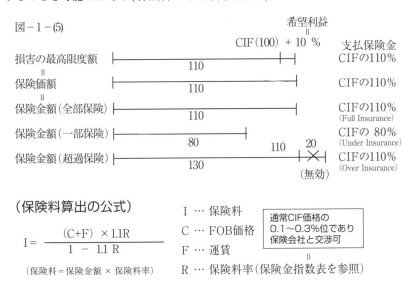

$$I = \frac{(C+F) \times 1.1R}{1 - 1.1R}$$

（保険料＝保険金額 × 保険料率）

I … 保険料
C … FOB価格
F … 運賃
R … 保険料率(保険金指数表を参照)

（R：通常CIF価格の0.1～0.3%位であり保険会社と交渉可）

担保とは、**保険を付保（カバー）する**ことであり、**填補**とは**保険金を支払う**ことである。

なお、以前あった MICA 制度 (主要輸入貨物料率協定) は、現在すでに廃止されている。

(i) CIF(又は CIP) 時における売主の保険義務（79 頁参照）

インコタームズの規定では、CIF においては**売主は最小保険条件 (つまり ICC(C) 又は、FPA) を付保すれば足りる**ことになっている。このことは、**ICC(C)(又は FPA) 条件を超えた分の保険料の差額は買主負担**となることを意味している。また、**CIP 時**においては**売主は ICC(A) 又は A/R を付保する**ことになっている。

(ii) 保険証券の白地裏書

CIF 又は CIP 時においては、**被保険者は売主**である。この場合、その保険証券に**売主が白地裏書**をすることにより船積以降の被保険利益を買主に譲り渡すこととなる。これにより、全体としては売主の倉庫から買主の倉庫に入るまでの区間におけるリスクがカバーされることになる。

Guide !

(i) **CIF** においては、信用状に記載されている保険金額の通貨と保険証券に記載されているものとは、**同一通貨**でないと買取時においてディスクレの対象となる（FOB では、買取がないため同一通貨という規定はない）。

(ii) 最低保険料

貨物の価格が低額であっても、保険証券等を作成する事務費用を含めて通常 3,000 円（US$24.80）が最低保険料として決められている。

(iii) 我が国においては保険金は原則としては円貨に換算(本船出航日の前日の TTS レート／三菱 UFJ 銀行のものを使用)されて支払われている（ドル払いを引き受けることもある）。

(6)　損害の種類と保険条件

ここで貨物保険の海上損害の種類と保険会社が扱っている保険条件に関して学習してみたい。

貿易とは「リスクの巣」であるといわれており様々なリスクが存在している。まずは、貨物保険の物的損害の種類に関してであるが、下図のように全損と分損とに分けられている。

① 海上損害の種類

貨物保険における海上損害の種類には、次のようなものがある。

- 海上損害
  - 物的損害
    - 全損
      - (i) **現実全損 (Actual Total Loss)**
      - (ii) **推定全損(Constructive Total Loss)**
    - 分損
      - (iii) **単独海損(Particular Average)**
      - (iv) **共同海損(General Average)**
  - (v) 費用損害 (右記 A ～ D は次々頁参照)
    - (イ) 損害防止費用 (Sue and Labour Charge)
    - (ロ) 救助費用 (Salvage Charge)
    - (ハ) 特別費用 (Particular Charge)
    - (ニ) 付帯費用 (Extra Charge)

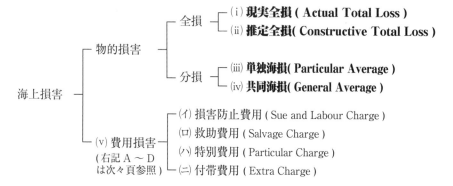

全損 (Total Loss / Total Loss Only / TLO)

(i) **現実全損 (Actual Total Loss)**

損害により貨物の価値が全くなくなってしまう (被保険利益が全部消滅する) ことであり、この場合には、保険金は全額填補される。

(ii) **推定全損 (Constructive Total Loss)**

（イメージ）

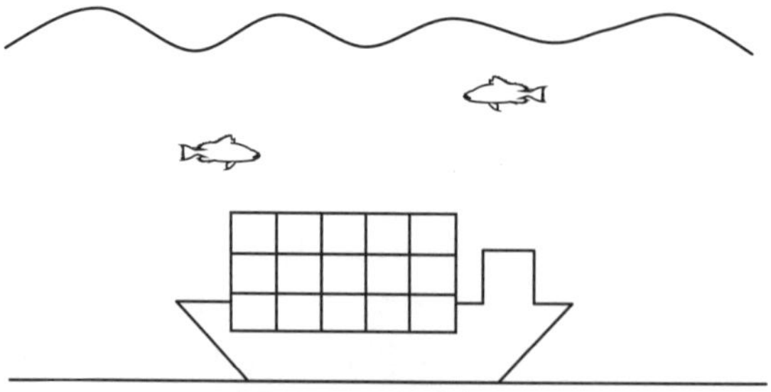

（沈没した貨物）

例えば貨物船が沈没してしまい、そのサルベージ費用が貨物の価格を超えてしまうような場合、又、他の例として損害を受けた貨物の修繕費が貨物の価格を超えるような場合等には保険会社の鑑定人により全損とみなされる。これを推定全損という（沈没した貨物がもしも全損していれば現実全損となる）。

推定全損時には、被保険者は、貨物の権利を保険者に**委付** (放棄／ Abandonment) **することにより保険金を請求**するものとされている。しかしながら、現在、我が国においては委付は保険会社に不利 (委付により使用できない貨物の処分費用等を保険会社が負担しなければならなくなるため）であるとして、通常、当該委付は行われていない。

上記(イ)および(ロ)の全損の時のみ保険金が支払われることを全損担保（Total Loss Only / TLO）という。

分損（Partial Loss）

(iii) **単独海損（Particular Average）**

分損のうち下記の共同海損でないものを単独海損（前頁(iii)）という。つまり、被保険者の単独の負担となる分損である。ICC(C) 条件（又は、FPA 条件）では、単独海損のうちの**特定分損**がカバーされている。また、ICC(B) 条件（又は、WA条件）では、**それ以外の不特定分損（潮濡**のこと**）**を含めてカバーされている（171 頁参照）。

(iv) **共同海損（General Average）**

共同海損とは、押し迫った、船舶と積荷との共同の危険（例えば高波や座礁、大火災等）に瀕した場合に、**船長の判断によりその状態から免れるためにとられた処分（例えば投荷等）により生じた損害および費用を船主と荷主等が共同で負担する**ことをいう。共同海損においては、**船舶の損害をも荷主が負担**するため、ここが単独海損とは、異なるところである。また、各自の費用負担については、共同海損精算人（General Average Adjuster）により計算され、その負担金は共同海損宣言書により各荷主に通知される。

共同海損についての国際的統一規則として**ヨーク・アントワープ規則**（York-Antwerp Rules of General Average）がある。

共同海損発生時には、船舶の入港時に船会社により各荷主に**共同海損盟約書（Average Bond）**が送付される。共同海損の同意を得るための書類であり各荷主はそれに署名をして船会社に必要書類と共に返送しなければならない。

共同海損の事例

投荷（Jettison ／打荷ともいう／荷を海中に投げすてること）がその代表例である。つまり、船全体を救うために一部の貨物を犠牲にする（他にも曳航（えいこう）費用や消火作業等がある）ことをいう。

（イメージ）

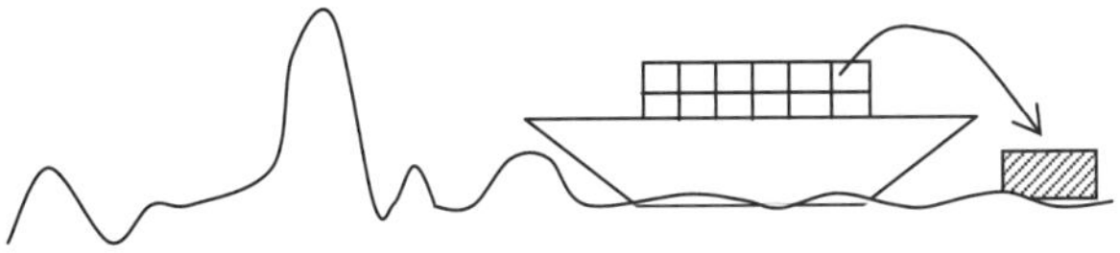

Guide !

共同海損の処理

(i) 船会社は、荷主（輸入者）に共同海損発生の旨を①共同海損宣言状（General Average Declaration）により通知する。この場合、輸入者の同意をえるために共同海損盟約書と積荷価格告知書をあわせて送付する。

(ii) 荷主は、①共同海損宣言状のコピーおよび次の②～⑥の書類（② B/L のコピー、③インボイスのコピー、④ **(General) Average Bond ／共同海損盟約書**（169 頁）**のコピー**、⑤ **Valuation Form（積荷価額告知書のコピー**（170 頁））、⑥保険証券）を保険会社に送付して共同海損分担保証状（G. A. Guarantee）の発行を依頼する。

(iii) 荷主は、上記①～⑤に保険会社からの共同海損分担保証状を添えて船会社に送付する（共同海損分担保証状の提出に代えて共同海損供託金の供託をすることもある）。

ここでいう（General）Average Bond とは、荷主が共同海損の分担金を後日保険金等により支払う旨を記した同意書のことであり、荷主が署名をし他の書類と共に船会社に送付される。

(iv) 上記(iii)により、船会社より荷主に貨物が引き渡される。

単独海損と共同海損

単独海損 (Particular Average) とは、例えば荷主 A の貨物の損害が発生した場合、荷主 A のみを被保険者として、その者単独の負担となる分損のことである。

これに対して、共同海損 (General Average) とは、高波、座礁、火災等のように切迫した**荷主、および船会社の危険**を回避するために船長の判断により、投荷等をして全体を救うことである。一部の貨物を犠牲 (例えば荷主 A の貨物) にして他の貨物及び船舶を救うことになるため、その損害は、共同で負担 (荷主全体で分担) することになる。

つまり、共同海損の特色として、単独海損においては対象とされていない**船舶**（その他すべての利害関係者）**の損害をも荷主が負担**することになっている。

(v) 費用損害

貨物の物的損害以外にも、次のような費用 (損害) に関しては保険人 (保険会社) が填補することになっている。

(イ)	損害防止費用 海上事故の防止または、軽減のために支出した費用のこと。
(ロ)	救助費用 (海難) 救助のために支出した費用のこと。
(ハ)	特別費用 貨物の安全、保存のために支出した費用のこと。例えば、途中港での第三者による陸揚費用や保管費用等がある。
(ニ)	付帯費用 事故の調査等により被保険者支出した費用であり、主に鑑定人に支払う費用のこと。

Guide !

Institute Replacement Clause（協会修繕約款／協会取替約款）

機械類の損傷時は、機械全体を交換するのでは、時として高額となるため、部品の修理又は、部品交換の費用を支払うとする約款のことを Institute Replacement Clause という。この場合、原則として交換部品の海上運賃が支払われる。そして、航空運賃を含める場合には、Institute Replacement Clause（By Air）を付保しておく必要がある。

共同海損盟約書

GENERAL AVERAGE BOND.

To ....

Owner(s) of the ....

Voyage and date ....

Port of shipment ....

Port of destination/discharge ....

Bill of lading or waybill number(s) ....

Quantity and description of goods

In consideration of the delivery to us or to our order, on payment of the freight due, of the goods noted above we agree to pay the proper proportion of any salvage and/or general average and/or special charges which may hereafter be ascertained to be due from the goods or the shippers or owners thereof under an adjustment prepared in accordance with the provisions of the contract of affreightment governing the carriage of the goods or, failing any such provision, in accordance with the law and practice of the place where the common maritime adventure ended and which is payable in respect of the goods by the shippers or owners thereof.

We also agree to:

(i) *furnish particulars of the value of the goods, supported by a copy of the commercial invoice rendered to us or, if there is no such invoice, details of the shipped value and*

(ii) *make a payment on account of such sum as is duly certified by the average adjusters to be due from the goods and which is payable in respect of the goods by the shippers or owners thereof.*

Date .... Signature of receiver of goods ....

Full name and address ....

....

....

積荷価格告知書

VALUATION FORM

To ....

Owner(s) of the ....

Voyage and date ....

Port of shipment ....

Port of destination/discharge ....

Bill of lading or waybill number(s) ....

Quantity and description of goods	Particulars of value A Invoice value	 B Shipped value
	(specify currency)	
Currency		

1. If the goods are insured please state the following details (if known):—

   Name and address of insurers or brokers ....

   Policy or certificate number and date .... Insured value ....

2. If the goods arrived subject to loss or damage, please state nature and extent thereof ....

   ....

   ....

   and ensure that copies of supporting documents are forwarded either direct or through the insurers to the average adjusters named below.

3. If a general average deposit has been paid, please state:—

   (a) Amount of the deposit .... (b) Deposit receipt number ....

   (c) Whether you have made any claim on your insurers for reimbursement ....

Date .... Signature ....

Full name and address ....

....

....

NOTES

1. If the goods form the subject of a commercial transaction, fill in column A with the amount of the commercial invoice rendered to you, *and attach a copy of this invoice hereto.*
2. If there is no commercial invoice covering the goods, state the shipped value, if known to you, in column B.
3. In either case, state the currency involved.
4. The shipowners have appointed as average adjusters ....

*-to whom this form should be sent duly completed together with a copy of the commercial invoice.

② **保険条件**（新旧約款の基本条件は、次頁一覧表参照）

保険の填補の範囲として保険会社の扱う保険契約時の保険条件には、下記のようなものがある。

(i) **FPA (Free from Particular Average ／分損不担保／単独海損不担保) ≒ ICC (C)**

本来はFPA条件においては読んで字のごとく分損(単独海損)は填補せず、全損、共同海損、費用損害(海水濡れ危険を除く)を填補する条件であった。しかし、保険会社の競争等を背景として、特定分損であれば分損であっても、また、**事故と損害とに因果関係がなくても填補される**ようになっている。

特定分損とは、座礁、沈没、大火災、火災、爆発、他船との衝突・接触が原因で生じた分損 (SSBC ／ Sinking, Stranding, Burning, Collision) のことをいう。そして、このSSBC事故及び浸水・荷崩れ・波さらえのことを、海固有の危険（peril of the seas）という。

FPA条件は、新契約では**ICC (C) 条件**であり**鉄鉱石、石炭、石材、木材、スクラップ等の強固で濡れにも耐えられるバラ荷**に使用されている。

当該条件は、**全損、特定分損による分損**および**共同海損を填補**している（次頁上の表参照）。

(ii) **WA (With Average ／ With Particular Average ／分損担保／単独海損担保) ≒ ICC (B)**

WA条件とは、**特定分損に加えて不特定分損**(特定分損以外の分損のこと)が填補される条件である。この不特定分損とは、**海水による濡れ危険 (潮濡)** のことを意味している。従って、**WA条件とは、FPA条件＋海水濡れの条件**であるといわれている。海上危険のうちの悪天候等による海水濡れ損害(Sea Water Damage)がカバーされるということは、貨物によっては大きな意味を持っている。潮濡れに弱い貨物にこの条件が使用されている。しかし、**海水でなく淡水 (雨水または河川の水) による危険は**WA条件には**含まれていない**。淡水濡れ損害 (Fresh Water Damage) に対しては必要とされる場合には特約により付加しておくこととなる。(ICC(B)では、**雨水は含まれないが河川の水による危険は含まれているものの雨水の危険は含まれていない。**)

WA条件時の小損害免責に関しては、174頁参照のこと。

WA条件は、新約款では**ICC (B) 条件**であり**バラ荷のうちでも海水濡れに弱い、穀物類、豆類等の貨物**に使用されている。

(iii) **A/R (All Risks ／オール・リスク (ス)** ／全危険担保ともいうが少し古めかしい表現となる **) ≒ ICC (A)**

列挙責任主義としてのFPAやWA条件ではカバーされない危険(その他一切の危険／次項)をも包括的に填補される条件である。これを**包括責任主義**といって戦後 (1951年) ICCの約款に登場した。ここで注意したいこととして、オール・リスク (ス) 条件とは、外部的原因かつ偶然による一切の危険を担保することになるものの、ただし、オール・リスク (ス) といえども**保険免責事由**(次々頁) というものがあるためどのようなリスクに対しても保険金が支払われるわけではない。また、免責事由のうち、**戦争・ストライキ危険**(War & S.R.C.C. Risks) については**特約**として、追加できるので保険契約を結ぶ際に付保されている。

A/Rは、新約款では**ICC (A) 条件**であり上記(イ)、(ロ)(バラ荷) 以外の貨物つまり、通常、**製品、半製品等の貨物**が対象となる。

本来、保険条件を何にするかは、貨物によって決まってしまうわけではなく、被保険者の選択により決めることができるが、不要な保険条件の保険料をムダに支払うことはしないため、貨物の種類によって保険条件を選び必要なリスクに対しては付加危険として特約でカバーされている。A/Rの保険料率が最も高い(高いといっても知れている／自由料金)わけであるが、保険会社の選択は保険料の高い安いということのみならず事故発生時の対応が誠実か否かが保険会社決定時の要素（大手一流会社がお薦め）である（保険金の支払いは、偶然外来の事故が前提となっている）。

(旧約款の基本条件)

		保険条件		
		AR	WA	FPA
事故の種類	1 全損	○	○	○
	2 船積、荷卸時の１梱包毎の全損	○	○	○
	3 特定分損 (座礁、沈没、大火災、衝突、火災、爆発)	○	○	○
	4 **共同海損**	○	○	○
	5 荒天遭遇による海水濡	○	○	特
	6 雨、雪等による淡水濡 (RFWD／Rain, Fresh Water Damage)	○	特	特
	7 漏出、不足	○	特	特
	8 盗難、抜荷、不着 (TP&ND／Theft, Pilferage and Non-Delivery)	○	特	特
	9 破損、曲り、へこみ (Breakage, Bending, Denting)	○	特	特
	10 汚染・混合 (Contamination)　11 かぎ損　12 油汚れ	○	特	特
	13 汗濡　14 投荷、波ざらい (JWOB)　15 自然発火　16 奥地損害	○	特	×
	17 虫喰い　18 ねずみ喰い	○	特	×

○…カバーされている　特…特約によりカバーされる　×…カバーされない

(上表補足)

(i) 上記 2. は積卸し時のスリングロス／Sling Loss による全損 (全体からみると分損) のこと。

(ii) 3. の特定分損は、FPA 条件でもカバーされる。

(iii) 4. の**共同海損は、すべての保険条件においてカバー**されている。

(iv) 5. ～ 15. を不特定分損という。これらのリスクは、その貨物の特性により必要に応じて**付加危険として、特約にてカバー**することができる。

(v) 8 の **TP & ND** のうち Theft は、梱包ごと盗む窃盗のこと。、Pilfrage は梱包の中身を一部盗む抜荷のこと。又、ND(不着) は貨物そのものが来ない場合である。貨物は到着したが数が足りない Shortage（数量不足）とは異なる（船積前から不足しているものは、保険の対象外)。

(vi) **地震、津波のリスク**に関しては、通常、**A/R**、**ICC(A)** そして **ICC(B)** においては付保される。

新約款の基本条件（2009年改正版）

危険の具体例	ICC(A)	ICC(B)	ICC(C)（注３）
船舶・はしけの座礁・乗揚・沈没・転覆 （はしけ＝河川・港湾などで大型船とりくの間を往復して貨物を運ぶ船）	○	○	○
船舶・はしけ・輸送用具の他物との衝突・接触	○	○	○
火災・爆発	○	○	○
避難港における貨物の荷卸し	○	○	○
共同海損犠牲	○	○	○
海水、湖水、河川水の船舶・輸送用具・保管場所等への浸水	○	○（注１）	特
地震・噴火・雷	○	○	特
積込・荷卸中の水没・落下等による一個ごとの全損	○	○	特（注２）
人為的な原因による破損・へこみ損・曲がり損	○	特	特
盗難・抜け荷・紛失	○	特	特
雨・雪などによる濡れ損 上記以外の一切の危険（但し、保険会社の免責事由は除く）	○	特	特
戦争	特	特	特
ストライキ	特	特	特

上記特印は必要に応じて特約にて付保することが可能である。

（注１）旧約款 (ＷＡ条件) の担保範囲は、海水による水濡れ損害のみだったが、新約款 **ICC(B) では湖や河川の水濡**

れ損害も含まれる（但し、**雨等による水濡れは含まれない**）。また、**ICC(B) では荒天遭遇による荷崩れはカバーされない。**

（注２）積込・荷卸し中の水没・落下等による**一個ごとの全損**は、旧約款 (FPA 条件) では担保範囲だったが、新約款 **ICC(C) では含まれていない。**

（注３）ICC(C) 条件では、保険会社が責任を負うべき危険が原因であれば、分損であってもカバーされる（つまり、FPA 条件のように特定分損に限定されていない）。

(iv) 保険の免責事由

保険会社は、次の事由により生じた損害に対しては、保険金の支払いをしない。

(イ) 運送の遅延による損害（台風等自然現象による航海の変更等に起因する遅延） 例えば季節商品 (クリスマス商品や傘等) の場合、貨物に異状はないものの遅延により商品を売却できないことになり損害を被ったとしても、保険金支払いの対象とはならない (但し、例外として台風等の自然現象による遅延ではなくエンジン・トラブル等が人為的ミスにより発生し、そのことにより遅延したことを証明することがもしできれば、商業過失として船会社に対して責任を追求することはありうることである)。
(ロ) 保険の目的物固有の欠陥・性質による損害 食料品等は運送をしなくても、時間の経過とともに腐敗してくるものであり、また、鉄等は錆びてくるものである。化学薬品等は自然発火することもある。このような損害に対して、保険は免責とされている (但し、例えば、食料品を冷凍室に入れる等して腐敗に対する対応を施し、それに対して特約をかけることにより保険の対象とすることは可能である)。
(ハ) 通常の漏損、かさの減少、通常の自然消耗 例えば水や酒類はそのまま (樽入りの状態等) では自然に蒸発してしまい、量が減少してしまうものである。これらのリスクは上記 B のものと類似しているが保険の免責事由とされている。
(ニ) 被保険者の故意による損害 輸入地のマーケットの変化等により販売が困難となり、その結果、輸入者がわざと物を壊したり廃棄してしまったような場合である。これは、発覚すればもちろん保険会社の免責事由に該当する。また、この場合には輸入者の違法行為ともなる。
(ホ) 輸出者の梱包等が不適切 輸出者の梱包が不適切であることに起因して貨物に損害が生じたということになれば、**鑑定人の判断**によりその原因を作った輸出者に責任があるとして保険会社は免責となり保険金が支払われることはない（FCL 貨物におけるコンテナの穴の売主サイドの未確認により損害発生時をも含む）。通常、梱包等の不備により保険金が支払われない時には貿易クレーム (第 11 章参照) として扱われることになる。
(ヘ) 放射能による汚染損害 チェルノブイリ事故以降、原子力事故が生じると被害額が大きく保険金額が嵩むため保険会社にとって免責とされている。
(ト) 戦争危険とストライキ危険 (後述の(ヘ)) 戦争やストライキ危険に関してはマリン・リスクの中に含まれておらず、別料金が必要とされている。この場合には、上記（A ～ F）の免責自由と異なり、**特約として付保することが可能**である（次々頁網掛け参照）。

(ホ) 小損害免責（Franchise ／ WA 条件時の規則）

WA 条件を付保して穀物等を運送する場合、数%程度の小損害に対しては海難事故によるものなのか、貨物の性質によるものなのか判断が難しいためことが少なくない。このような小損害に対しては保険の対象としない（その方が保険料が安くなる）という保険のかけ方がある。これを**小損害免責**といって、保険証券の裏面の**メモランダム約款**に定められている。但し、この場合であっても、小損害（通常 3 ～ 5%）を超えて損害があったような場合には保険の対象とされている。小損害免責（フランチャイズ / Franchise という）には、以下のような次の２つの方式がある。また、**小損害免責は WA 条件においてのみ使用する**ことができるものである（他の保険条件及び WA 条件に相当する **ICC(B) には小損害免責の考え方はない**）。

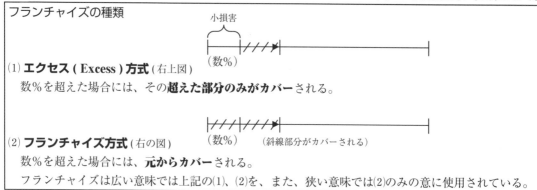

フランチャイズの種類

(1) **エクセス（Excess）方式**（右上図）

数%を超えた場合には、その**超えた部分のみがカバー**される。

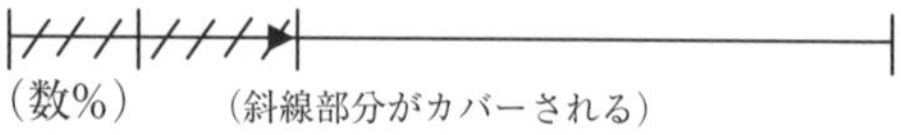

(2) **フランチャイズ方式**（右の図）

数%を超えた場合には、**元からカバー**される。

フランチャイズは広い意味では上記の(1)、(2)を、また、狭い意味では(2)のみの意に使用されている。

WA 条件であっても保険証券の表面に WA（I.O.P.）と記載することによりメモランダム条項の適用を外すことも可能である。I.O.P. とは、Irrespective of Percentage（免責歩合にかかわらず / つまり小損害免責（歩合）は適用せずということ）の略語である。

(ヘ) War & S.R.C.C. Clauses（戦争危険とストライキ危険約款）

貨物保険に関して、今まで述べてきたいわゆるマリン・リスクの他に、**戦争危険**（War Risks）と**ストライキ危険**（S.R.C.C. Risks）というリスクがある。実務では、前述した保険条件にこの War & S.R.C.C. Clauses を**特約として付ける**ことが殆ど(99.9%)であり、「**各条件 with War & SRCC Risks**」として保険が付保されている。War & S.R.C.C. は、マリン・リスクの約款では不担保であるためである（前頁の G）。

戦争危険とは、船舶が水雷等により爆破されたり、航空機であれば、戦闘機に撃墜されるような場合を想定している。

また、**海賊による損害は旧約款においては戦争危険においてカバー**されている。

Guide !

海賊リスクのカバー

旧約款、ICC（B）、ICC（C）	戦争危険（特約）でカバーされる。
ICC（A）	マリン・リスクにおいて特約なしでカバーされている。

ストライキ危険における S.R.C.C.（同名罷業、暴動、騒乱）とは、**Strike**（ストライキ）、**Riots**（暴動）、**Civil Commotion**（騒乱）が起因することによる損害のことである。

戦争危険の保険期間は、約款により**船積後から荷卸し**まで（正確には積替時を含めて **荷卸または本船到着後 15 日まで**）となっている。貨物が海上にあるときにのみ保険の対象とされているわけであり陸上にあるときには、保険の対象とされていないことになる。このことは、1937 年の**ウォーターボーン・アグリーメント**という協定により決められている。航空機の場合は飛んでいるときのみであるので、**エアーボーン・アグリーメント**という。

S.R.C.C. リスクの保険期間については、マリン・リスクと同じ規定であるので原則として**倉庫間約款**ということになる。

戦争リスクを特約として付保していても**原子力や核兵器による被害**は、その損害額の大きさから保険会社が倒産しないように**免責**とされている。

⑺　新約款(新ICC)

新ICC約款(New Institute Cargo Clause)の留意点は次のようになっている（新約款の保険証券（MAR FORM）は、Modern English／現代英語にて判り易く書かれている)。

① **ICC (A) ≒ A/R**

旧ICCのA/R条件に相等するものでその内容は殆ど同じである。

新ICC(Ａ)では原子力核兵器や船会社の**倒産等の経済的破綻による損害**を免責としていたが、前述（162頁Guide！参照）のように2009年版より一定条件のもとにカバーされるようになっている。

② **ICC (B) ≒ WA**

旧ICCのWA条件に相等するものである。

主な相違点としては、WAの**荒天遭遇による荷崩れ損害等がカバーされなくなった**(コンテナ船対応として考えているので必要なくなった)のに対して、(コンテナ船なので)**河川・湖への侵入による水濡れ及び地熱・雷による損害等がカバーされる**ことになった。これは複合輸送が念頭にあるためである。ICC(Ｂ)条件においては海水のみに限定されなくなったものの、**雨濡れとしての淡水濡れは相変わらず不担保**とされている。

③ **ICC (C) ≒ FPA**

旧ICCのFPA条件に相等するものである。

主な相違点としては、FPA条件ではカバ-されていた積込、荷卸時の落下等による**梱包一個ごとの全損、荒天遭遇による潮濡等がカバーされなくなった**。これは、コンテナ船においてはクレーンによる落下事故が殆どなくなったためである。

Guide！

新ICCにおいては、戦争危険およびストライキ危険の約款は、協会約款の裏面において独立した存在(旧約款では複数の条文を対比して解釈していたため難解であった)として記載されていて、より読み易く記載されている。

⑻　**貨物海上保険の申込手続**

保険の申し込みは保険会社所定の申込書(180頁)をＥメールやFAX等にて、原則として本船の出航以前に送付すること等により行われている。また、中小の荷主においては、保険申込手続は、海貨業者に依頼していることが殆どである。

申込方法としては次の２種類がある。

① **個別予定保険契約と確定保険契約**

保険申込書(Insurance Application)の記載項目(本船名、出港予定日等)を把握しやすい立場にいる輸出者であれば、予定保険を省略していきなり確定保険を申し込むことが可能である。しかし、**FOB**で契約した輸入者の場合には、（実務では、輸出者に船舶等の手配を任せることが多いので）確定的な船名や出航日等は、通常、輸出者の船積通知(Shipping Advice)により確定的に知ることになる。このような場合には**申込書項目の不明な点はブランクのままでも(個別)予定保険**(Provisional Insurance)を申し込むことができる。そして、売主からの船積通知(S/A)到着後にもう一度不明であった点(船名や出港日等)をも記入して**確定保険**(Definite Insurance)として申し込むことになる(売主であっても、念のために予定保険に申し込むことは可能である)。

予定保険の申し込みは、**船積前が前提**となっているので、通常、被保険者（輸入者）は契約後、又は、L/C開設後に予定保険を手配する。この場合、保険会社は原則として予定保険契約としてのサーティフィケート(Provisional Certificate／保険承認状(Insurance Certificate)－183頁)、又は、Cover Note(カバー・ノート－184頁)を発行し（ここで予定保険証券が発行されることもある)、そして、確定保険申し込み後に保険証券(Insurance Policy －182頁)が発行される。

保険会社への**保険料は、予定保険申込時ではなく**、確定保険申込時に支払うことになっている。

② 包括（予定）保険契約と確定保険契約

自社の貨物量が一定期間（1年又は、それ以上）のうちに一定量（包括保険契約を結ぶにあたり保険会社が設定している貨物の最低量）以上あれば、当該保険会社にその間の貨物を包括的に予定保険に申し込むことができる。これを**包括保険（Open Policy**、O/P、オーピー、**Open Cover** または **Open Contract**）と呼んでいる。料金的にもこの方が割安である。一度、オーピーを締結しておけば、その期間中は、たとえ**出航後であっても確定通知**（確定保険）**をその都度申し込めば（報告すれば）保険を付保することができる**。これにより、被保険者にとって付保もれをカバーし易くすることもできる。この場合、保険料は月末払いとすることが通常である。我が国においては、包括保険の一定期間とは、無期限でありどちらかが解約を申し出るまで継続されている（実務では、殆どが包括保険が使用されている。但し、中小企業では乙仲等に委任している。）

保険会社は、包括保険契約時にまずは包括予定**保険証券**（Open Policy / Open Contract / 英国では Open Cover）を発行し、その後の個々の確定通知（確定保険）の申込みに対しては、原則として**保険承認状**（Certificate of Insurance / Insurance Certificate）を発行している（信用状取引時には荷主の依頼により保険証券を発行することもできる）。

保険証券（Insurance Policy）も保険承認状（Insurance Certificate）もその**効力は同じである**とされている。例えば、信用状においては "Insurance Policy or Certificate" と記載されているが、これは、I/P、I/C のどちらの書類であってもディスクレにはならないということを意味している。

保険証券等は証拠証券ではあるが**有価証券ではない**と解されている。

Guide !

保険会社は保険証券等の代わりに、例えば FOB 等の場合には、カバー・ノート等（保険証券の簡略書式のもの）の発行ですませている。輸入地においては船積書類の買取ということが生じないため保険証券や保険承認状を発行する必要がないためである。さらに、輸入者が保険を手配する FOB 等の取引においては、保険証券等に代り通常、Debit Note（保険料請求書／（通関用）デビット・ノート／Statement of Premium Due ／ SP という／通関用 S.P. ／ 185 頁，186 頁）等が発行されることもある。

これは保険料の明細書兼請求書であり、必要に応じ通関時の保険料明細書としても使用されている。

保険証券は権利証券であるので印紙の貼付が必要であるが、保険承認状等は単なる商業書類であるためその必要はない。

(9)　保険金の請求（**運送クレームと保険クレーム**）

保険会社への事故通知の流れは、下図のようになっている。

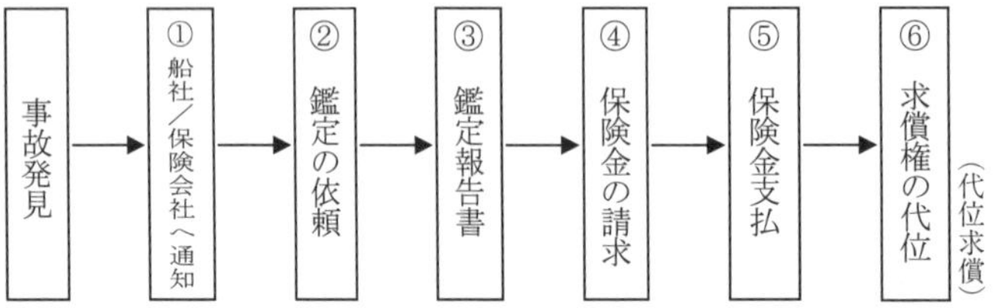

① 事故を発見したら輸入者は事故の拡大を防ぐこと以外に損害請求権を保全するために貨物の受取証（**カーゴ・ボート・ノートやデバンニング・レポート**）**に損害の状況を記載**する（荷主は、海貨業者にこの旨を徹底することが大切である）。そして、**運送人**に直ちに**損害通知／ Claim Notice** をし、そして、書面にて**予備クレーム**をする（これを**運送クレーム**という／444 頁参照）。その後に、保険会社に事故の旨を通知する。

運送のクレームに関して積地渡し（CIF, CIP, FOB, FCA）の場合には、輸入者が運送クレームを提起する。

一方、仕向地渡し（DAP, DPU, DDP）の場合には、輸出者が運送クレームを行うことになっている。

② 一定金額（例、M 保険会社では 50 万円位）超であれば必要に応じて**鑑定人（Surveyor）による鑑定**が行われる。鑑定人は、原則として保険会社により選ばれている。

③ 破損した貨物は、修理可能であれば修理をして修理費用分が負担される。しかし、修理代が保険金を上まわるようであれば全損扱いとなる。

保険金請求書

DATE :

Messrs.

NOTICE OF CLAIM

We much regret to advise you that we have found loss and/or damage in connection with the following shipment :

Name of Vessel :

Voy No. :

B/L No. :

Shipped From :

Arrived At :

Arrival Date :

Commodity & Quality :

Marks & Nos. :

Nature of Claim :

We hereby declare that we reserve the right to file a claim with you when details are ascertained.
You are kindly requested to inform us in writing of this matter upon your investigation at an early date.

Yours very truly,

④ 保険会社に提出する主な書類としては、次のようなものがある。(187 頁)
(i) Claim Note (保険金請求書／ Claim of Notice ともいう)
(ii) 保険証券
(iii) インボイス
(iv) B/L
(v) カーゴ・ボート・ノート (在来船)
デリバリー・レコード (コンテナ船／大口貨物)
デバンニング・レポート (コンテナ船／小口貨物)
(vi) 海難報告書 (Sea Protect / Captain's Report)
船長が海難事故発生時に、不可抗力であり運送人の免責条項に該当する旨を監督官庁に届け出る報告書のこと (下記 Guide ! (ii)参照)。
(vii) その他
⑤、⑥ 保険金が支払われ、輸入者は、権利移転領収書 (Subrogation Receipt) を保険会社に提出することにより輸入者に代わり**保険会社が**求償権を得て**必要に応じて運送人に代位求償 (本クレーム) をする**ことができるようになる。

Guide !

(i) **未必利益保険** (Contingency Insurance)
信用状なし D/P、D/A 手形取引の場合に、買主が契約解除等して荷を引き取らないようなときには貨物の危険は売主に復元される。このような場合、**FOB、CFR においては**買主が保険を付保するために、売主にとっての保険がそのままでは付保されていないことになる。このようなリスクをカバーするために売主の任意にて未必利益保険を付保しておくことができる (**CIF 時には、**売主が保険を手配しているため、未必利益保険は**付保する必要はない**)。
(ii) **海難報告書** (Sea Protect ／ Captain's Report)
通常、貨物に損傷等があっても船会社は商業過失のない限り、船荷証券の免責条項を盾に免責を主張する。例えば、荒天遭遇等の海難の事実とそれが不可抗力である旨を船長により監督官庁あてに作成される報告書がある。これを、海難報告書という。これにより船会社は、荷主に免責の旨の回答書 (Carrier's Reply／**弁償拒否状** / Rejecting Letter ともいう) を送付する。
(iii) **甲板積貨物**
在来船の場合においては、波攫い等のため特約のない限り**甲板積の貨物には、**原則として**保険を付保することはできない。**しかしながら、割増料金を保険会社に支払うことにより、また、保険会社がそのことを認めれば保険を付保することが可能となる。
一方、**コンテナ船**においては、**甲板線の上 (甲板積) であっても、下であっても** (英文例：loaded under and/or on deck, 又は、whether in hold or on deck ／ 98 頁⑦参照) **保険を付保**することができる。
(iv) アフロス
事故が発生した後に、保険を申し込むことを After Loss (略して、アフロス) といって、原則として保険を付保することはできない。保険は船積日より以前にかけなければならないことになっている。このため、前述したように予定保険 (個別または包括) の制度が設けられている。
(iv) **増値保険** (Increased Value Insurance)
保険を手配した後航海中にその貨物の価格が異常に急騰したような場合に、輸入者等がその増加価格分に対して別途保険を付保することをいう。
(v) 保険金の月払契約
包括保険の場合の保険料は、その都度ではなく１月分をまとめて支払えばよいことになっている。なお、個別保険の場合においても、保険料合算後払の覚書 (188 頁) を保険会社と交しておけば保険料金の月払いが可能となる。
(vi) 保険会社の事故調査
包括保険において、出港後の確定通知の報告忘れを防ぐために保険会社は、被保険者の帳簿等を必要に応じて調査することができることになっている。

(vii) 共同保険

プラント輸出等のように保険金額が巨額な場合には、数社の保険会社が共同で保険金額をひきうけることがあるが、これを**共同保険** (Co-Insurance) と呼んでいる。

(viii) 追約書

保険証券等の内容に訂正がある場合には、書類を作りかえるか訂正印により訂正される。しかし、すでに輸出者の手元にないときには、追約書が発行され輸入者が本体と**追約書**とをあわせて保存することになる。この追約書のことを、ライダー (Rider / アデンダム (Addendum) / Endorsement / 189 頁) という。

(ix) アプルーブド・ベッセル

協会船級約款 (Institute Classification Clause / ICC) の規定に沿った一定基準以上の船のことをアプルーブド・ベッセル (Approved Vessel) という。この場合、この基準以下 (Sub Standard) の船では、運賃は低くできても保険料は高くなるので注意を要する。また、L/C 条件に Approved Vessel を使用の旨が記載されていることもある。

(x) 輸送中事故測定器（¥2 ～ 3 万 / 個：電池式 60 時間稼働可）の利用

衝撃事故の日時と回数が記録される装置（ロガーという）を梱包に付すことにより、衝撃および温度湿度等の測定記録が自動的に残り、保険金請求時の証拠とすることができる（小型で簡易な自動記録装置のようなものである）。

(10) 輸入税保険 (Duty Insurance)

輸入税に対する保険は、**通常、輸入者が保険を付保**する。CIF の場合、輸出者に依頼して貨物保険とあわせて付保することもできるがこの場合、保険料は若干ではあるが割高となる。

貨物が損傷して到着したときであっても、通関検査は多くの場合省略されているため貨物が損傷等していても、関税がそのまま課されてしまう。特に関税が少額でないような時には、輸入者は輸入地において輸入税保険を付保することができる。

(11) 航空貨物の保険

航空貨物保険の場合には、航空輸送の性質上**共同海損の適用はない**。また、旧 ICC、新 ICC ともに航空運送される貨物の種類上 (付加価値の高い貨物であるため)、原則として **ICC (A)、又は、オール・リスク（ス）条件**にて付保することになる。保険金額は、通常、CIF 価格× 110%とする（海上輸送時と同じ）。

航空貨物の保険期間は、海上貨物と同様原則として**倉庫間約款**である。また、戦争危険の保険期間は、**エアー・ボーン**となる。

インコタームズとしては、FOB, CIF, CFR の代わりに、**FCA, CIP, CPT を使用すべき**であるとインコタームズにおいては規定されている（但し、実務では、FOB 等が使用されていることは前述した）。

航空貨物の保険約款 (Institute Air Cargo Clause ／海上保険にある艀条項、共同海損条項、勘航承認条項がない) は、海上貨物の保険約款と比較して事故時における運送人の責任等に関して**同じではない**（**責任限度：19SDR/kg**）。

Guide !

(i) AWB 価格申告欄における **NVD（無申告）** に関して

NVD(No Value Declared) とは、AWB の貨物の価格申告欄に NVD と記載して申告するもので航空輸送のみにおけるものである。この場合、従価料金（US$20/kg × 0.75%で計算する /250 頁⑯参照）の適用はなく、貨物損傷時における運送責任限度額は、19SDR/kg（又は $20/kg) として算出される（245 頁(iv)参照）。

(ii) 荷主保険

航空貨物の申し込みの方法には、通常の場合以外にも、航空貨物はスピーディーさがとくに大切であるとして、Air Waybill (航空運送状) にある**保険欄に保険金額を記載**して申し込み、そして、航空会社により保険が手配されるという荷主保険という制度が存在していた。しかし、我が国の航空会社においても 2008 年頃より**荷主保険制度の取扱いはすでに取り止めている**。

(iii) 航空貨物保険の特色として、航空輸送は事故が少ないことと、FOB、CFR 時には輸入者が申込み手続をしているうちに到着してしまうため、無保険とされることがある。航空輸送では、とくに前述のオーピーを付保しておくことが望ましい対応といえる。

保険申込書 (Insurance Application)

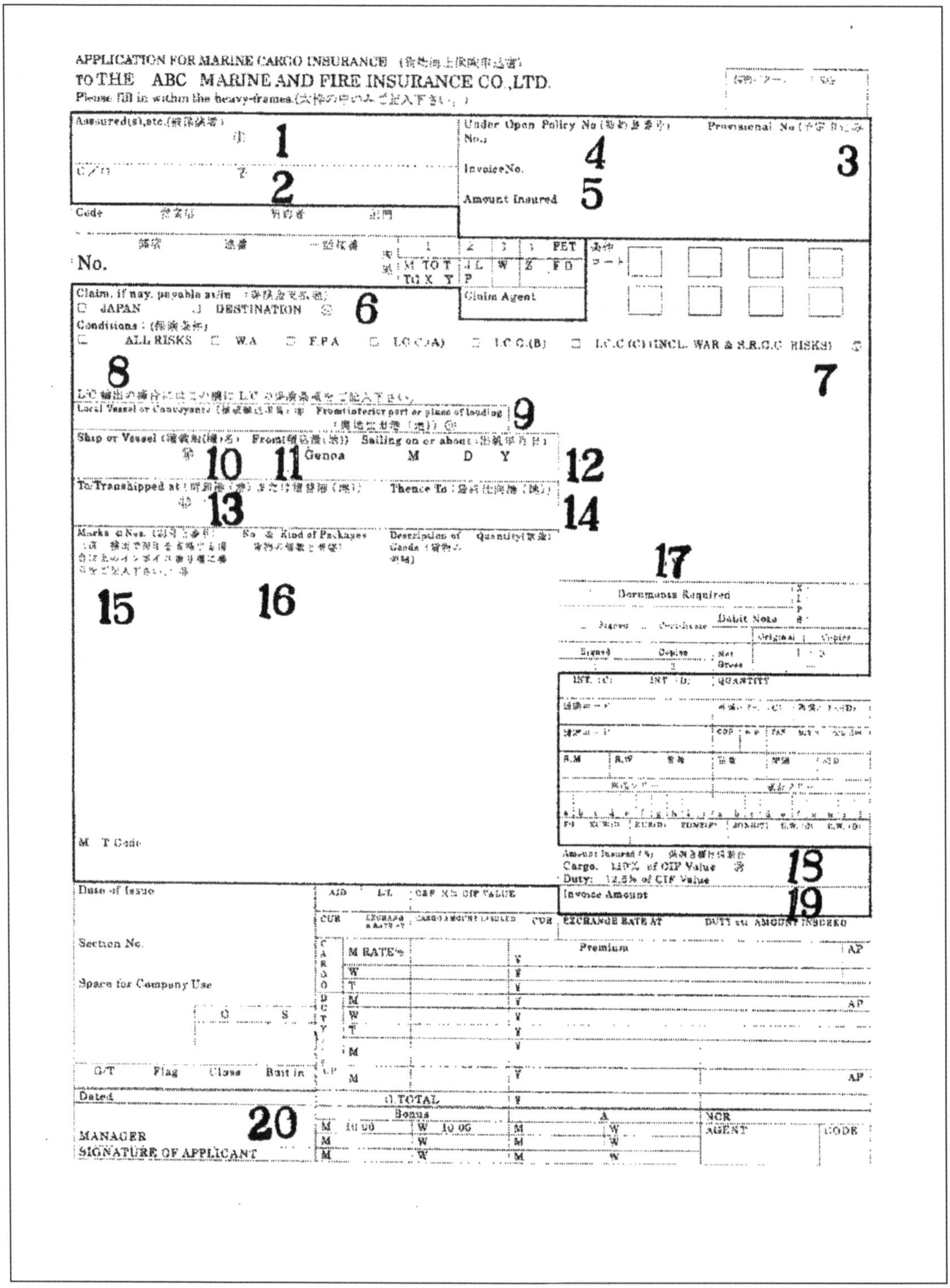
APPLICATION FOR MARINE CARGO INSURANCE

TO THE ABC MARINE AND FIRE INSURANCE CO.,LTD.

Please fill in within the heavy-frames.

Assured(s),etc.(被保険者) 1

C/O 2

Under Open Policy No 4

Provisional No 3

Invoice No.

Amount Insured 5

Code

No.

Claim, if any, payable at/in

□ JAPAN □ DESTINATION 6

Claim Agent

Conditions：(保険条件)

□ ALL RISKS □ W.A □ F.P.A □ I.C.C.(A) □ I.C.C.(B) □ I.C.C.(C) (INCL. WAR & S.R.C.C RISKS) 7

8

Local Vessel or Conveyance

From (interior port or place of loading) 9

Ship or Vessel 10

From 11 Genoa

Sailing on or about M D Y 12

To/Transhipped at 13

Thence To 14

Marks & Nos. 15

No. & Kind of Packages 16

Description of Goods

Quantity

17

Documents Required

Debit Note

Original

Copies

Signed

INT. (C)

INT. (D)

QUANTITY

M T Code

Amount Insured (%)

Cargo. 110% of CIF Value 18

Duty: 12.5% of CIF Value

Invoice Amount 19

Date of Issue

EXCHANGE RATE AT

DUTY AMOUNT INSURED

Section No.

Premium

Space for Company Use

G/T Flag Class Built in

Dated

TOTAL

Bonus

NCR

AGENT

CODE

MANAGER

SIGNATURE OF APPLICANT 20

（解説）

1 Assured（s），etc（被保険者）
被保険者の名前を記入

2 C/O
保険契約者が被保険者以外の者である場合には、その者の名前

3 Provisional No,（予定申込 No）
予定保険証券等がある場合には、その発行番号を記入

4 Under Open Policy No.（包括予定保険番号）
包括保険証券による場合には、その発行番号を記入

5 Invoice No.
インボイスの番号のこと

6 Claim If any, Payable at/in（保険金支払地）
保険金の支払地のこと。つまり、輸入者が付保する（FOB）ときはJAPANの□欄に、輸出者が付保する（CIF）ときはDESTINATIONの□欄に×印を記入する。

7 Conditions（保険条件）
保険条件のことで、その□欄に×印を記入する。

8 Local Vessel or Conveyance（接続輸送用具）
奥地から積込港までの輸送があって保険を付保するときには、その交通手段を記入する。

9 From（interior port or place of loading,／奥地仕出港（地））
奥地から保険を付保するときには、その奥地名を記入する。

10 Ocean Vessel（積載船名）
本船の名前のこと（航空機のときは、Aircraftと記入する。）

11 Voyage : at and from（積込港（地））
積込港の地名を記入

12 Sailing on or about（出帆年月日）
本船の出港予定日を記入

13 Voyage : to / Via（荷卸港（地）または積替港（地））
荷卸港の地名を記入（積替のあるときには積替港の地名）

14 Thence to（最終仕出港（地））
荷卸港からさらに奥地に輸送する場合には、その奥地名と輸送手段を記入する。記入がないとその区間の保険は付保されない。
（なお、積替のときには、最終仕向港と２番目の本船名を記入する。そして、さらに奥地まで輸送するときには、その奥地名と輸送手段をわかるように記入する。）

15 Marks and Nos.（記号と番号）
輸出入者との契約により荷印の表記が必要な場合に記入する。

16 No. and Kind of Packages（貨物の個数と荷姿）
貨物の個数、品名、数量を記入する。

17 Documents Required
保険証券（Policy または Certificate）の必要部数を記入する。

18 Amount Insured（%）（保険金額付保割合）
保険金額をCIFの何%（通常110%）にするかを記入し、また、輸入税保険をも付保するときにはその旨記入する。

19 Invoice Amount
インボイスの価格を記入する。但し、FOBの場合にはCIF価格に換算して記入する。

20 Dated, Signature of Applicant
申込時の年月日と申込者のサインをする。

保険証券 (Insurance Policy)

THE ABC MARINE AND FIRE INSURANCE COMPANY, LIMITED

HEAD OFFICE: 2-1, MARUNOUCHI 1-CHOME, CHIYODAKU, TOKYO, JAPAN. CABLE ADDRESS: "　　" TELEX:

ESTABLISHED 1879

Assured(s), etc.

Invoice No.

POLICY No.

Assured Code

Amount insured

Claim, if any, payable at/in

Conditions

Local Vessel or Conveyance

From (interior port or place of loading)

Ship or Vessel called the

at and from

Sailing on or about

arrived at/transhipped at

thence to

Goods and Merchandises

Marks and Numbers as per Invoice No. specified above.

Valued at the same as Amount insured.

Place and Date signed in

No. of Policies issued

1. Warranted free of capture, seizure, arrest, restraint, or detainment, and the consequences thereof or of any attempt thereat; also from the consequences of hostilities or warlike operations, whether there be a declaration of war or not; but this warranty shall not exclude collision, contact with any fixed or floating object (other than a mine or torpedo), stranding, heavy weather or fire unless caused directly (and independently of the nature of the voyage or service which the vessel concerned or, in the case of a collision, any other vessel involved therein, is performing) by a hostile act by or against a belligerent power; and for the purpose of this warranty 'power' includes any authority maintaining naval, military or air forces in association with a power.

Further warranted free from the consequences of civil war, revolution, rebellion, insurrection, or civil strife arising therefrom or piracy.

2. Warranted free of loss or damage

(a) caused by strikers, locked-out workmen, or persons taking part in labour disturbances, riots or civil commotions;

(b) resulting from strikes, lock-outs, labour disturbances, riots or civil commotions.

Grounding or stranding in the Suez, Panama or other canals, harbours or tidal rivers not to be deemed a stranding under the terms of the policy, but to pay any damage or loss which may be proved to have directly resulted therefrom.

This Insurance does not cover any loss or damage to the property which at the time of the happening of such loss or damage is insured by or would but for the existence of this Policy be insured by any fire or other insurance policy or policies except in respect of any excess beyond the amount which would have been payable under the fire or other insurance policy or policies had this insurance not been effected.

In the event of loss or damage which may involve a claim under this insurance, no claim shall be paid unless immediate notice of such loss or damage has been given to and a Survey Report obtained from this Company's Office or Agents specified in this policy.

Examined ....

The descriptions to be inserted in the following clauses are as shown above.

Be it known, That

as well in his or their own Name, as for and in the Name and Names of all and every other Person or Persons to whom the same doth, may, or shall appertain, in part or in all, do make *Insurance*, and hereby cause himself or themselves and them and every of them, to be *Insured*, lost or not lost, at and from the port of 　　 upon Goods and Merchandises, or Treasure, of and in the good Ship or Vessel called the 　　 whereof is Master, for this present Voyage 　　 or whosoever else shall go for Master in the said Vessel, or by whatsoever other Name or Names the said Vessel, or the Master thereof, is or shall be named or called: — BEGINNING the Adventure upon the said Goods and Merchandises from the loading thereof on board the said Ship, and so to continue and endure, until the said Goods and Merchandises shall have arrived at 　　 and until the same be there discharged and safely landed. And it shall be lawful for the said Vessel, in this Voyage, to proceed and sail to, and touch and stay at any Ports or Places whatsoever, (within the limits of the above Voyage) for necessary Provisions, Assistance or Repairs, without prejudice to this *Insurance*: the said Goods and Merchandises laden thereon for so much as concerns the *Assured*, are and shall be

Touching the Adventures and Perils which the said THE 　　 MARINE & FIRE INSURANCE COMPANY, LIMITED, themselves are content to bear, and to take upon them in this Voyage; they are of the Seas, Men-of-War, Fire, Enemies, Pirates, Rovers, Thieves, Jettisons, Letters of Mart and Counter-Mart, Surprisals, Takings at Sea, Arrests, Restraints and Detainments of all Kings, Princes, and People, of what Nation, Condition, or Quality soever, Barratry of the Master and Mariners, and of all other Perils, Losses, and Misfortunes that have or shall come to the Hurt, Detriment, or Damage of the said Goods and Merchandises, or any part thereof; and in case of any Loss or Misfortune, it shall be lawful for the *Assured*, his or their Factors, Servants, or Assigns, to sue, labour, and travel for, in and about the Defence, Safeguard and Recovery of the said Goods and Merchandises, or any part thereof, without prejudice to this *Insurance*; to the Charges whereof the said *Company* will contribute. It is expressly declared and agreed that no acts of the *Insurer* or *Insured* in recovering, saving, or preserving the property insured, shall be considered as a waiver or acceptance of abandonment. AND it is agreed that this Writing or Policy of *Insurance* shall be of as much Force and Virtue as the surest Writing or Policy of *Insurance* made in LONDON. And so the said THE 　　 MARINE & FIRE INSURANCE COMPANY, LIMITED, are contented, and do hereby promise and bind themselves to the *Assured*, his or their Executors, Administrators, or Assigns, for the true Performance of the Premises; confessing themselves paid the Consideration due unto them for this *Insurance*, at and after the rate of *as arranged* *Per Cent.*

, Corn, Fish, Salt, Fruit, Flour and Seed are warranted free from Average, unless General, or the Ship be stranded, sunk or burnt; Sugar, Tobacco, Hemp, Flax, Hides and Skins are warranted free from Average under *Five per cent.*, and all other Goods are warranted free from Average under *Three per cent.*, unless General, or the Ship be stranded, sunk or burnt.

This insurance is understood and agreed to be subject to English law and usage as to liability for and settlement of any and all claims.

In witness whereof, I the Undersigned of THE 　　 MARINE & FIRE INSURANCE COMPANY, LIMITED, on behalf of the said *Company* have subscribed my Name in 　　 to 　　 Policies of the same tenor and date, one of which being accomplished, the others to be void, *as of the date specified as above.*

For THE 　　 MARINE & FIRE INSURANCE COMPANY, LIMITED.

保険承認状 (Insurance Certificate)

THE ABC FIRE & MARINE INSURANCE COMPANY, LIMITED

HEAD OFFICE: 26-1, Nishi-Shinjuku 1-Chome, Shinjuku-ku, Tokyo, 160-8338, Japan (FAX 03-3348-4817 E-Mail occdcicd@netforward.or.jp)

ESTABLISHED 1887

CERTIFICATE OF MARINE INSURANCE

Assured(s), etc.

Invoice No.

Amount insured

Certificate No.

Claim, if any, payable at / in

Conditions:

Local Vessel or Conveyance | From (interior port or place of loading)

Ship or Vessel | From | Sailing on or about

To/Transhipped at | Thence to

Subject-matter insured

In case of the interest hereby insured being packed into container(s), shipped under deck &/or on deck.

Valued at the same as Amount insured.

Place & Date signed in

Numbers of Certificates issued

IMPORTANT

PROCEDURE IN THE EVENT OF LOSS OR DAMAGE FOR WHICH UNDERWRITERS MAY BE LIABLE

LIABILITY OF CARRIERS, BAILEES OR OTHER THIRD PARTIES

It is the duty of the Assured and their Agents, in all cases, to take such measures as may be reasonable for the purpose of averting or minimising a loss and to ensure that all rights against Carriers, Bailees or other third parties are properly preserved and exercised. In particular, the Assured or their Agents are required —

1. To claim immediately on the Carriers, Port Authorities or other Bailees for any missing packages.
2. In no circumstances, except under written protest, to give clean receipts where goods are in doubtful condition.
3. When delivery is made by Container, to ensure that the Container and its seals are examined immediately by their responsible official.
   If the Container is delivered damaged or with seals broken or missing or with seals other than as stated in the shipping documents, to clause the delivery receipt accordingly and retain all defective or irregular seals for subsequent identification.
4. To apply immediately for survey by Carriers' or other Bailees' Representatives if any loss or damage be apparent and claim on the Carriers or other Bailees for any actual loss or damage found at such survey.
5. To give notice in writing to the Carriers or other Bailees within 3 days of delivery if the loss or damage was not apparent at the time of taking delivery.

NOTE — The Consignees or their Agents are recommended to make themselves familiar with the Regulations of the Port Authorities at the port of discharge.

INSTRUCTIONS FOR SURVEY

In the event of loss or damage which may involve a claim under this insurance, immediate notice of such loss or damage should be given to and a Survey Report obtained from this Company's Office or Agents specified in this Certificate.

DOCUMENTATION OF CLAIMS

To enable claims to be dealt with promptly, the Assured or their Agents are advised to submit all available supporting documents without delay, including when applicable —

1. Original Certificate of insurance.
2. Original or certified copy of shipping invoices, together with shipping specification and/or weight notes.
3. Original or certified copy of Bill of Lading and/or other contract of carriage.
4. Survey report or other documentary evidence to show the extent of the loss or damage.
5. Landing account and weight notes at port of discharge and final destination.
6. Correspondence exchanged with the Carriers and other Parties regarding their liability for the loss or damage.

IMPORTANT

No claim for loss caused by theft &/or pilferage shall be paid hereunder unless notice of survey has been given to this Company's Agents specified in this Policy within 10 days of the expiry of this insurance.

Examined

One of which being accomplished, the others to be null and void.

This is to Certify that this Company has insured under the Open Policy issued in your favour as above.

This insurance is understood and agreed to be subject to the terms and conditions of the Standard Form of the English Marine Insurance Policy to the extent of the same not being inconsistent with anything contained herein.

THIS CERTIFICATE represents and takes the place of the Policy and conveys all the rights of the original policy-holder for the purpose of collecting any loss or claim as fully as if the property was covered by a special policy direct to the holder of this Certificate.

This Company agrees loss, if any, shall be payable to the order of the Assured on surrender of this Certificate.

For THE ABC FIRE & MARINE INSURANCE COMPANY, LIMITED

President

カバー・ノート

APPLICATION OR DECLARATION FOR MARINE INSURANCE
TO　ABC　MARINE AND FIRE INSURANCE CO.,LTD　　PROVISIONAL

Head Office : 2-1, Marunouchi 1-Chome Chiyoda-ku, Tokyo, 100-8050 Japan Phone : Tokyo(03)3212-6211
Telex : 3722170 STILWAJ Cable Address : TOKIOMARINE CHIBA

In the name of	ORIGINAL / COPY	AMOUNT INSURED	Cargo : abt. / Duty : abt.
PROVISIONAL NO.			

LOCAL VESSEL OR CONVEYANCE　　FROM(INTERIOR PORT OR PLACE OF LOADING)

OCEAN VESSEL　　VOYAGE : AT AND FROM　　SAILING ON OR ABOUT

VOYAGE : TO/VIA　　THENCE TO

GOODS AND MERCHANDISES　　(CO-INSURANCE)

CHOOSE ONE

☐ Conditions 1 (based on old(S.G. type)Policy Form and relevant Institute clauses)
☐ ALL RISKS　☐ W.A.　☐ F.P.A.
Including War and S.R & C.C risks.

☐ Conditions 2 (based on new (MAR type)Policy Form and relevant Institute clauses)
☐ I.C.C.(A)　☐ I.C.C.(B)　☐ I.C.C.(C)
Including War and S.R & C.C risks.

Clauses in the list on the back hereof shall be applied to this insurance.

Following clauses are further applied to this insurance :

Institute Radioactive Contamination Exclusion Clause
F.O.B Attachment Clause (applicable to importing goods on F.O.B or C&F terms)
Institute Replacement Clause(applying to machinery)
Under Deck or On Deck Clause
Label Clause(applying to labelled goods)
Duty Clause (applicable only when import duty is separately insured)
Wild Fauna and Flora Clause
Co-Insurance Clause (applicable in case of co-insurance)
Institute Classification Clause
Break-up Vessel Clause
Cargo ISM Endorsement

ONLY WHEN THIS FORM HAS BEEN DULY SIGNED BY THE AUTHORIZED PERSON OF THE TOKIO MARINE AND FIRE INSURANCE CO., LTD., THIS IS TO CERTIFY THAT:
・If this form is used as a PROVISIONAL APPLICATION this Company has provisionally insured the shipment subject to the terms and conditions mentioned herein, or
・If this form is used as a PROVISIONAL DECLARATION under Open Policy (or Contract)

No. ______________________, this Company has duly received the declaration and the shipment is covered subject to all the provisions of the said Open Policy (or Contract).

Definite declaration to this Company shall be made by the Assured immediately after his obtaining necessary information for the declaration.

The insured value and amount shall be the commercial invoice value(plus freight and/or insurance charges if not included in the invoice value)plus ten per cent(10%) thereof.

The exchange rate to be used in converting the amount of premium into Yen shall be the the closing T.T. Selling Rate quoted by The Bank of Tokyo-Mitsubishi, Ltd., Tokyo, on the day before (or, if any quotation was not made on such day the latest to) the day on which this Company has accepted definite declaration from the Assured.

This Comany reserves the right to alter rates and/or conditions agreed upon for this insurance by giving a thirty(30)days' previous notice in writing to Assured. Either party reserves the right to cancel this insurance by giving to the other a thirty (30) days previous notice in writing. Such alteration or cancellation shall become effective on the expirty of thirty (30) days counting from midnight of the day on which such notice is issued by or to this Company, but it shall not apply to any shipment for which the risk shall have attached before such alteration or cancellation becomes effective.

Nothing in these clauses, however, shall affect the War and S.R.& C.C. risks covered hereunder, which shall be subject to the relevant Cancellation Clauses.

DATED　　,

Signature of Applicant

	M RATE %	W(*) RATE %	TOTAL %
Cargo			
Duty	%	%	%

(*) Today's rate for your reference.

DATED　　, 19

THE TOKIO MARINE AND FIRE INSURANCE CO.,LTD.

AUTHORIZED SIGNATORY

SPACE FOR COMPANY USE

(Agreement)

DEPT　　ASRD

B		A		AGENT
M	W	M	W	

デビッド・ノート(保険料明細書兼請求書)

DEBIT NOTE FOR MARINE CARGO INSURANCE PREMIUM（貨物海上保険料請求書）**ORIGINAL**

Dr. To **THE ABC MARINE AND FIRE INSURANCE CO.,LTD.**

(Code:　　　　　　　)

Prov. No.　　　　O/F No.

No.

Claim if any payable at/in　　　　Conditions (additionally subject to the clauses specifled on the bottom hereof)

Local Vessei or Conveyance　　　　From(Interlor Port or Place of loading)

Ship or Vessel called the　　　　at and from　　　　Salling on or about

Arrived at/transhipped at　　　　thence to

Goods and Merchandises

Cargo Amoumt insured
Duty. Etc. Amount insured

Slgned in　　Dated

Prem Exch.Date	Cur.	Exch.Rate	CIP%	Cur.	Exch.Rate	Duty%

請求ｺｰﾄﾞ　通関 Int.

Section No. etc..

Care of

Remarks

		Rate		Original Currency	Yen	NP	BONUS	AP
Caargo	Marine War Total		G N		¥ ¥ ¥			
Duty Etc.	Marine War Total		G N					
Total	Gross Premium Net Premium							

保険料請求書

STATEMENT OF PREMIUM DUE DR. TO **THE ABC FIRE&MARINE INSURANCE COMPANY, LIMITED**

NOTES	DATE

Assured(s),etc.			Prov. Or O/P No. Invoice Amount insured
No.	EDABAN	REN	

Claim, if any, payable at/in

Conditions:

Local Vessel or Conveyance　From(Interlor Port or Place of loading)

Ship or Vessel　From　Salling on or about

To/Transshipped at　Thence to

Subject matter insured

In case of the interest hereby insured being packed into container(s),shipped under deck&/or on deck

Marks&Numbers as per Invoice No.specfied above.Valued at the same as Amount Insured.

Place&Date Signed in　Numbers of Policies/Certificates issued

OFFICE		ACCOUNTEE
CB		

REMARKS						
SU	TA		KE	KO		
REF.						
KUBUN	M/T	BORD.NO		BUNKA TSU	LEADER	
CONV	TSUM ITI	SAILING DATE		C.	D.	SW.
EI	AGETI	CNT	FP	RE	D.	SW.

		C&F AMOUNT	UP%	DUTY%	HS CODE
TOTAL RATE					
EX.RATE AT.					
CARGO	RATE%		PREMIUM ¥		
	W		¥		
	T		¥		
DUTY etc	M		¥		
	W		¥		
	T		¥		
AGENT&/or APPLICANT					

保険金請求の必要書類

	書　類	航海中の全　損	分損 損傷(Damage)	分損 盗難・不着(TPND)	分損 不足(Shortage)
①	Claim Note	◎	◎	◎	◎
②	Policy または Certificate	◎	◎	◎	◎
③	Invoice	◎	◎	◎	◎
④	Packing List		○	○	○
⑤	Bill of Lading	◎ (full set)	◎	◎	◎
⑥	Weight Certificate (積地および揚地)	△	△	△	◎
⑦	Cargo Boat Note		◎	◎	◎
⑧	Landing Report (⑦、⑧は在来船の場合)		◎	◎	◎
⑨	Equipment Receipt		◎	◎	
⑩	Devanning Report (⑨、⑩はコンテナ貨物〈ICL〉の場合)		◎	◎	◎
⑪	Delivery Record(コンテナ貨物〈FCL〉の場合)		◎	◎	◎
⑫	Survey Report		○	△	
⑬	Survey Fee 請求書		○	△	
⑭	Claim Notice to Carriers	◎	◎	◎	◎
⑮	Carriers' Reply	○	○	○	○
⑯	損害額を立証する書類(修理費用明細など)		○		
⑰	Sea Protest	△	△	△	
⑱	Stowage Plan	△	△	△	
⑲	Import Declaration (Duty が付保されている場合)		◎	◎	◎
⑳	Charter Party	△	△	△	△

(注)　◎…必ず必要な書類

○…原則として必要な書類

△…貨物または損害内容によっては必要な書類

第5章

保険料合算後払の覚書

貨物海上保険および運送保険の保険料支払いに関する覚書

　　　　　　　　　　　（以下「甲」という。）と　　火災海上保険株式会社（以下「乙」という。）との間で締結する貨物海上保険および運送保険契約にかかわる保険料の支払いにつき、次のとおり約定する。

1．乙（代理店扱いの場合には代理店）は、乙の定める締切日までに締結する保険契約にかかわる保険料を甲に請求し、甲は遅くとも締切日の翌月　　日までにその１か月分を取りまとめこれを乙（代理店扱いの場合は代理店）に支払う。

2．保険料の支払方法につき特別の取り決めをした保険契約については、乙（代理店扱いの場合は代理店）は、乙の定める締切日までに取り決めにより算出される一定期間分の保険料を甲に請求し、甲は遅くとも締切日の翌月　　日までにこれを乙（代理店扱いの場合は代理店）に支払う。ただし、暫定保険料については取り決めにより定められた契約期間の始期の前日までにこれを乙（代理店扱いの場合は代理店）に支払う。

3．乙が共同保険契約の非幹事会社である場合の保険料の支払方法については、委任した幹事会社と甲とが定めた取り決めに従う。

4．この約定は、平成　　年　　月　　日より無期限に有効とする。
ただし、甲または乙はいずれも相手方に対し、いつでも文書により、この約定の変更申し入れまたは解約をすることができる。

以上のとおり約定した証として本書２通を作成し、各当事者記名調印のうえ、おのおのその１通を所持する。

平成　　年　　月　　日

（住　　所）

（保険契約者）

（代 表 者 名）　　　　　　　　　㊞

（住　　所）

（保 険 会 社）

（代　表　者）

ライダー／アデンダム／エンドースメント(追約書)

ENDORSEMENT (Attaching to and forming part of following Policy or Certificate:) ORIGINAL

THE ABC MARINE AND FIRE INSURANCE CO.,LTD.

Invoice No.

(Code:)

Prov. No. O/P No.

No.

Subject－matter Insured

Local Vessei or Conveyance From(Interlor Port or Place of loading)

Ship or Vessel Ffrom Salling on or about

To/Transshipped at Thence to

It is hereby agreed that. Insiead of as originally stated. The description of the above original shall be altered to

All other terms and conditions remaining unchanged

Signed in Dated No. of Policies or Certificates issued

TOKYO

THE ABC MARINE AND FIRE INSURANCE CO., LTD.

AUTHORIZED SIGNATORY

2. 貿易保険

民間会社による貨物海上保険は、貨物の運送(運送中の保管を含む)中における貨物の損害を填補するものである。それに対して貿易保険とは、貨物海上保険とは異なるリスクにより発生する金銭的損害（取引の代金回収リスク）を填補しようとするもので、これにより貿易の振興が促進されることをめざし創設されている。我が国においては、1950年からある輸出保険に輸入者も付保できる前払輸入保険を加え、1987年に貿易保険として発足した。貿易保険は、原則として我が国の生産物及び加工品を対象としている。

ここでいう貨物海上保険と異なるリスクとは、**非常危険(Emergency Risk／Political Risk／政治危険)と信用危険(Credit Risk／Commercial Risk)**のことであり、これらに起因して代金回収等ができなくなり、主に輸出者に損害が生じたときのための保険である。

非常危険とは、①輸入や為替取引の制限・禁止、②戦争・内乱・革命による支払国の外貨送金禁止、③制裁的高関税、④港湾ストライキ、⑤テロ行為、⑥および天災等に起因するリスクで、**取引の当事者の責任に帰しえない不可抗力的なリスク**をいう。

信用危険とは、①相手方の倒産手続開始の決定、②3月以上の債務履行遅滞（通常、コロナウィルス等による未払いをも含む)、③外国政府による（民間企業によるものは含まれない）契約の一方的キャンセル等のことでありこれらは、**相手方の責めに帰しえる（相手方の責任により発生する）リスク**のことである。

これらのリスクに関しては、発生率の把握がしにくいことと、一度発生すると巨額な資金負担をもたらしかねない等の理由により、原則として民間会社ではなく政府(経済産業省)が保険者となっている。この考え方は諸外国においても同様である。我が国においては、行革の一端として業務の効率化をめざし、2001年4月、経済産業省より業務が切り離され独立行政法人**日本貿易保険(NEXI**／Nippon Export and Investment Insurance／NEXIが元受業務を行い、そして、保険金の約9割が経済産業省に再保険されている)として再スタートしている（再保険とは、保険会社が他の保険会社等に2次的に保険をかけることをいう／保険の保険といわれている)。

なお、2017年4月よりNEXIは、**㈱日本貿易保険**とされている。

Guide！

貿易保険のさらなる普及のために信用保険に対しては一部民間保険会社(損保ジャパン、東京海上日動火災保険、三井住友海上火災保険)が貿易一般保険等を取り扱えるようになっている。さらに、2005年4月より三菱UFJ銀行が中小企業輸出代金保険をNEXIからの業務委託により取り扱っている。

貿易保険の適用にあたっては、後述する**海外商社名簿(Buyer's List)の一定以上の格付のある相手先であることが条件**とされている。

貿易保険が扱う保険事故のイメージ（下図×印は事故発生を意味している。）

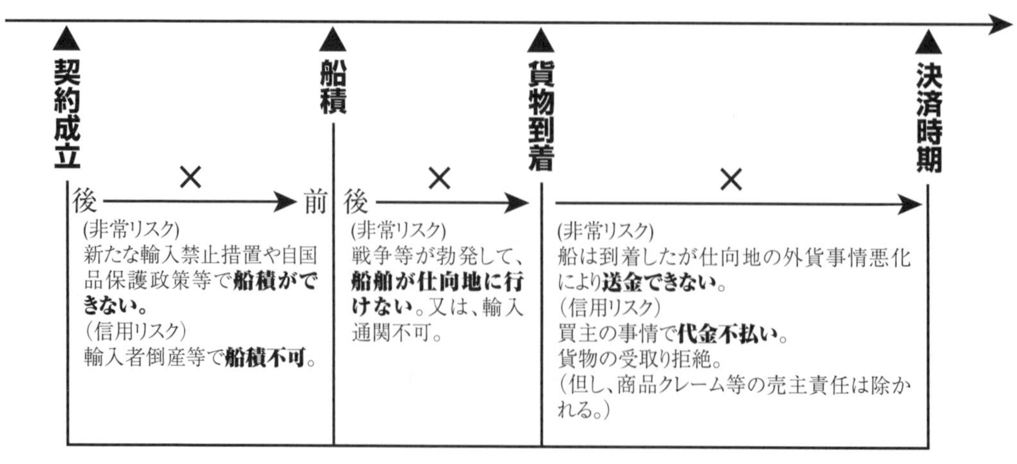

⑴　貿易保険の種類

貿易保険には、次のような種類がある。

① **貿易一般保険**（２年未満案件・短期物件：**仲介貿易を含む**／２年以上・中長期物件は、プラント輸出等のもの）

非常危険、信用危険により**輸出者が船積前に輸出ができなくなったり**（下図ＡとＣ)、あるいは**船積後に代金回収ができなくなった場合**（下図ＢとＤ）に対するものである。当該保険は、**仲介貿易においても**仲介者を被保険者として**適用されている**。また、**取立時の手形決済、送金決済（後払い時）**ともに申し込むことができる。申込については、**売買契約後１月以内かつ、船積前まで**に行わなくてはならない。**輸出者が被保険者**として、直接保険者である日本貿易保険（NEXI）に申し込むことになっている（なお、現在、損保ジャパン等の民間保険会社３社において日本貿易保険より業務委託が行われている)。

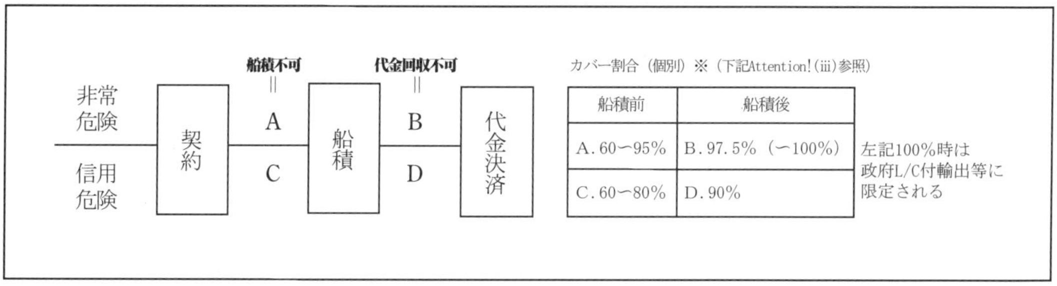

船積不能リスク（ＡとＣ）

A-----	⑴ その国に船舶等が行けなくなった。 ⑵ その国に特定品が輸出禁止とされた。
C-----	⑴ **政府機関のバイヤー**（Ｇ格）による**契約のキャンセル**（但し、**民間**（Ｅ格）**は含まれない**） ⑵ **民間バイヤー**（Ｅ格）**の破産**等

代金回収不能リスク（ＢとＤ）

B-----	⑴ 戦争、革命、内乱等による送金不能 ⑵ 輸入国政府の為替制限による送金不能
D-----	⑴ 相手企業の倒産等 ⑵ 支払いの遅延（３月以上の遅延）／保険金請求により２月以内に支払われる

Guide！

(i) 非常危険（Ａ、Ｂ）をベースとして信用危険（Ｃ、又は、Ｄ）を付保できる。
(ii) 船積から代金決済までをユーザンス期間という。これが２年未満（短期物件）のものが、対象とされている。
(iii) 保険のてん補カバー率はＡ、Ｂ、Ｃ、Ｄによりそれぞれ異なっている（上図右側※参照)。

貿易一般保険のフロー

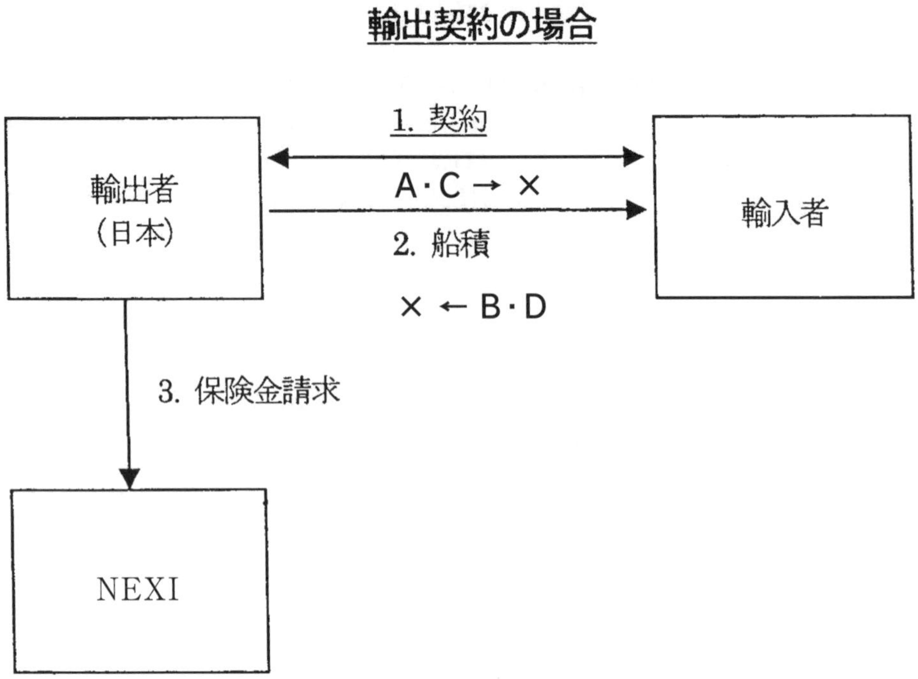

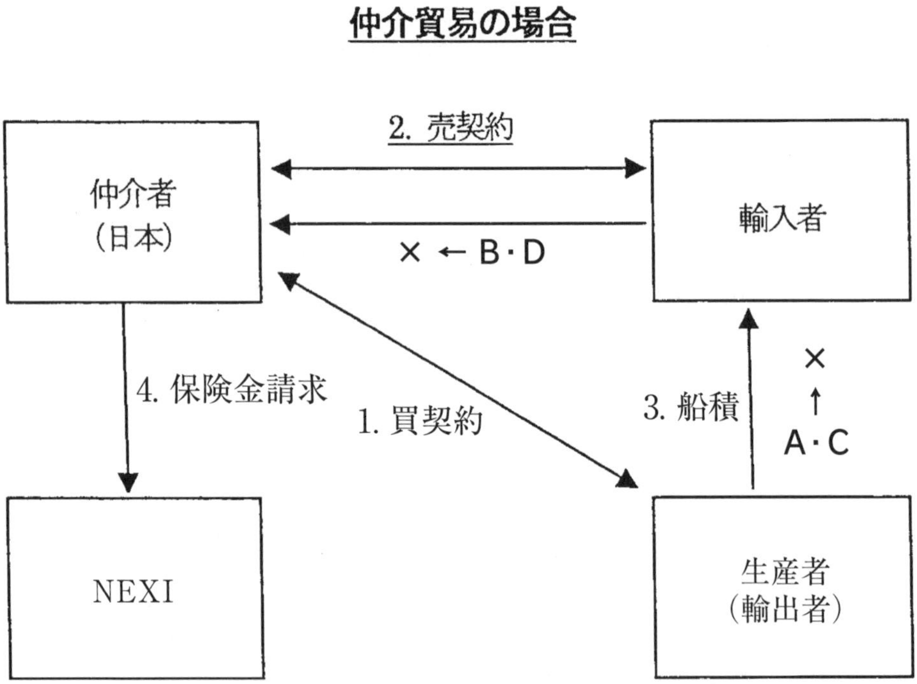

A・C　船積不能事故

B・D　代金回収事故

② 輸出手形保険

荷為替手形買取後の流れ

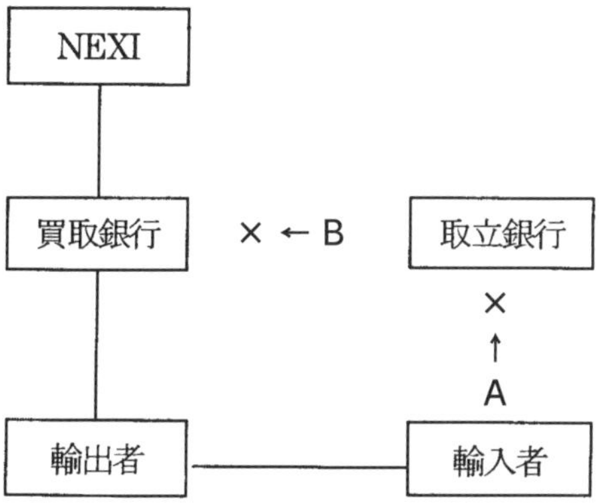

A. 支払不能事故（信用リスク）
B. 送金不能事故（非常リスク）
上記A、Bに対するリスクに対応可

輸出手形保険を付保することにより、買取銀行は、NEXIによる保証がえられるため**D/P・D/A 手形であっても銀行**は**手形を買い取ってくれる**。このことは、輸出手形保険の付保により非常危険、信用危険に起因して輸入地サイドで手形の決済ができない場合等には、保険金は輸出者ではなく買取銀行に支払われる。当該保険では、**買取銀行が被保険者**であるが、**保険料は輸出者が支払う**こととなる。

輸出手形保険は、あらかじめ㈱NEXIと契約している**買取銀行を通じて申し込まれる**ことになっている。

なお、**L/C付手形**であっても**当該保険を申し込むことは可能**である。

同保険のてん補の**上限(満額)は、非常危険、信用危険共に手形金額の95%**と定められている。当該95%の保証とは、**バイヤーの個別保証枠**(１千万から４億円まで)が限度とされている。個別保証枠とは、バイヤーに関するNEXIによる手形の引受限度額のことであり、申込時にNEXIにより知らされる。

(i) NEXIの輸出手形保険**成立要件**

(イ) **船積日より３週間（21日）以内に買取られている。**
(ロ) **買取日から５営業日以内にNEXIに通知されている。**
(ハ) 格付(別国、バイヤー別)が問題ない。
(ニ) 保証枠がとれていること。
(ホ) 手形期限が、720日以内である(銀行買取日から手形満期日まで)。
(ヘ) B/L、AWBの荷受人は、原則取立銀行である。
(ト) FOB条件時には、輸入者より保険書類を送付させNEXIに提出する。

(ii) 保険事故後の流れ

(イ) 損害発生通知書を買取銀行はNEXIに送付する(**手形満期日より45日以内**とする)。
(ロ) 保険金を請求する(満期日の翌日から９月以内とする)。
(ハ) 保険金が買取銀行に支払われる。
(ニ) 回収義務を履行する(サービサーにまかせることが殆どである)。
(ホ) 回収金があればNEXIに納付する。

第5章

(i) **保険期間**

輸出手形保険の**保険期間は、銀行買取日から荷為替手形の満期まで**となっている。

手形期間満期から45日以内に損失発生通知書により銀行がNEXIに通知する。保険金の請求は、手形満期日より９月以内に銀行により行われる。

(ii) **サービサー回収**

代金受取後の代金回収に関しては、現在では、サービサー回収とすることが殆どである（昔と異なり今では自主回収は例外的となっている）。

サービサー回収とは、NEXIが債権回収の専門会社(NEXIでは米国のABCアメガ社及び弁護士事務所等)**にその回収を成功報酬にて委ねることをいう**。

(iii) **個別保険と包括保険**

個別保険とはリスクの高い取引のみに対して保険を付保することである。一方、包括保険とはその企業におけるすべての取引(ローリスク、ハイリスクを問わず)に対して年間ベースで保険を付保することである。包括保険の場合、１件あたりの保険料は、個別保険の５分の１から10分の１、ケースによっては15分の１位に割引される。

(iv) **オーバー・デュー**

手形の振出人、又は、買取銀行が、手形の支払人の信用状態悪化を知っているにもかかわらず、新たに荷為替手形を振出し、買取をした場合、そして保険事故が発生したときには、保険金が支払われることはない(悪化の事実の旨を知らなければ支払われる)。これを**オーバー・デュー**と呼んでいる。

(cf) 輸出手形保険のフロー

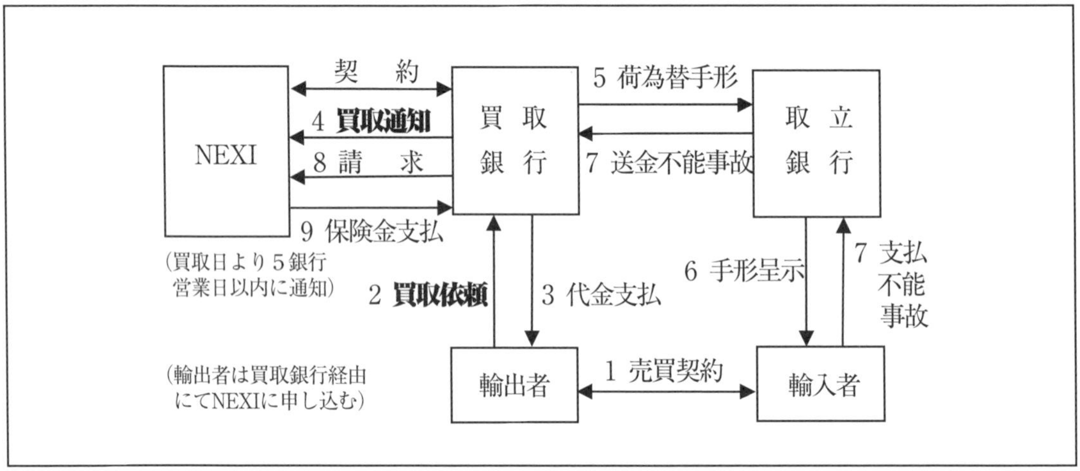

(注) 前述の貿易一般保険の場合には、輸出者が直接NEXIに申し込むことになる。

Guide !

(i) 以前活用されていた主要地方自治体による手形金額の追加補償については、自治体の財政事情により現在では休止している。

(ii) 買取銀行は手形金額と保険金（手形金額の MAX で 95%）とに差額があるため、輸出者がその分の償還請求に応じる旨の念書（201 頁）を輸出者からとるようにしている。**すべての取引代金を貿易保険で賄うことはできない**ようになっている（輸出者が一部負担しなければならないという制度としている）。

(iii) 輸出手形保険等の貿易保険は、非常危険をベースとして付保することになっている。そして、オプションとして信用危険を付保することもできる。

(iv) 輸出手形保険の保険料率

資料－25 における係数により保険料が計算される。

(v) Dun レポートの信用調査書を添えてバイヤー等の格付変更を願い出ることは可能である。また、NEXI 自身も年１回程度見直し (年約１万件位) を行っている。

(vi) 貿易保険が付保できる貨物の種類には、原則として制限はない。

(vii) 輸出手形保険の最大限度は、500 億円以下 (1,000 万円位が多い) である。また、手形の満期日は、720 日以内 (実務では、90 日以内が多い) と規定されている。

(viii) ① 貿易一般保険、② 輸出手形保険以外の貿易保険（下記の③～⑩）

③ 中小企業（・農林水産業）輸出代金保険

中小企業および農林水産業 (資本金 10 億円以下の企業) の輸出者用 (原則 5,000 万円以下の取引／仲介貿易は含まない) のものである。不可抗力による船積後リスク (非常危険、信用危険ともに 95%以内) 及び信用危険によるバイヤーの破産 (倒産) 又は、３月以上の支払い履行遅滞がカバーされる。

債権の回収は、日本貿易保険 (NEXI) の委託するサービサーにより行われる。NEXI および東京三菱 UFJ 銀行にて取り扱われている。簡単な手続により付保できるという特色を有している。

④ 限度額設定型貿易保険

2003 年４月よりメーカー用のものとして導入されたが、2007 年４月よりはメーカー用の枠がはずされている。輸出者がバイヤーを選択しておいて１年以内において限度額であれば何度でも保険を付保する (カバー率は一律 90%) ことができる。契約から決済まで１年以内、ユーザンス期間は６月以内の取引が対象とされている。

⑤ 知的財産権等ライセンス保険 (知財保険)

ライセンサー (我が国の商社等) が外国のライセンシーが支払うべき知的財産権のロイヤリティ (使用料) 回収不能時に対して付保するものである。付保率は、ロイヤリティの 90%であり、保険期間は、ライセンス契約にあわせることができるが、原則５年とされている。なお、ライセンス契約があることが前提であり、無断で真似されたことに対しては、対象外とされているので留意したい。

⑥ 海外投資保険

海外投資保険者のためのものであり、投資した元本や配当金を外国政府により収用されたり、日本に送金できなくなったりした場合に対するものである。付保率は投資額の 95%であり、てん補範囲は**非常危険のみ**である。保険期間は、件案により３年から 15 年の任意の期間とされているが、あまり長期間としない方が得策であるといえよう。通常、何億円から何十億円の話である。

⑦ 海外事業資金貸付保険

投資ではなく我が国の企業または金融機関が海外の政府または企業に事業資金 (その国の電力、石油、ガス、インフラ開発等のために) を貸付けたが、非常危険、信用危険によりその回収ができなくなったような場合に対するものである。通常、何十億円とか 何百億円の話である。

⑧ 貿易代金貸付保険 (２年以上案件)

輸出時に輸入者(バイヤー)の支払いを一定期間輸出者を通さずに日本の銀行等から直接バイヤーに貸付ける方式(バイヤーズ・クレジット、B/C) をいう。また、直接バイヤーに貸付けるのではなく、日本の銀行等が外国の銀行等に貸付け、そこからバイヤーに貸付ける方式 (バンクローン、B/C) もある。日本の銀行が NEXI と保険契約を締結し貸付代金回収不能時に対応する。

⑨ **為替変動保険**

プラント輸出等のように、契約日から最終決済日が長い(２年以上15年以内)ものについて、為替相場の3%から20%以内の変動により為替差損が生じた場合、それに対応するものである。しかし、他の為替リスク変動対応策もあるため、貿易取引では２年以上のものはないので**現在休止状態**となっている。

⑩ **前払輸入保険**

輸入者（輸入取引）に対するものである。船積前に前払い決済をしたが**非常危険(前払金の上限97.5%)**、又は、**信用危険(前払金の上限90%)**により輸入不能の事態となり、その後、輸入者が支払済の**代金回収の請求**をしたが、**代金が返還不能**となった場合に対するものである。

⑵　貿易保険の申込方法と格付

申込方法

貿易一般保険等の窓口は株式会社日本貿易保険(NEXI)であり、**輸出者は直接NEXI**に申し込む。

一方、**輸出手形保険**の窓口は**買取銀行**であり、前述のように**船積日より３週間以内に買い取られていること**、そして、買取銀行が**買取後５営業日以内**にNEXIに通知(前述)することにより買取日に遡って保険契約は成立する。買取銀行はあらかじめ日本貿易保険(NEXI)と包括保険契約を締結(現在約210の銀行がある)しておく必要がある。そして、輸出者の銀行への申込みにより**当該銀行**（買取銀行となる）**がNEXI**に輸出手形保険を申し込むこととなる。

貿易保険には取引ごとに個々に入る**個別保険**と一定期間まとめて入る**包括保険**とがある。

国別危険と信用危険の格付

① **国別格付**

非常危険(ポリティカル・リスク)に関しては国・地域による非常リスクの格付として下図のようにＡからＨまで８段階に分けられている。また、その国・地域は、国コード(３桁の数字／(例)韓国103)により表示されている。そして、下記の登録者としてのバイヤーコードは、６桁の数字で表示されている。

主な国別格付例（OECDカントリーリスクより／2019年９月現在）

A(国倍率0.4)	日本(192)、英国(205)、オランダ(207)、仏国(210)、ドイツ(213)、スペイン(218)、イタリア(220)、カナダ(302)、米国(304)、オーストラリア(601)等
B(国倍率1.0)	韓国(103)、台湾(106)、チェコ(245)、スペイン(218)等
C(国倍率2.0)	中国(105)、マレーシア(113)、サウジアラビア(137)、メキシコ(305)、チリ(409)等
D(国倍率3.0)	タイ(111)、フィリピン(117)、インド(123)、イスラエル(143)等
E(国倍率3.8)	ベトナム(110)、ロシア(224)、ハンガリー(227)、コロンビア(401)等
F(国倍率4.5)	ミャンマー(122)、バングラディシュ(127)、ギリシャ(230)、トルコ(234)、ブラジル(410)、エジプト(506)等
G(国倍率6.0)	モンゴル(107)、カンボジア(120)、スリランカ(125)、エクアドル(406)等
H(国倍率8.0)	北朝鮮(104)、ラオス(121)、アフガニスタン(130)、イラク(134)、スーダン(507)、ギニア(513)、チャド(528)、サモア(610)、トンガ(614)等

国別格付には、引受停止国(北朝鮮、アフガニスタン、ベネゼイラ、リビア等)もありうるため、国によっては保険が付保できないこともある。上記の格付は国内外の状況により入れ替わるものである。

② **バイヤーの信用格付**

貿易保険申し込みの際には、日本貿易保険(NEXI)の海外商社名簿(Buyer's List)に相手方が登録(貿易保険機構は平成20年３月に解散)されており、かつ、信用格付が一定基準以上(198頁)でなくてはならない。

相手方が当該名簿に登録されていない企業(未登録者)であっても、日本貿易保険にある**登録申請書**(199

頁)**にDun & Bradstreet社の信用調査書を添えて日本貿易保険(NEXI)に直接申し込めば**、約１ヶ月程で**登録することが可能**である。この時、該当企業の信用調査書の格付が前述したように一定の基準以上でなくてはならない。

信用格付の内容

信用格付は、海外名簿においてバイヤーが次のようにランク付されている。

当該信用格付(198頁)において、まずＧが政府関係、Ｓが銀行等でそして、Ｅが一般民間企業関係である。

Ｅ（下図左側のＥ）とは、Enterprise(一般民間企業)のことであり、その内容は大まかにまとめると次のようになっている(輸出手形保険の例)。

与信管理区分（次頁参照）

ＥＥ…◎優良(Excellent) **ＥＡ**…○良好(Ace)
ＥＭ…△信用状態が良好ではない。引受残高が大きく輸出手形保険引受額がバイヤーにとって過大となる可能性がある。現在、我が国においては使用されていない(Massive)。 **ＥＦ**…△引受けに関して一定の制限を設けるべきである(Fair)。
ＥＣ…×代金を決済期日に払わない危険性がある(Cautious)。 事故管理区分 **ＥＲ**…×債務不履行等。過去２年間において手形または小切手の不渡りが発生したバイヤー(Remarks)。 **ＥＢ**…× 破産または、これに準ずる状態にある(Bankruptcy)。 Ｂ(バンクラプシー)とは、破産あるいは保険金支払がNEXIにあった場合にこの格付となる。

これらの格付のうち、**EE、EA**であれば問題なく上限(満額)まで付保できる(但し、申込み時に個別保証枠残高の確認を受ける必要がある)。

他方、**EC、ER、EB**の場合には、貿易保険はかけられない。

EM，EFについては、満額は無理であっても、日本貿易保険(NEXI)と相談しその確認を受けることにより、一定の枠以内(例えば、満額の60%の範囲内)においてならば付保することが可能となる。

Guide !

(i)海外現地法人（現在、シンガポール、香港、タイ、英国の４カ国）の貿易保険

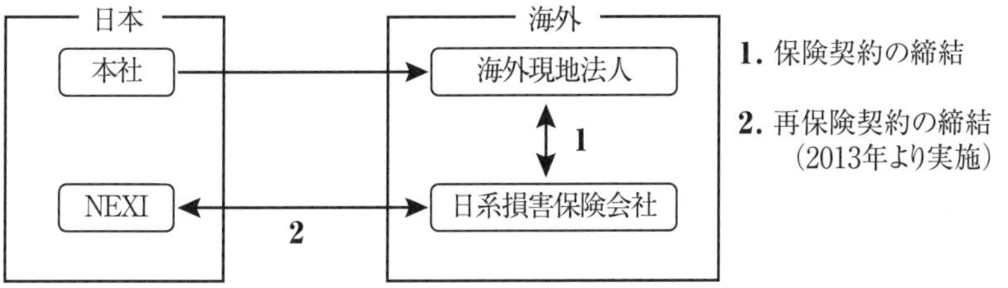

出所:NEXI

日系海外現地法人であっても、日系損害保険会社（東京海上、損保ジャパン、三井住友等）を窓口として、NEXIが貿易保険を引き受けることができるようになっている。これにより、日本企業の海外進出がよりし易くなっている。

(ii)手形金額と保険金額の差額

輸出手形保険における保険金は、買取銀行が受け取るが、もしもこの時、手形金額と保険金額に差額がある場合には、買取銀行は輸出者にこの分を請求する。このための念書（201頁）が買取時に作成される。

海外商社名簿のバイヤー格付基準

与信管理関係　４グループ	
格付	格付基準の内容
Gグループ…政府関係・国際関係	
ＧＳ	中銀・国際金融機関
ＧＡ	上記以外の政府機関 地方公共団
ＧＥ	公社・公団・事業団等
Eグループ……民間企業	
ＥＥ	優良企業
ＥＡ	信用状態良好
ＥＭ	信用保険の保険責任(引受残高)が大きい者
ＥＦ	一定の制限を設ける必要がある者(不安定性有)
ＥＣ	信用状態不安有
Sグループ……銀行	
ＳＡ	優良銀行
ＳＣ	信用状態に不安のある銀行

Pグループ……信用状態不詳	
ＰＮ	新設会社
ＰＵ	信用状態不明
ＰＴ	経営実態なし
事故管理関係　３グループ	
格付	格付基準の内容
Rグループ……債権不履行	
ＧＲ	債務不履行者
ＳＲ	相当の支払遅延のある者
ＥＲ	２年以内に不渡り発行者
Bグループ…破産又は保険金支払	
ＧＢ	破産者
ＳＢ	保険金支払
ＥＢ	破産その他
Lグループ…清算完了	
ＧＬ ＳＬ ＥＬ	(回収を見込めなくなった者)

出所：日本貿易保険資料

バイヤー格付

ＧＳ格　… (Government Security) 中央銀行、財政当局、国連等の機関
ＧＡ格　… (Government Authority) 上記以外の政府機関、地方自治体
ＧＥ格　… (Government Enterprise) 地方の特殊法人 (公社、公団等)
ＥＥ格　(Enterprise　Excellent)
ＥＡ格　(Enterprise　Ace)
ＥＭ格　NEXI の承認要
ＥＦ格　NEXI の承認要
ＳＡ格　(Security Ace)
ＳＣ格　(Security Cautions)
ＰＮ格　(Provisional New) ・・・新会社で経営実態不明
ＰＵ格　(Provisional Uncertain) ・・・信用状態がわからない
ＰＴ格　(Provisional Temporary) ・・・ペーパーカンパニーで経営実績なし

Ｐ：Provisional　(実態不詳)
Ｒ：Remarks　(要注意)
Ｂ：Bankruptcy　(破産等)
Ｌ：Liquidation　(清算)

海外商社登録申請書

(別紙様式第１)

第　　号
年　月　日

海外商社登録申請書

殿

申請者住所：(〒　　　)
申請者氏名：　　　　　　印

(シッパーコード：　　　)
担当部課：
担当者：
電話番号：

平成４年９月30日付け４貿保総第342号「海外商社名簿及び与信枠関係手続細則」第１条の規定に基づき、海外商社の登録を申請します。

社名又は名称	住所
	所在国(　　　)

(注)1. 申請書の提出部数は、通商産業局長又は通商事務所長に提出するときは３通、(財)貿易保険機構理事長に提出するときは２通です。
2. 通信調査報告書の提出部数は、通商産業局長又は通商事務所長に提出するときは原本及びその写し各１通、(財)貿易保険機構理事長に提出するときは原本１通です。
3. 用紙はＡ４の規格のものを使用してください。
4. ※印のある欄は記入しないでください。

※［登録通知］　第　　号

年　月　日

上記申請に係る海外商社は、

本日付けで、次のとおり登録したので通知します。
次のとおり登録済みですので通知します。

印

国コード	商社コード	格付	<海外商社名簿>
			頁 追録　年　月分

輸出手形保険の料率表

【非常】

月	通算日数	※A 0.4	B 1.0	C 1.5	D 2.0	E 2.5	F 3.0	G 4.0	H 5.0
1	10	0.088	0.220	0.330	0.440	0.550	0.660	0.880	1.100
	20	0.096	0.241	0.362	0.482	0.603	0.723	0.964	1.205
	30	0.105	0.262	0.393	0.524	0.655	0.786	1.048	1.310
2	40	0.117	0.292	0.438	0.584	0.730	0.876	1.168	1.460
	50	0.129	0.322	0.483	0.644	0.805	0.966	1.288	1.610
	60	0.141	0.352	0.528	0.704	0.880	1.056	1.408	1.760
3	90	0.177	0.443	0.665	0.886	1.108	1.329	1.772	2.215
4	120	0.213	0.533	0.800	1.066	1.333	1.599	2.132	2.665
5	150	0.249	0.623	0.935	1.246	1.558	1.869	2.492	3.115
6	180	0.285	0.713	1.070	1.426	1.783	2.139	2.852	3.565
7	210	0.488	1.220	1.830	2.440	3.050	3.660	4.880	6.100
8	240	0.691	1.727	2.591	3.454	4.318	5.181	6.908	8.635
9	270	0.894	2.234	3.351	4.468	5.585	6.702	8.936	11.170
10	300	1.097	2.742	4.113	5.484	6.855	8.226	10.968	13.710
11	330	1.300	3.249	4.874	6.498	8.123	9.747	12.996	16.245
12	360	1.502	3.756	5.634	7.512	9.390	11.268	15.024	18.780
13	390	1.613	4.032	6.048	8.064	10.080	12.096	16.128	20.160
14	420	1.721	4.302	6.453	8.604	10.755	12.906	17.208	21.510
15	450	1.829	4.572	6.858	9.144	11.430	13.716	18.288	22.860
16	480	1.937	4.843	7.265	9.686	12.108	14.529	19.372	24.215
17	510	2.045	5.113	7.670	10.226	12.783	15.339	20.452	25.565
18	540	2.153	5.383	8.075	10.766	13.458	16.149	21.532	26.915
19	570	2.262	5.654	8.481	11.308	14.135	16.962	22.616	28.270
20	600	2.370	5.924	8.886	11.848	14.810	17.772	23.696	29.620
21	630	2.478	6.194	9.291	12.388	15.485	18.582	24.776	30.970
22	660	2.586	6.464	9.696	12.928	16.160	19.392	25.856	32.320
23	690	2.694	6.735	10.103	13.470	16.838	20.205	26.940	33.675
24	720	2.802	7.005	10.508	14.010	17.513	21.015	28.020	35.025

【信用】

		D/A	D/P
		手形支払条件別係数	
		1.000	0.132
月	通算日数	1.0	1.0
1	10	0.244	0.032
	20	0.268	0.035
	30	0.292	0.039
2	40	0.324	0.043
	50	0.356	0.047
	60	0.388	0.051
3	90	0.488	0.064
4	120	0.588	0.078
5	150	0.688	0.091
6	180	0.788	0.104
7	210	1.348	0.178
8	240	1.908	0.252
9	270	2.468	0.326
10	300	3.028	0.400
11	330	3.588	0.474
12	360	4.148	0.548
13	390	4.456	0.588
14	420	4.756	0.628
15	450	5.056	0.667
16	480	5.356	0.707
17	510	5.656	0.747
18	540	5.956	0.786
19	570	6.256	0.826
20	600	6.556	0.865
21	630	6.856	0.905
22	660	7.156	0.945
23	690	7.456	0.984
24	720	7.756	1.024

（単位：%）

※上段は国カテゴリー、下段は国倍率です。
（注１）一覧払はＤ／Ｐの 20 日料率を適用する。
（注２）一覧後定期払（Ｄ／Ａ、Ｄ／Ｐ）は一覧後満期までの期間（ユーザンス）に 10 日を加えた期間の料率を適用する。
（注３）Ｌ／Ｃ付きＤ／ＡはすべてＤ／Ｐ料率を適用する。

なお、輸出手形保険の最低保険料は 3,000 円となっていますので、保険料が 3,000 円未満の場合は 3,000 円となります。

出所：日本貿易保険資料

念　　　　証

平成　　年　　月　　日

御中

依　頼　人
住　　　所
氏　　　名

私/当社振出または第三者委任による同人振出輸出手形を貴行に輸出手形保険を付保して買取ることを依頼するについては、手形支払人の決済状況等に関する貴行記録その他の調査について、私/当社は貴行にその調査期間を経ることなく買取ることを依頼したく、貴行において、調査を省略して買取手続を進められることに異議ありません。

万一保険事故が発生し、政府の定めた「既振出手形に係る満期不払後の手形買取等について」（昭和48年2月17日付48貿局153号）（以下「通ちょう」という。）が適用され、保険金が支払われないこととなったとき、或いは同通ちょうが適用されると認められるときは、私/当社において一切負担することとし、手形の返還を待たず、何時でも貴行の償還請求に応じます。

なお、貴行の

請求があるときは、直ちに貴行の承認する担保、もしくは、増担保を差入れ、または保証人をたて、もしくはこれを追加いたします。

以上

3．製造物責任保険（ＰＬ Insurance／**ＰＬ保険**）

製造物（生産物ともいう）責任保険は、米国を発祥地として普及してきたもので、英語でProduct Liability Insurance（略してPL Insurance）という。我が国では、1995年細川内閣のときに製造物責任法が施行された。

PL法においては、たとえ製造者や流通業者等に過失が認められなくても、その**製品の欠陥**（製造欠陥、設計欠陥、指示・警告欠陥のこと）を証明することができ、かつ、その欠陥により消費者等の第3者に身体上の障害や財産上の損害を与えた場合には、被害者に対して製造業者や流通業者は責任を負うものとされる。このことは、製造者責任を**過失責任の原則**から**無過失責任**（欠陥責任）**の原則**（米国では厳格責任という）へ移行させたものである。

製品の欠陥等を証明できれば、製造者の過失を証明しなくても**賠償責任を問える**としたものである。

商品リスク（例えばナイフは切れる等）に対する安全管理（例えば危ないので刀はさやに入れておく等）が企業に問われている。また、製造者はより安全な製品を製造すべく努力することも大切である。

(i) PL法の**成立要件**

① 製品に欠陥がある（**説明書の不備も対象**とされる）。

② 損害が発生している。

③ ①と②に**因果関係**がある。

④ 製造者等に抗弁権の存在がない（下記の(iv)第4条①及び②の免責事由参照）

(ii) **欠陥とは何か**

当該製品物に係る事情を考慮して、製造物が通常有すべき安全性を欠いていることを欠陥という。

しかしながら、具体例として次のようなものは欠陥とみなさない。

① 包丁がよく切れること。

② 剃刀の刃が折れて怪我をした場合であっても、通常の剃刀の刃の耐用期間を大きく超えて使用していた。

③ 賞味期間を大幅に過ぎた加工食品を食べた。

④ 抗ガン剤等の薬に副作用があっても、それを上回る効果が抗ガン剤等の薬に認められる。

(iii) 保険の**てん補範囲**

① 被害者に支払うべき損害賠償金

② 訴訟解決のための諸費用（裁判費用、弁護士報酬、示談金等）

(iv) **欠陥についての免責事由**（第4条）

製品の欠陥に関して、主に2つの**免責事由**が認められている。

① **開発危険の抗弁**

製品の流通時における科学、技術の水準では、内在する欠陥を発見することが不可能である危険について、製造業者が立証し発見することが不可能である危険について、製造業者等が立証した場合。

② **部品、原材料供給者の抗弁**

部品、原材料の供給者が、専ら完成品の製造業者の設計に関する指示に従ったために欠陥が生じ、かつ、そのことに関して供給者に過失がない旨を供給者が立証し、紛争時には裁判所がそれを認めた場合。

(v) PL保険の約款

製造物責任保険（PL保険）には、輸出国（としての日本）における**輸出PL保険（米語の約款／ISO／Insurance Services Office Inc.の標準約款）**と輸入国（としての日本）における**国内PL保険（和文約款）**とがある。具体的には「賠償責任保険普通保険約款」に「**生産物特別約款**」と「**生産物特別約款追加特約事項**」を付保して保険会社により引き受けられている。

⑴　**輸出PL保険**（我が国からの輸出品に対するもの）

輸出国の**製造業者、販売者等（製造業者等という）**が通常の注意義務を怠ったり、製品の欠陥を見逃したり、**説明書等の警告表示に欠陥**があったり等して、当該製品の輸入国において賠償責任を負うようになった場合に対処するため、輸出者等が賠償限度額を設定して保険をかけることができる。当該製品の輸入者のみならず輸出者もその責任を問われる（連帯責任となる）ことが殆どである。とくに消費者パワーの強い米国への輸出の場合には、商品によってはその賠償責任のあり方に関して特に注意しなくてはならない。

PL保険の特色としては、たとえ訴えが不正、誤りのものであっても、保険により被保険者は防御されるということである。このことは、たとえ根拠のないものや、不法行為による訴えとしての損害賠償金であっても保険により輸出者等がカバーされることを意味している。

但し、①**懲罰的賠償金（Punitive Damages／見せしめのため経済的損償責任の何倍かの賠償金を裁判所が課すこと／我が国にはない）**、②**公害**、③**リコール、そして**④**原子力事故等による場合**には**保険会社は免責**とされている（但し、PL保険とは別にリコール保障保険のある国もある）。

PL保険における**保険期間は原則1年**とされ、必要に応じて継続は可能である。製造物責任の**除斥期間は**商流にのった時（輸出時）より**原則10年**である。

製造業者等は、単独でも当該PL保険に**加入できる**（また、それらの者が包括的なリスク対応に加入することもできる企業包括賠償責任保険というものもある）。

我が国のPL法における製造物とは、原則として、加工された動産を意味しており、未加工の農水産品、サービス、無体物（コンピューターのソフトウェアー、音、電気、光等）、**不動産等は対象とされていない。**
一方、**PL保険の運用では未加工の農産品も保険の対象とされている**ので要注意／**次頁⑶の①参照。**

⑵　**国内PL保険**（日本では生産物賠償責任ともいう／我が国への輸入品及び国内品に対するもの）

輸入者（および販売者）は製造者ではないので、製品の欠陥は自分で作り出したわけではない。しかし、事故時における賠償責任を免れるわけにはいかないということが、わが国のPL法において明文化されている。そこで輸入者としては、基本的には、国内PL保険を付保することを対応策として考えるべきである。さらに、輸入者としては、国内PL保険の付保にプラスして、製造者等に輸出PL保険の付保をも確認することが大切なこととされている。

我が国の場合、日本国内にメーカーがある場合には、販売人（小売業）の責任は通常、問われない。しかし、メーカーが国内にいなければ販売人（貿易の場合には、輸入者）が訴えられることになる。

国内PL保険（及び輸出PL保険）の特色としては、訴訟の防御機能があるということ、そして、PL法は法律を限定することなく、製造物責任法以外の法律、例えば、**民法、商法等により損害賠償が生じたとしても、PL保険によりカバーされている**ということである。

上記の輸出PL保険制度と同じく、**保険期間は原則1年**であり、製造物責任の**除斥期間（及び時効）は、**商品引渡より**原則10年**（不法行為や蓄積損害、潜伏損害の場合には、20年／実務的には、ケースによっては商品が消滅するまで）である（法律上は、除斥期間の消滅は、原則20年のところPL法においては、永遠に損害賠償されるようでは企業が困るので、10年と短縮されている）。

次に、**（消滅）時効**の期間の規定として被害者は、**欠陥事故によりその製造者等を知った日から5年以内に損害賠償の請求**をしないときには、（消滅）時効により損害賠償請求権は消滅する（2020年4月民法改正）。

従って、被害者は、除斥期間と時効とのうちどちらか早い方の期日をもって損害賠償請求権を失うことになる。

除斥期間及び時効とは、ある一定期間のうちに法律で定められた権利を行使しないときには、当該権利の効力は消滅するということである。時効には、中断（民法改正により更新という）事由や停止（民法改正により完成猶予という）事由及び援用というものがある。しかし、除斥期間にはそれらは認められていない。

時効の援用とは、時効の完了を持って利益を得る者が、その完了を主張することをいう。

(i) **記名被保険者**と**追加被保険者**

輸入者（及び輸入地の販売者等）の立場からすれば、輸出者に輸出PL保険の被保険者に輸入者をも追加させることを検討させる必要がある。そして、海外での訴訟時に備えて輸出者にもその責任を転嫁できるようにしておくことが大切である。

輸出者の立場からしても、輸入者からのこのような申し出を無視することはできないため、訴訟時にそなえてしっかりとした対応が必要となる。

輸出PL保険において、輸出者が被保険者として輸出PL保険を付保する際、その輸出者のことを**記名被保険者**という。また、上記のように輸入者の希望により当該輸出PL保険の被保険者として加わる際、その輸入者のことを**追加被保険者**という。

但し、自国保険主義を採用している輸入国の場合には、相手国の輸出PL保険に追加の被保険者を加えることはできない。

(ii) PL保険の保険金額は、貨物海上保険の場合と異なりその金額は保険会社と相談のうえ決められている。

(iii) 被害者は下記（①および②において）のように損害賠償金を請求することができる。

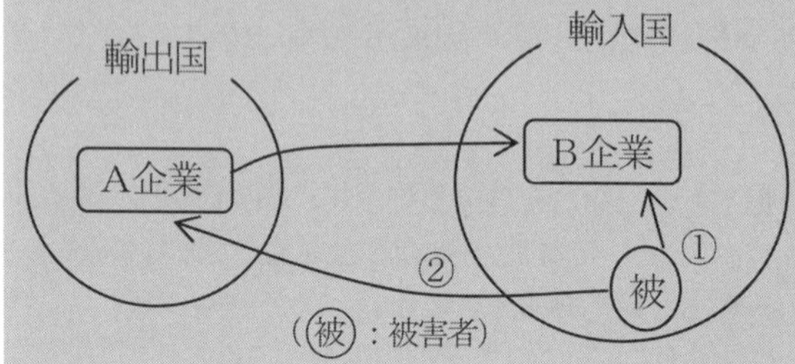

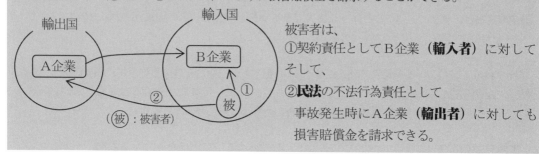

被害者は、
①契約責任としてB企業（**輸入者**）に対して
そして、
②**民法**の不法行為責任として
事故発生時にA企業（**輸出者**）に対しても
損害賠償金を請求できる。

(3) PL保険の賠償請求

PL法における保険期間は原則１年とされている。事故が発生した場合の賠償請求に関しては、下記のようになっている。

輸出PL保険の保険金支払いは、保険期間中の**損害賠償請求時ベース**である。
国内PL保険の保険金支払い**においては、**保険期間中の**事故発生時ベース**とされている。

輸入品であろうが国産品であろうが商品の**販売時期が賠償請求に関係することはない。**事故発生時にPL保険が付保されている必要がある。

留意すべきは**医薬品等（蓄積損害や潜伏損害）の場合**には、事故がいつ発生したのかを決定することが難しいため、輸出PL保険でも国内PL保険でも保険会社とのPL保険契約時に保険期間中の**損害賠償請求時**が選択されている。

①　我が国における**国内PL保険の運用**

前頁の（輸出）**PL保険法**が対象とする製造物の範囲は、**加工・製造された動産**に限定されている。

我が国の国内PL保険の運用においては、**未加工の農水産品等の有体物及び**（有体物のみならず）**機械の設置、据付作業の欠陥に起因する火災事故等の損害賠償をも保険の対象**とされている（しかしながら、人身事故における精神的ダメージは対象外とされている）。

未加工の農産品等に関しては、PL法の規定と同じではないので留意したい（前頁(1)網掛け参照）。
なお、商品に関する**事故防止のための検査、修理、回収等に関する費用は保険金の対象とされていない。**

②　商品に関するISO規格の規定

商品に関して「企業は安全でない商品は市場に出さないこと。そして、もし出された場合には、それらを回収すべきである。」と、ISO規格において規定されている。

Guide !

(i) 提訴後の流れ（米国の例）

事故発生により提訴（Filing）された場合の流れは次のようになっている。

①　提訴→　②　送達→　③　開示手続→　④　審議（プレトライアル）→⑤　公判（トライアル）→⑥判決（→⑦控訴）

（主なポイント）

(イ)　提訴

訴訟文書は、通常、英文で（突然）くる。但し、正式ルート（大使館や裁判所を経由した場合／ハーグ条約により決められている）を通した場合には、和訳付となる。

(ロ)　送達

文書到来後、通常、30日以内に現地の弁護士をたてて回答する（たとえ言いがかり的な提訴でも（放っておかずに）必ず対応することが大切である）。

(ハ)　開示手続

審議（プレトライアル）に備えて、質問されたり、書類（設計図、スペック、説明書、契約書、船積書類等）を揃えたり、証言（自分に有利な証人や専門家のビデオ等の提出）をしたりして準備する。

なお、書類等を隠している（提出しない）と、罰金を課されたり、裁判官、陪審員の心情が悪くなるので注意を要する。

(ニ)　審議（プレトライアル）

ここで本格的に話し合いがもたれる。ここでのポイントは、次のステップの公判（トライアル）まで行くと、費用（＄20万）が嵩むこともあり、又、裁判官が和解をすすめることもあって、公判（トライアル）へ進まずに和解することがほとんどである（和解金のほうが多くの場合、安くすむ）。

事例

こんにゃくゼリーでの窒息死に対する和解金（こんなに違う！）

日本→5000万円（製造者責任無し）／米国→50億円（製造者責任有り）

(ホ)　公判（トライアル）

費用として＄20万（¥2,200万前後）が必要となる。また、ほとんどの場合において、ここでの評決が⑥判決となる。

(ヘ)　判決

判決に不服であれば⑦控訴することもできる。

しかし、控訴しても一般的に2割位しかその判決内容は変わらないといわれている。

社運がかかっているような場合には、⑥判決（そして⑦控訴）ということもありうるが、多くの場合には、プレトライアルでの和解で解決されている（但し、日本企業は強くでれば和解金が取れるという風潮がないわけではなく、多くの言いがかり的な提訴も少なくない）。

賠償金に関して

(イ) 言いがかり的な提訴でも賠償金に対しての保険金は、支払われている。

(ロ) 事故の原因が損害を被った者のミスにより生じたものであることが立証されれば企業は、損害賠償から免責とされる。

(ii) 最近の主な高額PL訴訟事例と賠償金(米国の例)

(イ)　医薬品

ダイエット薬品により高血圧症を発生し死亡／テキサス州

→1,013億円(900億円の懲罰的賠償金を含む)

(ロ)　掘削機

掘削工事中の事故により男性死亡／フロリダ州

→265億円

(ハ)　観光船内の風呂

風呂の水がレジオネラ菌に汚染していて、乗客11名が発病／カルフォルニア州

→193億円

㈡　自動車事故

停車中の乗用車に後方から追突（112km/H）され、ガソリンタンクが爆発し、追突された車中の3人が大やけどを負う。

→1,462億円(1,332億円の懲罰的賠償金を含む)

（理由:爆発した装置（タンク）のみのリスクではなかった。元エンジニアから、会社はそのリスクを知りつつ爆発回避の対策をとらなかった旨の証言があった等。)

㈭　ラベル(表示問題)

(イ) 腹筋運動器具

1日3分:半月で10ポンド痩せるは、誇大かつ虚偽広告である。

→25億円

(ロ) ペットフード

人が食べられる品質であるとは、いかにも消費者を欺いて（バカにして）いる。

→2億1500万円

(ハ) シリアル

天然ではないのに100%天然と表示してある。

→4億円

原告側が一度勝訴すると他にも飛び火(提訴)しやすくなる。また、集団訴訟となるとさらに高額な賠償金となる可能性がある。

従って、日常のリスクに対する対応策が必要とされている。

(iii) 我が国における**ビジネス総合保険**

PL賠償のみならず、リコール、情報漏えい、サイバー、施設賠償等に関わる補償を一本化して加入できる保険が2020年6月より実施されている。これをビジネス総合保険という。日本商工会議所でも会員サービスとして当該保険の仲介を取り扱っている。

まとめ問題５

貨物海上保険

第１問　次の文章は貨物海上保険に関するものである。その記述の正しいものには○印を、誤っているものには×印をつけなさい。

1．貨物海上保険は、貨物の損傷等に関するリスクを保険金支払いの対象としているが、事故が起きた場合の保険金支払い等に関しては、日本で発行された保険証券であっても英国の法律・慣習に基づいて取り扱うことになっている。

2．インコタームズのCFR規則の場合には、保険を手配する者は売主であり、保険期間としては倉庫間約款(W/W Clause：ダブダブ)が適用される。

3．保険証券の保険金額は、原則としてCIF価格に希望利益(Imaginary Profit)としてCIF価格の10%をプラスした金額である。また、信用状取引における保険証券上の表示通貨は、信用状に異なる明示がない限り、信用状と同一通貨である。

4．共同海損の処理・精算については、ヨーク・アントワープ規則等により規定されている。共同海損はICC（A）条件およびICC（B）条件においてはカバーされるが、ICC（C）条件においては特約により付保しなければならない。

5．戦争危険の保険期間については、原則として貨物が陸上にある間の危険は担保されず、「貨物が本船に積み込まれた時から荷卸しされる時」までが保険期間である。

6．特約としてのS.R.C.C.リスクの保険期間は、戦争危険のものと同じように船積みから荷卸しまでとされている。

7．ICC（B）条件においては雨等による水漏れをもカバーしている。

8．一回毎の積荷について、本船出港前であれば、例えば本船名等が不明であっても保険を申し込むことができる。これを個別予定保険契約という。

9．予定保険時における保険料は、予定保険申込時に支払わなければならない。

10．航空貨物の保険期間において、仕向地で航空機から荷卸し後30日を経過すると、仕向地の最終倉庫に到着しなくても終了する。

貿易保険

第2問　次の文章は、貿易保険に関するものである。その記述の正しいものには○印を、誤っているものには×印をつけなさい。

1．輸出手形保険の最高保険金額は、CIF価格の110％である。

2．輸出手形保険が有効に成立するためには、原則として輸入先が「海外商社名簿」に登録されており、かつ、一定以上の信用格付けがあることが必要である。

3．輸出手形保険の当事者として、保険者は日本貿易保険（NEXI）、被保険者は輸出者、そして、保険料負担者も輸出者である。

4．貿易一般保険の被保険者は、輸出者である。

5．貿易保険を付保するにあたり、日本貿易保険（NEXI）により貨物の種類が限定されている。

PL保険

第3問　次の文章は、PL保険に関するものである。その記述の正しいものには○印を、誤っているものには×印をつけなさい。

1．PL保険の約款は、米国のPL保険に関する法律が準拠されている。

2．PL保険において、商品に関する事故防止のための検査、修理、回収等に関する費用は保険の対象とされていない。また、PL保険法においては、未加工の農産品は、保険の対象ではない。

3．製品に欠陥があったために事故が起きた場合、損害賠償をしなければならない者は、製造業者に限られている。

4．PL保険の保険期間は、原則として１年であり、保険金額は保険者と相談して引き受けてもらうことになっている。

5．懲罰的賠償金、原子力事故、リコール等に対してもPL保険を付保することができる。

6．国内PL保険のてん補責任は、事故発生ベースであり、また、輸出PL保険のそれは、損害賠償請求ベースとされている。

解答と解説

第1問
解答

1 −○　2 − ×　3 −○　4 − ×　5 −○　6 − ×　7 − ×　8 −○
9 − ×　10 −○

解説

1．正しい記述である。事故が発生したときに、保険金が被保険者に支払われるか否か、また、いくら支払われるのか等に関しては、英国の保険法(判例)が適用される。

2．CFR基則の保険期間は、輸入者が保険を手配するためFOB基則と同じく「船積から倉庫まで」である。また、保険の手配者を売主とあるのも誤りである。

3．正しい記述である。保険金額は、通常CIF価格の110%である。

4．共同海損は、ICC(A)、ICC(B)、そしてICC(C)条件のすべての場合に付保されている。

5．正しい記述である。戦争約款(War Clauses)の保険期間は、船積から荷卸まで(Waterborne Only)となっている。

6．SRCCリスクの保険期間については、海上保険(マリンという)と同じ(倉庫間約款適用)とされている。

7．ICC（B）条件は、潮漏れ及び河川等の淡水漏をもカバーしているが、雨等による淡水漏れはカバーされていない。

8．正しい記述である。原則として、出航後に保険をかけることはできないことになっているため、予定保険というものが用意されている。

9．保険料については、通常、確定保険時に支払うことになっている（実務では、月極とされている）。

10．正しい記述である。そして、船舶においては60日経過後とされている。

第２問
解答
1－×　　2－○　　3－×　　4－○　　5－×

解説
1．輸出手形保険においては、非常危険、信用危険ともに、手形額面の95％が上限となっている。

2．正しい記述である。輸入先のランクがEE、EAランクなら95％まで、EM、EFランクであれば独立行政法人日本貿易保険(NEXI)が認めてくれる範囲において保険が付保される。
EC、EBランクでは保険をかけることはできない。

3．輸出手形保険における被保険者は、輸出者ではなく買取銀行である。輸出者は、買取銀行よりすでに代金を受け取っている。

4．正しい記述である。

5．貿易保険をかけることができる貨物は、原則として限定されていない。

第３問
解答
1－○　　2－○　　3－×　　4－○　　5－×　　6－○

解説
1．正しい記述である。

2．正しい記述である（但し、未加工の農産品は、PL保険の運用においては、保険の対象とされている）。

3．PL保険を付保することができる者は、製造業者のみではなく、その製品を輸入した者等も損害賠償に対する責任を負わなくてはならない。

4．正しい記述である。

5．本肢の事由は、PL保険の免責事由となっている。

6．正しい記述である。

第6章

運　　送

運送（船舶/航空機）の手配

運送の種類

1．海上輸送

（1）製品等の場合 → コンテナ船/定期船での個品運送契約

コンテナ船の特色
国際複合一貫輸送/上記、コンテナ船時は Door to Door の輸送が可能

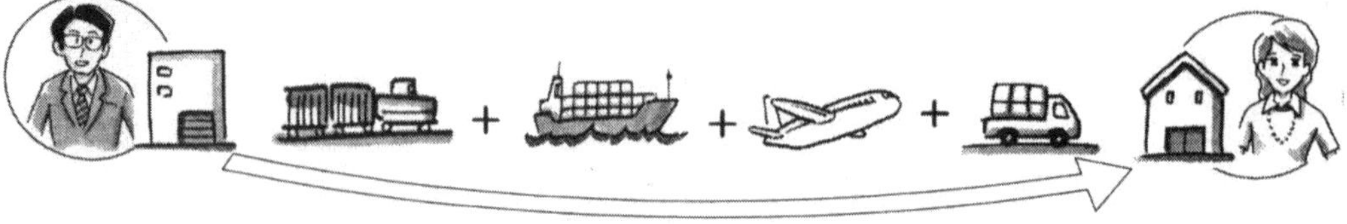

運送人が異なった運送手段を利用して貨物を届けてくれる。

（2）散荷（原料）等の場合 → 在来船/不定期船での用船契約

上記、在来船時は Port to Port の輸送となる。

2．航空輸送

（1）混載貨物として輸送 → 荷主にはハウスAWBがくる

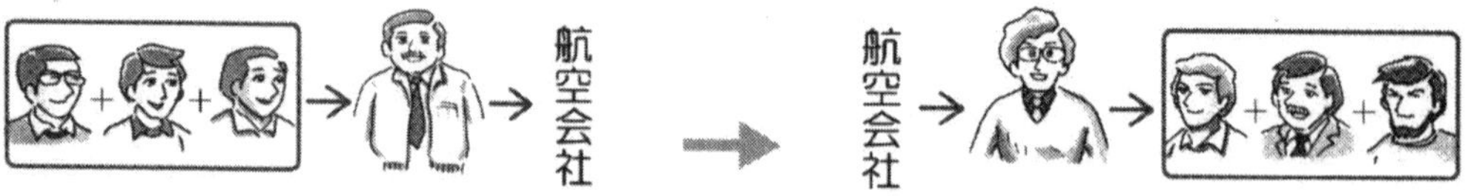

（2）直接貨物として輸送（直送という）→ 荷主にはマスターAWBがくる

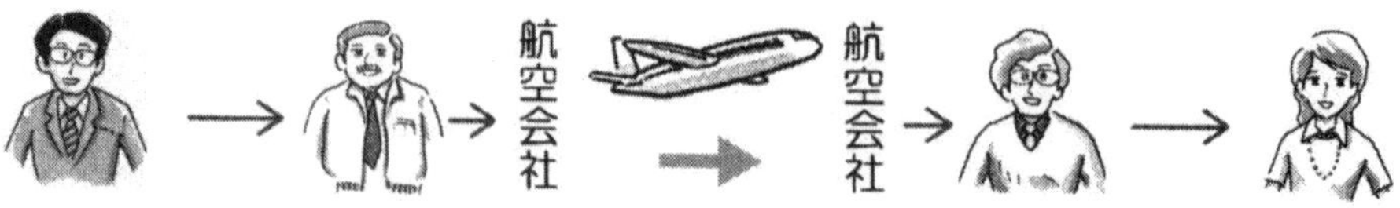

What's the Point?

貿易における輸送形態の中心は、現在においても海上輸送(輸出入貨物量の99.6%程)である。また、1980年代以降、コンテナ輸送においては海上輸送、航空輸送、陸上輸送をも含めた国際複合輸送の役割が重要視されている。ここでは、まず貿易貨物の運送における**運賃体系、船荷物証券の種類**、そして、**航空輸送、国際複合輸送およびヘーグ・ウィズビー・ルール等**に関して学習する。

我が国の運送形態

輸出入取引の契約締結後、輸出者は船積の準備をしなければならない。この場合、CIF 又は、CFR (C＆F) 等の時には輸出者が、また、FOB 等の時には、(原則として) 輸入者が船舶等の手配をし、その船会社名等が輸出者に通知される。輸出者は船積等を**海貨業者 (乙仲)** に依頼し、そして、海上輸送時には、船荷証券 (Bill of Lading, B/L) ／航空輸送時には航空貨物輸送状 (Air Waybill / AWB) が発行される。

貨物の運送方法に関して我が国においては、次のように分類されている (貨物の種類としてはその9割以上がコンテナ船であるが、貨物量としてはその3分の2程を在来船が占めている)。

世界の荷動き量：約100億 t 余/年(2018年) ／日本の海上貨物量：9.3億 t 余（2018年）出所：日本海事センター

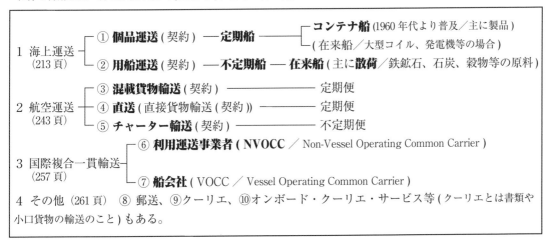

1 海上運送（213頁）
- ① **個品運送** (契約) ―**定期船**―
  - **コンテナ船** (1960年代より普及／主に製品)
  - (在来船／大型コイル、発電機等の場合)
- ② **用船運送** (契約) ―**不定期船**― **在来船** (主に**散荷**／鉄鉱石、石炭、穀物等の原料)

2 航空運送（243頁）
- ③ **混載貨物輸送** (契約) ――― 定期便
- ④ **直送** (直接貨物輸送 (契約)) ――― 定期便
- ⑤ **チャーター輸送** (契約) ――― 不定期便

3 国際複合一貫輸送（257頁）
- ⑥ **利用運送事業者 (NVOCC** ／ Non-Vessel Operating Common Carrier)
- ⑦ **船会社** (VOCC ／ Vessel Operating Common Carrier)

4 その他（261頁） ⑧ 郵送、⑨クーリエ、⑩オンボード・クーリエ・サービス等 (クーリエとは書類や小口貨物の輸送のこと) もある。

まずは、上図1～3そして、4における運送方法の要点を学習していこう。

1．海上運送

(1)　定期船と不定期船

① 個品運送契約 (主に**定期船**／**コンテナ船**の場合)

一般貨物 (製品、半製品等) の輸送は、船会社 (またはその代理店) あるいは契約運送人 (NVOCC ／利用運送事業者) との個品運送契約 (個々の荷主の貨物を混載して運送) により、**定期船 (Liner)** ／コンテナ船による運送が行われている。荷主は Shipping Schedule(配船表) により船腹 (Shipping Space) の予約 (Booking) を行い、そして船腹申込書 (Application of Space) 又は、船腹予約書 (Booking Note) 等を確認のため船会社に電子メール、FAX 等にて送付している。

一方、船会社は、確認の旨の署名を入れて確認書を返送する。船のスケジュール (配船表) は、前もって船会社から送付してもらうか、又は、Shipping Gazette 等の業界誌によりスケジュール情報を得ることができる。予約の取り消しをしないで船積をしなくなったとき等には、違約賠償金（ペナルティ）として**不積運賃 (Dead Freight ／空荷運賃／空積運賃)** を取られることがあるので注意したい。

船腹予約の申込時には、とくに契約書は作成せず、船積後に発行される船荷証券 (Bill of Lading, B/L) がその代わりとされている。船荷証券は、契約証 (契約書に代わるもの) であり、受取証でもあり、また、原則として B/L がないと輸入地で荷を受け取ることができないため有価証券でもある。

定期船は、ほぼコンテナ船による輸送である。コンテナ貨物は主に製品であるため我が国では輸出の場合に多いという特色を有している。船積等の手続は、海貨業者(乙仲／フォワーダー／Freight Forwarder／Forwarding Agent 等という)を通して行われている。

② 用船(運送)契約(不定期船／在来船)

大量のバラ荷(Bulk Cargo／穀物、鉱石、石油、木材等の原料)等を運送する場合や、定期船が航行していない地域に運送する場合には、**不定期船(Tramper)**をチャーター等して運送することになる。この場合、荷主は船会社又は、その代理店と**用船契約(Charter Party**／チャーター契約／船腹の全部又は一部を借りる契約のこと**)**を結ぶことになる。用船契約では、運賃は自由競争運賃であり、直接又は、海貨業者(不定期船時は甲仲という)を仲介して契約されている。我が国においては、不定期船(用船契約)は原料としてのバラ荷を輸入する場合に多く使用されている。用船契約の内容としては、(イ)運賃の計算方法(ロ)荷役費用の負担(ハ)船の停泊期間等に関してであり、荷主と船会社との話し合いにより決められる。

(i) 運賃計算方法

用船契約の運賃は、貨物のトン数、船腹のスペース、そして、日数等により決められる。

(ii) **荷役(にやく)費用の負担**

運賃の中に荷役（船積及び荷卸）費用を含めるか否かは、荷主と船会社との話合いにより決められる。この場合、次の4つの方法がある。

(イ) **バース・タームズ(Berth Terms)**

運賃の中に、**船積費および陸揚費が含まれている**ものである。このことは、船会社が荷役費を負担するということである。

(ロ) **フリーイン(Free In／FI)**

陸揚賃のみ運賃に含まれているもので、**船積費は含まれない**。この場合、**船積費は荷主**が負担し、**陸揚費(荷卸費用)は船会社**が負担する。

(ハ) **フリーアウト(Free Out／FO)**

フリーインの逆パターンである。**船積費のみ運賃に含まれている**(船積費は船会社が負担する)もので**陸揚費は荷主が負担する。**

(ニ) **フリーイン アンド アウト(Free In and Out／FIO)**

船積費も陸揚費も運賃に含まれていないので荷主がこれらを負担する。

ここでの要点は、アウトの主語は船会社(つまり船会社は負担しない)である。

—荷役費用のまとめ—

用船契約	IN	OUT
(A) BT	○	○
(B) **FI**	**×**	○
(C) **FO**	○	**×**
(D) FIO	×	×

(船会社負担…○、荷主負担…×／フリーの主語は船会社)

定期船の場合には、運賃のなかに船積費も陸揚費も含まれている。これを**ライナー・タームズ(Liner Terms)**という。定期船の場合のライナー・タームズは、用船契約におけるバース・タームズに相当する。

(iii) 船の停泊期間(Lay days)

船が港に停泊している期間(Lay days)のことで、その間に荷役作業が行われる。停泊期間には次のような種類がある。

(イ) ランニング レイデイズ(Running Laydays)

雨天、ストライキ等の日も入れて1日当たりの荷役量を定めて停泊日数を計算するやり方である。

(ロ) ウェザーワーキングデイズ(Weather Working Days／WWD)

好天日を対象として停泊日数を決めるやり方であり、雨天日数分は延長されることになる。

(ハ) 慣習的早荷役(CQD／Customary Quick Dispatch)

定期船に適用されるやり方で、一日の荷役量を決めずにその港の習慣によって、できるだけ早い荷役日数を決めるやり方である。定期船ではこの方法が一般的であるが、用船契約では貨物の種類等により停泊日数が左右されるので、この方法はあまり使用されない。

Guide !

(i) 期間用船と航路用船

用船契約には、一定期間貸しだす期間用船契約 (Time Charter ／定期用船契約) と、航海を単位として（2つの港を定めて）貸しだす航海用船契約 (Voyage Charter ／ Trip Charter) とがある。

さらに、荷主が船腹の全部を借りる全部用船（Whole Charter）と一部を借りる一部用船（Parcial Charter）もある。

(ii) 定期用船契約（Time Charter）と裸用船契約（Bare Charter）

通常の、用船契約は船長や乗組員付で契約をするが、これを定期用船契約という。

一方、船長や乗組員なしで船舶のみを借りる場合もある。これを裸用船契約という。裸用船は、船会社が他の船会社から船舶を借りる時に多く用いられている。

(iii) 在来船の種類

(イ) ハンディサイズ (2万～5万 t) ／主に肥料、鉄材等用として使用される。

(ロ) パナマックス (6万～8万 t) ／主に穀物、石炭等用として使用される (このクラスまでパナマ運河通過可能である。)

(ハ) ケープサイズ (10 万～ 20 万 t) ／鉄鉱石等用として (喜望峰／ Cape of Good Hope 回りとなる。)

(iv) 本船

本船とは、外国へ行く外航船（在来船、コンテナ船等）のことであり、国内運送の内航船で艀（Barge）と区別されている。

第6章

船会社への違約金等

(i) **早出料（Dispatch Money）** と **滞船料（Demurrage）**

航海用船契約の場合には、あらかじめ停泊期間を決めておいて、それより早く荷役が完了すれば、**船会社は**荷主に**早出料 (Dispatch Money** ／デス) を奨励金として支払い、また、それより遅い場合には違約金として**荷主が**船会社に**滞船料 (Demurrage** ／デマ) を支払うことにしている。通常、早出料は滞船料の約半額である。

(ii) **留置料（Demurrage）**

コンテナ貨物を CY 又は、CFS（及び在来船の貨物を保税地域）から荷主が引き取る際、一定期間 (**フリータイム**／無料保管期間という。／船舶時は、通常、7日位／航空貨物は 24 時間) 内であれば船会社に保管料を払うことはない。しかし、このフリータイムを超えて留置すると保管料が発生する。この料金のことをも **Demurrage** (デマレージ／**留置料**：数千円／1～4日／ドライコンテナ当り) という（船会社により異なる）。

(iii) **返還遅延料（Detention Charge）**

コンテナ船の場合、**Detention Charge** / **返還遅延料**といって、船会社等へコンテナの返却が一定期間 (フリータイム／無料貸出期間／通常、5日位) を超えて遅延した時に荷受人からとられるペナルティー（遅延料：千円前後／1～5日／ドライコンテナ当り）がある。

上記の在来船時における早出料（Dispatch Money)、滞船料（Demurrage)、そして、コンテナ船時における留置料（Demurrage)、返還遅延料（Petention Charge）とを混同しないよう留意したい。

そして、前述した**不積運賃 (Dead Freight** ／空荷運賃／空積運賃) もある。

(cf) 海上輸送に関する国際ルール

(イ) **ヘーグ・ルール**（Hague Rules）

運送人の責任に関するヘーグ・ルール（船荷証券統一条約）は、1924年にオランダのハーグ（英語でヘーグ）にて成立している。正式には「船荷証券に関する規則の統一のための国際条約」という。我が国は同条約を1957年に批准し、翌年に国内法として国際海上物品運送法（COGSAという／Carriage of Goods by Sea Act）を制定した。

(ロ) **ヘーグ・ウィズビー・ルール**（Hague Visby Rules）

ヘーグ・ルールの運送人の責任等を1968年に一部修正し、1979年にSDRを採用した条約を「**ヘーグ・ウィズビー・ルール**」という。

我が国は、1992年にヘーグ・ウィズビー・ルールを批准し、翌年に国内法を改正国際海上物品運送法としている。

ヘーグ・ウィズビー・ルールにおける運送人責任の主な内容

有責時の運送人の貨物損傷等による責任限度は「**666.67SDR／包、または2SDR／kgのうち、どちらか多い方**」と規定されている。SDR(Special Drawing Rights)とはIMFの特別引出権／米ドル、ユーロ、日本円、人民元、ポンドの平均値のことであり、2020年7月現在約150円台／SDRとなっている。

運送人はヘーグ・ウィズビー・ルールの規定により**航海過失**（船会社（船長等）の操船上の過失（航路等の見誤り、衝突、座礁）さらに、天災、船舶火災等）に起因するものによる貨物の損失等に対しては、**免責扱い**とされている（ヘーグ・ルールを受け継いでいる）。

但し、**商業過失(人為ミス等**／船会社の貨物管理上（積付け等）において、運送人等による貨物取扱いにおける注意不足、および堪航能力（Seaworthiness）に欠ける船舶を運航して事故が生じた場合等**)**が実証できれば**有責**とされている。

我が国をはじめとして多くの国においては、ヘーグ・ウィズビー・ルールを取り入れた国際海上物品運送法を（我が国は、1993年より）施行している(米国はヘーグ・ルールを採用しているので留意したい。米国における運送人の賠償責任：500米ドル／包とされている)。

(ハ) **ハンブルグ・ルール**（Hamberg Rules）

アフリカ等の開発途上国を中心として1978年に国連で採択された「**ハンブルグ・ルール**」と呼ばれる条約が発効済となっている(先進諸国は消極的であり我が国においても同条約は批准していない)。

ハンブルグ・ルールにおける運送人の責任の主な内容

(A) 運送人の賠償責任：**835SDR／包**、又は**2.5SDR／kg**のうち、**どちらか多い方。**

(B) **航海過失（船舶火災を含む）を有責**。

(C) **出訴期間2年**（上記の(イ)、(ロ)では1年）。

(D) ヘーグ・ルールのテークル主義（Tackle Principle／船積から荷卸しまで／Tackle to Tackleという）が**貨物の引受から引渡し（Port to Portという）までに拡大**された（但し、陸上運送部分はカバーしていない）。

ハンブルグ・ルールは、1992年にアフリカ諸国を中心に20ヵ国の批准があり発効されている（条約の発効には、20カ国以上の署名と批准が必要とされている）。

(ニ) **ロッテルダム・ルール**（Rotterdam Rules／国連国際物品運送条約）

上記以外にも国連国際商取引委員会(UNCITRAL)提唱のロッテルダム・ルールがある。

運送人の責任は、875SDR／包、又は3SDR／kgどちらか多い方とされており、ユニフォーム・ライアビリティ・システムが適用されている。

ロッテルダム・ルールは、2020年3月現在、署名国は25カ国（2009年9月ロッテルダムにて署名式実施）あるが批准国は4ヵ国（カメルーン、コンゴ、トーゴ、スペイン）のみであり日本も批准していない。

Guide !

内陸輸送の条約と航空輸送の条約

内陸部のトラック輸送に関しては、国際道路物品運送条約（CMR条約）が、そして、鉄道輸送に関しては、国際鉄道物品運送条約（CIM条約）がある（260頁参照）。

なお、航空輸送に関しては、ワルソー条約およびモントリオール条約等がある（243頁参照）。

⑵ 海上運賃

海上輸送のうち**定期船の運賃は、海運同盟 (Shipping Conference ／運賃同盟／ Freight Conference)** の運賃協定として、運賃率 (タリフレート) が定められている。このことは、本来であれば国際カルテルに該当し独禁法に抵触する事由であるが、海運業には船舶等に巨額な費用を要しており、また、過当競争により船会社の倒産等があれば、貿易の発展に多大な影響をおよぼすという理由により、海運同盟は独禁法における例外として法的にも (過去においては) 認められてきた。

一方、**不定期船の運賃**は、昔から**自由競争運賃** (Open Freight) となっている。

海運同盟には、希望すれば入ることのできるアメリカ型の**オープン同盟** (Open Conference ／開放型同盟) とメンバー全員の賛成がなければ加入が許されないイギリス型の**クローズド同盟** (Closed Conference ／閉鎖型同盟) とがある。また、同盟加入会社の船を同盟船 (Conference line) という。これら同盟は、大型船、高速船を有する大きな船会社に有利となる面がある。従って、中小の船会社は、同盟に入らず、独自の廉価なタリフレートを作成し他社と競争している。これらの船会社の船のことを**同盟外船 (Outsider** ／部外者) という。

海運同盟では、これらの同盟外船に対抗するために、同盟船のみを使用することを約した場合に適用する契約運賃制 (Contract Rate System ／**二重運賃制、Dual Rate System**) および一定期間同盟船使用後に受領した運賃の一部を返却する**運賃延戻し制度** (Deffered Rebate System) 等を導入している。

海運同盟の歴史は古く、1875 年イギリス・インド間の航路に囲込み運動として、初めて結成されている。しかしながら時は移り現在、米国においては 1984 年の新海事法そして、1998 年の改正海運法により海運同盟の運賃延戻し制や二重運賃制が原則禁止された。その結果、船会社は独自の運賃やサービスの提供ができるようになっている。

EU においても、2008 年に EU 競争法の適用除外規定が廃止されるに至っている。我が国においては、海運同盟は公正取引委員会の独禁法の例外とされてきたが、公正取引委員会は 2006 年すでに実質的に形骸化されているとして、この例外規定を廃止している。海上運送法により海運業の独禁法適用除外は、国土交通省の管轄とされている。

現在においてはすでに**海運同盟は、世界的な自由化（自由運賃）の流れの中ですでに形骸化**されており、厳しい競走を背景に、最近では船会社同志助け合うという**共同運航 (アライアンス) の時代**に入っている (222 頁世界の海運アライアンス参照)。

海上運賃の具体的な内容としては、次のようになっている。

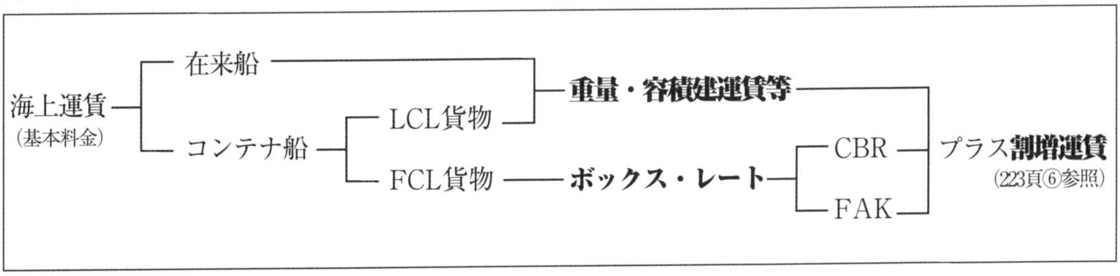

① **重量建運賃 (重量貨物／ Weight Cargo)**

鉄鋼、セメント、鉱石等のように容積と比べて重量勝となる貨物に適用される。1t 当たりで計算されタリフには、**W** と表示されている。

② **容積建運賃 (容積貨物／ Measurement Cargo)**

繊維、木材、発砲スチロール等の重量と比べて容積勝となる貨物に適用され、M3 を単位としての容積トンにて計算される。タリフには、**M** と表示されている。

③ **重量、容積建運賃** (Weight or Measurrement at Ship's Option)

定期船のほとんどの貨物に適用されるものでタリフには、**W/M** と表示されている。運賃計算は貨物の容積を 1M3 (立方メートル／エムスリーという) = 1t として換算する (これを**容積トン・Measurement Ton,** M/T という)。そして、実際の**重量トン（Weight Ton**, W/T）と換算された容積トンのうちどちらか大きい方の数字を基に計算される。この運賃計算で適用されるトンのことを**運賃トン(Freight Ton／Revenue Ton／Shipping Ton／B/L Ton)**という。このことは、タリフ（運賃表）の表示がW/Mでは、**重量トン**(Weight Ton)**と換算された容積トン**(Measurement Ton)**とを比べ**、船会社により**いずれか大きい方（有利な方）が選択され運賃計算の基**とされている。

(事例)貨物A(船舶)

重量 5t 容積 $8M^3$

1t = 1M3なのでこの場合は、**容積勝**(8t＞5t／容積トンの方が重量トンより大きい)といって、8t(又は、8M3)が運賃計算の基に使われる。

(事例)貨物B(船舶)

重量 7t 容積 $6M^3$

1t = 1M3なのでこの場合は**重量勝**(7t＞6t／重量トンの方が容積トンより大きい)といって、7t(又は、7M3)が使われる。

航空貨物の場合には、船舶の場合と同じ考え方である。しかし、容積はcmで算出し、それを**$1kg=6{,}000cm^3$**で除して最後にそれを実重量と比較して、計算する。

(事例)貨物C(航空貨物)

重量 70kg 容積 70cm × 80cm × 90cm

→ $70cm \times 80cm \times 90cm = 504{,}000\ cm^3$

$504{,}000\ cm^3 \div 6000\ cm^3 = 84kg$

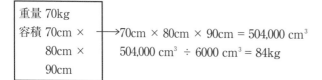

この場合には、容積勝(84kg＞70kg)として84kgが運賃計算の基となる。

上記運賃計算時の**容積トン(M/T)、重量トン(W/T)**そして**運賃トン(F/T、R/T)**以外にも数量（重量）の単位として**メートル・トン（仏トン）、英トン**（重トン／ロングトン）、**米トン**（軽トン／ショートトン）があるので留意したい（41頁参照）。

④　コンテナ建運賃

コンテナ船の場合には、**ボックス・レート**(Box Rate)といってFCL貨物としてのコンテナ単位(20フィート／40フィート等)での運賃体係がある。

これは、さらに**品目別運賃**(CBR／Commodity Box Rate)と**品目無差別運賃**(FAK／Freight All Kinds Rate)とに分けられている。前者(こちらが原則)は、品目別にコンテナ1本当りの運賃が決められており、後者は品目に関係なくコンテナ1本当りでいくらと運賃が決められている(年々のコンテナ船の大型化は、貨物争奪競争による運賃の値下げ要因ともなりかねず、何のための大型化なのかが問われる面もある。)。

コンテナのサイズ、および積載重量については、ISOにより国際的に標準化されている。

20フッター(20'(L)／6 m)×(8'(W)／2.4 m)×(8.6'(H)／2.6m) = 約$30m^3$／9畳位　／最大重量約27t **TEU**(Twenty Footer Equivalent Unit)として**コンテナ輸送の単位**とされている。ハイキューブ（HC）といって高さが9.6'(2.9m)のコンテナもある。大型コンテナ船には10,000TEU超を輸送することができるものもある。
40フッター(40'(L)／12 m)×(8'(W)／2.4 m)×(8.6'(H)／2.6m) = 約$60m^3$／18畳位　／最大重量約30t **FEU**(Forty Footer Equivalent Unit 又は Forty(Foot Container)Equivalent Unit)という。

コンテナに23 tを超えて荷を積めると底抜けがありうるので注意したい。なお、45フィートのコンテナもあるが、我が国では道路交通法により制限を受け普及していない。

Guide !

(i) 海上貨物運賃の目安 (2013 年T社の例)
東京～上海
基本料金
20f コンテナ　12,000 円位
40f コンテナ　24,000 円位
東京＝ロサンゼルス
基本料金
20f コンテナ　100,000 円位
40f コンテナ　140,000 円位
割り増料金
BAF
20f コンテナ　430 US$
40f コンテナ　540 US$
THC
20f コンテナ　32,000 円
40f コンテナ　46,000 円
BL Fee　　　　2,000 円
その他 (通常、数十ドルの割増運賃)
上記表示の運賃はあくまでも目安であり、コンテナ船及び在来船の運賃は、貨物の需給関係により大きく変化するものである。従って、荷主は**国際物流業者からの情報提供及び相談体制を構築**しておくことが大切となる。

(ii) 航空貨物運賃の目安 (2013 年T社の例)
輸送量 100kg 以上の場合
基本料金

東京～上海	100 円～ 250 円/kg
東京～西海岸	300 円～ 500 円/kg
東京～東海岸	330 円～ 530 円/kg
東京～シンガポール	200 円～ 340 円/kg
東京～シドニー	290 円～ 450 円/kg

航空運賃は、海上運賃と比較しておおよそ7～8倍高いといわれている。しかし、飛び立ってしまえば翌日には到着する（とても速い）。これが大きなメリットである。

(iii) 在来船の運賃

例えば積載重量が17万t級の１日当たりの用船料は、約1万 3,400 米ドル (約 100 万円／ 2012 年１月日経新聞) である。そして、2016 年から 2017 年頃までは＄2万～＄3万／日で推移していた。

しかし、2018 に入り上昇傾向となり 2018 年 11 月には＄19 万／日 (12 月は＄11 万／日) と急上昇し、2019 年９月には、また＄3万台／日になっている。そして、2020 年７月に入り、コロナの影響で貨物量が減り用船料は、さらに減少している（日経新聞）。

このように在来船の運賃も荷動きの需給関係により上がり下がり（乱高下）が激しいものとなっている。

⒤ 世界の主な船会社（欧米勢が上位3社を独占／%はシェア／2020年版）

1. COSCO (China Ocean Shipping ／中国)　12.5%
2. Marsk Lines (The Marsk Group ／デンマーク)　11.5%
3. CMA (Compagnie Maritime Daffertement ／仏)　8.9%
4. MSC (Mediterranean Shipping Company ／スイス)　8.3%
5. 日本郵便 (NYK ／日本)　5.0%
6. Papag-Lioyd (ドイツ)　4.0%
7. CSAV (Campania Sudamericana de Vapores ／チリ)　3.7%
8. 商船三井 (MOL ／日本)　3.4%
9. ONE (Ocean Network Express ／邦船三社コンテナ船部門統合会社／日本)　3.2%
10. 川崎汽船 (K-Line ／日本)　2.0%
11. Evergreen (Evergreen Marine ／台湾)　1.9%
12. 陽明海運 (台湾)　1.4%
13. 現代商船（韓国）　1.3%

その他
APL（American President Lines ／シンガポール）も有名である。
Hanjin（Hanjin Shipping ／韓国）2016年に倒産した。

（上表の順位は年により入れ替わっている。）　出所：海運業界ランキング

⒱ **邦船3社（商船三井**（世界10位）**、日本郵船**（世界11位）**、川崎汽船**（世界14位）**）の統合**（順位は2017年当時）

邦船3社は、2017年7月にコンテナ船部門を統合（出資額3,000億円）し、新会社を設立した（在来船部門は現行のままである）。これにより売上高2兆円、世界シェア約7％（第6位）に浮上している（会社名：**ONE ／ Ocean Network Express** という）。なお、世界シェア№1は、デンマークのマースクでシェアは、16%、№2はスイスのMSC（メディタレイニアン・シッピング・カンパニー）で14%である（シェアは、毎年変化している）。

リーマンショック後の世界経済の減速や新造船の増加によりとくにコンテナ船の運賃が長く低迷していて、各社ともにコンテナ船市場におけるコスト競争力の強化をめざしている。

韓国の韓進海運の経営破綻（2016年8月）、中国2社の経営統合（オーシャンアライアンス）、マースクとMSCの連合（2M）等の動向や地産地消等の構造変化の波が引金となっている。

邦船3社は、定時、低燃費という運送技術では世界のライバルに引けをとらないが、3社あわせて5,300億円（2017年）という最終赤字を受け、効率化が決断された。

邦船3社の在来船部門（ばら積み船、原油タンカー、LNG、自動車運搬船等）は、シェールガス、LNG等の運搬や海洋資源開発そして鉄道等のインフラ輸出に商機を見いだそうとしているが、造船業界をも含めて厳しい状況が続いており決して楽観視することは許されない。

将来的には、第2弾の統合があるとの予測がすでにある（シェアは、毎年変化している）。

⒲ 世界の主要港までの航海日数（東京～仕向港／コンテナ船ベース／船会社、航路により日数は異なる。）

1. 釜山	2日	2. 台湾	10日
3. 上海	3日～5日	4. 香港	5日～7日
5. タイ／シンガポール	11日	6. インドネシア／フィリピン	12日
7. ロスアンジェルス	15日	8. ニューヨーク	30日
9. 英国／イタリア	30日	10. サントス（ブラジル）	40～50日

（出所：某船会社／2020年）

⒳ **フィーダー輸送**と**ドレージ輸送**

大型コンテナ船により**主要港に運ばれたコンテナを**、小型コンテナ船又はトレーラーや鉄道により**地方港に運送することをフィーダー**（Feederとは支流の意）**輸送**という。

また、トレーラーでの運送を別名ドレージ輸送（コンテナ陸上輸送）という（Drayageとは荷車の意）。

(cf) **コンテナの種類**（アルミニュームの合金が材質）

① **ドライコンテナ**（通常の貨物／乾貨物／ドライカーゴ用）

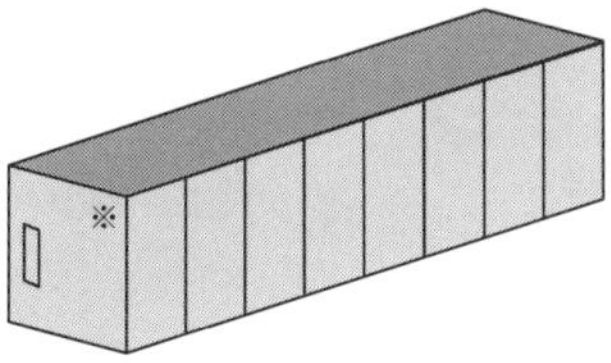

製品、半製品を運搬する。
（衣料用のものをハンガーコンテナという）
※コンテナ番号（例）ABCD123456
最初の4文字で船会社を続く数字でコンテナを特定できる。

② **リーファー**（冷凍コンテナ）

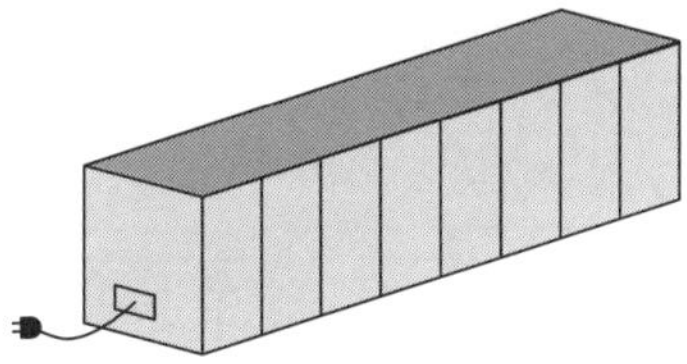

貨物により冷凍も冷蔵もできる。
(要電源なので目立つように世界共通で白色とされている。)

③ バルクコンテナ（穀物等のバラ荷用）

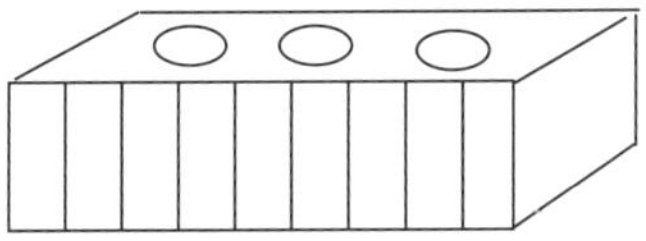

上部に穴（ハッチ付）が開いている。

④ **オープントップコンテナ**(背高貨物用)

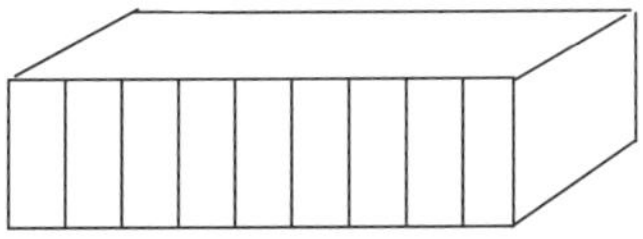

上部の部分(天井)は開いている。

⑤ フラットラックコンテナ（大型貨物用）

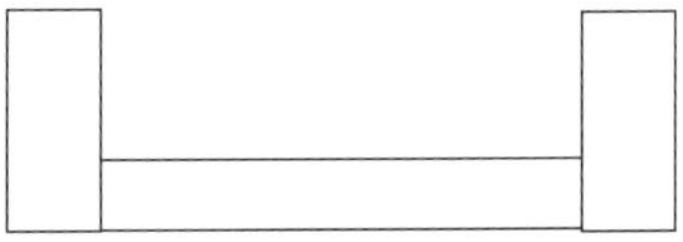

天井も左右の壁も開いている。

⑥ ペンコンテナ (動物用)

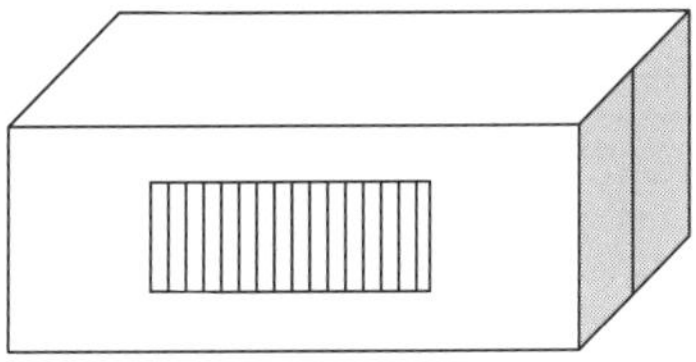

金網等により通風をよくしまた窓口より餌をあたえる事ができる。

⑦ タンクコンテナ（液体用）

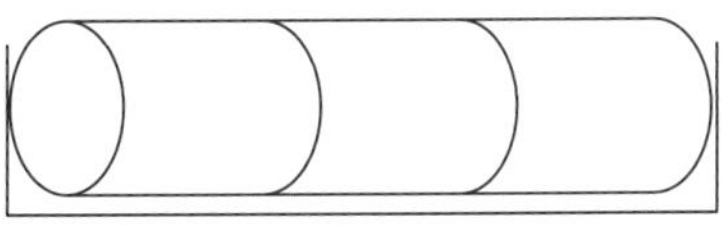

液体の化学製品や液体食品用のもの（タンク下部に加熱装置がある）。

（資料）世界の海運アライアンス

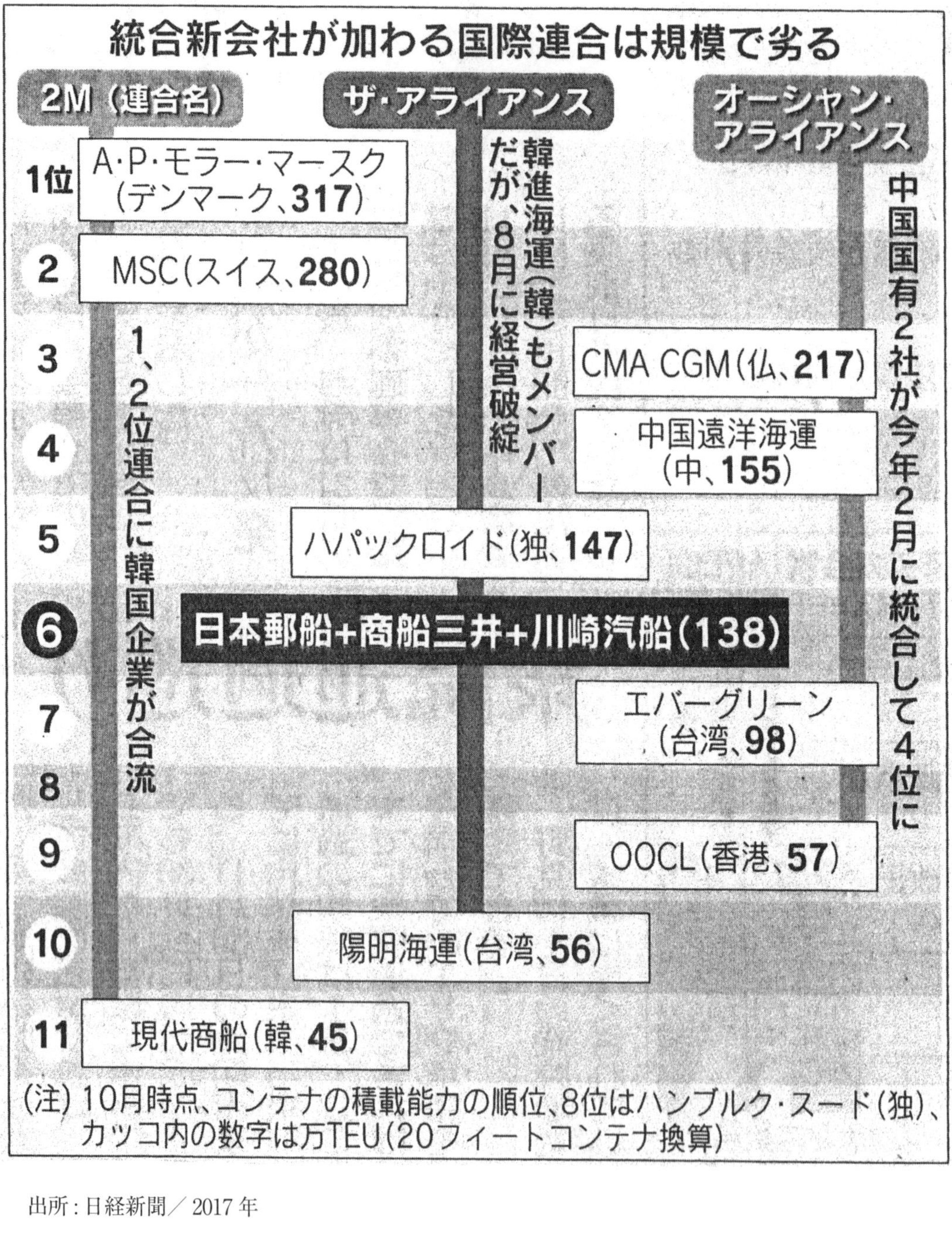
統合新会社が加わる国際連合は規模で劣る
2M（連合名）
ザ・アライアンス
オーシャン・アライアンス
1位 A·P·モラー·マースク（デンマーク、317）
2 MSC（スイス、280）
3 CMA CGM（仏、217）
4 中国遠洋海運（中、155）
5 ハパックロイド（独、147）
6 日本郵船+商船三井+川崎汽船（138）
7 エバーグリーン（台湾、98）
8
9 OOCL（香港、57）
10 陽明海運（台湾、56）
11 現代商船（韓、45）
1、2位連合に韓国企業が合流
韓進海運（韓）もメンバーだが、8月に経営破綻
中国国有2社が今年2月に統合して4位に
（注）10月時点、コンテナの積載能力の順位、8位はハンブルク・スード（独）、カッコ内の数字は万TEU（20フィートコンテナ換算）

出所：日経新聞／2017年

⑤　**従価建運賃**(Ad Valorem Freight)

宝石や美術品等のような小さくても高価な貨物に適用される運賃のことを従価建運賃という。送り状や保険証券の価格が運賃の基準とされていて、貨物の価格の数%が運賃となる。貨物の重量ではなくこの場合、価格をベースに計算される(通常、付加価値の高い宝石や美術品等は海上輸送ではなく、航空輸送されることが多い)。

Ad Valoremとは、貨物の価格により計算することで、運賃と関税に適用されている。

従って、輸入品に課される税のうち**従価税**（Ad Valorem Duty）とは、我が国においてはCIF価格（米国ではFOB価格）に何%かの税率をかけて算出している。主に製品に適用されている。

一方、主に原材料（大豆、砂糖、石炭、鉄鉱石等）には、**従量税**（Specific Duty）が適用されている（第7章3参照）。

⑥　**割増運賃(Surcharge**, 米国ではArbitrary)

船舶の運賃(タリフ)は、世界中どこの国においても船会社により**米ドルにて表示**されている。運賃には前述した基本運賃の他に次のような割増運賃／課徴金(調整運賃／基本料金の数%位)が加算されている。

(i) **Bunker Surcharge (Bunker Adjustment Factor、BAF／燃料変動調整費)**

船舶の**燃料費の変動**(値上がり等)に対応するためのものである。

基本運賃の何%とか、1フレート・トン(又は、1M3)当たり何ドルとして表示される。

FAF（Fuel Adjustment Factor）ともいう。EBS（Emergency Bunker Surcharge／緊急燃料費割増料／燃料の値上りが特に大きい場合のもの）もある。

(ii) **Currency Surcharge (Currency Adjustment Factor、CAF／為替変動調整費)**

米ドル表示の運賃を日本円に換算する際の**為替レートの変動**による為替差損に対応するためのものである。為替レートの**円高時に加算**されるもので我が国の場合には、**YAS** (Yen Appreciation Surcharge)と表示されることもある。

(iii) (Port) Congestion Surcharge (船混み割増料)

港湾ストライキ等により船舶が停滞し、そのため港においての船積又は、荷卸しのための停泊日数が増加した場合に対応するためのものである。

(iv) 超重量貨物および長尺貨物に対する割増運賃

定期船貨物の重量が標準より重いもの(**Heavy Lift Charge**／超重量貨物／1個2t以上)であったり、長いもの(**Long Lenth Surcharge**／長尺(じゃく)貨物／9.2m以上)であったりした場合に適用される。但し、重量、長さは船舶の航路により異なっている。

発電気、機関車、橋げた等のかさ高貨物(Bulky Cargo)は、フラットラックやオープントップの特殊コンテナさらには、在来船により運搬されている。

(v) その他（THCやB/L Fee等）

LCL貨物にかけられる、コンテナサービス料金(**CFSチャージ**)や、倉庫保管料(Storage Charge)等をも挙げることができる。**FCL貨物の場合にはCFSチャージの適用はない**。従って、輸入者は、FCL貨物時には、CFSチャージ分を差し引いた見積書を輸出者に請求すべきである。

上記以外にも船会社の諸掛として、**THC (Terminal Handling Charge)**や**B/L Fee** (B/L作成費用)が請求されている。このことは、以前海運業界が顧客獲得のための運賃値下合戦及び、短かからぬ不景気にみまわれたことに起因している。THCとはターミナル(港)における貨物の保管、移動(横もち)等にかかる費用を荷主に負担させるようにしたものである。THCは以前は運賃の中に含まれていたものとして、かつて日本荷主協会は船会社と協議していたが、それ以降邦船社擁護を理由として是認されている。

Guide！

(i) 船会社によっては、PSS（Peak Season Surcharge／季節変動調整金）を請求するところもある。船会社の繁忙期に課されるものである。荷主サイドとしてこのような根拠のはっきりしない請求は断わるべきものであると思われる。

(ii) 仕向港における荷捌き代や横持代（THCのこと）として、DDC（Destination Delivery Charge／DTHCともいう）を請求する船会社もある。

(iii) 運賃に関して、ベースレートは高くないものの割増料金がいろいろと課されて、結果としてベースレートの2（～3）倍程請求されたということが散見されている。

(3)　船荷証券

①　船荷証券の意義

海上運送において、在来船では船積後に、コンテナ船では(最初の)運送人に貨物を引き渡した後に、原則として船荷証券(Bill of Lading／資料3－(1))が発行(通常、**オリジナルが3通**)される。効力はオリジナルであれば各通同じであるが、貨物が引き渡されると他の2通は無効となり、船会社に回収される。B/Lは船積書類のうち唯一の**有価証券(権利証券)**であり、**貨物受取証、運送契約証**でもある。

有価証券であるということは、貨物を受け取る権利(引渡請求権)をこの書類に化体(かたい)しているということである。この証券を指図式(次頁(iii)参照)にすることにより船荷証券は**流通性を有する**ことにもなる。これにより銀行等が貨物を担保にすることが可能となる。

Guide！

(i) アメリカにおいては、船荷証券は、運送契約**書**でもあるとしているが、日本、イギリスにおいては、契約書そのものではなく、契約をしたという証拠書類(契約**証**)であるとされている。

(ii) 運送人の責任については、1924年成立(1931年発効)のヘーグ・ルール(統一船荷証券条約／ブルッセル条約)と、1968年成立のヘーグ・ウイズビー・ルールとがあり、日本は、1957年に前者を、1992年に後者を批准している。また、1978年開発途上国を中心として成立のハンブルグ・ルールもあるが日本をはじめとする先進諸国においては、まだ批准されていない。運送人の責任等に関して米国は、ヘーグ・ルールをそして他の主要諸国は、それを一部修正した**ヘーグ・ウイズビー・ルール**を遵守している。貨物運送において、原則として**B/L発行の港が属する国(輸出国)の条約**(ルール)**が適用**されることになっている。

(iii) パーセル・フレイト（Parcel Freight）

最低運賃率（Minimum Freight）にも満たないとても小さな貨物には、小包（パーセル）扱いとなり、パーセル運賃が適用される。この場合には、B/Lの代わりにParcel Receipt（小口貨物受取証）が発行される。

②　船荷証券の種類

船荷証券の主なものとしては、次に掲げるものがある。

(i) **船積船荷証券(Shipped B/L**, On Board B/L, Shipped On Board B/L)と
受取船荷証券(Received B/L)

在来船の場合には、荷が船積された後にB/Lが発行される。このようなB/Lを**船積船荷証券**という。

一方、**コンテナ船**の場合には、コンテナ・フレイト・ステーション(LCL貨物)、又は、コンテナ・ヤード(FCL貨物)において通常、貨物を運送人に引き渡した後に原則としてB/Lは発行される。これを**受取船荷証券**(コンテナB/Lともいう)という。

信用状取引において、通常、Shipped on Board B/Lが要求されるため、コンテナ船輸送時の**受取船荷証券においては、On Board Notation(船積証明**／船積注記／船積裏書／第3章船荷証券の㉘を参照)が必要とされている。これにより船積が証明されることとなり、買取銀行による買取りが受取船荷証券であっても可能となる（逆に、この証明がないとディスクレとなる）。

On Board NotationにはB/Lの表面に① **Laden on Board the Vessel**の表記と、② **B/L Date**、③原則として**Carrierとしてのサイン(サインは省略可)が明記**されてる(通常、B/Lの左下部分にある)。

Shipped B/Lの表面右上(第3章船荷証券の④を参照)には、“Shipped on board the goods…”と、また、

Received B/L には、"Received by the carrier from the shipper…" 等と記載されている (第3章にて前述)。

⒤ **無故障船荷証券 (Clean B/ L) と故障付船荷証券 (Foul B/L** ／ Dirty B/L)

船積の際、貨物に異常がなく、かつ、貨物を傷つけることなく無事に船積みされた場合には、船会社により **Clean B/L** が発行される。これに対して、船積時の立会において船会社が引き受けた貨物の外観に異状があったり、船積時の貨物の取扱いにより貨物が傷ついたりした場合には、船会社により **Foul B/L** が発行される。

信用状取引においては Foul B/L のままでは、銀行の買取りに支障をきたすことになるため、荷主は、船会社に **L/I (Letter of Indemnity、補償状)**（又は、L/G (Letter of Guarantee ／保証状)）を差し出して Clean B/L の発行を依頼することになる。このことは悪しき慣習としてではあるが、以前より世界中で広く行なわれている(但し､L/I で B/L のリマークスを消しても貨物の瑕疵がなくなるわけではないので要注意である)。

(iii) **指図式船荷証券 (Order B/L) と記名式船荷証券 (Straight B/L)**

信用状取引等の場合には、発行銀行の意向により流通性のある船荷証券 **(流通船荷証券, Negotiable B/L)** が要求される。この場合、船荷証券の**荷受人 (Consignee) 欄**は、特定の荷受人名 (輸入者名等) を記入せず、" **To order** " とか " **To order of shipper** " 等と記載しておき、かつ、買取時に、輸出者が**白地裏書 (Blank Endorsement)** することにより**流通性をもたせている**。このような B/L を**指図式船荷証券**という。

一方、**荷受人欄に特定の荷受人名 (通常、輸入者名) が記入**されている場合には、その特定の人のみが、B/L 上の権利を有することになるため、**流通性は有しない**こととなる。このような船荷証券は、**非流通性船荷証券 (Non-Negotiable B/L)** であり、これを**記名式船荷証券**という。権利が輸出者から輸入者にストレートに移るため英語では､Straight B/L という。決済方式が**前払いや後払いの送金の場合**には、この B/L が使用される。

船荷証券の荷受人を誰にするかにより、流通船荷証券（指名式）となったり、非流通船荷証券（記名式）となったりする。

Guide !

記名式 B/L の場合、米国等においては、Arrival Notice 等により本人確認ができれば、B/L なしでも貨物の引き渡しが行われている。

(iv) **時期経過船荷証券 (Stale B/L ／遅延 B/L** ともいう)

信用状統一規則 (UCP600) においては、信用状買取有効期限の表示がない場合、**船荷証券発行後 21 日を経過**した船荷証券が銀行に買取りのため持ち込まれたとしても、信用状に "Stale B/L is acceptable." 等と特約としての記載がない限り、銀行は Stale B/L として**買取りに応じないことができる**。

(v) **用船契約船荷証券 (Charter Party B/L)** と定期船船荷証券（Liner B/L）

不定期船の用船契約のときに発行される船荷証券のことである。用船契約時には、船荷証券とは別個に用船契約書が作成され、船積時に用船契約船荷証券が発行される。注意すべき点は、用船契約時には契約書に約款等が盛り込まれるため、個品運送契約時の B/L (Long Form B/L) と異なり B/L の裏面に約款の記載が省略されている。これを、**略式船荷証券 (Short Form B/L)** という。

信用状取引の場合には、信用状に" Charter Party B/L is accepted" と明記されていないものについては、銀行による買取りは、原則として拒絶される（受理されない）こととなる (実務では、銀行により買取ってくれるところもある)。

一方､定期船（主にコンテナ船）時に発行される船荷証券のことを定期船船荷証券（Liner B/L）という。

(ヘ) サレンダー（ド）B/L および Sea Waybill (SWB)

これらに関しては、第10章（B/Lの危機／406頁）を参照のこと。

(ト) 海洋船荷証券 (Ocean B/L) と国内船荷証券 (Local B/L)

外国との貿易取引において、海上運送のときに発行される船荷証券のことを Ocean B/L という (信用状には、Ocean B/L が要求されていることが多い)。
これに対して、国内の主に海上運送のときに発行されるものを Local B/L という。例えば、東京から神戸経由にて上海に行くような時に、東京から神戸までの間の B/L を国内船荷証券（Local B/L）という。
そして、神戸から上海までの B/L を Ocean B/L という。この Ocean B/L には、東京からの荷と神戸からの荷を合わせて１本の B/L を作成してもらうことができる（Joint B/L とか Combined B/L ともいう）。

Guide !

(i) Direct B/L

Direct B/L（直行船荷証券）とは、同一船にて船積港から仕向港へ直行（積替えなし）する際に発行される B/L のことである。

(ii) Through B/L と Combined Transport B/L（Combined B/L）

２つ以上の運送手段（船舶とトラック等）を利用する場合、最初の運送人（船会社等）が積替えがあっても全運送をカバーする B/L を発行する。これを通し船荷証券 (Through B/L) という。

また、２つ以上の異なる運送手段を利用する場合に発行される船荷証券のことを**複合運送船荷証券 (Combined Transport B/L)** とか、Multimodel B/L という。異なった交通手段による輸送において一貫性を強調したいときには、複合輸送のことを複合一貫輸送ともいう。信用状取引（UCP600）においてこの船荷証券は、他に異なる明示のない限り銀行によって受理されるとある。

但し、信用状に Ocean B/L とある場合に、Combined B/L（２つ以上の異なる運送手段の B/L）を銀行に提出するとディスクレの対象となることがある。従って、この場合には、信用状に Combined B/L is acceptable. としておくとよい。

(iii) 複合運送の船荷証券の発行者を明確にする。

複合運送において、フレイト・フォワーダー発行の船荷証券等は、フレイト・フォワーダー自身が運送人 (As Agent for the Carrier) として署名しなければならない。しかしながら、船会社発行の船荷証券には船会社が As Carrier として署名することになっている。この**署名のないものは**、信用状取引における銀行買取書類として**受理されない**（96頁 Guide! 参照）。

(iv) Prepaid B/L と Collect B/L

運賃前払時の船荷証券を Prepaid B/L（運賃前払船荷証券）と、また、後払い時のものを Collect B/L（運賃後払船荷証券）という。

(v) **AWB** (航空運送状) の荷受人欄は、**すべて記名式で発行**される（つまり、指図式のものはない)。AWB は**非流通性** (Non-Negotiable) であり**有価証券ではない**（384頁網掛け(2)参照)。

信用状取引においては、AWB は有価証券ではないので信用状に “Air Waybill Acceptable” の文言を入れておくことが望ましい。

船荷証券(B／L)

(Forwarding Agents)

B/L No.

ABC Lines.Ltd.

BILL OF LADING

Shipper

Consignee

Notify Party

Received by the Carrier from the shipper in apparent good order and condition unless otherwise indicated herein the Goods or the container(s) or package(s) said to contain the cargo herein mentioned, to be carried subject to all the terms and conditions appearing on the face and back of this Bill of Lading by the vessel named herein or any substitute at the Carrier's option and/or other means of transport, from the place of receipt or the port of loading to the port of discharge or the place of delivery shown herein and there to be delivered unto order or assigns.
If required by the Carrier, this Bill of Lading duly endorsed must be surrendered in exchange for the Goods or delivery order.

In accepting this Bill of Lading, the Merchant agrees to be bound by all the stipulations, exceptions, terms and conditions on the face and back hereof, whether written, typed, stamped or printed, as fully as if signed by the Merchant, any local custom or privilege to the contrary notwithstanding, and agrees that all agreements or freight engagements for and in connection with the carriage of the Goods are superseded by this Bill of Lading.

In witness whereof, the undersigned, on behalf of Mitsui O.S.K. Lines, Ltd., the Master and the owner of the Vessel, has signed the number of Bill(s) of Lading stated below all of this tenor and date, one of which being accomplished, the others to stand void.

(Terms of Bill of Lading continued on the back hereof)

Pre-carriage by	Place of receipt
Ocean vessel　Voy. No.	Port of loading
Port of discharge	Place of delivery

Final destination for the Merchant's reference

Particulars furnished by shipper

Container No. Seal No. Marks and Numbers	No. of Containers or pkgs.	Kind of packages; description of goods	Gross weight	Measurement
Total number of Containers or other packages or units received by the Carrier (in words)				

Freight and charges	Revenue tons	Rate　per	Prepaid	Collect

Exchange rate	Prepaid at	Payable at	Place and date of issue
	Total prepaid in Yen	No. of original B(s)/L	

LADEN ON BOARD THE VESSEL

by

ORIGINAL

第6章

③　船荷証券の裏書

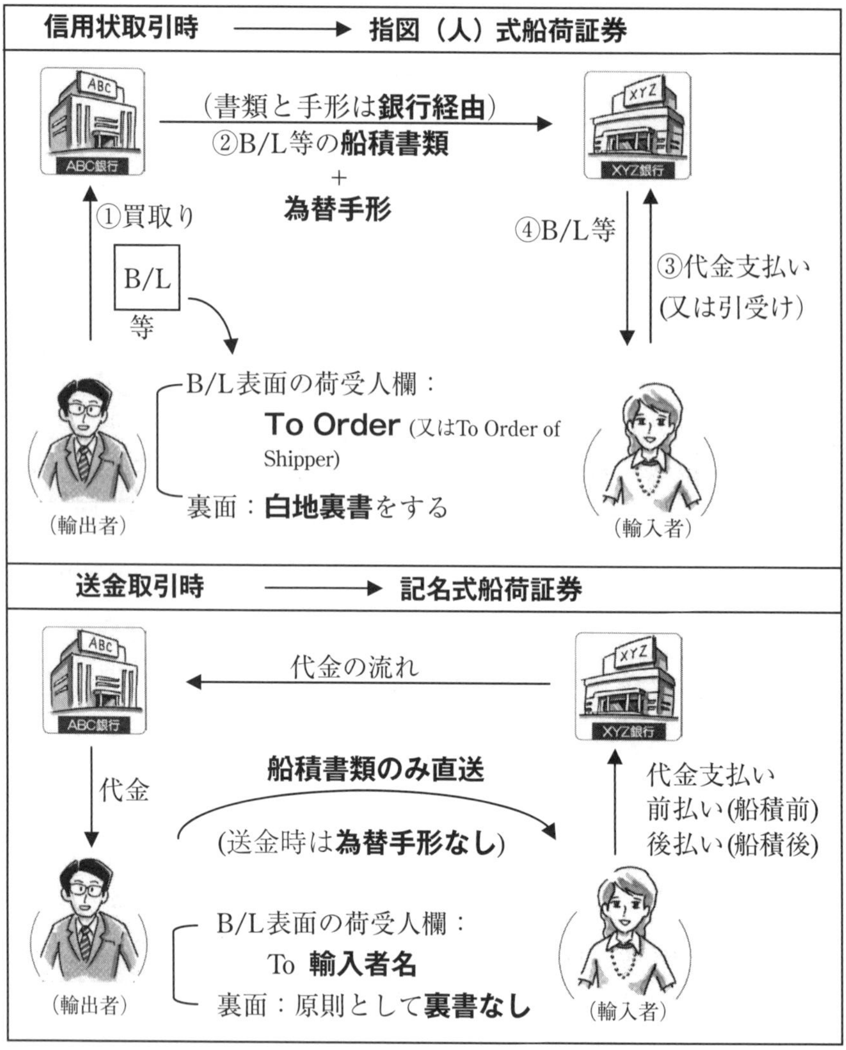

(i) **指図（人）式船荷証券**の場合

L/C手形取引による**指図(人)式船荷証券**の場合には、**B/Lの荷受人欄**を(イ) **To order** ／単純指図（人）式又は(ロ) **To order of shipper** ／記名指図（人）式 (又は、(ハ) To order of ABC Bank (発行銀行名)) 等とする。(イ)、(ロ)とした場合には、買取時に輸出者は**B/Lの裏面 (3部全通) に白地裏書 (Blank Endorsement)** をすることによりB/Lに流通性をもたせることができる。

白地裏書とは、下記 (※印) のように、特定の荷受人名を記載せず、会社のゴム印等を押しシッパー (輸出者) の署名のみをすることである。

白 地 裏 書

(B/Lの裏面) ※ ABC Co.,LTD.(輸出会社名) そして、 シッパーの署名

白地裏書とは、特定の荷受人名 (通常輸入者名) を、例えばTO XYZ CO., LTD. 等と輸出者名の上 (**左の※印**／権利者欄) に輸入者名等を記載せずに**この部分はブランク**としておかなくてはならないということである。これをして**白地**という。

一方、B/L の荷受人欄を(ハ) **To order of ABC Bank**（記名指図人式という）としたときには、**シッパーが署名裏書をする必要はない**。この場合には、船積書類が発行銀行に到着したときに**発行銀行が、B/L 裏面に通常、記名式裏書**（To 輸入者名を記載して署名）**をして輸入者に渡す**ことになる。

Guide！

裏書とは、貨物を受け取る自分の権利を裏書をすることにより放棄して、他人に移転することをいう。船荷証券、手形、保険証券等において行われている。

船荷証券の荷受人が**記名指図人式 (To the Order of XYZ Bank)** の場合における輸出者の裏書は、行われない。

Order の次に書かれている者（この場合、発行銀行／ XYZ Bank）が、通常、**輸入者を権利者として裏書する。**

(ii) **記名式船荷証券**の場合

次に、送金による決済 (前払、後払) のときには、**記名式船荷証券**といって B/L の荷受人欄に、**輸入者名** (To XYZ Co. LTD ／又は、To order of XYZ CO. LTD とする) を記載し、輸出者は**裏書はしない**ことになっている。英米ではこの場合、裏書することはできないと規定されている。しかし、我が国においては、裏書を禁止されていないときには（B/L の右下に裏書禁止と書いていないとき)、記名 (式) 裏書 (Full Endorsement ／ Deliver to 輸入者名も記載) にて裏書きをするというやり方も認められている。

記名(式)裏書

(Deliver the cargo) to XYZ Co.,LTD
ABC Co.,LTD.(輸出会社名)
シッパーの署名

←── この部分に輸入者名の記載があるので記名(式)裏書という。
通常、左記(Deliver the Cargo)の記載は省略されている。

以上のことをまとめてみると下記の表のようになる。

船荷証券の表面(荷受人欄)	船荷証券の裏面
1. **指図式船荷証券 (Order B/L)** (流通性を有している)	**裏書の方法**
(1) **To order** (単純指図人式) (2) **To order of shipper** (記名指図人式)	**白地裏書** (Blank Endorsement)
(3) To order of ABC Bank (記名指図人式) (Bank order ともいう)	輸出者は裏書はしない (但し、ABC Bank (発行銀行)は、輸入者に渡す時に通常、記名(式)裏書をする。)
2. **記名式船荷証券 (Straight B/L)** (流通性はない)	【注】欧米においてはB/Lに裏書することはできない。
(4) To XYZ Co. (輸入者名を記載)	**(原則として) 裏書はしない** (XYZ Co.(輸入者)は、貨物を受取る時に白地裏書する)

(cf) 持参人式船荷証券（荷受人欄：To bearer（持参人：つまり通常、船会社に持参する輸入者のこと）とあるもの）は、現在ほとんど使用されていない。

Guide !

(i)（荷受人が To Order 時における）白地裏書の連続性

（B/L の裏面）

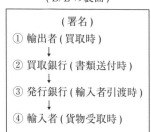

（署名）
① 輸出者（買取時）
↓
② 買取銀行（書類送付時）
↓
③ 発行銀行（輸入者引渡時）
↓
④ 輸入者（貨物受取時）

B/L の流れ

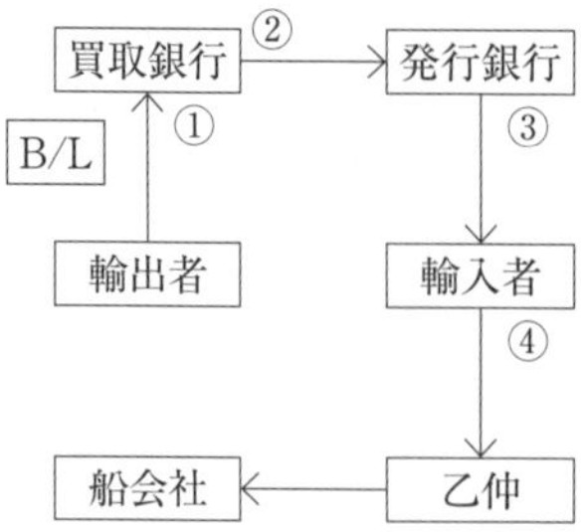

左図の①、②、③、④のところで B/L 裏面に署名が必要とされている。これを裏書きの連続性（Continuous Chain of Endossement）という。
なお、③における発行銀行の裏書は、"To (the) order of 輸入者名"（**記名式**）とされる（ことが多い）。

(ii) 決済方式と船荷証券の荷受人欄

	船　(B/L)	Air　(AWB)	船積書類
L/C 手形	**(単純)指図(人)式**(前頁の(1)) (To Order) 記名指図人式(前頁の(2),(3)) (To order of Shipper)	**記名式**　(※1) **(To ABC(I/B)Bank)**	買取
前払(送金)	**記名式** **(To 輸入者名)**	**記名式** **(To 輸入者名)**	直送(2 lots)
後払(送金)	**記名式** **(To 輸入者名)**	**記名式** **(To 輸入者名)**	直送(2 lots)
D/P 手形 D/A 手形	記名指図(人)式(前頁の(3)等) (To order of ABC Bank 等)	**記名式**　(※2) (To ABC Bank)	取立 (又は買取)

（※1）**発行銀行名**　（※2）**取立銀行名**

(iii) 船荷証券と運送状の比較

機　　能	B/L	SWB	AWB
1. 有　価　証　券	**YES**	**NO**	**NO**
2. 受　戻　証　券※1	YES	NO	NO
3. 契　約　証	YES	YES	YES
4. 受　領　証	YES	YES	YES
5. 発　行　者	船会社	船会社	**荷主**(※2)
6. 形　　式	**指図(人)式**	**記名式**	**記名式**
7. 洋　上　転　売	YES	NO	NO
8. 将　来　普　及　度	NO	YES	YES

（※1）B/Lがないと荷がとれないことを受戻性という（そういう性質をもつ証券）。
（※2）ワルソー条約（第５条）により**荷主作成**とされている。
　　　但し、実務では**運送人が作成**（ワルソー条約第６条）している。

(4) 港湾運送事業

① コンテナ・ターミナル

港湾には、在来船用の港とコンテナ船用のコンテナ・ターミナルとがある。現在、我が国の主要な港湾は、コンテナ化されていて、一般貨物の多く(製品等)はコンテナ船を利用している。このことにより海運業界の発展を促したといえよう。しかし、コンテナ・ターミナルの建設には莫大な費用がかかるため貨物船のコンテナ化は、運送業界にとって諸刃の剣としての意味を持っている。

一方、他国の港湾との競争には激しいものがあり、我が国にとってさらなる抜港防止のためにも効率のよい港湾運営が今後の課題となっている。

コンテナ船用のコンテナ・ターミナルのイメージ図は次のようなものである。

コンテナ・ターミナルの一例

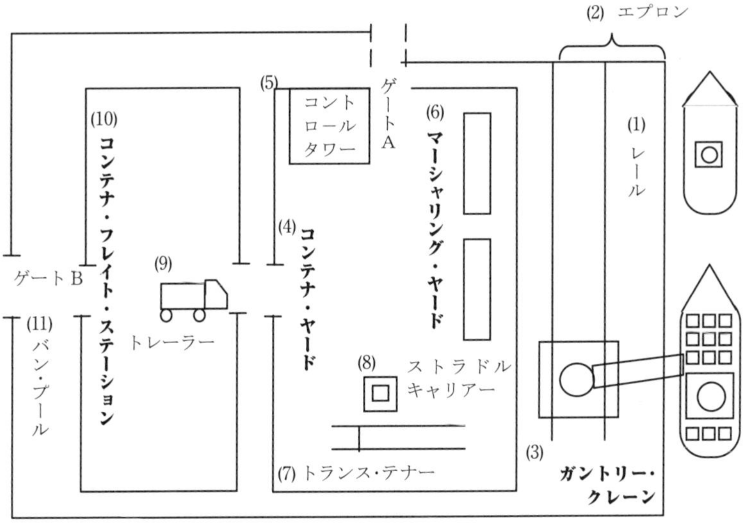

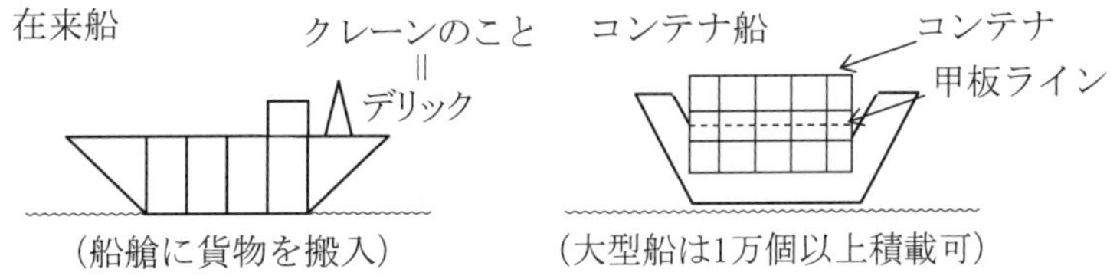

Guide!

(i) 上記(2)エプロン+(6)マーシャリング・ヤードを(4)CYという。
(ii) (10) コンテナ・フレイト・ステーションは、内陸地に点在してることもある。
(iii) コンテナ・ターミナルは、通年フルタイム(24時間)で稼働している。
(iv) 在来船に取り付けられているクレーンのことをデリック（Derrick）という。常用デリック（5～8tまで）と重量貨物用デリック（20～50tまで）がある。

⑴ レール……………………………ガントリー・クレーンの移動のためのもの。
⑵ エプロン…………………………ここからコンテナを船積、荷卸する最も海側のところ。
⑶ **ガントリー・クレーン**……コンテナ船専用の巨大な船積、荷卸用のクレーンのこと。
コンテナの4隅に10cm程の穴があいていて、それにガントリー・クレーンのフックを入れて積卸しが行われている。
⑷ **コンテナ・ヤード**(CY)……大口貨物はゲートA（前頁）からCYに搬入される。
⑸ コントロール・タワー……ターミナル・ヤードを管理する司令室のこと。
⑹ **マーシャリング・ヤード**…コンテナを積卸しやすいように整列・整理整頓させておくところ。
⑺ トランス・テナー…………コンテナを移動する装置／トランスファー・クレーンのこと。
⑻ ストラドルキャリアー……複数のコンテナを移動させる運搬車のこと。
⑼ トレーラー……………………シャシーにつけられてコンテナを運搬するもの。
⑽ **コンテナ・フレイト・ステーション**……小口貨物を混載するところ。ゲートB（前頁）からコンテナ・フレイト・ステーション(CFS)に搬入される。
⑾ バン・プール………………… コンテナを修理したり空のコンテナを保管したりするところ。

第6章

ガントリー・クレーン、ストラドル・キャリヤー、トランステーナーのイメージ

ガントリー・クレーン

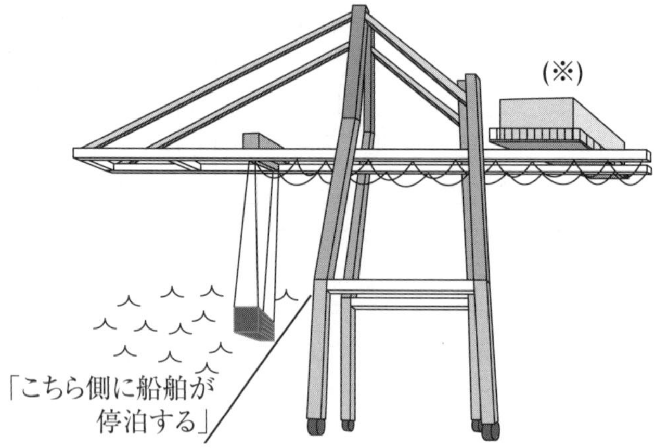

(※) ガントリー・クレーンのコントロール室内にいるガンマンとコンテナ船のデッキマンが協力して積卸作業が行われている。通常、1時間でコンテナ30個程（ベテランのガンマンは40個程／時間）の積卸しが可能である。

例えば、東京港における積卸コンテナ量は年間457万TEU程であり、これらは210人のガンマンにより処理されている。

東京港湾に堆積されるヘドロは、喫水が16m級の大型コンテナ船が通行できるように浚渫船により取り除かれている。これらのヘドロは、東京港湾の埋立用土砂として使用されている。また、港湾物流の交通渋滞（コンテナトラック1日平均4時間待ちという問題）解決のため、バイパス手術としての海底トンネル路が2020年に完成されている。

ストラドル･キャリヤー

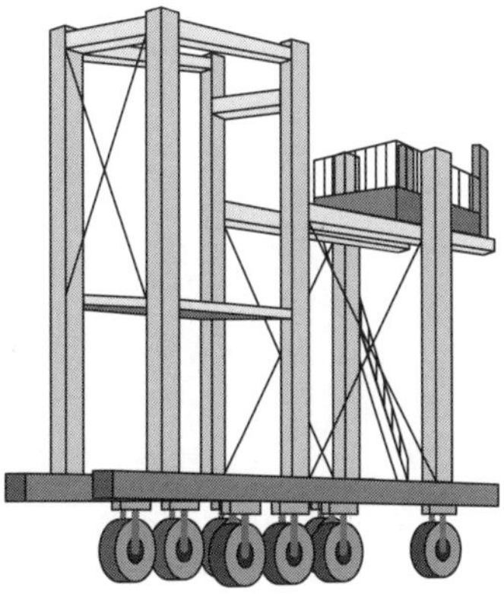

コンテナ･ターミナル内のコンテナ移動は､ストラドル･キャリアー方式（上図）のところとトランステーナー方式（下図）のところがある。

トランステーナー(トランスファークレーン)

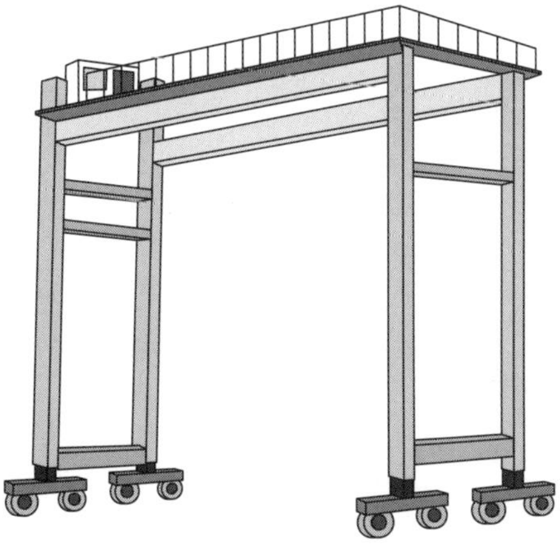

（タイヤ式とレール式とがある）

Guide !

(i) コンテナ船の船積、荷卸の方式としては、**Lift On ／ Lift Off (LO/LO) 方式**と **Roll On ／ Roll Off (RO/RO) 方式** (その船舶を **RORO 船**／ローロー船という) とがある。

前者はガントリー・クレーンやデリックを使用し、後者はトレーラーを使用して船積や荷卸をする方式である。

(ii) 大口貨物 (FCL 貨物) は、直接 CY に運ばれ船積されるが、小口貨物 (LCL 貨物) は CFS で他の貨物と混載された後、CY へ搬入され船積される。輸入の場合は、この逆の流れとなる。

貨物をコンテナに積むことを**バンニング (Vanning**、又は、**バン詰)**、反対にコンテナから荷を取り出すことを**デバンニング (Devanning)** という (第 9 章参照)。

また、コンテナが荷崩れしないようにバーやワイヤーで固定することを**ラッシング**（Lashing）という。

(iii) コンテナの大きさは、ISO 規格 (International Organization for Standardization ／国際標準化機構) により統一されており主なものは 20 フィート型 (20' − 6m × 2.3m × 2.3m ／ 9 畳位) と 40 フィート型 (40' − 12m × 2.3m × 2.3m ／ 18 畳位) 等である。また、用途に応じて、ドライ、リーファー、ハイキューブ、タンク等の種類がある（218 頁参照）。

航空機用のものとしては、パレット、イグルー (屋根付のパレット) 等の ULD（Unit Load Device ／航空機用搭載用具の総称）がある。

船舶のコンテナはガントリー・クレーンの爪をコンテナの四隅にひっかけられて約（2～）3分に1個積んだり、卸したりされている (前述したようにベテランになると1時間で 40 個程のコンテナを扱えるようになる)。

大型のコンテナになると（甲板ラインより）下に9段、上に6段、合計15段程コンテナを積み上げて航海している（8,000TEU～10,000TEU以上積載可能）。2020年現在、世界最大のコンテナ船は、商船三井の「MOLトライアンフ」（長さ600m×幅60m）で、2万170個（TEU）のコンテナを積載することができる（船舶の大型化は、CO_2排出削減にも役立っている）。

しかしながら、大型コンテナ船のドラフト（水深）は約13mあり、バース（コンテナが停泊する港）もそれにあわせて15～16mの水深が必要とされている。新しくバースを構築するには、例えば東京港では約40m掘り下げて耐震をかねて造るため莫大な費用となり、それをカバーできるだけの荷動き（収入）があって運営することができることとなる。

ちなみに、将来関東地区に大地震が発生した場合には、東京都においては、大井、青海地区等のコンテナ・ターミナルを要として東京を復興させる旨計画されている。

⒤ **コンテナ輸送における運送人の賠償責任限度**（包／パッケージとは何か）

ヘーグ・ウィズビー・ルールにおいては、海上輸送の運送人の賠償責任限度は、前述のように「666.67SDR／包または、2SDR／kgのうちどちらか高い額」とされている。しかし、コンテナ船においてここでいう**「包（パッケージ）」とはコンテナひとつのことなのか**、それとも**コンテナの中にある梱包ひとつのことなのか**、さてどちらなのかという議論がかつて起こった。コンテナの中に例えば20～30個の梱包があれば運送人の賠償金額に大きな差が生じるためである。

これに対する現在の考え方は、船荷証券（B/L）の表面にどのように記載されているかによるとされている。つまり、**"One Container"**とのみ表示されていれば「**666.67SDR×1**」で計算されるが、例えば**"One Container containing 20 cases"**等と表示されていれば、最小単位の20が適用され、「**666.67SDR×20**」として計算される。

もし、1SDR（特別引出権）を150円として計算してみると前者では約10万円であるのに対して、後者では約200万円となる。そして、当該金額と「2SDR／kg」で計算された金額とを比較してどちらか大きい額が運送人の賠償責任限度とされている。

一方、航空輸送においては、「19SDR／kg」（モントリオール条約）であり、海上輸送にある「包（パッケージ）」という考え方は取られていないので留意したい。

(v) 在来船の船積と荷卸

在来船には、デリック（Derrick／クレーン）とウィンチ（Winch／デリックにある巻揚機）が設置されていて、人手中心に船積や荷卸が行われている。このWinchを操作する者をWinch Man（ウィンチ番）という。

デリックには、5～8トン巻の常用デリックと20～50トン巻のヘビーデリックがある。

(vi) 新しい物流としての無人搬送車

ガントリー・クレーンからコンテナを積卸しする際、トレーラーの代わりに無人搬送車（AGV）を使用する試みがトヨタ自動車主導にて実施されている。将来の港湾労働者不足に備えたもので、最近技術であるジャイロ・スコープやICタグ（道路に埋蔵されている）等が無人搬送車の運転に使用されている。

ガントリークレーン

トランステーナー

②　港湾のしくみ

港湾には、様々な権益があり、また、いろいろな業者や公官庁の出先機関が入り込んでいる。港湾の政府出先機関、主な業者を挙げると次のようになっている。

政府等の出先機関	港湾における業者
(i) 税関(手荷物検査を含む)……財務省	(i) 港湾運送事業者
(ii) 出入国管理事務所……法務省	(ii) 倉庫業者
(iii) 検疫所……厚生労働省	(iii) 通関業者
(iv) 海事検定協会……国土交通省	(iv) 梱包業者
(v) 港湾管理者……各自治体	(v) その他
(vi) 港長……総務省(海上保安庁)	
(外為法関係は経済産業省の管轄になっている。)	

上記の港湾業者のうちで荷主に代わって船積や荷卸等を行う者は、港湾運送事業者であり、これは一般港湾運送事業法(国土交通大臣管轄)という法律に基づいている。
ここではまず、一般港湾事業についてふれてみよう。

③　一般港湾運送事業(法)

船積および荷卸に関連する業務を一貫して行うことができる業者を一般港湾運送事業者といって、**事業の種類および港湾ごとに国土交通大臣の免許**をそれぞれ得ることにより次の業務を行うことができるものとする。

(i) 船積、陸揚(荷卸)代理業

船会社の委託により行う沿岸荷役やはしけ荷役等の船積作業の船積代理店業(Shipping Agent)や貨物を引き渡す陸揚代理店業(Landing Agent)をいう。

総積や総揚の場合における、船会社の下請け(代理店／エージェント)として沿岸荷役作業の免許をとりこれらの作業を行う業者のことである。なお、沿岸荷役と船内荷役の両方を行う業者のことを一貫元請業(者)という。

(ii) 海運貨物取扱業(海貨業(者)／Forwarding Agent)

海貨業者のことで俗に乙仲(Forwarding Agent／Forwarder)と呼ばれ荷主の依頼をうけて沿岸荷役やはしけ荷役の作業を行い、貨物を本船に渡すまで引き受ける者をいう。また、通関業者としての通関手続をもあわせて行っている。船会社との契約内容が直積(自家積)や直取(自家取)の場合は海貨業者(乙仲)が、船積や荷卸の作業をすることになっている。海貨業者(乙仲)の中には船内作業もできる(一貫)元請業者もいる。

新海貨業者とは、昭和43年に制定された法律によりコンテナ船の場合必要となる**CFSにおけるバンニングやデバンニング**、また、それに伴う港湾運送(横持ち)の作業を船会社の委託により行う業者のことをいう。

(iii) 船内荷役作業(Stevedoring)

本船内から船舶への積込みや荷卸しをする作業を船内荷役業の免許をとってする者(Stevedore／ステベ)のことであり、この場合には、本船に装備されているクレーン等により行われるので、それが届く範囲内においての作業となる。本船のクレーン等以外のクレーンやデリックにより行われた場合には、沿岸荷役作業ということになるのが原則的な棲み分けである。

在来船の場合には、コンテナ船同様に船艙への積付けは、船のバランス、荷を卸す順番等を考慮して慎重に行わなければならない重要な作業となる。

(iv) 沿岸荷役作業(Longshoring)

保税地域における運送、保管、荷捌、船積、荷卸等の作業のことである。また、本船が沖あいにいる場合には、はしけ(艀)を使用しての荷役も含まれる。荷役作業をする労働者のことを**ステベ**(Stevedore)という。米国においては、Longshoreman、日本語では沖仲士ともいう。

(v) 検数事業

検数事業とは、**検数**、**検量**、および**鑑定**の３種類からなっており、有資格者により行われている。主な業者としては、社団法人日本海事検定協会 (検量と鑑定業)、財団法人新日本検定協会 (検量と鑑定)、社団法人日本貨物検数協会 (検数と検量) 等がある。この場合、**事業の種類ごとに国交大臣より免許を取れば全国どこの港湾においても仕事ができる。**

このうち検数 (Tally) とは、貨物のマーク、品名、個数、外装の状態等をチェックすることであり、船積時と荷卸時に行われる。本船側の検数人 (Ship Side の Tally Man または Checker) と荷主側の検数人 (Dock Side の者／全日本検数協会等に依頼) の双方により立会いが行われ、検数表 (Tally Sheet) が作成される。貨物に異状があると検数表に双方合意のうえリマークを記載するが、この場合、メイツ・レシートやドック・レシート等にもリマークが入ることになる。荷卸時も同様な立会いが実施される。

検量には、船積検量と陸揚検量 (コンテナ船の場合にはコンテナ詰検定という) とがある。

鑑定には、品質検査、積付検査、保険事故の際の鑑定等がある。

④　船積までの流れ

ここではL/C 取引契約締結後 (他の決済でも貨物の流れは同じ) における輸出地サイドの輸出貨物の流れをまとめてみることにしよう。

(i) 信用状の受領

信用状は、商社の立場からすれば、商品の製造期間 (例えば１月とする) と船積手続 (約３～５日位) を合計した期間前までに受領しておく必要がある。信用状到着後に、内容をすぐにチェック (突合) をしてアメンドをしたり、外貨建である場合には、タイミングをみて為替の予約をする (後述) ことになる。

第6章

(ii) 商品の発注

輸出者（商社等）は、信用状の受領後にメーカーに商品発注をすることが望ましい。この際に、納期の再確認や貨物の重量、容積を確認し通関書類の作成にそなえることになる。

(iii) 船腹の予約

原則として輸出者 (又は、乙仲) は、電話やメール等にて船会社に出港日等の船腹の予約 (Space Booking) を通常、出港日の１ヶ月以内に行い、（スペース）ブッキング確認書を受け取る。また、この時に運賃、ETD (出港予定日)、ETA (到着予定日) 等の条件も確認される。航空便の場合には、海貨業者 (乙仲) が数日前に予約をしてくれるので輸出者はBooking する必要はない。

(iv) 商品完成

商品が完成したら、輸出者は、メーカーに梱包をしてもらい荷印を入れてメーカー、又は、海貨業者 (乙仲) の倉庫に保管しておき本船出港日の約３日位前 (実際は一両日で行えるが計画時にはギリギリの日数で予定しないこと) に保税地域の倉庫へ陸送することになる。

(v) 通関書類の作成

商品が完成し、保税地域の倉庫へ貨物を搬入する頃までに通関書類および、船積書類を作成し海貨業者 (乙仲) に渡すことになる。

通関書類として主に必要なもの

(イ) Invoice (仕入書)

(ロ) Packing List (梱包明細書)

(ハ) B/L のコピー

(ニ) 原産地証明書、

(ホ) カタログ等

(ヘ) その他必要に応じて他法令により必要となる書類

外為法に該当する貨物時には、上記(F)の書類（経済産業大臣等の許可書等）が、輸出申告時までに、通関のため必要であり、実務ではこの書類は特に重要な書類である。

(vi) 船積に必要な書類

Shipping Instructions（船積依頼書／船積指示書ともいう）を輸出者が作成して海貨業者（乙仲）に渡す。シッピング・インストラクション（ズ）（第3章－2－(1)頁参照）は、船積のために必要なもので、これを基にしてB/Lが作成される。

(vii) 保税地域への搬入

本船出港日の数日（2～3日位）前までに保税地域の倉庫に搬入する（但し、売主の施設等より輸出申告することもできる）。コンテナ船の大口貨物の場合には、船積の前々日までに直接CYに貨物を搬入する。海貨業者（乙仲）により税関に輸出申告がなされ原則として輸出許可を受けてから船積手続が開始される。なお、航空便の場合には、その日のうちか翌日以内に貨物を搭載することが可能である。

(viii) 船積手続

在来船の場合とコンテナ船の場合とがあるが、詳しくは第9章において学習する。

(ix) B/Lの発行

船会社より発行された船荷証券（B/L）は、海貨業者（乙仲）により荷主に届けられる。

(x) 船積通知（Shipping Advice）

輸出者は、船積完了次第すみやかに、FAX等により船名、出港日、貨物の数量、金額等を輸入者に送付する。インコタームズにおいては売主の義務となっており、FOB契約の際、輸入者は、この船積通知により確定保険を申し込むことが可能となる。

(xi) 書類の買取

信用状有効期間内および買取期間内までに、輸出者は船荷証券（B/L）等必要な船積書類を揃え、取引銀行において手形を作成し、買取りを依頼することになる。

⑤　積荷書類の電子化（ペーパーレス化）促進

迅速な輸出をはかるため経済産業省は、運送業者（日通）や商社等（双日、NTT データ）と協力して積荷書類の電子化の実施をめざしている。

輸出業者作成の書類を通関業者や船会社に直接手渡ししたり、FAX 等で届けて確認やチェック作業を行っている**（3日程かかっている）ものを、データ連携システムの構築により1日（～2日）済ませようとするものである**（下図参照）。

これにより、今まで3日前に業者間手続をして、貨物をコンテナヤードに搬入していたものが1日前に短縮することが可能となり、日本の港湾競争力の強化に繋がるといわれている（例えば、韓国経由で米国向とする必要がなくなる等を挙げることができる）。

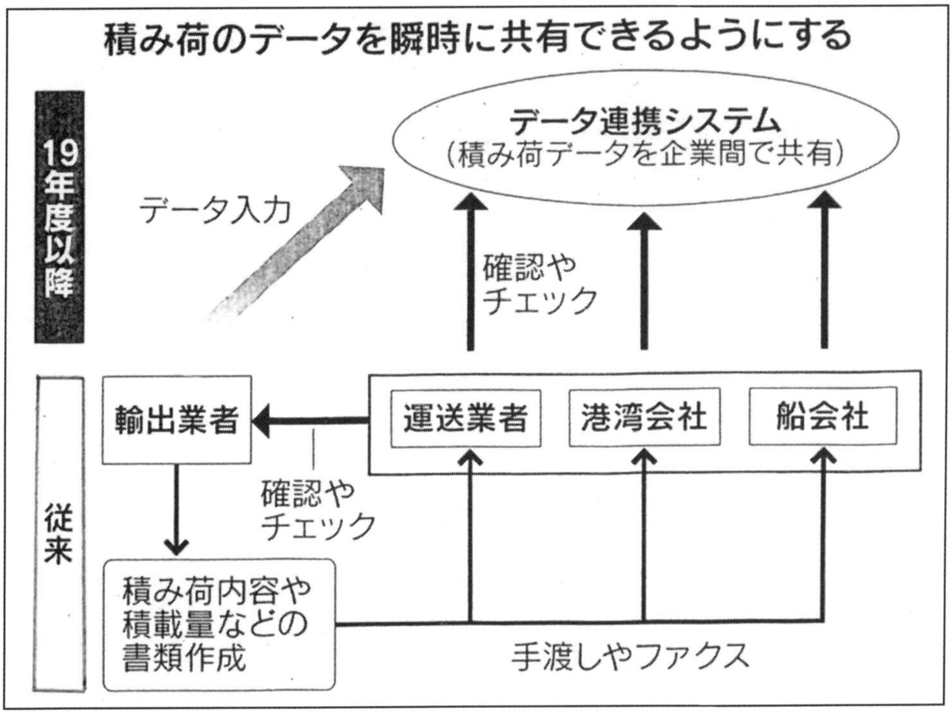

（出所：日経新聞）

香港の物流ターミナル

コンテナ・トレーラー

艀(はしけ)による港湾運送／香港(著者撮影)

ガントリークレーン

シンガポール港風景

2．航空運送

航空貨物の運送に関しては、航空会社、又は、その代理店（日通、近鉄、阪急等）に依頼して輸送する場合(**直接貨物輸送契約／ダイレクト・カーゴ**という)と、日通、近鉄エクスプレス、阪急交通社等のように自らは輸送手段(航空機)を持たずに航空会社を利用しているのみの運送業者(契約運送人)に依頼する場合（**混載貨物輸送契約**）とがある（下記網掛け部分参照)。後者の場合、荷送人から受領した小口貨物を他の荷送人からの貨物と混載している。そして、大口貨物として航空会社に依頼するこの業者のことを**混載業者(Consolidator**／実務では**Forwarder**）という。航空輸送時には、乙仲とは呼ばずにフォワーダーと呼んでいる（混載貨物は、1975年は24%、1980年は80%、2019年には90%に達している)。

米国にはFedex、DHL, UPS等のように混載業者でありながら航空機を有している業者もあり、これらの業者のことを、**インテグレーター**／Integratorという（244頁Guide!(i)参照)。

航空機を有していない混載業者（Air Cargo Consolidator）のことを航空法では**利用航空運送事業者**（**NVOCC**／Non Vessel Operating Common Carrier）といって、近年、その発展ぶりには特にめざましいものがある。

航空貨物は、貨物量ベースでは全体の1%未満(0.3%位)にすぎない。しかし、金額ベースでは付加価値の高い貨物を輸送するため全体の30%近くを占めている。

航空貨物代理店と利用（航空）運送事業者

例えば日通等のような航空運送事業者は、直送業者としての航空会社の**航空貨物代理店**としての側面と、**混載業者（利用運送事業者）**として自らが荷主として混載貨物の輸送契約を航空会社と行うという側面を有していて、必要に応じて使いわけている。

第6章

Guide !

参考までに我が国の航空貨物の最近の実績は次の通りである。航空輸送は輸出入ともに金額ベースでは侮れない数字（全体の30%近く）となっている（2016年)。

件数：	輸出　約190万件	輸入　約183万件
重量：	輸出　約123万t	輸入　約148万t
金額：	輸出　約 16兆円	輸入　約13.8兆円

国際航空輸送に関する条約

国際航空運送に関する条約は、1929年ポーランドのワルシャワで採択された「**ワルソー条約**(Warsaw Convention／**ワルシャワ条約**)」(我が国は1953年に批准)といって、航空運送人と荷主の権利、義務、そして、責任等について規定されている。ちなみにワルソー条約では、貨物損傷時等における航空運送人の賠償責任は**US$ 20/kg**とされている（シカゴ条約に関しては、次々頁Guide!(viii)参照)。

また、1955年の「**改正ワルソー条約**」を経て、1975年にはカナダのモントリオールにて「**モントリオール第4議定書**」が署名されている。これを「再改正ワルソー条約」といって、運送人の責任限度をIMF(国際通貨基金)のSDR(特別引出権／Special Drawing Rights)により表示することになり、**17SDR/Kg**とされている(我が国は2000年に発効)。

さらに、1999年カナダのモントリオールにて成立した「**モントリオール条約**」もあり、我が国はこの条約にも加入している。モントリオール条約においては、運送人の責任は、無過失責任とされ、その責任限度は、2009年より**19SDR/kg**とされている。モントリオール条約は、今までの4つの航空条約をこれに統合された形となっており、現在、**我が国**においては、**モントリオール条約が適用**されている。

(1)　混載貨物輸送(利用航空運送事業／213頁図の③)

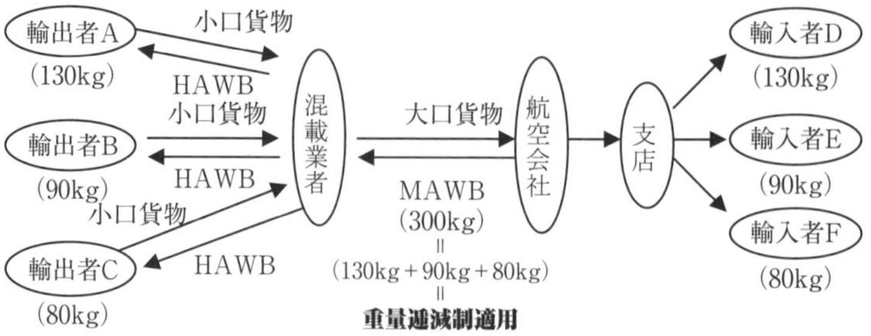

混載業者は、前述のように複数の輸出者(荷主)と運送契約を結び、小口貨物を預かって、それらをまとめて大口貨物として、**自らが荷主(荷送人)となって航空会社**(実運送人という)**と運送契約**を結んでいる。このときに航空会社から発行されるAir Waybill(航空運送状)を**Master Air Waybill**(MAWB／マスターAWB)というが、これを荷主が見ることはない(但し、直送貨物時はこのAWBが荷主に渡される)。

MAWBに対して、荷主が混載業者(契約運送人という)に貨物を引き渡したときに混載業者から後日発行されるAir Waybillのことを**House Air Waybill**(HAWB／ハウスAWB)という。このHouse Air Waybillには、Master Air Waybillの発行番号も記載されている(船舶時にもMaster B/L、House B/Lという)。

航空輸送は、迅速性が要求されているためAir Waybillには、B/Lのような流通性はあえて持たされていない。このため、AWBは**運送契約証、貨物受取証、貨物の明細書**としての意味を有するものであるが、**有価証券としての引渡性は有しておらず流通性もない**(AWBには、裏書はできない)。

次に航空貨物の運賃は、**重量逓減制**(重くなる程運賃は割安となる／船舶には同制度なし)を敷いている。このため、IATAにより定められている航空会社の運賃表(タリフ)と、混載業者独自の運賃表の差から生じる運賃分(混載差益)が混載業者の利益となる。混載業者は、航空会社にとっては、航空貨物の量を増やしてくれるという側面を有している。また、輸出者にとっては、直送するよりも重量逓減性(海上輸送にはない)により、混載の方が運賃が安く(上図参照)、かつ、便利であるためここに社会的存在価値を見いだすことができる。

Guide！

(i) **インテグレーター**

海上輸送におけるフォワーダー(海貨業者／乙仲)と航空運送の混載業者は、米国における法改正により、自ら運送状(B/LやAWB)を発行することができる。これらの業者を法律用語としては、前述のように利用運送事業者(NVOCC／Non Vessel Operating Common Carrier)という。また、船会社、航空会社のことを実運送人(Actual Carrier)、そして利用運送事業者(日通、近鉄エクスプレス等の業者)のことを契約運送人(Contracting Carrier)ともいう。近年とくに、航空運送業界における利用運送事業者の躍進が著しく、航空貨物運送の場合には、航空輸送貨物の90%以上がフレイト・フォワーダーによるものとなっている。**Fedex**社／米国や**UPS**(United Parcel Service)**社**／米国、**DHL社**／ドイツ、TNT社／オランダ等のような**インテグレーター**(Integrator)の育成が我が国においても重要視されている。

インテグレーターは、通常、航空機を所有している国際宅配業者であり、全世界に72時間以内に配送できることをキャッチ・フレーズとしている。また、インテグレーターは、配送のみならず荷主倉庫の在庫管理等総合的なロジスティクスの向上をめざしている(残念ながら我が国には、インテグレーターの存在は今のところない)。

(ii) **ダイレクト・カーゴ (Direct Cargo**／Straight Cargo)

大量の貨物、とくに急いでいる貨物、危険物品(バッテリー、エアスプレー、ライター、マッチ、タイヤ、シンナー、接着剤等)、宝石類、および生鮮食品等は、混載貨物とはせず、**航空貨物代理店又は、航空会社と直送貨物輸送契約をし、ダイレクト・カーゴ**として輸送されている。日通等の大手は混載業者であり、また、航空会社の代理店(ダイレクト・カーゴを扱える)でもある。そして、荷主のニーズ、貨物の性質により混載貨物にするかダイレクト・カーゴにするかを使いわけている(但し、そのほとんどが混載貨物である。)。

⒤ 我が国の主なフォワーダー

我が国の主な航空輸送のフォワーダーとして、日通、近鉄エクスプレス、郵船航空、西鉄運輸、阪急交通社、ソニー、日新、UPS、ヤマト、商船三井、西濃シェンカー、東急エアーカーゴ等がある。

(iv) AWBの申告欄に**NVD**と記載した場合

AWBの価格申告欄に貨物の価格を申告せずに、その代わりに**NVD (No Value Declared)** と記載することができる。この場合において貨物損傷等があった場合には、運送人は**運送責任限度額**（19SDR/KG又は＄20/kg）**を賠償**することになる。

一方、AWBの価格申告欄に運送責任限度額を超える額が記載された場合には、**従価料金**(Valuation charge／250頁Guide！参照)を支払うことによりその**申告額が運送責任限度額**となる。

(v) Arrival Notice

以下の資料は、**貨物が到着すると航空会社**(運送人)**から荷主に届くArrival Notice**(貨物到着通知)である。これにより輸入者は荷物を取ることができる（後述)。そして、**輸入地の銀行が船積書類が到着した旨を輸入先に知らせてくる書類もArrival Notice**(接受通知)という。

資料

貨物到着通知

運送状番号	個数／重量	到着便名
荷送人	内容品	

貨物が到着しましたのでご連絡いたします。

・輸入通関お引取に関しまして、ご手配くださるようお願いいたします。

・通関業者をご利用の際は、運送状番号を業者にご連絡ください。
　通関業者のお心当たりがないときは、弊社にてご紹介いたします。

・ご自身で通関なさる場合は、事前に弊社にご連絡ください。

ご不明の点につきましては、下記にお問合せください。

航空会社名と連絡先

(vi) 航空宅配便貨物

インターネットの普及によりe-ビジネスが盛んであるが、これらはほぼ100％航空宅配便貨物でありDoor to Door運送の需要を伸ばしている(この場合にはすべてデリバリー系／Dグループのトレード タームズ／DDPが使用されている)。

(vii) 航空貨物は、航空会社の上屋(保税地域)にて通常、パレット化されている。また、この荷を運ぶ(横持という)台車のことをドーリー(又はドレイ)という。

(viii) シカゴ条約

1944年にシカゴにて採択された国際民間航空のあり方を定めたものをシカゴ条約という。我が国も1953年に加盟している。国際民間航空の安全性や外国航空の通過権およびカボタージュの禁止（254頁参照）等を規定している。

⒤ **航空貨物の梱包**

航空貨物は、通常、機械、部品、食料品等いわゆる付加価値のある貨物および急いでいる貨物が殆どである。また、航空機は、船舶よりもガタガタと時として大きく揺れるため **ULD** (Unite Load Device) 等にしっかりと積み付けをして（これをビルド・アップ／積付という）搭載しなければならない。

最近の大型貨物機は、100 t 程、旅客機では下層部（ベリーという）に 10 t 程の貨物を運送することができる。

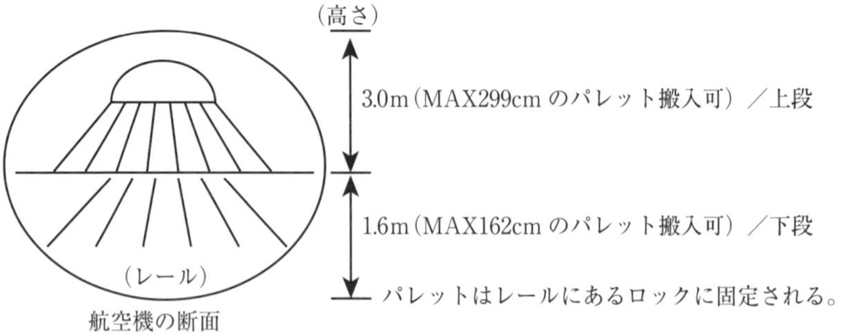

航空機の断面

航空貨物は、主に Air Forwarder（一部メーカー）によりしっかりと梱包されてからすぐに積荷できる状態で航空会社に引き渡される。これを **"Ready for Carrige"** という。なお、航空機への搭載は、一部の大型貨物の場合には、クレーンを使用することもあるがほとんどが人力が中心である（フォークリフト等は使用される）。

下記の場合には、梱包不適当として航空機に搭載することができない。

1　貨物がむき出しで上部の天板がない（形状不適当）
2　段ボールの強度がない、天板の大きさが不足している（強度不足のものをぜい弱梱包という）
3　段積ができない梱包である（上積不可）
4　フォークリフトの爪が入らない梱包である（フォークリフト取扱い不可）

⒥ **航空貨物搭載までの手順**

航空貨物の航空機への搭載は次のような流れとなっている。

1　トラック等で貨物は出発空港に運送される。
2　Air Forwarder により貨物は保税地域の倉庫（上屋）に搬入され、まず通関がきられる。
3　当該倉庫（上屋）にて貨物を点検し、パレット等の ULD に積み付け（ビルドアップ）する。
4　パレットにビルドアップされた貨物に荷崩れしないようにビニールをかけ、そしてネットが掛けられる。
5　ネッティング作業完了後に、計量をして航空機に搭載される。

参考までに航空貨物には、離発着時や乱気流遭遇時に大きな重力（G-factor という）がかかる場合がある（前後で MAX1.6G、左右で MAX2.0G、上下で MAX3.0G ／荷重の 3 倍の重力がありうる。
（例）1,000kg の貨物なら 3,000kg の重力がかかる）。従って、これに耐えられる梱包をする必要があり、航空貨物の積付には、それなりの時間と人力がかけられている（但し、迅速に行わないと航空機の出発遅延になりかねない）。

(xi) 航空貨物搭載時の立会い

航空貨物搭載時において、**船舶時のような立会いは、通常、行われていない。**

但し、例えば絵画や競走馬のような（特殊な）貨物の場合には、必要に応じて実施することは可能である。

(xii) 危険物輸送

IATA 協定により危険品として輸送できない物（火薬類、引火性液体、高圧ガス、腐食性液体等）がある。しかし、適切な梱包（及びラベリング）と数量制限により安全の確認ができれば運送できる物（バッテリー、エアゾール、ドライアイス、殺虫剤等）もある。この場合、危険物貨物取扱手数料が加算される。また、違反すると荷主に罰金が課せられる（日本では 100 万円以下、一方、米国では違反一件につき最低 250 ドルから最高 27,000 ドル）。

(xiii) 航空輸送に多い直送貨物（原則として混載は、できない）

(イ) ペリシャブル貨物（Perishables）

時間の経過や温度、湿度の変化により価値が減少してしまう貨物のことである。

生きている生鮮品、ワクチン、報道関係のもの、医療用放射性物質、生きている動植物等が具体例である。

(ロ) 貴重品（Valuables）

金貨、金塊、白金、宝石、紙幣、証券、切手、印紙および US$1,000 ／ KG 超の貨物のことをいう。

(ハ) その他外交官貨物等

貨物に異状があっても内容点検はできない。直ちに外交筋に連絡することになる。

(ニ) 遺体（Human Remains）

火葬済のもの（遺骨等）は、運送可能である。但し、火葬していないもの（遺体等）は、亜鉛の棺に収納し、蓋ははんだ付する。特に伝染病により死亡したものは、火葬しなければならない。犯罪絡みのものは、警察の許可が必要となる。

(2)　**直送貨物 (直接貨物輸送**／ 213 頁図の④ **)**

航空会社 (航空運送事業者) と直接契約 (航空会社の代理店との契約を含む) をして運送される貨物のことを、直送貨物 (Direct Cargo ／ Straight Cargo) という。直送貨物には原則として IATA (国際航空運送協会／ International Air Transport Association) が定めるタリフによる運賃が適用される。

航空貨物の直送貨物における IATA 運賃には次のような種類がある。

① **一般貨物賃率** (General Cargo Rate ／ **GCR**)

割引が適用されているコンテナ詰 (下記 (ニ)) でない貨物に適用される基本的な運賃率のことである。但し、特定品目運賃率や品目分類賃率の定めのある区間においては、これらを一般貨物賃率に優先して適用する。

② **特定品目賃率** (Special Commodity Rate ／ SCR ／**スペック**)

特定区間において、特定品目 (繊維製品、光学製品、電気製品等) に適用される航空輸送における貿易奨励のための**割引運賃率**である。

③ **品目分類賃率** (Commodity Classification Rate ／ CCR ／**クラスレート**)

定められた品目に適用される**割増運賃率** (自動車の部品や貴重品等に適用) や**割引運賃率** (書籍等に適用) のことである。

④ **コンテナ単位料金**

コンテナやパレット等の ULD (Unit Load Device ／単位搭載用具) で、荷受人に引き渡される場合の**コンテナ単位の（割引）運賃**のことである。

⑤ **最低運賃率** (Minimum Freight Rate)

貨物の量が少量であっても、船会社が定めた最低運賃が適用される。最低運賃以下の小口貨物の場合、一荷口 (One Lot) として扱い、一律に最低料金が適用される。これを一括運賃 (In Full) といって、一括で運賃は計算される。

(i) **航空運賃適用における優先順位**

一定の仕向地までの航路 (区間) に一般貨物賃率をベースとして、特定品目賃率及び品目分類賃率をも定められている場合、**特定品目賃率が最も優先順位が高く、次に品目別運賃率とされている。**

(ii) 航空運賃の **AS 取り (みなし運賃)** の事例／海上運賃に AS 取りの適用はない。
（すでに学習した As Arrenged と混同しないこと／95 頁㉒参照）。

航空運賃においては、重量逓減制がしかれているため、次の事例においてはより割安な運賃を適用することができる。

（事例）

適用重量	90kg
運　　賃	① 100kg 未満 → 1,500円/kg
	② 100kg 以上 → 1,200円/kg

①　90kg で計算すると　90kg × 1,500円/kg ＝135,000円
② 100kg で計算すると 100kg × 1,200円/kg ＝120,000円

上記の事例においては、本来は①の 135,000 円であるが、②の 100kg 以上の運賃を適用した方が割安となる。

この場合には、②のレート（120,000 円）を適用することが航空貨物においては可能である。

これを AS 取り (みなし運賃) という。

ちなみに航空貨物運賃は、8段階(～45kg～100kg～300kg～500kg～1000kg～2000kg～3000kg～)となっている。

(3)　**チャーター輸送 (不定期航空輸送**／213 頁図の⑤**)**

一定以上の貨物量によっては、航空機をチャーターした方が割安になる。この場合には、船舶による用船契約と同じように運賃は、自由運賃であり航空会社により異なっている。従って、チャーター便の場合にはIATA による運賃率がそのまま適用されることはない。

(cf) エアーウェイビル（HAWB）の解説

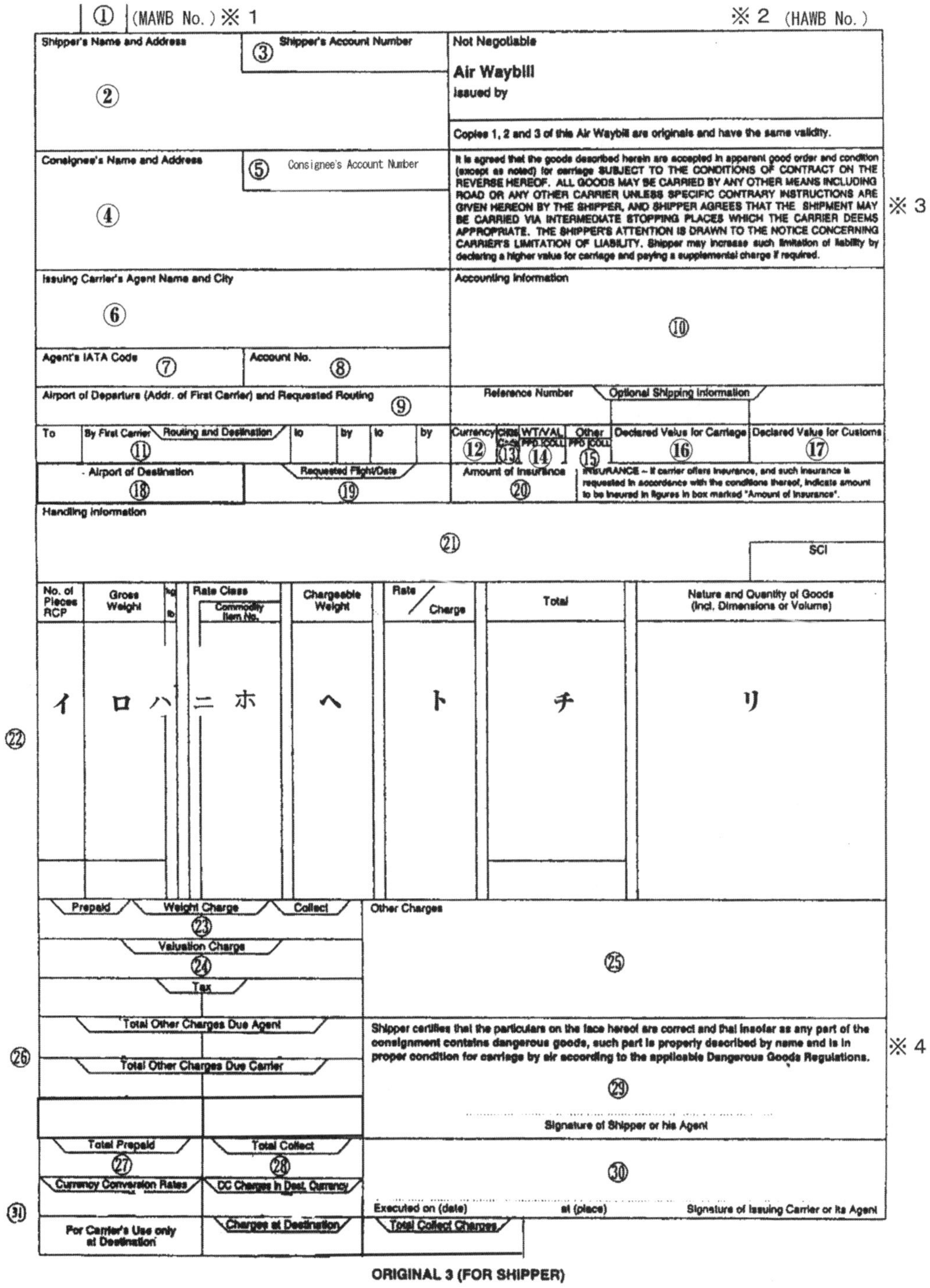
① （MAWB No.）※１　　※２（HAWB No.）

Shipper's Name and Address ②
③ Shipper's Account Number
Not Negotiable
Air Waybill
issued by
Copies 1, 2 and 3 of this Air Waybill are originals and have the same validity.
Consignee's Name and Address ④
⑤ Consignee's Account Number
It is agreed that the goods described herein are accepted in apparent good order and condition (except as noted) for carriage SUBJECT TO THE CONDITIONS OF CONTRACT ON THE REVERSE HEREOF. ALL GOODS MAY BE CARRIED BY ANY OTHER MEANS INCLUDING ROAD OR ANY OTHER CARRIER UNLESS SPECIFIC CONTRARY INSTRUCTIONS ARE GIVEN HEREON BY THE SHIPPER, AND SHIPPER AGREES THAT THE SHIPMENT MAY BE CARRIED VIA INTERMEDIATE STOPPING PLACES WHICH THE CARRIER DEEMS APPROPRIATE. THE SHIPPER'S ATTENTION IS DRAWN TO THE NOTICE CONCERNING CARRIER'S LIMITATION OF LIABILITY. Shipper may increase such limitation of liability by declaring a higher value for carriage and paying a supplemental charge if required. ※３
Issuing Carrier's Agent Name and City ⑥
Accounting Information ⑩
Agent's IATA Code ⑦
Account No. ⑧
Airport of Departure (Addr. of First Carrier) and Requested Routing ⑨
Reference Number
Optional Shipping Information
To / By First Carrier / Routing and Destination ⑪ / to / by / to / by
Currency ⑫ / CHGS Code ⑬ / WT/VAL PPD COLL ⑭ / Other PPD COLL ⑮ / Declared Value for Carriage ⑯ / Declared Value for Customs ⑰
Airport of Destination ⑱
Requested Flight/Date ⑲
Amount of Insurance ⑳
INSURANCE – If carrier offers insurance, and such insurance is requested in accordance with the conditions thereof, indicate amount to be insured in figures in box marked "Amount of Insurance".
Handling Information ㉑
SCI

㉒

No. of Pieces RCP	Gross Weight	kg lb	Rate Class / Commodity Item No.	Chargeable Weight	Rate / Charge	Total	Nature and Quantity of Goods (incl. Dimensions or Volume)
イ	ロ	ハ	ニ　ホ	ヘ	ト	チ	リ

Prepaid / Weight Charge / Collect ㉓
Valuation Charge ㉔
Tax
Other Charges ㉕
㉖ Total Other Charges Due Agent
Total Other Charges Due Carrier
Shipper certifies that the particulars on the face hereof are correct and that insofar as any part of the consignment contains dangerous goods, such part is properly described by name and is in proper condition for carriage by air according to the applicable Dangerous Goods Regulations. ※４
㉙
Signature of Shipper or his Agent
Total Prepaid ㉗
Total Collect ㉘
㉚
㉛ Currency Conversion Rates
CC Charges in Dest. Currency
Executed on (date)　at (place)　Signature of Issuing Carrier or its Agent
For Carrier's Use only at Destination
Charges at Destination
Total Collect Charges
ORIGINAL 3 (FOR SHIPPER)

(MAWB 時には、上記※１部分に MAWB No. が記載される。また、HAWB 時には、上記※２部分に HAWB No. が記載される。なお、AWB の※３、※４の和訳は、次々頁参照のこと。)

AWBは、通常3通のオリジナル（輸出者用、運送人用、輸入者用各1通）と6通ないし7通のコピーからなっている。AWBはワルソー条約の規定により、原則としては荷送人が作成するものであるが、実務上は運送人が代行して作成している。1983年10月からはユニバーサルAWBが、また1997年9月以降はニュートラルAWB（NAWB／IATA決議（Resolution）600b号）が使用されている。

（解説）

A　AWBの表面（前頁参照のこと）

航空運送状の記載事由

① 出発地の航空の3レターコード
② 荷送人の名称、住所、電話番号
③ 荷送人の口座番号
④ 荷受人の名称、住所、電話番号
⑤ 荷受人の口座番号
⑥ AWB発行代理店名と所在地名
⑦ AWB発行代理店のIATA代理店コード
⑧ AWB発行代理店の口座番号
⑨ 出発地空港名
⑩ 支払方法の必要事項
⑪ 最初の航空会社
⑫ 出発国の通貨コード（JPY, USD等）

航空運賃のタリフは、**発地国（輸出国）建**となっている。なお、運賃はダブル・アプルーブ制といって、原則として輸出入両国の認可が必要とされている。

⑬ 支払い分類コード（電子AWB用）
⑭ 運賃が前払いか着払いか
⑮ 他の費用が前払いか着払いか
⑯ 貨物の申告価格（Declared Value for Carriage）

事故が少ないため、実際では**NVD（No Value Declared）と記載されることが多い**。この場合、原則としてワルソー条約により運送人の貨物損害賠償責任限度は、US$20/KGと規定されている。高価品（Valuable Goods）の場合、従価建運賃（Ad Valorem Freight）とする時は、AWBの⑯欄に必要な額を記載し、超過分の料金（下記例）を支払うことによりその金額を運送人に損害賠償金とすることができる。

従価料金の計算例（従価計算／Ad Valorem／According to Value（価格）の意味）
貨物Aにおいて価格US$10,000、重量200KGの場合
従価料金は、（US$20/KGの超過分）× 0.75%であるため
US$10,000 −（200KG × US$20/KG → US$4,000）× 0.75%
= US$6,000 × 0.75% = US$45（従価料金）となる。

⑰ 税関申告価格（Declared Value for Customs）

その国に法律によりFOB価格、又は、CIF価格を記載する。

⑱ 仕向地空港名
⑲ 搭載便名
⑳ 必要な場合には保険金額（現在、荷主保険は使用されていない）
㉑ 梱包についての必要事項
㉒ 貨物の明細と運賃
　イ　貨物の個数
　ロ　貨物の総重量
　ハ　重量単位（KG, KL等）
　ニ　賃率の種類
　ホ　特定品目賃率

ヘ　運賃に適用される重量
ト　賃率または料金
チ　運賃合計額
リ　貨物の内容（たて × 横 × 高さの寸法）

㉓（重量料金の場合）前払いか着払いか － 左側か右側かに記入
㉔（従価料金の場合）前払いか着払いか － 左側か右側かに記入
㉕ 他の費用の明細
㉖ 他の費用の合計額
㉗ 前払い金額の合計額
㉘ 着払い金額の合計額
㉙ 荷送人の署名又は（その）代理人の署名
㉚ 航空運送人の署名、発行日、発行場所
㉛ 着払いの場合における着地記入欄（通貨換算率、着地での取扱手数料等）

AWB の※3

It is agreed that the goods described herein are accepted in apparent good order and condition (except as noted) for carriage SUBJECT TO THE CONDITIONS OF CONTRACT ON THE REVERSE HEREOF. ALL GOODS MAY BE CARRIED BY ANY OTHER MEANS INCLUDING ROAD OR ANY OTHER CARRIER UNLESS SPECIFIC CONTRARY INSTRUCTIONS ARE GIVEN HEREON BY THE SHIPPER, AND SHIPPER AGREES THAT THE SHIPMENT MAY BE CARRIED VIA INTERMEDIATE STOPPING PLACES WHICH THE CARRIER DEEMS APPROPRIATE. THE SHIPPER'S ATTENTION IS DRAWN TO THE NOTICE CONCERNING CARRIER'S LIMITATION OF LIABILITY. Shipper may increase such limitation of liability by declaring a higher value for carriage and paying a supplemental charge if required.

AWB の※3の和訳

この航空運送状の第1片，第2片ならびに第3片は正本で同じ効力を有する。
ここに記載されている**貨物は，外見および状況が**（別段の記入がある場合を除き）**一見良好な状態で**，この書類の裏面に掲載されている契約条件に従って，輸送のために**受託された事に合意する**。すべての貨物は，この書面の上で荷送人より異なる特別な指示がなされていない限り，陸路を含むいかなる輸送手段または，他のいかなる運送人を用いて輸送される場合もある。また，荷送人は，運送人が適当と判断する中間寄港地点を経て貨物が運送されることにも同意する。荷送人に対し，「運送人の責任限度に関するご注意」に，特に注意を喚起する。荷送人はかかる運送責任の限度を，より高い運送価額を申告し，必要とされる割増料金を支払う事により，増額することができる。

AWB の※4

Shipper certifies that the particulars on the face hereof are correct and that **insofar as any part of the consignment contains dangerous goods, such part is properly described by name and is in proper condition for carriage by air according to the applicable Dangerous Goods Regulations.** .... Signature of Shipper or his Agent

AWB の※4の和訳（荷送人の宣誓署名）

荷送人は，この書類の表面に記入されている明細が正確なものであることおよび，この貨物のいかなる部分に危険物が含まれている場合には，その箇所は正しい品名で記載されていて，該当する危険物規則書に従って，航空輸送に適した正しい状態にある事を証明する。
荷送人またはその代理人の署名

(i) AWBの留意点

(イ) AWBは、受取式である。船舶と異なり航空機は、便数も多く、そのスピードメリットを活かすため、**オン・ボード・ノーテーションは原則として記載されない。**

(ロ) AWBの荷受人欄は、記名式となる（To order of～等のような指図式となることはない)。

(ハ) AWBは、Non Negotiableである（IATA決議による）ため、裏書はできない。

(ニ) MAWBとHAWBとがある。

(ii) 航空運送状（AWB）の発行について

3通の原本（オリジナル）

(イ)	**原本１／航空会社用**	（緑色／運送人用として交付）
(ロ)	**原本２／荷受人用**	（桃色／貨物とともに仕向地の航空会社代理経由にて輸入者へ）
(ハ)	**原本３／荷送人用**	（青色／船積書類の一部として輸出者へ）

上記②の荷送人用原本（１枚）が、銀行提出用として使用される。

さらに、コピーとして6～9通（白色：デリバリー・レシートは黄色）が発行される。

AWBは受取式（Received）としてまた、記名式にて作成されている。

ワルソー条約では、**AWBは荷送人（輸出者）が作成**しなければならないことを原則（6条）としているが、一方で、**航空運送人による代理作成をも認めている**（実際には、輸出者が作成することはない)。

(iii) 本クレームおよび**出訴期間の時効**

航空運送人への**予備クレーム（クレーム・ノーティス）の手続き**は、貨物受領日より**14日以内**（船舶は**3日以内**）と改正ワルソー条約により規定されている。

本クレームおよび**訴訟期間**は、貨物が到着地に到着した日（到着すべき日又は、運送中止の日）から**2年以内**（船舶は貨物受領後**1年以内**）とされている（その後は、時効により運送人の損害賠償責任は消滅する)。

本クレームおよび訴訟がなされているにもかかわらずその時効期間内に話し合いがつかず解決できない場合には、荷受人は運送人に時効延長願（Application for Time Extension）を提出することにより**時効を延長**することができる。

(iv) AWBの機能

(イ) 運送契約書としての証拠書類

(ロ) 物品の受領書

(ハ) 運賃等の請求書

(ニ) 保険の証明書

(ホ) 税関に対する申告書の代用として使用できる。

(ヘ) 航空会社に対する物品引渡し等の指示書

成田空港での積卸中

フォークリフトでの横持

第6章

Guide !

(i) **AWB（および SWB）時の貨物の処分権**

貨物の返還請求に関する（最終）処分権は、（B/L の場合と異なり）**到着地において荷受人（輸入者）が貨物の引渡しを請求する時まで荷送人（輸出者）**が有していると万国海法会の CMI 規則により規定されている。

(ii) 航空輸送における利用航空運送事業者（NVOCC）

航空貨物は、その殆ど（90％以上）がフレイト・フォワーダー（NVOCC）によるものである。NVOCC による輸送は、第１種（利用運送事業者）と第２種（利用運送事業者）とに分けられている。前者は Airport to Airport を、後者は、Door to Door の輸送を手がけている。ロジスティクスやジャストインタイム・デリバリー（JIT）そして LCC（ローコストキャリアー）等を背景に航空輸送の発展が期待されている。

(iii) 世界の空港航空貨物取扱量ランキング（単位トン／2018 年 10 月インターネット公表）

我が国の運送事業における抜港の進行を防ぐためにもハブ空港としての羽田空港・成田空港のさらなる効率化・集中化が望まれるところである（但し、羽田の乗客数は 8700 万人／2018 年と世界第５位である）。

1．香港	512 万	9．**成田**	226 万	17. 広州	189 万
2．メンフィス	447 万	10. ロスアンジェルス	221 万	18. シカゴ	187 万
3．上海	376 万	11. ドーハ	219 万	19. ロンドン	177 万
4．仁川	295 万	12. シンガポール．	219 万	20. スキポール	173 万
5．アンカレッジ	280 万	13. フランクフルト	217 万	cf. 関西	80 万
6．ドバイ	264 万	14. パリ	215 万	cf. **羽田**	58 万
7．ルイビル	262 万	15. マイアミ	213 万	cf. 中部	20 万
8．台北	232 万	16. 北京	207 万	cf. 那覇	12 万

（出所：国土交通省）

(iv) **ULD インタクト輸送**（インタクト輸送とは、ULD に積んだまま荷に手をつけずに輸送すること）

ULD（Unit Load Divice）**のまま発地から着地まで一貫輸送することで、着地でも ULD のままの状態で空港外の乙仲の施設まで輸送（横持ちという）する**。迅速なる対応が可能となるというメリットがある。しかしながら、貨物が損傷していた場合、運送中のものか、インタクト輸送中のものか判断がつきにくいというデメリットもある。この横持ち料金は原則としては乙仲負担とされている。しかし、実際には荷主との話し合いで決められている。

他の保税地域に運送する場合における保税運送のうち陸路輸送のことを OLT（Overland Transport）という。

(v) **カボタージュの禁止**

カボタージュとは、**外国の航空会社の飛行機が国内運送をすること**である。国際民間航空条約（シカゴ条約／1944 年 11 月シカゴにて採択／国際民間航空の効率と秩序の確立を目的としている）により、原則としてこれを禁止する権利を条約締結国に認められている。国内航空産業保護のためのものである。但し、二国間政府の航空交渉により区間を定めてカボタージュを認めることは可能である。

(vi) フォワーダー・チャーター

航空機のチャーターはオウンユースといって荷主１人で１機を借り切ることが原則である。しかし、日米間の輸送に限って年間 250 便を上限として、フォワーダー（乙仲）がチャーターした機に自らが集荷した複数の荷主の荷を混載貨物として搭載することが可能とされている。このことにより定期便が行かないところにも、混載貨物を運ぶことができることになる。ただし、これを前面解禁とすることにより通常の定期便運送に多大な影響を与えかねない。国交省は邦人航空会社保護のため今のところフォワーダー・チャーターには慎重な態度を崩していない。

(vii) ダブル・アプループ制

運賃は原則として両国政府（輸出国と輸入国）の認可が必要とされている。これを***ダブル・アプループ制***という。

航空輸送においては、原則として**出発地国の通貨**で表示されている。

(viii) 航空貨物の運賃

運賃は、原則として重量（Chargeable Weight）に賃率を乗じて計算される。また、容積が、$6{,}000cm^3$ を超えるときには、$6{,}000cm^3 = 1kg$ にて換算し、それをチャージャブル・ウェイトとし、実重量とこのチャージャブル・ウェイト（容積計算での重さ）とを比べ運送人に有利な重量で計算される。

容積計算において、下記Ａのように貨物のたて、横、高さについては、最大長、最大幅、最大高によりセンチメートルで計算される（従って、下記Ａの場合には、**上部に無駄なスペースが発生**している）。

（計算例）

実重量：50kg 容積：下記の場合

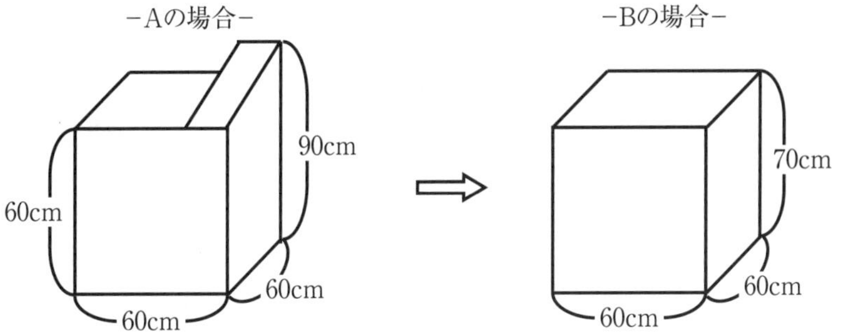

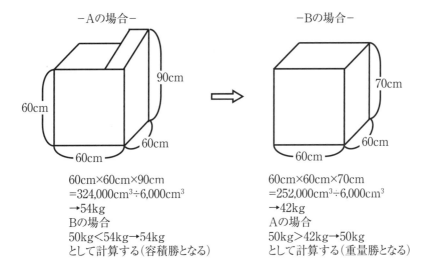

60cm×60cm×90cm
=$324{,}000cm^3 \div 6{,}000cm^3$
→54kg
Bの場合
50kg<54kg→54kg
として計算する（容積勝となる）

60cm×60cm×70cm
=$252{,}000cm^3 \div 6{,}000cm^3$
→42kg
Aの場合
50kg>42kg→50kg
として計算する（重量勝となる）

上記の計算Ａの例の梱包については、割損な運賃計算（最長辺としての90cm）が適用されてしまうため、梱包担当者は、（船舶も同じであるが**特に航空輸送においては**運賃が約８倍近く高いため）**できるだけ容積が小さくなるように梱包をする**ことに気を配らなければならない。

航空運送／於香港の空港

３．国際複合輸送 (Combined Transport ／ Multimodal Transport)

貨物の輸送は、コンテナ船(1956年当時は米国の船会社であったシーランドにより太平洋航路をスタート／我が国も翌年箱根丸でスタート)の発達と普及により海上輸送 (Sea) と陸上輸送 (Land) さらには、航空輸送 (Air) との組合せによる **Place to Place (Door to Door)** の輸送形態を可能とした。これを、**国際複合輸送 (Combined Transport)** という。この輸送に携わる国際複合輸送業者としては、船会社のみならず、船舶や航空機を持たない利用運送事業者 (NVOCC ／ Non-Vessel Operating Common Carrier －平成2年発足) が大いに活躍している。とくに航空運送においては、この利用運送事業者(利用航空運送事業者／NVOCC)が、荷主と船会社の間に入る契約運送人 (Contracting Carrier) として国際複合輸送を担っており、今ではこの国際複合 (一貫) 輸送における Door to Door による輸送が国際輸送の中核となっている。

一方、在来船 (Convenrional Vessel) による輸送 (散荷) の場合には、コンテナ船と異なり通常、Port to Port の輸送として行われている。

(1) 利用運送事業者 (NVOCC ／Non-Vessel Operating Common Carrier ／NVOともいう／213頁図の⑥)

利用運送事業者は、荷主の運送代理人 (Forwarder ／ Freight Forwarder ／ Forwarding Agent ／契約運送人 (Contracting Carrier)) であり、同時に自らが荷送人として**船会社 (実際運送人**／ Actual Carrier) と運送契約を結ぶことができる。

このことは**利用運送事業者 (契約運送人**／利用運送人) は、荷主に対して複合運送船荷証券 (Combined Transport B/L 又は、Multimodal Transport B/L ／ 258頁) 等を貨物引渡時に発行することができることを意味している。この場合におけるフォワーダーの役割は、単に荷主の代理として貨物の取次ぎをするだけの存在ではなく、B/L の発行人でもある。なお、船会社発行の船荷証券のことを **Master B/L**、そして海貨業者 (契約運送人) 発行のものを **House B/L** という。

複合運送の主な具体例として次のようなものがある。その組合せは、シー・アンド・エアーの場合を含めて理論上においては数多く考えられるので、今後さらなる発展が期待されている (次々頁参照)。

Guide !

第1種利用運送事業と第2種利用運送事業

貨物運送事業法が2002年に貨物利用運送事業法に改正され、フレイト・フォワーダーは、NVOCC とも呼ばれるようになった。

この NVOCC には第1種と第2種とがあり、**第1種は Port to Port の輸送** (集配業務は行わない) を行う者で、国土交通大臣への登録制となっている。そして**第2種は、Door to Door の輸送** (集配、配達業務を含む) の輸送を行うことができ、国土交通大臣の許可制となっている。

複合運送船荷証券

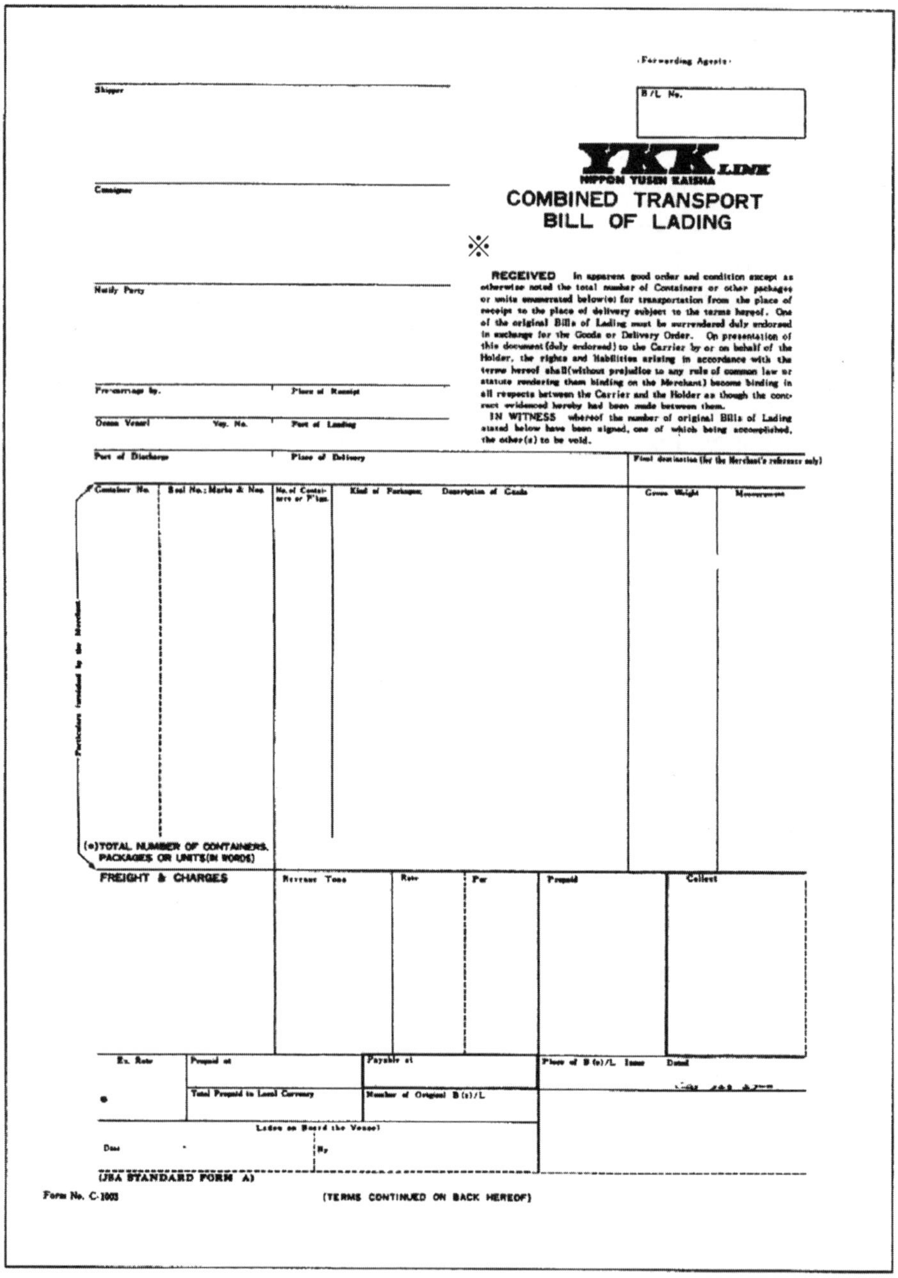
Forwarding Agents
Shipper
B/L No.
NYK LINE
NIPPON YUSEN KAISHA
COMBINED TRANSPORT
BILL OF LADING
※
Consignee
Notify Party
RECEIVED In apparent good order and condition except as otherwise noted the total number of Containers or other packages or units enumerated below(*) for transportation from the place of receipt to the place of delivery subject to the terms hereof. One of the original Bills of Lading must be surrendered duly endorsed in exchange for the Goods or Delivery Order. On presentation of this document (duly endorsed) to the Carrier by or on behalf of the Holder, the rights and liabilities arising in accordance with the terms hereof shall (without prejudice to any rule of common law or statute rendering them binding on the Merchant) become binding in all respects between the Carrier and the Holder as though the contract evidenced hereby had been made between them.
IN WITNESS whereof the number of original Bills of Lading stated below have been signed, one of which being accomplished, the other(s) to be void.
Pre-carriage by | Place of Receipt
Ocean Vessel | Voy. No. | Port of Loading
Port of Discharge | Place of Delivery | Final destination (for the Merchant's reference only)
Particulars furnished by the Merchant
Container No. | Seal No.; Marks & Nos. | No. of Containers or P'kgs. | Kind of Packages; Description of Goods | Gross Weight | Measurement
(*)TOTAL NUMBER OF CONTAINERS, PACKAGES OR UNITS(IN WORDS)
FREIGHT & CHARGES | Revenue Tons | Rate | Per | Prepaid | Collect
Ex. Rate | Prepaid at | Payable at | Place of B(s)/L Issue | Dated
Total Prepaid in Local Currency | Number of Original B(s)/L
Laden on Board the Vessel
Date | By
(JSA STANDARD FORM A)
Form No. C-1003
(TERMS CONTINUED ON BACK HEREOF)

※印部分の文言

国際複合輸送時のコンテナ船(Received B/L)には通常、"**Received by the carrier from the shipper**…"と、記載されている。そして、在来船とは異なり"Door to Door"にての輸送が引受けられている。

主な複合輸送例の種類

ランド・ブリッジ(複合一貫輸送)

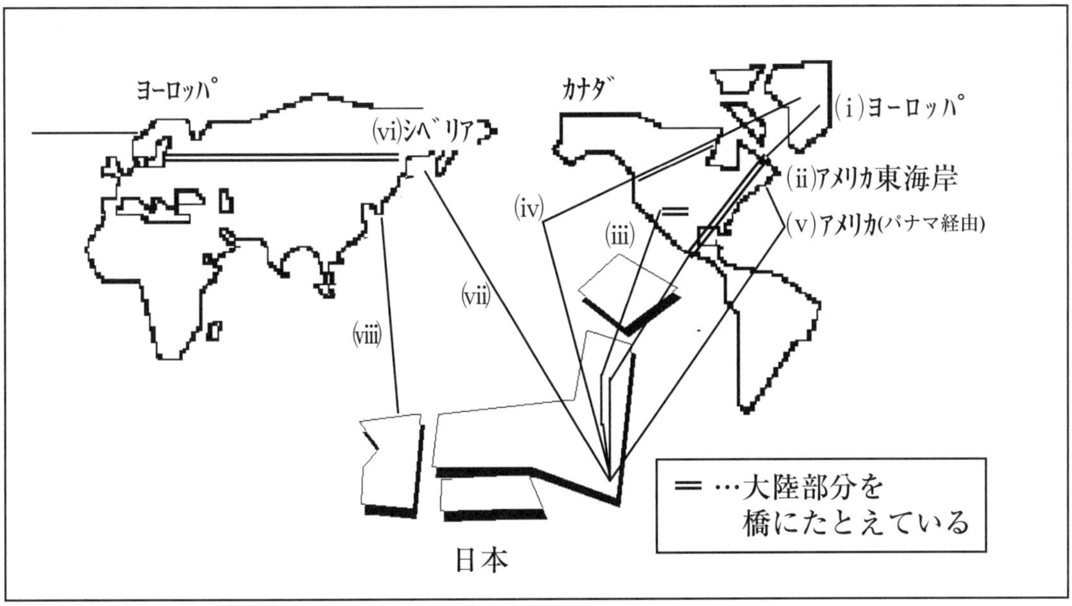

① 代表的な複合輸送例（上図参照）

(i) **アメリカ・ランド・ブリッジ**（欧州向け）

アメリカ､大西洋経由(東回りルート)にて**ヨーロッパ**へのルート(この他にも西回りルート(スエズ運河経由)もある)。

(ii) **ミニ・ランド・ブリッジ**（北米向け）

アメリカの東海岸へのもの。ヨーロッパまでは行かないのでミニという名がついている。

(iii) **IPI**(インテリア・ポイント・インターモダル／**ミクロ・ブリッジ**)

米西海岸諸港を経由して、**アメリカ中西部の内陸都市**へのルート。

(iv) **カナダ・ランド・ブリッジ**（欧州向け）

カナダ西海岸からカナダ東海岸を経由して**ヨーロッパ**までのルート。

(なお、**カナダ・ミニ・ランド・ブリッジ**とは、カナダ経由にて**アメリカ東海岸**までのルート。)

(v) **リバースIPI**（**RIPI**／Reversed Interior Point Intermodal／北米向け)

パナマ運河経由にて東海岸から内陸地へ行くルート。

(vi) **シベリア・ランド・ブリッジ**（欧州向け）

ナホトカからシベリア鉄道にて**ヨーロッパ**方面へのルートである。しかし、現在はロシアの鉄道施設が古くまた、鉄道の管理も良くない（遅延が多い）ためあまり利用されていない。

(vii) **チャイナ・ランド・ブリッジ**

中国を経由してモンゴル、中央アジアへのルート。

(viii) **日韓一貫輸送、日中一貫輸送等**

(ix) シー・アンド・エアー(海上輸送と航空輸送を組み合わせたもの)

(x) その他あり

上記(i)、(iv)、(vi)等は**欧州向けルート**である。

これに対して、(ii)、(iii)、(v)は**北米向けルート**である。

② 複合輸送における運送人の責任

複合運送では、異なった輸送手段(船、トラック、鉄道、航空機)による運送を通じて独りの運送人が荷主に対して一貫して責任をとることになっている。

ところで、我が国は昭和32年にヘーグ・ルール(Hague Rules)を批准し、商法の特別法として国際海上物品運送法を定めている。その後ヘーグ・ルールが一部改正されたヘーグ・ウィズビー・ルールを批准し、平成5年に改正国際海上物品運送法を施行している。これらのことを背景として運送人の責任を**商業過失**(貨物の積卸し、運送、保管等に際する運送人の人為的過失のこと)と**航海過失**(航海、船舶の取扱い上の過失、例えば衝突、座礁、沈没等のこと)とに分け、そのうち商業過失(人為ミスのこと)についてのみ運送人に責任を負わせることになっている。ヘーグ・ウィズビー・ルールにおいては、**航海過失による貨物の損害は、運送人の責任を求めることはできない。**但し、**商業過失を荷主が証明できれば、運送人の責任を求めることができる。**この場合の運送人の責任は有限責任(216頁(cf)(ロ)参照)である。

有責時における国際複合一貫輸送の運送人の責任のとり方に関して、次のような考え方がある。

(i) **ユニフォーム・ライアビィリティ・システム**／統一責任制(Uniform Liability System)

複合運送人が荷主に対してその運送の全区間において同一の責任（同一賠償額）をとるというやり方である。しかし、各区間において責任のとり方が実質的に異なるため、同一の責任の取り方では複合運送人にとっては時としてリスクが生じてしまうためこの方法は運送人側から避けられている。

なお、国連国際物品運送条約（ロッテルダム条約）においては、ユニフォーム・ライアビリティが採られているが、同条約は、未発効となっている。

(ii) **ネットワーク責任制(Network Liability** System／非同一責任制)

運送人の責任のとり方は、**各運送手段による責任のとり方の規定(強制法)にあわせて運送人が責任**をとるとするやり方である。つまり、海上輸送においては、強制法としてのヘーグ・ウィズビー・ルールが、航空輸送ではベースとしてワルソー条約（我が国はモントリオール条約）が、そして、陸上輸送においてはCMR条約やCIM条約により運送人の責任のとり方が規定されることになる。現在、我が国をはじめとして先進諸国においては、この**ネットワーク・ライアビィリティ・システム**が複合運送人の責任の取り方として原則的な考え方とされている。

なお、**Concealed Damage**(潜伏損害)といって、どの区間で損害が発生したのかわからないときには、国際物品複合運送条約（1980年5月ジュネーブにて採択）規定の**ユニフォーム・ライアビリティが適用**される。

この場合、最初の運送人が全区間の運送責任を負う（通常、海上責任となる）ことになる。

(iii) 責任分担制(Divided Liability System)

運送人が、その下請等と交わす私的契約の内容をもって荷主に対して責任を取ろうとするものである。荷主には、その運送人の私的契約内容が伝わりにくい(強制法ではない)ため荷主側によりその施行が避けられている。

Guide！

(i) 利用運送事業者(フォワーダー)の多くは、JIFFA(Japan International Freight Forwarders Association／日本インターナショナル・フレート・フォワーダーズ協力)やスイスのジュネーブに本部のあるFIATA(International Federation of Freight Forwarders Association／国際海貨業者協会連合会)の会員になっており、運送人として荷主や銀行等に対して信頼のおけるB/L(つまり協会作成B/L)を発行することができるようにしている。

(ii) L/C取引の場合、信用状において船積書類のひとつとしてB /Lが要求されている。この場合、JIFFA等の会員以外の運送人が発行する複合輸送船荷証券では、信用が乏しいため買取りに支障が生じることもまれにではあるがありうることである。このようなときには“Combined Transport B/L is acceptable.”と信用状に記載しておくことが望ましい。我が国においては、信用のあるJIFFA等の協会作成のB/Lが使用されている。UCP600においては、フレイト・フォワーダー発行の複合運送証券であっても、銀行により受理されるとされている。

(iii) 陸送における国際条約

国際複合輸送の陸送における条約には、**CMR条約**(ジュネーブ道路条約)と**CIM条約**(ベルリン条約)とがある。**前者は道路**(トラック等)に関するもの(国際道路物品運送条約/ジュネーブ条約)であり、**後者は鉄道**に関するもの(国際鉄道物品運送条約/ベルリン条約)である。これらにより、陸送部分の運送人の賠償責任限度が規定されている。

⑵ 船会社（VOCC／Vessel Operating Common Carrier／213 頁図の⑦）

（船舶を有している）船会社のことを VOCC という。NVOCC（海貨業者のこと）と対比して使用される。

4．その他

⑴ 郵送（国際郵便／EMS／213 頁図の⑧）

貿易取引（会社対会社／B to B）においては、郵便による輸送は量的な制限等があるため Sea、Air ともに使用されることは殆どない。一方、書類および見本品や代替品に関しては、クーリエ・サービスとともに郵便の航空便（EMS／国際スピード郵便／Express Mail Service の略であるとする者もいるが、実際には固有名詞として EMS という）が多く使用されている。

⑵ クーリエ・サービスとスモール・パッケージ・サービス（国際宅配便／213 頁図の⑨）

クーリエ・サービス（Courier Service）とは信書以外の書類を、また、スモール・パッケージ・サービス（SP）とは、印刷物、フロッピー、設計図、見本、書籍、贈物等の小さな貨物を一貫輸送する国際宅配便（原則 32kg 以下のもの／上記の EMS は原則 30kg 以下）のことである。利用航空運送業者が、ドアツードアで運んでくれるので、便利かつ迅速な運送方法として急速に発達してきた。

世界中の国々に「３日以内に配達します」を、キャッチ・フレーズとして活動している。

民間配送会社として、**DHL、Fedex、UPS、ヤマト運輸**、公的配送会社として郵便事業株式会社（**EMS**）等がある。

第6章

Guide !

民間配送会社と**公的配送会社**の**通関制度の違い**

DHL や Fedex 等の民間宅送会社は、それぞれの会社の通関士が税関に対して輸出入申告（輸入時の課税価格が 20 万円以下の場合には、簡易申告可）をしなければならない。

一方、公的配送会社としての国際郵便の場合には、税関外郵出張所にて税関職員が必要な審査、検査を行っている。

従って、同じ商品であっても宅送と郵送では、時として関税額等に（実務では）違いが生じることもありうることである。

なお、一部貨物（米、砂糖、バッグ、ニット製衣類等）を除き配送品に関しては課税価格が１万円以下（小売価格で 16,666 円以下）の場合には、免税（無条件免税適用／関税定率法第 14 条第 18 号）となる。また、課税価格が 20 万円以下の場合には、簡易税率がそして、20 万円超の場合には一般税率が適用される。

⑶ オンボード・クーリエ・サービス（OBC／213 頁図の⑩）

国際宅配便業者が航空機に自ら旅客（運び屋）として乗り込み、書類や手荷物を携帯品として通関をし、運送する方法をいう（ジュピタージャパン㈱等の会社がある）。かつてニューヨークの 9.11 事件のときには一般貨物に時間がかかることを背景に携帯品として素早く運送できるとして注目を浴びた。

まとめ問題6

第1問 次の文章は貨物の運送に関するものである。その記述のうち正しいものには○印を、誤っているものには×印をつけなさい。

1. 定期船の荷役（にやく）は、ライナー・タームズと呼ばれ、基本運賃の中に船への貨物積込み（In）と船からの荷卸し（Out）の両方の費用が含まれている。

2. 定期船運賃の支払時期において、“Freight Collect”とは、船積み時に運送会社に運賃を支払うことをいう。

3. 国際複合一貫輸送において、運送人有責時の原則的な運送人の責任の取り方を、ユニフォーム・ライアビリティという。

4. 自分では船舶を持たないで、貨物運送を行う者(いわば他人の船舶を利用して、貨物運送を行う者) をNVOCCと呼んでいる。

5. 穀物、鉱石など大量かつ、バラ積みの貨物は、通常、船舶の全部を借切って運送している。これをトランパーという。この場合における運送契約を用船契約という。

6. 大量のバラ荷(Bulk Cargo)は、コンテナ詰めされ、そして、船積されるのが一般的なやり方である。

7. LCL貨物の場合には、通常、コンテナターミナルにあるコンテナ・フレイト・ステーションに搬入され、混載貨物としてバン詰される。

8. 海上運賃におけるBAFとは為替変動時の、また、CAFとは燃料費変動時の割増運賃のことである。

第2問 次の記述は、用船契約の運賃について述べたものである。内容が正しくなるように下の語群から( )に適当な言葉を選びその記号を補いなさい。

用船契約において、運賃の中に貨物の積込費用、陸揚げ費用ともに含まれている条件を(①)という。一方、積込み費用のみが運賃に含まれている条件を(②)という。
これに対して、陸揚げ費用のみが運賃に含まれている条件を(③)という。

A. バース・タームズ	B. FIO	C. FO
D. FI	E. インコタームズ	F. FOB

解答と解説

第1問

解答

1－○　2－×　3－×　4－○　5－○　6－×　7－○　8－×

解説

1．正しい記述である。不定期船では、バース・タームズという。

2．フレイト・コレクト（Freight collect）とはFOB時の運賃着払い／運賃後払いのことである。一方、CIF時の運賃元払い／運賃前払いのことをフレイト・プリペイド（Freight Prepaid）という。

3．本肢における原則的な運送人の責任の取り方は、ユニフォーム・ライアビリティではなく、ネットワーク・ライアビリティである。

4．正しい記述である。NVOCCとは、法律用語であり、Non-Vessel Operating Common Carrier／国際複合運送一貫業者のことである。NVOともいう。

5．正しい記述である。不定期船（トランパー）のものを用船契約、定期船（ライナー）のものを個品(運送)契約という。

6．鉱石等のバラ荷は通常、大量に運送するため、コンテナ輸送ではなく不定期船(在来船)によって運送される。

7．正しい記述である。

8．BAFとCAFの記述が逆になっている。

第2問

解答

①－A．バース・タームズ
②－C．ＦＯ(フリーアウト)
③－D．ＦＩ(フリーイン)

第７章

輸　出　入　通　関

通関

1．輸出通関

（1）通常の輸出申告による場合

(※)NACCSにより**売主施設等より申告**ができる。
但し**輸出許可**は保税地域に**搬入後**となる。

（2）AEO制度（特定輸出申告）による場合

NACCSにより**売主施設等より申告ができる**のみならず
輸出許可をも売主の施設に貨物があるうちに**受けることができる。**

2．輸入通関

（1）通常の輸入申告による場合

(※)貨物が保税地域に**搬入された後に、申告**する。
そして、原則として**納税後輸入許可**を受ける。

（2）AEO制度（特例輸入申告）による場合

NACCSにより船上等から**保税地域搬入前**であっても**申告**することができる。
また、**輸入許可をも保税地域搬入前に受けることができる。**

What's the Point?

輸出入通関に関しては、海貨業者(乙仲／通関業者)が輸出入者の依頼に基づいて代理・代行手続を行なっている。通関(税関に対する手続)は船積、又は、荷卸とあわせて国際物流に欠くことのできないものであり、関税三法等により適正かつ迅速な通関をめざしてその詳細が規定されている。

ここではまず輸出入通関の主な規定としての**通関手続、保税地域、関税等**に関して学習する。

さらに、関連法としての外為法等(他法令)の規定に関しては、第8章において学ぶことにする。

1．**通関手続**(申告から許可まで)

我が国の税関業務は下記のように分けられている。

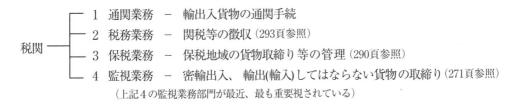

税関
- 1　通関業務　－　輸出入貨物の通関手続
- 2　税務業務　－　関税等の徴収（293頁参照）
- 3　保税業務　－　保税地域の貨物取締り等の管理（290頁参照）
- 4　監視業務　－　密輸出入、輸出(輸入)してはならない貨物の取締り（271頁参照）

（上記4の監視業務部門が最近、最も重要視されている）

税関は、北から、1．函館税関、2．横浜税関、3．東京税関、4．名古屋税関、5．大阪税関、6．神戸税関、7．門司税関、8．長崎税関、9．沖縄地区税関の9つである。

初めに貨物の輸出入通関に関しては、関税法第67条等により次のように規定されている。

「貨物を**輸入**しようとする者は、貨物を**保税地域に搬入後**に、また、**輸出**に関しては**搬入前**であっても申告することができる。この時、輸出入者は、申告書に必要な事項（当該貨物の品名、数量、価格等／輸入貨物時は課税標準となるべき数量、価格等）を記載し、必要な書類(仕入書は原則提出不要)を添付して、**税関長に申告**し、必要な**検査を経て**、**税関長の許可**(輸入許可／ Import Permit、又は、輸出許可／ Export Permit)を受けなければならない。なお、輸入の場合においては、原則として納付すべき**関税等を納付**した後（特例輸入申告時を除く）でなくては輸入は許可されない。」

Guide!

(i) 輸入とは、外国貨物を本邦に引き取ることである。

外国貨物とは、関税法では次の①、②、③の貨物である。

①輸出許可を得た貨物
②外国から本邦に到着した貨物
③外国の船舶により公海で採補された水産物

(ii) 輸出とは、内国貨物を外国へ送り出すことである。

内国貨物とは次に掲げる貨物である。

①日本にある貨物で外国貨物でないもの
②本邦の船舶により、公海で採捕された水産物

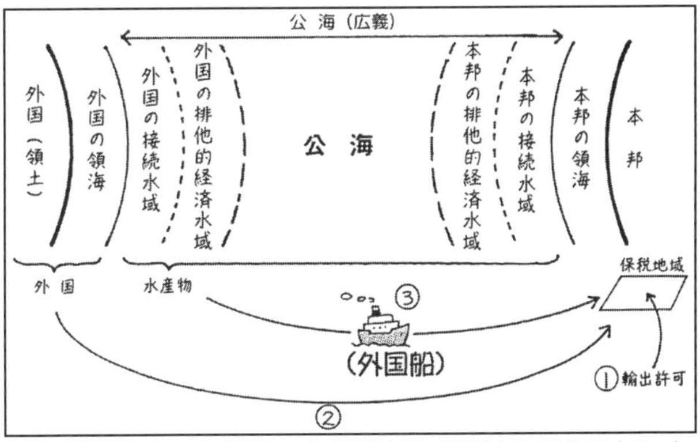

領海／沿岸から12海里(22km)、接続水域／沿岸から24海里(44km)、排他的経済水域／沿岸から200海里（370km）の海域のこと

海の種類／船の種類	海域		
	外国の海	公海（本邦及び外国の排他的経済水域等）	日本の海
日本の船	外国貨物	**内国貨物**	内国貨物
外国の船	外国貨物	**外国貨物**	内国貨物

公海（広義）で採補された水産物は、どこの国の船舶が採補したかにより内国貨物か外国貨物かが決められる。

通関の流れ

輸出申告 / Export Declaration

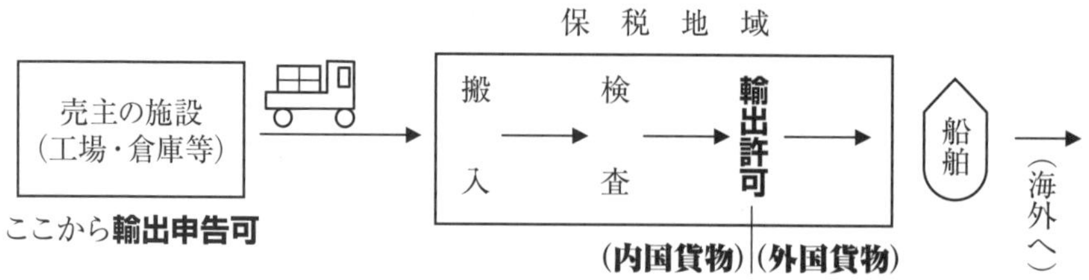

輸入申告 / Import Declaration

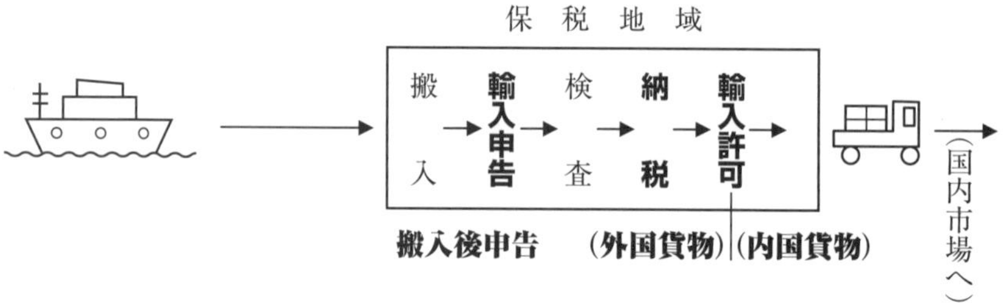

輸出入申告に関して数多くの規定があるが、その主なものとして次の規定は理解しておきたい。

(1)　**輸出入申告の時期**

輸出申告は、その貨物を保税地域に**搬入する前**であっても、売主の施設等から輸出許可を受けるために貨物を入れる**保税地域等の所在地を所轄する税関長**（特例輸出申告時は**全国いずれかの税関長**）に申告しなければならない。この場合、**輸出の許可は、保税地域搬入後**とされている。

これに対して、**輸入申告は**、その貨物を原則として保税地域に**搬入した後**に行い、そして、輸入の許可を受けるものとする。また、当該申告（輸入(納税)申告書／Import Declaration を使用）は貨物を入れる**保税地域等を所轄する税関長**（特例輸入申告時は**全国いずれかの税関長**）にしなければならない。

輸出入申告に関しての特例としての AEO 制度、本船扱等に関しては後述する。

実際の取引においては、その9割以上が NACCS (Nippon Automated Cargo & Port Consolidated System／輸出入港湾関連情報処理システム) を通じて申告されている。

(i)**郵便物の申告**

輸出入時の申告価格が、**20 万円以下の郵便物**に関しては、原則として税関に対して**申告をしなくてもよい**ので税関長の輸出入に関する許可を受ける必要もない。しかし、検査は必要である(この検査は、問題のない貨物であれば省略されている)。(平成 21 年より）申告価格が**20 万円を超える郵便物に関しては、税関に輸出・輸入の申告をしなければならない**（20 万円を超えるものであっても**輸入時**における**寄贈品は除かれる**)。後述するが、**郵便物**の関税は、原則として**賦課課税**（293 頁参照）である。

郵便物輸入時の流れ

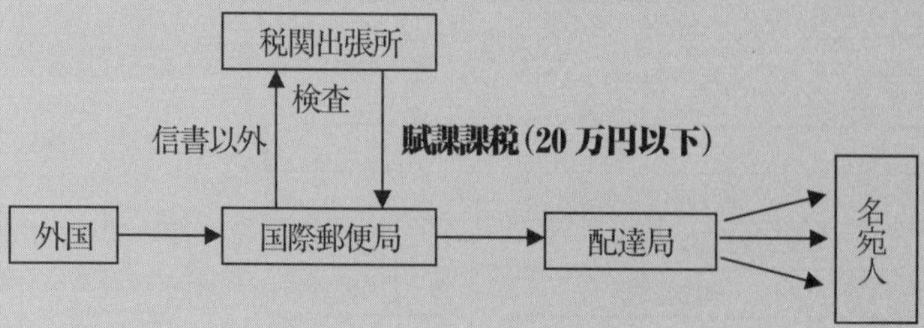

(ii) **コンテナの申告**

コンテナ本体に関しては、輸出入時ともに申告書の代わりに**積卸コンテナー一覧表**(コンテナ・リスト／277頁)を税関に提出することにより、当該**申告があったものとみなされる。**

(iii) **携帯品の申告**

旅客、又は、乗務員の**携帯品は、輸出入時においては口頭にて申告**が可能である。関税法では口頭とあるが、実務(現場)においては輸入時には便宜上、「携帯品・別送品申告書」(次頁)の提出が必要とされている（税関に通関時に２枚提出すると、割印をして１枚返却される)。

(iv) **通関士による申告**

輸出入申告等を代理、代行する通関業者の営業所には通関業法の規定により通関士を設置しなければならない。そして、その通関士により輸出入申告書の審査が行われ、税関に申告することになる。

(v) **申告時の添付書類**

申告時における申告書には、通関関係書類の簡素化（ペーパーレス化）により（2016年７月法改正）**インボイス**は原則として税関に提出しなくてもよいことになっている(但し、輸出入許可の日の翌日から５年間の保存義務がある)。

ここでいう原則としてとは，**区分１(簡易審査**／許可するにあたり問題が無い)になった場合を意味している。**区分２(書類審査**／書類をよく審査する必要がある)及び**区分３(現物審査**／貨物を検査する必要がある)の場合には，税関に仕入書を提出しなければならない（コピー提出可)。

①インボイス(商業送り状／関税法では仕入書ともいう)以外の添付書類としては、②包装明細書、③B/Lのコピーその他必要に応じて④原産地証明書(輸入時)、⑤他法令の書類(許可書、承認書等)、⑥運賃明細書、⑦保険料明細書、⑧契約書、⑨カタログ（輸入時)、⑩納付書（輸入時）等を挙げることができる。

第７章

Guide!

インボイス等の書類及び帳簿の**保存期間**（原本保存が原則）

	輸出者	輸入者
書類	輸出許可の翌日より**５年間**	輸入許可の翌日より**７年間**
帳簿	輸出許可の翌日より**５年間**	輸入許可の翌日より**５年間**

(2)　申告時の検査

申告時には、税関による貨物の**検査を受けなければならない（検査が免除されることはない)。**

実務的には迅速なる通関等の理由により問題のない貨物に関しては、**検査を省略**している。輸出時には**輸出申告**、輸入時には**輸入(納税)申告**、そして**外国貨物を外国へ送り出す時**には**積戻し申告**が必要とされている（積戻し申告は、輸出申告書を積戻し申告書と訂正して行うことができる)。

検査場所は税関の**指定地検査**が原則であるが、**税関長の許可**により**指定地外検査**も可能である。

(A面)

日本国税関
税関様式C第5360号

携帯品・別送品申告書

下記及び裏面の事項について記入し、税関職員へ提出してください。
家族が同時に検査を受ける場合は、代表者が１枚提出してください。

搭乗機(船舶)名		出　発　地	
入国日	年　月　日		
氏　名	フリガナ		
現住所(日本での滞在先)			
	電　話 (　)		
職　業			
生年月日	年　月　日		
旅券番号			
同伴家族	２０歳以上　名	６歳以上２０歳未満　名	６歳未満　名

※ 以下の質問について、該当する□に"✓"でチェックしてください。

1. 下記に掲げるものを持っていますか？　はい　いいえ
   - ① 日本への持込みが禁止又は制限されているもの(B面を参照)　□　□
   - ② 免税範囲(B面を参照)を超える購入品・お土産品・贈答品など　□　□
   - ③ 商業貨物・商品サンプル　□　□
   - ④ 他人から預かったもの　□　□

   ＊上記のいずれかで「はい」を選択した方は、B面に入国時に携帯して持ち込むものを記入してください。

2. 100万円相当額を超える現金又は有価証券などを持っていますか？　はい □　いいえ □

   ＊「はい」を選択した方は、別途「支払手段等の携帯輸出・輸入申告書」を提出してください。

3. 別送品　入国の際に携帯せず、郵送などの方法により別に送った荷物(引越荷物を含む。)がありますか？
   □はい　(　個)　□いいえ

   ＊「はい」を選択した方は、入国時に携帯して持ち込むものをB面に記載したこの申告書を２部、税関に提出して、税関の確認を受けてください。(入国後６か月以内に輸入するものに限る。)
   税関の確認を受けた申告書は、別送品を通関する際に必要となります。

《注意事項》
海外で購入したもの、預かってきたものなど日本に持ち込む携帯品・別送品については、法令に基づき、税関に申告し、必要な検査を受ける必要があります。申告漏れ、偽りの申告などの不正な行為がありますと、処罰されることがありますので注意してください。

この申告書に記載したとおりである旨申告します。

署　名

(B面)

※入国時に携帯して持ち込むものについて、下記の表に記入してください。(A面の１．及び３．ですべて「いいえ」を選択した方は記入する必要はありません。)

(注)「その他の品名」欄は、個人的使用に供する購入品等に限り、１品目毎の海外市価の合計額が１万円以下のものは記入不要です。
また、別送した荷物の詳細についても記入不要です。

酒　類			本	＊税関記入欄
たばこ	紙　巻		本	
	葉　巻		本	
	その他		ｸﾞﾗﾑ	
香　水			ｵﾝｽ	

その他の品名	数　量	価　格

＊税関記入欄　円

◎ 日本への持込みが禁止されているもの
- ① 麻薬、向精神薬、大麻、あへん、覚せい剤、MDMAなど
- ② けん銃等の銃砲、これらの銃砲弾やけん銃部品
- ③ 爆発物、火薬類、化学兵器原材料、炭疽菌等の病原体など
- ④ 貨幣・紙幣・有価証券・ｸﾚｼﾞｯﾄｶｰﾄﾞなどの偽造品など
- ⑤ わいせつ雑誌、わいせつＤＶＤ、児童ポルノなど
- ⑥ 偽ブランド品、海賊版などの知的財産侵害物品

◎ 日本への持込みが制限されているもの
- ① 猟銃、空気銃及び日本刀などの刀剣類
- ② ワシントン条約により輸入が制限されている動植物及びその製品(ﾜﾆ・ﾍﾋﾞ・ﾘｸｶﾞﾒ・象牙・じゃ香・ｻﾎﾞﾃﾝなど)
- ③ 事前に検疫確認が必要な生きた動植物、肉製品(ｿｰｾｰｼﾞ・ｼﾞｬｰｷｰ類を含む。)、野菜、果物、米など

＊事前に動物・植物検疫カウンターでの確認が必要です。

◎ 免税範囲（乗組員を除く）
- ・酒類３本(７６０ml／本)
- ・紙巻たばこ。外国製及び日本製各２００本
  (非居住者の方の場合は、それぞれ２倍となります。)
  ＊20歳未満の方は酒類とたばこの免税範囲はありません。
- ・香水２ｵﾝｽ（１ｵﾝｽは約２８ml）
- ・海外市価の合計額が２０万円の範囲に納まる品物
  (入国者の個人的使用に供するものに限る。)
  ＊海外市価とは、外国における通常の小売価格(購入価格)です。
  ＊1個で20万円を超える品物の場合は、その全額に課税されます。
  ＊6歳未満のお子様は、おもちゃなど子供本人が使用するもの以外は免税になりません。

日本に入国（帰国）されるすべての方は、法令に基づき、この申告書を税関に提出していただく必要があります。

出所：税関

⑶　輸出してはならない貨物、輸入してはならない貨物（**水際取締制度**という）

輸出してはならない貨物

① **麻薬、向精神薬**、大麻、あへん、けしがら、覚醒剤等／**没収、廃棄可**

---

② 特許権、実用新案権、意匠権、商標権、著作権、著作隣接権又は、育成者権を侵害する物品（**輸出時には回路配置利用権は入っていない**／下記⑦参照）

③ **不正競争防止法**上の侵害物品

(i) **周知表示の混同を惹起（じゃっき）する物品**（通常、都道府県範囲のものが対象）

世間で広く需要者に認識されている商品表示を無断でまねて、その商品と混同させる行為のことで、これらを輸出することも規制されている。

(ii) **著名表示冒用物品**（(イ)よりもさらに広い地域（全国的に知られている）におけるものが対象）

他人の著名な商品表示と同一もしくは類似した物品のこと。

(iii) **形態模倣品**

他人の商品のデザイン等を模倣した物品のこと。

(iv) アクセスコントロール等回避機器

インターネット上の侵入防止ソフトを無断で強制的に侵入させる機器装置のこと。

(v) 営業秘密侵害品

上記(i)、(ii)、(iii)、(iv)、(v)は特許権等に準じるものであり、特許権等では取り締まれないものを不正競争防止法で対応しようとするものである。

---

④ **児童ポルノ／没収、廃棄は不可**

輸入してはならない貨物（下記の貨物が水際取締制度の対象となる）

① **麻薬、向精神薬**、大麻、あへん、けしがら、覚醒剤、指定薬品（脱法ハーブ）等

② 拳銃、小銃、機関銃、砲、爆発物、火薬等

③ 化学兵器製造用の化学物品、生物テロ使用の病原体等

④ 通貨、印紙、郵便切手もしくは有価証券の偽造品、変造品および不正に作られたクレジットカード等

---

⑤ **公安又は風俗を害する書籍**、図画、彫造物等

⑥ **児童ポルノ**

---

⑦ **特許権**、実用新案権、意匠権、商標権、著作権、著作隣接権、**回路配置利用権**又は育成者権を侵害する物品（**育成者権**のみは、偽物ではなく**本物が対象**）

⑧ **不正競争防止法**上の侵害物質

(i) **周知表示の混同を惹起（じゃっき）する物品**、(ii) **著名表示冒用物品**、(iii) **形態模倣品**、(iv) アクセスコントロール等回避機器　(v) 営業秘密侵害品

上記⑦、⑧の該当貨物を取締ることを「知的財産侵害物品等の水際取締制度／**輸入差止申立制度**」という。

没収、廃棄に関して

輸出してはならない貨物のうち前頁①及び**輸入**してはならない貨物のうち前頁①〜④の**犯罪物品**に該当すれば →税関は**直ちに没収、廃棄または積戻し**をすることができる。 （なお、積戻しは輸出時には該当せず、輸入時のみの制度である）。
輸出時の④及び**輸入**時の⑤、⑥に該当する**ポルノ類**については、 **→税関からそれに該当する旨の通知**がされることになっている（**直ちに没収はできない**）。
輸出時の②、③及び**輸入**時の⑦、⑧についての**知的所有権関連**のものは、 **→税関の認定手続き**（**輸入差止申立制度等**のこと）が必要とされている（認定後に没収可）

Guide!

相対的輸入禁制品と**絶対的輸入禁制品**

輸入してはならない貨物のうち、前頁①〜③の物品は政府の許可を受けた者等（他法令で認められた者のこと）の場合には、輸入可能とされている（これらのものを**相対的輸入禁制品**という）。

しかし、前頁①〜③以外のものに関しては輸入することは難しい。これらのものを絶対的輸入禁制品という。

但し、前頁④にある貨物に関しては、さらに次のように分けられている。

前頁④通貨、印紙、郵便切手、その他有価証券の偽造品、変造品等のうち**印紙の模造品は財務大臣**の又、**郵便切手の模造品は経務大臣**の輸入許可があれば輸入することができる。

しかし、通貨等の有価証券に関しては、当該例外措置の規定はない（**通貨等は、絶対的輸入禁制品**である）。

輸入差止申立制度

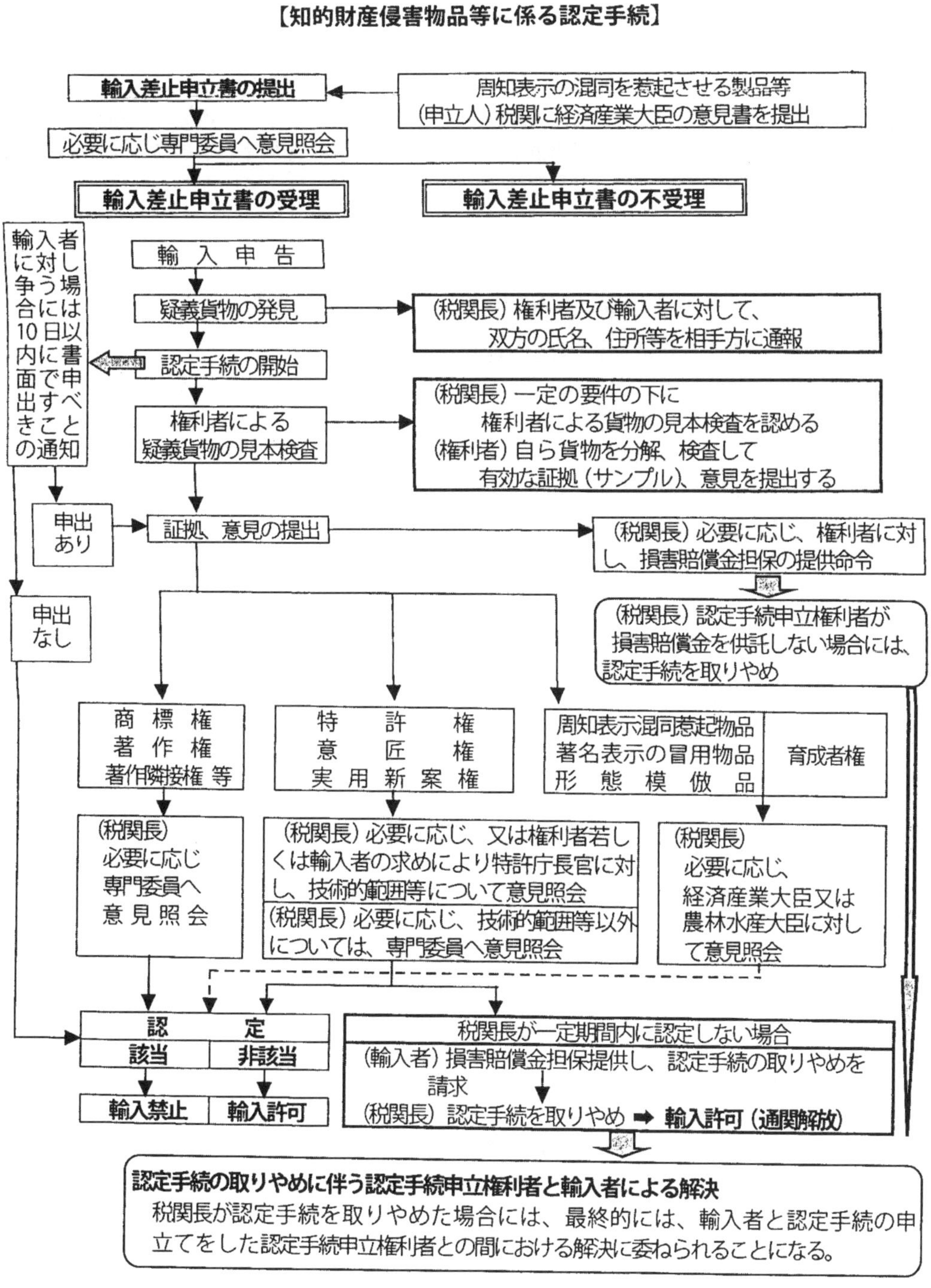

出所：税関

⑷　他法令

他法令に該当する貨物に関しては、**経済産業大臣等から許可、承認等を受けなければ税関長の輸出入の許可がされることはない**（詳細は第８章にて後述）。

なお、関税三法（関税法、関税定率法、関税暫定措置法）以外の法律（外為法等）を他法令という。

⑸　申告価格

たとえ**無償の貨物**であっても関税は原則として必要なため有償のものとして**申告しなければならない**。この場合、契約価格がドル建等であっても**税関長が公表する前々週の週間平均値**の為替レートを使用して**日本円に換算**して申告することになっている。

我が国の申告価格

輸出申告時	FOB（又はFCA）価格	輸入申告時	CIF（又はCIP）価格

米国、オーストラリア等では輸出入申告時ともにFOB価格である。

輸出入申告等の他人の通関手続きを代理・代行することができる通関業者になるためには、**財務大臣より許可**（278頁）を受けなくてはならない（但し、財務大臣は税関長にその権限を委任している）。

当該許可を受ければ全国すべての税関（９つある）管轄区域内において通関業者となることができる。

通関業者に従事する通関士は**財務大臣に登録**（確認届／279頁）しなくてはならない（通関士は、弁護士や税理士のように独立開業することはできない）。

輸出入申告書は、原則としてその貨物が置かれている税関長、又は、税関官署の長に提出するものとする。

Guide!

(i) 関税定率法で規定する加算要素と減額要素

CIF価格に含まれていなければ加算すべき費用を加算要素と、また、含まれていればマイナスできる費用を減額要素という。

加算要素

①　運賃、保険料等（コンテナ賃借料、荷役料、保管料、積替料等を含む）
②　買手が負担する仲介料　等
③　買手が無償で（又は、値引して）提供した物品、又は、役務（ラベル、ボタン、ファスナー等）
④　特許権等の使用の対価
⑤　売手帰属収益

減額要素

①　輸入申告以降の据付け、組立て、整費等の費用
②　輸入港到着後の運賃、保険料等
③　本邦における関税、その他の課徴金
④　延払条件付取引である場合の延払金利

減額要素に関しては、その額が**明らかでないときは、それを含んだ額**を課税価格とする。

(ii) 課税価格（CIF価格）のまとめ（通関士試験等では、毎年出題されている。）

A．**課税価格に含める費用**

①　輸出港から輸入港までの運賃・コンテナー賃料・第三国における積替費
②　輸出国内における集荷費・運賃・保険料・船積費用
③　輸出国内における包装費・梱包費・輸入者（買手）負担の容器費用
④　輸出港から輸入港までの保険料
⑤　輸出港から輸入港までの保険料が明確にされていない場合、輸出港から国内運送先までの一括保険料
⑥　輸出者（売手）が負担した国内販売のための広告宣伝費
⑦　輸出者（売手）が自己のために行った検査費用

⑧　輸入者が支払う輸出国の代理人に対する仲介料・販売手数料
⑨　輸入者（買手）が無償提供した生産用の工具費・鋳型費・消耗品費（送付費用を含む）
⑩　輸入者の無償提供による輸入貨物への組込み材料，部分品費（送付費用を含む）／商品にすでにプリントされている国内開発のデザイン料等
⑪　海外開発の意匠費・技術料・デザイン料
⑫　輸入取引の条件として輸入者（買手）が直接または間接に特許権等の所有者へ支払う、特許権・商標権等の使用料
⑬　輸出者の本邦支店の活動費に充当する輸入代金
⑭　**輸出者債務の相殺**および第三者へ代理**弁済する輸入代金**（過去の取引の賠償金／違約金を含む）／間接支払という
⑮　前回の輸入取引に対する輸入者からのクレーム相当額の値引き
⑯　買手の従業員の製造作業等の賃金（アルバイト代等）
⑰　遡及追加数量に係る値引額
⑱　輸出者に支払う出荷奨励金，為替変動調整金
⑲　輸出者に支払う国内販売益の一部
⑳　輸入者が負担した，製造遅延のため海上運送を航空運送に切り替えたことによる運賃・保険料の増額分
注　輸入者以外の者（売主）がその増額分を負担した場合は、当該増額分は課税価格に含めない扱いが認められる。
㉑　船舶改装費
㉒　情報提供手数料
㉓　試運転費用
㉔　原料の買付手数料
㉕　契約において保証の履行が定められている保証料
㉖　用船契約時の滞船料
㉗　逆委託加工貿易における加工賃／加工作業指導の技術者委託費

第7章

B．**課税価格に含めない費用**
❶　輸入港における船卸費用、検疫費用、船内荷役費用
❷　輸入申告後の組立費・据付費・整備費・技術指導料・調整費
❸　本邦内の輸送費・保険料（輸入港から買手工場等まで）
❹　国際運送貨物保険料の附保がない場合の当該保険料相当額
❺　Duty Insurance 代
❻　早出料
❼　本邦の関税・消費税・地方消費税
❽　輸入貨物代金の延払金利
❾　全ての買手に対する値引き〔現金取引、取引数量、納入遅延、前払い等によるもの〕
❿　買手が提供する、本邦の法律で義務付けの事項のみを表示するラベル費
⓫　本邦で開発の意匠費・技術費・設計費・デザイン料
⓬　輸出者が支払った仲介料
⓭　輸入者が支払う代理人等への輸入貨物の買付手数料
⓮　買手が自己のために行う、輸出国における検査費・検品費
⓯　輸入者が支払う輸入代金の融資手続費・融資利息・仲介者による融資保証料
⓰　輸出入者間で取引価格への不算入が了承された追加加工賃
⓱　輸出国で輸出の際に払戻しを受けるべき関税
⓲　輸入申告前における保税地域蔵置中の転売差額，保管料
⓳　買手社員の視察・報告費・研修費用
⓴　取引先開拓のための買手の調査費用
㉑　コンテナーのクリーニング費
㉒　保険料の払い戻し金（額の明らかな場合）

㉓ 買手が自己のために行う保証の費用
㉔ 輸入港において発生する（沖に停泊中の）滞船料（および早出料）
（但し、上記 A-㉖時は加算）
㉕ 輸入港到着後の船舶の復旧に係る費用
㉖ （復路の）空船回漕料
㉗ 不積荷物運送時の船会社への（額が明らかな）違約金
㉘ 消費税額

(6) ワシントン条約に係る貨物の申告

ワシントン条約に係る貨物については、**輸入許可をすることができる税関官署の長が限定**されている。つまり、ワシントン条約該当貨物の指定官署（経済産業省からの担当官がいる税関官署）に輸入申告しなければならない（輸出に関してはこの規定はない）。

ちなみに会社に例えれば、社長のいる本社が税関長のいる本関であり、各支店のことを税関官署そして、支店長のことを税関官署の長という。

(7) 申告する数量 (単位)

輸出入申告書に記載する貨物の数量 (単位／ KG、KL、NO、DZ 等) は、**財務大臣が貨物の種類毎に定める単位**であり、原則として、当該貨物の**正味重量** (Net Weight) でなくてはならない（Gross Weight ／ 総重量ではない）。

(8) 事前教示制度 ／ **事前照会**

輸出入申告等に関して不明な点 (10 桁の HS コードの確認等) は、税関に口頭、又は、E メール、又は、文書（「事前教示に関する照会書」）にて問い合わせることができる。これを**事前教示制度**という。

事前教示制度は**架空の取引には応じなくてもよい**ことになっている。

文書での照会に対する回答書の内容は、その交付又は送達のあった日より**３年間尊重**される。

通常、**口頭での照会**に関しては**尊重されない**。従って、電話での問合せ時には必ず要点と担当官の部署、氏名、日時を確認しておくことが大切である。

なお、**E メールにての照会**時には、「文書による照会に準じた取扱い」への切替えをする等、**一定の要件を満たした場合には、文書扱い**とされる。

(9) 予備審査制度

生鮮食品や季節商品等の場合には、迅速な輸入通関をはかるため、貨物到着前であっても税関に予備申告をすることができる。これを**予備審査制度**という（輸出時のものは廃止されている）。

後日、貨物が保税地域に搬入後に、予備申告をしている旨を税関に伝えることにより予備申告書が輸入（税関）申告書として取り扱われる（つまり、改めて輸入申告書の提出不要となる）。

積卸コンテナー一覧表

(コンテナーリスト)

平成　　年　　月　　日

税関長殿

提出者
住　　所
氏名又は名称　　　　　　　　㊞

船舶又は航空機の
名称又は登録記号＿＿＿＿＿＿＿＿

コンテナーの種類	記号及び番号	国産コンテナー等の表示の有無	コンテナーの種類	記号及び番号	国産コンテナー等の表示の有無

(注)　この一覧表は、２通提出して下さい。

平成　　年　　月　　日

通関業許可申請書

税関長殿

申請者
住　　所
氏名又は名称　　　　　　　　　　　　㊞

通関業法第３条第１項の規定により通関業の許可を受けたいので、同法第４条の規定に基づき下記のとおり申請します。

<table>
<tr><td colspan="2">氏名又は名称</td><td colspan="3"></td></tr>
<tr><td colspan="2">住所</td><td colspan="3"></td></tr>
<tr><td colspan="2">代表者氏名</td><td colspan="3"></td></tr>
<tr><td colspan="2">役員の氏名及び住所
（法人の場合のみ）</td><td colspan="3"></td></tr>
<tr><td rowspan="5">主たる営業所</td><td>名称</td><td colspan="3"></td></tr>
<tr><td>所在地</td><td colspan="3"></td></tr>
<tr><td>責任者氏名</td><td></td><td>置こうとする
通関士の数</td><td></td></tr>
<tr><td>通関業務を行おうとする地域</td><td colspan="3"></td></tr>
<tr><td>取り扱おうとする貨物の種類</td><td colspan="3"></td></tr>
<tr><td rowspan="5">その他の営業所</td><td>名称</td><td colspan="3"></td></tr>
<tr><td>所在地</td><td colspan="3"></td></tr>
<tr><td>責任者氏名</td><td></td><td>置こうとする
通関士の数</td><td></td></tr>
<tr><td>通関業務を行おうとする地域</td><td colspan="3"></td></tr>
<tr><td>取り扱おうとする貨物の種類</td><td colspan="3"></td></tr>
<tr><td colspan="2">通関業務以外の事業を営んでいるときはその種類</td><td colspan="3"></td></tr>
<tr><td colspan="2">添付書面</td><td colspan="3"></td></tr>
</table>

（注）⑴　上記に記入しきれない場合は、別紙に記載して添付して下さい。
⑵　取り扱おうとする貨物の種類については、一定の種類のもののみに限られない場合は、記載する必要がありません。

平成　　年　　月　　日

第　　　　号

通　関　士　確　認　届

税関長殿

通関業者

住　　所

氏名又は名称　　　　　　　　　　　　㊞

下記のとおり通関士試験合格者を通関士として、通関業務に従事させたいので、通関業法第31条第2項各号の規定に該当していないことにつき確認を受けたく、同条第1項の規定に基づき届け出ます。

記

従事させようとする通関士試験合格者の氏名及び住所		通関士試験合格年	
		合格証書の番号	
従事させようとする営業所の名称及び所在地			
専任又は兼務の別			
添付書面	通関士試験合格証書の写し、身分証明書（又は身元証明書）及び通関業法第31条第2項に該当しないことの宣誓書並びに写真		

⑽ **AEO 制度**(Authorized Economic Operator)

貨物の輸出入通関がより効率良く安全に行われるようにコンプライアンスとセキュリティ（盗難、抜荷、差込み、等）を兼ねて AEO 制度が設けられている。

当該制度における**コンプライアンス**(法令遵守)**の優れた輸出者には、全国いずれかの税関長の承認により保税地域に貨物を搬入する前に売主の施設において輸出申告をし、輸出許可を受けることができる。** これを**特定輸出申告制度**という。

一方、**コンプライアンスの優れた輸入者には、**全国いずれかの税関長の承認により**特例輸入申告制度**(次々頁の②参照)がある。

特定輸出申告のイメージ

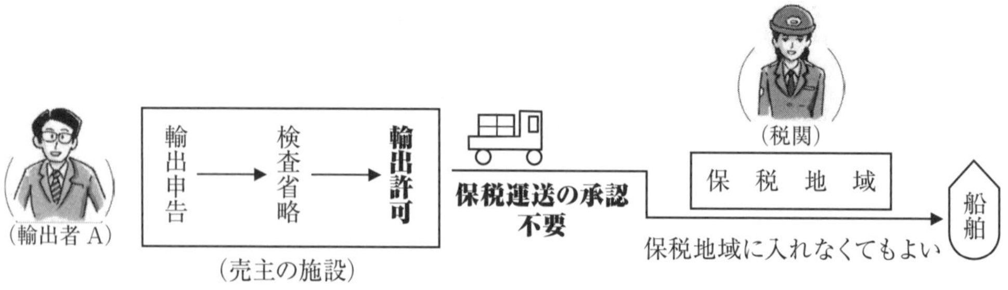

※**認定通関業者**による特定委託輸出申告時（次々頁の③参照）にも**輸出申告、輸出許可ともに保税地域搬入前**に受けられる。

特例輸入申告のイメージ（A パターンでも B パターンでも選択可）

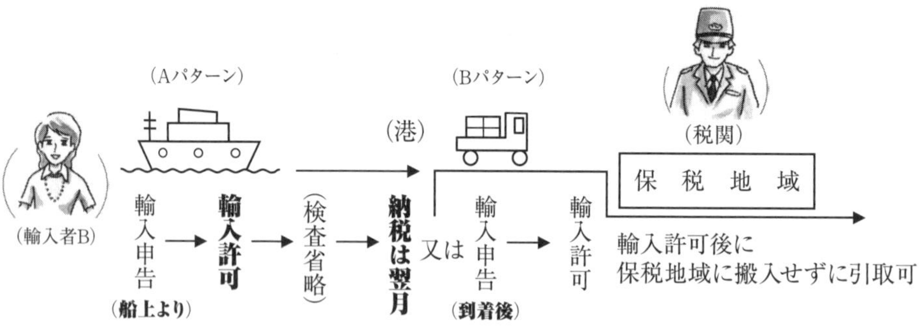

保税地域搬入前に（例えば本船上等から）申告ができ、また、許可を受けることができる。

※但し、認定通関業者による**特例委託輸入申告時**には、**輸入申告のみ搬入前**であるが**輸入許可は搬入後**（281頁の表参照）である。

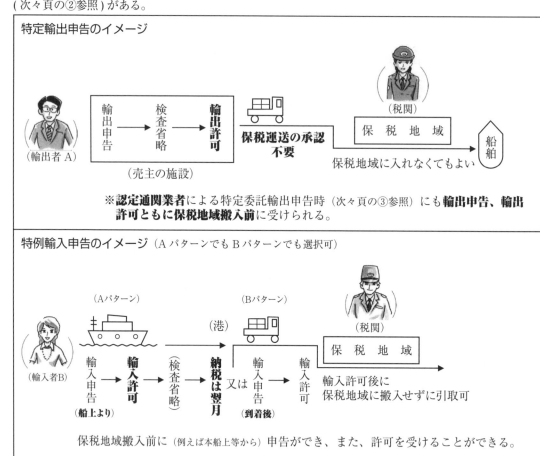

輸出入申告の税関は、原則として貨物が蔵置されている場所（通常、保税地域）**を管轄する税関長**（又は、税関官署の長）とされている。

しかしながら、**AEO 制度においては通関の自由化**として、**全国いずれかの税関長に対して輸出入申告ができる**ようになっている。このことは、非蔵置官署の税関長に対しても申告可能であることを意味している。

① **特定輸出申告制度**（2020 年現在 235 者）

国際物流の高度化に対応したセキュリティ対策と迅速な通関のための制度である。**あらかじめ全国いずれかの税関長より承認**を受けることにより、貨物を**保税地域に搬入することなく売主の施設等よりNACCS**（Guide!⒤参照）**を使用して全国いずれかの税関長に輸出申告をし輸出許可を受けることができる。**

税関へ**仕入書等の提出も不要**であり、外国貨物となったものを**保税運送の承認を受けることなく**港湾等へ運送することができる。

Guide!

(i) 特定輸出申告の対象外貨物

①**武器関連貨物**（輸出貿易管理令制度第１第１項）

②イラン、イラク、北朝鮮（**懸念３カ国**という）を仕向地とする貨物

③日米相互援助協定に規定する資材等

(ii) **特定委託輸出者**

特定委託輸出者とは、コンプライアンスの優れていない輸出者が、輸出貨物の輸出申告を認定通関業者（次頁参照）に委託し、かつ、当該貨物（外国貨物）を外国貿易船に積み込もうとする運送（保税運送）を特定保税運送者（税関長の承認を受けた認定通関業者等のこと）に委託した場合において、特定委託申告を行うことができる者のことである（この場合、**売主の施設**において**輸出申告及び輸出許可を受ける**ことができる）。

(iii) **特定保税運送者**

税関長の承認を受けた認定通関業者（又は国際運送貨物取扱業者）が税関長の承認により特定保税運送者になることができる。特定保税運送者は、**税関長の承認なしで特定区間の保税運送**を行うことができる。

なお、特定区間とは外国貨物の管理がNACCSにより行われている保税地域相互間のことである。

(iv) NACCSセンター（Nippon Automated Cargo and port Comsolidated System）のイメージ

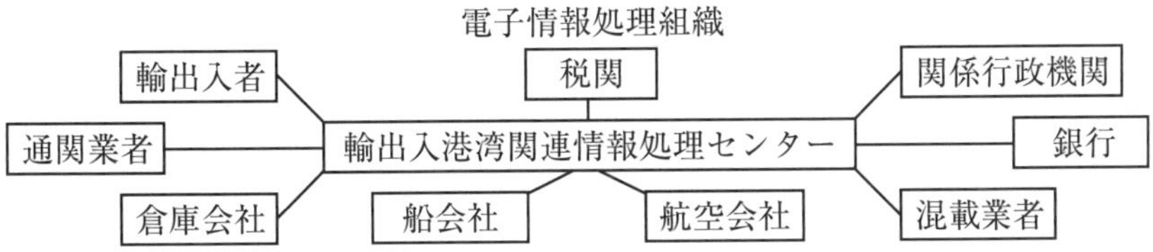

NACCSセンター／輸出入港湾関連情報処理センター（川崎市幸区所在）は、国際物流の重要な要となっている。

我が国においてはNACCSの普及により輸出入申告の90%超がNACCSによるものとなっている。これにより**輸出入申告時のペーパーレス化**が実現されている。

(v) AEO業者とコンプライアンス

AEO業者にとって税関長の承認後においても法令を遵守することが欠かせない。社内の教育、報告、訓練等の組織造りや事後調査の対応等日頃の気配りが大切となる。過去においてもAEO業者の従業員が就労後、駅前で飲食中に他の客と争いとなり傷害事件（刑法204条違反）を起こし罰金刑となった。このような場合には、AEO業者の承認の取消しともなりかねないので充分留意しなければならない。

② **特例輸入申告制度**（2020 年現在 99 者）

通関手続のより一層の迅速化、簡素化および、貨物の取締強化（押収量：覚せい剤 1.5t ／ 2016 年、金 6,200kg ／ 2017 年）に向けて特例輸入申告制度が実施されている。この制度は法令遵守 (コンプライアンス) の優れた輸入者に適用される。過去３年において関税等に違反していないこと、あるいは、過去１年間において加算税を支払ったことがないこと等いくつかの事由が要件とされている。特例輸入申告とは、**あらかじめ全国いずれかの税関長に承認**を受けた輸入者が全国いずれかの税関長に例えば船上から NACCS により**輸入申告をする**ことができる。当該申告は、下図のように**輸入申告 (引取申告という) と、納税申告 (特例申告という) とを切りはなし**て申告する（二重申告制度となっている）ことができる。

輸入申告時には**審査、検査を省略してすぐに輸入許可**がなされて貨物を**保税地域に搬入しなくても直ちに引き取ることができる**という制度のことである。

輸入申告をした月を特定月と呼んでいる。納税に関しては特定月分を個別に、又は、まとめて、**輸入許可の翌月末日までに納税申告**をすればよい（期限内特例申告という）とされている（輸入者が特定月前月末日までに税関長に提供する担保に関しては **任意担保**とされている）。但し、期限後特例申告の場合には、15％の無申告加算税が輸入者に課され、かつ、取消の対象となるため注意したい。

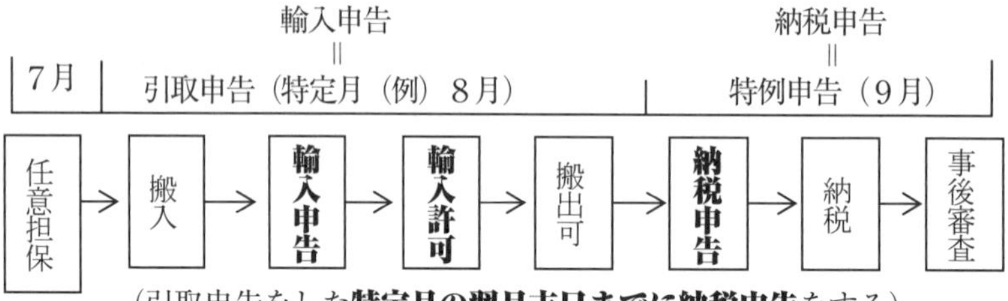

（引取申告をした**特定月の翌月末日までに納税申告**をする）

Guide!

特例輸入申告の対象外貨物

(イ) 農水産品及び乳製品（バター、ミルク、ヨーグルト等）

(ロ) 生鮮等牛肉及び冷凍牛肉

(ハ) 生きている豚及び豚肉等

③ **認定通関業者**（2020 年現在 225 者）

コンプライアンスの優れた通関業者が**あらかじめ全国いずれかの税関長より承認**を受けることにより認定通関業者となることができる。

認定通関業者は、コンプライアンスの優れていない輸出入者の依頼によりその**代理人として特定輸出申告又は特例輸入申告を行うことができる**。この場合における輸出者を**特定委託輸出者**、輸入者を**特例委託輸入者**という（但し、当該委託申告を希望する輸出入者は税関の取締りが強化されるため殆どいない）。

税関においてもコンプライアンスの優れた者とそうでない者とを差別化している。この差別化という概念は最近の通関に関するグローバル化の影響であるともいえる。

④ **認定製造者と特定製造貨物輸出者**（メーカーと商社のこと／ 2020 年現在 0 者）

認定製造者とは、コンプライアンスの優れた者として全国いずれかの税関により承認を受けたメーカーのことである。このメーカーが製造した製品に関しては特定製造貨物輸出者 (商社等のこと) に通関手続を依頼した場合であっても、特定製造者の施設より税関に輸出申告を行う事ができる（つまり、**特定輸出申告可となる**）。この場合、当該申告時に依頼される商社等は、メーカー作成の「貨物確認書」を税関に提出することになる（これにより税関は認定製造者の貨物であることが確認できる）。なお、輸出許可も保税地域に搬入前に受けることができる。

AEO 制度には前述した①～④以外にも、次のようなもの（⑤、⑥）がある。
⑤ 特定保税運送制度（2020 年現在９者／ 281 頁 Guide ㈲参照）

⑥ 特定保税承認制度（2020 年現在 142 者）
保税蔵置場又は保税工場の許可を受けた者（倉庫業者等）のうちコンプライアンスの優れた者は、あらかじめ税関長の承認を受けることにより、新たに保税蔵置場（又は、保税工場）を設置する場合、**税関長に届出**をすることにより（本来は許可が必要）、新設の許可を受けたものとみなされる。この場合、納付すべき**手数料は**軽減又は、**免除**される。
当該承認の**有効期間は８年**とされているため８年毎に更新することとなる。

⑦ AEO 制度の比較

	特定輸出者	特定委託輸出者	**特例輸入者**	特例委託輸入者
輸出･輸入申告	保税地域等 搬入前	保税地域等 搬入前	保税地域等 搬入前	保税地域等 搬入前
輸出･輸入許可	保税地域等 **搬入前**	保税地域等 **搬入前**	保税地域等 **搬入前**	保税地域等 **搬入後**
仕入書	**提出不要**	**提出不要**	**提出不要**	**提出不要**
原産地証明書	提出不要	提出不要	**提出不要**	**提出不要**
他法令証明書	**提出する**	**提出する**	**提出する**	**提出する**

通常の輸出入時

	通常の輸出者	通常の輸入者	
輸出･輸入申告	保税地域等**搬入前**	保税地域等搬入後	
輸出･輸入許可	保税地域等**搬入後**	保税地域等搬入後	
仕入書	原則**不要**	原則**不要**	
原産地証明書	提出する	提出する	**(20 万円以下は不要)**
他法令証明書	提出する	提出する	（該当時には**例外なく提出**）

Guide!

我が国との AEO 相互承認国

2020 年４月現在、日本と AEO 相互承認協定を締結している国は、以下の 11 国である。			
1. ニュージーランド（2008 年）	2. アメリカ（2009 年）	3. カナダ（2010 年）	4.EU（2010 年）
5. 韓国（2011 年）	6. シンガポール（2011 年）	7. マレーシア（2014 年）	8. 香港（2016 年）
9. 中国（2018 年）	10. 台湾（2018 年）	11. オーストラリア（2019 年）	

（出所：税関ホームページ）

⑾　申告時期の特例

① **本船扱・艀中扱（輸出入）**

巨大貨物や危険物等保税地域に搬入することが不適当な貨物の場合には、**あらかじめ税関長より本船扱い・艀中扱いの承認を受けることにより保税地域に搬入せず**に、下図のように本船、又は、艀（はしけ／湾内を運行する小型の船のこと）に積んだままで申告をし、そして、税関の検査及び許可を受けることができる。

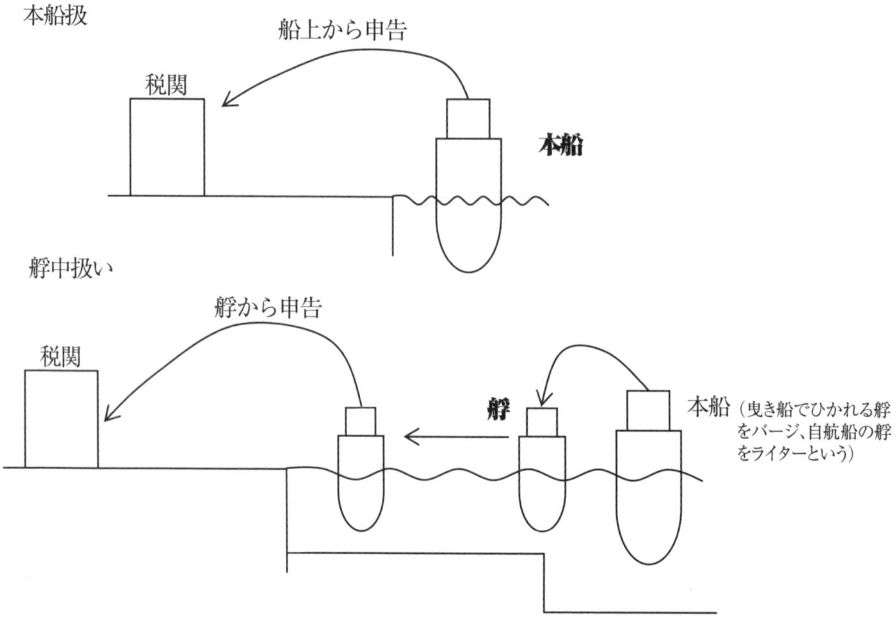

② **搬入前申告扱（輸入のみ）**

やむを得ない事情（関税率が間もなく高くなるので急ぎたい等）による輸入申告に関しては、税関長の承認により保税地域に搬入する前に申告をすることができる。但し、検査以降の通関手続きは、**保税地域に搬入して**行わなければならない（輸出申告においては税関長の承認は必要ない）。

③ **到着即時輸入許可扱**（到着即時輸入申告扱ともいう／**輸入のみ**）

下記の要件を満たしている場合には、税関長の承認により貨物到着後の輸入申告により保税地域に搬入させることなく速やかに貨物の引き取りを認めるという制度である。

要件

(i) 輸入時に限られる。

(ii) NACCS を使用して、迅速に輸入する必要がある場合、

(iii) 予備申告をさせている。

(iv) 取締上支障のない貨物（税関検査が省略されたもの）に限る。

Guide!

(i) 税関長の委任

輸出入申告は、原則として保税地域等を所轄する地（貨物が置かれている地）を管轄する税関長に行うものとされている。このことは、税関長のいる本関のみならずその管轄区域内の税関官署においても行うことができる。

(ii) 関税額が過少である時は、修正申告をまた、過大である時は更正の請求を行うことができる。

関税額が過少な場合には**延滞税**や**加算税**、そして、悪質なとき（脱税の意図あり）には**重加算税**が徴収される（300頁）。

(iii) 輸出入通関の**コンテナ扱いの承認**及びコンテナ扱いの申し出（コンテナに貨物を詰めたまま輸出入申告ができる。）

輸出時における**コンテナ扱いの承認及びコンテナ扱いの申し出**は、2011年10月より法改正により**廃止**されている。コンテナ扱いの承認を受けることなく、その申し出をもすることなく売主の施設において（保税地域に搬入する前であっても）コンテナ詰を行うことが可能となっている。輸入時においてもコンテナ扱いの承認は受ける必要はない。但し、コンテナ扱いの旨を、輸入申告書の余白に朱書することによりコンテナ扱いが認められる。

⑿　輸出申告の変更

輸出申告後に何らかの理由により輸出を中止したい場合(輸出の取り止め)の規定

① **輸出許可前**のとき

「**輸出申告撤回申請書**」を税関に提出することにより、申告がなかったものとされる。

② **輸出許可後**のとき

輸出許可後であるため輸入申告の手続が必要となる。**輸入申告書**（Export Declaration）に輸出許可書を添付して税関長に提出する。この場合、関税は（日本の貨物であるため）免税となる。

③ 船名や貨物の数量を変更したい場合

輸出許可後の場合には、「船名・数量等変更申請書」に輸出許可書を添付して税関長に提出する。

④ **積戻し**(Reshipment)について

外国貨物を外国へ送り出す場合には、輸出申告書を積戻し申告書と訂正して、**積戻し申告**をして、積戻し許可を受けなければならない。積戻しにおいては輸出の規定が準用される。

⒀　特別な通関(ATA カルネ等)

① **ATA カルネに（通関手帳）よる通関**

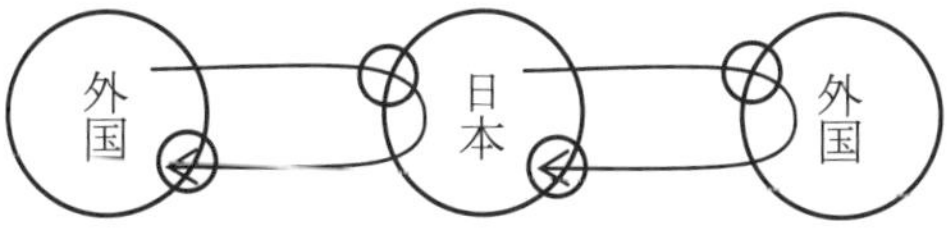

商品見本、展示品、又は、職業用具等について、一時外国へ持ち出すがその後我が国へ持ち帰る貨物については、ATA カルネ(ATACarnet／通関手帳)を取得することにより輸出入の通関手続をすることが可能である。この場合、ATA カルネにあらかじめ商品名等必要な事項が記載してあるため税関への申告書による手続は不要となる。この制度の特色は、**ATA カルネによる簡易な手続きで申告を可能**とし、かつ、**輸入時は免税扱い**(その見本等は持ち帰るため)となる。外国から来るビジネスマンあるいは我が国から外国へ行くビジネスマンが持参する見本品等に適用されている。

ATA(Admission Temporaire と Temporary Admission の合成語)とは一時輸入のための通関手帳に関する通関条約(ATA 条約)をベースとしている。我が国においては、日本商事仲裁協会により通関手帳が発給されている。

なお、台湾には ATA カルネの発給はないが、我が国との通商条約によりそれに代わる SCC(Special Customs Clearance)カルネ(特別通関手帳)というものが日本商事仲裁協会により発給されている。

Guide!

ATA カルネに関する規定

(i) カルネ発給時に**担保金**（国により異なる／最低３万円）及び基本料金（¥14,000）が必要とされている。

(ii) 有効期間は、カルネ**発給日より１年**である。

(iii) 有効期間内であれば何度でも繰り返し使用ができる。

(iv) 有効期間終了後は、協会（日本商事仲裁協会）にカルネを返却する。そして、担保金も返却される

ATA カルネでは輸入税は免税扱いとなるが、この場合、商品見本等を持ち帰ることが免税の要件となっている。

もし持ち帰らない場合には、輸入者より関税が徴収されるが、支払わない場合には ATA カルネを発給した保証団体（日本商事仲裁協会／JCAA）が当該輸入者（及びその者の会社）と連帯して輸入税の納税義務を負うことになっている。この場合における担保金である。

② **VMI** (vendor-managed inventory ／納入業者在庫管理方式) **による通関**

ロジスティクスの考え方を背景として、コスト削減と利便性のためにサプライヤー（**非住居者**）がその代理人（**税関事務管理人／通関業者**）を介して購入者（買主）に代わって、**保税地域等において在庫を管理する**。このことを**アウトソーシング**／外部委託という。

買主からの注文に応じて通関業者が海外の納入業者を代理して輸入通関を行うこと我が国においてもできるようになっている。

買主からすれば自社で在庫を抱えることがなく**コスト削減**となる。また、売主からすればこのようにして売上（コスト削減）と**サービス向上**を計ることができる。

VMI 通関のイメージ

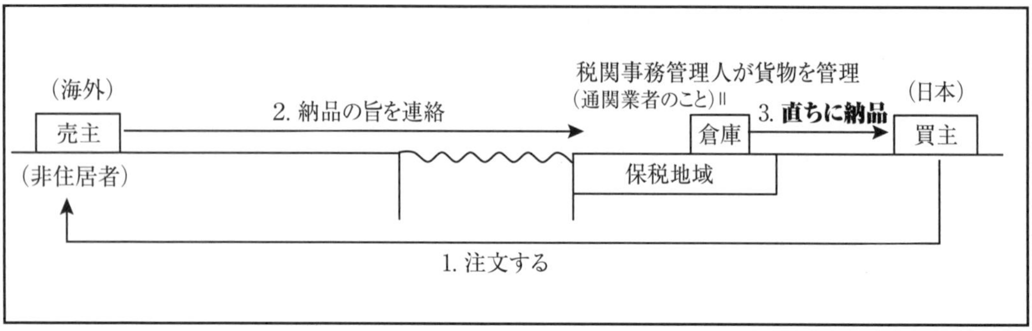

Guide!

コック方式と VMI

かつてコック方式といって、水道の栓（コック）を捻ればすぐに水がでるように、納入業者（サプライヤー）に注文すればすぐに納品されるというシステムがあった。しかしながら、この方式はバイヤーという強者が弱者（例えば部品等を納品する側／下請等）を苛めかねないとして、公取委が独禁法違反にあたるとしてコック方式は禁止されている。

現在、このコック方式の代用として導入されているものが VMI（方式）である。デルコンピューターやアスクル等が成功モデルとして有名である。

⑭　輸入通関に関する補足

① **納期限の延長**（延納ともいう）

輸入時には、原則として**納税をしなければ輸入許可を受けることはできない**。この例外（納税前でも輸入許可が可）として、特例輸入申告、及び納期限の延長という制度がある。

輸入促進策としての**納期限の延長**においては、輸入申告後、延納の旨の申請をし、輸入貨物の**関税相当分の担保を提供（必要担保／絶対的担保）**することにより税関長の承認を受けることができる。当該承認により輸入許可を受けた貨物を引取り、同時に**輸入許可の日**(法定納期限)**より３月以内**において関税の納付を延長してもらうことができる。

個々の輸入取引毎に行う**個別延長方式**（下記図(イ)参照）と１月分(特定月という)まとめて行うことのできる**包括延長方式**とがある（下記図(ロ)参照）。

(i)個別延長方式

輸入許可の日（例.　8／10　）の翌日から**３月以内に限り延長**される。

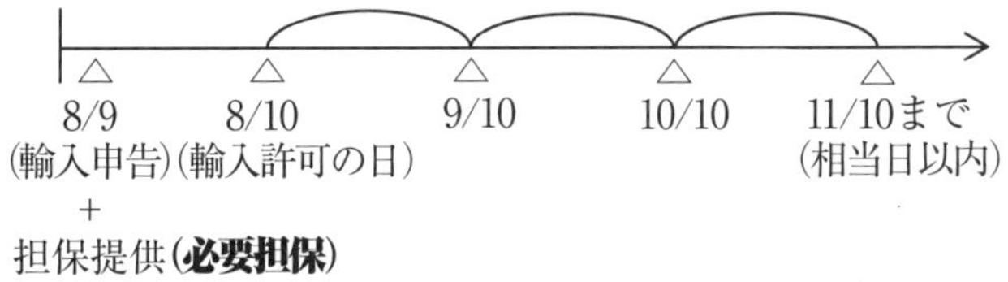

(ii)包括延長方式（複数回まとめてできる）

特定月の末日の翌日から**３月以内に限り延長**される。

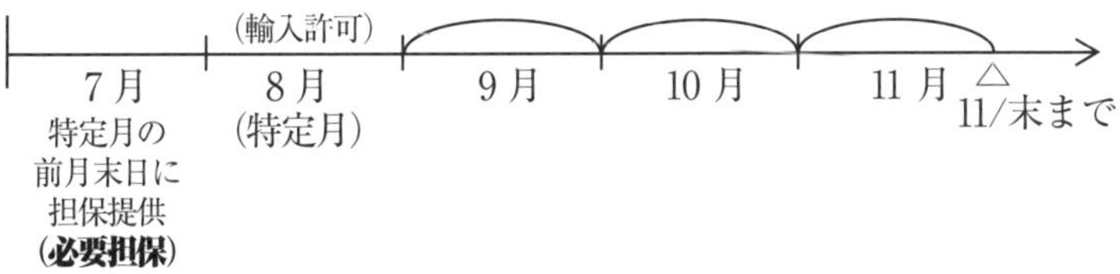

(iii)特例輸入申告時の納期限の延長

特例輸入申告時においても納期限の延長が適用されている。

特例輸入申告の納期限の延長の場合には、特定月の翌月末日の翌日から**２月以内**に限り延長される。

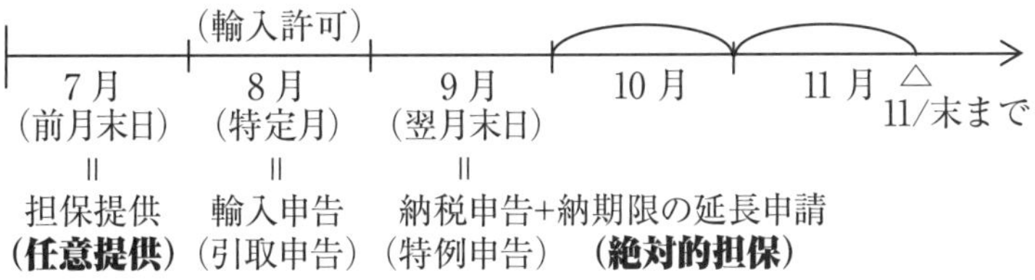

② **輸入許可前貨物引取承認**(BP 承認／BP とは Before Permit の略)

輸入申告をした後で例えば税番等に関する税関の審査に日数を要することになった。しかし、急いで貨物を引き取りたい等やむを得ない事情がある場合には、輸入許可前取引申請を税関長に行い、その承認を受けることにより輸入許可前(納税前)であっても外国貨物を引き取ることができる。但し、当該承認の要件として、関税額相当の **担保を提供(絶対的担保)** しなければならない（絶対的担保と必要担保は同じ意)。

輸入許可前引取承認の流れ

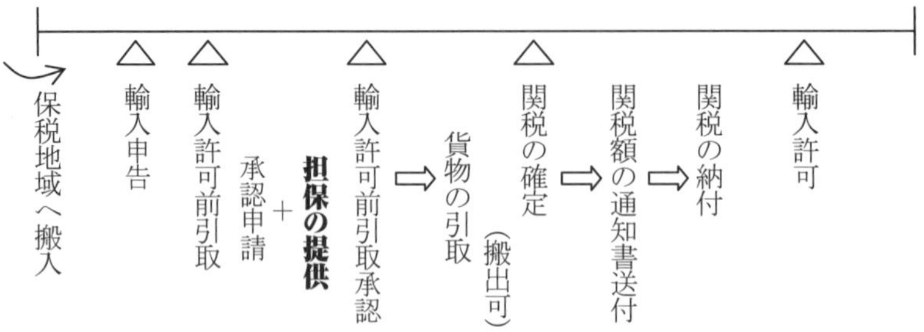

③ みなし輸入

外国貨物が輸入許可前に国内(保税地域等)において使用、又は、消費された場合には、税関はそれを使用、又は、消費した者が輸入したものとみなし、その**使用、消費した者**に納税義務を負わせることになっている。この場合の**納税義務者は、輸入者ではない**ので注意したい。

④ **原産地を偽った表示等**

マドリッド協定により、貨物自体（直接という)、又は、その容器（間接という）に貨物の原産地を偽った表記がある時には、そして、そのままでは輸入許可を受けることができないことになっている。さらに、原産地に偽りがなくても他の原産地とまぎらわしい場合(例えば大分県宇佐産の貨物に“Made in USA”等と表示すること)も同様とされている。

これらに該当している場合には、税関は輸入者に通知し、下記のいずれかの措置をとらせることになる。

(i)**原産地を偽った表示等を消すか、正しく訂正**するかしなければならない。

(ii)上記①の処置を輸入者がしない場合には、輸入許可はなされないため輸入者は貨物を**積戻し**しなければならない。

(iii)輸入者が積戻しをしないときには、税関長により**留置**されることとなる。

(iv)留置後**4月経過**すると税関長は公売に付すことができる。

我が国においては原産地の記載がなくても関税法により**輸入する(輸入許可を受ける)ことができる。**
この場合、当該貨物を輸入者が使用・消費することは可能である。

当該貨物を国内販売する場合には、国内法の規制（景品表示法等）を受けることになる。

関税（消費税及び地方消費税兼用）納期限延長（個別）承認申請書

輸入者符号	

平成　年　月　日 殿	申請者	（住所）（〒　　　　） TEL （氏名又は名称及び代表者名）　㊞
	代理人	（住所）（〒　　　　） TEL （氏名又は名称及び代表者名）　㊞

関税法第９条の２第１項
消費税法第５１条第１項　の規定により下記のとおり納期限の延長を申請します。
地方税法第72条の103第1項

納期限の延長を受けようとする輸入申告の年月日		平成　年　月　日
納期限の延長を受けようとする輸入申告番号		
納期限の延長を受けようとする税額	関　税	円
	消費税及び地方消費税	円
	合　計	円
納期限の延長を受けようとする期間の末日		平成　年　月　日
提供した担保	（提供年月日） 平成　年　月　日	（担保の種類）
	（担保額又は担保限度額） 円	担保の期間（債権発生期間） 自　平成　年　月　日 至　平成　年　月　日

※税関記入欄

※

関税等納期限延長（個別）承認書

第　　　　号
平成　年　月　日

関税法第９条の２第１項
消費税法第５１条第１項　の規定により納期限の延長を承認します。
地方税法第72条の103第1項

㊞

（注）　１．この申請書は、２部提出して下さい。
　　　　２．※欄は記入しないで下さい。

2．保税地域

輸入貨物は、日本に到着すると直ちに関税等の輸入税が課されるわけではなく、輸入許可を受けるまでの一定期間のうちは税が課されることはない。このことを保税といっている。また、この間貨物は、原則として保税地域という場所に置かれることになる。本来、保税とは、輸入貨物についてのことであるが、輸出貨物の通関も保税地域に搬入することもあるため保税制度と無関係ではない。

関税法では次の５種類の保税地域が設けられている。

⑴　指定保税地域

外国貨物の積卸、運搬、一時蔵置（搬入日から**１ヶ月**以内）ができる場所として、**財務大臣により指定**されたところ（主にCY等の港頭地区）である。

⑵　保税蔵置場

外国貨物の積卸、運搬，蔵置（搬入から**３ヶ月**以内）ができる場所（主に倉庫および上屋）として**税関長により許可**されたところである。

税関長の承認（**蔵入承認**）により外国貨物を最初の承認の日から**２年間**蔵置しておくこともできる。

保　税　蔵　置　場

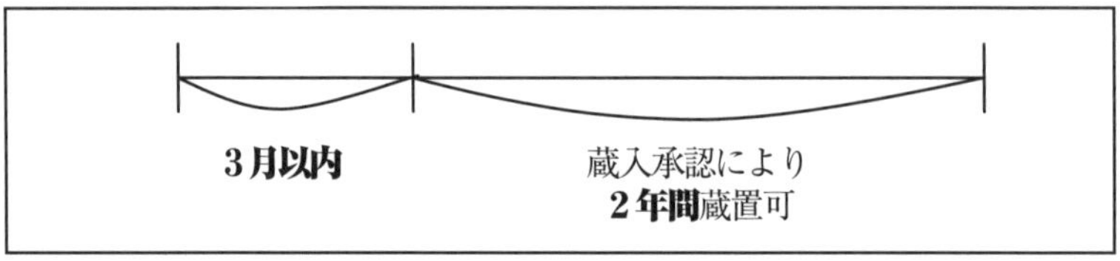

⑶　保税工場

保税作業ができる場所として**税関長により許可**されたところである。搬入から**３月間**蔵置できる。

税関長の承認（**移入承認**）によりその承認の日から**２年**間外国貨物を蔵置しておくことができる。保税作業は、移入承認を受けてから行わなくてはならない（なお、日本の保税工場で製造の製品は、**外国貨物**であるが**日本産扱い**である。しかし、これを外国へ送り出す時には**積戻し申告**が必要である）。

保税工場

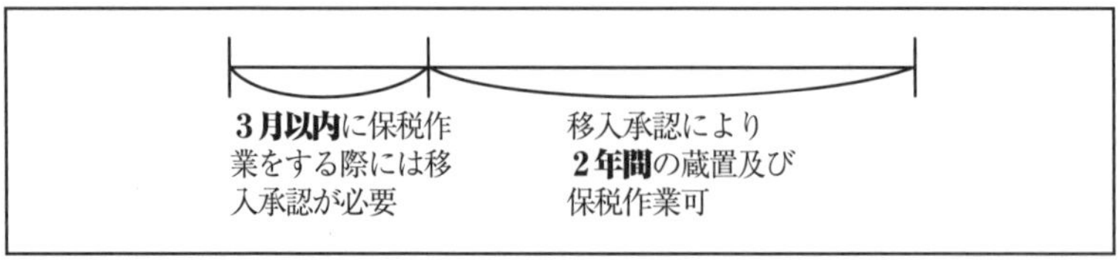

⑷　保税展示場

外国貨物の展覧会、展示会等として使用できる場所として**税関長により許可**されたところである。保税展示場の許可期間は**税関長により指定**される一定期間である。この指定された許可期間において**外国貨物を展示等**することができる。

⑸　総合保税地域

保税蔵置場、保税工場、保税展示場のすべての機能を有する場所（一団の土地等という）として**税関長により許可**されたところである。搬入から**３月間**蔵置可能である。さらに、税関長の承認（**総保入承認**）によりその承認の日から**２年**以内の間外国貨物を蔵置しておくことができる。

他所蔵置許可場所

保税地域に置くことが困難、又は、不適当な貨物(巨大な貨物、大量の貨物等)に関しては、**税関長の許可**により保税地域以外の場所に一時蔵置(税関長の許可する期間)することができる。この場所のことを**他所蔵置許可場所**という。また、そこに置かれる貨物を**他所蔵置許可貨物**という。

(6) その他の規定

① 保税運送

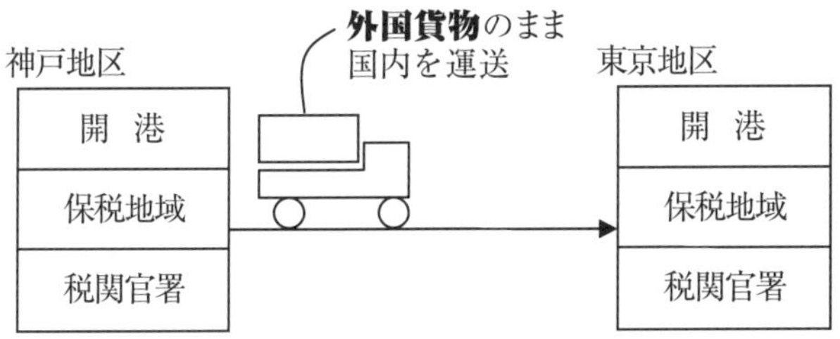

保税運送とは、税関長の承認を受けて外国貨物を保税状態のままで国内の一定区間を運送することである。国内の一定区間とは保税地域、開港(または税関空港)、税関官署等の相互間のことである。税関長は、一定期間内に到着する旨の期間を指定して承認するが、この税関長が定める**運送期間内に貨物が仕向地に到着しないときには、直ちに関税が課されることになっている。この場合の納税義務者は、**輸入者ではなくこの**承認を受けた者**(通常、海貨業者)である。

これに対して、本邦に到着した外国貿易船等に積まれていた外国貨物、課税価格が20万円以下の郵便物（特定郵便物という)、および（AEO制度による）特例輸出貨物（特定輸出申告により輸出許可を受けた貨物のこと）等の場合には、例外として保税運送の承認を受けることなく国内運送することができる（20万円超の郵便物の場合には、特定区間に限り届出で足りる)。

Guide!

AEO制度によりコンプライアンスの優れた運送業者は、あらかじめ全国いずれかの税関長の承認を受け、**特定保税運送業者**になることにより、税関長の承認なしに外国貨物を国内の特定区間において保税運送することができる。

② 収容

保税地域とは、外国貨物の積卸、運搬、蔵置等をすることができる場所である。しかし、貨物の蔵置等は無制限にできるわけではなく法律に定めた期間(法定蔵置期間)内において可能とされている。外国貨物が、この**法定蔵置期間を超えて蔵置等されているとき**には、保税地域の機能を保つため、および、関税の徴収のために、税関長は、それらの外国貨物を**税関倉庫等へ強制的に移し占有**することができる。これを収容と呼んでいる。

収容後、原則として**4ヵ月経過**すると税関長は、**公売等により関税を確保**することができる。

なお、**収容の効力は天然の果実**（例えば、鶏が産んだ卵等）**にも及ぶ**ものとされている（鶏も卵も収容できる)。

③ 開庁時間外事務執行(かつての臨時開庁のこと)

開庁時間外事務執行とは、税関の執務時間外(原則、午後５時から午前８時30分まで)、又は、休日(土曜、日曜、祝祭日)において、通関業者等が急ぎの輸出入に関する許可事務等の執務（輸出入申告、積戻し申告、輸入許可前貨物引取申告等）が必要な場合、税関に**届出**をすることにより税関が臨時的に執務を行うことをいう。

なお、国際競争力強化のため、開庁時間外事務執行の手数料は廃止されている。

(7) 不服申立て制度

不服申立てとは、税関長、又は、税関の職員の行った処分(不作為を含む)について文句がある場合、行政機関に対して起こす争訟手段のことである。

税関長に対して訴える**再調査の請求**(税関長の処分を知った日の翌日から３月以内に行うことができる（下図B）)と、税関長の上級行政庁である財務大臣に対する**審査請求**(税関長の処分を知った日の翌日から３月以内（下図A）とがある。

なお、税関長の決定が不満である場合には、その決定を知った日の翌日から１月以内にさらに、財務大臣に審査請求を行うことができる。

下図ＡかＢかは選択制となっているが、**審査請求を行うことが原則**とされている。

審査請求時においては、次のいずれかの処分に該当する場合を除き、**関税等不服審査会に諮問**しなければならない。

①審査請求人が、諮問を希望しない旨の申出をしている。

②審査請求が不適法であり、却下されるべきものである。

③審査請求に係る処分の全部を取り消し又は徹底すべき旨が命じられる場合　等

不服申立てにより解決しない場合には、さらに**司法(裁判所)に訴えを起こす**ことも可能である。

不服申立ての流れ

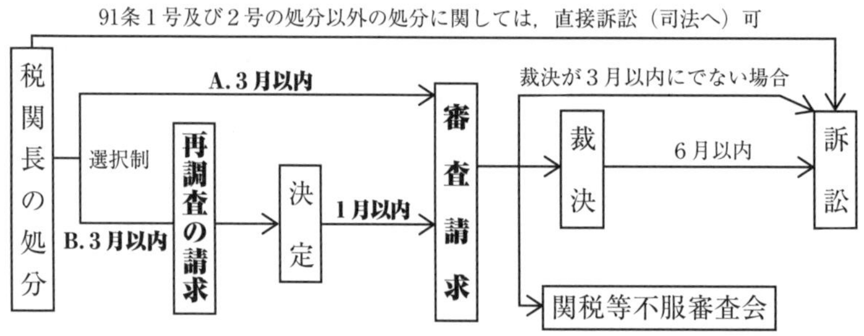

Guide!

再調査の請求

2016年の関税法改正により異議申立ては、廃止され審査請求に一元化されている。しかしながら、不服申立てが大量に行われる処分（課税処分等）に関しては、より簡易かつ迅速な処分めざして税関（長）に対しての再調査の請求が認められている。

再調査の請求とは、以前あった異議申立ての手続よりも、さらに簡易化されている。

３．租税としての関税

輸出の場合と異なり貨物を輸入しようとする場合には、その貨物と同種の貨物を製造する国内業者保護のため、輸入者は、原則として関税、消費税等（輸入税という）を納付しなければ輸入許可を受けることはできない。

輸入税には、関税、消費税以外にも酒税、たばこ税、石油税等がある（このことは、例えば、お酒であれば関税、消費税以外にも酒税が課されるということである）。

なお、**関税が無税であっても消費税は原則として徴収される。**

ここでは、関税の種類およびその減免税制度について順次ふれてみたい。

関税は、**納税義務者(原則として輸入者)**の行う納税申告によりその額が確定することを原則としている。これを**申告納税**という。この例外として**郵便物(課税価格20万円以下**のもの)や**携帯品等**のように税関によりその税額を確定するものもある。これを**賦課課税**と呼んでいる。

関税額は次のようにして算出されている。

関税額 ＝ 課税標準（従価税時は、CIF 価格）×税率

ここでいう課税標準とは税額を決めるとき(原則、輸入申告時)の貨物の価格(従価税品の場合)、又は、数量(従量税品の場合)のことである。殆どの貨物においては、貨物のCIF価格に対して課される**従価税**(Ad Valorem Duty)が適用されている。一方、砂糖、重油類、石炭、大豆等の原材料や穀物には、貨物の重量（又は数量）に対して課される**従量税**(SpecificDuty)が適用されている。従価税が全品種の95%程であるが、関税収入額としては、従価税と従量税は約半々（混合税として従価従量税や従価従量選択税もある）である（日本の関税収入は、国家収入の２％程である）。

(1)　関税率の種類

(関)税率の種類を分類すると次のようになっている(実行関税率表に記載されている)。

- (関)税率
  - 一般税率
    - ①　**協定税率**
    - ②　国定税率
      - ③　**基本税率**
      - ④　**暫定税率**
      - ⑤　**特恵税率**
  - 簡易税率
    - ⑥　携帯品・別送品の税率（296頁）
    - ⑦　少額貨物の税率（296頁）**(20万円以下)**
  - ⑧　その他の税率（296頁）

① 協定税率

WTO加盟国の譲許税率を上限とした税率および**EPA締結国**（464頁参照）に適用される税率（原則として無税）のことである。

② 国定税率

協定税率以外のもの(③基本税率、④暫定税率、⑤特恵税率)のことで国内法により定められている。

③ 基本税率

すべての貨物について法律により定められているものであり最も基本的な税率である。

④ 暫定税率

特定の貨物を時限立法として（一定期間に限り）、基本税率に優先させて適用するものである。日本の関税は高すぎる（つまり、低くしろ）とする外圧により、また、逆にもっと高くして欲しい（つまり、低すぎる）とする国内業者の要望等により、一部の貨物の関税率を一定期間(暫定的に)調整している。

⑤ 特恵税率(特恵関税／133国・地域が対象／295頁参照／2020年4月現在)

特恵受益国（ベトナム、インド、マレーシア、ペルー、ケニア、ガーナ等）

国連による南北問題解決の一助として、開発途上国(**特恵受益国**)を税制面から援助するために、協定税率よりも低い税率(最恵国待遇税率)が適用されている。この税率を適用する場合には、輸出国発給の(特恵)原産地証明書(**フォームA**)を輸入国関税に提出することが原則として必要とされている。

特恵関税の供与方法としては、すべて**エスケープ・クローズ方式**が適用されている。(2012年4月よりシーリング方式は廃止されている。)

エスケープ・クローズ方式（緊急特恵停止措置）
特恵関税適用貨物の輸入が増加し、このことが本邦の産業に損害を与え、又は、与える恐れがあるときに本邦の産業を保護するために特恵関税の供与が停止される。逆にいえばそれまでは特恵関税は適用されることになる。

特別特恵受益国（ミャンマー、バングラディッシュ、ブータン、アフリカの国々等46国／次頁参照／2020年４月現在）
国連による南南問題解決の一助として、**特別特恵方式**（特特ともいう）という制度もある。特別特恵関税例外品目（別表５という／たら、にしん、あじ、ひじき等50品目）以外の品目に関しては、すべて関税は無税であり、すべてエスケープ・クローズ方式が適用される。これを**無税・無枠**という。

Guide!

(i) **特恵関税**及び**締約国（EPA）**そして**協定関税**（WTO及び便益関税）**における原産地証明書の比較**

	特恵関税及びシンガポール・メキシコ・マレーシア・チリ等*のEPA税率時	協定関税時
有効期間	発給又は作成日より**１年以内**	発給又は作成日より**１年以内**
提出が不必要な場合	①課税価格の総額が**20万円以下** ②税関長が物品の種類または形状からその**原産地が明らかであると認めたとき** ③特例申告貨物	①課税価格の総額が**20万円以下** ②税関長が貨物の種類や仕入書，商標等により**原産地が明らかであると認めたとき** ③特例申告貨物

（＊等……タイ、インドネシア、ブルネイ、アセアン包括、スイス、フィリピン、ベトナム、インド、ペルー、オーストラリア、モンゴル、TPP、EUの各協定において必要なものを、締約国原産地証明書という。）

(ii) **本邦への運送**（同法施行令第31条）
特恵受益国を原産地とする輸入貨物であっても、特恵関税の適用を受けるためには、次の運送方法により本邦に運送されたものでなければならない。

(イ)　その原産地である特恵受益国から**本邦へ向けて直接に運送**されたもの

(ロ)　その原産地である特恵受益国から、**非原産国を経由**して本邦へ向けて運送されるもので、その非原産国において、運送上の理由による**積替え**および**一時蔵置**以外の取扱いがされなかったもの

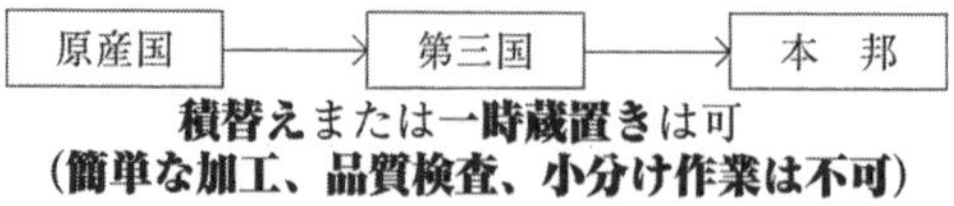

(ハ)　その原産地である特恵受益国から、**非原産国における一時蔵置**または**博覧会、展示会等への出品のため輸出**されたもので、その輸出した者により**当該非原産国から本邦に輸出**されるもの（この場合、上記(イ)、(ロ)による運送に限る）

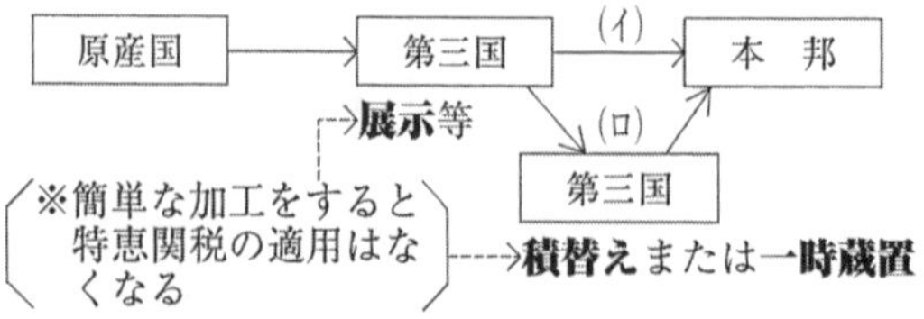

(iii) 経済連携協定における原産地証明書の種類

(イ)**第三者証明制度**（締約国原産地証明書）と(ロ)**認定輸出者自己証明制度**と　(ハ)**事業者自己証明制度**の３種類がある。

(イ)**第三者証明**とは、**輸出国政府の発給機関**が作成する原産地証明書のこと。
(ロ)**認定輸出者自己証明（制度）**とは、**輸出国政府が認定する輸出者**が作成する原産地証明書のこと。 **スイス、**ペルー、メキシコの各協定における原産地証明に関して、輸出国政府発給の第三者証明制度と**認定輸出者による**自己証明制度（**仕入書等の商業文書**等）が採用されている。
(ハ)**事業者自己証明（制度）とは、**事業者、（貨物の生産者、輸出者又は輸入者のいずれか）が作成するものである。

我が国の税関への提出書類は、各協定により、次のように定められている（上記のまとめ）。

スイス協定、ペルー協定及び**メキシコ協定**	(イ)又は(ロ)
オーストラリア協定、TPP、EU 及び **TAG** の各協定	(ハ)（但し、オーストラリア協定は(イ)と選択可）
TPP、EU、TAG を除くすべての協定	(イ)

(イ)第三者証明　(ロ)認定輸出者自己証明　(ハ)**事業者自己証明**

ここで留意したいことは、とくに EPA 税率の適用基準（原産性の証明作業）がかなり煩雑で、我が国における中小企業が二の足を踏んでいる（多くの企業が当該協定の果実を享受できていない）ということである（また、もし、通関できないと貨物は、港で止まったままになってしまう）。

(iv) 特恵受益国（133 国）と特別特恵受益国（46 国／ LDC：Least Developed Country）／ 2020 年４月現在

主な特恵受益国…アルゼンチン、イラク、イラン、インド、エクアドル、エジプト、ガーナ、ケニア、コロンビア、コンゴ共和国、サウジアラビア、スリランカ、タイ、チリ、ドミニカ、トルコ、フィリピン、ブラジル、ベトナム、ペルー、ベネズエラ、マレーシア、メキシコ、モロッコ、モンゴル、ヨルダン、東ティモール、中国（香港マカオ地域を除く）等（2017年度に中国、タイ、マレーシア、ブラジル、メキシコ等は、卒業することが決定／実施は2020年）
主な特別特恵受益国…アフガニスタン、イエメン、ウガンダ、エチオピア、カンボジア、ギニア、スーダン、コンゴ民主共和国、サモア、ザンビア、セネガル、ソマリア、タンザニア、ネパール、ハイチ、バングラディシュ、ブータン、マダガスカル、ミャンマー、モザンビーク、カンボジア、ラオス、リベリア、ルワンダ等

(v) GPS（Generalized System of Preferences）と EPA（Economic Partnership Agreement）

一般特恵税率(GPS)と経済連協定税率(EPA)の両方が適用できる貨物の場合には、EPA 税率が適用されることになっている。GPS 税率が EPA 税率より低い場合には、どちらの税率を適用してもかまわない（LDC（特々）の場合には、どちらの税率をも適用できる）。

⑵　**一般貨物**（293 頁表①～⑤）**の税率の優先順位**

特恵関税適用以外の一般貨物の場合には、協定税率か国定税率のいずれかが適用される。

貿易取引において貨物を輸入する際に適用される税率の優先順位は次のようになっている。

(i) まず特恵受益国からの輸入であれば、**特恵税率**が適用される。

(ii) (i)でない場合には、国定税率のうち、その貨物に**暫定税率の適用があれば暫定税率**を、**暫定税率がなければ基本税率**が適用される。

(iii) そして、次に協定税率が定められている場合には、**国定税率と協定税率のうち低い方 (同じときは国定税率)** が適用される。この優先順位の結果適用される税率のことを実行関税率という。

上記のまとめ

(i)	[特恵関税] が適用できるか。(できない時は(ロ)、(ハ) へ)
(ii)	[基本税率] or 暫定税率 → **暫定税率あれば／暫定税率** **なければ／基本税率**　} 国定税率という
(iii)	[国定税率] or 協定税率 → **どちらか税率の低い方** **ただし、同率のときは国定税率**

→ 320 頁第４問を参照のこと。

⑥ 携帯品・別送品の税率／簡易税率（293 頁図の⑥）

日本に入国する者が**携帯して**、又は、**別送してくる貨物**に対しては、その免税範囲を超える部分について**簡易税率** (簡易税率表にある税率) が適用される。

但し、**本人が希望しない**（つまり、簡易税率の方が高い）ときには**一般税率が適用**される。

⑦ 少額輸入貨物に対する税率／簡易税率（293 頁図の⑦）

課税価格の総額が **20 万円以下**の貨物を**少額輸入貨物** (個人輸入等の場合のもの) といって、簡易税率 (⑥とは異なる簡易税率表がある) が適用される。この場合にも、**本人が希望しなければ一般税率が適用**される。

この税率には内国消費税は含まれていないが、⑥の携帯品・別送品の税率には内国消費税が含まれている。

なお、20 万円以下の貨物には、上記⑦の簡易通関（低い税率適用）が可能となるが、20 万円超の貨物の場合には、一般通関となる。

⑧ その他の関税（特殊関税等）

(i) 便益関税 (イラン、イラク、アフガニスタン、アルジェリア、リビア等 19 国)

WTO 加盟国ではないが、我が国に対して関税の差別的待遇が事実上とられていない国に対して、我が国もその見返りとして WTO の協定税率の限度を超えない範囲において、その国 (又は、地域) および貨物を指定して関税について便益を与えることができる。

この場合、輸入通関時に原則として原産地証明書が必要とされる。

(ii) **相殺関税** (事例：韓国産 DRAM ／ディーラム／半導体のメモリーのこと)

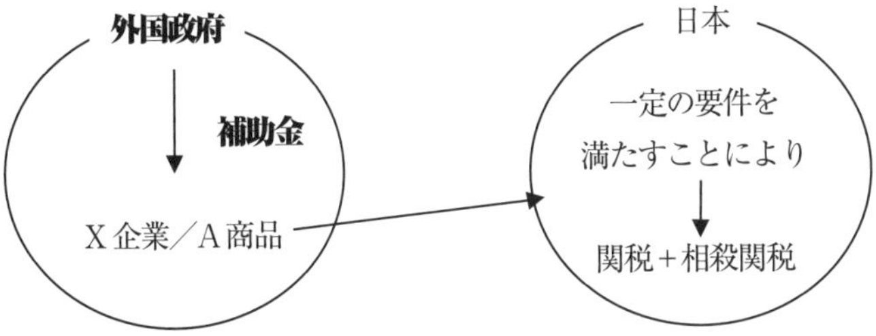

外国政府から補助金を受けた貨物が我が国に輸入され、①そのことにより輸入貨物と同種の日本の産業に実質的な損害を与え、もしくは与えるおそれがあり、②又は、日本の産業の確立を実質的に妨げる事実があり、③そして、日本の産業を保護する必要があると政府が認めた場合には、**通常の関税の他に、**貨物、供給者、供給国、期間を指定して、**政府はその補助金と同額以下の関税を輸入者に課す**ことができる (適用期間：原則として５年以内)。相殺関税は外国政府の補助金がキー・ワードとなっている。

(iii) **不当廉売関税** (事例：豪州、スペイン、中国、南ア産の電解二酸化マンガン等)

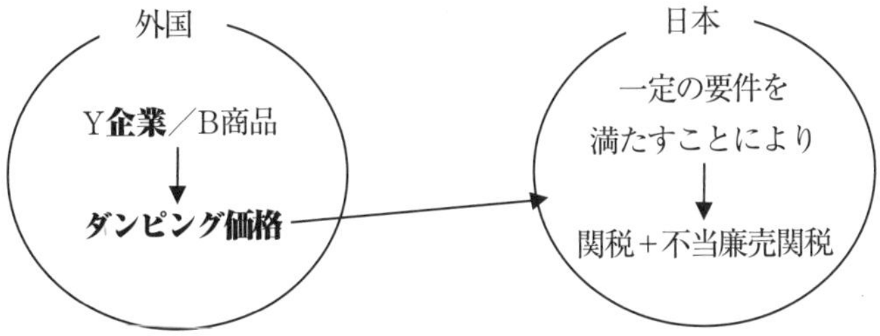

外国の大企業等により**輸出国の正常価格と比べ、不当廉売 (ダンピング)** された貨物の輸入が存在し、①それにより輸入貨物と同種の日本の産業に実質的な損害を与え、もしくは与えるおそれがあり、②または、日本の産業の確立を実質的に妨げる事実があり、③さらに、日本の産業を保護する必要があると政府が認めた場合には、貨物、供給者、供給国、期間を指定してその貨物の**正常価格と、ダンピング価格 (不当廉売価格) との差額に相当する額までを通常の関税とは他に課する**ことができる (適用期間：原則として５年以内)。これをアンチ・ダンピング関税 (ダンピング防止関税／不当廉売関税) という。

(iv) **セーフ・ガード (緊急関税)**

日本市場において特定の種類の貨物の輸入増加の事実があり、そのことが同種の貨物の日本の産業に重大な損害を与え、又は、与える恐れがあり、かつ、**国民経済上緊急に必要がある場合**、期間を指定（４年以内）して発動される。少し前になるが、中国からの長ねぎ、生しいたけ、そして米国向けの鉄鋼等の例がある。セーフ・カードに該当する貨物は、輸出国においてもともと安いものであり、恣意的なところが無い。この点において前述の相殺関税及び不当廉売関税とは異なっている。

税額は、国内卸売価格 − (輸入貨物の課税価格＋関税額) として計算される。

この場合において、相手国による**対抗関税**の措置がとられることが一般的であるため安易にセーフ・ガードを発動すべきではない。

(v) 報復関税 (事例、米国産ベアリング)

本邦の利益を守り WTO 協定上の目的を達成するため必要があると我が国において認められる場合に課す割増関税 (課税価格と同額以下) のことである。

ある特定国が、我が国の貨物、船舶等に対して差別的に不利益となる取扱いをしている場合が対象となる。

ⅵ **関税割当（Tariff Quota ／ TQ 品目）**

関税割当とは、特定の貨物の輸入に関して、政府から割当を受けた一定数量までの関税を無税、又は**低い税率（一次税率）**とし、それを超える数量の貨物の輸入については、**高い税率（二次税率）**を適用して課税する制度のことである。これは、一次税率適用により**消費者のニーズを満たし、**二次税率の適用により**生産者の保護を図ろう**とするもので、**両者の調整をめざす二重税制制度**であるといえる（第８章外為法 IQ 品目参照）。

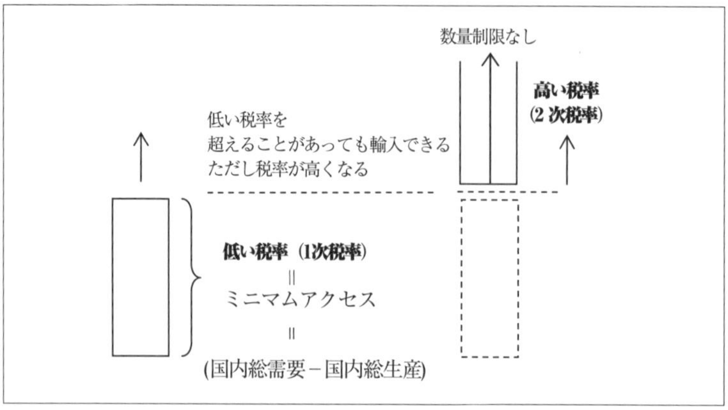

ここで留意すべきことは、外為法における**輸入割当（Import Quota ／ IQ 品目）は、数量制限であるが、関税割当制度は数量制限ではない。**政府は、関税割当により対外的に自由化の促進を漸定的に図っている。関税の完全な自由化（無税をめざすこと）までの足がかり的措置（適用期間：原則 10 年）として活用されている。

関税割当を受けるためには、貨物の種類に応じて管轄主務大臣に関税割当申請書を提出し**関税割当証明書**を受けなくてはならない。そして、輸入申告時にこの関税割当証明書を税関長に提出する。関税割当証明書により通常の利率（二次税率）より低い税率（一次税率）の適用を受けることができる。

Guide!

主な対象品目：とうもろこし、でん粉、ミルク、クリーム、トマトピューレ、乾燥豆、落花生、こんにゃく芋等の農業産品

関税割当適用時の通関の流れ

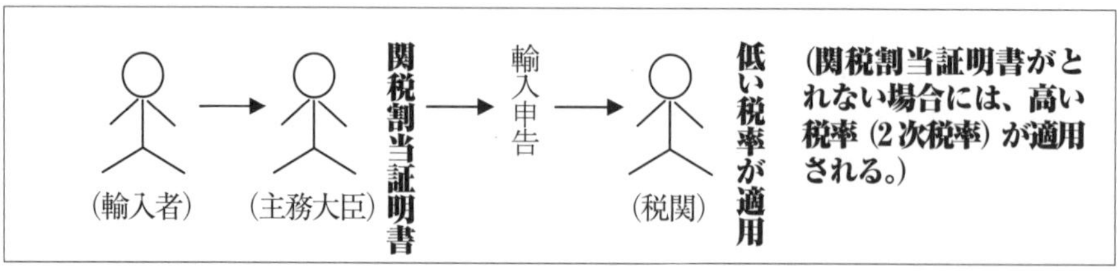

(3) **修正申告と更正の請求等**／正しい税額のための制度

① **修正申告**

納税義務者は、先の申告等において**納付すべき税額に不足額**(過少なとき)がある場合には、税関長の更正があるまで（税関長の更正がない場合には、原則として輸入許可の日より５年以内において）**修正申告**を行うことができる。

Guide!

修正申告（及び増額更正）の効力

すでに確定した納付すべき税額に係る関税についての納税義務に影響をおよぼさない。

例えば、輸入申告時に100万円納付したが、後日になって50万円の不足が判明した場合、修正申告をすることにより100万円はそのままで不足分（50万円）のみ支払えばよいということである。

② **更正の請求**

納税義務者は、修正申告とは反対に関税等を**多く払い過ぎた**(過大なとき)場合には、税関長に対して**更正の請求**を（原則として、輸入許可の日等より５年以内において）行うことができる。

更正の請求時には税関長の減額更正があって、はじめて関税の減額が認められることとなる（更正の請求自体には、何ら法的効力はない）。

Guide!

減額更正の効力

減額更正により減少した部分以外の関税についての納税義務に影響をおよぼさない。

例えば輸入申告時に150万円納付したが50万円納付し過ぎていた場合、更正の請求をして税関（長）がそれを認めれば、100万円はそのままでその差額（50万円）のみを戻してもらうということである。

③ **増額更正**と**減額更正**

更正とは、納税義務者（通常、輸入者のこと）が輸入申告をした場合、税関長の調査と異なっているとき（つまり、間違っている場合に）**税関長が正しい税額にする処分**（**増額更正**と**減額更正**がある）のことをいう（なお、輸入申告のない場合に税関長が税額を決めることを決定という）。

原則として、修正申告、税関の増額更正（決定を含む）の場合には、**延滞税と加算税が課される**ことになる。

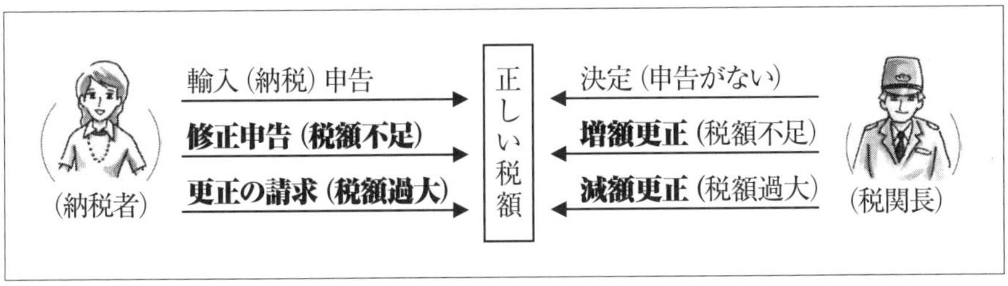

⑷　延滞税と加算税

附帯税（納税が遅れた場合のペナルティとしての税）には次の２種類がある。

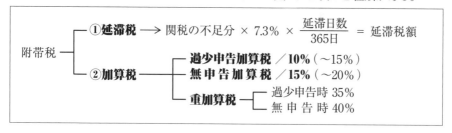

- 附帯税
  - **①延滞税** → 関税の不足分 × 7.3% × $\frac{\text{延滞日数}}{365\text{日}}$ ＝ 延滞税額
  - **②加算税**
    - **過少申告加算税** ／**10%**（～15%）
    - **無 申 告 加 算 税** ／**15%**（～20%）
    - **重加算税**
      - 過少申告時 35%
      - 無 申 告 時 40%

① 延滞税

延滞税とは原則として、輸入者が輸入の許可までに関税を完納しない場合、**関税の不足額**に対して**延滞日数等を乗じて課されるペナルティ**である。

延滞税算出の計算式

$$\text{関税(不足額)} \times 7.3\% \times \frac{\text{延滞日数}}{365\text{日}} = \text{延滞税額}$$

（2020年度の特例基準割合は2.6%）　（ただし、修正申告後2月経過後に未納の場合は、8.9%）

納税者が払い過ぎた場合の税関からの還付加算金に対しては、年 1.6% となっている。

修正申告（及び増額補正）をした場合であっても、延滞税は課せられる（加算税は下記②(イ)を参照）。

② 加算税

(イ) 過少申告加算税

加算税とは、輸入者が支払った関税額に不足額があった場合、その不足額に**原則 10%**乗じて課されるペナルティ（**過少申告加算税**という）のことである。

正当な理由がある場合（例えば税関の事前教示を受けていた等）および、**税関の調査通知を予知しないで行った修正申告時には、過少申告加算税は課されない**（但し、税関の調査通知後の修正申告は **5%**、そして、税関の更正を予知してのものは **10%**の過少申告加算税が課せられる）。

(ロ) 無申告加算税

申告が無かった場合には、その（支払われなかった）税額に**原則 15%**のペナルティ（**無申告加算税**という）が課せされる（税関の調査通知以前の修正申告には５%、それ以降のものには 10%、そして、税関の更正通知以降のものについては 15%の修正申告無申告加算税が課せられる）。

(ハ) 重加算税

輸入者に**脱税行為**があった場合には、脱税分の税額が過少申告加算税に代えて **35%**が、又は、無申告加算税に代えて **40%**が**重加算税**として課されることになる。

Guide!

無申告加算税及び重加算税に関して

意図的な無申告、又は、隠ぺい・仮装による**悪質な脱税**において、同一の税目について**過去５年以内に繰り返し**無申告加算税又は、重加算税を課される場合には、それぞれさらに、**10%の割合が加算**される。

つまり、以下のようになる。

無申告加算税 ――→ 15% + 10% = 25%
重加算税（過少申告）→ 35% + 10% = 45%
重加算税（無申告）――→ 40% + 10% = 50%

関税修正申告書

（内国消費税等修正申告書兼用）

平成　　年　　月　　日

税関長　　殿

申告者
住　　所
氏名又は名称　　　　　　㊞
電話番号
（代理人　　　　　　　　㊞）

関税法第7条の2第1項
国税通則法第19条第　項
地方税法第72条の101第1項
の規定により下記のとおり修正申告します。

なお、この申告書により増加する税額の合計額は、関税［　　　円］、［　　］税［　　　円］、［　　］税［　　　円］、［　　］税［　　　円］となります。

記

輸入（納税）申告書の番号・申告の年月日・許可の年月日並びに当該貨物の記号・番号及び品名	受入科目	区分	課税標準	関税定率法別表の所属区分又は種類等	税率	税額	修正申告により増加する税額
（1）	関税	修正申告前				円	円
		修正申告後				円	※
	税	修正申告前				円	円
		修正申告後				円	※
	税	修正申告前				円	円
		修正申告後				円	※
（2）	関税	修正申告前				円	円
		修正申告後				円	※
	税	修正申告前				円	円
		修正申告後				円	※
	税	修正申告前				円	円
		修正申告後				円	※

その他の訂正事項		参考事項	
※税関記入欄			

（注）1. この申告書は、1通提出して下さい。
2. この申告書により増加する税額に係る受入科目別合計額単位の納付書を添付して、輸入（納税）申告した税関に提出して下さい。
3. この申告書には、輸入（納税）申告書に添付し、又はその輸入（納税）申告の際に提出すべきものとされている書類（インボイス、他法令関係書類、減免税の適用に関する書面等）に記載した事項のうち訂正すべき事項があるときは、当該事項を記載した書類を添付して下さい。
4. 各欄の下欄には、内国消費税等に関する修正申告事項を記載して下さい。
5. ※印欄は、記入しないで下さい。

通関士記名・押印		
※受理	※審査	※収納

第7章

関税更正請求書

（内国消費税等更正請求書兼用）

平成　年　月　日

税関長　殿

請求者
住　所
氏名又は名称　㊞
電話番号

（代理人　㊞）

関税法第７条の３第１項
国税通則法第２３条第１項　の規定により下記のとおり請求します。
地方税法第72条の100第1項

記

輸入（納税）申告書の番号・申告の年月日・許可の年月日並びに当該貨物の記号・番号及び品名	受入科目	区分	課税標準	関税定率法別表の所属区分又は種類等	税率	税額	更正請求により減少する税額
（１）	関	更正請求前				円	円
	税	更正後				円	※
		更正請求前				円	円
	税	更正後				円	※
		更正請求前				円	円
	税	更正後				円	※
（２）	関	更正請求前				円	円
	税	更正後				円	※
		更正請求前				円	円
	税	更正後				円	※
		更正請求前				円	円
	税	更正後				円	※

その他の訂正事項		参考事項			
更正の請求をする理由					
還付又は充当等の別	□還付 □充当又は委託納付	還付を受けようとする場合の受領の方法	□小切手受領		
	□の中に×を付して還付又は充当の別を示して下さい。	□の中に×を示して受領の方法を示して下さい。	金融機関を通ずる受領	□預金口座振込	銀行（郵便局）　支店 預金　名義
				□国庫金送金	銀行（郵便局）　支店
※税関記入欄					

（注）1.　この請求書は，１通提出して下さい。
2.　この請求書は、輸入（納税）申告をした税関に提出するものとし、更正の請求をする理由の基礎となる事実を証明する書類及び輸入（納税）申告の際に提出すべきものとされている書類（インボイス、他法令関係書類、減免税の適用に関する書面等）に記載した事項のうちに更正の請求に係る事項があるときは、当該事項を記載した書面その他参考となる資料を添付して下さい。
3.　更生後の税額に対して更正の請求をする場合には、更正の請求をする基礎となる更正通知書の更正番号及び更正年月日を「参考事項」欄に記載するとともに当該更正通知書を添付して下さい。
4.　「更正の請求をする理由」の欄には、更正の請求をするに至った事情及びその理由を具体的に記載して下さい。
5.　輸入許可前引取の承認がされた貨物に対して更正の請求をする場合には、「参考事項」欄に輸入許可前引取承認の年月日を記載して下さい。
6.　各欄の下欄には、内国消費税等に関する更正請求事項を記載して下さい。
7.　※印欄は、記入しないで下さい。

通関士記名・押印		
※受理	※審査	※収納

４．減免税制度

減免税制度とは一定の要件を満たすことにより関税が全額免除されたり(免税)、一部免除されたり(減税)、納付された関税が全額、又は、一部払い戻されたり(戻し税)する制度のことであり、国際慣行、国際協調、我が国の経済政策、社会政策等の理由により設けられている。

減免税の種類

減免税の代表的なものとして次のようなものがある。

⑴　**再輸入の際に適用**されるもの

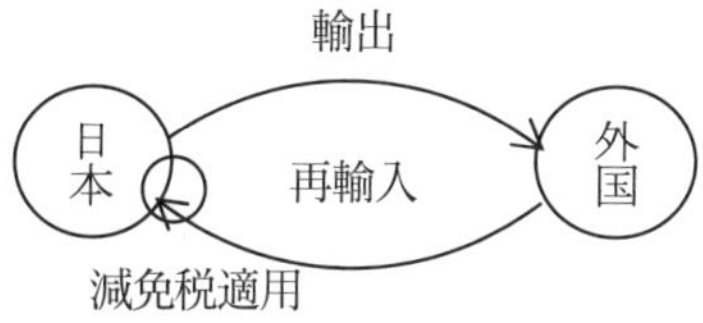

① **加工又は修繕のため輸出がされた貨物の減税**(関税定率法第11条)

日本から原材料を輸出し外国で特定の加工、又は、修繕をして輸入されるときに適用される。

② 加工又は組立のため輸出がされた貨物を原材料とした製品の減税（暫８）

関税暫定措置法第８条(**暫８**という／**皮革製品等に適用／すべての加工品等に適用されるわけではない**)にも、上記①とよく似た減税措置制度がある。

③ **再輸入免税**(関税定率法第14条第10号)

日本から輸出された貨物が外国を素通りして再び輸入されるときに適用される。

④ **再輸入減税**(関税定率法第14条の2)

上記③の場合において、一定の要件（保税作業による貨物が積戻しされ、それが再び輸入される等）によっては、免税ではなく減税が適用される。

⑵　**再輸出の場合に適用**されるもの

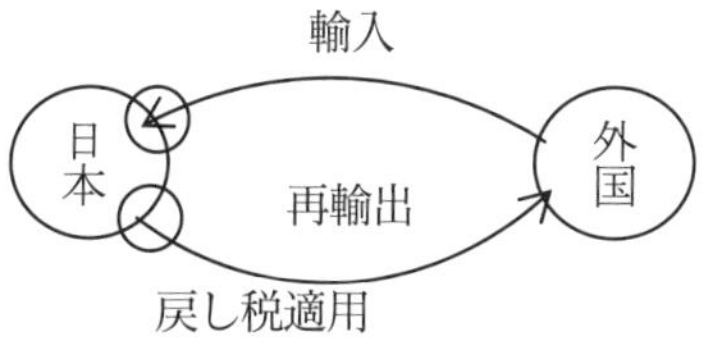

① **再輸出免税**(関税定率法第17条)

輸入時に再輸出（原則として１年以内）を条件に免税を受けることができる（加工品、修繕品、見本、学術研究用品、一時入国者の携帯品等）。輸出許可の日より原則１年以内に輸出しない場合のために関税相当の担保（任意担保）を求められることがある。

② **輸入時と同一状態で再輸出される場合の戻し税**（関税定率法第19条の３）

輸入促進のため、売れ残り貨物（輸入時の性質・形状が変わらないもの）を再輸出（原則として１年以内）すると関税が戻される。

③ **違約品等が再輸出される場合の戻し税**(関税定率法第20条)

契約と違う内容の貨物（違約品）や輸入後国内法改正により販売、使用ができなくなった場合には、再輸出（原則として６月以内）、又は、税関長の承認により廃棄することにより関税が戻される。

(3)　**通常の輸入時に適用**されるもの

① **無条件免税** (関税定率法第14条)

一定の貨物(注文のための見本、携帯品、別送品、天皇等に供されるもの等)であれば輸入時に免税を適用することができる。

② **特定用途免税** (関税定率法第15条)

貨物が特定の用途(学術研究用のもの、礼拝の用に供するもの、航空機の部品等)に供される場合に輸入時に免税が適用される。

(4)　**貨物の変質、損傷**における減税および戻し税（関税定率法第10条）

輸入貨物が変質したり損傷したりした場合にも、その変質、損傷の度合にあわせて減税等される。この場合において、輸入申告前であれば輸入貨物の課税価格を調整して、そして、輸入申告後であれば関税額を調整して減税されることとなる。また、輸入の許可後、保税地域に蔵置中に災害等により滅失等した場合には、戻し税が適用される（保税地域搬出後の貨物に関してはこれに該当しない)。

Guide!

HS条約によるHSコード

HS条約（商品の名称および分類についての統一システムに関する国際条約／International Convention on the Harmonized Commodity Description and Coding System の俗称／1983年6月採択）により輸出入申告に必要な商品のHSコードが輸出統計品目表および実行関税率表において決められている。

(事例)「こっとう品」のHSコード（10桁番号）

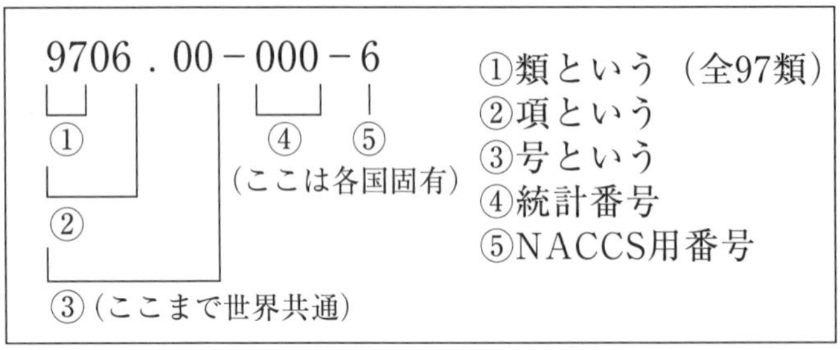

全世界におけるHSコードは、“World Tariff”をインターネットにより検索することができる。

HSコードは、158か国プラスEUの国々つまり212か国・地域で使用されている。

同じ商品であっても左記④、⑤のHSコードは**国により異なる**ことがあるので留意したい。

5．輸出入申告書の作成

輸出入申告は、通常輸出入者の代わりに海貨業者(乙仲、通関業者)が通関手続等を行っている。

輸入においては特例輸入申告の場合を除き、原則として納税(関税、消費税、地方消費税、貨物によっては、酒税、石油税、タバコ税等)をしなければ輸入許可を受けることができない。

輸出入申告の事例をみてみよう。

輸出事例

(1)　輸出申告書の作成

別　紙

INVOICE

Seller OKURA MOTORS CO., LTD. 1-1, 3 chome, Kasumigaseki, Chiyoda-ku, Tokyo, JAPAN	Invoice No. and Dat 93-14825 Oct. 1st 202_ Reference No. Order No. G-93-7738
Buyer WEST MOTORS INC. 105 West Grand Ave, Los Angeles, California, 90509, U.S.A.	Country of Origin : JAPAN L/C No. 127-LC-521003 / Date Sep. 7th 202_
Vessel or Sakura Maru / On or about Oct. 24th 202_ From Tokyo, JAPAN / Via	Issuing Bank Los Angeles City Bank,
To Los Angeles, U.S.A.	Other Payment Terms

Marks and Nos.	Description of Goods	Quantity	Unit Price (per UNIT)	Amount
WMI (in triangle)	MOTOR VEHICLES			
	(1) MODEL : G-6783 Cylinder Capacity 2,960cc	10 UNITS (N/W 1,800 Kgs/UNIT)	US $ 18,750.00	US $ 187,500.00
	(2) MODEL : F-2250 Cylinder Capacity 1,980cc	5 UNITS (N/W 1,400 Kgs/UNIT)	US $ 12,250.00	US $ 61,250.00
G-93-7738 Los Angeles NO. 1-30 MADE IN JAPAN	(3) MODEL : S-1876 Cylinder Capacity 1,590cc	10 UNITS (N/W 1,300 Kgs/UNIT)	US $ 9,500.00	US $ 95,000.00
	(4) MODEL : K-324 Cylinder Capacity 960cc	5 UNITS (N/W 1,000 Kgs/UNIT)	US $ 8,250.00	US $ 41,250.00

TOTAL : 30 UNITS　　　　FOB TOKYO US $ 385,000.00

OKURA MOTORS CO., LTD.

(Signature)

別添１　　輸出統計品目表（抜すい）

番号 NO	細分番号 sub. no	NACCS用	品名	単位 UNIT I	単位 UNIT II	DESCRIPTION
87.03			乗用自動車その他の自動車（ステーションワゴン及びレーシングカーを含み，主として人員の輸送用に設計したもに限るものとし，第87.02項のものを除く。）			Motor cars and other motor vehicles principally designed for the transport of persons(other than those of heading No. 87.02), including station wagons and racing cars :
8703.10	000	0	-雪上走行用に特に設計した車両及びゴルフカーその他これに類する車両		NO	- Vehicles specially designed for travelling on snow : golf cars and similar vehicles
			-その他の車両（ピストン式火花点火内燃機関（往復動機関に限る。）を搭載したものに限る。）			- Other vehicies, with sparkignition internal combustion reciprocation piston engine :
8703.21			- -シリンダー容積が1,000立方センチメートル以下のもの			- - Of a cylinder capacity not exceeding 1,000cc :
	100	5	- - -ノックダウンのもの		ST	- - - Unassembled or disassembled
			- - -その他のもの			- - - Other :
	910	3	- - - -シリンダー容積が550立方センチメートル以下のもの		NO	- - - - Of a cylinder capacity not exceeding 550cc
	920	6	- - - -シリンダー容積が550立方センチメートルを超えるもの		NO	- - - - Of a cylinder capacity exceeding 550cc
8703.22			- -シリンダー容積が1,000立方センチメートルを超え1,500立方センチメートル以下のもの			- - Of a cylinder capacity exceeding 1,000cc but not exceeding 1,500cc :
	100	4	- - -ノックダウンのもの		ST	- - - Unassembled or disassembled
	900	6	- - -その他のもの		NO	- - - Other
8703.23			- -シリンダー容積が1,500立方センチメートルを超え3,000立方センチメートル以下のもの			- - Of a cylinder capacity exceeding 1,500cc but not exceeding 3,000cc :
	100	3	- - -ノックダウンのもの		ST	- - - Unassembled or disassembled
			- - -その他のもの			- - - Other :
	910	1	- - - -シリンダー容積が2,000立方センチメートル以下のもの		NO	- - - - Of a cylinder capacity not exceeding 2,000cc
	920	4	- - - -シリンダー容積が2,000立方センチメートルを超えるもの		NO	- - - - Of a cylinder capacity exceeding 2,000cc
8703.24			- -シリンダー容積が3,000立方センチメートルを超えるもの			- - Of a cylinder capacity exceeding 3,000cc :
	100	2	- - -ノックダウンのもの		ST	- - - Unassembled or disassembled
	900	4	- - -その他のもの		NO	- - - Other

別添2

実勢外国為替相場の週間平均値
（1米ドルに対する円相場）

期　　　　間	週間平均値
令和＿.9 .19（日）～令和＿.9 .25（土）	￥108.00
令和＿.9 .26（日）～令和＿.10.2（土）	￥106.00
令和＿.10.3（日）～令和＿.10.9（土）	￥105.00
令和＿.10.10（日）～令和＿.10.16（土）	￥107.00

輸出申告書(マニュアル用)

税関様式C第5010号

輸　出　申　告　書

申告番号	
積込港符号	
船(機)籍符号	
貿易形態別符号	
仕向国(地)符号	
輸出者符号	
欄(調査用符号)	

あて先	東京税関　長殿	申告年月日	令和＿年10月18日
輸出者住所氏名印	1-1,3 chome,Kasumigaseki, Chiyoda-ku, Tokyo OKURA MOTORS CO., LTD.	積込港	Tokyo
		積載船(機)名	Sakura Maru
	東京都港区港南5-5-30 晴海通関株式会社	出港予定年月日	令和＿年10月24日
代理人住所氏名印	代表取締役 東　次郎 ㊞	仕向地	Los Angeles, U.S.A.
			(輸出)本船扱　(仲)途中寄港
蔵置場所			

品名	統計品目番号	単位	数量	申告価格(F.O.B.) 千円	円	欄(調査用)
(1) MOTOR VEHICLES MODEL:G-6783 Cylinder Capacity 2,960cc.	8703.23-920	NO	10	19,687	500	
(2) MOTOR VEHICLES MODEL:F-2250,S-1876 Cylinder Capacity 1,980cc. 1,590cc.	8703.23-910	NO	15	16,406	250	
(3) MOTOR VEHICLES MODEL:K-324 Cylinder Capacity 960cc.	8703.21-920	NO	5	4,331	250	

個数、記号、番号、外国産品のときは生産地

30Units

WMI

G-93-7738
Los Angeles
No. 1-30
MADE IN JAPAN

「外国為替及び外国貿易管理法」及び「輸出貿易管理令」関係　(該当)(非該当)

保税運送　＊承認　区分　期間

申告書 1 枚 3 欄

添付書類(輸出貿易管理令関係を除く。)　(有)

仕入書　☒

輸出検査証明書

輸出取引承認書

その他関税法第70条関係許可・承認書等(法令名)

関税定率法、関税暫定措置法

内国消費税

＊許可印・許可年月日

＊積込年月日

＊税関記入欄

1 検査場検査

2 現場検査

＊受理　＊審査

通関士記名押印

武田　一郎 ㊞

(注)　＊印の欄は記入しないで下さい。
「不服申立てについて」この申告に基づく処分について不服があるときは、その処分があったことを知った日の翌日から起算して２月以内に税関長に対して異議申立てをすることができます。

(関税局照合済、社団法人日本通関業連合会)

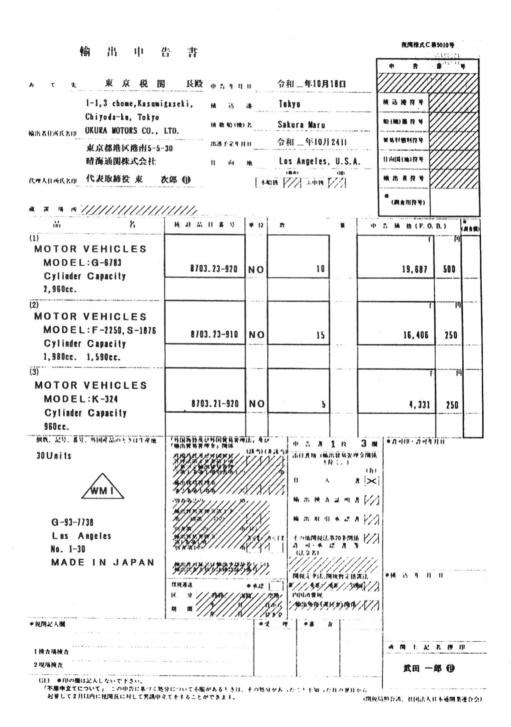

輸入事例

⑵　輸入（納税）申告書の作成

別紙の仕入書及び下記事項により、「紅茶」の直輸入する場合の輸入（納税）申告書を作成して下さい。

なお、答案用輸入（納税）申告書への記入は、既に記入済の欄、斜線で抹消してある欄及び※印欄以外の箇所について行うこととし、和文又は英文で記入して下さい。

記

1　申告書中段の番号、統計細分、税表細分及び税率は、別添1の「実行関税率表」（抜すい）を参照して記入する。
2　紅茶には、7.8％の消費税が課されるものとする。さらに、消費税額に対し2.2％（22/78）の地方消費税が課されるものとする。
3　仕入書に記載されている紅茶は、飲用に直接包装されたものであり、その一包袋当たりの重量（Weight / PKT）は正味重量である。
4　仕入書に記載されている英ポンド建価格の本邦通貨への換算は、別添2の「実勢外国為替相場の週間平均値」を参照して行う。
5　この申告書の申告年月日は、令和__年10月23日とする。
6　この申告書の審査を行った通関士は、「山田一郎」とする。
7　押印を必要とする箇所には、㊞を記入する。

別　紙

INVOICE

Selller ENGLAND TEA CO., LTD. 7 Street Spring Hill 76112-London, UNITED KINGDOM	Invoice No. and Date FC-3456 Aug. 20th 202_ Reference No. 2468
Buyer TANAKA TRADING CO., LTD. 7-10, 4 chome, Kaigan, Minato-Ku, Tokyo, JAPAN	Country of Origin　UNITED KINGDOM L/C No.　ABH-1246　　Date　Aug. 10th 202_
Vessel or　Minato Maru On or about　Aug. 27th 202_	Issuing Bank ENGLAND BANK, LONDON
From　London, UNITED KINGDOM Via	
To Tokyo, JAPAN	Other Payment Terms

Marks and Nos.	Description of Goods	Quantity	Unit Price (per PKT)	Amount
T T (in diamond) TOKYO C/S No. 1-6 MADE IN UNITED KINGDOM	1 Black Tea(Fermented) "ENGLAND SPECIAL"	1,500 PKTS (Weight/PKT　300g)	£ 3.50	£5,250.00
	2. Black Tea(Fermented) "ENGLAND"	10 PKTS (Weight/PKT　4 kg)	£16.20	£ 162.00
	TOTAL　6 Cases B/L No. BK-4971	1,510PKTS	CIF TOKYO	£5,412.00

ENGLAND TEA CO., LTD.

(Signature)

別添1

実行関税率表（抜すい）

番号 No.	統計細分 Stat. Code No.	NACCS用	品名	税率 Rate of Duty 基本 General	協定 GATT	特恵 Preferential	暫定 Temporary	単位 Unit	Description
09.02			茶						Tea :
0902.10	000	6	緑茶（発酵していないもので、正味重量が3キログラム以下の直接包装にしたものに限る。）	(35%)	(20%)		20%	KG	Green tea (not fermented) in immediate packings of a content not exceeding 3kg
0902.20			その他の緑茶（発酵していないものに限る。）						Other green tea (not fermented) :
	100	5	1　くず（飲用に適するものを除く。）	無税 Free	(無税) (Free)			KG	1　Waste, unfit for beverage
	200	0	2　その他のもの	(35%)	(20%)		20%	KG	2　Other
0902.30			紅茶及び部分的に発酵した茶（正味重量が3キログラム以下の直接包装にしたものに限る。）	(35%)	(20%)		20%		Black tea (fermented) and partly fermented tea, in immediate packings of a content not exceeding 3kg :
	010	3	紅茶			14% ×無税 Free		KG	Black tea
	090	6	その他のもの					KG	Other
0902.40			その他の紅茶及び部分的に発酵した茶						Other black tea (fermented) and other partly fermented tea :
	100	6	1　くず（飲用に適するものを除く。）	無税 Free	(無税) (Free)			KG	1　Waste, unfit for beverage
			2　その他のもの	(35%)					2　Other :
	210	4	〔1〕紅茶			2.5% ×無税 Free	5%	KG	〔1〕Black tea
	220	0	〔2〕その他のもの		(20%)		20%	KG	〔2〕Other

別添２

実勢外国為替相場の週間平均値
（１英ポンドに対する円相場）

期　　間	週間平均値
令和＿. 9 .24(日)～令和＿. 9 .30(土)	¥139.00
令和＿.10. 1 (日)～令和＿.10. 7 (土)	¥141.00
令和＿.10. 8 (日)～令和＿.10.14(土)	¥145.00
令和＿.10.15(日)～令和＿.10.21(土)	¥143.00

輸入(納税)申告書(マニュアル用)

輸入（納税）申告書

（内国消費税等課税標準数量等申告書兼用）

申告年月日　令和＿年10月23日

IC	✕	IS	IM	IA	BP
RE-IMP		ISW	IMW	IAC	IBP

申告番号

あて先　東京税関　長殿

輸入者 住所氏名印 電話番号　7-10,4 chome,Kaigan, Minato-ku,Tokyo TANAKA TRADING CO.,LTD.

代理人 住所氏名印 電話番号　東京都港区港南４－４ 東京通関株式会社 代表取締役　品川 太郎　㊞

船（取）卸港　Tokyo

積載船（機）名　Minato Maru

入港年月日　令和＿年９月27日

原産地　UNITED KINGDOM

積出地　London, UNITED KINGDOM

船荷証券番号　BK-4971

船（取）卸港符号／船（機）籍符号／貿易形態別符号／原産国（地）符号／輸入者符号／＊（調査用符号）

蔵置場所　（都道府県名　）　蔵入、移入又は総保入先

	品名 番号	統計細分	単位	正味数量	申告価格（CIF）／内国消費税等課税標準額	税率 種別等・税率	関税額／内国消費税等税額	減免税条項 適用区分
(1)	0902.30	010	KG	450	761,250 円	20%	152,200 円	
	Black Tea (Fermented) "ENGLAND SPECIAL" Weight/PKT 300 g			酒／石／消 ✕／地	913,450	7.8%	71,214	
				酒／石／消／地 ✕	71,200	2.2%	20,082	
(2)	0902.40	✕	KG	40	23,490 円	5%	1,150 円	
	税表細分 －２－〔1〕 Black Tea (Fermented) "ENGLAND" Weight/PKT 4 kg			酒／石／消 ✕／地	24,590	7.8%	1,892	
				酒／石／消／地 ✕	1,800	2.2%	507	

貨物の個数・記号・番号

6 Cases

T.T

TOKYO
C/S No.1-6
MADE IN
UNITED KINGDOM

評価申告　関税法施行令第４条第１項第３号又は第４号に係る事項　有／無　評価申告書Ⅰ／Ⅱ／個別／包括　包括申告受理番号

税額合計		
	153,300 円	関税（２欄）
		ハ税（　欄）
		ハ税（　欄）
（欄数）１枚 ２欄	21,900	消費税（２欄）
	1,650	地方消費税（２欄）

添付書類（許可・承認・申請等）輸入承認又は契約許可番号

納期限の延長に係る事項：関税　包（税額）　個（税額）（納期限）　消費税・地方消費税　包（税額）　個（税額）（納期限）　税　個（税額）（納期限）

延長しない税額

＊許可・承認印、許可・承認年月日

＊税関記入欄

（有）（＊税関確認）輸入貿易管理令　別表第１・２第　号

仕入書／仕入書に代る他の書類／原産地証明書／本船積・ふ中積・輸入前申告扱

関税法70条関係許可・承認等

〔法令名　他法令／通関／食衛／検疫／植防／動検／化審〕

＊受理　＊審査　＊収納

通関士記名押印　山田一郎㊞

（参考）**関税、消費税等の計算**のポイントを、ここでは簡単にふれておくことにしよう。

1 **関税**

(1) **従価税**

課税価格(千円未満切捨)×税率＝税額(百円未満切捨)

例えば

A貨物の課税価格……………1,234,500円

税率　……………11%

1,234,000円(**千円未満切り捨て**)×11%＝¥135,740

↓

135,700円(**百円未満切り捨て**／納付すべき関税額)

(2) **従量税**

数量等×税率＝税額(百円未満切捨)

例えば

B貨物の数量……………5,670KG

税率　……………115円／KG

5,670KG×115円＝652,050円

↓

652 ,000円(百円未満切り捨て／納付すべき関税額)

2 **消費税**(国の消費税)

課税標準(課税価格＋関税額)×7.8%

(1) 消費税の課税標準は、課税価格(端数処理なし)に関税額(百円未満切り捨て)を加えたものである。

(2) 課税標準は、**千円未満切り捨て**て7.8%を乗じる。

(3) 納付すべき消費税額は**百円未満切り捨てる**

例えば前途のA貨物の場合であれば、

1,234,500円(そのまま)＋135,700円(百円未満切り捨て)＝1,370,200円

1,370,000円(千円未満切捨)×7.8%＝106,860円

106,860円(百円未満切捨)→106,800円(納付すべき消費税額)

3 **地方消費税額**

消費税額(**百円未満切捨**)×22/78

上記の例をあてはめると

106,800円(百円未満切捨)×22/78＝30,123円

30,123円(百円未満切捨)→30,100円(地方消費税額)

消費税は、2019年10月に10%（国税として7.8%＋地方税として2.2%）に引き上げられている。

中国、韓国、日本の税関と港湾(著者撮影)

中国上海市税関

中国上海地区港湾(外高橋保税地区)

深圳税関

深圳港湾

韓国釜山の税関

成田空港の保税上屋

東京税関（テレコム・センター）

東京港（海側より）

まとめ問題7

第1問 次の文章は、輸出入通関に関するものである。その記述の正しいものには○印を、誤っているものには×印をつけなさい。

1．貨物が無償であったり、無税であるときには、輸出入申告は免除される。

2．輸出申告時においては、輸入時と異なり売主の施設等から税関に申告することができる。なお、仕入書の提出は原則として不要とされている。

3．外国からの郵便物としての貨物は、課税価格20万円以下のものについて賦課課税方式が適用されている。

4．輸入貨物の税率の選択において、暫定税率は基本税率にどのような場合でも優先する。

5．特定輸出者になるためには、あらかじめ全国いずれかの（通常は、本社の所在する）税関長の承認を受けなければならない。

6．保税運送とは、税関長の承認により外国貨物のままで国内の一定区間を運送できることである。この場合、税関長が定める運送期間内に貨物が仕向地に到着しないときには、貨物の輸入者に直ちに関税が課されることになっている。

7．税関長は、外国貨物が保税地域の法定期間を超えて置かれている場合には、その貨物を収容しなくてはならない。なお、収容の効力は、天然の果実に及ばない。

8．原産地の表示がない貨物は、輸入の許可を受けることはできない。

9．特例輸入申告制度とは、特例輸入申告の承認を税関長より受けることにより、輸入申告時に納税をしなくても直ちに輸入許可を受けることができる。また、納税申告は、輸入許可の翌月末日までにすればよいとされている。

10．「輸出してはならない貨物」及び「輸入してはならない貨物」の対象に「不正競争防止法上の侵害物品」を挙げることができる。これらは周知表示の混同を惹起する物品、形態模倣品、著名表示冒用物品、そしてアクセスコントロール等回避機器、営業秘密侵害品のことである。

11．開庁時間外事務執行とは、税関の執務時間外に税関の承認により一定の通関手続を行うことである。

12．不服申立には、税関長に対して行う再審査の請求と財務大臣に対して行う審査請求とがある。

第２問 次の記述は、輸出入通関について述べたものである。内容が正しくなるようにＡ～Ｄの空欄に適当なことばを下の１～６の語句を選んで文章を完成しなさい。

貨物を輸出または輸入しようとする者は、その貨物に品名、数量、価格（輸入貨物については課税標準となるべき数量、価格）等を（Ａ）に申告をして、その貨物について必要な検査を経て、その（Ｂ）を受けなくてはならない。

なお、課税価格20万円以下の（Ｃ）については、（Ａ）に対する申告の必要はない。

しかし、（Ｃ）といえども税関による（Ｄ）は必要である。

1．郵便物	4．検査
2．許可	5．財務大臣
3．承認	6．税関長

第３問 次の文書は貨物の通関について述べたものである。内容が正しくなるようにＡ～Ｆの空欄に適当なことばを下の１～６の語句から選んで文章を完成しなさい。

1．輸出入･港湾関連情報処理センター株式会社の使用に係る電子計算機と、（Ａ）その他の関係行政機関の使用に係る電子計算機および当該関係行政機関以外の輸出入等関連業務を行う者の使用に係る電子計算機とを電気通信回線で接続した電子情報処理組織のことを（Ｂ）という。

2．輸出促進策のひとつとして（Ｃ）後、輸入許可前に関税額相当の担保を提供することにより税関長の承認を受けて貨物を国内に引き取ることができる制度を（Ｄ）という。

3．特例輸入者の承認を税関長より受けている輸入者は、当該貨物について引取申告(輸入申告)と（Ｅ）を分離して申告することができる。この場合、引取申告により納税することなく輸入許可を受け貨物を国内に引き取ることができる。この制度を（Ｆ）という。

1. 輸入申告	4. NACCS
2. 特例輸入申告	5. 納税申告
3. 輸入許可前引取承認	6. 税関

第４問 次のとおり関税率が定められている貨物で，WTO加盟国である英国を原産地とするものが，英国から特恵受益国であるタイに輸出された後，何らの加工等がされずそのままの状態でタイを仕出地としてわが国に輸入される場合において，それぞれの貨物について適用される関税率を選びなさい。

	Ⓐ基本税率	Ⓑ協定税率	Ⓒ特恵税率	Ⓓ暫定税率
(1)	3％	4％	無税	—
(2)	10%	6％	—	5％
(3)	10%	5％	無税	7％
(4)	20%	2.5%	—	2.5%
(5)	8％	—	2.5%	9％

解答と解説

第１問

解答

　１－×　２－○　３－○　４－○　５－○　６－×　７－×　８－×
　９－○　10－○　11－×　12－○

解説

１．輸出入申告が免除されているのは、申告価格が20万円以下の郵便物のみである。

２．正しい記述である。なお、提出不要時とは、原則としては区分１とされた場合である。

３．正しい記述である。郵便物であっても申告価格が20万円超の時には、輸入時には申告納税となる。

４．正しい記述である。さらに、国定税率（暫定税率または基本税率）と協定税率においては、税率の低い方が適用税率とされる。

５．正しい記述である。例えば本社で承認を受けることにより全国で同制度を使うことができる。

６．輸入者ではなく保税運送の承認を受けた者(通常、業者)である。当該承認を受けた者に貨物が到着しないことに関する責任があるので、その者が納税義務者となる。

７．「収容しなければならない。」ではなく「収容することができる。」と規定されている。また、後半の記述に関しては例えば、動物を収容しているときに子供が産まれたような場合、その子供（天然の果実）は、親とあわせて収容することができることになっている。従って、天然の果実にもおよぶが正しい規定である。

８．原産地を誤った貨物の表示に関しては、その表示を消すか、正しく訂正するかあるいは積戻しをするか、それらを輸入者がしないときは、税関は留置すると規定されている。表示のないものであっても輸入の許可は受けられる（国内法の規制により、販売できないこともあるが、個人使用は可能である）。

９．正しい記述である。輸入申告(引取申告という)と納税申告とを分けて行うことができる制度である。

10．正しい記述である。

11．開庁時間外事務執行(かつての臨時開庁)に関しては、承認は不要となり届出で足りるとされている。

12．正しい記述である。不服申立は、原則として審査請求を行うものとされているが、再審査の請求を行うこともできる。

第2問

解答

A－6 税関長　B－2 許可　C－1 郵便物　D－4 検査

第3問

解答

A－6 税関　B－4 NACCS　C－1 輸入申告

D－3 輸入許可前引取承認　E－5 納税申告　F－2 特例輸入申告

第4問

解答

(1)-A　(2)-D　(3)-B　(4)-D　(5)-D

解説

税率の優先順位

(1)タイは特恵受益国であるが、関税暫定措置法の特恵関税において後述するように「何らの加工等がされずそのままの状態で」とあるので、原産国は英国であり特恵税率は使えない。

(2)暫定税率があれば高い、低いに関係なく基本税率より優先する。

(3)国定税率（基本税率または暫定税率）と協定税率ではより低い方が優先する。

(4)但し，**同率の場合は国定税率となる。**

(5)協定税率がないので暫定税率となる。

第8章

外　為　法（等）

輸出入時の禁制品／外為法

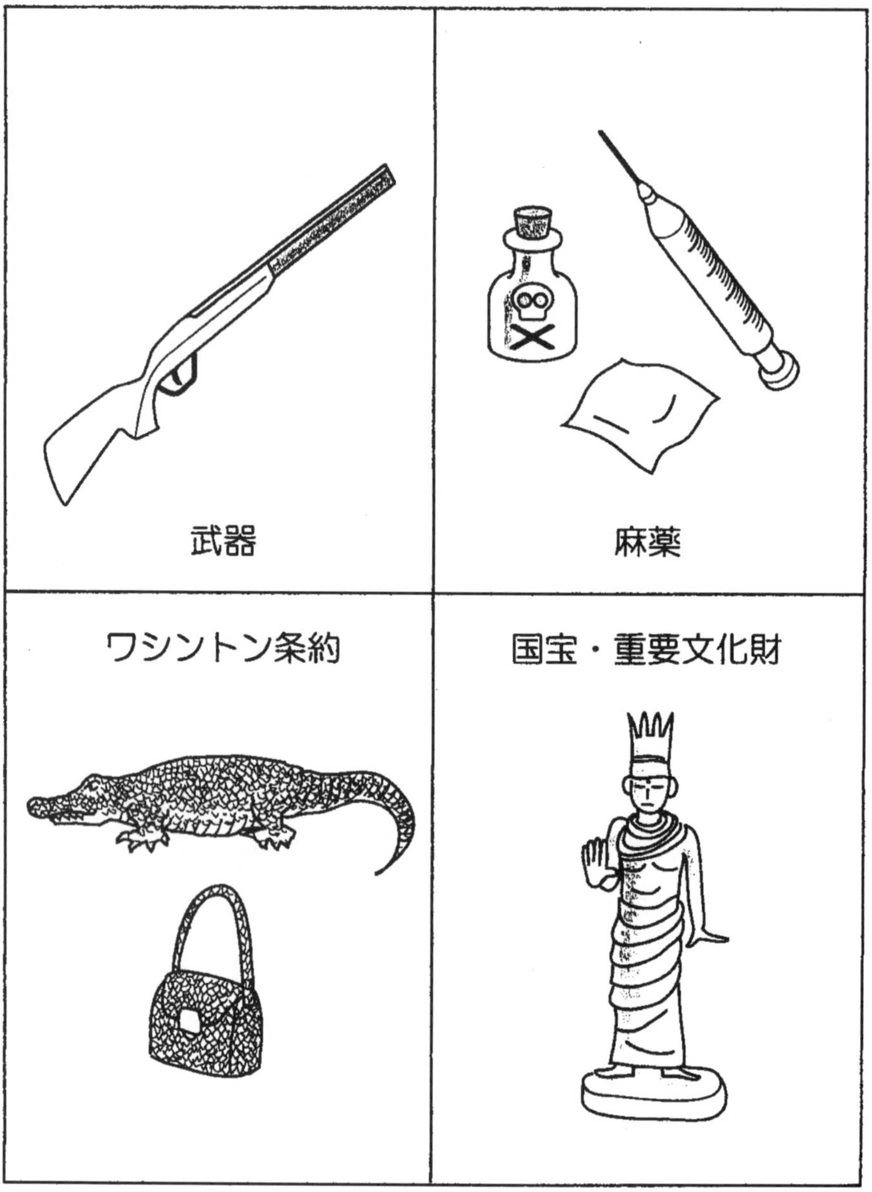

What's the Point?

貨物の輸出入に関して関税関係法以外の法令で貨物の輸出入を規制しているものを他法令という。その代表例が外為法である。国際協調（安全保障管理）、国内産業保護（IQ 品目等）、そして、不法行為（麻薬、偽札、特許権等の侵害品等）の防止を目的としている。**外為法の輸出許可、輸出承認**および、**輸入承認**に該当する場合には、「輸出、又は、輸入申告のときまでに**経済産業大臣より許可証、又は、承認証を取得して税関にその旨を証明しなければならない。**これらの許可、承認等が取れないときには、税関長の輸出許可、又は、輸入許可を受けることはできない（関税法第 70 条）」。

従って、これらの内容をよく把握し、契約締結時までに担当官庁にてしっかりと許認可に関して確認をしておく必要がある。

これらの法令に違反した場合には、罰則を含めて厳しい措置が取られている。

外為法の内容

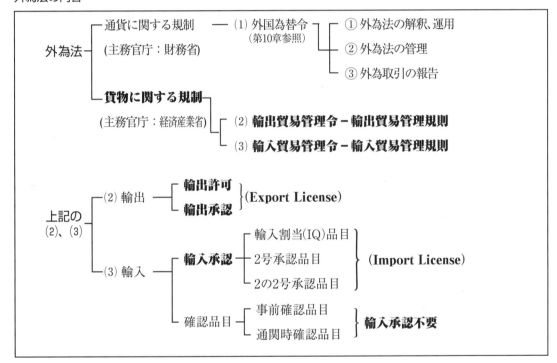

- 外為法
  - 通貨に関する規制（主務官庁：財務省）
    - ⑴ 外国為替令（第10章参照）
      - ① 外為法の解釈､運用
      - ② 外為法の管理
      - ③ 外為取引の報告
  - **貨物に関する規制**（主務官庁：経済産業省）
    - ⑵ **輸出貿易管理令－輸出貿易管理規則**
    - ⑶ **輸入貿易管理令－輸入貿易管理規則**

- 上記の⑵、⑶
  - ⑵ 輸出
    - **輸出許可**
    - **輸出承認**
    - } **(Export License)**
  - ⑶ 輸入
    - **輸入承認**
      - 輸入割当(IQ)品目
      - 2号承認品目
      - 2の2号承認品目
      - } **(Import License)**
    - 確認品目
      - 事前確認品目
      - 通関時確認品目
      - } **輸入承認不要**

外国為替令の規制

上図⑴の外国為替令、通貨に関する規定は、第 10 章において学習する。
ここでは外為法のうちまず貨物に関する規定として上図⑵と⑶の内容を学習する。

我が国における貿易は、そもそも原則自由なものであり、また、このことはGATT から WTO に引き継がれている基本精神でもある。しかし、貨物によっては、全くの自由というわけにもいかず (武器、麻薬、条約関連等の貨物)、必要最小限度の規制が必要となる。具体的には外為法による規制とその他国内関係法による規制 (後述) とがある。

外為法に違反した場合には、最高 10 年以下の懲役もしくは、事例により数億円の罰金、又は、これらの併科がある。

貿易取引における**契約時においてこれらの内容を理解し許認可取得のための事前調査をしておくことが欠かせない。**

1. 外為法(外国為替及び外国貿易法)の規制

外為法は、対外取引に関して必要最小限の管理、又は、調整を行うことにより取引の正常な発展を期し、国際収支の均衡および通貨の安定を図るとともに、我が国経済の健全な発展に寄与することを目的としている。この主な仕組は、前頁のようになっている。

2. 輸出における規制(輸出貿易管理令)

輸出における外為法の規制は、次に述べられているように輸出許可と輸出承認とがある。

(1) 輸出許可(Export License)

国際的な平和および安全の維持を妨げることになると認められる貨物を輸出する場合には、**経済産業大臣の輸出許可**を受けなくてはならない。これに違反すると、**経済産業大臣は3年以内**(承認については1年以内)**の対外取引の禁止**をすることができる。

対象貨物(下記①と②／次々頁別表第1参照)

かつてソ連がロシアに改名後、アメリカの主唱により1949年に設立されたココム(対共産圏輸出統制委員会)は1994年に終止符が打たれた。そして、それに代わるものとして、1996年、旧ココム加盟国に、新たにロシアと東欧諸国等が加盟した（通常兵器関連の）**ワッセナー・アレンジメント**(新国際輸出管理機構／TWA／WAともいう)等が設立されている（TWA以外にも、大量破壊兵器関連として、核兵器のNSG、生物化学兵器のAG、ミサイルのMTCRがある)。これらをベースとして外為法の輸出許可の輸出規制対象国は、全地域を対象として規制されている（471頁表参照)。

第8章

①リスト品目

リスト品目は、（輸出貿易管理令）別表第1第1項から第15項に掲載されている貨物（武器、化学兵器、生物兵器、ミサイル、原子力、エレクトロニクス、コンピューター等の精密機械／次々頁参照）のことであり、**迂回輸出防止のため全地域向**が対象とされている。リスト品目に該当しているか否かは、その貨物の機能（仕様／スペックともいう）が、輸出貿易管理令に規定しているものか否かということであり（例えば、原子炉用のポンプであれば原子炉使用に耐えられる特殊フッ素加工をしているポンプか否か等ということである)、税関から該非判定書（パラメータシート）の提出を求められることがある。該当時は、該当証明書となり、経済大臣の輸出の許可証が必要となる。また、非該当時は、パラメータシートが非該当証明書ともなる。

外為法においては、これらの貨物のみならずこれらに関する特定の**技術（サービス／研究、研修をも含む)**をも輸出の許可の対象としている。

②キャッチオール規制／Catch-All Controls(大量破壊兵器と通常兵器に使用されるものが対象／別表第1第16項)

上記①の補完的輸出規制として、輸出令別表第1のリスト品目以外の貨物であっても**グループA**（輸出管理優遇措置対象国／2019年8月まで通称**ホワイト26ヶ国**／2020年3月現在／下記別表3参照)**以外**(グループB、C、D／2019年8月まで通称**非ホワイト国）への輸出**については、当該規定の全品目(但し、**食料品、木材、美術品等の一部品目を除く**)が**キャッチオール規制の対象**とされている。**キャッチオール規制とは、グループB、C、D（非ホワイト国）に対するものであり、グループA**（かつての**ホワイト国**／輸出管理徹底国ともいう）**に対しては規制の対象外**とされている。

別表3　日本から輸出する相手国としての**グループA**（ホワイト国）に台湾は入っていない。

アルゼンチン、オーストラリア、オーストリア、ベルギー、ブルガリア、カナダ、チェコ、デンマーク、フィンランド、フランス、ドイツ、ギリシャ、ハンガリー、アイルランド、イタリア、韓国、ルクセンブルク、オランダ、ニュージーランド、ノルウェー、ポーランド、ポルトガル、スペイン、スウェーデン、スイス、イギリス、アメリカ合衆国

韓国は、2019年8月に**グループA（ホワイト国）から廃除**されたため、(日本以外の）27ヶ国から26ヶ国になっている。

グループB、C、D

グループB	韓国、トルコ、バルト三国（エストニア、ラトビア、リトアニア）、南アフリカ共和国
グループC	グループA、B、D以外の国々
グループD	国連武器輸出国（アフガニスタン、イラン、イラク、レバノン、北朝鮮、コンゴ、スーダン、ソマリア、リビア、南スーダン、中央アフリカ共和国）

Guide!

(i) キャッチ・オール規制（大量破壊兵器と通常兵器）において、輸出の許可が必要となる場合

キャッチ・オール規制に該当する貨物か否かに関する手続において、経済産業大臣より輸出許可申請の旨の通知がある場合がある（**通知要件／インフォーム要件**という／本通知は、実務では殆どない)。通知があった場合には、輸出許可を受けなくてはならない。この他にも当該貨物は、**何に使用するのか**（**用途要件**という／必要に応じて輸入者にも問い合わすこともある）又、**誰が使用するのか**（**需要者要件**という／外国ユーザリストに該当するか等）に関して、輸出者は経済産業大臣に知らせなくてはならない（用途要件と需要者要件を客観要件／ Know 規制という)。

なお、物品のみならずサービス（技術)、研修等も対象とされ**迂回輸出は認められない。**

上記をまとめると、キャッチ・オール規制は、下記に該当した場合に輸出の許可を受けなければならない。

① 別表第1の**16項**に該当する貨物（または技術）である。
② 別表第3（前頁）に掲げる地域（**グループA／ホワイト国）以外（非ホワイト国）**への輸出である。
③ **通知要件（インフォーム要件）**に該当し、経済産業省より通知があった。
④ **客観要件（用途要件**（民生用途か否か）**又は需要者要件**（外国ユーザリスト等に該当している)）に該当している。 なお、通常兵器関連に関しては、当該客観要件のうちの用途要件はあるが、需要者要件の適用はない。

(ii) 輸出許可の適用除外

輸出許可に関して、次のような例外規定がある。

(イ) **仮陸揚貨物**（外為法では、仮陸揚であっても輸入に該当し、これを外国に送り出すことは、輸出となる。） 本邦以外の地域を仕向地として運送されるものに限る。
(ロ) 日本から無償で輸出されるもので、経済産業大臣が告示で定めるもの 本邦の**展示会**に（**無償で）出品し、（無償で）返品**されるもの。 本邦からの輸出貨物を（**無償で）修理をし、再び輸出**されるもの。
(ハ) 船機用品等の一定の貨物（特例貨物）
(ニ) **少額貨物**（別表1の5～13及び15の貨物で総価額が**100万円以下**のもの。 但し、機微品目の場合は、5万円以下。また、**懸念3か国（イラン、イラク、北朝鮮）**は、適用除外となる。
(ホ) 経済産業大臣が輸出するもの（他の政府機関には、例外規定なし）

(iii) 他法令の証明に関する税関の手続（関税法第70条）

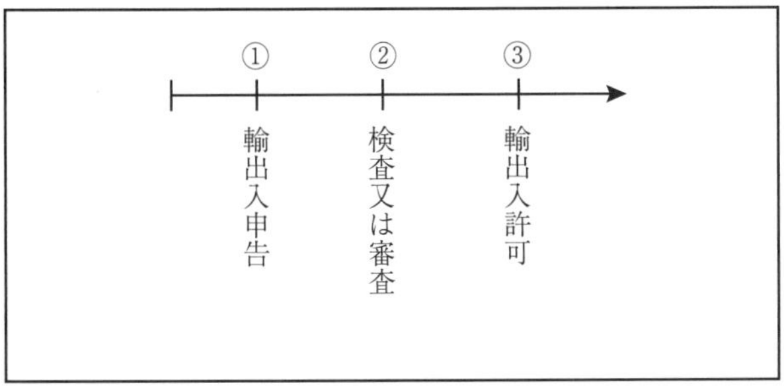

① 他法令のうち、**許可、承認**を必要とするもの（外為法、薬事法等）に関しては、**輸出入申告の際**に税関に許可、承認を受けている旨を証明しなければならない。

② 他法令のうち、**検査又は条件の具備**を必要とするもの（高圧ガス法等）に関しては、輸出入申告に係る**検査又は審査の際**にその旨を税関に証明し、その確認を受けなくてはならない。

③ 上記①又は②のない貨物に関しては、税関長は、輸出又は輸入の許可（上記③）はしないものとする。

輸出にあたり経済産業大臣の許可を要するもの

国際的な平和及び安全の維持を妨げる特定の貨物を全地域に輸出する場合、経済産業大臣の許可を受けなければならない(輸出令**別表第１**)。

別表第一の項	貨　物	
1	武器	武器（通常兵器等）
2 3 3の2 4	大量破壊兵器関連貨物 （核兵器のこと）	原子力関連貨物（核兵器） 化学兵器関連貨物 生物兵器関連貨物 ミサイル関連貨物
5 6 7 8 9 10 11 12 13 14 15	通常兵器関連貨物	先端素材 材料加工 エレクトロニクス コンピュータ 通信機器 センサー／レーザー 航法装置 海洋関連装置 推進装置 軍需品 機微品目（上記５～13の品目のうち、特に機微な品目）
16	**キャッチオール規制** （補完的輸出規制） ॥ 上記リスト規制を補完するということ	**食料品、衣料品、家具、美術品等を除く**全品目（鉱工業産品）及び技術・サービスを含む／**通知要件（インフォーム要件）**、**客観要件**等の規定がある(前頁参照)。

上記第１項～第15項を**リスト品目**と、そして、第16項を**キャッチオール規制品目**という。

上記に関しては、貨物のみならず、その**技術・サービス、研究、研修等も対象**とされているので留意したい。

第8章

輸出（許可・承認）申請書

別表第一

T1018

根拠法規	輸出貿易管理規則第１条第１項
主務官庁	経　済　産　業　省

輸出（許可・承認）申請書

経済産業大臣又は＿＿＿＿＿＿税関長殿

※許可又は承認番号	
※有　効　期　限	

申　請　者
記名押印
又は署名＿＿＿＿＿＿＿＿　申請年月日＿＿＿＿＿＿＿＿

住　　所＿＿＿＿＿＿＿＿　電話番号＿＿＿＿＿＿＿＿

次の輸出の { △ 許可を外国為替及び外国貿易法第４８条第１項 / △ 承認を輸出貿易管理令第２条第１項第　号(及び第　号) } の規定により申請します。

取引の明細
(1) 買主名＿＿＿＿＿＿＿＿　住　所＿＿＿＿＿＿＿＿
(2) 仕向地＿＿＿＿＿＿＿＿　経由地＿＿＿＿＿＿＿＿
(3) 商品内容明細

商品名	型及び等級	輸出貿易管理令		単位	数量	価格	
		別表第１貨物番号	別表第２貨物番号			単価	総額
					計		計

（ただし、数量及び総額が＿＿＿％増加することがある。）

※許可・承認又は不許可・不承認

この輸出 { 許可 / 承認 } 申請は、 { 外国為替及び外国貿易法第４８条第１項 / 外国為替及び外国貿易法第６７条第１項 / 輸出貿易管理令第２条第１項第　号（及び第　号） / 輸出貿易管理令第　条第　項 } の規定により

認可・承認	する。
認可・承認	しない。
次の条件を付して	許可する。
	承認する。

条　件

経済産業大臣又は税関長の記名押印

日　　付＿＿＿＿＿＿＿＿
資　　格＿＿＿＿＿＿＿＿
記名押印＿＿＿＿＿＿＿＿

出所：経済産業省

⑵　**輸出承認 (Export License)**

国際収支の均衡の維持、ならびに外国貿易、国民経済の健全な発展に必要な範囲内において、次に掲げる場合には、経済産業大臣の輸出承認を受けなくてはならない。

これに違反すると**経済産業大臣は1年以内の対外取引を禁止**することができる。

① **特定の貨物**
(i) 輸出貿易管理令**別表第2**に記載の貨物／迂回輸出防止のため（実質的には）**全地域が対象**とされている。 (イ) 輸出禁制品 麻薬等、偽造、変造硬貨等、かすみ網（鳥獣保護のため）、風俗を害する恐れのある書籍等、反乱、せん動を内容とする書籍等、国宝、重要文化財等、知的所有権関連の一定のもの、原産地を誤認させるべき貨物等 (ロ) 国内需給調製品 原油、灯油、木材、うなぎの稚魚（国内需要確保のため）等 (ハ) 輸出秩序維持品 繊維、織物等（国内技術保護のため） (ニ) 国際協定品 ワシントン条約関連 (絶滅の恐れのある野生動植物の種の保存に関する条約等) のもの、モントリオール議定書関連のもの、特定有害廃棄物 (バーゼル条約)、核燃料物資、等
(ii) 輸出貿易管理令**別表第2－2**に記載の貨物 牛の肉、魚のフィレ、アルコール、キャビア、時計、万年筆、テレビ、自動車、美術品等で**北朝鮮を仕向地**としたもの。 北朝鮮への制裁措置として人道的救済以外で輸出承認を受けることは現時点 (2020 年9月現在) では難しい。
② **特定の取引**
逆委託加工貿易による取引で経済産業大臣の指定加工 (日本が皮革および皮革の半製品を輸出して革、毛皮、皮革製品等の製造品を輸入する場合に係る**皮革原料品**を輸出するとき) のこと。 なお**価格が 100 万円以下の貨物の場合には、対象外**とされている。

上記の加工貿易には、次の2形態がある。

順委託加工貿易	委託者が海外で、**受託者が日本**の場合
逆委託加工貿易	委託者 (加工を頼む人) が日本で**受託者 (加工をする者) が海外**の場合 (上記の②特定の取引に該当)

輸出許可、輸出承認の申請方法

輸出者は輸出 (許可・承認) 申請書 (329 頁) を、経済産業省又は、経済産業局等に (殆どが NACCS 経由にて) 提出する。また、輸出承認のうち一定の貨物 (外為法の輸出禁制品の一部と無償の貨物等のこと) については、税関長にその権限が委任されている。

申請者（輸出者）に交付される**許可証**、又は、**承認証の有効期限は 6 ヶ月**である（包括輸出の許可を受けた場合には、7 年間自主管理が可能となる）。申請の際は、申請理由を記載した書類 (申請理由書) 等をも添付する。

2010 年より JETRAS の手続方法は、NACCS に取り組まれているため、NACCS から手続き可能である。

税関長の輸出許可までの流れ

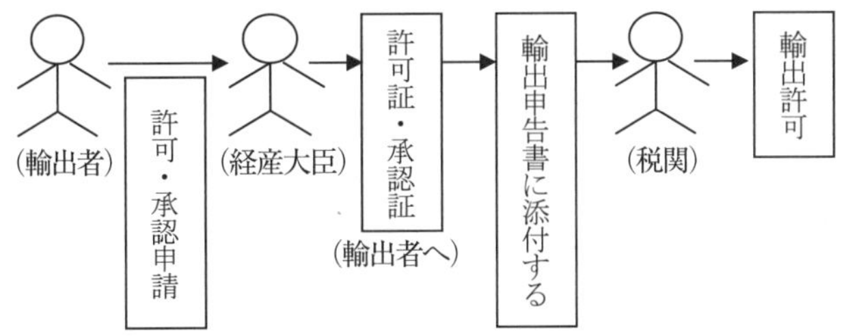

Guide!

輸出承認の適用除外

輸出承認に関しても次のような例外規定がある。

(イ) **仮陸揚貨物** 但し、**モントリオール議定書**および**特定有害廃棄物等に係る貨物は除かれる。**
(ロ) 輸出貿易管理令別表第 5（無償の救じゅつ品等）に掲げられる貨物
(ハ) 輸出貿易管理令別表第 6（出国者の携帯品等）に掲げられる貨物
(ニ) 輸出貿易管理令別表第 7（価格が 3 万円から 30 万円までの特定の貨物）に掲げられる貨物
(ホ) 廃棄物処理および清掃に関する法律において厚生労働省で認められた者が輸出する一般廃棄物
(ヘ) **経済産業大臣が輸出するもの**（他の政府機関には、例外規定なし）

3. 輸入における規制

⑶　**輸入承認 (Import License)**

外国貿易および国民経済の健全な発展を図るため輸入者は、一定の貨物を輸入しようとする場合には、経済産業大臣の輸入承認を受けなければならない。これに違反したときには、**経済産業大臣は 1 年以内の対外取引を禁止**することができる。一定の貨物 (対象貨物) については毎年輸入公表として経済産業省のインターネット等に掲げられている。

対象貨物

① **輸入割当品目**

IQ 品目／ Import Quota ／輸入公表 1 号品目 (次々頁参照)

自由貿易体制維持のための WTO の原則のひとつに、輸入数量制限の徹廃がある。しかし、その例外措置として非自由化品目と条約規制品目、そして、その品目が輸入公表一において公表されている。IQ 品目にある貨物 (水産品等) の輸入については、国内業者保護のためその**数量が制限**されており、毎年一定の枠（数量制限）を設けて次に掲げる該当品目の輸入が管理されている。

⑴ 非自由化品目 近海魚等 (残存輸入制限品目) ／**あじ、さば、いわし**、にしん、ぶり等
⑵ 条約規制品目 オゾン層を破壊する物資に関するモントリオール議定書 (特定フロン等) の規制物品

（農産品に関しては、かつて IQ 品目であったが自由化のためすでに TQ 品目に移行している。）

輸入割当品目は、まず経済産業大臣に輸入割当申請をし、**輸入割当証明書 (有効期間原則 4 ヶ月) の交付**を受ける。そして、さらに経済産業大臣に輸入承認申請を行い**輸入承認**を受けることが原則である。

しかし実務では、輸入割当申請と輸入承認申請とを一部の貨物を除いて**同時に経済産業大臣に申請** (335 頁参照) することが可能である。

輸入割当証明書の一部または全部を希望しなくなったときは、他の者が使用できるようにその数量を記入して経済産業大臣に返還しなければならない。

IQ 品目と TQ 品目との相違点

輸入割当制度に類似したものとして第 7 章で述べた関税割当制度 (TQ 品目) がある。関税割当とは、異なった二重税率 (一次税率 (低い税率) と二次税率 (高い税率)) を適用することにより貨物の輸入を管理し消費者と生産者の調整を図ろうとするものである。

IQ 品目は数量制限をとっているが、**TQ 品目は数量制限ではない** (298 頁参照)。

輸入割当品目の申請フロー

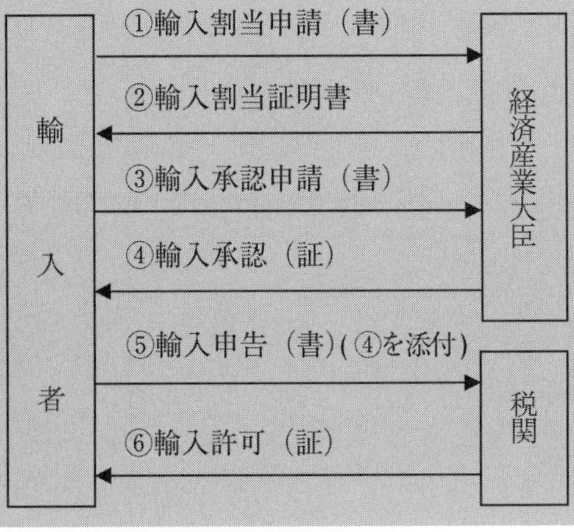

①と③は**同時に申請**（335頁参照）することができる。
②の有効期限は交付の日より**4月**である。
④の有効期限は承認の日より**6月**である。

(cf) 外為法の輸出許可証、輸入許可証、輸入承認証の有効期限は、すべて６月である。
なお、上記有効期限（４月又は６月）とは交付（又は、承認）の日から輸入申告の日までという意味である。

②　**２号承認品目**(336頁)

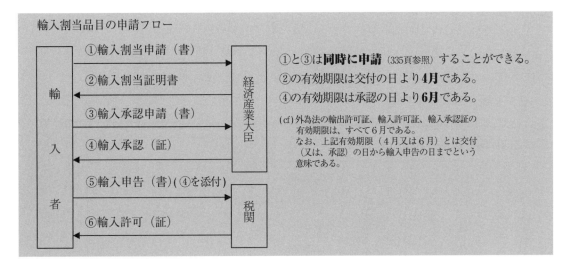

輸入公表二に掲げられているものなので２号(承認)品目と呼ばれていて、**特定の原産地または船積地域からの特定の貨物**のことをいう。

対象貨物

(イ) 国際捕鯨取締条約非加盟国からの鯨およびその調製品等
(ロ) 中国、北朝鮮および台湾からのさけ、ますおよびその調製品
(ハ) ボリビアおよびグルジアからのめばちまぐろおよびその調整品
(ニ) 本邦の区域に属さない海面からの水産物
(ホ) コートジボワール等からのダイヤモンド原石
(ヘ) イランからの不法取得文化財等
(ト) その他

輸入公表（Import Notice）の概要

輸入割当品目（IQ）

非自由化品目

（2018年９月現在）

関税率表番号	品　目　名
03・01	生きている近海魚
03・02	生鮮の又は冷蔵した近海魚、たらこ
03・03	冷凍した近海魚、たらこ
03・04	フィレ等の近海魚
03・05	塩蔵等の近海魚、たらこ、煮干し
03・07	帆立貝、貝柱、いか（もんごういかを除く）
1212	食用海草（1枚の面積が430cm²以下のもの）
2106	海草
その他	ハロンガス、フロンガス　等オゾン層破壊物品 （モントリオール議定書附属書Ⅰ、Ⅱ等該当物質）

上記の近海魚とは、にしん、たら、ぶり、さば、いわし、あじ及びさんまのこと

（出所：経済産業省インターネット抜粋）

輸入（承認・割当）申請書

根拠法規	輸入貿易管理規則
主務官庁	経済産業省

輸入（承認・割当）申請書

申請者名＿＿＿＿＿＿＿＿　記名押印又は署名＿＿＿＿＿＿＿＿

住　所＿＿＿＿＿＿＿＿　資　格＿＿＿＿＿＿＿＿

電話番号＿＿＿＿＿＿＿＿　申請年月日＿＿＿＿＿＿＿＿

次の〔△ 輸入の承認を輸入貿易管理令第４条第１項／△ 輸入割当てを輸入貿易管理令第９条第１項〕の規定に基づき申請します。

I　申請の明細

1 関税率表の番号等	2 商品名	3 型及び銘柄	4 原産地	5 船積地域（船積港）	数量及び単位（金額）
					総額(US＄)
備考					

II 輸入割当て

※割当数量及び単位（割当額）

※証明書番号＿＿＿＿＿＿＿＿

※期間満了日＿＿＿＿＿＿＿＿

※経済産業大臣の条件の付与又は特別の有効期間の設定
上記「I 申請の詳細」欄中［1］［2］［ ］［ ］［ ］の記載事項は、経済産業大臣の承認を受けなければ変更することができない。

III輸入の承認

輸入割当証明書の日付及び番号

※承認番号＿＿＿＿＿＿＿＿　※延長後有効期間満了日＿＿＿＿＿＿＿＿

※有効期間満了日＿＿＿＿＿＿＿＿

※上記Iの輸入は、輸入貿易管理令第４条第１項の規定に基づき

承認する。
承認しない。
次の条件を付して承認する。

※条　件

経済産業大臣の記名押印（輸入割当て）
日　付＿＿＿＿＿＿＿＿
資　格＿＿＿＿＿＿＿＿
記名押印＿＿＿＿＿＿＿＿

経済産業大臣又は税関長の記名押印（輸入の承認）
日　付＿＿＿＿＿＿＿＿
資　格＿＿＿＿＿＿＿＿
記名押印＿＿＿＿＿＿＿＿

２号承認品目（No2. Approved Items）

特定の原産地又は船積地域からの特定貨物の輸入

① 国際捕鯨取締条約の非加盟国等を原産地又は船積地域とする鯨及びその調製品
② ボリビア、グルジアを原産地とするめばちまぐろ及びその調製品
③ 中国、北朝鮮又は台湾を原産地又は船積地域とするさけ及びます並びにこれらの調製品
④ 本邦区域に属さない海面を船積地域とする魚、甲殻類及び軟体動物等 (外国の港湾内で船積みされた場合等を除く)
⑤ オーストラリア、ニュージーランド、韓国、フィリピン及び台湾以外の国又は地域を原産地とするみなみまぐろ (生鮮、冷蔵のもの)
⑥ 国際条約に基づく畜養事業を行っていない国又は地域を原産地とするくろまぐろ (生鮮、冷蔵のもの)
⑦ イランを原産地又は船積地域とする兵器等、核兵器関連貨物、化学兵器製造用の真空ポンプ等、生物兵器関連貨物
⑧ コートジボワール等を原産国又は船積地域とするダイヤモンド原石
⑨ イラクを原産地又は船積地域とする不法取得文化財
⑩ 北朝鮮を原産地又は船積地域とする全貨物
⑪ カンボディアを原産地又は船積地域とする木材 (粗のものに限る)
⑫ ワシントン条約非加盟国から輸入する同条約附属書Ⅱ及びⅢの動植物並びに派生物
⑬ モントリオール議定書非締約国から輸入する同議定書附属Ｄに掲げられている製品
⑭ 化学兵器禁止条約非加盟国又は地域を船積地域とする化学兵器禁止法で規定する第一種指定物品及びその物資を含有するもの

③　**２の２号承認品目**（２－２ Approved Items）

全地域を原産地または船積地域とする次に掲げる特定の貨物のことをいう。

① 原子力関係のもの (核物質)
② 武器類 (軍艦、軍用機、鉄砲等)
③ 火薬類、爆発物
④ 石綿及び石綿が重量比 0.1％超含有製品
⑤ 医薬品 (ワクチン等)
⑥ ワシントン条約付属書Ⅰに掲げるもの
⑦ バーゼル条約該当品 (特定有害廃棄物等)
⑧ その他 (ストックホルム条約該当品等／アルドリン、リンデン、DDT 等)

④　**事前確認品目** (Prior Confirmation Items) **と通関時確認品目** (Confirmation Items at Customs)

輸入公表三に掲げられるもので３号品目または、その他公表品目ともいう。これらには、事前確認品目と通関時確認品目とがある。事前確認品目は、書面により経済産業大臣等の事前確認を受けた場合、そして、通関時確認品目は、税関に通関時に一定の許可書等を提出した場合において、手続の簡素化を図るために**経済産業大臣より輸入承認を受けることをなく**通常、税関長の輸入許可を受けることができる。

ⅰ) **事前確認品目** (338 頁)
(イ) 生鮮、冷蔵または冷凍のまぐろ、かじきで船舶により輸入されるもの (ロ) 国際捕鯨取締条約加盟国からの鯨 (ハ) めろ (２号承認品目を除く) (ニ) ワシントン条約附属書ⅡおよびⅢのもので特定国からのもの (ホ) その他 (第三種および第二種向精神薬等)
ⅱ) **通関時確認品目** (339 頁)
(イ) けしの実、大麻の実 (麻薬取締官事務所の許可書を税関に提出する。) (ロ) ワシントン条約附属書ⅡおよびⅢのもので特定国以外からのもの (ワシントン条約に基づく管理当局等の発給した輸出許可書等を提出する。) (ハ) その他

Guide!

輸入承認の適用除外

次に掲げる貨物の場合には、輸入承認の例外として扱われる。

(イ) **仮陸揚貨物 (どのような仮陸揚貨物にも輸入承認の適用が除外される)** 外為法では、日本の国境線を超えて保税地域に陸揚するだけで輸入に該当する。しかし、仮陸揚貨物の場合には日本国内には入っていないので例外扱いとされている。
(ロ) 輸入貿易管理令別表１に掲げる貨物 総額 18 万円以下の無償の IQ 品目、無償の商品見本、無償の救じゅつ品、サーカス用品等
(ハ) 輸入貿易管理令別表２(携帯品等) に掲げる貨物 一時入国者等の携帯品等（ワシントン条約該当品を含む）
(ニ) **経済産業大臣が輸入するもの**（他の政府機関は、あらかじめ経済産業大臣と協議しなければならない）
(ホ) その他

事前確認品目

	貨物名
農林水産大臣	① 治験用の微生物性ワクチン及び免疫血清 ② ウラン触媒 ③ 試験研究用のクロルデン類、アルドリン、ヘキサクロロベンゼン、DDT ポリ塩化ビフェニル、ポリ塩化ナフタレン、ディルドリン、エンドリンおよびビス(トリプチルスズ)＝オキシド等 ④ まぐろ(びん長まぐろ及びくろまぐろを除く)又はかじき(めかじきを含む)。いずれも生鮮、冷蔵又は冷凍したものを船舶により輸入する場合
経済産業大臣	⑤ くろまぐろ(冷凍したもの) ⑥ めろ(2号承認品目を除く) ⑦ 国際捕鯨取締条約の加盟国からの鯨及びその調製品(輸入承認を要するものを除く) ⑧ ワシントン条約附属書Ⅱ及びⅢに揚げられている動植物及びその派生物のうち原産国が輸出を禁止しているもの(輸入承認を要するものを除く) ⑨ ワシントン条約附属書Ⅱ及びⅢに揚げられている動物のうち生きているもの(輸入承認を要するものを除く) ⑩ 国内希少野性動植物種の個体等(輸入承認を要するものを除く) ⑪ 第2種向精神薬または試験研究施設設置者等が輸入する第3種向精神薬 ⑫ 当該物質以外の物質の製造工程で原料として使用されるモントリオール議定書附属書A、B、C及びEに揚げられている物質

通関時確認品目

貨　物　名		必　要　書　類
①	けしの実及び大麻の実（発芽不能処理）	麻薬取締官事務所が発行した書類
②	ワシントン条約附属書Ⅱに揚げられている動植物及びその派生物	管理当局等が発給した輸出許可書又は再輸出証明書
③	ワシントン条約附属書Ⅲに揚げられている動植物及び派生物	管理当局等が発給した輸出許可書、再輸出証明書又は原産地証明書
④	希少野性動植物種の個体	輸出を許可した旨の輸出国の政府機関が発行した証明書
⑤	放射性同位元素	販売許可証の写し又使用届出証明書
⑥	第３種向精神薬(事前確認を受けるものを除く)	厚生労働大臣が発行した免許証の写し
⑦	残留性有機汚染物質が使用されている医薬品等	製造販売業の許可証等
⑧	フェニル酷酸及びその塩類並びにこれらを含有する物	厚生労働大臣が発行した覚醒剤原料輸入業者の指定証の写し
⑨	ダイヤモンド原石	キンバリー・プロセス証明書
⑩	生鮮又は冷蔵のくろまぐろ	くろまぐろ統計証明書等
⑪	農薬	登録証明書

輸出入貨物に関して**外為法以外の他法令**として、許可または承認等が必要な主なものとして次のようなものが挙げられる。

外為法以外の主な他法令一覧（通関時）

法令名	該当貨物	管轄省庁	輸出入通関
文化財保護法	重要文化財、重要美術品等	文化庁	出（ダブル規制）
大麻取締法	大麻草、大麻草製品	厚生労働省	出と入
覚せい剤取締法	覚せい剤及びその原料	厚生労働省	出と入
麻薬取締法	麻薬及びその原料、向精神薬	厚生労働省	出と入
あへん法	あへん、けしがら	厚生労働省	出と入
食品衛生法	飲食物、おもちゃ、添加物、食器等	厚生労働省	出と入
植物防疫法	顕花植物、しだ類、寄生植物、ダニ等	農林水産省	出と入
狂犬病予防法	犬、猫、あらい熊、きつね、スカンク	農林水産省	出と入
家畜伝染病予防法	馬、鶴、あひる、がちょう、蜜蜂、ハム、ソーセージ等	農林水産省	出と入
農薬取締法	農薬	農林水産省	入
肥料取締法	肥料	農林水産省	入
※医薬品医療機器等法	医薬品、医薬部外品、化粧品、医療用品等	厚生労働省	入
印紙等模造取締法	印紙に紛らわしい外観を有するもの	国税庁	入
郵便切手類模造取締法	郵便切手類に紛わしい外観を有するもの	総務省	入
鳥獣の保護等に関する法律	鳥、獣及びそれらの加工品、鳥類の卵	環境庁	入
生態系被害防止法	ブラックバス、カミツキガメ等	環境庁	入
鉄砲刀剣類所持取締法	けん銃類、刃渡り15cm以上の刀等	警視庁	入
高圧ガス取締法	高圧ガス	各都道府県経由（経産省）	入
石油の備蓄等に関する法律	石油、揮発油、灯油、経由	資源エネルギー庁	入
その他			

※上記医薬品医療機器等法（かつての薬事法）は、2014年11月（略して）薬機法と名称変更されている。

他法令該当品目に関して、契約時までの留意点として、**他法令に該当する貨物の場合には、許可、承認等が輸出入の際に取得できるか否かについて、契約締結以前に充分調査しておくことが欠かせない。**

また、他法令に該当する場合には、状況により許認可がとれないリスクをカバーするために**契約書の中に**輸出者としては**“Subject to Export Lisence.”**と、又、輸入者としては**“Subject to Import Lisence.”**の文言を記載しておくことが望ましい。

第8章

Guide!

上記の規制以外にも関税法においても「輸出してはならない貨物および輸入してはならない貨物」(第7章参照) として取締りの徹底がはかられている。

さらに通関時以外にも**輸入商品の国内販売時の主な規制**としては次のようなものがある。

① 電気用品安全法
電気用品による危険及び障害の発生の防止を目的とする。
② 電気通信事業法
電気通信の健全な発達と国民の利便の確保を図るもの。
③ 酒税法
酒類の税に関する法律のこと。
④ ガス事業法
ガス事業の運営を調整し、もってガス使用者の利益を保護し、及びガス事業の健全な発達を図るもの。
⑤ 道路運送車両法
自動車の安全性を確保し、自動車の登録と検査制度を設けるものとする。
⑥ 船舶安全法
日本船舶の堪航性及び人命の安全保持のため、船舶検査を実施する。
⑦ 消防法 等
火災発生時には、被害を最小限にとどめようとするもの。
⑧ 食品表示法
食品衛生法、JAS法、健康増進法を一元化したものをいう（2020年4月より）。
⑨ PL法
製造物責任法のこと（202頁参照）。
⑩ 景品表示法
不当表示の禁止と景品類の制限及び禁止を目的とする。

食品等輸入届書

輸入者の氏名及び住所（法人の場合は、その名称及び所在地）

（電話）

厚生労働大臣殿

事前届出	計画輸入	内訳	継続	検査
届出受付番号				

＊太ワク内は記入しないでください。

品名コード	
積込重量	t　kg
輸入コード	
生産国又は製造国 ― 製造者コード	――――
通関港コード	
到着年月日	平成　年　月　日
届出年月日	平成　年　月　日
貨物が加工食品であるときは原材料及び製造又は加工の方法 貨物が器具、容器包装又はおもちゃであるときはその材質	
貨物が科学的合成品たる添加物又は、規格基準の定められた天然添加物を含む食品である場合当該添加物の品名 貨物が科学的合成品を含む製剤の場合、その成分 （いずれの場合も着香の目的で使用されるものを除く）	

貨物の別		食品・添加物・器具・容器包装・おもちゃ
品名		
積込数量		C/S·C/T·B/G
包装の種類		
用途		
積込港		
積込年月日		平成　年　月　日
積卸港		
貨物の記号及び番号		
船舶又は航空機	名称又は便名	
保管倉庫	名称及び所在地	
	搬入年月日	平成　年　月　日
貨物（加工食品以外の食品を除く）の製造者又は加工者の氏名及び住所（法人の場合はその名称及び所在地）、並びに製造所又は加工所の名称及び所在地 加工食品以外の食品であるときはその生産地		
事故の有無 あるときはその概要		有・無

（備考）	届出済印

ワシントン条約該当品目

附属書Ⅰ	絶滅のおそれのある動植物で国際取引による影響を受けているか、又は、受けるおそれのある種 (対象) オラウータン、トラ、ジャイアントパンダ、ゴリラ、インドゾウ、アジアアロワナ、ジャコウジカ、トキ、コノトリ等の約570種	(注１) **商業目的の国際取引は禁止** 人工繁殖標本、条約適用前取得標本の商業取引は可能であり、**学術研究目的**の取引も**可能** (注２) 輸出国の管理当局が発行する**輸出許可書**等及び輸入国の管理当局が発行する**輸入許可書**が必要
	我が国は、付属書Ⅰのうち鯨(まっこう鯨、つち鯨、いわし鯨、にたり鯨、ながす鯨、みんく鯨、そしてカワゴンドウ)に関しては留保している。	
附属書Ⅱ	現在は必ずしも絶滅のおそれのある動植物ではないが、国際取引を規制しなければ絶滅のおそれが生じる種 (対象) オウム、サンゴ、カメレオン、フラミンゴ、シャコガイ、チョウザメ等の約290種	(注１) 商業目的の国際取引は可能 (注２) 輸出国の管理当局が発行する**輸出許可書**等が必要
	我が国は、付属書Ⅱのうち鮫(ジンベイ鮫、ウバ鮫、ホホシロ鮫そしてタツノオトシゴ)に関しては留保している。	
附属書Ⅲ	加盟国が自国の管轄内の動植物の保護のために国内規制措置に加え、他の加盟国の協力を必要とする種 (対象) セイウチ(カナダ)、カバ(ガーナ)、マングース(インド)等の約250種	(注１) 商業目的の国際取引は可能 (注２) 輸出国の管理当局が発行する**輸出許可書**又は**原産地証明書**が必要

Guide!

ワシントン条約は俗名で正式名は、Convention on International Trade in Endangered Species of wild Fauna and Flora、略してCITES（サイテス）という。

我が国は、上記附属書Ⅰの鯨および附属書Ⅱの鮫については留保しているため、当該取引に関しては非加盟国とされている。

留保しているということは、輸入承認や事前確認等の対象外ということである。

しかし、鯨の種類は多くあり、日本が留保している鯨は、まっこう鯨、みんく鯨等であるがその他の種の鯨に関しては、留保されておらず輸入承認や事前確認等の対象とされている。なお、留保している鯨に関しても細い規制（生きている鯨なのか、鯨肉なのか等）があり、輸入時には、経済産業省（又は水産庁）やベテランの通関士に他法令の該当に関して、よく確認しておく必要がある。

まとめ問題8

第1問 次の文章は、外為法に関するものである。その記述の正しいものには○印を、誤っているものには×印をつけなさい。

1．輸出承認証の有効期限は3ヶ月である。

2．輸出貿易管理令別表第1のリスト品目に該当する貨物の輸出に関して、非ホワイト国が輸出の許可の対象とされている。

3．軍用にも使用可能なコンピューター部品（リスト品目）を輸出する場合には、経済産業大臣の輸出許可を受けたのち税関長の輸出許可を受けなければならない。

4．輸入割当制度（IQ 品目）は貨物の数量制限により、また、関税割当制度（TQ 品目)は、二重税率制度の適用により貨物の輸入を管理･調整しようとするものである。

5．経済産業大臣の輸出承認、又は、輸入承認に該当するものを無承認で輸出した場合、経済産業大臣は、輸出者、又は、輸入者に対して3年以内の対外取引を禁止することができる。

6．食品衛生法や薬機法（医薬品医療機器等法）は国内法であるため、貿易取引においては何ら規制を受けることはない。

7．キャッチ･オール規制による輸出規制は、(2020年8月現在）グループA（俗称ホワイト26国）以外の地域であるグループB、C、D（かつての非ホワイト国）が対象とされている。従って、輸出管理徹底国であるアメリカは当該規制の対象外である。

8．キャッチ･オール規制は、精密機械を対象とするものであり、サービスや研修等は対象とされていない。

第2問 次の記述は輸出の許可･承認に関するものである。空欄に適当なことばを入れて文章を完成させなさい。

貨物の輸出は原則として(①)であるが、国際的な平和および安全の維持を妨げることとなると認められる特定の貨物については、経済産業大臣の(②)を受けなければならない。また上記以外の特定貨物の輸出について、国際収支の均衡の維持ならびに外国貿易および国民経済の健全な発展に必要と認められる場合には、経済産業大臣の(③)を受けなければならない。

解答と解説

第1問

解答

１－×　２－×　３－○　４－○　５－×　６－×　７－○　８－×

解説

１．輸出許可、輸出承認そして輸入承認における許可証、承認証の有効期限は各々６ヶ月である。

２．リスト品目に関しては、（迂回輸出防止の為ため）全地域が輸出の許可の対象である。

３．正しい記述である。軍事転用可能なコンピューター部品の場合には、経済産業大臣の輸出許可がないと税関長の輸出許可を受けることはできない。

４．正しい記述である。輸入割当は、外為法により数量制限を受けるが、関税割当は、輸入障害としての数量制限ではない。ただし、関税割当も完全な自由化ではなく、二重税率といって低い税率と高い税率とを使って供給者と需要者の利害が管理・調整されている。

５．輸出許可の場合は、３年以内の対外取引禁止となりうるが、輸出承認、輸入承認においては、１年以内である。

６．本肢の法令は、厚生労働省管轄の輸入時の他法令である。税関長の輸入許可を受けるためには該当品目であれば他法令の規制(合格証等)を受けることになる。

７．正しい記述である。リスト品目の輸出許可は、全地域が対象とされている。しかし、キャッチ・オール規制はグループB、C、Dが対象とされている（アメリカは、グループAである）。

８．対象貨物に関するサービスや研修等もキャッチ・オール規制の対象とされているため留意したい。

第2問

解答

１－自由　２－許可　３－承認

第９章

船積と船卸（荷卸／取卸）

船積と荷卸しの手順（流れ）

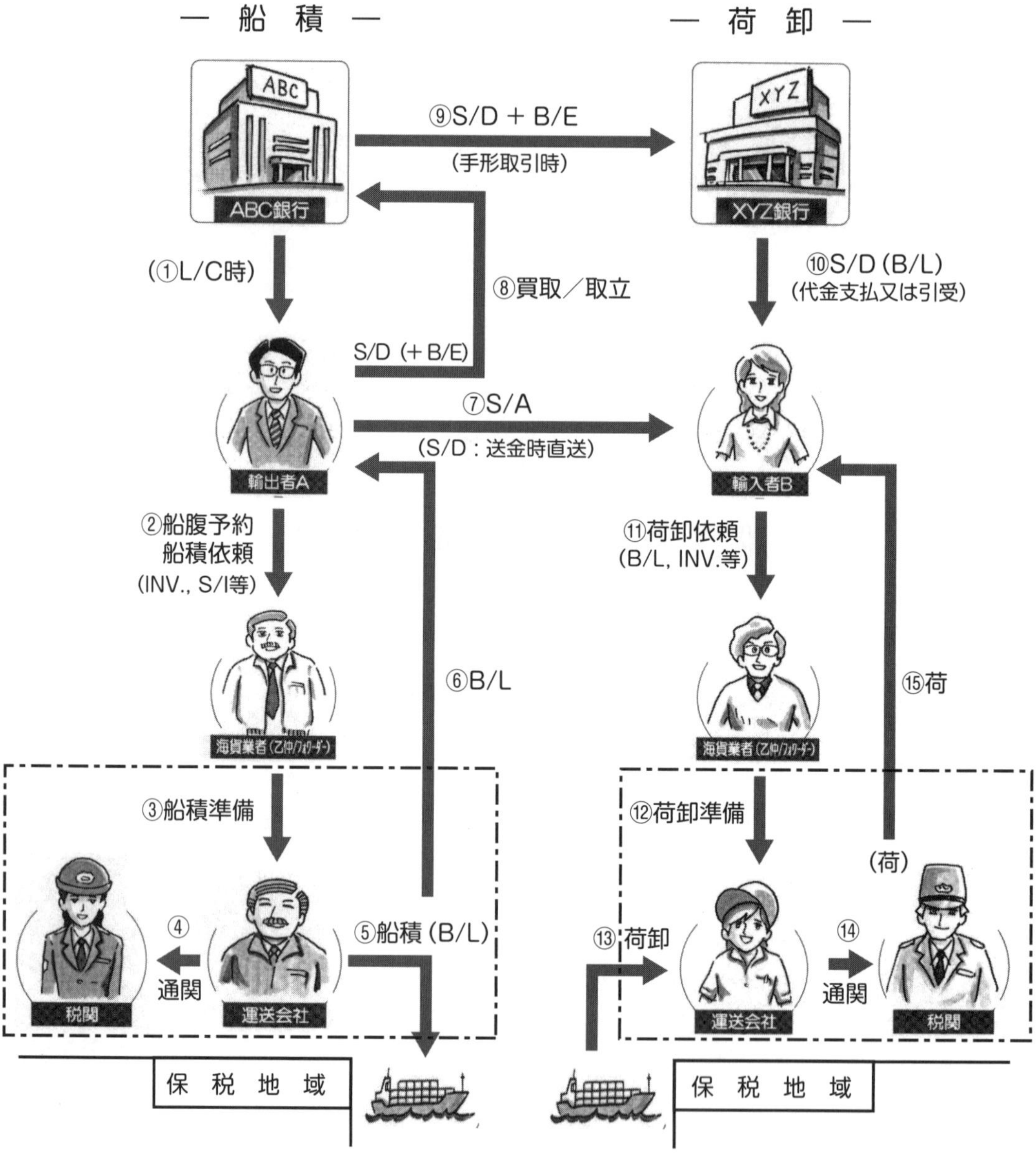

S/D：Shipping Document、B/E：Bill of Exchange、INV：Invoice、
S/A：Shipping Advice、S/I：Shipping Instructions、B/L：Bill of Lading

(cf)　上記左側図⑤船積の３日前までに積荷書類と荷をCYに搬入することが商習慣となっている。
但し、書類の電子化により出港24時間前（前営業日の16時30分）までにCYに搬入（これをカット日／搬入締切日という）すればいいようになっている。

What's the Point?
　貨物の**船積から荷卸までの流れ**は、どのようになっているのであろうか。そして、船積および荷卸の際に**使用される主な書類**としてどのようなものがあるのか等に関して、**在来船とコンテナ船との場合を区別**して本章では学習する。
　通関手続を含め船積や荷卸の手続は、通常、海貨業者(乙仲)に代行してもらうので荷主が直接目にすることは少ないが、その主な流れを知ることは輸出入者にとっても必要なことである。

1．船積

　貨物の船積において**在来船**（通常、**不定期船**）**には、総積(小口貨物)と直積(大口貨物)**とがあり、**コンテナ船**（通常、**定期船**）**にはLCL貨物とFCL貨物**とがある。その船積における流れは、船舶に積み込むという主な部分では共通しているが、使用する書類等詳細部分では同じではない。
　在来船は、主にバラ荷（鉄鉱石、石油、穀物等）の輸送に使用される。一方、コンテナ船は製品や半製品等の輸送に使用されている（但し、コンテナには入らない程の大きな貨物（発電機、列車、大型パイプ等）や、コンテナ・ターミナル設備のない港へ輸出する場合には、在来船が使用されている）。
　ここでは在来船、コンテナ船の原則的な船積の流れのポイントと、**船積の場面ごとに登場する書類にどのようなものがあるか**を理解することにしたい。

(1)　在来船の場合

小口貨物による**総積**（Shed Shipment）の場合
　総積とは、荷主から依頼を受けた海貨業者（乙仲）が、荷を船会社指定の**倉庫まで搬送**し、船会社に引き渡す。そして、船会社が他の荷主の貨物とまとめて本船に積み込むことをいう（次頁⑦参照）。

大口貨物による**直積／自家積**（Free In）の場合
（ここでは、じか積と読む。なお、第1章（44頁）における直積（じきづみ）とは意味が異なるので区別しておきたい。）
　直積／自家積とは、荷主の依頼を受けて海貨業者（乙仲）が、荷を**本船まで搬送**し引き渡す。そして、船会社のステベ(ドア)／船内荷役（請負）業者により船積される（次頁⑦参照）。

　在来船の船積時の貨物の流れのポイントは、次のようになっている。

申込段階
① 輸出者は、まず貨物の包装・梱包をし、荷印をつけ準備段階に入る。
② 輸出者（又は海貨業者）は、FAX等にて船腹の予約をする。
③ 輸出者は、海貨業者(乙仲)に船積に必要な船積依頼書（船積指図書ともいう）(Shipping Instructions)及び、通関に必要な書類(Invoice等)を渡す。
④ 海貨業者(乙仲)は、**船積依頼書(Shipping Instructions／船積指図書)により船積申込書(Shipping Application)を作成**し船会社に提出する。

輸出申告段階
⑤ 海貨業者(乙仲)は、売主の施設等から税関に輸出申告をし、その後、保税地域に貨物が搬入された後で検量人により検量を受け、そして、原則として税関検査後に輸出許可を受ける（特定輸出申告時には、売主の施設において輸出許可をも受けられる）。

第9章

船積段階

⑥ 海貨業者(乙仲)は税関から輸出許可を受ける一方、下記の書類(ワンライティングになっている)を作成し、船会社に船積申込みを行う。そして、**船積指図書(Shipping Order** ／352頁)を本船の荷役責任者がもらい受け貨物の船積にとりかかる。

下図の船積申込書の書類の束は、Shipping Order、Mates Receipt (本船受取証)、B/L Master 等がワンライティングのセットになっていて、次に述べるように必要な場面において各々の書類が使用されることになる。

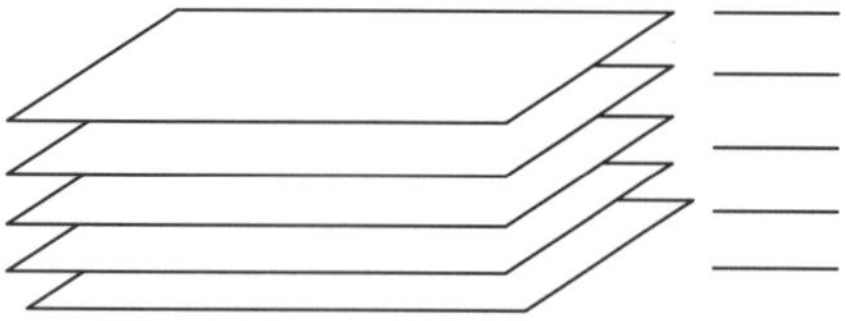

⑦ 海貨業者(乙仲)は、貨物と船積指図書、輸出許可書を**総積**の場合には**船会社の倉庫**へ、**直積**の場合には**本船**まで荷を運び、そこで**検数(立会い)**を行う。この際に、海貨業者(乙仲)は、船積指図書と輸出許可書（E/P：Export Permit）を検数人(Tallyman ／ Checker)に渡す（下図(イ)）。検数人は荷主側を代表する者(日本貨物検数協会の検数人／ Dock Side という)と船会社側を代表する者(検数担当の船員／ Ship Side という)との二人がいて、これらの**検数人(タリー・マン)が、タリー・シート(検数票)を作成**する。

このとき、**貨物に異状**があるときには検数人によりメイツ・レシートの摘要欄に**リマークス**(摘要／貨物の異状の旨)が英文(例：Three cartons are dented. 等)にて入れられて本船の一等航海士(Chief Officer)に渡される（下図(ロ)）。**一等航海士は、タリー・シートに基づいてメイツ・レシート**(本船貨物受取証／ Mate's Receipt ／353頁)**に署名**をして検数人を通じて（下図(ハ)）、海貨業者（乙仲）にこの書類を**返却する**（下図(ニ)）。

なお、荷役が総積の場合には、他の貨物と一緒に船会社により船積されるのに対して、直積の場合には海貨業者(乙仲)の手配した**ステベ**(Stevedore ／船内荷役業者)により**船積**されることになる。

在来船船積時（⑦⑧⑨）のイメージ

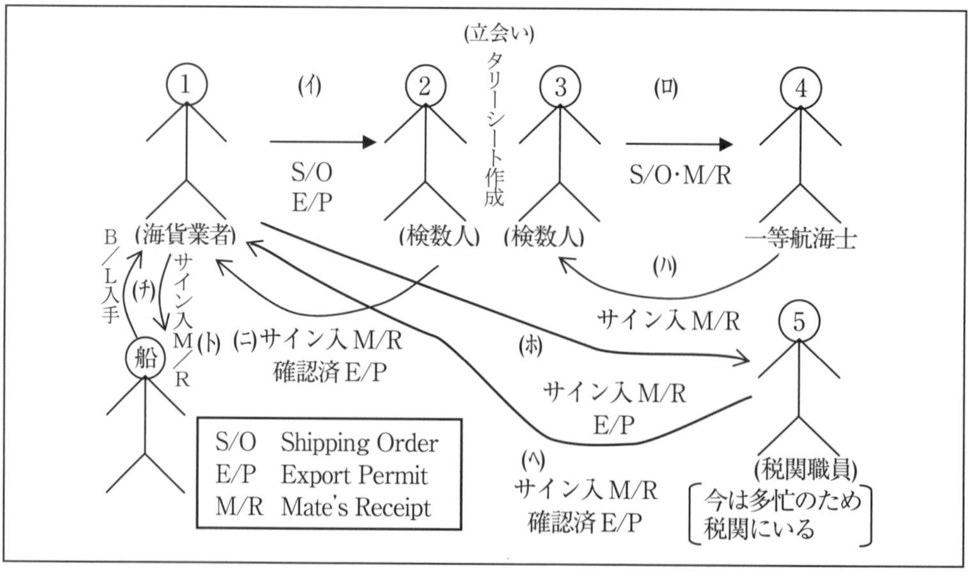

⑧ そして、海貨業者（乙仲）は、このサイン入りのメイツ・レシートと輸出許可書を税関(担当職員)に提出し（上図(ホ)）、税関の船積確認を輸出許可書に受ける。これらの作業の後で書類は海貨業者(乙仲)に戻される（上図(ヘ)）。

⑨ 海貨業者（乙仲）は、このメイツ・レシートやB/Lマスター等を船会社に提出（前図(ト)）して**B/Lを作成**してもらう（B/Lマスターを機械に入れると直ちにB/Lができあがる）（前図(チ)）。

なお、リマークス入りのメイツ・レシートをFoul Receipt / Dirty Receiptと、そして、リマークスのないものをClean Receiptという。

Foul Receiptの場合には、船会社により**無故障船荷証券 (Clean B/L) が発行されることはなく、故障付船荷証券 (Foul B/L) が発行**されてしまう。

船積時の立会いによりM/Rにリマークスが記載されFoul B/Lが発行されるようになった場合、銀行による買取りに支障をきたすため荷主は、**船（会）社に補償状 (L/I, Letter of Indemnity** ／361頁又は、保証状：L/G：Letter of Guarantee) **を差し入れてClean B/Lの発行を依頼できる**という慣習がある。

このことは、悪しき慣習としてではあるが、広く世界中で行われている。

⑩ 海貨業者 (乙仲) は、メイツ・レシートを船会社に提出し、船荷証券の交付を受ける。

⑪ 海貨業者 (乙仲) は、この船荷証券と、輸出許可書を輸出者に渡す。

⑫ 輸出者は船積確認済輸出許可書を後日税務署に持ち込んで、消費税支払済の場合にはその返却のための書類として使用することができる。

⑬ 輸出者は、輸入者にFAX等にて船名、積込日等に関する**船積通知 (Shipping Advice, S/A) を送付**する。

(i) 本船が入港すると、**輸入の場合**、船長はまず初めに**積荷目録**（Cargo Manifest）**を税関あてに提出**しなければならない。その後、貨物の陸揚げが行われ所定の手続により輸入の許可を受けることができる。

(ii) 検数は積荷、揚荷において行われている。主な検数業者としては、**日本貨物検数協会**、**全日本検数協会**等がある。

(iii) 保税地域搬入後に貨物の検量があり、**容積重量証明書**が作成される。その主な検量業者としては、**日本検定協会**、**日本海事検定協会**、SGS、ビューローベリタス等がある。検量の際の重量等が運賃計算の基礎となる。

(iv) **メイツ・レシート** (M/R) とは、荷送人と本船との間で貨物の引渡しがあったことを証する積荷の受取書である。この受取書は、**一等航海士のサインにより荷主側に渡される**。検数により貨物がシッピング・オーダー (S/O) の内容と異なっていたり (数量不足等)、事故等によりあるいはもともと貨物に瑕疵等があった場合にはその旨をM/Rにリマークとして検数人が記入する。

前述のようにリマークス入りのものを故障付受取書 (Foul Receipt) といって、このままでは故障付船荷証券 (Foul B/L) が発行されてしまうため**荷主はL/I**（378頁下の表(iii)の①参照）**による対応が必要**とされている。

(v) 後述する**コンテナ船の船積**においては、メイツ・レシートの代わりに**ドック・レシート（D/R）**が使用される。そして、海貨業者（乙仲）は、このD/Rを船会社に提出し**B/L（船荷証券）の発行**を受けている（但し、最近では書類の電子化が進み、このD/Rの代わりに**B/Lインストラクション（ズ）**が使用されている（355頁網掛け参照）。

第9章

(Forwarding Agents)

SHIPPING ORDER

To the Commanding Officer,

Steamer ________________ Maru Voy. No. ________ (Lighter's No.)

Loading Port ________________ Destination ________________

With transhipment at ________________________

From Messrs. ________________________

Please receive on board the under mentioned Goods in apparent good order and condition, and grant accompanying Receipt:

(Particulars Furnished by Shipper of Goods)

Marks & Nos.	Packages		Description	Weight and Measurement
	Nos.	Style		

(Remarks) ________________________

A F T | F O R E

Hatch No. ________________

Received in all

(*Signed*)
for Manager

____
Checker

S/O No.	

(Forwarding Agents)

MATE'S RECEIPT

Received on board the

Steamer ______________ Maru Voy. No. ________ (Lighter's No.)

Loading Port ______________ Destination ______________

With transhipment at ______________

From Messrs. ______________

The under mentioned Goods in apparent good order and condition :

(Particulars Furnished by Shipper of Goods)

Marks & Nos.	Packages		Description	Weight and Measurement
	Nos.	Style		

(Remarks) ______________

A F T

F O R E

Hatch No. ______________

Received in all

____

____

(*Signed*)
Checker

S/ONo.

(*Signed*)
Chief Officer

(2) コンテナ船の場合

コンテナ船の船積は、**小口貨物 (LCL 貨物／ Less than Container Load Cargo ／混載貨物)** と、**大口貨物 (FCL 貨物／ Full Container Load Cargo ／コンテナ貨物)** とがある。

LCL 貨物

保税地域搬入前に荷主の施設等より (NACCS にて) 輸出申告をし、保税地域搬入後に輸出許可となる。そして、**CFS (コンテナ・フレイト・ステーション)** にて他の貨物と**混載 (バンニング／ Vanning)** され、その後 **CY (コンテナ・ヤード)** に運ばれて船積される。この CFS における混載の際、船会社の下請として働いている **CFS オペレーターにより**コンテナへの積付 (バンニング／バン詰) が行われあわせて**コンテナ内積付表 (CLP ／ Container Load Plan) が作成**される。

これを**キャリアーズ・パック (Carrier's Pack)** という。

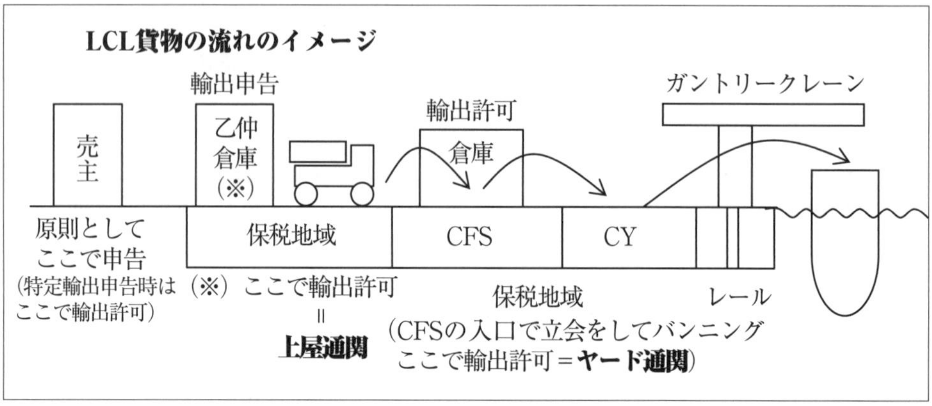

FCL 貨物

荷主がコンテナを船会社、又は、コンテナ・リース会社より借り受けて**荷主サイドにてコンテナ詰**され、コンテナにシールが貼られ施錠される。貨物の検数等もこのバンニング時に行われる。また、**コンテナ内積付表** (こんてなないせきふひょう) **も荷主サイドにおけるバンニング時に作成**される。これを**シッパーズ・パック (Shipper's Pack)** という。この時、実入りコンテナにはシールが付される。

この場合における B/L の表面には、船会社により **"Shipper's load and count", "Said to contain"** 等と記載される。これを、**不知文言 (Unknown Clause)** と呼んでいる。

FCL 貨物の場合、船会社によって B/L の表面に前述の **" Shipper's load and count "、" Said to contain " 等と不知文言としてのリマークス** (Remarks ／指摘) が入れられる。

リマークスといっても、このリマークスは、**銀行買取りの際に問題になることはない。**

Guide!

不知文言 / Unknown Clause の例外

不知文言が B/L に記載されていても、**シール・インタクト** (シールに異常のないこと) **でない場合**、つまりシール破損、又は、シール番号の相違等がある場合には通常、船会社の賠償責任が**免責扱いにはならない**。従って、シール・インタクトである場合には、船会社の免責の主張が通り易いが、そうでない時には荷主側の主張が通り易い。

FCL 貨物のシッパーズ・パック時において、船会社はコンテナの中味をみていないので「輸入時において、たとえ貨物に異状があったとしても**船会社に責任はない。**」ということを（つまり、船会社の免責を）B/L 表面に不知文言として記載をしてその旨を主張している。FCL 貨物の場合には、CFS に貨物を混載のため搬入する必要がないので、実入りコンテナは通常、**直接 CY に搬入され船積**される。

コンテナを借り受ける際、**Equipment Interchange Receipt (EIR ／機器受渡証／ Equipment Receipt ／ E/R ともいう)** が CY オペレーターにより作成され、双方 (荷主サイドと CY オペレーター) により署名が交わされる。この時コンテナ・シール（番号の付いたロックのこと）を受け取れる。コンテナ・シールにはキーがあるわけではなく使いすてであり、従って、その都度こわして開封している。EIRとは、主にコンテナNo、コンテナの汚れ、穴やキズ等が記載される証明書でもある（航海中のコンテナ内は、時として70℃位ともなるため、コンテナのチェックは重要なものとなる）。なお、EIRにはOut／搬出とIn／搬入とがある（CYから空のコンテナを借りる時には、EIR（Out）が、そして、実入りコンテナをCYへ搬入するときにはEIR（In）が作成される。輸入地CYでは、実入りコンテナの搬出時にEIR（Out）が、空のコンテナが戻るときにEIR（In）が作成される）。

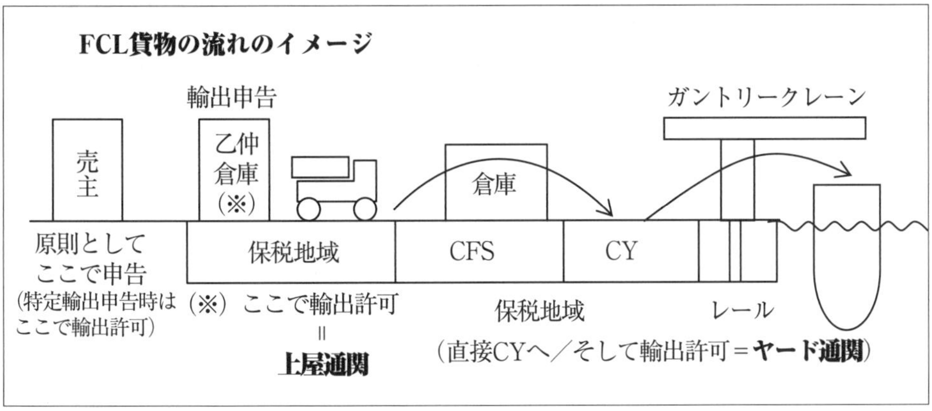

それでは、ここでコンテナ貨物の具体的な船積の流れを、見てみよう。

申込段階

① 輸出者は、FAX等にて船腹の予約をする。

② 輸出者は船積依頼書及び通関のための書類を海貨業者(乙仲)に渡す。

③ 海貨業者(乙仲)は、船積依頼書(Shipping Instructions ／船積指図書)にもとづき船会社に船積を申し込む。この書類もワン・ライティングとなっている書式である。

留意すべきは、在来船の場合のときのようにShipping Application, Shipping Order, Mate's Receiptという書類ではなく大口貨物、小口貨物を問わず**コンテナ船の船積時においては、すべてドック・レシート(Dock Receipt**／360頁)という書類になっている（B/L交換用のD/RによりB/Lを受け取れる）。

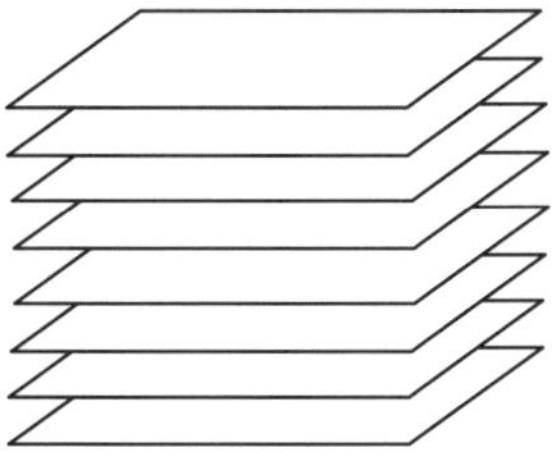

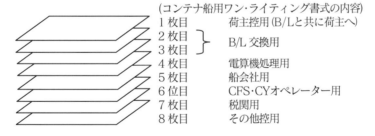

(コンテナ船用ワン・ライティング書式の内容)

1枚目	荷主控用(B/Lと共に荷主へ)
2枚目 3枚目	B/L交換用
4枚目	電算機処理用
5枚目	船会社用
6位目	CFS･CYオペレーター用
7枚目	税関用
8枚目	その他控用

B/L Instructions

最近の傾向として、コンテナ船の船積時には、10年程前より大手船会社を中心として殆どの船会社において**ドック・レシートの代わりに「B/Lインストラクション（ズ）」(B/L作成の指示書**／通常CLPをも統合)を発行し、それによりSea-NACCSを活用してB/L情報を迅速に入力して船積を行っている。電子書類の普及とともに書類のあり方も変化するものである。

Guide!

FCL貨物の立会

（我が国においては）FCL貨物の船積時における立会は、省略されている。但し、輸出者は、コンテナにバンニング（バン詰）の際に日本検数協会等に委頼し、後日のために検数表を作成している。

輸出申告段階

④ 海貨業者 (乙仲) は、**売主の施設等より、税関に輸出申告をし保税地域にて輸出許可**を受ける。

LCL貨物の場合

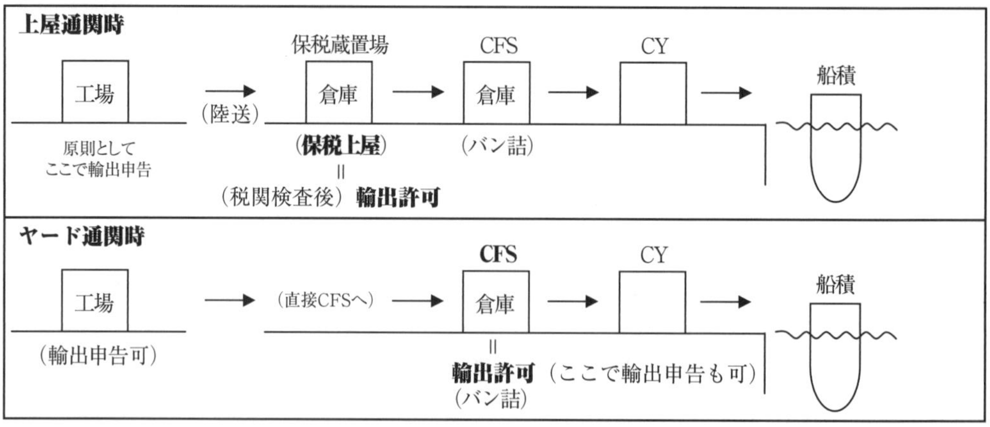

FCL貨物の場合

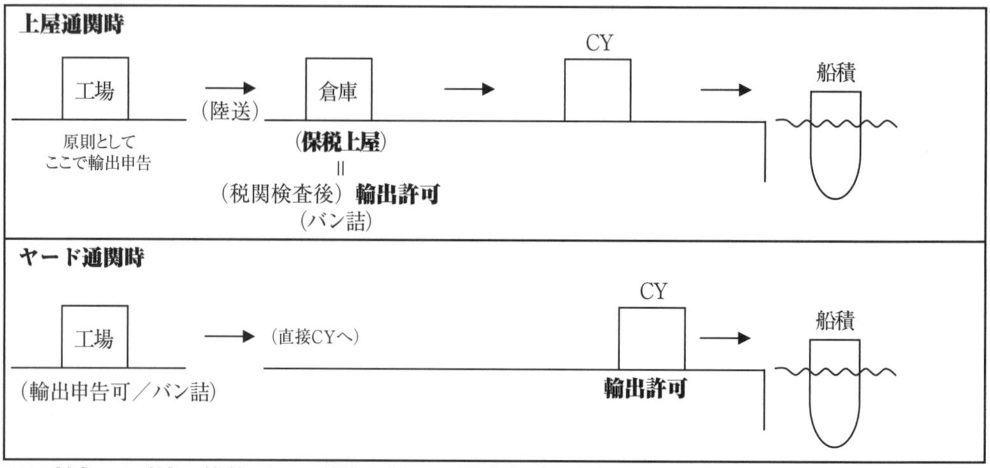

AEO制度では、**売主の施設**において**輸出申告**および**輸出許可を受けることができる**(第7章参照)。

船積段階

海貨業者 (乙仲) は、原則として輸出許可後に検数のための立会をすることになるが、この⑤と⑥の流れが LCL 貨物（小口貨物）と FCL 貨物 (大口貨物) とでは若干の相違がある。

LCL 貨物の場合

⑤ 海貨業者 (乙仲) は、ワンライティングのドック・レシート（と上屋通関時には輸出許可書）を、CFS のオペレーターに渡し貨物の**立会い (検数) が CFS 入口**にて行われる。この時、**CFS オペレーターによりドック・レシートに署名**がなされ、海貨業者 (乙仲) に戻される。貨物に異状があればその旨がドック・レシートに記載される（現在では、殆どの船会社で B/L インストラクションズを使用)。

バンニング後にコンテナにはシール(錠)が付けられる。**コンテナ内積付表** (こんてなないせきふひょう ／ **Container Load Plan** ／ **CLP**）は、バンニングの際に**船会社** (CFS オペレーター) **により作成 (キャリアーズ・パック)** される。

バンニング料として **CFS チャージ** (LCL チャージともいう) が船会社より荷主に課されている。

⑥ 海貨業者 (乙仲) は、B/L 交換用のドック・レシートにより船荷証券の交付を受ける。

この場合の B/L は**受取式船荷証券**である。

FCL（大口）貨物の場合

⑤ FCL貨物での場合、売主の施設等より、輸出申告ができる。海貨業者（乙仲）は、船会社等により空のコンテナを借り入れ（機器受領証作成）、売主の施設等においてコンテナにバン詰(シッパーズ・パック)し、あわせて、荷主サイドによりコンテナ内積付表(CLP)を作成する。輸出許可は、上屋通関とヤード通関がある（AEO時は売主の施設で受けられる）。

これらの作業の後、海貨業者(乙仲)は、輸出許可書、ドック・レシート(D/R)、CLPを添付してCYに搬入する(CY搬入後に輸出申告することも可)。CYオペレーターは、CY入口にて貨物をチェックし異状がなければClean D/R（在来船時のM/Rに相当する）を発行し、これがB/Lと交換される。

⑥ 海貨業者(乙仲)は、B/L交換用のドック・レシートと引換えに船会社より(受取式)船荷証券を受け取る。原則としてこの時点で海貨業者(乙仲)は、まだB/Lを輸出者に渡さない。

さらに、LCL貨物, FCL貨物ともに、次のような作業(流れ)となる。

⑦ CYからの船積後にCYオペレーターは、税関において船積をした旨の確認(ドック・レシートにより証明される)を行う。また、CYからの船積の際にCYオペレーターから海貨業者(乙仲)に連絡がくるので、その連絡を受けた海貨業者(乙仲)は、船積の証拠となる**On Board Notation**(船積注記／船積裏書)の記載を船積船荷証券にしてもらうことを原則としている。このことは、特に信用状取引においては、銀行買取のために必要なプロセスとなる。

⑧ 海貨業者(乙仲)は、オン・ボード・ノーテーションのある船荷証券と輸出許可書および荷主控え用ドック・レシート(D/R)を輸出者に渡す。

(i) FCL貨物は、CL貨物(Container Load Cargo / CL Cargo / コンテナ貨物)と呼ばれることもある。
(ii) 海貨業者(乙仲)が船会社より**船荷証券を入手する際、CIF等であれば運賃元払い／Freight Prepaidであるため、船積時に運賃を支払わないと船荷証券をもらえない。**
一方、FOB等では、運賃着払い／Freight Collectになるため輸入者が荷受けの際に運賃を支払うことになる。輸出者は、船積時に運賃を支払わなくても船荷証券を入手することができる。

Guide!

(i) 本船のカット日

本船に船積できる限度日のことを、本船のカット日という(CYでは、通常、前日であり、CFSでは通常、前々日である)。これを過ぎると本船に船積することはできない。

(ii) コンテナ扱いの承認

従来、FCL貨物を売主の施設等においてコンテナ詰する場合には、コンテナ扱いの承認が必要とされていたが、法改正（2011年）により「コンテナ扱いの承認」は、輸出時、輸入時ともに必要はなくなっている。従って、「コンテナ扱いの申し出」も廃止されている。

輸入申告時（マニュアルの場合）には、輸入申告書に「コンテナ扱い」と記載すれば足りる。

(iii) 米国で発生したテロ対策

米国のニューヨークにおける同時多発テロ(2001年9月11日)以降、米国への輸出貨物に関してセキュリティ強化のため、次の制度(下記(イ)と(ロ))が米政府により義務付けられている。

24時間前ルール(出港前報告制度)は現在、グローバル・スタンダード化されており我が国に入港する海上（実入）コンテナ貨物（空コンテナ、通過貨物等は対象外）に関して、2014年3月より輸出港を出港する24時間前に我が国の税関に積荷に関する報告をNACCSにより行うこととされている。

(イ) 24時間前ルール

米国向貨物に関しては以前のように米国到着24時間前ではなく、船積港における出港の24時間前（航空貨物時は原則4時間前／近隣国時は離陸前）までに、積荷目録（Cargo Manifest）をNACCS等を経由して米国の税関に申告することになっている。これにより、米国への輸入貨物の監視を徹底しようとするものである。

当該24時間前ルールは、現在、主要国(アメリカ、カナダ、EU、メキシコ、トルコ、中国、韓国等)においてグローバル・スタンダード化されている。日本では、2014年度より輸入海上実入コンテナ貨物を対象に、輸出港の出港前報告として日本の税関に報告する旨が導入されている。日本版24時間前ルールの日本税関への報告義務者は、B/Lを発行する輸出国の船会社又は、利用運送業者（NVOCC）である。

(ロ) コンテナ・セキュリティ・イニシヤティブ(CSI)

C-TRAT(Customs-Trade Partnership Against Terrorism／テロ防止の為の税関産業界提携プログラム)の一環として、米国税関より税関職員が世界の主要な港湾に派遣されている。我が国においては、東京、横浜、名古屋、神戸が対象となっており、大型X線装置の導入等によりコンテナ内貨物のチェックが我が国税関と協力して行われている。なお、我が国の税関職員も米国等の主要港に派遣されている。

(iv) 抜港

上記の表でもわかるように、我が国港湾の貨物取扱量の減少と、それに代わって、中国及び韓国釜山港の上昇が著しい。釜山港は、1995年より釜山新港(水深18m/総事業費約6,000億円)の建設を始め2015年までに約35バース(船席)を設置し、東アジアのハブ港として成長している。

釜山港のコンテナ取扱料金は、日本より30～40%程安く、10社のターミナルオペレーターが競走しており、リードタイムを削る動きも劇的に進んでいる。このため、日本関連の荷が釜山港を利用するケースが増えている。

我が国に入港する船舶数の増加率が他国の主要港と比べて減少していることを「**抜港**」という。日本の港湾競争力の巻き返しが期待されている。

我が国の財務省では国土交通省の要請により、2020年10月より当面の間、港湾停泊中の船舶に課すとん税（国に支払うもの）及び特別とん税（地方公共団体に支払うもの）を半額（48円+60円=108円/tを24円+30円=54円/tとする）としている。また、抜港防止のためにはコスト面のみならず港の利便性向上が必要であり、国交省をはじめとして港湾関係者のさらなる改善が欠かせない。

(v) 世界の港湾

コンテナ貨物取扱量 (単位：万 TEU) の順位

	1980年	
	港名	取扱量
1	ニューヨーク/ニュージャージー	195
2	ロッテンダム	190
3	香港	146
4	**神戸**	146
5	高雄	98
6	シンガポール	92
7	サンファン	85
8	ロングビーチ	82
9	ハンブルク	78
10	オークランド	78
11	シアトル	78
13	**横浜**	72
16	釜山	63
18	**東京**	63
39	**大阪**	25
46	**名古屋**	21

	2016年	
	港名	取扱量
1	上海	3713
2	シンガポール	3090
3	深圳	2398
4	寧波	2156
5	釜山	1985
6	香港	1981
7	広州	1885
8	青島	1801
9	ドバイ	1477
10	天津	1449
11	ロッテルダム	1238
31	**東京**	470
55	**神戸**	280
57	**横浜**	278
58	**名古屋**	266
83	**大阪**	195

出所：国土交通省港湾局

ドッグ・レシート

Dock Receipt

1. (Forwarding Agents)

2. D/R No.

3. Shipper

Lines.Ltd.

DOCK RECEIPT

ORIGINAL　**NON-NEGOTIABLE**

4. Consignee

作成上のお願い

(1) Dock Receiptは発行するB/L単位で作成下さい。貨物が数回にわかれて搬入される場合は最終荷受の際D/Rを発行します。
(2) 作成の際は、ずれないようにセットし、所定位置にタイプ下さい。
(3) 記入しきれない場合、SUPPLEMENTARY SHEETを使用下さい。
(4) 作成の際は、別紙記載要領をご参照下さい。
(5) 水ぬれ、折損等ないようお取扱い下さい。

5. Notify party

6. Pre-carriage by | 7. Place of receipt

8. Ocean vessel　Voy. No. | 9. Port of loading

10. Port of discharge | 11. Place of delivery | 12. Final destination for the Merchant's reference

13. Particulars Furnished By Shipper

Container No.	Seal No. Marks and Numbers	No. of Containers or pkgs	Kind of packages; Description of goods	Gross Weight	Measurement

Total No. of containers or other packages or units (in words)

14. Freight and Charges	Revenue Tons	Rate	Per	Prepaid	Collect

Exchange Rate	Prepaid at	Payable at	Place of issue
@¥	Total prepaid in Yen	No. of original B/L	

下記欄にも記入願います。

15. 他貨とCOMBINEしてB/Lを作成する場合　1. B/L作成地（最終荷受地）　2. 船貨量名　3. 他貨品目

16. Export declaration No.

17. Service type on receiving　☐CY; ☒CFS; ☐DOOR

18. Service type on delivery　☐CY; ☒CFS; ☐DOOR

19. Inland carrier's name at port of discharge

20. TYPE OF GOODS（貨物の種類）　☒Ordinary（普通）　☐Reefer（冷凍）　☐Dangerous（危険品）　☐Auto（自動車）　☐Liquid（液体）　☐Live animal（生物）　☐Bulk（撒物）

21. Reefer Temperature required（冷凍温度）　°F　℃

22. Dangerous-Label（標札）　classification（分類）

Exceptions (at the time of receipt)

23. AUSTRALIA / NEW ZEALAND DEPARTMENT OF HEALTH, QUARANTINE DECLARATION
PACKING
1. Wooden crates, cases, pallets: ☐not used, used (☐treated, ☐not treated)
2. Wooden dunnage: ☐not used, used (☐treated, ☐not treated)
CARGO
Soil, Peat, Raw or green or contaminated moss, Used or secondhand sacks, bags, hessian and sacking material, Hay, straw or chaff ....☐not used, ☐used
Certificates and/or declaration for treatment will be forwarded by the shipper to consignee with invoice or shipping document.

本欄はAustralia向けの貨物で、CFS受け（船社が貨物をコンテナに詰込む）の場合にのみ記入して下さい。

Received by the Carrier the total number of containers or other packages or units stated above to be transported subject to the terms and conditions of the Carrier's regular form of (Combined Transport) Bill of Lading, which shall be deemed to be incorporated herein.

Date

For

(Signed)

as Agent only

1

24. 船貨数量

25. 荷送人

6. Place of receiptから船積港迄の運送人名を記入して下さい。（判明している場合）。

BKG REF#

7. 船積港ターミナル以外の場所で船社に貨物を出貨する場合のみ、その荷渡地名（船社が貨物を受取る場所）を記入して下さい。

11. 陸揚港ターミナル以外の場所に船社の責任と費用で転送を希望される場合のみ、その地名を記入して下さい。陸揚港から内陸の仕向地迄の輸送を荷受人が手配する場合には、記入しないで下さい。

26. 品目コード

D/Rセット
1) オリジナル
2) 船社コピー（B/Lマスタ）
3) マシン・コピー
4) 船社コピー
5) 船社コピー
6) 船社コピー
7) CY/CFSコピー
D/Rオリジナルを使用してCopy部数が可能ですが、使用後はセットして返送下さい。

12. 11以外の場合で荷送人（含む荷受人）の都合により最終仕向地を記載する必要がある時は、この欄に仕向地名を記入して下さい。

19. 陸揚港で荷受人が内陸仕向地への輸送を手配する場合、その運送人が特に指定されている時は、その名称を記入して下さい。

21. 冷凍貨物の場合には、その貨物が必要とする温度を華氏（°F）、又は摂氏（℃）で記入して下さい。

22. 危険品の場合には、法令で定められたLabel（例：Yellow、Red等）及びClassification（例：Expla-A、INFL-L）を記入して下さい。

補償状

LETTER OF INDEMNITY

LINES, LTD.
Owners or Agents

Gentlemen :

We have delivered to you the undermentioned cargo on board or for shipment per the vessel named " ------------------------------------ " due to sail from -------------- on or about -- ---------------

B/L No.	Destination	Marks & Nos.	Quantity	Description

and the following exceptions have been noted by you and/or the vessel to the condition of the said cargo and we accept these exceptions as true:

____

____

In consideration of your granting us clean Bill of Lading for the said cargo without exceptions noted thereon, we hereby undertake to hold you and/or the vessel free all liability which may arise, and all claims whatsoever which may be made against you and/or the vessel, on account of the loss of, or arrival of the said cargo so excepted against in damaged condition. In further consideration of your granting us clean Bill of Lading, we hereby agree to accept as correct and proper all payments including fines, legal expenses, attorneys" fee or other expenditure which you and/or the vessel may make to interested persons on account of the loss of, or arrival of the said cargo in damaged condition and to reimburse you and/or the vessel for the said payments and further declare that such claim which may be made by consignee or any other party holding the above Bill of Lading will be settled by us.

Revenue Stamp

Yours very truly,

KOKUSAI TRADING CO.,LTD.
Director

アジアの港湾

シンガポール

シンガポールコンテナ港

インドネシア

インドネシア国内港木造船（驚き）

東京税関(テレコム・センター前)

大井埠頭

コンテナ船(OOCL ／香港)

コンテナ船(ハツイーグル／エバーグリーン：台湾)

(3) 航空貨物の積卸

航空貨物ターミナル

航空機の発着、旅客の乗降、貨物の積卸しや積み替え等をすべて空港のみで集中して管理、運営できれば便利である。東京地区においては、以前は土地のスペースの関係で、成田空港以外の地において貨物等を取り扱う方式がかつて採用されていた（千葉県市川市原木にあったTACT／Tokyo Aircargo City Terminal保税蔵置場がそれである）。しかし、アメリカによる要請等もあって、2004年より成田通関(および羽田通関)が輸出入手続きのメインとなっている（TACTは、2003年9月にその役割を終え清算された）。今後の成田通関そして、羽田通関のさらなる発展に期待したい。

一方、沖縄の位置的有利性を活用して**国際物流のハブ空港**（下図B－⑦参照）とする**アジアゲートウェイ構想**というプロジェクトが動き出している。日本をアジア地域の人、物、金、情報の流れ等の一大拠点に育成するというもので2006年に安倍首相が打ち出したものである。

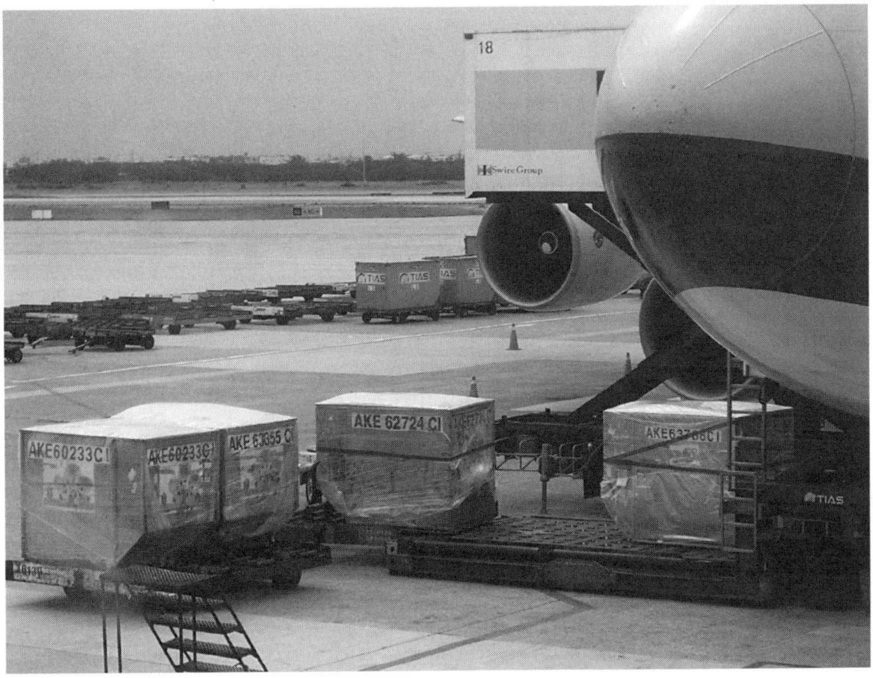

航空貨物の積卸風景

Guide!

ハブ アンド スポーク方式

ハブ アンド スポークとは自転車の車輪の意であり、右図Aの空港に右図Bのようにハブ空港（右図⑦）を設けることにより、A図では15本の空路が必要であるがB図では5本の空路に集約することが可能となる。つまり、物流の運行形態の効率化と簡素化を計ることができるとして、注目されている。

但し、ハブ（右図⑦）に支障が生じると、物流のダメージが大きいといわれている。

アジアでは、香港、クアラルンプール、仁川、上海等がハブ空港として有名である。

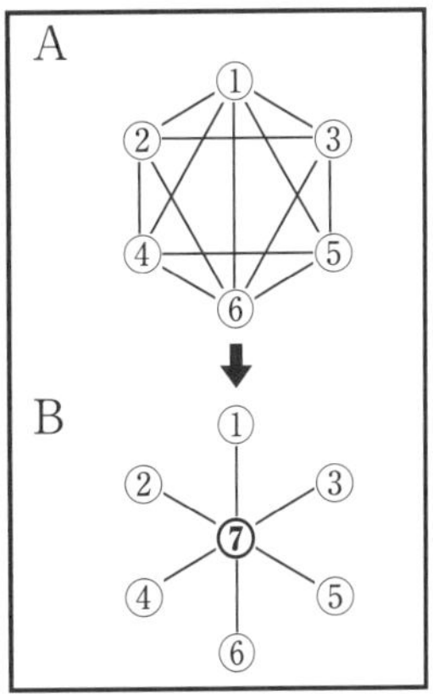

航空貨物の流れ

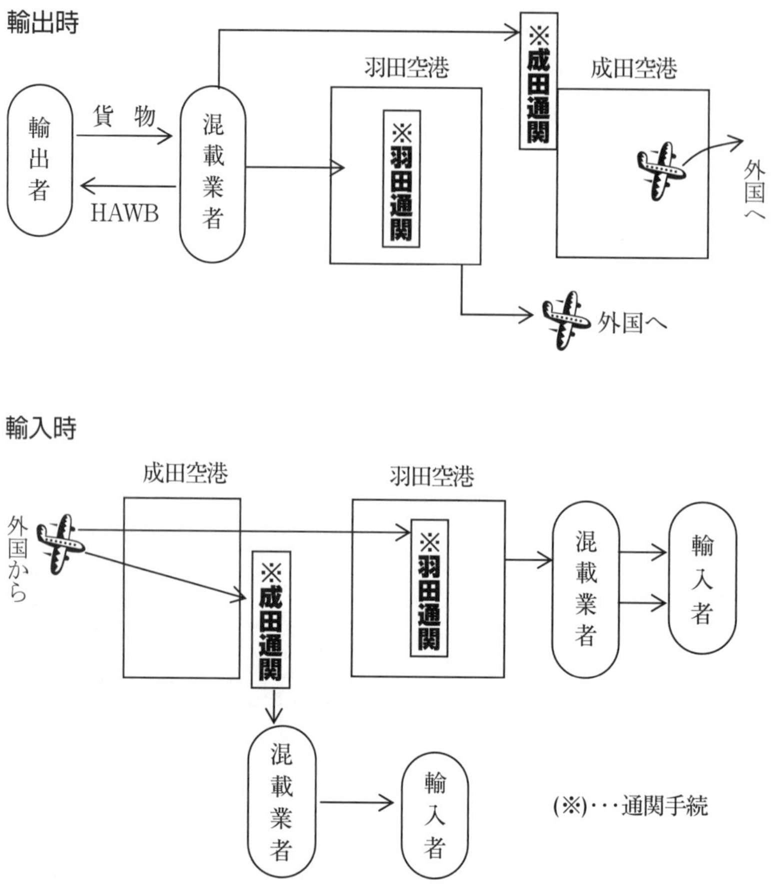

多くの航空貨物が、成田空港の保税地域にて通関手続がされている。しかし、地方空港にて通関手続をするものや仮陸揚後外国に積戻されるものもある。成田通関は交通アクセス等において利便性に問題があり、そのため羽田通関（一部は中部国際空港 (トヨタ自動車等が中心)）が成田通関と一体化して増えている。

そして、2021 年開催予定の東京オリンピックをベースとして、国策としての羽田空港のより一層の発展が期待されている（但し、コロナによる影響は甚大であり早期の復興が望まれる）。航空貨物は迅速さが要求されるためそのほとんどの貨物の輸出入関係の手続は、Air NACCS (通関情報処理システム／Nippon Automated Cargo & Port Consolidated System／財務省管轄の大型コンピューター) により行われている。Air NACCS は昭和 53 年に当時の大蔵省により導入され、平成に入り海上貨物にも Sea NACCS が導入されている。**NACCS は、インターネットにも接続されており、個人輸入でも使用することが可能**となっている。

Guide!

(i) NACCS の近代化

NACCS は輸出入申告の手続のみならず、納税、貨物の搬出入の情報、混載貨物の仕分けの情報等を含め総合的に使われている。また、2000 年度より、経済産業省の外為法等に該当する貨物の許可、承認等の手続も、コンピュータ化 (JETRAS という) されたため、よりスピーディーかつ、簡易な通関手続が可能となった。かねてより、**JETRAS も財務省の NACCS に**組み込まれており、より便利になっている。

NACCS を運営する NACCS センター（関東地区では川崎にある）は 2008 年 10 月に民営化 (特殊株式会社) されている。なお、2010 年 2 月より **Sea と Air の NACCS は統合**され、また、NACCS の補完としての CuPES（カペス／財務省）に関しては、すでに NACCS へ統合されている。

(ii) NACCSのシングル・ウィンドウ化

NACCSに統合（シングル・ウィンドウという）されているものとして次のシステムがある。

(イ)　ANIPAS（動物検疫検査手続電算処理システム／農林水産省）

(ロ)　PQ － NETWORK（輸入植物検査手続電算処理システム／農林水産省）

(ハ)　FAINS（輸入食品監視支援システム／農林水産省）

これらの統合により他法令に関する通関手続も、NACCSに一元化されている。

(iii) 日本型通関システムの海外支援

ベトナム(VNACCSという／2014年より開始)、ミャンマー、マレーシア(MACCSという／2016年より開始)、さらにはカンボジア、中南米等に日本のNACCS制度等が我が国のODAの一環として、支援がスタートしている。専門家の派遣、受入研修、留学生制度等がすでに実施されている。日本版NACCSの導入により現地の民主化をも含め、よりスピーディかつ正確な通関の促進を期待したい。

(iv) メコン地域における輸送と通関

メコン地域での輸出国そして輸入国においてそれぞれ2回行われる税関等の検査を両国共同で1回の手続ですむシングルウインドウインスペクション(SWI)／シングルストップインスペクション(SSI)が、試みられている。

但し、この試みは今のところベトナム（ラオバオ）とラオス（テンサワ）国境の1か所のみでしか実施されていない。

その他にも、例えば、カンボジア・タイ間やカンボジア・ベトナム間の国境においてのトラックの積替問題も、2国間通行可能なダブルライセンスがあれば、一貫走行が可能となり時間と手間が短くなる。しかしながら、一部地域を除きダブルライセンスの取得は、犯罪防止等の理由により現地においてその実施はなかなか難しい。

(v)メコン地域におけるクロスボーダーとしての道路と陸橋

当該地域においては、主に下記の3つのメイン道路とそれにかかる陸橋が完成している。

道路

(イ)南北回廊

ベトナム／ハノイ～中国／昆明～タイ／バンコクまでの南北を貫く道路で、ラオス国境には第4友好橋がある。

(ロ)東西回廊

東はベトナム／ダナン～ラオス～タイ経由にてミャンマー／モーラミャインまでの東西を貫く道路でラオスとタイ国境には、第2友好橋がある。

(ハ)南部回廊

東はベトナム／ホーチミン～カンボジア～タイ経由で（将来的には）ミャンマーのダウェーまでの東西を貫く道路であるが、上記①，②より南にあるので南部回廊という。

陸橋

ベトナムとカンボジアの国境にはネアックルン橋がある。

その他にも、第2友好橋があり、その北部には第3友好橋が、南部にはラオ・日本大橋が、そして、タイとラオス（メコン地域の中央部）の国境には第1友好橋がある。これらは同地区のクロスボーダー輸送として貢献している（比較的新しいので道路の舗装も良好であり、他の道路と比べて走りやすくなっている）。

メコン地域においては、港湾の整備を含め、ハード面では若干の前進（現在進行形）がみられるものの、留意すべきはソフト面（通関や検査等）の立ち遅れが目立っている。

鉄道

鉄道に関しては中国の一帯一路構想によるパンアジア鉄道が計画されている。しかし、現状では完成までには今しばらく時間がかかりそうである。

2. 荷卸／陸揚／船卸／取卸(航空機)：Landing / Discharging / Unloading

輸入貨物の荷卸しは、輸出時における船積とは逆の流れになっている。輸出同様、在来船(総揚げと直取り／自家取り)の場合と、コンテナ船(LCL 貨物と FCL 貨物)の場合とがある。

その原則的な流れは次のようになっている。

(1) 在来船の場合

不定期船においては、小口貨物による**総揚げ**(Shed Delivery)と、大口貨物による**直取り(自家取り**／又は自家揚げという／Shipside Delivery)とがある。ここでは貨物の受け渡し場所(前者は、保税地域における船会社の**倉庫**等にて、後者は**本船**のところ)が異なるものの、貨物の流れは基本的には同じであるといえる(次頁図参照)。

総揚げ

① 輸入者は、アライバル・ノーティスにより海貨業者(乙仲)に荷卸および、通関の依頼をする。

② 輸入者の依頼により海貨業者(乙仲)は、船会社に**船荷証券(B/L)**、又は、**L/G** (Letterof Guarantee) **を提出し、荷渡指図書(Delivery Order／D/O**／370頁)**の交付を受ける。**この D/O とは、船会社が船長(直取のとき)、又は、ランディング·エージェント(総揚げのとき)宛の貨物引渡指図書のことである。

近年に至り書類の電子化のため NACCS を使用した **D/O レス**（処理）というやり方（D/O は使用しない）が開始されている。これにより D/O なしで荷をピックアップすることができる。

③ 一方、貨物の方は、**ランディング・エージェント**（ステベ）**により荷卸し**されて、船会社指定の保税地域の倉庫(陸揚代理店)に運ばれる。そして、そこで荷捌(仕分け)された後に保管される。

④ 海貨業者(乙仲)は、荷卸しされた貨物が保税地域に搬入されたことを確認し、税関に輸入申告(Import Declaration)をし輸入許可(Import Permit)を受ける。通関書類としては、インボイス、パッキングリスト、原産地証明書等がある。

なお、海貨業者(乙仲)が貨物を受け取ってから、保税地域にて輸入申告し、輸入許可を受けて保税地域から搬出するやり方もある。

⑤ 海貨業者(乙仲)は、D/O(Delivery Order)と I/P(Import Permit)を保税地域の陸揚代理業者に提出し、原則として、そこで**検数人により立会が行われ検数票(Tally Sheet)が作成**される。この検数票をもとに船会社専属のステベ等が**カーゴ・ボート・ノート(**又は、**ボート・ノート／Cargo Boat Note**／貨物受取書／船卸票／371頁)を作成し本船側に提出する。貨物受取の証として貨物受取側の者および本船責任者がカーゴ・ボート・ノートに署名する。

もし貨物に異状があればその旨リマークスが、(カーゴ)ボート・ノートの摘要欄に記載（リマークスという）される。これは、船積のときのメイツ・レシートに相当し、後日の保険請求時に使用される書類ともなる（ボート・ノートにリマークスを入れないと船会社は免責扱いとなるので要注意)。

⑥ 海貨業者(乙仲)は、貨物を保税地域より搬出する。

直取り(自家取り)／直揚げ(自家揚げ)

①、② 上記の総揚げに準じる。

③ 海貨業者(乙仲)が、ステベの手配をし、本船から荷卸しをする。

また、荷卸しする際に検数(多くの場合船内にて)が行われて荷受人側の検数人が貨物受取書として**カーゴ・ボート・ノート(またはボート・ノート)を作成**し、そして、貨物受取人側の者（荷受人側の検数人）および本船責任者により署名される。この時点で貨物が引渡される。

④ 海貨業者(乙仲)が、貨物を保税地域に搬入後に輸入申告し、輸入許可を受ける。

⑤ 海貨業者(乙仲)は、保税地域から貨物を搬出する。

> 本船入港する前に**自家取りであっても**荷主が船会社に自家取りの旨を船会社に知らせない場合には、**貨物は船会社により自動的に総揚げされる。**

荷卸の流れのイメージ

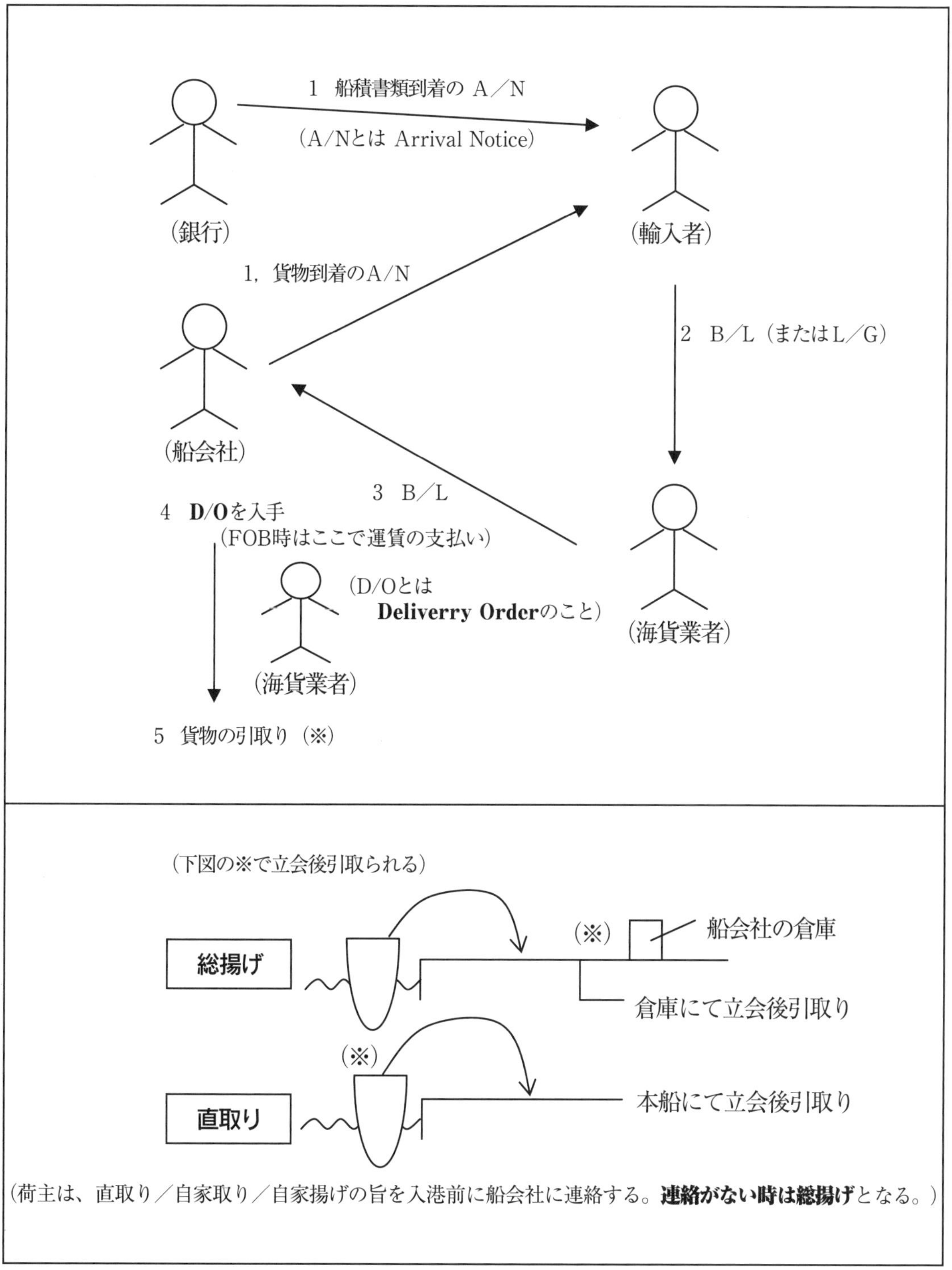
1　船積書類到着の　A／N
（A/Nとは Arrival Notice）
（銀行）
（輸入者）
1，貨物到着のA／N
2　B／L（またはL／G）
（船会社）
3　B／L
4　D/Oを入手
（FOB時はここで運賃の支払い）
（D/Oとは
Deliverry Orderのこと）
（海貨業者）
（海貨業者）
5　貨物の引取り（※）
（下図の※で立会後引取られる）
総揚げ
（※）
船会社の倉庫
倉庫にて立会後引取り
（※）
直取り
本船にて立会後引取り
（荷主は、直取り／自家取り／自家揚げの旨を入港前に船会社に連絡する。連絡がない時は総揚げとなる。）

荷渡指図書

ABC LINE, LTD.

DELIVERY ORDER

B/L No. ______________

L/G No.______________

Bank ______________

Date: ______________

Port: ______________

To____

Please deliver to____

the commodities of the undermentioned description per （船名）

Voy. No. （航海番号） from （輸出地）

MARKS	NO OF P'KGS.	CONTENTS

Remarks: This delivery order is governed by, and subject to terms, conditions and exceptions of original bill of lading.
If time and stowage permit, alongside delivery may be allowed on condition that it should not interfere with discharging of other cargo.
Subject to clean receipt only.

ABC LINE, LTD.
(Signed)

____

Manager

船卸票（ボート・ノート）

カーゴ・ボート・ノート

ALL JAPAN KENSA CORPORATION
LICENSED BY JAPANESE COVERNMENT

HEAD OFFICE :

BRANCHES :

BRANCH

CARGO BOAT NOTE

VESSEL ①　　　　　　"VOY NO

PORT ②　　　ARRIVED ON ③　　　BERTH ④

LIGHTER NO./ WHARF　　　HATCH NO

B/L NO	MARKS & NO.	NO. OF P'KGS	STYLE	DESCRIPTION	REMARKS
⑤	⑥	⑦	⑧	⑨	⑩

TOTAL　(　　　　　)	
LANDING PLACE :　⑪	
CONSIGNEE / FORWARDER :　⑫	

RECEIVER　⑬　　　　CHIEF OFFICER　⑭

RECEIVED DATE　⑮　　　　DHIEF CHECKER

FORM NO.

(解説)

① Vessel
本船名

② Port
港のある地名

③ Arrived on
到着日

④ Berth
船の接岸場所

⑤ B/L NO.
船荷証券の番号

⑥ Marks NO.
荷姿等(ノーマル(N/M)等と記載する。)

⑦ No of PKGS
梱包の数量

⑧ Style
貨物の形状を記載する

⑨ Description
商品名

⑩ Remarks
貨物についての注意事項があれば記載する。

⑪ Lading Place
貨物を船卸した場所

⑫ Consignee ／ Forwarder
貨物の荷受人

⑬ Receiver

⑭ Chief Officer
Receiver(トラックの運転手)と Chief Officer (本船のチーフ・オフィサー)がこの欄に署名する。

⑮ Received Date
受渡しをした日を記載する。

⑵ コンテナ船の場合

コンテナ船の場合には、輸出同様にLCL貨物とFCL貨物の場合とがある。

コンテナ貨物の主な流れは、それぞれ次のようになっている(下図および377頁参照)。

LCL(小口)貨物

① 海貨業者(乙仲)は、**船荷証券(**又は、**L/G)を船会社に提出し、荷渡指図書(Delivery Order / D/O)の交付**を受ける。

② コンテナは、本船よりエプロンに荷卸しされ、CYへ搬入され、そしてCFSに運ばれそこで船会社によりデバンニング（コンテナから荷を取り出すこと）されて保管される。

③ 海貨業者(乙仲)は、CFSにて、D/O（Delivery Order／荷渡指図書）をCFSオペレーター（ランディング・エージェント／荷揚業者のこと）に提出し、CFSにおいて原則として**検数人による立会い**(外観等のチェック)が行われる。そして、この時点で**デバンニング・レポート**(Devanning Report, D/R／374頁)**が作成**される。この時CFSオペレーターと、荷受人(運転手)がこれに署名する。

もし貨物に異状があれば、その旨がデバンニング・レポートに記載される。コンテナからデバンニングするときに作成されるのでこの名前がついている。これは在来船のカーゴ・ボード・ノートに相当する。

また、この時点で貨物が船会社から荷主に受け渡されたことになる(**CFS渡し**)。

④ 海貨業者(乙仲)は税関に**輸入申告をし、輸入許可**(Import Permit)を受ける（上屋通関)。

なお、海貨業者(乙仲)は、上記③以前に輸入申告をし輸入許可(I/P／375頁)を受けておくこともできる(ヤード通関)。この場合には、海貨業者(乙仲)は③においてD/OとI/P(Import Permit)をCFSオペレーターに提出することとなる。

(特例輸入申告時は、保税地域搬入前（例えば船上より）に輸入申告をし、輸入許可を受けることができる。)

⑤ 海貨業者(乙仲)は、貨物を**保税地域から搬出**し、輸入者に引渡す。

コンテナ・ヤードの荷卸の流れ

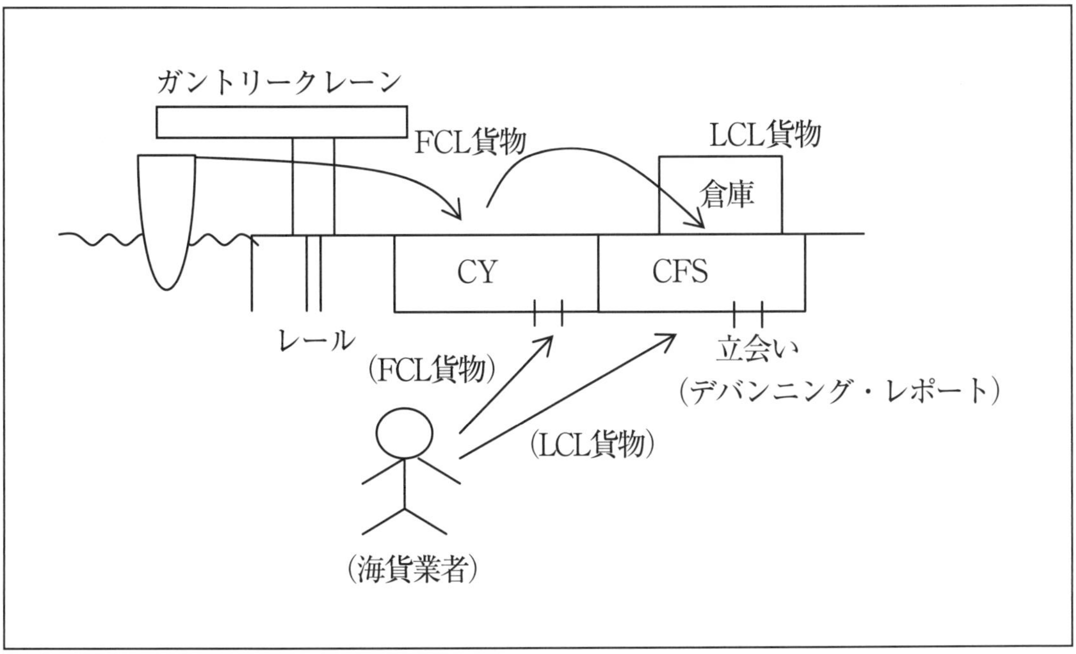

デバンニング・レポート

DEVANNING REPORT

CONTRACT NO. ______________

TO Messrs : ______________ CO.,LTD.

Vessel Name : ______________

Arrived on : ______________

Discharged Place : ______________

Van No. : ______________

De Vanning Date : ______________

De vanning Place : ______________

B/L No.	MARKS & NOS.	DESCRIPTION	Quantity		Outturn		REMARKS
			On Manifest	De Vaned	Over	Short	

輸入許可書

輸入（納税）申告書

（内国消費税等課税標準数量等申告書兼用）

IC	IS	IM	IA	BP
RE-IMP	ISW	IMW	IAC	IBP

申告年月日

あて先　　長殿

輸入者
住所氏名印　㊞
電話番号

代理人
住所氏名印　㊞
電話番号

船（取）卸港
積載船（機）名
入港年月日
原産地
積出地　（都市）　（国）
船荷証券番号

申告番号	
船（取）卸港符号	
船（機）籍符号	
貿易形態別符号	
原産国（地）符号	
輸入者符号	
※（調査用符号）	

蔵置場所　（都道府県名　　）　蔵入、移入又は総保入先

品名（番号／統計細分）	単位	正味数量	申告価格（CIF）△内国消費税等課税標準額	税率 △種別等・税率	関税額 △内国消費税等税額	減免税条項 適用区分
（　）税表細分			千　円	基・協・特・暫	千　円　減免税額	暫定・定率・暫定　条　項　号　別表
酒・石・消・地					減免税額	輸　条　項　号
酒・石・消・地					減免税額	輸　条　項　号
（　）税表細分			千　円	基・協・特・暫	千　円　減免税額	暫定・定率・暫定　条　項　号　別表
酒・石・消・地					減免税額	輸　条　項　号
酒・石・消・地					減免税額	輸　条　項　号

貨物の個数・記号・番号

評価申告
関税法施行令第４条第１項第３号
又は第４号に係る事項　有□　無□
評価申告書Ｉ□　Ⅱ□　個別□　包括□
包括申告受理番号

税額合計（欄数）枚欄　円
関税（　欄）
△　税（　欄）
△　税（　欄）
△消費税（　欄）
△地方消費税（　欄）

添付書類（許可・承認・申請等）輸入承認又は契約許可番号

※税関記入欄

		納期限の延長に係る事項	延長しない税額
関税	包	（税額）　円（特定月）　月	
	個	（税額）　円	
		（納期限）　年　月　日	円
消・地税	包	（税額）　円（特定月）　月	
	個	（税額）　円	
		（納期限）　年　月　日	円
税	個	（税額）　円	
		（納期限）　年　月　日	円

※許可・承認印、許可・承認年月日

税関許可スタンプ

（有）（※輸入許可確認）輸入貿易管理令
仕入書
仕入書に代る他の書類
原産地証明書
本船扱・ふ中扱・搬入前申告扱
別表第１・２第　号
関税法70条関係許可・承認等
法令名
食品・植物・家畜・薬事・化審

※受理	※審査		※収納

通関士記名押印

（注意）１　※印欄は、記入しないで下さい。
２　この申告による課税標準又は納付すべき税額に誤りがあることがわかったときは、修正申告又は更正の請求をすることができます。なお、輸入の許可後、税関長の調査により、この申告による税額等を更正することがあります。
３　この申告に基づく処分について不服があるときは、その処分があったことを知った日の翌日から起算して２月以内に税関長に対して異議申立てをすることができます。
（関税局照合済、社団法人　日本通関業連合会）

出所：税関

FCL (大口) 貨物

① 海貨業者 (乙仲) は、**船荷証券 (又は、L/G) を船会社に提出し、(FOB 時は運賃を支払い後に) 荷渡指図書 (Delivery Order / D/O) の交付**を受ける (D/O レス処理の場合もある)。
② コンテナは、**本船より荷卸しされ、CY オペレーターにより CY へ搬入**される。
③ 海貨業者 (乙仲) は税関に**輸入申告をし、輸入許可** (I/P, Import Permit) を受ける。
④ 海貨業者 (乙仲) は D/O (と I/P) を船会社の CY オペレーターに提出し、そこで原則として**検数人による立会い**が行われ、**デリバリー・レコード** (Delivery Record,D/R, デリバリーレコード／ 370 頁) が作成される。この時、CY オペレーターと荷受人 (運転手等) がそれに署名して貨物の受け渡しとなる (**CY 渡し**)。

しかし，我が国においては、この場合における**デリバリー・レコードの作成は省略**されている（但し、デリバリー・レコードは内陸地通関の場合には、作成されることもある）。

なお、CY で貨物が受渡される時には（CY オペレーターによりデバンニングされている場合には）、デリバリー・レコードの代わりにデバンニング・レポートが作成されることもある。

また、コンテナごと貨物を搬出する場合には、コンテナの外観をチェックし、リマーク（ス）があるときはその旨を EIR（機器受渡証）に記載している。

> 我が国においては CY 渡時における立会いはごく簡単なもの (コンテナのへこみ等のチェックをする位) に省略されている。このため、この時点 (CY) においてデリバリー・レコードが使用されることはない。

⑤ 海貨業者 (乙仲) は、**コンテナごと保税地域から搬出することができる。** CY からの搬出時に前述したように **EIR（Out）(Equipment Interchange Receipt**：EIR と略す／又は Equipment Receipt：E/R と略す／**機器受渡証)** に双方が署名する。また、コンテナにもしリマークスがあればその旨が EIR に記載される。そして、後日空のコンテナを清掃して CY に返却する (この時にも EIR（In）に双方が署名する)。

コンテナの返却が遅れた場合には**遅延料 (Detention Charge ／返還遅延料)** がとられることもある。

貨物をフリータイム（通常 1 週間）を超えて保税地域に留置しておくと保管料が発生する。これを留置料（りゅうちりょう／ Demmurage）という (215 頁参照)。

Guide!

(i) EIR (Equipment Interchange Receipt) とは、船会社の CY オペレーターが、荷主 (または CFS オペレーター) にコンテナを貸し出したり (搬出／ Out)、逆に返却を受けたり (搬入／ In) する際にコンテナの状況確認のために作成する書類であり、両者署名のうえ EIR が取り交わされる。コンテナに異常がある時はその旨が EIR に記入される。
(ii) FCL 貨物の場合に、Door to Door 輸送のためコンテナごと荷受人の受け渡し前に荷主指定の保管場所に陸送されることが少なくない。輸入通関を CY で受ける場合、これを**ヤード通関**という。貨物を**コンテナに詰めたままでコンテナを保税地域から搬出**することができる (次頁参照)。

輸入通関は、港頭地区 (CY) 以外の保税倉庫において行うこともできる。これを**上屋通関**という。

さらに輸入通関は、FCL 貨物であっても CY にてコンテナからデバンニング (Devanning) してから輸入許可 (輸入通関) を受けることもできる。

この他にも、CY 以外の内陸にある工場等まで保税運送をし、そこで輸入申告をし、輸入許可を受けることもある。これを**内陸通関**という（繰り返しになるがこの内陸地で貨物の立会が行われた場合には、デリバリー・レコードが作成されることがある）。

(iii) コンテナ貨物の通関（下記①、②、③、④、⑤で**輸入許可を受けることができる。**）

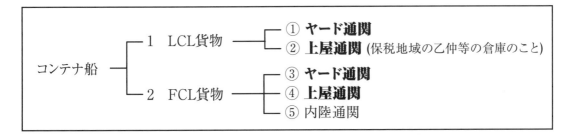

- コンテナ船
  - 1　LCL貨物
    - ① **ヤード通関**
    - ② **上屋通関** (保税地域の乙仲等の倉庫のこと)
  - 2　FCL貨物
    - ③ **ヤード通関**
    - ④ **上屋通関**
    - ⑤ 内陸通関

1　LCL貨物

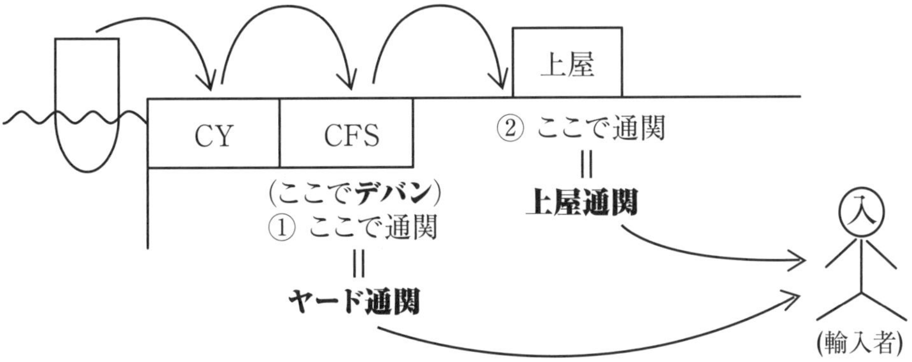

2　FCL貨物

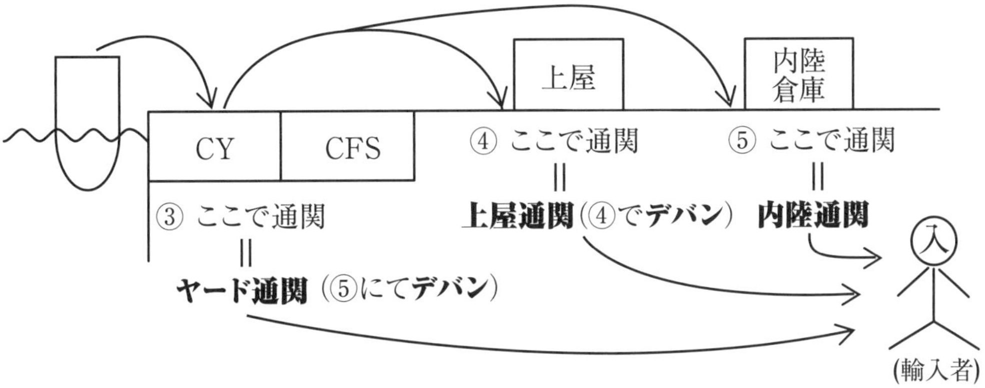

立会時における書類の名称（まとめ）

	船積時	**荷卸時**	
在来船	**メイツ・レシート**	**カーゴ・ボート・ノート**	
コンテナ船	**ドック・レシート**	LCL	**デバンニング・レポート**
		FCL	（EIR／機器受渡証等）

（FCL／内陸通関時：デリバリー・レコード）

⑶ L/G での貨物引取（仮渡＝保証渡と空渡）

船積書類と貨物とが、輸入地に到着している場合には、船荷証券（B/L）を船会社に提出し、荷渡指図書（D/O）を受領し、それにより貨物を受け取ることができる。

しかしながら、**船積書類よりも貨物が先に到着しているような場合**にはD/O受領に必要なB/Lを提出できない。特に最近では高速船の普及により韓国、中国、台湾等の近隣諸国からの輸入においては、荷が船積書類より早く到着するという例が増加している。

このような場合には、**L/G（保証状**／Letter of Guarantee ／380頁、又は、L/I（補償状／Letter of Indemnity））の書式を船会社より入手し、**銀行に連帯保証（Bank Guarantee / Double L/G）を依頼**する。このL/Gを船会社にB/Lの代用として提出することにより**D/O（デリバリー・オーダー）を受領**する方法がある。

これを**保証渡し**（又は、**L/G渡し**）という（なお、L/Gなしで渡すことを空渡し（仮渡し）という）。

この保証渡しで注意しなければならないこととして、B/Lなしで貨物を引取った後に第三者としての貨物所有者が出現し、船会社にその貨物の請求がなされたような場合、銀行は輸入者と連帯で船会社に対する損害を保証しなければならないということである。そして、この損害を保証する旨が記載されている書面（380頁）が**L/G**である。銀行は、輸入者の連帯保証人として保証することになる。このようなL/Gを**Double L/G**という（輸入者のみが保証人であるL/GをSingle L/G／単独保証という）。

なお、L/G発行にあたり輸入者は、「**輸入担保荷物引取保証に対する差入証**」（381頁）と**（外貨建）約束手形**とを銀行に差し入れなければならない。輸入者が大手商社等の場合には、自社の発行するL/G**（Single L/Gという）**のみにて貨物の引き取りが可能な場合もある。しかしながら、L/C取引時等においてSingle L/Gにて銀行の承諾なしに代金支払前に荷を受け取ることは、時として銀行に対する背信行為ともいえるのでこの点を考慮したい。また、最近では数は少ないが銀行の代わりに海貨業者に連帯保証を強いる輸入者もいる。

最後に、B/Lが到着したら船会社にB/Lを提出し**L/Gを返却してもらいそれを発行銀行に返却し、輸入者はその間（L/G発行から銀行に返却するまで）の保証料を支払わければならない。**

(i) L/C取引において、**L/Gにより輸入者が貨物を引き取った後にディスクレが発見されても、銀行に差し出した約定書の規定により、輸入者は貨物の代金を支払わなければならない**（貨物を受け取っておいて、代金は支払わないということはできない）。

(ii) B/L紛失時の手順

船荷証券を万が一にも紛失した場合、次のような手順により貨物を受け取ることができる。

① 船会社に紛失の旨を連絡する。

② 船会社所定の保証状（L/G）等に銀行に連帯保証を依頼して、輸入貨物を引き受ける。

③ **管轄の裁判所にて公示催告の手続きをして、除権判決を申し立てる**（2～6月の日数を要する）。

(iii) **LG（またはL/I）を必要とする3つの場面**を復習してみよう。

①	**輸出者がClean B/Lを船会社から受領する時に必要なもの**（225頁参照）。 輸出者は、乙仲経由にて**L/I**を船会社に提出する。
②	**輸出者がL/C取引買取時のディスクレ対応策のひとつとして必要なもの**（144頁参照）。 輸出者は、**L/G**を銀行に提出する（L/Gネゴという）。
③	**輸入者がB/Lなしで貨物を受け取る時に必要なもの**（378頁参照）。 輸入者は、通常、銀行の署名入り**L/G**を船会社に提出する。

Guide!

(i) 輸入者の L/G 渡しにおける船会社への保証内容

(イ) B/L は、B/L 到着後に遅滞なく船会社に引き渡すこと。

(ロ) 一切の損害に対して銀行と連帯して責任を負うこと。

(ハ) 未納運賃等一切の費用を支払う責任を負うこと。

(ii) 銀行からの **Arrival Notice** と船会社からの **Arrival Notice**

船積書類が銀行に到着すると、銀行より Arrival Notice (接受通知／ 382 頁) が送付されるので、輸入者はそれにより船積書類の到着を知ることができる。

Arrival Notice 以外にも送り状のコピーと書類受領書も銀行より送付される。輸入者は、この書類受領書に署名をし決済を行って、船積書類を銀行より受け取ることになる。

一方、貨物が船会社に到着するのに先だって、船会社からその旨を輸入者に知らせてくる。この書類をも Arrival Notice（着船通知書）という。

なお、輸出者が船積後その旨を輸入者に知らせる書類は、Shipping Advice（船積通知（書））、又は、Shipping Notice という。

(iii) L/G の解除

B/L が到着した後で船会社に B/L を渡すことになっている。この際に、“Released” とスタンプが押された L/G を返却してくれるのでこれを銀行に戻すことになる。**この銀行に戻されるまでの間の保証料を銀行は輸入者に請求する。**

(iv) D/O のリマーク

L/G 渡しでの貨物取引においては、船会社はデリバリー・オーダー (D/O) に “Issued Against L/G” という文言を記載する。これにより船会社は B/L の回収を忘れないように努めている。

荷物引取保証状(L/G)

YKK Line

To the Owners and/or Agents and/or Charterers and/or Master
of the S.S/M.V. ...., ...

In consideration of your agreeing to release for delivery to us or to our order the undermentioned goods of which we claim to be the rightful owners or entitled to possession thereof, without production of the relevant bill(s) of lading (not as yet in our possession),

WE HEREBY undertake and agree

(a) to indemnify you, your servants and agents fully and to hold all of you harmless against all consequences and/or liabilities of any kind whatsoever directly or indirectly arising from or relating to your agreeing to release the goods as aforesaid, and immediately on demand against all payments made by you in respect of such consequences and/or liabilities including costs between attorney and client and all or any sums demanded by you for the defence of any proceedings brought against you, your servants and/or agents by reason of your agreeing to release the goods as aforesaid, and,

(b) that if the ship or any other ship property belonging to you should be arrested or detained or if the arrest or detention thereof should be threatened, to provide such bail or other security as may be required to prevent such arrest or detention or to secure the release of such ship or property and to indemnify you in respect of any loss, damage or expenses caused by such arrest or detention whether or not the same may be justified.

And we further undertake and agree upon demand to pay any freight and/or charges and/or General Average Contribution due on the goods aforesaid to the extent that you may not have required any such freight, charges or Contribution to be paid prior to your releasing the goods aforesaid (it being expressly agreed and understood that all lien shall subsist and be unaffected by the terms hereof).

And we further undertake and agree that immediately the bill(s) of lading is/are received by us we will deliver the same to you duly endorsed.

And we further undertake and agree that this indemnity shall be construed in accordance with Japanese law and each and every person liable under this indemnity shall at your request submit to the jurisdiction of the Tokyo District Court in Japan. The liability of each and every person under this indemnity shall be joint and several and shall not be conditional upon your proceeding first against any person, whether or not such person is party to or liable under this indemnity.

Yours faithfully,

Slipper	Ocean Vessel Voy. No.	Place of Receipt (Part of Landing)	Place of Delivery (Part of Disliarge)	Mark & Numbers	No. of P'kgs of Units	King of Packages or Units : Description of Goods

Forwarding Agent :	B/L No. :	Cargo Value :

Date ____________________

.... Shippers' or Consignees' Signature

.... Banker's Signature

輸入担保荷物引取保証に対する差入証

（信用状付取引用）

平成　　　年　　　月　　　日

株式会社　　　　銀行　御中

住　　所

本　　人　　　　　　　　　　　　　　　　印

住　　所

連帯保証人　　　　　　　　　　　　　　　印

保証先		
船荷証券	船名及び航海番号 発行者 積出港	発行日 荷物到着日 到着港
荷物明細	商品名及び種類 数　量 単　価 価　格 建　値	荷印荷番号
関係信用状明細	番号	発行日

上記荷物（以下単に「荷物」という）は、関係信用状にもとづいて発送され、既に当地に到着しておりますが、これに関わる輸入荷為替手形（輸入貨物代金その他外国へ支払うべき金銭債務を表示した受領証またはこれらと同様の書類を含む。以下同じ）および付属書類は未着の状況にあります。

この荷物は、さきに貴行に差入れました「輸入担保荷物保管に関する約定書」および「同追加約定書」にもとづき、または「外国為替取引約定書（または、商業信用状約定書もしくは信用状取引約定書）」にもとづき、私が貴行に対し現に負担しまたは将来負担すべきいっさいの債務の担保として貴行の所有に属するものですが、私が貴行に代り保管し処分するため、私名義の上記保証先宛荷物引取保証状に連署による貴行の保証をお願いし、荷物の引取りに必要な書類の交付を受けました。

ついては、裏面記載の各条項のほか、私が別に差入れた「輸入担保荷物保管に関する約定書」、「同追加約定書」、「銀行取引約定書」および「外国為替取引約定書（または、商業信用状約定書もしくは信用状取引約定書）」の各条項に従うことはもちろんのこと、万一上記の取扱に関して何らかの事故が生じ、または貴行に損害が発生した場合には、すべて私が引受け、貴行には何らのご迷惑・ご損害もおかけしないことを確約します。

検閲	実施

第9章

ARRIVAL NOTICE(船積書類到着通知書／L/C 付)　The Bank of　ABC　, Ltd.

TO CUSTOMER

(取引種類)

ARRIVAL DATE

OFFICE
(お取引店)

(　　　)

(お客様番号)

(お取引番号)

IN ALL COMMUNICATION
TO US, PLEASE QUOTE.

MESSRS

様

FOR A/C

L/C No.

AMOUNT
(手形金額)

ACC／DEBIT DATE(YEAR MONTH DAY)
(利息期間日)

DUE DATE
(期日)

信用状条件との不一致等の理由で、支払の拒絶・異議申立等を行う場合は、
至急(ARRIVAL DATE より 5 銀行営業日以内に)お取引店へお申越し下さい。
お申立が遅れますと買取銀行に対する支払拒絶・異議申立等ができなくなり、
決済して頂くことになりますのでご注意下さい。

NEGOTIATING
BANK
(買取銀行)

決済遅延利息発生日

TERMS(建値)

ORAWER
(手形提出人)

VESSEL
(船名)

MERCHANDISE
(商品名)

B/L DATE

B/L No.

PORT OF
SHIPMENT
(船積港)

DESTINATION
(荷揚港)

付属書類	INVOICE	B/L	NON NEGO B/L	AWB/FCR	INS POL	INSPECT CERT	W/M	PKG	ORIGIN	CERT	STATEMENT	OTHER
1ST SET												
2ND SET												

その他手数料

電信料　円

郵便料　円

受付手数料　円

引受手数料

割引料　%

換算相場　円

円

(　　)表示は、海外負担分につき、お支払いの必要はありません。

L/C 引落額

DISCREPANCY

異議お申立期限

NEGO DATE

他行 DATE

REMARKS

本状記載の通り船積書類が到着いたしましたので、
ご通知申し上げます。
This is to inform you of our having received the
shipping documents as specified above.

The Bank of　ABC　, Ltd.

第9章

⑷　**航空貨物の取卸**(し)

航空貨物における取卸の場合には、AWB の荷受人が**銀行**である場合と、**買主**である場合とでは、取卸に関する手続が異なっている。

① 荷受人が発行銀行であるとき (信用状手形決済時)

航：航空会社
銀：銀行
海：海貨業者
入：輸入者

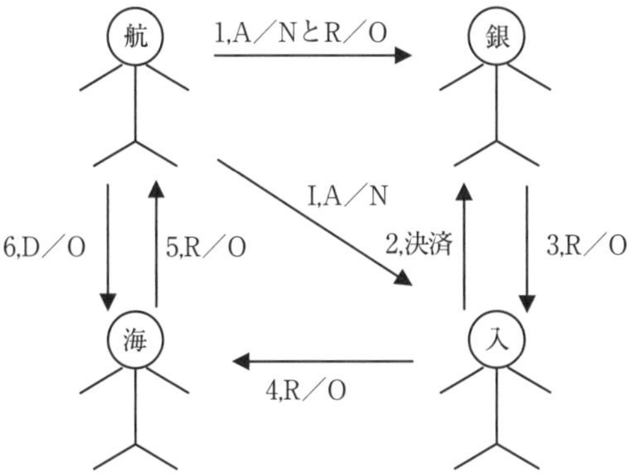

A／N：
Arrival Notice
R／O：
Release Order
D／O：
Delivery Order

信用状取引等の場合には、貨物が銀行の担保となるように **AWB の荷受人は発行銀行名**とされる。これにより、代金決済がされるまでは、その貨物は銀行の担保物となる。航空会社は、AWB の荷受人が発行銀行なのでそのままでは貨物を輸入者に渡すことはない（航空会社は、A/N（着荷通知書）および R/O 等を銀行に、そして、A/N を輸入者に送付して荷の到着を知らせている）。この場合、輸入者が荷を受け取るためには**リリース・オーダー (Release Order, R/O ／ (航空貨物) 引渡指図書**／ 386 頁）に発行銀行による署名をしてもらわなくてはならない。輸入者は、R/O という書類により銀行の担保物としての貨物を銀行より貸し与えてもらい、その貨物の売却代金により代金決済ができるという方法が取れるようになっている。

輸入者が貨物を入手するためには、銀行の署名入りリリース・オーダーが必要であるが、この書類を得るために輸入者は**トラスト・レシート (丙号) ／ Air-T/R** および担保としての**約束手形**を銀行に差し出さなくてはならない。これにより銀行はリリース・オーダーに署名してくれる。

海貨業者 (乙仲) が銀行署名入りの **R/O を航空会社に提出し、D/O** (運賃着払時は、運賃支払後) **を受け取る**ことになる。これにより貨物の引き受けが可能となる。

輸入者は、後日、船積書類が届いた時点で手形の支払い又は引受を行えばよいことになっている。

リリース・オーダー (R/O) は、船舶における L/G に相当するものであり、銀行が運送人に対して荷を輸入者に引き渡すよう指示している指図書であるといえよう。但し、この場合には、海上輸送時の**L/G 渡しと異なって銀行は運送人に対して保証債務を負うものではない。**

(i) R/O と L /G との相違点

リリース・オーダー (R/O) は、**銀行に返却する必要もなく、手数料も不要**である。

L/G の場合には、**銀行に返却しなければならず**またその間の**手数料が課される**こととなる。

なお、**R/O の書式は**（A/N 及び AWB のコピーとともに）**航空会社より原則として荷受人である銀行に送付**されている（但し、特に急ぐ時には銀行も自行用の R/O を持っている）。

	L /G	R/O
保　証　料	有(**発行時～銀行返却時**)	無
返 却 義 務	有(B/Lと交換で返してもらう)	無
保 証 債 務	(銀行が)負う	負わない

(ii) AWBの荷受人(コンサイニー)

取引形式	荷受人
信　用　状	**発行銀行名**
D/P・D/A	取立銀行名
送　　金	**輸 入 者 名**

AWBの荷受人が、船舶の場合と異なり指図式（To Order）となることはない。すべて記名式である。

上図の**D/P、D/A 手形決済**における**AWBの荷受人は、通常、取立銀行**となる。

これは代金回収リスクがAWBの荷受人を輸入者(買主)とした場合と比較して輸出者にとってより安全になるためである。

但し、実務では**荷受人が買主のこともある**ので留意したい（この場合には、下記③と同じ流れとなる)。

また、為替手形の名宛人および船荷証券の荷受人と混同しないようにしておきたい。

② 荷受人が取立銀行であるとき（D/P、D/A 手形時）

(i) D/P 手形あるいはD/A 手形（**荷受人が取立銀行**）時の場合も**L/C 手形と同じ取卸しの流れ**である。

航空会社(主にその代理店等)からの貨物到着通知書(Arrival Notice)により輸入者は、船積書類のコピー(航空会社からシッピング・アドバイスとして送付されたもの)を持って銀行へ行き、リリース・オーダー(航空会社より銀行に送付されている)に銀行の署名をもらい返却をうける。

この署名をもらうために、輸入者は、銀行に**トラスト・レシート(丙号)(Air Trust Receipt, T/R, 輸入担保貨物保管証(丙号)**－資料－38)と**約束手形**を差し出さなくてはならない。

(ii) 貨物の取り卸しと通関の依頼を受けた海貨業者(乙仲)は、銀行サイン入りのリリース・オーダーを航空会社に提出し**デリバリー・オーダー(Delivery Order, D/O, 荷渡指図書)**の交付を受ける。

(iii) 一方、貨物は航空機の到着後、取り卸され、保税地域に搬入されそこで貨物は、仕分けされる。

(iv) 海貨業者(乙仲)は貨物が、保税地域に搬入された後、輸入申告をし輸入許可を受ける。航空貨物の場合には、迅速さが大切なため多くの場合、Air NACCSを利用して申告している。

(v) 海貨業者(乙仲)はD/OとI/P(Import Permit)を保税地域のオペレーターに提出し、立会いをして貨物の受け渡しを行う。

なお、海貨業者(乙仲)はD/Oのみを提出することにより、貨物の受け渡しをすませ、保税地域にある自社倉庫に搬入し、その後に輸入通関をすませるというやり方もある。

③ 荷受人が買主のとき(送金決済時)

送金決済である前払いや後払いの場合には、**AWBの荷受人欄は通常、買主**となる。

この場合には、**船積書類は買主へ直送**される。また、荷受人用のAWBは、貨物とともに運ばれる。そして、航空会社よりアライバル・ノーティスとあわせて輸入者に送付されてくる。

荷受人が買主であるときには、貨物到着と同時に**アライバル・ノーティス(A/N)等による本人確認によりAWBなしでも輸入者は貨物を取ることが可能**である（この場合、アライバル・ノーティスに通常は輸入者（AWBの荷受人）の署名が必要となる)。

送金時にはリリース・オーダー（及びAWB）等の必要性も生じない。航空貨物は、とくに迅速な貨物の受け渡しが必要とされているためこのような仕組となっている。

LSG
Sky Chefs
GONAIR

CATHAY PACIFIC
CATHAY PACIFIC
AKE 50294 CX
CATHAY PACIFIC
AKE 50398 CX

航空機用コンテナ

航空貨物引渡指図書（RELEASE ORDER）（見本）

RELEASE ORDER

DATE :__________

TO : M/S ABC AIR LINES COMPANY, LTD.

RELEASE OF SHIPMENT UNDER WAYBILL NO.

GENTLEMEN:

YOU ARE KINDLY REQUESTED TO DELIVER THE ABOVE MENTIONED SHIPMENT CONSIGNED TO US TO MESSRS. （輸入者名）
OR THEIR DESIGNATED CUSTOMHOUSE BROKER WHO ARE AUTHORIZED TO SIGN DELIVERY RECEIPT OF THE AIR WAYBIIL ON OUR BEHALF.

YOURS VERY TRULY,

____
SIGNATURE

____
NAME OF BANK

輸入担保荷物保管証

（信用状付輸入取引　航空貨物用）

平成　　年　　月　　日

株式会社　　　　銀行　御中

住　　所

本　　人　　　　　　　　　　　　㊞

住　　所

連帯保証人　　　　　　　　　　　㊞

航空貨物運送状 または 郵便物到着通知書	No. 発行者 積出地(空港)	発行日 荷物到着日 到着地(空港)
荷物明細	商品名及び種類 数　量 単　価 価　格 建　値	荷印荷番号
関係輸入荷為替明細	金額 手形振出人 買取(仕向)銀行	期日 手形支払人
関係信用状明細	番号	発行日

上記荷物（以下単に「荷物」という）は、関係信用状にもとづき、貴行を荷受人として発送され、既に当地に到着しておりますが、これに関わる輸入荷為替手形（輸入貨物代金その他外国へ支払うべき金銭債務を表示した受領証またはこれらと同様の書類を含む。以下同じ）および付属書類は未着の状況にあります。

この荷物は、さきに貴行に差し入れました「輸入担保荷物保管に関する約定書」および「同追加約定書」、または「外国為替取引約定書（または、商業信用状約定書もしくは信用状取引約定書）」にもとづき、私が貴行に対し現に負担しまたは将来負担すべきいっさいの債務の担保として貴行の所有に属するものですが、債務の履行前にもかかわらず、私が貴行に代り保管し処分するため、貴行より貸渡しを受け正に受領しました。

ついては、裏面記載の各条項（ただし、「輸入担保荷物保管に関する約定書」および「同追加約定書」を差し入れている場合は当該約定書の諸条項）のほか、私が別に差し入れた「銀行取引約定書」および「外国為替取引約定書（または、商業信用状約定書もしくは信用状取引約定書）」の各条項に従うことを確約します。

なお、上記輸入荷為替手形到着のときは、その条件に従って当該輸入荷為替債務を負担すると共に、直ちに同付属書類・付帯荷物の貸渡し依頼に準ずる手続きをとります。この場合、関係信用状条件と手形、運送書類およびその他の付属書類との間に一致していない事項があっても異議を申立てないこととし、それらの一致していない事項に関し、貴行または貴行為替取引先が保証を受けている場合には、その保証を解除されても異議ありません。

（取扱手数料）

（銀行使用欄）

請求書作成日	検　閲	実　施

検　閲	実　施

まとめ問題9

第1問 次の文章は、船積および荷卸に関するものである。その記述の正しいものには○印を、誤っているものには×印をつけなさい。

1. コンテナ貨物を輸出する場合に発行される船荷証券は、原則として受取船荷証券である。この場合、信用状取引時等においては、通常、ON BOARD NOTATION が必要とされている。これは受取船荷証券に“LADENON ON BOARD THE VESSEL”の表記と、B/L DATE の記載、および、原則として船会社側の担当者の署名をもらうことをいう。

2. コンテナ船におけるLCL (小口) 貨物船積時には、運送人がコンテナにバンニングしてコンテナ内積付表を作成する。これをシッパーズ･パックという。

3. FCL 貨物船積時には、通常、荷主サイドがコンテナを借りてバンニング (バン詰) を行う。これをシッパーズ･パックという。また、この場合、B/L には、船会社により不知文言が記載されるが、この不知文言は、ディスクレの対象とはされていない。

4. 在来船におけるデバンニング･レポートは、コンテナ船のカーゴ･ボート･ノートに相当する。貨物にもし異常があれば、その旨がリマークスとして記載されることになり、後日保険金請求時に使用されている。

5. 海貨業者 (乙仲/フォワーダー) は、LCL 貨物の場合には、CFS でD/O を提出して荷を受け取ることができる。また、そこで原則として検数人による立会が行われ、カーゴ･ボート･ノートが作成される。

6. 信用状取引において、航空便で到着した銀行宛の輸入貨物を輸入者が引き取るためには、銀行のリリース･オーダー (R/O) が必要となる。輸入者は、この書類に銀行の署名をもらうために、トラスト･レシート (T/R) 丙号と約束手形とを銀行に差し出すことになる。

7. 航空貨物の場合には、リリース･オーダー (R/O) があればデリバリー･オーダー (D/O) は、貨物受取時に必要とされていない。

8. AWBの荷受人は、例外なく記名式として作成されている。

9. 信用状取引時のAWBの荷受人は、通常、発行銀行名とされる。

10. 航空輸送時のリリース･オーダー (R/O) とは、海上輸送時の保証状 (L/G) に相当するものである。

第２問 次の記述は、船積および荷卸に関するものである。内容が正しくなるように、下記の語群から（ ）に適当なことばをアルファベットで補いなさい。

1．FCL 貨物におけるコンテナ内積付表としての CLP (コンテナ・ロード・プラン)は、(①)サイドにより作成されるためこれを(②)という。これに対してLCL 貨物の場合には、運送人サイドにより作成される。これを(③)という。

2．在来船の船積において、(④)が署名する(⑤)にリマークが記載されているとき発行される船荷証券を(⑥)という。この場合、通常、荷主は船会社に(⑦)を提出することにより、(⑧)の発行を依頼することができる。

3．LCL 貨物の荷卸における立会いでは、(⑨)が作成される。これにCFS オペレーターと荷受人が署名する。この書類は、船積のときのドック・レシートに相当する。

4．L/C 取引における航空貨物の取卸において、AWB の荷受人は(⑩)である。また、発行銀行署名の(⑪)により、輸入者は貨物を引き取ることができる。このとき代金決済をしない場合の輸入者は、銀行に(⑫)と(⑬)を差し出すことになる。

A. リリース・オーダー	B. デリバリー・オーダー	C. トラスト・レシート
D. 約束手形	E. 荷為替手形	F. シッパーズ・パック
G. キャリアーズ・パック	H. 荷主	I. 運送人
J. 船長	K. 一等航海士	L. 無故障船荷証券 (Clean B/L)
M. 故障付船荷証券 (Foul B/L)	N. L/I (Letter of Indemnity)	O. デリバリー・レコード
P. デバンニング・レポート	Q. 海貨業者	R. CY
S. CFS	T. ドック・レシート	U. メイツ・レシート
V. レシーブド B/L	W. オンボード B/L	X. 発行銀行

解答と解説

第1問

解答

1－○　2－×　3－○　4－×　5－×　6－○　7－×　8－○
9－○　10－○

解説

1. 正しい記述である。UCP600ではオン・ボード・ノーテーションとして必ずしも船会社の署名を必要としていないが、我が国においては、国際海上物品運送法（ JAPAN COGSA)により船会社の署名も記されることがある。
2. LCL貨物の場合には、運送人(キャリアー)がバンニングを行う。従って、これをキャリアーズ・パックという。
3. 正しい記述である。不知文言(Shipper's Load and Count , Said to Contain 等) により運送人は梱包の中身について免責を主張することができる。
4. 在来船におけるカーゴ・ボート・ノートは、コンテナ船のデバンニング・レポートに相当する。記述が逆になっている。
5. コンテナ船の LCL (小口) 貨物の貨物引き取りにおいては、デバンニング・レポートが使用される。
6. 正しい記述である。発行銀行は、輸入者よりトラスト・レシート(T/R) や約束手形を差し出させ、リリース・オーダー（ R/O ）に署名をしている。これにより、輸入者は船会社より D/O（Delivery Order）を受け取ることができる。
7. リリース・オーダーとは、船舶時のL/Gに相等するものである。荷受時には、船舶の時と同様に、デリバリー・オーダー (D/O, 荷渡指図書) は必要となる。
8. 正しい記述である。AWBは、有価証券ではないので指図式（ To Order ）で作成されることはない。すべて記名式である。
9. 正しい記述である。
10. 正しい記述である。

第2問

解答

1　①— H. 荷主
　②— F. シッパーズ・パック
　③— G. キャリアーズ・パック
2—④— K. 一等航海士
　⑤— U. メイツ・レシート
　⑥— M. 故障付船荷証券 (Foul B/L)
　⑦— N. L/I (Letter of Indemnity)
　⑧— L. 無故障船荷証券 (Clean B/L)
3—⑨— P. デバンニング・レポート
4—⑩— X. 発行銀行
　⑪— A. リリース・オーダー
　⑫— C. トラスト・レシート
　⑬— D. 約束手形

第10章

決済と外国為替

決済

送金取引時

（1）船積より前→前払い ／（2）船積より後→後払い

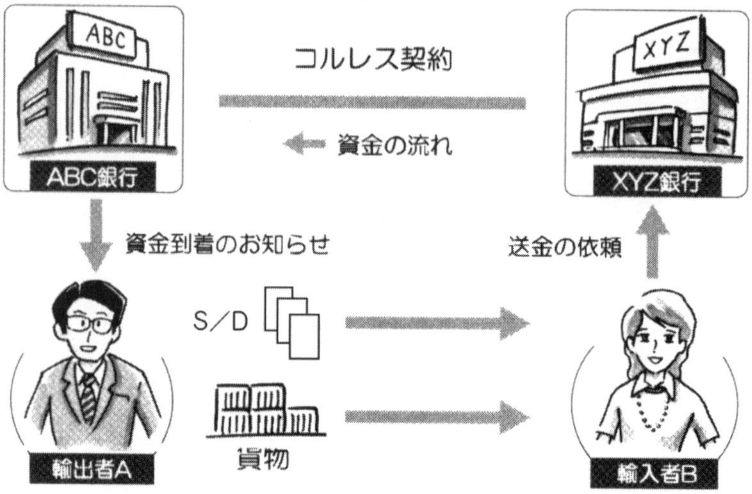

上記の場合には、物と金との同時交換はできない。

為替取引時

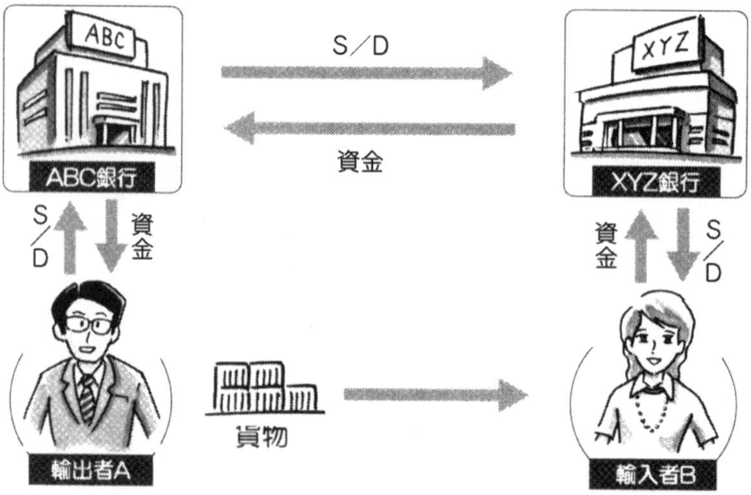

上図S／Dとは、船積書類のこと

What's the Point?

貿易取引における代金の支払いを決済(Settlement)という。この場合、取引相手が外国にいるために外国為替の理解が必要となる。外国為替は外為法等により管理されている。

本章では、(1) まず、為替の仕組と**決済手段の種類**等に関して学習する。

(2) 次に、外国為替に関する**外国為替相場の種類、**

(3) **為替相場の変動に対するリスクヘッジの方法、**

(4) そして、**本邦ローン等に代表される輸入金融**について学習していく。

1．為替

為替とは、現金を直接使用することなく、約束手形や小切手、又は、**銀行間の振込の指図により資金を移動**（送金）させることで、国内の移動を国内為替、外国間の移動を外国為替という。現金を使用しないので紛失等のリスク回避が可能となる。

国内為替における振込の場合には、日本銀行が、全国の銀行の口座をコンピューター管理(日銀ネットという)しており、X銀行は日本銀行にX銀行からY銀行に振込する旨をX銀行のセンターからその日の分をまとめて通知する。そして、必要な取引金額を日本銀行のX銀行口座から引落しY銀行口座へコンピュータにより入金してもらう。

これらの作業をX銀行のセンターを通じ、その日ごとに行い、必要な分の資金を移動させている。

国内為替の仕組

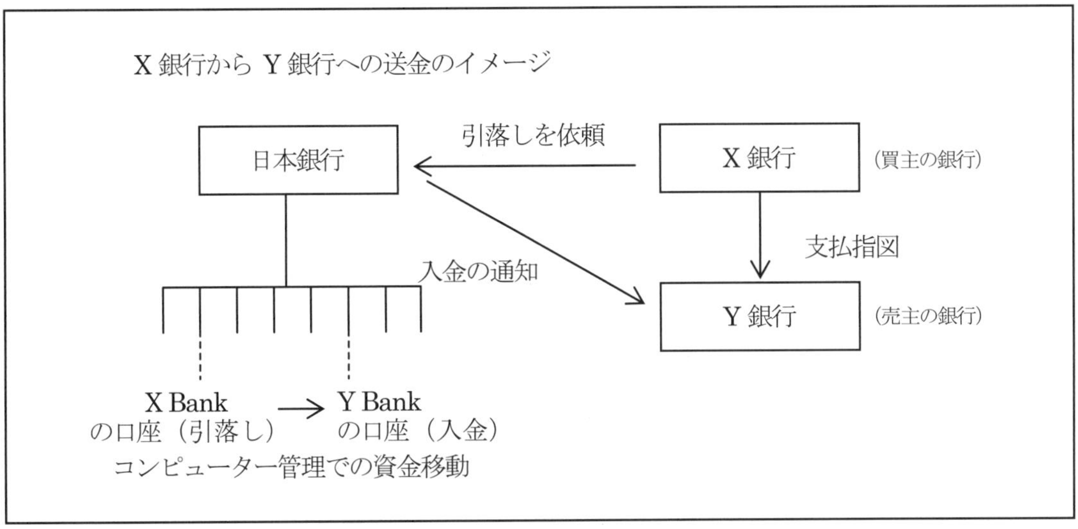

一方、貿易取引(外国為替)においては、国内における日本銀行の役割を果たしている機関が現在のところ存在していない。従って、各銀行ごとに送金、振込等に関する約束事(契約)が必要となる。これを**コルレス契約**(Correspondent Agreement)と呼んでいる。コルレス契約では、同時に署名鑑、暗号帳等の書式見本等の書類の交換に関することも含まれる。コルレス契約を結んでいる銀行のことを**コルレス銀行**(Correspondent Bank)そして、その相手銀行のことを、コルレス先という。

このコルレス契約には、相手先(コルレス先)に自己の預金口座を設けて外国為替取引を行う**デポ銀行／デポジトリー・コルレス・バンク**(Depositary Correspondent Bank / Depository Bank)と、銀行の都合で自行の預金口座を開設しないで事務的な通知や手形の取立て、また、署名鑑等の交換等のみを行う**ノンデポ銀行／ノン・デポジトリー・コルレス・バンク**(Non-Depository Correspondent Bank / Non-Depository Bank)との２種類がある。ノンデポ銀行は、デポ銀行経由で決済をすることができる。

為替には、為替送金のような**並為替**（又は、順為替）と、荷為替手形のような**逆為替**とがある。

⑴　**送金の場合**（図１－Ａ）

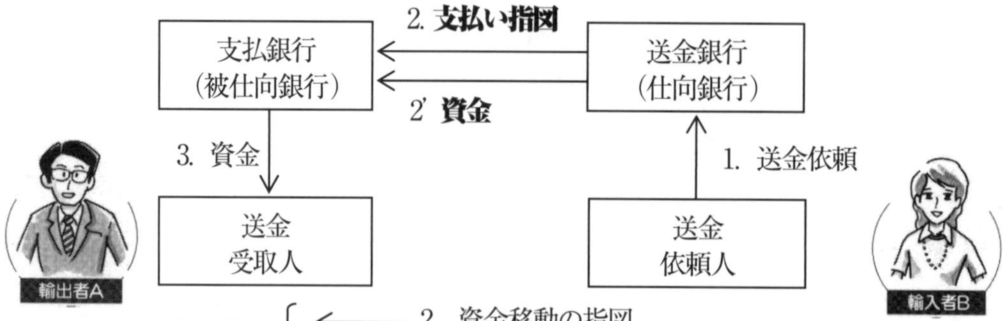

並為替 ｛ ←　2　資金移動の指図
←　2'　資金の流れ

送金時は 2 と 2' の流れが並行（同じ）であるため並為替という。

⑵　**小切手の場合**（図１－Ｂ）

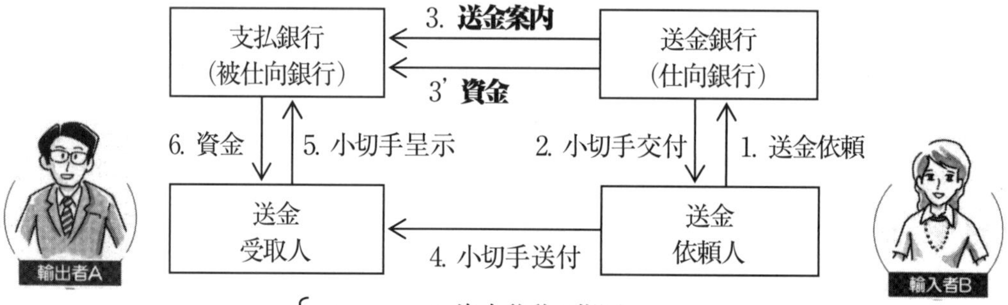

並為替 ｛ ←　3　資金移動の指図
←　3' 資金の流れ

送金依頼人は送金銀行（仕向銀行）に代金を支払い支払銀行（被仕向銀行）を受取人とする小切手を直接受取人に郵送する。この場合も並為替である。

⑶　**荷為替手形の場合**（図２）

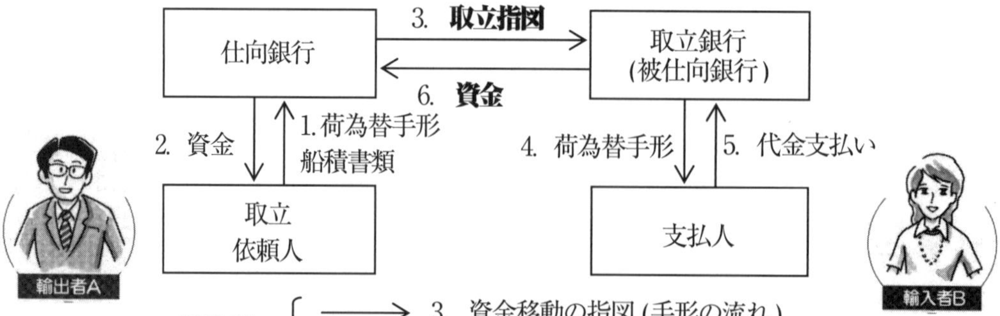

逆為替 ｛ →　3.　資金移動の指図（手形の流れ）
←　6.　資金の流れ

荷為替手形の場合には、資金の流れと資金移動の指図の流れが逆になるため逆為替という。

逆為替には、**買取手形扱い**（**Bill Bought, BB** ＝信用状付荷為替手形／輸出者は信用状付輸出者為替買取依頼書を銀行に提出する）のものと、**取立手形扱い**（**Bill for Collection, B/C** ＝信用状なし荷為替手形／輸出者は信用状なし輸出者為替取立依頼書を銀行に提出する）のものとがある。

2. 決済手段の種類

輸出者からすれば代金回収、輸入者からすれば代金支払となる貿易取引における決済手段(隔地者間決済)に関しては、次のようなものがある。

(1) **送金／Remittance**

① (前受) **前払方式 (Advance Payment** / Payment in Advance / Cash in Advance / Cash with Order / CWO)

輸出者が契約とほぼ同時に送金を受けることになる。通常、送金を待って船積する方法である。輸出者には、好ましいが輸入者にはリスクが残る。

② (後受) **後払方式 (Deferred Payment)**

商品の引渡し後すぐに輸入者が支払うか、又は、商品受け取り後一定期間輸出者が支払いを猶予する方法のことである。前払時とは反対に輸出者にリスクが残る決済方法であり、D/A手形の場合を含めて後払いという（**延払方式**ともいう)。

前払方式は後払方式と併せて送金決済という。送金時には、輸入者は**海外送金取組依頼書**(399頁)を作成し銀行に依頼する。

この方法は、本支店決済に多く見られる傾向がある。日本企業の海外進出により、送金による決済方法が我が国においては最も多いとされている。

送金為替の場合においては、船積書類は輸出者から輸入者へクーリエ等により直送される。

一方、荷為替手形の場合には、船積書類は銀行(輸出地の銀行から輸入地の銀行)経由にて輸入者へ送られる。

(2) 荷為替手形

① 信用状付手形決済

輸出者の代金回収は、買取りにより船積とほぼ同時となるのでその意味では輸出者にとっては、いわば同時払い的な決済方法であるともいえよう。船積書類を担保とするこの方法は、送金(前払・後払)時にはなく、信用状付の荷為替手形決済(L/C手形)ならではの方法である(第4章参照)。

② 信用状なし手形決済（D/P手形、D/A手形）

D/P手形、D/A手形による場合、**原則として取立手形**である。この場合には、後払いによる送金方式と異なり、銀行が、輸出者に代わって輸入者に代金支払いの催促をしてくれるので、輸出者にとっては、送金の後払いと比較すればその分安全な方法(通常、輸入者は代金分の約束手形提出により銀行に拘束されるため)であるといえる（詳しくは397頁図の⑥参照)。

(3) 同時払決済

現金（現品）引換方式(Cash on Delivery / **COD**)と、船積払方式(Cash on Shipment / **COS**)

現金（現品）引換方式とは、商品の引渡しと同時に支払う方式(同時払い／Delivery Versus Payment)であり、輸入者自らが輸出地に出向いて現金払いするのが、**Cash on Delivery**（CODと略す）の一例である。国際宅配便及び国内取引には多くこの例をみることができる。

それに対して**Cash on Shipment**（船積払い）というのは、輸出者は船積後のB/Lと交換に、輸出地における輸入者の支店から代金の支払いを受けるという方式である。船積と同時に代金決済をすることになる。

上記は、いずれも輸出地における決済である。

(4) その他の決済

① **ネッティング**／交互計算方式(差額決済／帳簿決済／Open Account／ネットとは差額のこと)

一定期間（通常6ヵ月）は決済をせず、勘定を帳簿等に貸借記載しておいて、定期的にまとめて相殺決済を行う方法である。商社等の本支店間等で採用されている（帳簿決済／オープンアカウントともいう)。

外為法改正(1998年4月)により、特殊決済制度が廃止され、ネッティングが政府の許可なしでできるようになったため、一定期間における輸出(回収)と輸入(支払)とを相殺してしまうネッティング(相殺決済)が自由にできるようになっている。この方式には、ネッティング・センターを設立し、会員組織として多元的に(3当事者間以上で)行おうとする**マルチラテラル・ネッティング**(多元的相殺決済)と、2当事者間にて行う**バイラテラル・ネッティング**とがある。

バイラテラル・ネッティングのイメージ

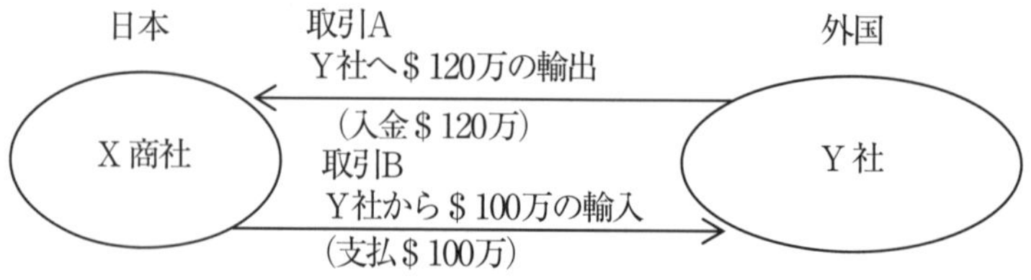

事例AにおいてX商社は取引A(受取分)と取引B(支払分)を相殺(＄120万－＄100万)することによりY社より＄20万だけ入金してもらえばよいことになる(継続も可)。

相殺をしなければ合わせて＄220万の取引分を銀行において取り組むことになるわけで、商社等はその分の**為替リスク回避と銀行手数料を節約**することができる。

マルチラテラル・ネッティングのイメージ

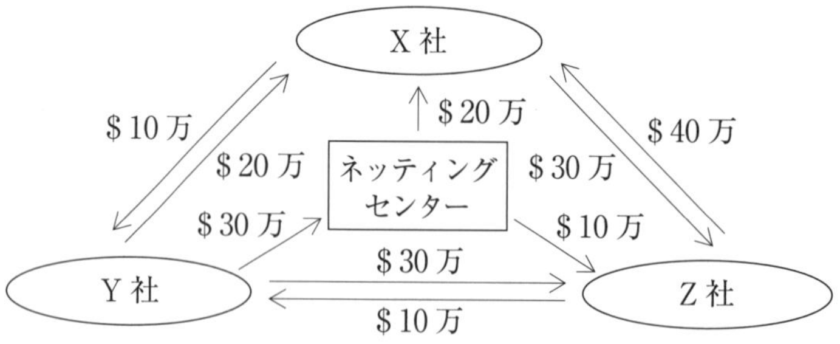

上図のようにネッティング･センターを通じて代金決済を行うことにより為替リスクをヘッジし、かつ、銀行への手数料を節約することができる。

残高に関しての決済方法は、通常、送金（TT送金）が使用されている。

② 分割払方式(Installment Payment／繰延払いともいう)

支払代金が多い取引においては、契約時に、例えば30%、船積時に30%、残りは貨物到着後にというように分割して決済がされる方法が使われている。

前述した決済手段のうち貿易における主なる決済手段としては、(1)送金と(2)荷為替手形が実務上最も多く使用されている。我が国においては、労賃、円高等を起因として日本企業の工場等の海外進出により現在、送金による取引が荷為替手形による取引を全体としては大きく上回っている。

参考までに前記の決済手段を、輸出者又は輸入者からみて**リスクの少ない決済の順**にならべてみると下記のようになる。

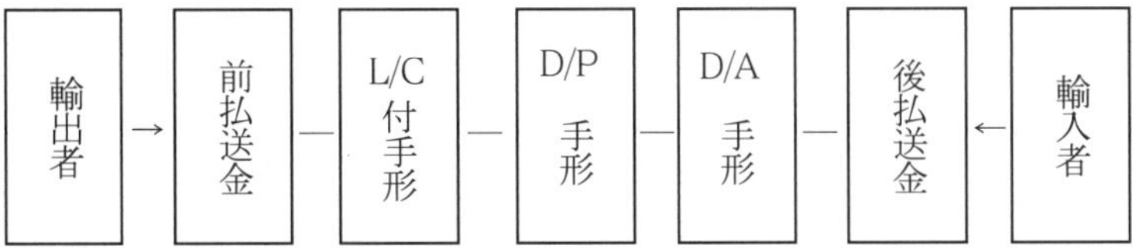

Guide !

(i) 輸入者にとって、例えば上記D/P 手形決済を前払送金決済にした場合、輸出者に価格交渉を申し出ることは、決済のリスクを考えれば当然のことといえる。これを前払値引という。

(ii) 上記のうちどの決済方式が最も望ましいかは、状況により必ずしも一概に決めることは難しい。例えば輸入者にとって前払決済とL/C 付手形決済とで、どちらが望ましいかといえば、輸出者を拘束できるという点からすればL/C 付手形決済であろう。一方、担保負担等のことを考えれば、別の考え方もあると思われる。

また、場合によっては前払とL/C 付手形あるいは後払等を組合わせて決済に関して交渉すること等も考えられるので、決済手段は総合的に判断して決められるものである。

(5) 決済手段まとめ図と補足

貿易取引における主な代金回収の方法 (=代金決済手段) は、次のようにまとめることができる。

決済の手段（下図以外にもB to C 用としてクレジット決済や電子決済（PayPay、AirPay 等もある。）

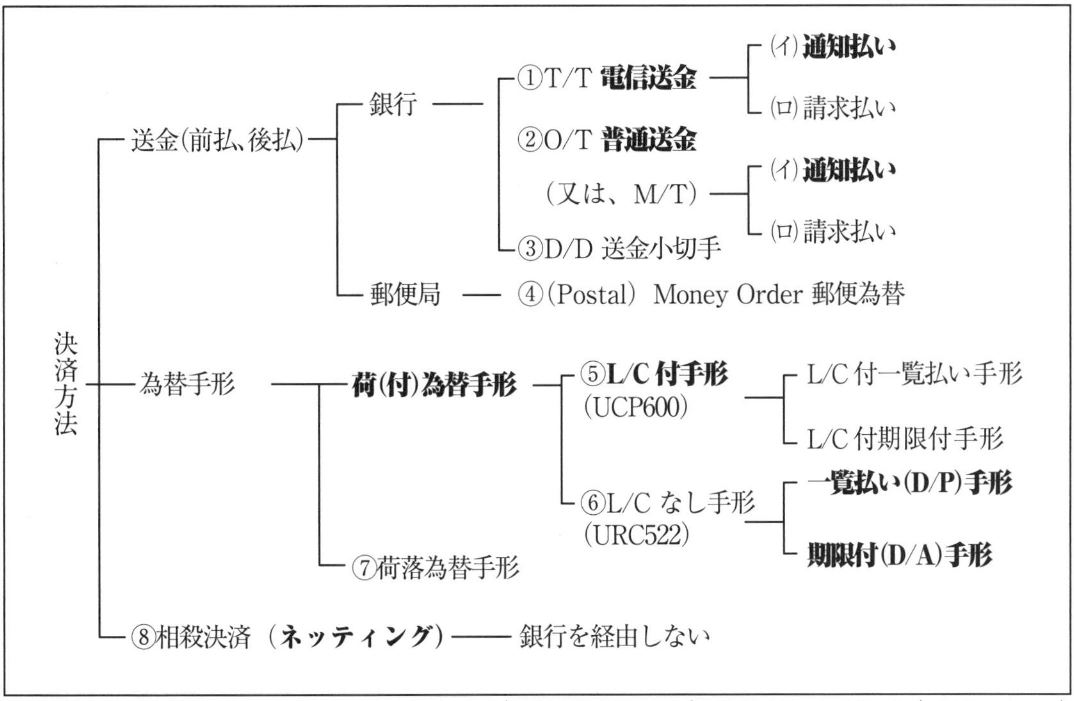

T/T：Telegraphic Transfer、O/T：Ordinary Transfer（M/T：Mail Transfer）、D/D：Demand Draft（Mail Remittance）

Guide !

輸入国により送金人は、送金小切手（上図③参照）の代わりに一覧払いの送金為替手形（例えばMoney Order ／上図④参照）を作成しこれを受取人に直送することもある。これを郵便為替（Mail Remittance）という。

一方、銀行間の送金を郵便で指示することを**Mail Transfer**（郵便振替又は郵便送金／上図②参照）という。

３．送金(Remittance)方法の種類

送金の際の支払指図(下図の2支払指図参照)の方法には、電信送金と普通送金とがある。

⑴　**電信送金(T/T**, Telegraphic Transfer)

仕向銀行(送金の場合は輸入地の銀行)から海外のコルレス先の銀行(支払銀行)への支払指図が電信(SWIFT、Cable 等)で行われる場合をいう。電信送金は、電信料もそれ程高くなく、また、迅速かつ確実なため現在では、緊急時以外でもほとんどの場合にこの方法が使用されている。

そして、輸出地における支払銀行から輸出者への資金移動の指図方法としては、次の２つがある。

① **通知払い(Advise and Pay, A/P)**

送金銀行から支払銀行に送金があった旨を、受取人(輸出者)に知らせて、同時に受取人の口座に自動的に振込まれる(口座振込み)方法である。貿易取引の場合は、この方法が使われる。

② **請求払い**(Pay on Application, P/A)

受取人が支払銀行に口座を持っていないような場合(旅行者等)には、送金人から受取人への送金時期の通知により、受取人がその支払いを支払銀行から請求し、それに基づいて支払いがされる方法である。

⑵　**普通送金(O/T, Ordinary Transfer**、又は、**郵便送金(M/T, Mail Transfer)**ともいう。

送金依頼人の依頼(海外送金取組依頼書／399頁)により送金銀行は、支払指図をコルレス先である支払銀行に行う。それにより送金受取人に資金が支払われる。この支払指図(Payment Order／400頁)を航空郵便によって行うのが普通送金(又は郵便送金)である。

なお、支払銀行から受取人(輸出者)への通知方法には上記電信送金時と同じように次の２つがある。

① **通知払い(Advise and Pay, A/P)**

② **請求払い**(Pay on Application, P/A)

上記の送金決済を図にすると次のようになる。

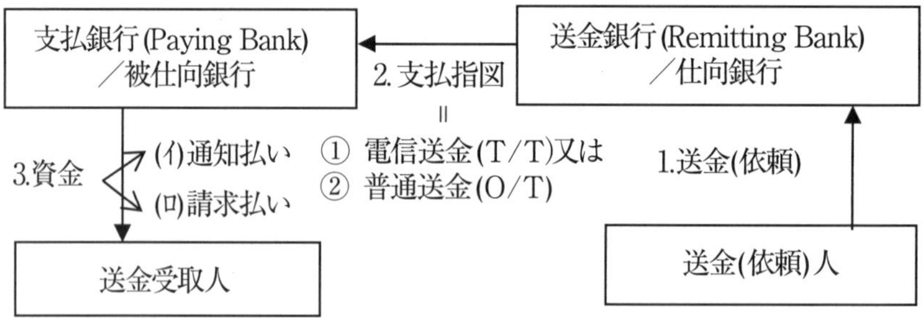

海外送金取組依頼書

㈱　　銀行 御中

TO:THE　　BANK, LTD.

海外送金取組依頼書(APPLICATION FOR REMITTANCE)

取組日 (DATE)

裏面記載の条項に従い、下記海外送金をお取組下さい。

PLEASE MAKE THE FOLLOWING REMITTANCE UNDER THE CONDITIONS MENTIONED ON THE BACK HEREOF.

取引記号　取扱番号　/

通貨種別 (KIND OF CURRENCY)　□U.S.$　□Stg £　□DM　□

送金金額 (AMOUNT OF REMITTANCE)

⇨ EQUIVALENT TO （異種通貨による送金の場合送金額をご記入下さい）

通貨 (CURRENCY)　金額 (AMOUNT)

ご依頼人 (APPLICANT)

ご依頼人(英文名称を付記して下さい) APPLICANT(FULL NAME IN PRINT)

ご署名 (SIGNATURE)

住所 (ADDRESS)

電話番号(PHONE NO.)

先物取引 (FORWARD EXCHANGE TRANSACTION)

番号 (NO.)

日付 (DATE)

金額 (AMOUNT)

お客様整理番号 (YOUR REF.NO.)

送金目的および許可(承認)番号 (LICENSE NO.)

受取人 (PAYEE)

支払銀行 (PAYING BANK)（受取人が送金を受取る銀行名を記入して下さい。）

口座番号 (ACCOUNT NO.)

氏名 (NAME)

住所 (ADDRESS)

特に受取人宛通知すべき事項あればご記入下さい (MESSAGE TO PAYEE IF ANY)

送金種類 (REMITTANCE BY)

□ 送金小切手 (DEMAND DRAFT)　□ 普通送金 (MAIL TRANSFER)　□ 電信送金 (TELEGRAPHIC TRANSFER)

普通送金または電信送金の場合 (IN CASE OF MAIL OR TELEGRAPHIC TRANSFER)

□ 通知払 (ADVISE & PAY)　□ 当座口振込 (ADVISE AND CREDIT)　□ 請求払 (PAY ON DEMAND)

支払銀行手数料 (CHARGES DUE TO PAYING BANK TO BE BORNE BY)

□ 依頼人負担 (APPLICANT)

□ 受取人負担 (PAYEE)

電信送金の場合

□ 至急電報 (URGENT CABLE)

□ 普通電報 (ORDINARY CABLE)

□ 書信電報 (LETTER TELEGRAM)

電信料定額徴収済	金額	了承印
支払銀行手数料徴収済	金額	確認印
貿易外支払報告書提出済		確認印
貿易関係貿易外取引等に関する支払等報告書提出済		確認印

代り金を口座振替とされる場合にのみご記入下さい。

代り金は次の預金科目より引落し願います。

□ 普通預金　□ 外貨普通預金

□ 当座預金　□ 外貨当座預金

備考

検印	起票	照合印

○太線の中のみご記入下さい。なお□欄には該当箇所に×印を付してください。(FILL IN THE THICK LINED SPACE ONLY. MARK WITH X NECESSARY COLUMNS)

支払指図書

IN ALL COMMUNICATIONS
PLEASE OUOTE THIS NUMBER

OUR REF. No.

PAYMENT ORDER

TO　THE BANK OF XXXXX, LTD.

DATE ____________
PLACE ____________

AMOUNT
US$********9,900.00***

IN FAVOR OF
ABC CO., LTD.

(A/C No.　　　　　　　　　　　　)

ACCOUNT WITH /BANK)

THRU.

DETAILS OF PAYMENT

BY ORDER OF

ORDERIN G BANK

SPECIAL INSTRUCTIONS

ANY CORRECTION OR ALTERATION OF THE AMOUNT.
SHALL MAKE THIS ORDER NULL AND VOID.
PLEASE CHECK THE AMOUNT WITH THE IMAGE APPEARING ON THE REVERSE HEREOF.

ALL CHARGES ARE FOR PAYEE'S ACCOUNT

☒ ADVISE & PAY　☐ PAY CN APPLICATION

PLEASE EFFECT PAYMENT AS PER PARTICULAR AND SPECIAL INSTRUCTIONS INDICATED HERE I

THE BANK OF XXXXX, LTD.
HEAD OFFICE, TOKYO

Signed
AUTHORIZED SIGNATURE

⑶ 送金小切手 (Demand Draft, D/D、Banker's Check)

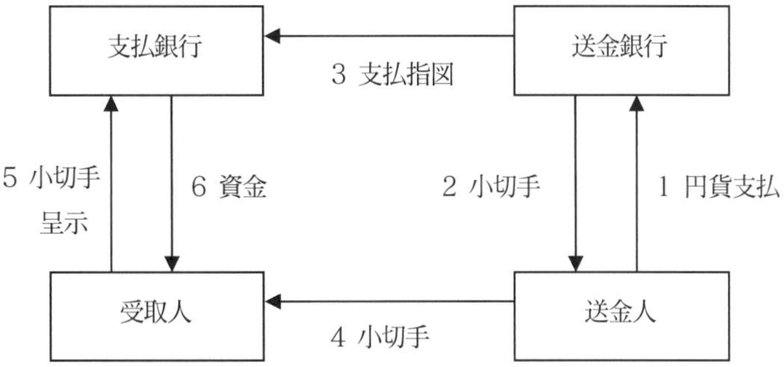

送金人の依頼により小切手が作成され (上図の 2)、送金人 (輸入者) により受取人 (輸出者) に小切手 (402 頁) が直接送付される (上図の 4)。受取人は、この小切手を支払銀行に呈示 (上図の 5) して、資金を受け取ることができる (上図の 6)。なお、送金銀行は支払銀行に送金の旨を指図する (上図の 3)。

輸出者により要求されると支払いが行われるため送金小切手のことを Demand Draft (D/D) ともいう。小切手を直接輸送するということは、紛失の恐れがあるため見本や代替品等の少額取引以外の貿易取引において、送金小切手が使用されることは殆どない。

⑷ 郵便為替 (Money Order)

小切手の代わりに郵便局の郵便為替を使用することも可能である。この方法は、支払金額が見本等のように少額の場合、または、個人輸入（B to C）等の場合に使用されることもあるが、(通常の) 貿易取引（B to B）において使用されることはない。

便利な方法であるため、米国の国内販売用としてはよく使用されている。

⑸ L/C 付荷為替手形

貿易取引においては、荷為替手形 (逆為替／逆手形) による方法が重要な決済の手段となっている。とくに L/C 取引における決済の仕組を理解することは、貿易の仕組を知るうえで大切なことである。

なお、L/C 手形の場合には、発行銀行の代金支払確約があるので買取手形 (Bill Bought) として扱われるのが原則である。L/C 付手形にも一覧払手形と期限付手形とがある（詳細は、第 4 章においてすでに学習している)。

小切手の一例 (米国財務省発行小切手)

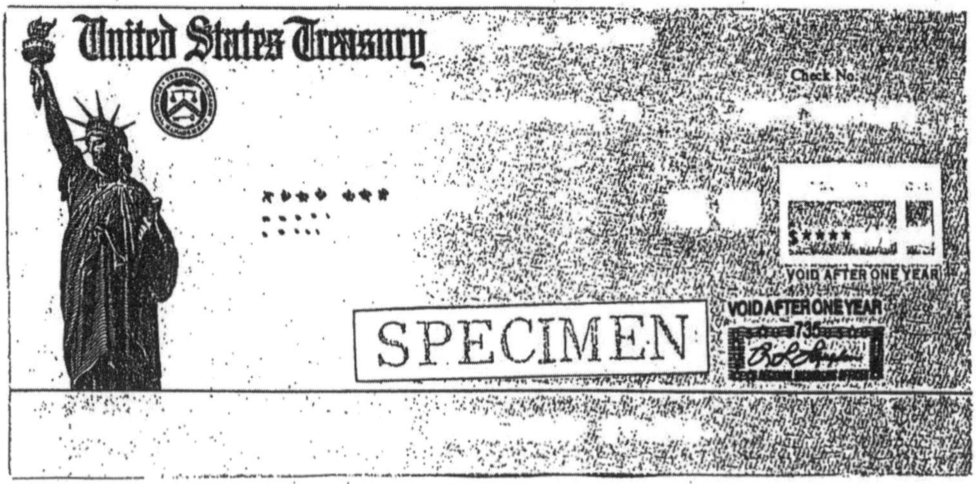

(表面)

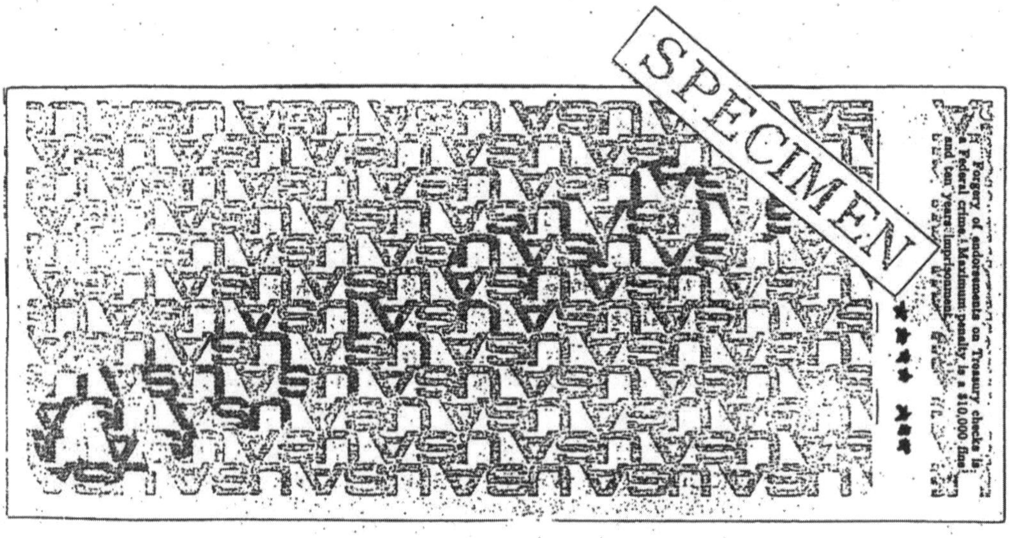

(裏面)

出所：米国財務省

⑹ L/C なし荷為替手形

① **D/P 手形と D/A 手形**

信用状なしの荷為替手形とは、D/P 手形および D/A 手形による決済(原則として取立手形)のことである。

D/P 手形（支払渡し手形）とは、**Documents against Payment** といって、船積書類を代金支払時に輸入者に引き渡すことになっている。 これを**一覧払手形 (Sight Bill)** と呼んでいる。 **一覧払 (At Sight)** とは、輸入者は銀行から手形が呈示されると、直ちに (即日) 代金の支払いをしなければならないことである（即日払い手形ともいう)。
D/A 手形（引受渡し手形）とは、**Documents against Acceptance** といって、輸入者が代金支払いを引き受けることによって、船積書類を引き渡すことになっている。 これを**期限付手形 (Usance Bill ／ Time Bill)** と呼んでいる。期限付とは、輸出者がその手形の期限 (30 日、60 日、90 日、120 日、150 日、180 日、210 日間等) まで輸入者の支払いを猶予することである。 また、輸入者は、期日に支払う旨を約束 (引受という) することにより船積書類を受け取ることができる。 従って、D/A 手形決済は輸出者にとってリスクの大きい決済方法であるといえる。

ユーザンス (期限) の起算日の種類としては次のようなものがある。

期限が例えば 60 日である場合の表示

(i) **一覧後定期払い**　—　At 60 days after **sight**

(ii) **船積後定期払い**　—　At 60 days after **B/L date**

(iii) **確定日後定期払い**　—　At 60 days after **Oct. 6, 20XX**

起算日に関しては初日不算入（翌日を初日）としている（初日は通常 24 時間ないため商法でその旨定めている)。

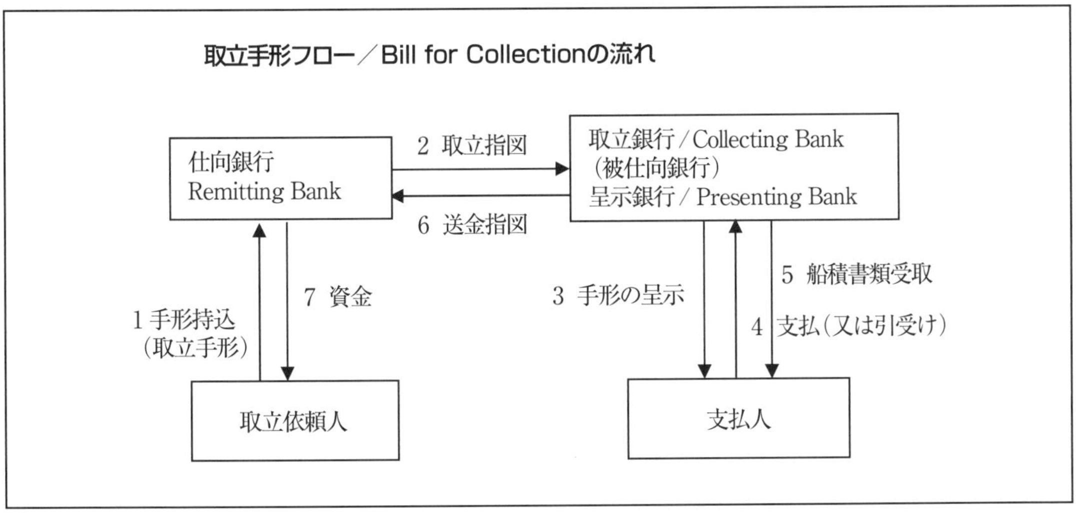

Guide !

(i) D/A手形と送金後払い

D/A手形は、同じ後払いであっても送金の場合の後払いと比べると、輸出者にとってリスクが少ないといわれている。このことは、D/P手形では手形の呈示時に、D/A手形では期限到来時に支払人(輸入者)に代金支払いの催促を銀行がしてくれるからである。もし、この時支払いがなされなければ、不渡り手形となり(輸入者はこの場合国内と違って倒産ということにはならないものの)輸入者にとって不名誉なことになってしまう。また、後述する貿易保険のバイヤーズリスト(海外商社名簿)における不良格付対象者扱いになってしまうこともあり、送金の後払いよりD/A手形決済の方が、輸出者にとってよりリスクが少ないといえよう。

一方、送金後払いの場合には、銀行という機関を使用するのみであり輸入者は銀行に支払いを約束することはない。つまり、その期限の間、輸出者が支払いを猶予するわけで、繰り返すようであるが輸出者にとってその分資金負担とリスクの伴う決済方法であることに留意したい。

(ii) 取立統一規則

取立手形の場合には、ICCによる**取立統一規則(URC522**／Uniform Rules for Collections No.522)がある。

URCの規定により取立銀行から取立委任された支払銀行は、善管注意義務(例えば手形代金の支払いを確保するための支払拒絶書の作成等)、及び報告義務(手形呈示時に支払い拒絶があった等の報告)等、それなりの義務を負うことになっている。

(iii) 手形引受の形式

D/A手形の場合、輸入者は手形の余白(表面の左下等、又は、裏面)に代金引受の旨の引受文言(Accepted)と伴に引受日、満期日を記載して引受の旨の署名をする(1. Accepted on 引受日、2. Due on 満期日、そして3. 署名が記載される)。これを手形の引受(Accept)という。これにより輸入者が主たる債務者となる。

(iv) 荷為替手形時における**代金の決済方式**

(イ) **送金方式(回金方式)** (円建決済時に)買取銀行の為替手形による請求により、(買取銀行に発行銀行口座がないので)発行銀行は**買取銀行又は買取銀行が指定する口座に代金を送金**する方法。 信用状のSpecial Conditions(特記)欄に次の文言が記載される。 “Upon receiving your documents in compliance with the conditions of the L/C, we will remit proceeds as per instructions.” (信用状通りの書類であれば(ディスクレがなければ)、御指示通り送金致します。)
(ロ) **デビッド方式** **買取銀行における発行銀行の口座から**買取後に代金を直ちに引き落とす方法。 信用状記載の英文例 “In reimursement, debit our account with you.” (発行銀行の口座の借方に記載してお支払いします。)
(ハ) **リンバース方式** (外貨建時に)買取銀行は**償還銀行**(補償銀行／決済銀行ともいう)**に代金の請求をし、そこで決済**する方法。発行銀行はあらかじめ償還銀行に償還授権書(Reimbursement Authorization)を送付し、決済する旨を知らせておく。 信用状記載の英文例 “For reimbursement, reimburse yourselves by drawing sight draft on our accout with the ABC Bank New York, U.S.A.” (発行銀行のニューヨーク支店で決済致します。)
(ニ) **クレジット方式** **信用状発行銀行にある買取銀行の口座に代金を入金**する方法。 信用状記載の英文例 “In reimbursement, we shall credit your accout with us.” (買取銀行の口座の貸方に記載してお支払いします。)

② 取立手形の買取り

D/P 手形、D/A 手形は、取立が原則であると前述したが、銀行にとって**信用度が充分にある輸出者の場合**、買戻特約を条件としてこれらの手形の買取を行うことが少なくない。

この他にも、後述する貿易保険のひとつである**輸出手形保険を付保**することによって買取りが行なわれる場合もある。輸出手形保険とは、銀行が買い取った代金を輸入者から回収できない場合に、国(経済産業省)の出先機関である㈱日本貿易保険（NEXI）が一定額(手形金額の最高95%)を銀行に支払うものである。この場合、被保険者は買取銀行であるが、保険料は輸出者が負担する。なお、追加補償として地方自治体(東京、横浜、神戸、大阪等)による手形金額の別途補償は、自治体の財政状態により現在休止している（御参考までに、輸出者にとって例えば満額の95%をベースに商品価格をさらに5%程度上乗せ交渉することができれば、数字上は100%の保証が可能となる)。

③ 期限付 D/P 手形(例：D/P at 30 days after sight 又は D/P at 40 days after B/L date)

期限付 D/P 手形は、次のような背景から使用されることがある。

本来、一覧払手形は、手形と船積書類が輸入地の銀行に到着し輸入者に呈示されたら、たとえ貨物が未到着でも輸入者は即日代金を支払わなければならないことになっている。

例えば、**その取引がヨーロッパ等遠い国々からの場合**には、船舶による貨物到着は船積書類の到着より後になる。この場合の支払いを、貨物到着時にあわせて行おうとするためには、貨物到着の時期を計算して、一覧後20日払いとか30日払いとかの期限付 D/P 手形としておくことができる。期限付 D/P 手形にしておけば銀行は、貨物到着時までその支払いを猶予してくれる(買主の金利負担回避可能)。

但し、この場合**船積書類の引き渡しは、あくまでも D/P 手形であるため代金支払時まではない**ものとされている。ここが、**D/A 手形との相違点**となる。D/A 手形であれば、引き受け(Acceptance)により船積書類を直ちに入手することが可能である。**近隣諸国との取引時**には期限付 D/P 手形ではなく **D/A 手形を使用すべき**である。

(7)　荷落為替手形

荷為替手形による取引の場合には、船積書類は為替手形とともに発行銀行等へ輸送される。しかし、本支店間の取引や輸出者の信用が厚い場合において、船積書類は貨物がすぐに受け取ることができるように輸出者から輸入者に直送され為替手形のみ銀行経由とする方法がある。この方法においては、銀行で手形作成時に船積書類を必要とされないため荷落為替手形（ドキュメンタリークリーンビル）と呼んでいる。この手形が本支店間で使用される(振出人と支払人が同一会社)場合には、ハウスビルという。荷落為替手形の使用は、B/L クライシス等が背景にある。

(8)　B/L の危機 (B/L Crisis) の対応策

船の高速化により近隣諸国よりの貨物は、船積書類より先に到着することが多くなっている。

一方、UCP600 (信用状統一規則) により、銀行(買取銀行、発行銀行)は書類を受け取った日の翌日から銀行営業5日以内に買取かアンペイドか等を審査しなければならず、これに郵送期間も加わるため、輸入者の手元に届くまで10日から2週間程の時間が手形取引においてはかかっている。近隣諸国との船舶による取引の場合には、このような事情を背景として貨物が到着していても、**B/L が未着のために貨物を入手しにくく、今までの B/L 制度がうまく機能しない状況になっている。**これを B/L の危機という。

B/L が未着であっても L/G 渡しにより貨物を受け取ることもできるが、L/C 取引以外では銀行に L/G の連帯保証人になってもらうことは難しい。その他にも、オリジナル B/L の1部直送や船長託送もあるがこれは一般的なものではない。従って、制度としての対応が望まれており、主な **B/L クライシスの対応策**として、次のようなものを挙げることができる。

① シー・ウェイビル (Sea Waybill / SWB / Express B/L ともいう **)**

貨物がすぐに受け取れるように航空貨物の AWB を真似て海上貨物においても有価証券性のない、非流通性の SWB を使用しようとするものである (**UCP600** に SWB に関する規定があり、さらに、**万国海法会**により SWB に関しての **CMI 統一規制**が採択されている)。我が国においても近隣諸国との取引においては、かなりその使用度が増加している。現在、その使用率は近隣国との取引においては、B/L の使用率を抜いており、アジア航路で約 60%、北米航路では 80%近くあるという業界報告もある (米国等では、**Express B/L** と呼ぶこともある)。国連や JASTRRO においては、SWB の使用を推奨している。

② **サレンダー（ド）B/L (元地回収 B/L** ／ Surrendered B/L)

B/L の役割を買取銀行等で済ませた後に、荷送人（又は乙仲）が通常、3 通の B/L に白地裏書をして運送人に返却 (元地回収) する。船会社により“Surrendered”又は、“Accomplished”のスタンプが押され、そのコピーが荷送人に戻される（船会社では、始めから B/L ではなく運送状を発行することもある)。これにより B/L の流通性は失われる（有価証券でなくなる)。当該 B/L は、記名式で作成され B/L のオリジナルなしでも輸入者はそのコピー、又は、アライバル・ノーティス等により輸入地において貨物を受け取れることができる（船会社は揚げ地の船会社へ、そして、荷主は荷受人へそれぞれ入力して送付する)。

留意すべきは、サレンダー（ド）B/L は貨物に対しての担保力を有せず、又、信用状取引使用時は **UCP600 には同 B/L に関しての記載がない**ため、国際運送法第 6 条の運送人の責任が適用できないとするリスクが発生する。従って、信用状取引時には、発行銀行との L/C 発行に関する協議が必要である（実務では、荷主と銀行との力関係で L/C 発行の有無が決まっている)。

サレンダー（ド）B/L は、CMI 統一規則の規定もないので B/L としての法的根拠がなく将来的には使用されなくなるともいわれている。前述のように、業界では SWB の使用が薦められている。

③ **電子商取引 (EDI** ／ Electric Data Interchange)

B/L 等の船積書類を、ペーパーレス化が可能なコンピューターにより処理しようとするものである。

(i) ヨーロッパには、**ボレロ**（Bill of Lading Electric Research Organization）社によるボレロ・ネットがある（我が国では EDEN プロジェクトによる TEDI システムの構築がかつて試みられた)。現在、我が国では、ボレロ・プロジェクトとして貿易関係書類の電子データ交換（EDI）による大幅な効率アップがめざされているものの、現実的には SWB が普及しつつあるため、企業（中小をも含めて）がこのシステムを充分活用できるまでには、もうしばらく時間を要すると思われる（現実的には、下記(iii)のシステムが先行することが考えられる)。

(ii) SWIFT 社開発の **TSU** (Trade Services Utility ／電子貿易決済) と信用状決済における **BPO** (Bank Payment Obligation ／電子 L/C 機能で輸出ファイナンス機能・買取をすること) システムが大企業を中心として使用し始められている。2013 年 7 月 ICC は、**BPO 統一規則**（URBPO750）を発効している。

但し、TSU-BPO に関しては、2020 年末でそのサービスを休止するという予測もある。

(iii) ブロックチェーンによる貿易プラットフォーム（ファイナンス・テクノロジー／フィンテックの一つの形態）

さらには、NTT データを中心（伊藤忠、兼松、住商、双日、東京海上、損保ジャパン、日通、日本郵船、三菱 UFJ、三井住友銀行等が参加）に（貿易取引に）**ブロックチェーン（分散型台帳）**技術を活用した貿易情報連携基盤の普及がめざされている。

下図のようにブロックチェーン（分散型台帳）で各業者の情報を一元管理し、より迅速かつ便利な貿易取引をめざしている。今後の普及が期待される。

ブロックチェーン取引のイメージ

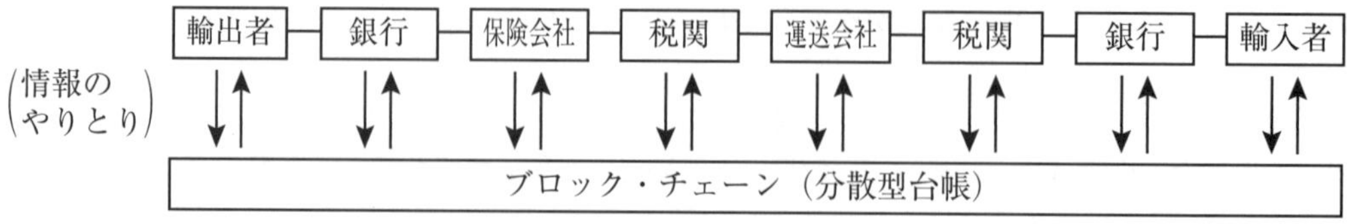

④ **スタンドバイ・クレジット**（スタンドバイ信用状／ Standby Credit）

最近米国を中心として信用状取引においても、荷為替信用状の代わりに**荷落為替手形**（クリーンビル）としてのスタンドバイ・クレジットを使用しての取引がある。

スタンドバイ・クレジットはUCP600に規定されているが、実質的には国際スタンドバイ規則（**ISP98**／ International Standby Practices）**において詳細は規定**されている。スタンドバイ・クレジット取引時には、ISP98 を準拠する旨を明記することが望ましい。貿易取引におけるスタンドバイ・クレジットは、日本においてまだそれほど一般的であるとはいえない。

スタンドバイ・クレジットの発生は B/L クライシス等によって生じる問題を解決すること等が一因となっており、**船積書類を輸入者に直送**することにより為替手形とを切り離して取引が行われる。

スタンドバイ・クレジット (手形時)

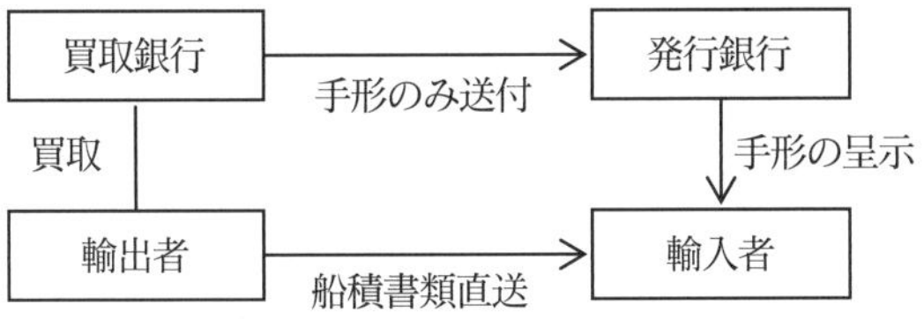

スタンドバイ・クレジットの代金決済は、送金（又は、取立手形）により別途行われる。この場合、もし買主の代金支払いに支障が生じたとき始めて売主は、その旨の書面を銀行に提出することにより支払いの保証を受けることができる。この時点において信用状がまさしくスタンドバイ（待機）している訳である。

なお、スタンドバイ・クレジットにおいては、船積書類は売主から買主へ直送されるため、BL クライシスの対応策にはなる。しかし、銀行は、荷為替手形取引のように船積書類を担保とすることはできない。

⑼　**相殺決済 (Netting)**

取引の都度に決済をするのではなく、一定期間の取引 (債権と債務) を記帳 (又は記録) しておき、一定期間毎にその差額を決済する方法である（396 頁参照）。

Guide !

相殺決済（ネッティング）この決済方法は 1998 年まで特殊決済として取り扱われてきたが、1999 年より事後報告のみで自由にできるようになっている。その都度の銀行への手数料が不要となり、その分の手数料が節約可能なため商社等において使用されている。

４．外国為替

⑴　**為替** (Exchange)

国内の日常生活においては、売買の支払い方法は主に現金で行うこと (現金決済／ Cash on Delivery ／ C.O.D.) が、一般的な決済方法であるといえよう。しかしながら、貿易の場合においては、現金によるやりとりはリスクが多いため**現金の輸送をともなわない銀行間における資金移動の指図** (支払指図書／ Payment Order) のみで、お金を動かす方法がとられている。これを**為替**といって、国内におけるものを国内為替 (Domestic Exchange)、また、海外への資金移動を外国為替 (Foreign Exchange) と呼んでいる。

さらに、外国為替には、もうひとつ意味することがある。外国為替の場合には、相手国との通貨の違い (例えば円とドルあるいはユーロ等) により円と交換する必要が生じてくる。この時の**交換レート** (Exchange Rate) のことを為替、より正確には**外国為替相場**といっている。

⑵　**外国為替相場** (Foreign Exchange Rate) とその種類

外国為替相場とは、異なる通貨間 (例えば円とドル) の交換率 (例えば ¥100/$) のことをいう。これには、**輸出者に対する買相場** (Buying Rate) と**輸入者に対する売相場** (Selling Rate) とがある。

買相場

銀行が、外貨建決済 (例えばドル建／ドルは基軸通貨) の場合に**輸出者からドル等を買って円で支払うときの相場**である。買か売かは銀行を主体として決められる。日本との取引において、買相場は、日本の輸出者が海外の輸入者からのドルを円に換えるときに適用されるものでこの場合には、**円安** (例、¥100/$ → ¥120/$) **が有利**となり、逆に**円高は不利**となる。
(例) 売買契約代金を１万ドルとすると、
¥100/$ → ¥120/$ の円安の場合には、$10,000 × ¥100 ＝ ¥1,000,000 の回収代金が円安により $10,000 × ¥120 ＝ ¥1,200,000 となり 20 万円輸出者の収入増 (為替益) となる。
¥100 → ¥80 の円高時は、逆に不利（為替損）となる。

売相場

銀行が外貨であるドル等を輸入者に売る場合に適用される相場である。日本の**輸入者が、銀行で円を支払いドルを買って決済するときの相場**である。

この場合には、**円高** (例 ¥100/$ → ¥80/$) **が有利**に働き**円安は不利**となる。
(例) 契約代金を１万ドルとすると、
¥100/$ → ¥80/$ の円高時には $10,000 × ¥100 ＝ ¥1,000,000 の支払いが円高により $10,000 × ¥80/$ ＝ ¥800,000 の支払となり輸入者に 20 万円の為替益が生じる（逆に、円安時は、不利となる）。

このように、買相場および売相場を背景として銀行が顧客に外貨売買時に適用する交換レートのことを**対顧客相場** (Customers Rate) という。顧客とは商社、メーカー、個人等のことであり銀行がこれらの者との取引において当該相場を適用する。そして、銀行が、一般顧客と外国為替取引を行う相場のことを対顧客市場といって銀行にとっては小売市場に相当する。

銀行は、それでは外貨をどのように調達しているのであろうか。銀行がその日の外貨の持高を調整（売買する）しあうマーケットを、**銀行間市場 (インターバンク市場)** といって、これはいわば卸売市場に相当する。また、ここで適用される相場 (レート) のことを**銀行間相場 (インターバンクレート)** ／又は市場相場 (マーケットレート) という。銀行にとって対顧客相場の卸値であり、銀行が、例えばドルという商品を銀行間市場よりいくらで仕入れるかということである。

Guide !

(i) 自国通貨建 (相場) と外国通貨建 (相場)

外国為替相場には、自国通貨建 (邦貨建) と外国通貨建 (外貨建) とがある。**自国通貨建**とは、例えば**1 ドルは何円か**という表示方法 (例 ¥100/$) を意味しており、また、**外貨建**とは、 **1 円は何ドル**かという表示方法である。もし ¥100/$ (自国通貨建て) のときなら $0.01/¥ (外貨建) ということになる。

我が国をはじめとして、**ほとんどの国は、自国通貨建** (コンチネンタル・ターム) で表示しているが、英国のポンド (£) とヨーロッパのユーロ (€) 等は、この例外で外貨建 (ニューヨーク・ターム) である。

(ii) 基準相場とクロスレートそして裁定相場

ドルが基軸通貨であるため、例えば円からユーロの相場（裁定相場）を算出する場合、米ドル／ユーロ相場（クロスレート）により行われる。

従って、もし ¥100 ／ $（基準相場／ Basic Rate of Exchange）で $1.20 ／ユーロとすれば、
1 ユーロ = ¥100 × 1.2 = ¥120 となる。これを裁定相場（Arbitrated Rate）という。

上記を図にすれば下記のような関係である。

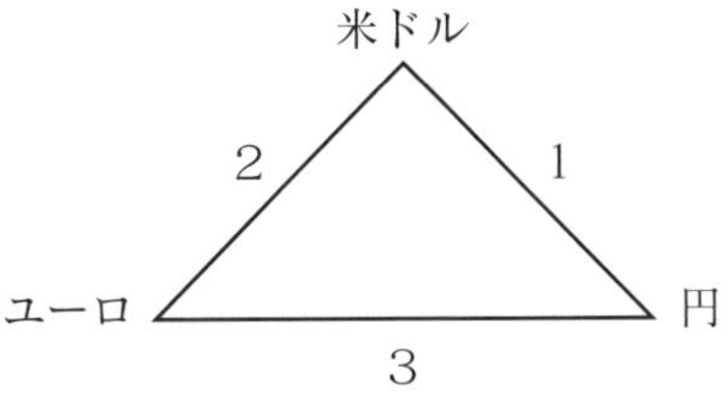

1　**基準相場**（¥100 ／ $）／ Basic Rate
2　**クロスレート**（$1.20 ／ユーロ）／ Cross Rate
3　**裁定相場**（ユーロは何円か）／ Arbitrated Rate
→ ¥100 × $1.20 = ¥120 ／ユーロとなる

① **銀行間市場** (銀行間相場) の必要性と**対顧客相場**

例えば八百屋さんが、なすやきゅうりを毎朝市場から仕入れているように、銀行の外貨持高は下記のように毎日調整（売買）されている。もし持高に不足があれば、銀行は、その分を毎日銀行間市場より仕入れている。

事例.

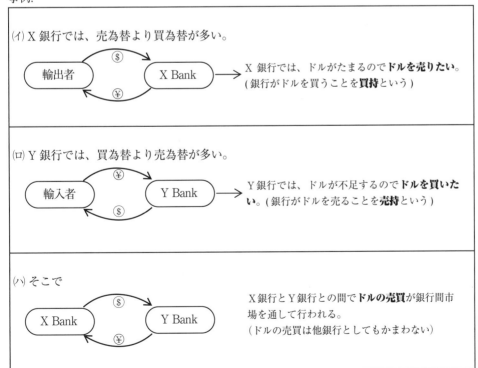

(イ) X 銀行では、売為替より買為替が多い。

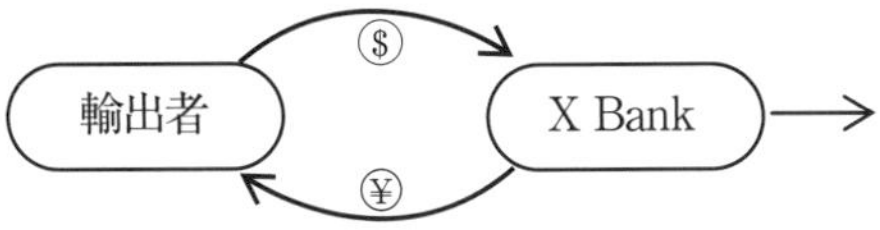

X 銀行では、ドルがたまるので**ドルを売りたい**。
(銀行がドルを買うことを**買持**という)

(ロ) Y 銀行では、買為替より売為替が多い。

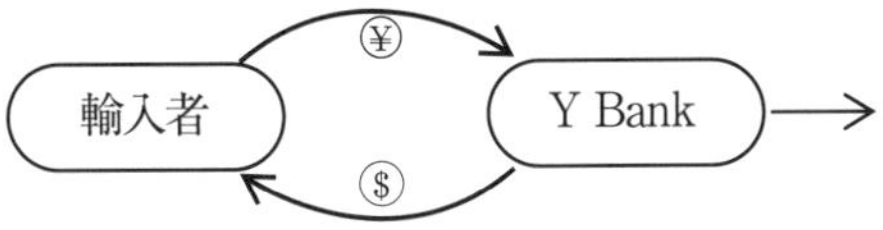

Y 銀行では、ドルが不足するので**ドルを買いたい**。(銀行がドルを売ることを**売持**という)

(ハ) そこで

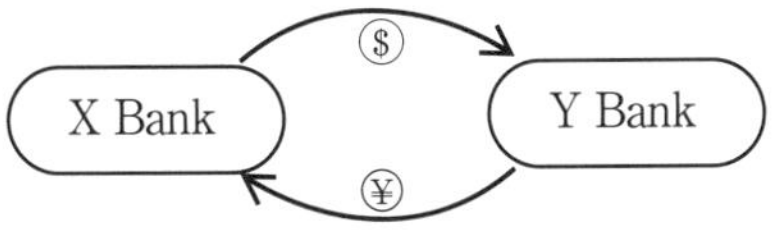

X 銀行と Y 銀行との間で**ドルの売買**が銀行間市場を通して行われる。
(ドルの売買は他銀行としてもかまわない)

Guide !

前頁 ①−(ハ) の場合において、銀行がドルを売買 (X Bank はドルを売る、Y Bank はドルを買う) して手持ちをそろえることを、カバーをとるという。そして、手持ちをそろえた状態 (売為替と買為替が均衡している) のことを**スクウェア** (･ポジション) という。また、買持のことをドルのロングポジション (ドル･ロング)、売持のことをドルのショート･ポジション (ドル・ショート) とも呼んでいる。

さらに、これらの銀行間 (インターバンク) における外貨の売買は、銀行間のみならず、**ブローカー (上田東短フォレックス（トウフォレ上田ハーロー）、日短キャピタルグループ（日短エクスコ）** 等) に仲介料を支払うことによっても実施されている。今では、その大部分が EBS (**電子ブローキング**／ Electronic Broking System ／ディーリング 2000) によりコンピューター化されていて画面上にて瞬時に取引されている。

我が国におけるこの銀行間の取引市場は、**東京外国為替市場** (図−(2)−①− B) であり市場実勢相場が適用されている。東京外国為替市場 (オープンマーケット／電話回線やコンピューター回線で取引) においては、手数料の安さもあり為替取引の殆ど（約 85%）が、テレホーンマーケットからスクリーンマーケット (金融機関同志のダイレクト・ディーリングのこと) に移行している。この市場で取引される銀行間相場は、銀行により若干異なってくるがこれが銀行の仕入値として後述する**対顧客相場** (タイコ) **の仲値** (基準) とされる。

銀行は、開店後 10 時頃の自行のインターバンク・レートを基準に**その日の仲値 (公示相場) を公表**するが、同日に **1 円以上**仕入値に変動があると**大口取引 (1 件 10 万ドル以上)** については、**市場連動相場**に移行する。また、同日に **2 円以上**の変動があるときは、取引は一時停止 (**サスペンド**) され、**新たに相場**が建てなおされる (新しい公表相場表 (第 2 次公表相場表) に作り直される)。

図−(2)−①− A 世界の外国為替市相場

(東京市場)	(アジア市場)		(ヨーロッパ市場)		(アメリカ市場)	(豪州市場)	
東京 →	香港 →	シンガポール →	チューリッヒ →	ロンドン →	ニューヨーク →	シドニー →	東京
(9:00)	(10:00)	(10:00)	(15:00)	(18:00)	(22:00)	(8:00)	(9:00)

それぞれの市場において現地時間で午前 9 時頃より午後 3 時頃まで取引が活発となる (地球全体としては時差があるため取引がたえることはない)。

その日の対顧客相場は、毎朝 10 時過ぎ頃に公表されている。

図−(2)− ① − B 外国為替市場の構成者 (我が国では、東京外国為替市場)

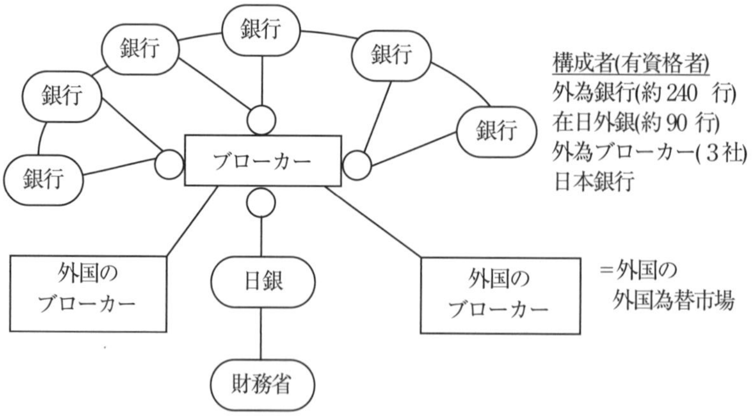

Guide !

(i) 基軸通貨

東京外国為替市場の取引の多くは、基軸通貨 (キーカレンシー) である US ドルと円 (ドル・円) のものである。

2013 年において世界の米ドル取引高は約 87%（輸出入なので合計 200% として）であり、ユーロは 33%、日本円 23%、ポンド 11%、オーストラリアドル 8.6% となっている。

(ii) 為替介入

通貨の番人といわれる日本銀行は、財務省の代行者として外国為替資金特別会計の勘定から必要に応じて市場介入を行うことができる。

為替相場の変動が極端に大きい場合には、為替損による企業倒産を防止するため日本銀行による介入 (政府の特別会計の外国為替資金を使用) が行われることがある。この場合、日本銀行は上昇させたい通貨を買い、下落させたい通貨を売る形で市場に介入する。投機筋 (Speculator) による取引が膨大である場合には、必要に応じ日銀は外国政府と協力して協調介入することもある（協調介入は最近はあまりみられない）。

(iii) 円高、円安のバイオリズム

原則として「円高」(下図①) は、「輸入取引の増加」をもたらす。これは「輸入者のドル買いの増加」を意味している。この「ドル買いの増加」がある程度進むことにより銀行のドル不足につながり、銀行は銀行間市場においてドル調達を行う。そして、このドル買が続くことにより銀行間市場においてドル高 (下図②) をもたらすことになる。ドル高は裏から見れば「円安」(下図③) になるということである。

次に、この「円安」は「輸出取引の増加」、つまり「輸出者のドル売りの増加」につながっていく。また、「ドル売りの増加」がある程度すすむことにより、需要と供給の関係により再び「ドル安」つまり「円高」(下図④) をもたらすことになる。このように、為替相場の変動は、理論上においてはバイオリズムを描くことになる。

図－(2)－① C

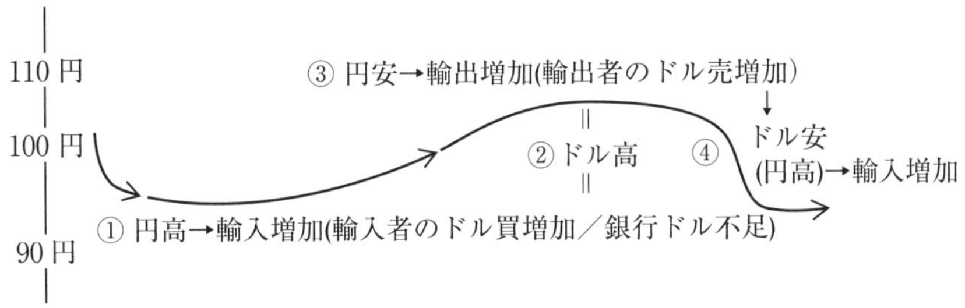

このような為替の調整機能は理論的には上図のように存在するものであるが、最近では貿易外取引 (海外への投資、株等の投機等) の増加により上記の調整が働きにくくなっている。このため、専門家であっても為替の動きが以前に増して読みにくくなっているといえる。そして、この為替変動リスクの存在は後述する**先物予約の必要性**につながっている。

(iv) 為替相場を動かす要因

(イ) ファンダメンタルズ

為替相場の変動は、基本的にはその需要と供給により動くものであるが、この需給による為替相場は次に掲げる要因により変動するといわれている。

ファンダメンタルズとは 1978 年にカーター大統領が使いだした言葉であるといわれているが、その国の GDP、国際収支、インフレ率、失業率、金利および軍事力、食料自給力等を経済のファンダメンタルズ (基本的な要因) として需給を動かす要因として挙げている。

(ロ) **金利の動向**

米ドルであれば、日米間の金利の動向が為替変動に大きな影響をもたらしている。

（金利差による為替変動の事例）

日本の金利：例えば 1% で、米国の金利：例えば 10% でこの時の為替が ¥100/$ の場合、

一年後のドル円の為替は、¥101/$1.1 となる。つまり、¥91.82/$ である。

逆に、もし日本の金利が 10% で、米国の金利が 1% でこの時の為替が、¥100/$ の場合には、

1 年後の為替は、¥110/$1.01、つまり、¥108.91/$ となる。

このように金利差によって、円高になったり、円安になったりするものである。

(ハ) 投機

実需に対して非実需 (Speculation ／投機) が相場を動かす大きな要因となる。

(ニ) 心理的要因

政治家の発言、戦争や大事件等 (有事のドル買い) により市場は変化する。

(ホ) 日銀等による銀行間市場への介入

(ヘ) 補足

購買力評価説

「為替レートは通貨の購買力 (通貨価値) に依頼する」とする考えである。例えばドル／円であれば、日本の物価とアメリカの物価が、ドル／円の相場を決める要因となっているとする考え方で、1920 年代のアメリカの経済学者カッセルにより提唱された。

為替相場に関する要因は色々とあるものの、将来の為替相場を予測することは専門家にとっても至難の業であり、そこでその変動のリスクヘッジとして先物相場における先物予約が広く用いられている (420 頁参照)。

② **直物相場と先物相場**

(為替) 相場とは前述したように異なった通貨間の交換率のことであり、売相場と買相場また対顧客相場と銀行間相場があることは、すでに学習した。

さらにこの相場には、次に述べる**直物相場 (Spot Rate)** と**先物相場 (Forward Rate)** とに分けることができ、銀行は、毎日変化する直物相場（419 頁）と先物相場（422 頁）を一覧表 (公表相場表／Exchange Quotations) にして顧客に開示している。

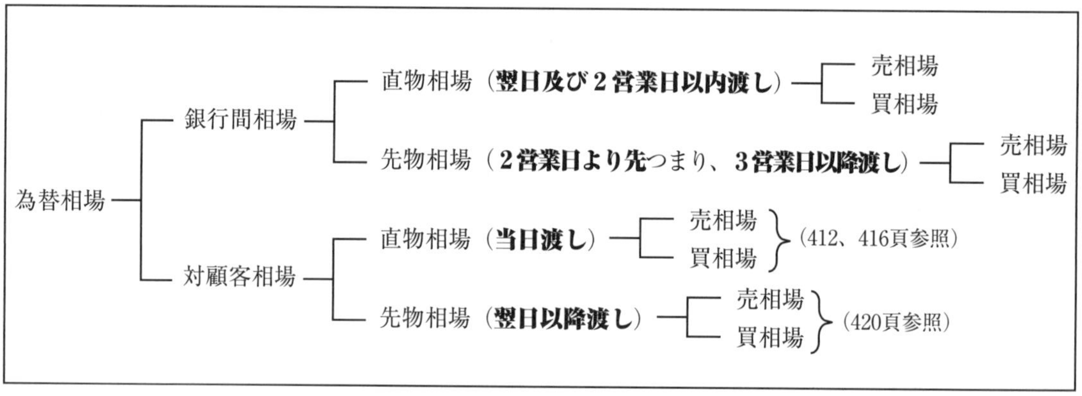

直物相場 (Spot Rate)

銀行と顧客等との間で当日のレートにて外貨の売買契約が成立した場合、対価 (円ドル等) の受け渡しが行われる。このときに適用されるレートのことをいう。

対顧客相場では受渡しは当日渡し (Value Today) である。

一方、銀行間相場では海外との取引であり時として時間を要するため翌日渡し (Value Tomorrow) 及び特に欧米との取引時においては、2 営業日 (以内受) 渡しの為替の取引も直物相場に含まれる。

このように**対顧客相場では当日渡しのもの**を、また、**銀行間相場では、取引成立後 2 営業日以内に為替 (現物) の受渡しをするものを直物相場** (又は、現物取引) という。

(i) 直物相場 (スポット・レート) の種類

対顧客相場における直物相場 (公表相場) の種類 (図－(2)－②) に関して理解してみたい (次頁表参照)。

(イ) 仲値

銀行が、その日の**銀行間相場の直物相場から外貨を仕入れたときの仕入値いわば、卸値のこと**である。対顧客相場の中心相場 (基準) となるものであり、このままでは銀行にとって損も得もないレートである。

(ロ) **電信買相場** (Telegraphic Transfer Buying Rate ／ **TTB レート**)

TTB レート適用に当たり、銀行は仲値に**通常、1 円のマージン (手数料)** をとって利益としている。
従って、仲値を 100 円 /$ とすると、TTB レートは 99 円 / $ となる。

TTB レートは、銀行に資金の立替払いがなく、資金移動の指図が電信で行われる場合の買相場である。
TTB レートは、次のような場合に適用される。

(A)　海外から**外貨で送金** (送金小切手を含む) **されたものを輸出者が円に換える**とき。
(B)　輸出手形の取立依頼の際に、**取立完了後に当日のレートにて銀行で代り金を受けとる**とき。
(C)　**信用状付一覧払手形**を、買取銀行が **TT リインバースメントで決済**するとき（次々頁 Guide! (iii)参照）
(D)　外貨預金を円に換えるとき等。

(ハ) **電信売相場** (Telegraphic Transfer Selling Rate ／ **TTS レート**)

TTS レートの場合も TTB レート同様に銀行は**通常、1 円のマージン (手数料)** をとるが、この場合中心相場を 100 円とすると TTS レートは 101 円となる。
TTS レートは、銀行に資金の立替払いがなく、資金移動の指図が電信で行われる場合の売相場である。
TTS レートは、次のような場合に適用される。

(A)　海外に**外貨を送金** (送金小切手を含む) **するときに、輸入者が円を外貨に換える**とき。
(B)　期限付輸入手形を、期日到来時に決済 (円を外貨に換える) をするとき（期限の金利は、別途計算となる）。
(C)　円を外貨預金に換えるとき等。

(i) **TTB レート** (電信買相場) や **TTS レート** (電信売相場) のレートは、**銀行の手数料** (通常 ¥1/$) **のみで銀行に立替えによる金利が生じないときに適用**されるものである。
(ii) TTB、TTS レートにおける銀行のマージンである 1 円は大口取引の場合等には、銀行と当該適用レートについての交渉が可能であり、銀行支店長決裁により 1 ドルにつき 10 銭位（通常の 10 分の 1 位）あるいはそれ以下にしてもらうこともケースにより可能である。

第10章

図―(2)－② 外国為替対顧客レートの種類

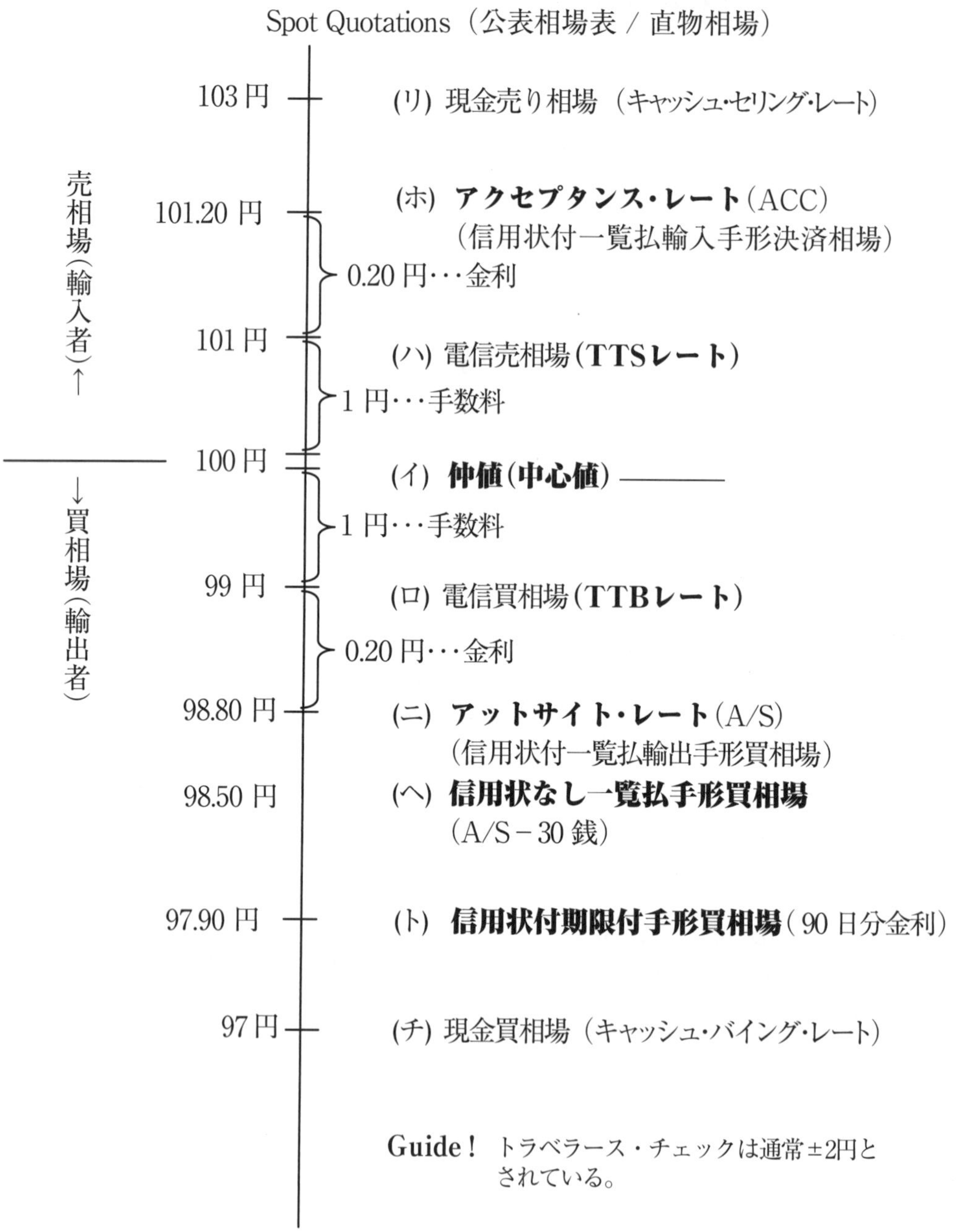
Spot Quotations（公表相場表 / 直物相場）
売相場（輸入者）↑
↓買相場（輸出者）
103 円
(リ) 現金売り相場（キャッシュ・セリング・レート）
101.20 円
(ホ) アクセプタンス・レート（ACC）
（信用状付一覧払輸入手形決済相場）
0.20 円・・・金利
101 円
(ハ) 電信売相場（TTSレート）
1 円・・・手数料
100 円
(イ) 仲値（中心値）
1 円・・・手数料
99 円
(ロ) 電信買相場（TTBレート）
0.20 円・・・金利
98.80 円
(ニ) アットサイト・レート（A/S）
（信用状付一覧払輸出手形買相場）
98.50 円
(ヘ) 信用状なし一覧払手形買相場
（A/S－30 銭）
97.90 円
(ト) 信用状付期限付手形買相場（90 日分金利）
97 円
(チ) 現金買相場（キャッシュ・バイング・レート）
Guide！ トラベラース・チェックは通常±2円とされている。

第10章

㈡ 信用状付一覧払輸出手形買相場（At Sight Rate・A／S レート）

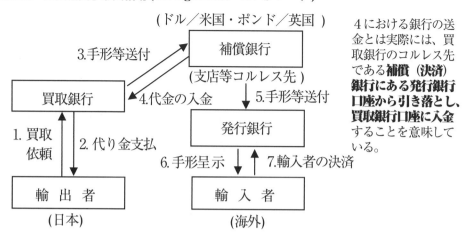

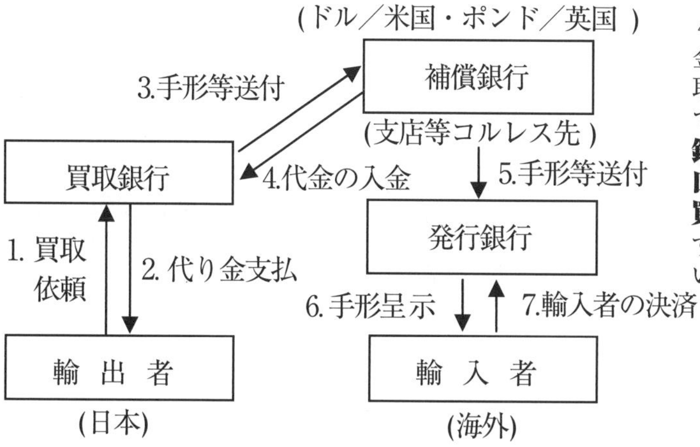

4における銀行の送金とは実際には、買取銀行のコルレス先である**補償（決済）銀行にある発行銀行口座から引き落とし、買取銀行口座に入金**することを意味している。

ドル等の外貨の信用状付一覧払い手形を銀行買取時に適用される（立替金利が発生する）レートのことを、**アット・サイト・レート**という。輸出者が、買取銀行より代り金を受け取り（上図の２.代り金支払い）、その後買取銀行に**発行銀行から代金の入金を受けるまでの間**（上図の４）**買取銀行による資金の立替が生じている**。

この立替期間とは、郵送期間（**メール期間**／ Mail Days ／米ドル時は12日間、ユーロ時は14日間）のことであり、その分を**メール金利として TTB レートから差し引かれる（マイナスする）**ことになる。このメール金利は、銀行により異なるが、例えば20銭であるとするとアット・サイト（A/S）レートは、次のようにしてもとめることができる。

> A/Sレート＝中心相場(100円)－１円－20銭＝98円80銭
> （中心相場(100円)－１円＝TTB）（20銭＝メール金利）

このように銀行は、手数料及び金利等を差し引いて輸出者に代金を立替払いしている。この場合、手形金額が外貨建通貨である場合には、**買取り（Negotiation）**と、そして、自国建通貨の場合は割引（又は割引く／ Discount）という。

Guide !

(i) 買戻し特約

発行銀行がディスクレを発見し、代金を **unpaid** とするときには、輸出者に支払われた代金は、輸出者は**買戻し特約**により買取銀行に代金を**返却**しなければならなくなる。

(ii) 銀行レートは交渉可

大口取引等の場合、メール金利の例えば20銭は、銀行と適用レートについても交渉することが可能であり絶対的なものではない。

(iii) TT リインバースメント（TTR）

買取銀行が補償（決済）銀行（Reimbursement Bank ／償還銀行ともいう）**に**買取代金をメール（これを Mail Reimbursement という）ではなく**電信で請求**（これを **TT Reimbursement**/TTR という）した場合には、メール金利はかからないので、**TTB レート**が適用される。この場合、信用状には原則として "TT Reimbursement is acceptable." と記載される。

TTR ができない時には、信用状に "TT Reimbursement is prohibited." と記載される。記載がない時には、銀行間補償規則（URR725）により TTR が可能とされている。

(ホ) 信用状付一覧払輸入手形決済相場 (Acceptance Rate / ACC レート)

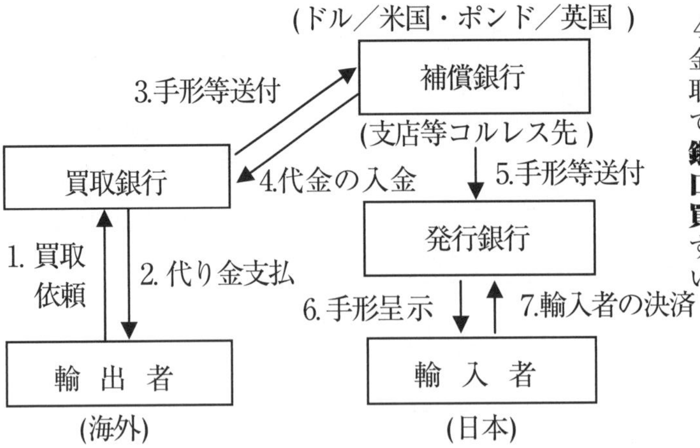

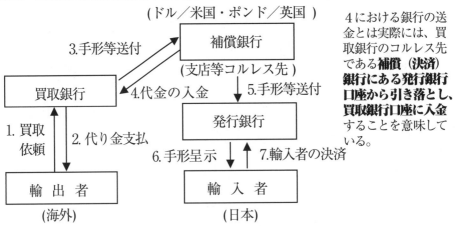

４における銀行の送金とは実際には、買取銀行のコルレス先である**補償（決済）銀行にある発行銀行口座から引き落とし、買取銀行口座に入金**することを意味している。

信用状付一覧払い手形 (輸入手形) を輸入者がドル等の外貨で決済するときに適用される（立替金利が発生する）レートを**アクセプタンス・レート**という。

輸出者の L/C 付手形は買取銀行により買取られたドル代金を、補償（決済）銀行にある発行銀行の口座より引き落している (ドル建の場合、通常、補償（決済）銀行はニューヨークにあるマネー・センターバンク（米国の上位８銀行）である)。

この場合、買取銀行は荷為替手形と船積書類を補償（決済）銀行に郵送し、そこで決済された (発行銀行の口座から引き落とされる) 後、手形と船積書類は発行銀行に送付されてくる。

発行銀行は補償（決済）銀行で決済した後、輸入者から代金を回収するまでこの間の金利 (上図の４から７の期間の立替金利) を負担していることになるため、**メール金利** (12 日間) **としてその分を TTS レートに上乗せする (プラスする)** こととなる。例えばメール金利が 20 銭であるとすると、ACC レートは次のようになる。

ACCレート＝仲直(100円)＋１円＋20銭＝101円20銭
（仲直(100円)＋１円 ＝ TTS、20銭 ＝ (メール金利)）

(ヘ) 信用状なし一覧払い輸出手形買相場 (At Sight Buying Rate Without Credit・D/P 手形の買取)

D/P 手形、D/A 手形は、原則として買取は行われない。しかしながら、実務では多くの場合に（例外的に）買取が行われており、本レートは、D/P 手形の買取り時に銀行で適用されるレートである。

このレートの場合は、信用状がないということでその分のリスク等が考慮され **A/S レートより例えば、30 銭** (銀行により異なる／リスク・チャージという) **低いレートが適用**される。それでも資金繰りのため買取りを望む輸出者が少なくない。

なお、例外的に買取りする場合とは、銀行にとって**輸出者の信用が厚い**ときや**貿易保険を付保**したとき等をいう。貿易保険が付されていても原則としてこのレートが適用されている。

TTBレート－20銭－30銭＝98円50銭
（TTBレート－20銭 ＝ A/Sレート）

㈦ 信用状付期限付輸出手形買相場 (Usance Buying Rate)

期限付 (30 日 /60 日 /90 日 /120 日 /150 日 /180 日等) の信用状手形 (輸出手形) を買取銀行が買い取る場合に適用されるもので、この場合には、**アット・サイト** (A/S) **レートから、さらに、ユーザンス期間 (手形期間) の金利分を差し引いたレートが適用**される。ユーザンス期間 (90 日) の金利を例えば 90 銭とすると次のようになる。

ユーザーンス・バイングレート＝中心相場(100円)－１円－(20銭＋90銭)＝97円90銭

（中心相場(100円)－１円 ＝ TTBレート、TTBレート－20銭 ＝ A/Sレート、20銭＋90銭 ＝ 20銭－90銭 ではなく「(20銭＋90銭)」の下に「＝ 20銭－90銭」と表示）

TTBレート　20銭－90銭

A/Sレート

Guide !

⒤ **信用状なし期限付手形 (D/A 手形)** の買取レート

L/C なし D/A 手形の買取レートは銀行によるが、通常、金利等を買取時に差し引いたレート（**A/S レートプラス期限の日数分（30 日、60 日、90 日、120 日等により異なる）上乗せする**）が適用される（この場合の金利は、輸出者負担となる）。

なお、期限の日数の金利が輸入者負担の場合には、その分を**後日入金時に利息等再計算**して、輸入者に請求される。

(ii) **取立手形時**の適用ルート

D/P、D/A 手形 (L/C なし手形) を買取り扱いではなく**取立扱い**とした場合には、銀行の立替えは発生しないため TTB レート，TTS レート がそれぞれ適用されることとなる。

(iii) **フォーフェイティング**と**ファクタリング** (128 頁 Guide (iii)、(iv)参照)

フォーフェイティング（Forfaiting 又は Forfeiting）とは、主に**信用状付期限付手形**（一覧払手形は対象外）を輸出者から**買戻し特約なし (Without Recourse) にて買取銀行が買取る**ことをいう。

また、**ファクタリング**とは、**信用状なし手形取引時等**に**ファクタリング会社**（三菱 UFJ ファクター、みずほファクター等）に輸出者の売掛債権を原則として **Without Recourse にて買取ってもらうこと**（ファクタリング会社が輸入者の信用調査をし買取額を決める／従って、買取りを断られることもある）をいう。

両方ともに輸入者の同意が必要とされている。ことばの響きが似ているため混同しないよう留意したい。

㈧ 外国通貨買相場 (Cash Buying Rate)

キャッシュ・バイング・レートは TTB レートを基準として現金を輸送する輸送料、保険料、保管料、金利等の費用を加味して当該レートが決められる。通常、TTB レートマイナス２円 (銀行により異なる／キャッシングフィーという) 程である。つまり、仲値からはマイナス３円となる。

㈷ 外国通貨売相場 (Cash Selling Rate)

キャッシュ・セリング・レート TTS レートを基準として決められるが、通常、TTS レートプラス２円 (銀行により異なる) 程となる。仲値からは、プラス３円である。

（なお、H および I は、貿易取引とは直接関係のないレートである。）

直物相場のまとめ

- **直物相場**
  - 銀行間相場
    - 売相場
    - 買相場
  - **対顧客相場**
    - **売相場**
      - **TTSレート**
      - **アクセプタンス・レート**(ACC)
    - **買相場**
      - **TTBレート**
      - **アット・サイト・レート**(A/S)
      - 期限付手形買相場等

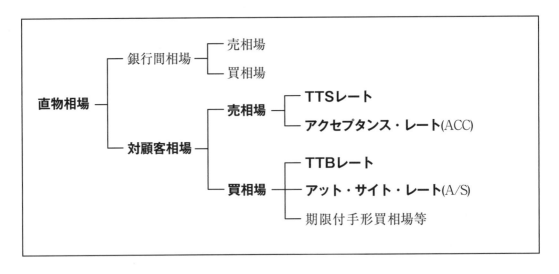

主な直物相場のイメージ図（基軸通貨としてのドル取引時）

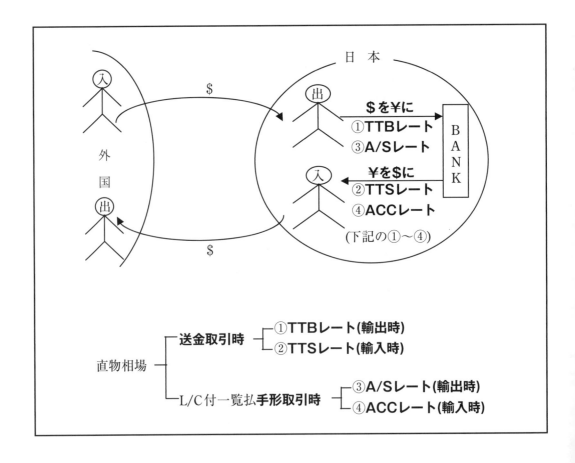

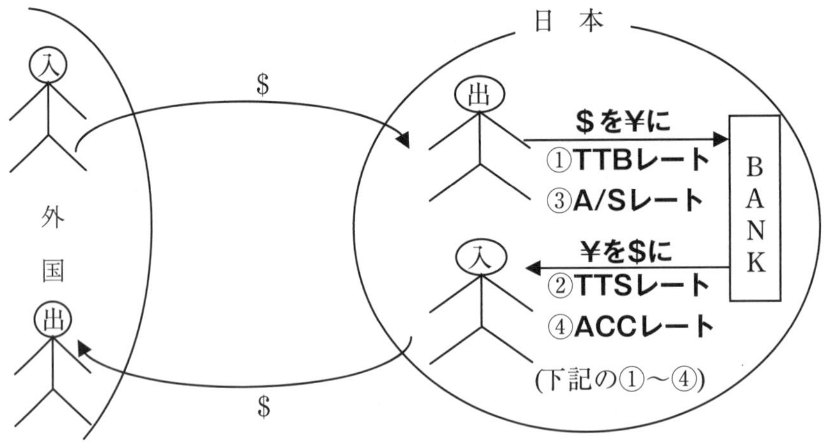

- 直物相場
  - **送金取引時**
    - ①**TTBレート(輸出時)**
    - ②**TTSレート(輸入時)**
  - L/C付一覧払**手形取引時**
    - ③**A/Sレート(輸出時)**
    - ④**ACCレート(輸入時)**

外国為替相場表
(SPOT RATE)

日付2020-09-16 時刻12:57

通貨名		T.T.M.	NOMI	T.T.S.	ACC.	CASH S.	T.T.B.	A/S	D/P·D/A	CASH B.
001	USD（米ドル）	105.38	K	106.38	106.53	108.18	104.38	104.23	103.93	102.38
002	GBP（英ポンド）	135.77	K	139.77	139.98	147.77	131.77	131.56	130.86	123.77
004	CAD（カナダ・ドル）	79.85	K	81.45	81.57	88.45	78.25	78.13	77.85	71.25
005	CHF（スイス・フラン）	115.90	K	116.80	116.94	120.80	115.00	114.86	114.80	111.00
007	SEK（スウェーデン・クローナ）	11.98	K	12.38	12.40	14.38	11.58	11.56	11.50	9.58
020	EUR（ユーロ）	124.71	K	126.21	126.37	128.71	123.21	123.05	122.80	120.71
021	DKK（デンマーク・クローネ）	16.76	K	17.06	17.09	19.06	16.46	16.43	16.39	14.46
038	IDR（インドネシア・ルピア）〔注①②〕	0.71	K	0.83			0.59			
041	NOK（ノルウェー・クローネ）	11.64	K	11.94	11.96	13.94	11.34	11.32	11.28	9.34
049	PKR（パキスタン・ルピー）〔注②〕	0.64	K	0.79			0.49			
052	PHP（フィリピン・ペソ）〔注②〕		K	2.34			2.06			
053	QAR（カタール・リヤル）	28.71	K	29.39			28.03			
058	THB（タイ・バーツ）	3.38	K	3.46	3.47	3.85	3.30	3.29	3.26	2.91
060	AED（U.A.E.ディルハム）	28.74	K	29.42	29.47		28.06	28.01	27.95	
061	AUD（オーストラリア・ドル）	76.86	K	78.86	78.97	86.56	74.86	74.75	74.35	67.16
062	HKD（香港ドル）	13.60	K	14.03	14.06	16.03	13.17	13.14	13.04	11.17
063	INR（インド・ルピー）〔注②〕	1.44	K	1.59			1.29			
067	SAR（サウジアラビア・リヤル）	28.14	K	28.94	28.99		27.34	27.29	27.17	
069	CNY（中国元）〔注③〕	15.54	K	15.84	15.88		15.24	15.20	15.06	
070	KWD（クウェート・ディナール）	345.39	K	353.39			337.39			
071	KRW（韓国ウォン）〔注①〕	8.93	K	9.13		10.43	8.73			7.43
072	SGD（シンガポール・ドル）	77.41	K	78.24	78.36	83.24	76.58	76.46	76.31	71.58
073	MYR（マレーシア・リンギ）	UNQUOTE								
074	NZD（ニュージーランド・ドル）	70.73	K	72.73	72.84	79.43	68.73	68.62	68.26	62.03
080	ZAR（南アフリカ・ランド）	6.40	K	7.90			4.90			
084	CZK（チェコ・コルナ）	4.66	K	4.78			4.54			
087	MXN（メキシコ・ヌエボ・ペソ）	4.98	K	5.98			3.98			
095	TRY（トルコ・リラ）	14.08	K	16.58			11.58			
097	RUB（ロシア・ルーブル）	1.40	K	1.65			1.15			
134	HUF（ハンガリー・フォリント）	0.35	K	0.37			0.33			
161	PLN（ポーランド・ズロチ）	28.03	K	29.23			26.83			

注 ① IDR(インドネシア・ルピア)、KRW(韓国ウォン)は100通貨単位あたりの相場でございます。
② IDR(インドネシア・ルピア)、PKR(パキスタン・ルピー)、INR(インド・ルピー)、PHP（フィリピン・ペソ）の T.T.B.は参考相場でございます。
③ CNY（中国元）はオフショア人民元相場に基づいております。お取引に際しては一部制約事項がありサービスをご提供できないケースもございます。
④ NOMI……この欄が "K" の場合は確定相場、 "N" の場合はノミナル相場でございます。
⑤ 情勢の変化によっては、一旦公示された相場も変わる場合がございます。
⑥ 支店によっては、一部の通貨をお取り扱い出来ない場合がございます。

(ii) 先物(為替)相場(Forward Rate)

為替市場には直物市場と先物市場とがある。ここでは、先物市場における先物取引において適用される交換率である先物相場について学習したい。**対顧客取引においては、**外国為替の売買対価の**受渡しが相場値決め日の翌日以降**となり、**銀行間取引においては、**市場における外国為替の売買契約日から対価の**受渡しが2営業日より先(3営業日目以降)となる取引**において適用されるものである。この時の適用レートを先物相場という。

契約を相手国の通貨(外貨)でした場合には、為替リスク(輸出者の円高リスク、輸入者の円安リスク)が発生するが、この**外国為替の変動リスクを回避するためには、先物**(為替)**予約**(契約)(Forward Exchange Contract)**をする必要**がある。

輸出者の場合には、銀行が公表する先物為替相場により価格を見積り、**契約締結後**にタイミング(L/C取引であればL/C到着以降)を見て、先物予約(輸出予約＝買予約)を行うことになる。**輸入者の場合**であれば、先物為替相場により国内の販売価格を建て**契約締結後**（又は、**L/C送付後**）に、タイミングを見てすみやかに(為替相場が契約までに公示された気配値と変わらないうちに)先物予約(輸入予約＝売予約)を行うことになる。**先物相場による先物予約は、変動する為替相場リスクのヘッジ(回避)方法として最も多く使用されている。**

Guide!

社内レート

企業にとって為替レートはもちろんいくらでもよいという訳ではない。(日本の）輸出企業の社内レートは実際の市場レートよりも円高傾向に設定されている。つまり、為替リスク分をある程度吸収できるように円高の社内レートで価格が決められる。

一方、輸入企業であれば、ある程度の円安を吸収できるように円安傾向の社内レートを設定して価格が決められる。

例えば、輸出企業において為替差損を被らないようにするために若干円高なレートで商品価格を設定することと、その結果その分商品価格が高くなり国際価格競争力が弱くなるという両面を見極めながら、社内レートを調整しなければならない。

会社によっては、効率的な事務処理を行うため過去の実績から為替の推移を予測して一定期間の社内レートを決めているところもある。

社内レートは、四半期(3ヶ月)に(又は、少なくても年に)一度のスパンにおいて調整されている。商社等においては、ほぼ毎日社内レートを変更しているところもある。

㈠ 先物予約の仕方

先物予約は、銀行が毎日公表する対顧客先物相場表(資料－47)を参考に為替予約スリップ(予約票／Exchange Contract Slip／2通／契約書のようなもの)に必要事項を記載して行われている。電話でも問い合わせができるが、後日予約票(輸出時は資料－48－A／輸入時は資料－48－B／実質的には契約書の代用書類)を作成することになる（口頭のみでの予約は不可)。また、申込者は、取引の初めには「外国為替予約取引に関する約定書」等を銀行に差し出さなければならない。**輸出時には買予約票、輸入時には売予約票**が必要となる。

先物予約の際には、受渡し条件を決めなくてはならないがこの条件には次のような種類がある。

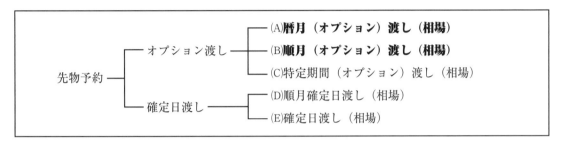

- 先物予約
  - オプション渡し
    - **(A)暦月（オプション）渡し（相場)**
    - **(B)順月（オプション）渡し（相場)**
    - (C)特定期間（オプション）渡し（相場)
  - 確定日渡し
    - (D)順月確定日渡し（相場)
    - (E)確定日渡し（相場)

(A) 暦月(オプション)渡し（相場)

予約日の翌日から原則6ケ月以内の特定月(9月渡しとか10月渡し等)を決め、その月のうちであればいつでも(1日から月末まで)任意の日に予約の実行ができるという予約の仕方をいう。

貿易取引においては、この方法が最も一般的に使われている。

(B) 順月(オプション)渡し（相場)

取引日から数ヵ月先の応当日を基準として、その日前の1月間、例えば、実行可能な期間として9/10から10/9までの1月間のうち任意の日を受渡日（但し、応答日は10月10日）とすることができるのものである。

(C) 特定期間渡し（相場)

任意の何月何日から何月何日までを特定(1月とは限らない／数日から2～3月位まで)する予約の仕方である。

(D) 順月確定日渡し（相場)

先物取引日の2営業日以降から起算して、例えば1月目とか3月目の応答日(確定日)を受渡日とするものである。

(E) 確定日渡し（相場)

原則6ケ月以内の任意の特定日を実行日(受渡日)とするものである。暦月オプションより適用期間が短く、その分銀行にとってリスクが少ないので暦月オプションより有利なレートが適用される。

貿易取引においては、決済日を確定日に限定することは難しいことが多いので使用されない。

先物相場表

The Bank of ABC, Ltd.

先　物　相　場　表

FOREIGN EXCHANGE INDICATION

FORWARD RATE

(参考相場)

日　付	時　刻
07. 8. 1	13:11

1

通貨	区分 ＼ 受渡月	AUG.	SEP.	OCT.	NOV.	DEC.	JAN.
US $	SELLING	119.35	118.89	118.48	118.04	117.59	117.16
	BUYING	116.82	116.40	115.92	115.49	115.10	114.65
STG £	SELLING	243.97	242.97	242.03	241.01	239.92	238.87
	BUYING	234.56	233.59	232.47	231.42	230.46	229.35
CAN $	SELLING	112.51	112.19	111.85	111.50	111.13	110.77
	BUYING	108.52	108.16	107.76	107.39	107.05	106.66
S. FRC	SELLING	99.66	99.54	99.40	99.25	99.07	98.91
	BUYING	97.32	97.17	96.98	96.80	96.63	96.45
DM	SELLING						
	BUYING						
F. FRC	SELLING						
	BUYING						
N. GLD	SELLING						
	BUYING						
B. FRC (100UNIT)	SELLING						
	BUYING						
D. KR	SELLING	22.06	22.01	21.95	21.89	21.82	21.75
	BUYING	21.30	21.23	21.16	21.09	21.02	20.95
I. LIR (100UNIT)	SELLING						
	BUYING						
A. $	SELLING	102.62	102.16	101.72	101.25	100.75	100.26
	BUYING	97.85	97.40	96.87	96.39	95.94	95.42
HK $	SELLING	15.55	15.51	15.47	15.43	15.38	15.34
	BUYING	14.63	14.58	14.53	14.49	14.45	14.40
RMB ¥	SELLING						
	BUYING						
EURO	SELLING	163.17	162.73	162.31	161.84	161.33	160.85
	BUYING	159.52	159.07	158.54	158.05	157.60	157.08
	SELLING						
	BUYING						

The Bank of ABC, Ltd.

先物　相場表

FOREIGN EXCHANGE INDICATION

FORWARD RATE

日付	時刻
07. 8. 1	13:12

2

通貨	区分＼受渡月	FEB.	MAR.	APR.	MAY.	JUNE	JULY
US $	SELLING	116.80	116.42	116.07	115.71	115.33	115.00
	BUYING	114.28	113.89	113.51	113.15	112.78	112.41
STG £	SELLING	237.98	237.01	236.11	235.18	234.18	233.30
	BUYING	228.39	227.38	226.40	225.44	224.44	223.45
CAN $	SELLING	110.47	110.14	109.83	109.51	109.16	108.86
	BUYING	106.33	105.97	105.63	105.29	104.93	104.57
S. FRC	SELLING	98.78	98.62	98.47	98.31	98.14	97.99
	BUYING	96.28	96.09	95.91	95.74	95.56	95.37
DM	SELLING						
	BUYING						
F. FRC	SELLING						
	BUYING						
N. GLD	SELLING						
	BUYING						
B. FRC (100UNIT)	SELLING						
	BUYING						
D. KR	SELLING	21.70	21.64	21.59	21.53	21.47	21.41
	BUYING	20.89	20.82	20.76	20.69	20.63	20.56
I. LIR (100UNIT)	SELLING						
	BUYING						
A. $	SELLING	99.85	99.39	98.96	98.52	98.04	97.61
	BUYING	94.96	94.48	94.01	93.54	93.06	92.57
HK $	SELLING	15.30	15.26	15.23	15.19	15.15	15.11
	BUYING	14.36	14.31	14.27	14.23	14.19	14.14
RMB ¥	SELLING						
	BUYING						
EURO	SELLING	160.45	160.00	159.58	159.14	158.68	158.27
	BUYING	156.63	156.15	155.69	155.23	154.77	154.30
	SELLING						
	BUYING						

輸出予約の例

(為替)**買予約票(Buying Contract Slip －輸出時)**

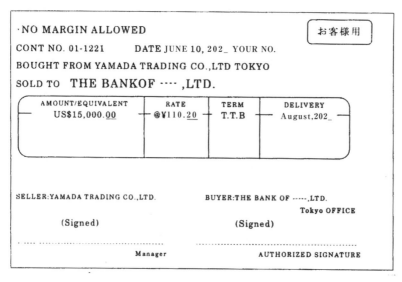

·NO MARGIN ALLOWED

お客様用

CONT NO. 01-1221　　DATE JUNE 10, 202_　YOUR NO.

BOUGHT FROM YAMADA TRADING CO.,LTD TOKYO

SOLD TO THE BANKOF ···· ,LTD.

AMOUNT/EQUIVALENT	RATE	TERM	DELIVERY
US$15,000.00	@¥110.20	T.T.B	August,202_

SELLER:YAMADA TRADING CO.,LTD.　　BUYER:THE BANK OF -----,LTD.

Tokyo OFFICE

(Signed)　　(Signed)

Manager　　AUTHORIZED SIGNATURE

(ロ) 先物予約の実行

為替予約を実行する期日が到来したときは、その期日の直物相場がいくらになっているかにかかわらず(つまり、直物相場の方が先物相場より有利になっていても)**原則として、先物予約のレートにて実行**(約束した相場で換算すること)**しなければならない**。この場合、適用される相場は予約をしたときの先物の電信相場である。

買予約(輸出)では電信買相場(**TTBレート**)であり、**売予約(輸入)**であれば電信売相場(**TTSレート**)である。例えば信用状付一覧払い輸出手形の場合には、予約時には、TTBレートで予約をする。そして、TTBレートと(L/C付)一覧払相場との差(スプレッドという)については、銀行により計算されその分が実行時に控除され、輸出者はその残金を入手することになる。

予約をしたときには予約票(Constract Slip)が2部作成されて両者(銀行と顧客)が署名し、1部ずつ期日まで保管することになる。

輸入予約の例

(為替)売予約票 (Selling Contract Slip －輸入時)

お客様用

NO MARGIN ALLOWED
CONT NO. 01-1222　　DATE July 10, 1, 202_ YOUR NO.

SOLD TO　　Ohkura Trading Co., Ltd.
BOUGHT FROM　The Heisei Bank, Ltd.

AMOUNT/EQUIVVALENT	RATE	TERM	DELIVERY
US$15,000.00	¥105.20	T.T.S.	August, 202_

BUYER: Ohkura Trading Co., Ltd.　　SELLER: The Reiwa Bank, Ltd.
Head Office

(Signed)
Manager

(Signed)
Authorized Signature

Guide !

(i) 相場は刻々変化するため先物予約の公表相場表(Quotation)にある先物予約相場(レート)がそのまま適用されることはなく、取引の都度、銀行と顧客と確認し合うこと(一件一件為替市場の現時点の相場の確認をすること)により具体的な先物相場が決められている。相場表(423頁参照)の先物ルートは、あくまでその日のレートの目安としての表示である。

(ii) 前述のように先物予約の実行を取り消すことは原則としてできない。しかし、銀行は予約の取消(契約取消時等)や延長(船舶の大幅な遅延等)に応じてくれることもある。やむを得ない事情(契約のキャンセル等)のある場合に限って、日本の銀行では応じてくれる。但し、この場合においても、銀行において予約を中止するわけではなく反対予約(買予約のときは売予約、売予約のときは買予約)が実行される。また、これにより為替差損が生じたときには、その差損分は先物予約の申込者負担とされる。

(iii) プレミアム(Premium)とディスカウント(Discount)

先物相場を表示する場合、先物相場の方が直物相場より高いことを**プレミアム**という。反対に低いことを、**ディスカウント**という。

そして、先物相場と直物相場が同じであることを**フラット**(Flat)と呼んでいる。

(ハ) 通貨オプション

先物予約を実行する際には、繰り返しになるが実行日の直物相場の方が予約した先物相場より有利であっても不利であっても、予約した相場で実行しなければならない。

しかし、**直物が有利なときには、先物予約を実行せず直物相場を適用し、先物が有利なときには、先物予約を実行するという選択権(オプション)付での先物予約の方法**が存在する（通常、＄10万以上の大口取引時に限定される)。これを**通貨オプション**(選択権付先物予約)という。この方法においては、先物予約をした者が**オプション料**(プレミアム／保険料)を銀行に支払うことにより、先物レートと直物レートのうち**どちらか有利な方で決済できる**とする権利(選択権)を買うことができる。

このように通貨オプションは、理論上は有利な方法であるといえよう。

しかし、このやり方もそれなりのプレミアム代金(例えば3円前後／＄)を支払い、その後、**為替が動かないときには、オプション料金の損失が生じる**こととなるため限定的ながらリスクがないとはいい難い。貿易取引において、**売主が銀行にドルを売る権利**を買うことを、ドルの**プット・オプション**という。

そして、**買主が銀行からドルを買う権利**を買うことを、ドルの**コール・オプション**と呼んでいる。

この場合､同オプションの買手は輸出入者(オプションの買手)であり､売手は銀行(オプションの売手)ということになる。

(事例)

輸出者が3月後の先物予約を¥100/$で予約し、そして ¥3/$のオプション料を支払ったケース

輸出者は **¥100/$ − ¥3/$ ＝ ¥97/$ を確保**したことになる。

もし、3月後にドルが**円高（例えば直物で¥95/$）になれば**実質¥95 − ¥3 ＝ ¥92/$となり、**直物では損になる**。従って､この場合には､**このオプションを行使すればよい**。行使レートとしての¥100/$で売ることができるが、**実質的には¥97/$**（¥100 −￥3）**を確保**したことになる。

また、反対に**円安**となって、**例えば¥105/$**になれば、**このオプションは行使せず、より有利となる直物レートを適用すればよいことになる。実質的には¥102/$(¥105 −￥3)でドル売り**できたことになる。

(3)　先物予約以外の為替リスク回避策

為替相場の変動リスクをヘッジ(回避)する方法として代表的なものは先物(為替)予約であるが、それ以外にも次のような方法がある。

① **為替のマリー**（Exchange Marry ／ Marry）

(i) **商社等における為替のマリー**（外貨預金等から外貨支払金に充当することをマリーという）

輸出入取引を行う貿易商社等が為替のマリーの手法をとることがある。この場合における為替のマリーとは、輸出者が輸入者からの外貨を**外貨預金**として銀行口座にあずけておいて、後日の自社による輸入取引に利用すること(買為替／輸出と売為替／輸入のマリー)を意味している。外為法の改正により銀行口座に外貨を自由に預けられるようになっているため、商社等にとってこの手法をやり易くさせている。

Guide !

外貨にて資金を借入れる制度もある。これをインパクト・ローン（Impact Loan）という。

インパクト・ローンでは、資金の使用目的を銀行に制限されることはない。従って、輸入決済で使っても設備資金で使ってもかまわない。

(ii) 銀行における為替のマリー(Non-Exchange 取引)

銀行が自行内にて買為替(輸出決済)と売為替(輸入決済)とを見合わせ(Marry)て、持高をゼロ(スクウェアー)にしようとする操作をいう。理論的には、銀行の買為替と売為替の金額が同じであれば、完全に相殺されている状態になり為替リスクは回避されていることになる。しかし、実際には銀行の努力により、このように同日に完全にマリーされることはほとんどなく買いが多いときは買持が、売りが多いときは売持ちがそれぞれ発生する。つまり、ドルの過不足が生じるわけであり、このようなときには、インターバンク市場により取引においてその過不足がカバーされることになる。

② リーズ・アンド・ラグス

外貨建取引において、輸出入の決済時期を意図的に早めたり (leads)、又は、遅らせたり (lags) する操作をして為替リスクに対応することをいう。

(i) 例えば、日本からのドル建の**輸出の場合、円高傾向**にあれば決済が遅れると不利になるため、輸入者の了解を得て船積を早め、輸入者の決済時期を**早めにしてもらうことをリーズという**。
(ii) 逆に**輸入の場合**であれば、輸入者にとって**円高は有利に働くため**輸入決済の時期を**遅らせることをラグスという**。
(iii) 次に**輸出**の場合、**円安**傾向にあるときは、荷為替決済を遅くして、**なるべく遅く**円貨にかえようとすることをいう。つまり、**ラグス**となる。
(iv) そして、**輸入**の場合の**円安**時には、遅くなればなる程不利になるので、船積を**早くしてもらう**ことを輸出者に依頼するか、または前払送金をすることをいう。つまり、**リーズ**となる。

リーズ・アンド・ラグスにおける円高、円安とはあくまで為替相場予測であり為替が実際に予測通りになるとは限らない。この点、リーズ・アンド・ラグスは、理屈では理解できるが、実務上では限界があり、「絵に描いた餅」のようだという者もいる。

(上記まとめ)

	円　高	円　安
輸　出　時	(イ)不利なので**リーズ**	(ハ)有利なので**ラグス**
輸　入　時	(ロ)有利なので**ラグス**	(ニ)不利なので**リーズ**

③ 相殺決済 (ネッティング)

外為法改正により相殺決済が自由となっているため、商社等による主に本店と海外支社等のグループ企業間において、ネッティング取引が増加している。ネッティングとは、取引相手と輸出入の両方をしている場合において、**代金の受取り (債権) と支払い (債務) とを一定期間**（通常、6ヶ月）**帳簿等に記載し相殺**させることにより為替リスクの回避をすることをいう。また、これにより (為替のマリーと異なり) 貨物代金が銀行を経由することがなくなるため銀行に支払うべき**手数料を節約することもできる。**

ネッティングの方法には、**バイラテラル・ネッティング**(特定の相手との2者間におけるもの)とネッティング・センターを媒体として複数の間で行われる**マルチ・ネッティング** (多角的ネッティング) とがある。

第10章

④ 円建決済

自国の通貨 (我が国においては円貨) により取引すれば、相手 (例えば米国サイド) に為替リスクが生じるだけで自分サイドには生じないので**為替面では有利**である。貿易取引においては、基軸通貨 (通常はドル、そしてアジアにおける日本との取引ではドルか円) というものがあるが、アジアにおける円建決済は、日本からの輸出では約 37%、輸入では約 21%と以前との比較をみるとある程度増加してきている。

以前より、我が国はアジア等との取引において円建決済をより盛んにすべきであるとする動きが一部にみられている。しかし、円建を相手が受け入れるかどうか、当事者間の力関係も影響する。

Guide !

円約款

円約款とは円建決済（上記④）と異なり外貨建の契約である。しかし、契約時に為替レートを設定しておいてそれを超えて円高になればその為替差損は、通常、輸出者は輸入者に負担させるというものである（このことは、もし円安となり為替差益が出たときには輸出者が享受することが殆どである）。

ちなみに、**円借款**とは日本政府が ODA 等を経由して発展途上国のインフラ整備のために長期かつ低金利の資金を貸付けることである（中国への円借款は 3.3 兆円程であるが批判が高まり 2007 年で終了している）。

円建決済、円約款、円借款を混同しないようにしておきたい。

5．輸入金融（Import Financing）

輸入者が、例えば輸出者振出しの一覧払い手形を決済する際、国内の銀行から外貨での融資を受けて対外決済（代金決済）を行い、銀行に一定期間（数ヶ月間／貨物が売れる位の間）その支払いを猶予してもらうこと（下図①、③）ができる。また、外国の銀行から融資を受けたり（下図②）、さらには輸出者に支払猶予をしてもらうこと（下図⑤）もできる。

輸入手形の金融には、外貨による融資ではなく、円資金による直跳ね等（下図⑥、⑦）もある。

これらを輸入金融という。輸入金融を分類してみると下図のようになっている。

輸入金融は大別すると次の2種類（図－1）であり、さらに詳細は図－2となる。

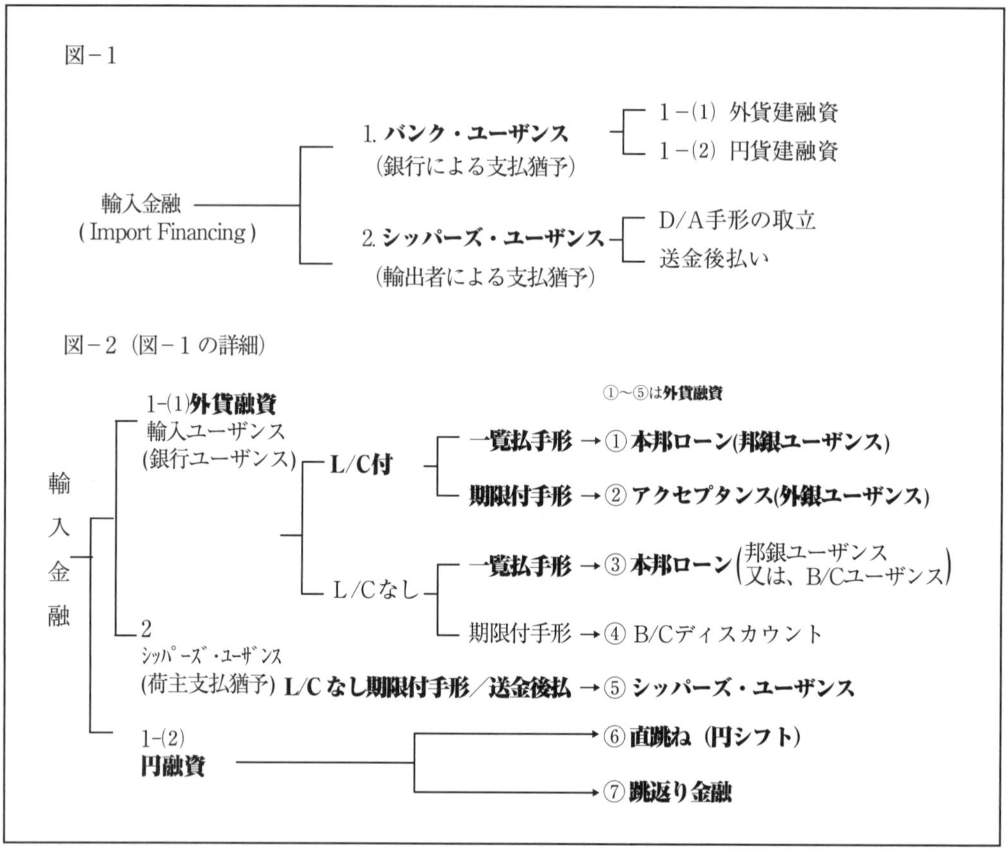

上記の輸入金融のうち外貨融資としての本邦ローン（①、③）にするのか、又は、外銀ユーザンス（②）にするのか、あるいは銀行ではなく輸出者に支払猶予をしてもらうシッパーズ・ユーザンス（⑤）にするのかに関しては、契約時に輸出者と輸入者との話し合いにより決めることができる。

ここでは上図の各制度の特色について理解したい。

① **本邦ローン**(邦銀ユーザンス／自行ユーザンスともいう)

本邦ローンのしくみ

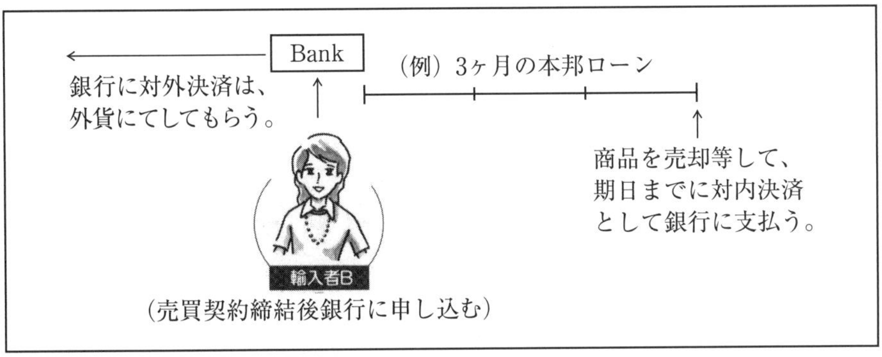
Bank
銀行に対外決済は、
外貨にてしてもらう。
(例) 3ヶ月の本邦ローン
商品を売却等して、
期日までに対内決済
として銀行に支払う。
輸入者B
(売買契約締結後銀行に申し込む)

本邦ローンとは、我が国の銀行が、自行の外貨を使用して前頁の**①外貨建L/C付一覧払い手形**、又は、**③外貨建L/Cなし一覧払手形(D/P手形という)**の決済時に対外決済(代金決済)を済ませることである。本邦ローンは、輸入者の取引銀行が**輸入者に対して、一覧払い手形（L/Cの有無はどちらでも可）に限り、外貨のまま融資をすることである。**対外決済とは、銀行が輸出者に直接債務の履行をすることであり、その結果、輸入者は必要期間融資を受けられることになる。

本邦ローンの実行者は、発行銀行である。本邦ローンは、1970年以降においては、日本の銀行の外貨調達力が高まったため、そして、我が国の金利も低いため多く利用されている。

この場合、**輸入者**は、猶予期間の**約束手形**(差入手形／外貨建約手ともいう)と貨物を譲渡担保とする旨の**T/R(Trust Receipt／(輸入担保)荷物保管証等**(430頁および431頁)**を銀行に差し出す**ことになる。T/Rとは輸入者より支払を受けるまで銀行が当該担保貨物を輸入者に貸し与えるとする証書であり、**甲号T/R**と乙号T/Rとがある。

甲号T/Rとは、船積書類(とくにB/L)を輸入者に渡し貨物を保税地域から搬出すること、および、貨物の売却までを銀行が認めているものであり、この**甲号が一般的**に使われている。輸入者は約束手形の期限内に輸入商品を国内販売できればその代金により、約束手形の期限日に借入代金の決済を行うことができる。

なお、乙号T/Rは、銀行は輸入者に書類を渡して銀行指定倉庫の倉入れまでを認めるが、売却については、売却先がみつかった時点で新たに銀行の承認を受けて売却する方式である。現在、乙号T/Rは殆ど利用されていない。

一方、丙号T/Rは、航空貨物用のものであり甲号T/Rに準ずるものとされている。

本邦ローンの利用に関して、**円高傾向**にあるときには、輸入者の代金支払資金が潤沢であるなしに関係なく、**先物予約を併用することにより本邦ローンを利用**することを検討するとよい。つまり、円高差益がとれるようであれば、本邦ローンの利用が望ましいと考えることができる。

前頁の①に加えて、前頁③の**信用状なし一覧払手形における本邦ローン**もある。これを、**B/Cユーザンス**と呼んでいる（432頁参照)。

B/Cユーザンスの実行者は（発行銀行とはいえないので）**本邦の銀行（取立銀行）**である。

本邦ローンは、**FOB時のみならずCIF時等においても（つまり、運賃、保険料等を含めて）利用できる。**

輸入担保荷物保管に関する約定書

平成　　年　　月　　日

株式会社 ABC銀行 御中

住　　所
本　　人

住　　所
保 証 人

私は貴行を通じて行なうすべての輸入荷為替取引における付属書類および（または）付帯荷物（以下単に〝付属書類・付帯荷物〟と総称する）に関し、以下の条項を確約します。

なお、付属書類とは船荷証券などの積出書類、保険書類、商業送り状、その他の書類をさし、以下の条項で単に〝付帯荷物〟という場合には、積出書類によって化体されまたは発送を証される輸入荷物、あるいは荷為替に直接付帯された輸入荷物をさすこととします。

第1条　輸入荷為替にかかわる諸債務と付帯荷物

(1) 私が貴行に発行を依頼した荷為替信用状（貴行が貴行為替取引先に発行を依頼した荷為替信用状を含む）に基づき貴行に仕向けられた輸入荷為替の付属書類・付帯荷物は、信用状発行依頼契約に基づき私が貴行に対し負担する当該信用状に関連する諸債務の担保として、貴行の所有に属することを確認します。

なお、上記荷為替信用状に基づき貴行が買取銀行等に対する補償支払を完了したと否とにかかわらず、次の為替決済方式による場合などを含めて、私が為替代金または借入代金を貴行に払込みまたは返済するまでは、私の貴行に対する上記債務は引続いて存続することを承認します。

a．貴行または貴行為替取引先のアクセプタンス方式とした場合

b．貴行または貴行為替取引先のリファイナンス方式とした場合

c．貴行海外店または貴行為替取引先の期限付外貨ローン方式とした場合（外地ローン方式）

d．貴行国内店の期限付外貨ローン方式とした場合（本邦ローン方式）

e．為替決済資金として貴行より期限付にて円貨を借入れた場合（輸入貿手、輸入単名方式）

f．海外借款その他により為替決済を延払いとした場合（借款、延払方式）

g．前各号による債務決済のため円資金を貴行より借入れた場合

輸入担保荷物保管証

株式会社　　　　　　　　　銀行　御中

債　務　者			
輸入手形金額			
買取銀行			
船　積　人		買取日	
品名および個数		建　値	
船　　名		船積港	
船荷証券番号		陸揚港	
発　行　者			

船積書類	Invoice	B/L	Air B/L	Ins Pol	Pkg List	W&M List	Ins Cert	Origin Cert	

上記荷物は、私が先に差し入れた信用状約定書その他の諸約定書に基づき貴行の所有に属するものに相違ありませんが、今般、貴行は私が先に差し入れた輸入担保荷物に関する約定書に基づく当該荷物を私に貸し渡し、私はこれを確かに受取りました。ついては上記約定書その他の諸約定書に基づき、当該荷物を保管処分することを確約します。

本件に関し、本人が貴行に対して負担するいっさいの債務につき本人と連帯して保証の責に任じます。

日付　　　　　　平成　　年　月　　日

本人　住所

氏名

保証人住所

氏名

② **外銀ユーザンス**(アクセプタンス方式／外銀アクセプタンス／他行ユーザンス)

外銀ユーザンス（アクセプタンス方式）とは、発行銀行とコルレス関係にある**外国の銀行**（発行銀行の支行又は、コルレス先）**が為替手形の対外支払いを引き受けること**である。そして、この場合における手形は、**信用状付期限付手形**に限られる（信用状付なので外銀は、対外決済を引き受けてくれる。／一方、本邦ローンは、一覧払手形に限定されている)。ドルの場合は、アメリカのニューヨークにあるコルレス先としての一流銀行に、ポンドの場合はイギリスのロンドンにある一流銀行によって輸出者の振り出す為替手形の支払を引き受けてもらうこと(手形の名宛人は当該外国の銀行)になる。

かつて、当時の大蔵省が日本の外貨準備高が少ないこと等もあり導入された制度である。**ドルの場合をニューヨーク・アクセプタンス、ポンドの場合をロンドン・アクセプタンス**という。

この場合、融資を実行する外国の銀行のことを引受銀行／補償銀行という。

外銀ユーザンスの実行者は、補償銀行（引受銀行）である。

外銀ユーザンス（アクセプタンス方式）の主な流れは、次のようになっている。

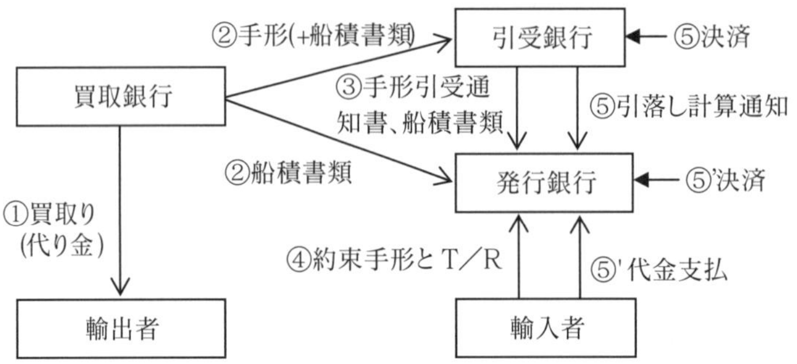

輸出国の買取銀行は、手形買取後(図－２－(2)の①)、ドルであればニューヨークの一流銀行(コルレス先)である引受銀行に、手形(名宛人は引受銀行)と船積書類とを送付して割引を依頼して、引受銀行から代金を受領(引受銀行にある買取銀行口座に入金)する(図の②)。この時原則として、手形の期間利息は差し引かれている。

引受銀行は、発行銀行に手形引受通知書(Acceptance Advice)を送付し、手形引受の旨を知らせる。なお、船積書類については買取銀行により発行銀行に直送される場合と、引受銀行を経て発行銀行に送られる場合とがある(図の②と③)。

そして、引受銀行(割引銀行)は、この手形を期日まで保管する。

発行銀行は、約束手形(輸入ユーザンス手形／同一期限・同一金額)を輸入者に引き受けさせ、あわせて T/R を輸入者から差し出させる(図の④)。

手形期限の到来日に、ニューヨークの引受割引銀行にある発行銀行の口座より、代金引き落としを行い、そして、元本、利息、手数料等記載の引落し計算通知が発行銀行に送付される(図⑤)。

この引受銀行にて決済された日と同日に、約束手形の期日も到来するので(そのような約束手形を作成しておく)、輸入者は発行銀行において約束手形分の代金を支払う(図⑤')。この時の適用レートは、(発行銀行にとって、立替がないので)**TTS レート**が適用される。

なお、外国銀行が手形の引受をし、かつ金融もするのは、信用状付手形であるためである。また、割引時の金利負担は輸出者負担のことが多いが話し合いにより輸入者負担とすることもできる。

③　ここでの③本邦ローン（L/C なし一覧払い手形）は 428 頁図－２の本邦ローンの③のことである。

前述のようにL/C なしの本邦ローンのことであるが、これを **B/C ユーザンス**ともいう（429 頁参照)。

④　B/C ディスカウント

信用状なし期限付手形(D/A 手形)を輸出地の銀行が買い取った場合には、輸入者の支払代金を輸出地の銀行が融資していることになる。従って、**BC ディスカウントの実行者は、輸出地の銀行**である。

B/C とは、Bill for Collection(取立手形)のことであり、本来は、取立にまわされるべきものであるが、本支店間取引等(代金支払いに関して信用度が高い取引)においては買取りが適用されている。

⑤　**シッパーズ・ユーザンス**

信用状なし期限付手形(D/A手形)の場合には原則として、**取立手形として扱われる**。取立手形にするということは、**輸出者が**輸入者にユーザンス（手形期限のこと）の間、**代金支払いの猶予を与えている**ことになる。従って、この方式を**シッパーズ・ユーザンス**という。**送金の後払いの場合**も含まれているので留意したい。

この方式は、輸出者にとって銀行の手数料等を節約できるものの、手形期限までの資金繰りをうまく回さなくてはならず、また、輸入者の信用度も見極めなくてはならない。従って、**輸出者にとってはリスクの大きい決済方法**である。

⑥　**直跳ね**(じきはね)

銀行から輸入手形の融資を受ける際、本邦ローン等のように外貨のまま借入を行わず、円に切り換えて(円シフトという)**円貨により融資**を受けることを直跳ねという。

円安傾向にあるときには、為替差損を避けるため**円シフト**（直跳ねという）による円金融を行うことが望ましい。円の金利が安いときや、円安傾向あるときに利用されている。

逆に、円高傾向等にあるときには、外貨借入の本邦ローン等が望ましい。

⑦　**跳返り金融**(ハネ金)

外貨建取引時に輸入した貨物の期日までの国内販売代金の回収に遅れ(例. 数ヵ月の約束手形による支払いを販売先より受けた)等があって、外貨ユーザンスの期日に支払いができないようなときに、今まで外貨で借入れていたものを**円貨に換えて**(跳返るという)、さらに、つなぎ資金として融資(**つなぎ融資**)を受けることが銀行により認められている。これを跳返り金融という。

本邦ローンや外銀ユーザンスの場合に利用されている。

事例：跳返り金融の事例／本邦ローン３月(Ａ)＋ 跳金ローン３月(Ｂ)

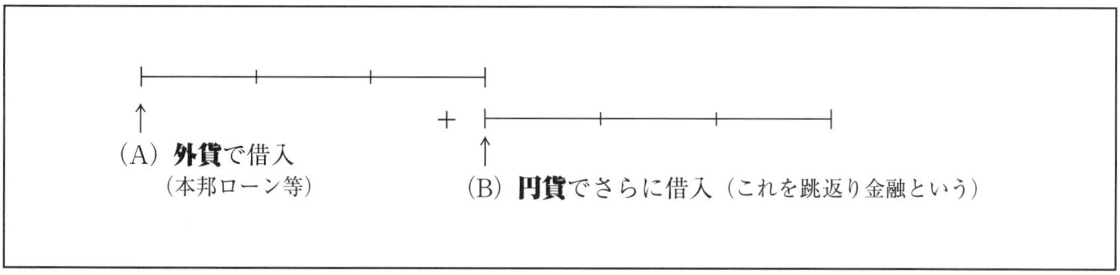

⑧　**その他**(補足)

この他にも、国際協力銀行(以前の輸銀／日本輸出入銀行)や日本開発銀行等が行っている輸入促進のための、原則１年から10年の輸入融資制度としての協調融資等もある。

このように、貿易促進のためにいろいろな金融制度が設けられている。

Guide !

融資を受けるときには、売買契約後における例えばL/C申込時等に前もって銀行にその旨申し出ることが原則である。決済時になって申し込むことも可能であるが、この場合には銀行により、より厳しく審査されることになる。

6．輸出金融 (Export Financing)

輸出貨物の代金を原資として、輸出に必要な生産、在庫、仕入れ等のための銀行が行う融資のことであり次のようなものがある。

⑴　**船積前輸出金融**（輸出前貨商業手形の仕入金融）

① **つなぎ金融**

輸出契約前の見込生産、集荷等のためのインパクトローンをも含めた融資である。実際に輸出するか否か実質的に不明瞭な場合に国内融資として行われる。

② **輸出前貸し（金融）**

輸出契約成立後の貨物の生産、加工、集荷等のための銀行による輸出者のための融資である。

輸出者が振出す**約束手形**による１回ごとの手形貸付による輸出前貸と、数は少ないが輸出当座貸越の形をとるものとがある。輸出代金回収により返済される。

⑵　**船積後輸出金融**（積荷代金の回収金融）

輸出手形の銀行買取りのことを、船積後輸出金融という。輸出者は、船積後に買取銀行により手形代金の割引をしてもらい代り金を受け取ることになる。

⑶　その他 (制度金融)

国際協力銀行の投資や、プラント輸出のための中長期金融としての協調融資や、主要都道府県が行う地域企業国際化融資等を挙げることができる。

まとめ問題10

第１問　次の文章は、外国為替に関するものである。その記述の正しいものは○印を、誤っているものには×印をつけなさい。

1．送金による取引代金決済の方法には、前払いや後払いによる方法がある。これらの決済方法は、資金移動の指図と資金の流れが逆であり逆為替といわれている。

2．銀行間における為替取扱に関する契約をCorrespondent Agreementという。そして、外国の取引先銀行のことをCorrespondent Bankという。

3．D/P、D/Aの表示のない手形は、D/A手形扱いとされるのが原則である。

第2問　次の記述は外国為替相場に関するものである。正しいものについては○印を、誤っているものについては×印をつけなさい。

1．外国為替相場には、売相場と買相場がある。この場合における「売り」とは銀行が、外貨を売ることで、「買い」とは銀行が外貨を買うことである。

2．T. T. Selling Rate は、輸出者がドルの小切手等を円に換えるようなときに適用される相場である。当該レートは、外貨の受取りと、円貨の支払いの間に立替金利のないものである。

3．At Sight Rate は、TTBレートから手形取立期間の立替金利を差引いた相場である。信用状付輸出一覧払い手形の買取り等に適用される。

4．Acceptance Rate は、TTSレートに手形取立期間の立替金利を加算（プラス）した相場である。信用状付輸入手形一覧払い決済相場とも呼ばれる。

5．外貨建取引において、輸出入の決済時期を早くしたり、遅くしたりすることを、リーズ・アンド・ラグスという。これは、例えばドル対円(日本が輸出者)の取引において、円高傾向にあれば輸入者の了解を得て決済時期を早くしたり（リーズ）、逆に円安傾向にあれば決済時期を遅くしたり（ラグス）することを意味している。

6．銀行間取引において、外国為替の売買が成立すると２営業日以内に受渡しが実行される。この為替相場を直物相場という。売買契約成立後、３営業日目以降の特定期間内に受渡しが実行される為替相場を、先物相場という。

第3問　次の文章は輸入金融に関するものである。その記述の正しいものには○印を、誤っているものには×印をつけなさい。

1．本邦ローンとは、信用状付の一覧払手形の決済時に限り外貨にて本邦の銀行から輸入者が融資を受けることができるもので、円高時に行うことが望ましい。

2．D/A 手形は、原則として取立手形として扱われる。この場合、荷主が輸入者にユーザンスを直接与え支払いを猶予することになるので、これをシッパーズ・ユーザンスと呼んでいる。なお、後払い送金の場合もシッパーズ・ユーザンスという。

3．つなぎ融資としての跳返り金融は、円貨にて行うものとされている。

第4問　次の文章は外国為替に関するものである。内容が正しくなるように下記の語群から( )に適当なことばをアルファベットで補いなさい。

1．当日の銀行間相場の直物相場から決められる相場で、銀行にとっては仕入値となるものを(①)という。また、輸出者が送金されたドルを円に換えるときに適用されるレートを(②)といい、輸入者が円をドルに換えて送金するときに適用されるレートを(③)という。

2．信用状付一覧払い手形に関して、輸出手形における買取銀行の買取りの際に適用される相場のことを(④)という。これに対して、信用状付一覧払い手形の輸入手形において、輸入者が決済するときに適用されるものを(⑤)という。

3．信用状のない D/P、D/A 手形取引においては、原則として取立手形として取り扱われる。しかしながら、銀行に対して輸出者の信用が厚い場合や(⑥)を付したときには（例外的に）買取りが行われる。

A. 信用状	B. 輸出手形保険	C. アクセプタンス・レート
D. アットサイト・レート	E. TTBレート	F. TTS レート
G. (対顧客)仲値	H. 信用状なし一覧払輸出手形買相場	
I. ユーザンス・バイング・レート		

解答と解説

第1問

解答

1－×　　2－○　　3－×

解説

1．送金は、資金移動の指図と資金の流れが、同じ(並行)であるため並為替と呼ばれている。

2．正しい記述である。

3．為替手形にD/P、D/Aの記載がない場合には、D/A手形としてではなく通常、D/P手形として取り扱われている。

第2問

解答

1－○　　2－×　　3－○　　4－○　　5－○　　6－○

解説

1．正しい記述である。売り(Selling)、買い(Buying)は銀行を主体としてネーミングされている。

2．本肢の場合は、TT Buying Rate (TTB / 電信買相場) の記述である。

3．信用状付一覧払い手形の買取時には、TTBレートからメール金利分として、例えば20銭マイナスしたレートが適用される。

(例)中心相場(仲値)を100円/米ドルとすると、

100円－1円＝99円(TTBレート)

99円－20銭(メール金利分)＝98円80銭／米ドル(アット・サイト・レート／A/Sレート)となる。

4．アクセプタンス・レートは、信用状付一覧払いの輸入手形に適用されるレートである。

(例)中心相場(仲値)を100円／米ドルとすると、

100円＋1円＝101円(TTS)、メール金利を20銭とすると、

101円＋20銭＝101円20銭／米ドル(Acceptanceレート／ACCレート)となる。

5．正しい記述である(但し、このように予想した通りに為替が動くとは限らない)。

6．正しい記述である。

第3問

解答

1－×　　2－○　　3－○

解説

1. 一覧払手形であれば信用付であるか否かは、問われない。本邦ローンは、円高時に輸入者にとって有利である。円安時には円シフトとしての直跳ねにより融資を受けるとよい。

2. 正しい記述である。

3. 正しい記述である。

第4問

解答

1―①―G.(対顧客)仲値
②―E.TTBレート
③―F.TTSレート
2―④―D.アット・サイト・レート
⑤―C.アクセプタンス・レート
3―⑥―B.輸出手形保険

Attention !

貿易取引における「**アクセプタンス／Acceptance**」の意味は、下記の4つのケースがある。よく整理しておきたい。

1 **契約**におけるアクセプタンス →「**承諾**」のことである。
2 **手形**におけるアクセプタンス →「**引受け**」のことである。
3 **為替**におけるアクセプタンス・レート →「**一覧払輸入手形決済相場**」のことである。
4 **輸入金融**におけるアクセプタンス方式 →「**外銀ユーザンス**」のことである。

第11章

（貿 易）ク レ ー ム

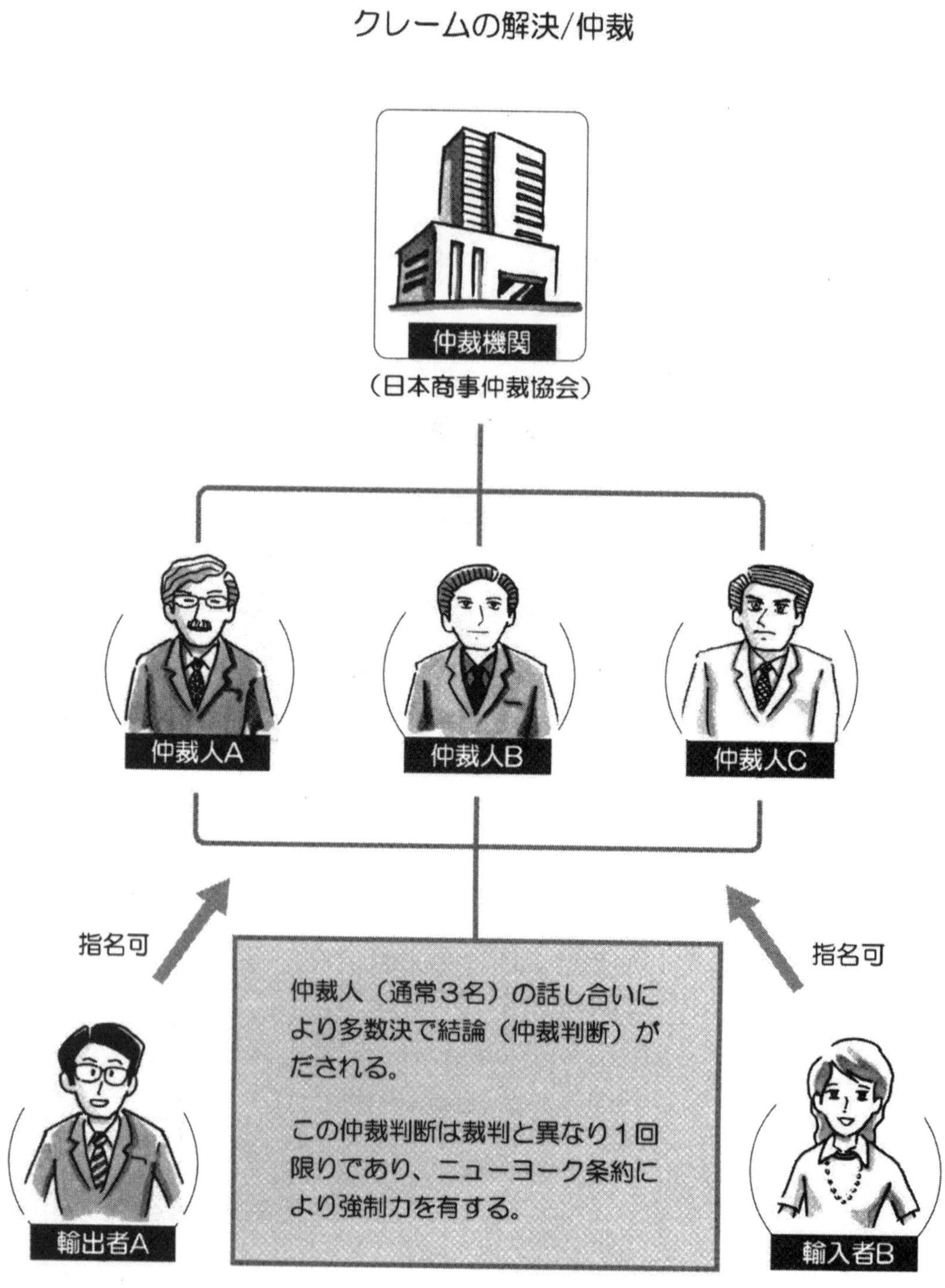
クレームの解決/仲裁
仲裁機関
（日本商事仲裁協会）
仲裁人A
仲裁人B
仲裁人C
指名可
指名可
仲裁人（通常3名）の話し合いにより多数決で結論（仲裁判断）がだされる。
この仲裁判断は裁判と異なり1回限りであり、ニューヨーク条約により強制力を有する。
輸出者A
輸入者B

What's the Point?

クレームは、**1.運送クレーム**、**2.保険クレーム**、そして、**3.貿易クレーム(売買クレーム)**の３つに分けることができる(下図参照)。

運送中の事故等による貨物の損害に関しては、運送クレームと保険クレームにて対応することができる。しかし、損傷の原因が船積前にあるもの(売買契約上の品質、数量、納期に関するトラブル及び輸出者責任による梱包の不備等)の場合には、輸入者は貿易クレームとして輸出者に対して損害賠償等を請求することになる。

ここでは、主に**貿易クレーム(売買クレーム)**に関して、その解決方法等を含めて学習したい。

一般的にクレームは、次のように分類することができる。

- クレーム
  - **1．運送クレーム**　(予備クレームと本クレーム／444頁参照)
  - **2．保険クレーム**　……176頁参照
  - **3．貿易クレーム**
    - (1) 一般的クレーム (次頁参照)
    - (2) 不当クレーム
      - ①**マーケット・クレーム**
      - ②計画的クレーム

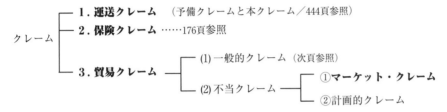

1．運送クレーム (Freight Claim)

貨物到着後に、直ちに損傷 (Damage) や数量不足 (Shortage) ／不着 (Non-delivery) に関して検査 (在来船では到着前に事故等が判明していれば損傷検査のみならず艙口検査 (Hatch Survey) も含まれる) が実施される。この場合、当該事故等が運送人責任であることが明らかであれば、この時点で運送クレームを行うことができる。

但し、運送人の責任が明確でない場合には、荷主 (積地条件時は輸入者／揚地条件時は輸出者) は、速やかに運送人に**事故通知** (Notice of Loss on Damage) を行い、その後書面にて**予備クレーム** (Preliminary Claim) を通知して将来の求償権を確保する。これを**運送クレーム**という。

2．保険クレーム (Insurance Claim)

保険が付保されている場合には、荷主は事故通知と予備クレーム (運送クレーム) の後、保険会社の事故通知が行われる。これを保険クレームという。保険金が支払われた場合、保険会社により荷主に代わって運送人に**本クレーム** (Final Claim) が行われる。

3．貿易クレーム (Trade Claim) までの流れ

(イメージ)

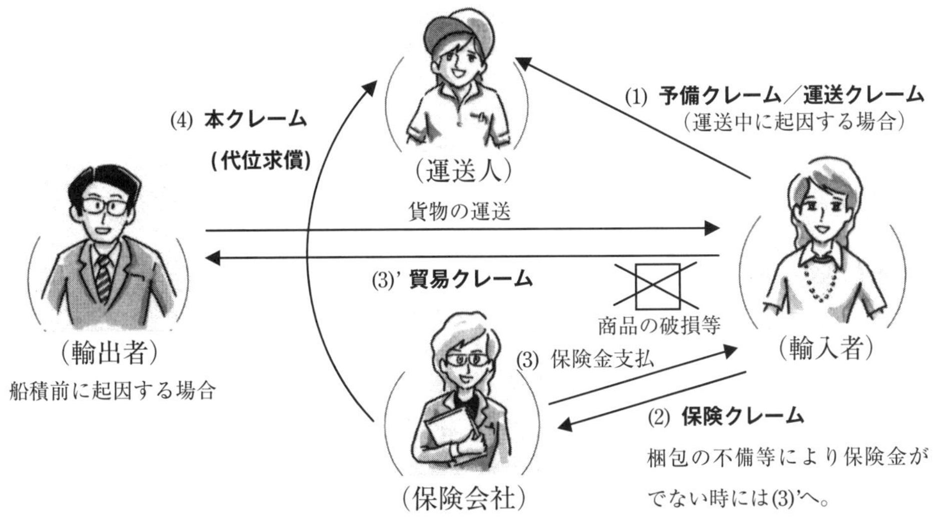

貿易クレームとは、契約当事者の一方（通常、輸入者）が、相手方の契約不履行や契約違反（品質、数量、納期等に関するもの）に対して金額等を明示して、**損害賠償の請求等**をすることである。また、**コンプレイン**とは、損害賠償には至らないものの、相手方に苦情 (Complain) として**不平、不満、改善策**（時として感情的なもの）をいうことを意味している（広義のクレームはコンプレインをも意味する場合もある）。

感情的な不平、不満を解決することは、時としてやさしいものではない。また、不平、不満の積み重ねがクレームに発展していくこともある。クレームが発生した場合には、そのことのみを解決するばかりでなく、なぜそのようなクレームが発生したのか、その原因をつきとめて今後発生しないように必要な対策を講じることができて、クレームが解決したといえよう (管理職を含めて充分に理解していてもその実行は時として難しいものである)。

(貿易) クレームの種類

⑴ 通常の貿易クレーム

相手方の契約不履行により生ずるもので、次のようなものがある。

① 輸入者から輸出者へのもの **(Buyer's Claim)**。

(i) **数量不足**

検量証明書によりしっかりと輸送中に生じた旨を証明することができれば保険クレーム（運送クレームを含む）により処理することもできる。しかし、船積前に起因するものは保険では対応できない。

(ii) **品質不良**（及び規格検査）

最も多いクレームのひとつで、輸出者の責任（両者の了解不足）による場合が多く、この場合には保険クレームでは対応できない。

輸入者は、サンプルを保管し、また、「不良品証書」を作成し、商工会議所のサイン証明、又は、公証役場の印を取得しておくとよい。

(iii) **船積の遅延等**

輸出者による船積の遅延に起因する商品の遅延は保険クレームの対象外である。この場合、(貿易) クレームの対象となる。

(iv) **梱包不備による損傷等**

(v) 法規 (輸入国内法) に違反等

上記のうち (ii) 品質不良と (iii) 船積の遅延等に関するものが実務ではとくに多いので留意したい。

（貿易）クレームとは、通常、輸入者が輸出者に到着貨物が契約内容と相違している場合に行われるものである。しかし、下記のように輸出者から提起する場合もある。

② 輸出者から輸入者へのもの **(Seller's Claim)**

(i) 代金の不払い（遅延を含む）

(ii) 信用状不着（遅延を含む）

(iii) (i)、(ii)等による契約の解除

(iv) 法規違反 (輸入承認不備) 等

⑵ 不当クレーム

① **マーケット・クレーム (Market Claim)**

輸入地において契約した商品の価格が値下がりする等マーケットに変化をきたし、当初の利益が見込めなくなったため、あるいは損失が予想されるためささいなことを誇張して、又は、他の理由をこじつけて、値引きや代金支払拒否 and/or 商品引取りをしない旨のクレームをすることをいう。

一方、輸出者のマーケット・クレームとして売り渋りや契約価格増額要求等もある。

② 計画的クレーム (Planned Claim)

例えば輸入者が初めから巧妙に計画を企てて、商品を受け取った後でクレームをして商品をだまし取ったり、損害賠償を請求したりすることをいう。

このような不当クレームと思われる場合には、代金の多少もあるが輸出者として断固とした対応が望まれる。

Guide ！

(i) クレームの防止方法

クレームの対応として大企業等においては、専門家に契約書をチェックさせたり、対応策を相談したりしている。その他にもクレームをより少なくする予防策として次のようなことが考えられる。

(イ) 契約書の充実

(A) 国際ルール (インコタームズや信用状統一規則等) の活用

(B) 誤解のない表現

(C) クレームの解決方法および準拠法等の明記

(ロ) 信用調査の徹底

契約内容を誠実に実行するか、信用力はあるのか等、相手先を選定することが何よりも大切なことである。

(ハ) その他

クレームの多くは、品質に関することと船積に関することが多いため、輸出者による品質管理の徹底と、いかに確実・安全に船積みするかがクレームをなくす重要なポイントとなる。

クレームの原因を究明し、その対応策を講じることも忘れてはならない。

(ii) 安易な謝罪はしないこと

相手からもし＄10万の賠償請求があった場合、＄1万で解決したい旨を安易に伝えたりすると、自分の非を認めたことになり、相手は、返って＄10万を強く請求してくることもありうるので充分留意したい。また、解決時には、これにて最終解決（“in full and final settlement”）とする旨をも書面にしてよく確認しておくことが将来的なトラブルの防止策となる。

4.（貿易）クレームの処理

貿易クレームは、貨物が到着した後に、契約書にあるクレーム対応日数以内に (契約書に貨物到着後例えば30日以内とあれば**原則としてその期間内に書面にて**) 申し出ることが必要となる。通常、クレームは下記 (①～⑤) のように処理される。しかしながら、不当クレームの場合には、断固たる態度をもって相手方の申し出に対応すべきであり、このようなときに玉虫色の対応は避けるべきである。

クレームの対応方法

① **値引き**による方法

② **代替品**として現物を送る方法

③ 商品の**修理**による方法

④ **損害賠償金**の支払いによる方法

⑤ 上記の組み合わせによる方法

貿易クレームが請求されるまでの流れ

例えば輸出者にクレームが請求されるまでの流れは一般的には下記のような流れとなっている。

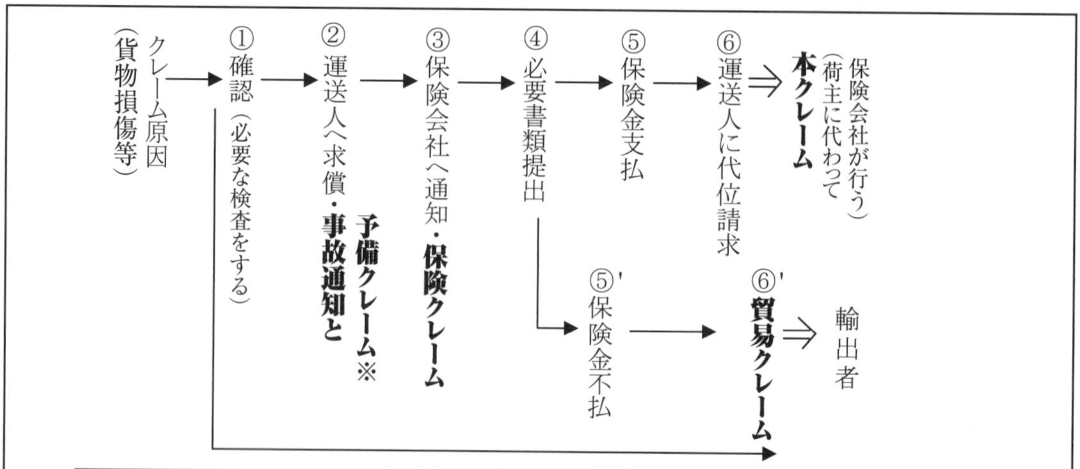

※

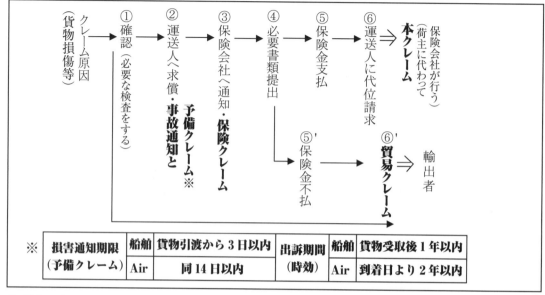

損害通知期限（予備クレーム）	船舶	貨物引渡から 3 日以内	出訴期間（時効）	船舶	貨物受取後 1 年以内
	Air	同 14 日以内		Air	到着日より 2 年以内

① 損害の確認

貨物の取引に際して、損傷や不足を発見した場合には、まず書類 (在来船ではカーゴ，ボート・ノート／コンテナ船ではデバンニング・レポート等) を確認して、**損傷等の旨をリマークとして記載**する。

② 次に、**運送人の責任が明確である場合**には、**直ちに事故通知と予備クレームをし、運送クレーム**の手続をとる。一方、**貨物受渡しまでに損傷等が発見できなかった場合**には**貨物受領日**（運送人からの引渡後）**より原則 3 日以内**（実務では 7 日から 10 日以内でも可であるが早い方がよい）**に運送人に事故通知**（Claim Notice / Notice of Loss or Damage 口頭でも可）そして、**予備クレーム**（Pretiminary Claims 通常、書面で）を行い求償するが、これを**運送クレーム**ともいう。

予備クレームに対して運送人がすぐに自己の責任を認めることは通常殆どない。このことは運送人の免責事由が多く認められているからである。運送人は、その旨を**弁償拒否状** (Rejecting Letter) により荷主に通知する。

③ 保険会社へ通知

荷主は、運送人に予備クレームをした後で、保険会社に**保険クレーム**（保険金の請求）をする。

④ 通知を受けた保険会社は、被保険受者により必要書類を提出させる。一定金額（保険会社により例えば 50 万円）以上の求償に関しては**鑑定人 (Surveyor) による鑑定が行われそして、鑑定報告書（Survey Report）が作成**される。なお、少額の場合には、写真と必要書類のみでこの鑑定は省略されることが多い。

⑤ 一定の基準にしたがって、保険金が支払われる。

⑥ 保険金が支払われた後、保険会社は、船会社にその責任がない場合を除き、損害賠償を輸入者に代わって代位請求する。これを、**本クレーム**という。

⑤'、⑥' しかしながら、船積前に起因する例えば、輸出者の**梱包の不備等**の場合には、保険金が支払われることはない。この場合には、輸入者は**貿易クレーム**として対応していくことになる。

Guide !

輸入者は自己の権利を留保しておくために、保険クレーム前であっても貿易クレームを予測して輸出者に予備的にクレームをすることがある。これは、契約書の裏面約款において、貨物受領後（例えば）30 日以内に輸入者は貿易クレームのための対応をしなくてはならない等と記載されているためである。この場合、輸出者はまずは保険会社の対応を確認するように促すとよい。

5. （貿易）クレームの解決手段

貿易クレームには、次のような解決手段がある。

(1) 放棄（Waiver）

クレームにおいて、自己の権利、主張を故意に放棄して相手のいうことに従うことがある。大切な顧客である相手とは商品代金位で争わず自己の商売に専念しようとするもので実務では（とくに我が国において)、決して少なくない解決法である。

(2) **和解** (Compromise)

クレームの解決策として、まず、当事者同志がＥメール、又は、FAX等により、また、必要に応じて直接会って良く話し合うことが大切である。これを和解という。基本的な解決手段のひとつである。

この方法により解決することがお互いに痼りを残さず友好関係を保ち易い。

しかし、両者の主張がどうしても折り合わない場合には、次のような解決策へと進むことになる。

(3) 斡旋 (Conciliation 又は Mediation ／どちらも使用されている)

当事者以外の第三者(商工会議所、領事館等)が、当事者からの依頼を受けて(時として斡旋案を示して)和解を促すことに力点を置く方法である。しかし、この方法には当事者に対して強制力がなく、貿易取引においてはほとんど使われていない。

(4) **調停** (Mediation 又は Conciliation ／どちらも使用されている)

第三者である調停人(Mediator)により、お互いの主張を聴取後、積極的に調停案が提示される。

しかし、この**調停案には強制力がない**（かつ、最終的なものでもない)。このため、この案を両者が受け入れるか否かは当事者次第となる。強制力がないことのメリットとしては、両者の今後の関係を友好的に保つことができうるため、この意味では望ましい方法であるといえよう。調停は、仲裁程多くは使われていないものの国（米国、中国等）によっては調停のメリットが最近になって注目されている。

上記(3)、(4)および次の(5)のことをADR（Alternative Dispute Resolution ／裁判外紛争解決手続）という。いずれの場合にも相手の合意が必要とされている。

(5) **仲裁 (Arbitration** ／国際商事仲裁（International Commrcial Arbitration）**)**

和解により解決できないときには、次のステップとして仲裁による場合が多い。仲裁では、第三者である**仲裁人** (Arbitrator/ 通常３名／貿易の専門家なので裁判より専門性があるといえる) **により仲裁判断 (Arbitral Award)** がなされる。これは仲裁裁定、又は、裁定(Award)とも呼ばれ、**強制力を有している**。従って、原則として当事者はこれに拘束される（かつ、最終的なものである)。この仲裁判断は、その国における裁判の判決と同じ効力(強制執行も可)を持ち、かつ、**最終的なもの(１回限り**／裁判と比較して迅速性があるといえる)となるため紛争解決策として多く使用されている。

このことは、仲裁により解決しようとする場合には、訴訟権の放棄であると理解することが一般的である（但し、仲裁判断取消訴訟を起こすことも可能ではある)。

世界の主な仲裁機関 ／ Arbitration Institution

日本	㈳**日本商事仲裁協会**、日本海運仲裁所
米国	**米国仲裁協会 (AAA** / American Arbitration Association)
英国	**ロンドン国際仲裁裁判所** (LCIA / The London Court of International Arbitration)
中国	中国国際経済貿易仲裁委員会 (**CIETAC** / China International Economic and Trade Arbitration Commission)
ICC	**国際商事仲裁裁判所** (International Commercial Arbitration Court)
シンガポール	**シンガポール国際仲裁協会 (SIAC** / Singapole International Arbitration Commission)

仲裁人による話し合い (原則3名／多数決により仲裁判断を決める)

契約者の仲裁約款記載の仲裁機関所属の仲裁人が選ばれる。

我が国における仲裁機関 (Arbitral Institution) としては、**(社) 日本商事仲裁協会**、日本海運集会所等がある。また、仏国にある ICC の**国際商事仲裁裁判所**やアメリカの米国仲裁協会 (**AAA**)、そして、英国のロンドン国際仲裁裁判所 (**LCIA**) が我が国においておなじみである。その他にも中国国際経済貿易仲裁委員会 (**CIETAC**) 等 (上海には **SHIAC** ／シンガポールには **SIAC** もある) がよく知られている。和解が不成立である場合には、仲裁に進むことができる。

仲裁により解決する場合には、仲裁人と仲裁機関を決める必要がある。仲裁を行う国をどこにするか (自国か相手国か第3国かそれとも被告地主義 (訴えられた国で行う／クロス式という) について、通常、契約時に決められる (仲裁地決定は当事者の力関係に左右されることが多い)。仲裁実施のためには、自国と相手国とが、仲裁に関する国際条約である**ニューヨーク条約**／外国仲裁裁定の承認と執行に関する条約 (447 頁) に加盟していなければならない (仲裁判断は、2国間通商条約によってもその執行を行うことができる)。

仲裁は**非公開**であり、実施にあたり当事者両者の**事前合意**が必要である (この事前合意により裁判より原則として仲裁が優先される／**妨訴抗弁**という)。合意は、契約書裏面の仲裁条項にて取り決められる。仲裁判断に強制力があるということは、ニューヨーク条約により相手国の裁判所が仲裁判断の内容を原則として承認してくれるためである。これにより、相手が従わないときには、強制執行の対象となる。

仲裁に関する国際条約締結国一覧表 (次頁) にあるように、我が国は、ジュネーブ議定書、ジュネーブ条約、ニューヨーク条約とすべてのものを締結している。この場合、最も新しい**ニューヨーク条約が適用**される (ジュネーブ議定書、**ジュネーブ条約は失効する**ことになる)。また、日本と他国との二国間で仲裁に関して通商条約として締結されることもある。二国間条約は、原則としてニューヨーク条約に優先する。現在、世界 120 カ国以上のほとんどの国々が、ニューヨーク条約を批准している (次頁参照)。

なお、仲裁には上記の仲裁 (機関仲裁 / Institutional Arbitration ／制度的仲裁ともいう) 以外にも、**アド・ホック (個別的仲裁 /Ad Hoc Arbitration** ／非機関仲裁) といって、仲裁機関を利用せずに仲裁人 (通常、3名) をまず決めてから解決しようとする方法もある (実務では、アド・ホックはあまり使用されていない)。

第11章

仲裁に関する国際条約・通商条約締結国一覧表

国名	ジュネーブ議定書 1923年	ジュネーブ条約 1927年	ニューヨーク条約 1953年	通商条約
アイルランド	○	○	○	
アメリカ			○	○
アルジェリア			○	
アルゼンチン			○	○
アルバニア	○			
アンチクア・バブーダ	○	○	○	
イギリス	○	○	○	○
イスラエル	○	○	○	
イタリア	○	○	○	
イラク	○			
インド	○	○	○	
インドネシア			○	
ウガンダ			○	
ウクライナ			○	
ウルグアイ			○	
エクアドル			○	
エジプト			○	
エストニア			○	
エルサルバドル				○
オーストラリア			○	
オーストリア	○	○	○	
オランダ	○	○	○	
カナダ			○	
ガーナ			○	
カメルーン			○	
韓国			○	
カンボジア			○	
ギニア			○	
キプロス			○	
キューバ			○	
ギリシャ	○	○	○	
クウェート			○	
グワテマラ			○	
クロアチア			○	
ケニア			○	
コスタ・リカ			○	
コートジボアール			○	
コロンビア			○	
サンマリノ			○	
ジブチ			○	
シリア			○	
シンガポール			○	
スイス	○	○	○	
スウェーデン	○	○	○	
スペイン	○	○	○	
スリランカ			○	
スロバキア			○	
タイ	○	○	○	
タンザニア			○	
チェコ	○	○	○	
中央アフリカ			○	

国名	ジュネーブ議定書 1923年	ジュネーブ条約 1927年	ニューヨーク条約 1953年	通商条約
中国			○	○
チュニジア			○	
チリ			○	
デンマーク	○	○	○	
トリニダードトバコ			○	
ドミニカ			○	
ドイツ	○	○	○	
トルコ			○	
ナイジェリア			○	
ニジェール			○	
日本	○	○	○	
ニュージーランド	○	○	○	
ノルウェー	○		○	
ハイチ			○	
パキスタン				○
バチカン			○	
パナマ			○	
ハンガリー			○	○
バハレーン			○	
バルバドス			○	
バングラデシュ	○	○	○	
フィリピン			○	
フィンランド	○	○	○	
ブラジル	○			
フランス	○	○	○	
ブルガリア			○	○
ブルキナ・ファソ			○	
ペニン			○	
ベラルーシ			○	
ペルー			○	○
ベルギー	○	○	○	
ポーランド	○		○	○
ボスニア・ヘルツェゴビナ			○	
ボツワナ			○	
ポルトガル	○	○		
マダガスカル			○	
マルタ	○	○		
マレーシア			○	
南アフリカ共和国			○	
ミャンマー	○	○		
メキシコ			○	
モーリシャス	○	○		
モナコ	○		○	
モロッコ			○	
ユーゴスラビア	○	○	○	○
ヨルダン			○	
ラトヴィア			○	
ルーマニア	○	○	○	○
ルクセンブルグ	○	○	○	
レソト			○	
ロシア			○	○

Guide !

(i) 契約書記載の仲裁条項の例（最終的かつ、双方を拘束する旨が記載される。）

"The Arbitral award shall be final and binding upon both parties."

この仲裁条項（紛争解決条項）は、**独立合意**（単独の契約）であるといわれている。このことは、紛争時に契約書全体が無効であるとされたとしても、当該条項に関しては、それとは切り離された（独立した）ものであると考えられ仲裁により解決が計られることを意味している。

(ii) ADRの費用

ADR（Alternative Dispute Resolution／代替的紛争解決／裁判以外の紛争解決）の費用はケースバイケースであるが、主に弁護士費用に調停でも200～300万円、仲裁では最低でも数百万円から1千万円以上かかることが少なくない。最近では非拘束的な調停と拘束的な仲裁を組合わせたミーダブ（Med-Arb／調仲ともいう）という解決方法もある（調停がだめなときには、仲裁に移行する方法又は、その逆もある）。

クレームにおいては、当事者の話し合いとしての和解による解決策が最も望ましい。それができないときには、原則として仲裁がよいとされている。しかし、特に米国、中国等においては強制力を伴わずに解決しようとする調停の良さが改めて見直されている（最近では、強制力のある仲裁をADRから除くという動きもある）。

(iii) 仲裁判断の取消

仲裁地（国・地域）によっては、仲裁判断取消訴訟により仲裁判断が取り消されるということもありうることである（仲裁判断も絶対的なものではない）。

(iv) 仲裁の証人尋問と簡易仲裁

おおよそ1億円を超えるような件案の仲裁においては、仲裁機関で証人尋問が行われることが少なくない。この場合には、当該尋問にどう対応するかが仲裁人に大きな影響を与えることになる（商品のクレーム等に関する仲裁の場合には、正確には簡易仲裁といって、通常、証人尋問は省略される）。

(v) 契約書の仲裁条項に原則として記載される項目

① 仲裁機関（又は、仲裁人）

② 仲裁地

③ 仲裁規則

(vi) 仲裁の特徴

仲裁のメリット
① 当事者が仲裁人（原則3名）を選ぶことができる。 ② 仲裁期間（1審制）が、裁判（3審制）と比較して短い。 ③ 仲裁人は貿易の専門家である。／裁判官は法律の専門家。 ④ 非公開である。／裁判は公開。
仲裁のデメリット
① 仲裁人の主観、価値観による仲裁判断(裁定)がでる。 ② 仲裁判断(裁定)内容が両者の主張を足して二で割るようなものとなりがちである。 ③ 仲裁判断(裁定)が最終的（1回限り）なものなので、上訴することができない。

⑺ 仲裁の交渉方法

仲裁の交渉には、決裂の可能性の高い Competitive Negotiation（競合的交渉）と、円満解決／共有関係（Win-Win 関係）の構築をめざして、合意の可能性の高い Collaborating Negotiation（協調的交渉）とに分けられる。貿易取引時の交渉においては、前者で警告をしつつ、後者で解決策を示すという戦法をとることもある。

状況により契約を解除する場合には、直ちに解除することは難しい。ウィーン売買条約（CISG）によると、重大な契約違反（Fundermental Breach）以外は、数週間の期間を与えなければならないと規定されている。

一方、あまりグズグズしていると、返って問題解決を難しくすることもありうる（例えば、機械類であれば錆びが発生してしまう等事案により異なる）ので留意したい。

仲裁にかかる費用は前頁でもふれたように、ケースバイケースではあるものの数百万円程の商品代金位で仲裁に持ち込むことは実務的にはお薦めではない。仲介人等の費用がそれ以上に嵩むからである。最低でも 500 万円（～ 1000 万円）以上の案件が多い。

但し、仲裁（又は裁判）に訴えると相手側に伝えることで、始めて相手側が話し合いのテーブルにのってくるという効果はある。

実務では紛争の 9 割以上が話し合いにより解決されている。

⑹ **訴訟** (裁判 /Litigation/Lawsuit)

裁判所に当事者の一方が訴訟した場合には、裁判における和解と判決とがある。判決に不服があるときは 3 審制度を背景としてかなり長期化することもある。費用や手続き面さらには、法廷地、準拠法の面でも煩雑なものとなる。また、**A 国における裁判の判決が B 国の裁判所においても承認されるとは限らない。**

承認されない場合は、A 国の判決は B 国においては強制力を有することはない。従って、訴訟による解決策は、一部の重要案件を除き貿易取引ではあまり使われることはない。しかし、その企業にとって、どうしても譲れない事案、又は、仲裁では好ましい結果が認められなくても、裁判なら認められそうな事案の場合には、裁判に訴えるということにもなる。

まとめ問題 11

第1問 次の文章は、クレームに関するものである。その記述の正しいものには○印を、誤っているものには×印をつけなさい。

1．貿易クレームとは、契約締結後に貨物が運送中に損傷した場合、保険の被保険者が運送人に予備クレームを行い、そして保険会社に保険金を請求することである。

2．貨物破損等による運送人への事故通知は、荷主が貨物を受領した後、原則として５日以内に行うものとする。これを運送クレームともいう。

3．貿易クレームは、通常、売主責任による梱包の不備等に主たる原因があるような場合、買主が売主に対して損害賠償を求めることである。

4．クレームの解決手段として、まず和解を挙げることができる。和解により解決できない場合の有力な解決手段としては、調停を挙げることができる。この場合における調停案は、強制力を有していると解されている。

5．仲裁における仲裁判断(Arbitral Award)は、通常、強制力を有している。仲裁に関する国際条約としては、ワシントン条約等がある。

6．仲裁は、事件の審理が非公開であり、仲裁判断（仲裁裁定）が下されるまでの期間が比較的短く、また、１回限りの最終判断なので、裁判と比べて迅速な解決が可能となる。

7．契約書において仲裁合意がすでにある場合には、裁判よりも原則として仲裁による解決が優先される。仲裁は非公開とされている。

8．裁判の判決がでれば、相手国においても判決内容に従って強制執行等をかけることが例外なく可能となる。

9．マーケット・クレームは、不当クレームではなく輸入者の正当なクレームである。

第2問 次の記述はクレームの仲裁について述べたものである。内容が正しくなるように(　　)に適当な記号を下記から選びなさい。

クレームには、保険クレーム、貿易クレーム、マーケット・クレーム等があり、その解決方法としては、和解、調停、仲裁、訴訟等が挙げられる。これらのうちで一般的に多く用いられているのが和解と仲裁であるといわれている。

主な仲裁機関として、我が国においては(１)がその役割を果たしている。海外においては(２)の国際商事仲裁裁判所やアメリカの米国仲裁協会(AAA)、英国のロンドン国際仲裁裁判所(LCIA)、中国国際経済貿易仲裁委員会(CIETAC)等が有名である。

また、仲裁に関する条約としては、(３)条約等がある。

A.ウイーン	B.ニューヨーク	C.香港
D.日本商事仲裁協会	E.国際商業会議所／ICC	F.経済産業省
G.国土交通省	H.JETRO	I.ワシントン

解答と解説

第1問
解答

1－×　2－×　3－○　4－×　5－×　6－○　7－○　8－×
9－×

解説

1．貿易クレームとは、保険クレームの対象とならない船積前による品質不良、数量不足、梱包の不備等の場合に、買主が売主に損害賠償金を請求することをいう。本肢は保険クレームの記述である。

2．海上運送人への事故通知は、船荷証券の裏面約款により貨物引渡し（荷主受取後）から原則として、3日以内にすることになっている。
また、航空機の場合は、14 日以内と規定されている。

3．正しい記述である。売主による梱包の不備等は、売主の責任であるため保険会社の免責事由とされている。

4．調停人による調停案は、仲裁判断（Arbitral Award又は裁定／Awardという）と異なり強制力を有していない。

5．仲裁に関する国際条約は、ワシントン条約ではなくニューヨーク条約である。

6．正しい記述である。我が国における仲裁の件数は、欧米、中国等と比較するとかなり少ない。争い事を好まない国民性のためもあるといわれている。

7．正しい記述である（合意がある場合、仲裁が原則として優先されることを妨訴抗弁という）。

8．相手国の裁判所が自国の判決内容を認めなければ、強制執行等をかけることはできない。仲裁の場合には、ニューヨーク条約により裁判所は通常、その判断内容を尊重し承認してくれる。

9．マーケット・クレームは、輸入地のマーケットの変化等に起因する不当クレームの一種である。

第2問
解答

1－D. 日本商事仲裁協会
2－E. 国際商業会議所／ICC
3－B. ニューヨーク

第 12 章

日本をとりまく世界情勢

世界の一員としての日本

What's the Point?

WTO をはじめとして**貿易に関する各種の条約や協定**が、戦後の我が国の貿易取引において大きな影響をもたらしている。従って、これらを理解することは、国際的な商取引に携わる者として必要なことであると思われる。

併せて、貿易取引において、物を製造し販売するということに関していろいろな形態をとって実施されている。これら**貿易形態**に関する主なものについても学習していきたい。

1．国際貿易体制

(1)　通貨と金融の流れ

1944年7月、英米等の連合国35カ国により米国ニューハンプシャー州のブレトン・ウッズにおいて第二次大戦により混乱している財政金融、および国際通貨金融等に関して今後どのようにすべきかの話合が行われた。この結果、国際通貨基金(ＩＭＦ／本部米国ワシントン)と国際復興開発銀行(ＩＢＲＤ／世界銀行)を設立すること、そして、国際的な通貨体制(固定相場－¥360/$やＩＭＦの融資等)を安定させ、為替の切り下げ競争の防止等を図ることと等が取り決められた。これを**ブレトン・ウッズ協定**(Bretton Woods Agreement)という。そして、同協定により設立された機関(ＩＭＦ／国際通貨基金やＩＢＲＤ／国際復興開発銀行)のことを、ブレトン・ウッズ機関という。ＩＭＦには現在150カ国以上の加盟国があり、日本は1952年に加入した。戦後、＄35／オンスで金と交換可能な米ドルを基軸通貨とした**固定為替相場体制**が敷かれ、我が国においては、米国GHQにより1949年1ドル＝360円という固定相場が敷かれることになった。

ブレトン・ウッズ協定以前においては、1870年代以降ヨーロッパの主要国(ドイツ、フランス等)においても金本位制がとられていた。しかし、英国がこれよりも先行して金本位制を敷いていたため英国のロンドンが世界の決済取引の中心となっていた。ところが、1914年の第1次世界大戦の勃発により金本位制は停止状態となり、英国は世界金融の中心から少しずつ外れ始め、第2次世界大戦に向けて次第に米国を中心とした金本位制(1オンス＝35ドル)がとられるようになった。

ブレトン・ウッズ協定を背景に1960年代までは例えば、我が国の1ドル＝360円という固定相場体制(日本にとって円安の時代)は、少なくともそれなりに機能していた。しかし、ベトナム戦争等による米国経済の悪化を引金として、ドルと金の交換性停止の噂が流れそしてこれにより金の二重価格制へと繋がっていった。

① 1971年8月15日ニクソン大統領による**ニクソン声明(ニクソン・ショック)**が発表され、米国はドルと金との交換をついに停止し固定相場制を変動相場制へと移行した。このため、ドルの価値はますます流動的なもの(**ドル安／円高**)と変化していった。結局、ニクソン声明により、世界における主な通貨は変動相場制へと移行した。

Guide !

ニクソン声明の主な内容

(i) 固定相場制を廃止し変動相場制とする。

(ii) ドルと金の交換性を廃止する。

(iii) 貿易収支改善のため米国の輸入品に対して関税以外に10%の課徴金を課す。

(iv) インフレ抑止のため賃金および物価を90日間凍結する。

1971年12月のスミソニアン協定による固定相場制(1オンス＝38ドル、1ドル＝308円)への復帰も試みられたが、結果的にうまく行かずその効果は短期で終了することとなる。

そして、1973年のオイル・ショック(第一次)をきっかけとして、先進主要諸国の通貨は、さらに、追討ちをかけるように変動相場制へと次々に移行した。

② その後、1978 年にタイミングをみてカーター大統領が米国を中心として徹底した協調介入によるドル高を示唆する旨の**カーター声明（カーター・ショック）**を発表した。これによりドル安／円高の流れは一変（**ドル高／円安**）することになる。

③ さらに、1981 年以降レーガン大統領の**レーガノミックス**の実施により米国は双子の赤字をもたらす反面、**強いドル（ドル高）**をもたらすことには成功することとなる。

④ しかし、1985 年 9 月 22 日の**プラザ合意**(先進 5 ヶ国蔵相・中央銀行総裁会議（米、英、仏、西独、日）／ Group of Five ／ G5) において、ドル高による米国の輸出不振等を背景としたアメリカの対外不均衡解消 (対日貿易赤字の是正等) のためのドル高是正の協調介入について各国蔵相等による話し合いが行われた。このことにより相場は再び**円高（ドル安）**基調に転じることとなる (ドル／円レートは当該同意前日の ¥238 ／ $ が 1 年後には ¥150 台／ $ となっている)。

⑤ 1987 年には、1 ドル = 150 円を下回り、ここでまた G7 により、もうこれ以上のドル安は望まないとするルーブル合意が得られたものの、ドル安（円高）は 1988 年 1 月の 120 円台になるまで止まることはなかった。

⑥ その後しばらくの間ドルはドル高（円安）の局面を迎えていたが、1993 年に発足したクリントン政権のベンツェン財務長官による「円高容認発言」により再び円高となっていく。そして日本の貿易黒字と米国の貿易赤字の継続により 1994 年 6 月、ドルは対円で初めて 100 円を割り込んで、1995 年 4 月には 1 ドル = 79 円 75 銭（80 円割れ）を記録することとなる。

⑦ 円の対米ドル関係はその後、日本政府の緊急経済対策としての公定歩合の下げ等の金融緩和政策、そしてバブル経済の崩壊、また日本の金融システムの不信等により円安が進む (1996 年から 1998 年頃まで) こととなる。

⑧ そして最近の為替相場は、円高があったり円安があったりして今日に至っている。2008 年 10 月にはアメリカのサブ・プライムローンによる不動産バブルを背景としてのリーマン・ブラザーズの破綻等もあり我が国の為替レートは大きく円高傾向に転じていた。そして、2020 年に入り、トランプ政権の経済政策等により為替の方は、100 円～ 110 円台／ $ となっている。

⑨ しかしながら、中国武漢発生の新型コロナウィルスの影響により WHO がパンデミクスを宣言するに至り、世界同時経済危機の側面を有している。コロナの収束により、早期の経済回復が望まれるところである。

通貨（円／ドル）変動の流れ

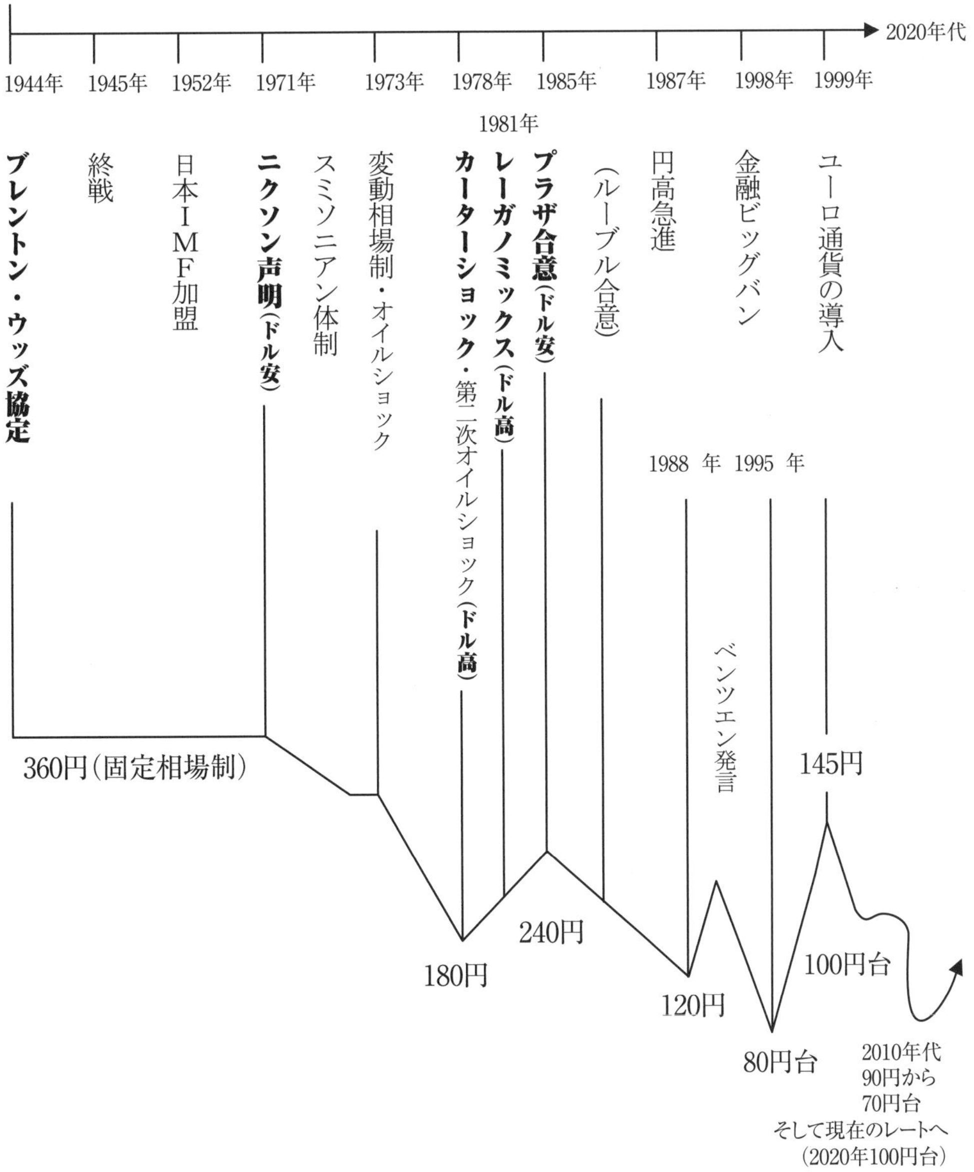

第12章

⑵　物の流れ(GATTからWTOへ)

① GATTの時代

通貨等に関しては、前述したブレトン・ウッズ協定が戦後重要な役割を果たしてきた。次に、貿易取引における貨物に関していえば、1947年ジュネーブで締結された**ＧＡＴＴ**（General Agreement of Tariffs and Trade／**関税及び貿易に関する一般協定**／ガットという）の役割を挙げることができよう。我が国のガット加入は1955年である。ガットは、第２次大戦の反省から世界経済は自由貿易を原則とし、その目的は、次に掲げる内容とされている。

「ガットの目的は①関税その他の**貿易障害を実質的な撤廃**および②国際通商における**差別待遇を廃止**（**最恵国待遇**と**内国民待遇**の２つの原則のことでこれを無差別の原則という）するための相互的な取決めを締結することにある。これによりガットの目的達成に寄与する。」としている（ガットの目的は、WTOの基本精神として引き継がれている）。

歴史的に見ると、ＧＡＴＴは国際貿易機構（ITO）設立のためのハバナ憲章（1948年）に代わるものとして位置付けられている。ＧＡＴＴ加盟国の話し合いにより解決できない問題があればＧＡＴＴに提訴することもできる。

GATT時代の多国間交渉（ラウンド）のあゆみ	交渉の内容
第１回交渉　(1947年) 第２回交渉　(1949年) 第３回交渉　(1950年) 第４回交渉　(1956年) 第５回ディロン・ラウンド　(1961年) 第６回ケネディ・ラウンド　(1964年～1967年) 第７回東京ラウンド　(1973年～1979年)	主に関税の引下げ等
第８回**ウルグアイ・ラウンド**（1986年～1994年） (全８回実施)	**①サービス貿易協定、② TRIPS協定、③農作物の自由化**
WTO設立（1995年１月）	

ＧＡＴＴのスローガンである多角的関税引き下げに関しては、各ラウンドで、例えば、ケネデイ・ラウンド（1964年から1967年）、東京ラウンド（1973年から1979年）、ウルグアイ・ラウンド（1986年～1994年）等の交渉の結果、関税が大巾に引き下げられている。

各ラウンドの中でも**ウルグアイ・ラウンド**においては、従来の「モノ」のみではなく新たに、① **サービスの分野**（金融、運輸、通信等）や ② **知的所有権の分野**、そして、③ **農作物の自由化等**が話し合われるに至っている。しかし、ＧＡＴＴ体制においては各国の意見が対立したままで、マラケシュ宣言により交渉が終了した。

ＧＡＴＴ体制下では、ＧＡＴＴの地位が暫定的であったり、また補足協定(関税の評価に関する協定等)の受諾が**各国の任意**であったりして、脆弱な面があったため、これらを改正して**より強力な国際機関**（承認事項は原則として強制的に執行する）を誕生させようとする機運が高まり、ウルグアイ・ラウンド終了の翌年の1995年１月GATTの精神をそのまま受け継ぎ、さらにそれを促進すべく**ＷＴＯ（World Trade Organization/ 世界貿易自由機関）が発足**することになった。

② ＧＡＴＴからＷＴＯの時代へ

WTOは、1994年モロッコのマラケシュにおけるマラケシュ協定を受けて設立されたものであり、World Trade Organization(世界貿易機関／ WTO)という。

WTOにおいては、WTO設立協定書の**複数国貿易協定**(民間航空機貿易協定、国産酪農品協定、政府調達協定のこと)**以外は**、その決定事項を原則として**加盟国は受諾しなければならない**ということになっている。このことはGATT時代には単なる政府間協定であったものがWTOにおいては条約として取り扱われている。

また、今までの**ＧＡＴＴの規定**(物の貿易に関する協定)はWTO設立協定付属書ＩＡとして、**そのままＷＴＯの１部として取り入れられている。これに加えて、サービス(付属書ＩＢ)や知的財産権の分野**(付属書IC ／ **TRIPS** (Trade Related Aspects of International Property Rights) **等がＷＴＯ体制において正式に取り入られている**。付属書1Aから付属書3までは原則として全加盟国にとって**一括承認事項**である。但し、**付属書4（複数国間貿易協定）については任意規定**とされている。

③ ＷＴＯ設立協定書付属書の内容

1Ａ. **物の貿易に関する協定**（GATTの内容） イ　関税譲許表 ロ　農業 ハ　繊維 ニ　スタンダード ホ　貿易関連投資(ＴＲＩＭ) ヘ　アンチ・ダンピング ト　補助金、相殺処置 チ　船積み前検査 リ　原産地規則 ヌ　ライセンシング ル　関税評価
1Ｂ.**サービス貿易に関する協定**
1Ｃ.**TRIPS協定**(知的財産権の貿易関連の側面に関する協定／Trade Related Aspect of Intellectual Property Right)
2.統一的紛争処理（紛争解決に関する規則および手続）
3.貿易政策レビュー・メカニズム（貿易政策検討制度に関する協定）
4.**複数国間貿易協定**(この部分に関する協定の実施は**各国の任意**である—民間航空機貿易協定、国際酪農協定、国際牛肉協定等)

④ WTOの基本精神

(イ) **貿易障害の実質的撤廃**
Ａ **関税の引下げ**（譲許税率／協定税率のこと） Ｂ **数量制限の撤廃**（輸入割当品目／IQ品目の撤廃等のこと）
(ロ) **無差別の原則**
Ａ 最恵国待遇 1国に与えている最も有利な待遇を他のすべての加盟国にも与えなければならないということである。 **Ｂ 内国民待遇** 輸入品と国内品の待遇は、関税をかけるということを除き差別してはならないということである。 さらに、WTOにおいては環境への配慮と開発途上国が貿易量を確保するための配慮が盛り込まれている（次頁Guide！(iv) Fair Trade参照）。

Guide ！

(i) WTOによる紛争解決手続

貿易取引に関する紛争時において、WTO加盟国は、まず当事者により二国間協議（最低でも60日間）を行うことになる。しかし、それでも解決しない場合にはWTO協定付属書2（紛争解決にかかる規則及び手続に関する了解）に基づきパネル（紛争解決小委員会／DSB／Dispute Settlement Body）の設置を要請することができる。また、これによるパネル報告が不服の場合には、上級委員会に上訴（再審査依頼）することもできる。そして、委員により、採択されDSB勧告となる。この勧告を相手国が実施しないときないは、申立国はDSBの許可を受け対抗措置を講ずることができる。

(ii) ネガティブ・コンセンサス

現在、WTOの採択方法は、「ネガティブ・コンセンサス」方式といって議長提案の議題に対して「加盟国が全員一致して反対しない限り採択される。」というやり方になっている。かつてのガット（GATT）の時代には「ポジティブ・コンセンサス」方式といって、加盟国が一致して賛成しなければ採択できないというやり方であり、このやり方では多くの案件が採択することができなかったためである。

(iii) WTOの限界

遡ればWTOのドーハ・ラランド（多角的通商交渉）は、2011年12月各国の利害関係の調整がつかないまま全体合意は当面断念するとする議長総括を採択して閉幕した。これによりWTOは袋小路に入ってしまったといわれており、日本にとってEPA等の重要性が一段と増している。

また、昨今のWTO改革として日米欧（特に米国）は、中国をターゲットとして自国優遇策に対して厳しく対応するための改革案（補助金／強制的技術移転／不当な途上国宣言等に関して）をWTOに迫っている。

WTOが米国および中国そしてその他の途上国の問題を総合的に解決することは、前途多難であり、WTOの上級委員会も機能しない状況にある。WTO改革のため米中を知る日本の活動も期待されている。

(iv) **フェアー・トレード**（公平取引／公正取引）

立場の弱い発展途上国の原料や製品を先進諸国の企業やNPO等が適正価格で継続的に購入しようとする運動で、途上国の生産者や労働者の生活改善と自立をめざしている。公正取引委員会の公正取引とまぎらわしいため「適正な報酬での取引」という表現もある。アジア、アフリカ、中南米等のコーヒー、バナナ、カカオ、手工芸品、衣服が主品目である。1960年代にヨーロッパから始まった。日本のスタートは1986年であるが2000年代に入りスターバックスコーヒーやイオン等のコーヒー販売そして多くのNPO等がこの運動に参入しており現在に至っている。

(3)　ＷＴＯによる日本の法整備

1995年GATTからＷＴＯへの移行に伴って、その存在は条約として法的に強化されている。この条約を受けて、我が国においても次のような法改正が行われている。

① 知的財産権侵害物品の水際取締り制度の整備

WTOのTRIPS協定に基づいて知的所有権の侵害物品に係る**輸入差止申立制度**が税関に導入され、対象物品の水際取締りがさらに適正かつ効果的に行われるための体制が構築されている。

（TRIPS協定の内容）

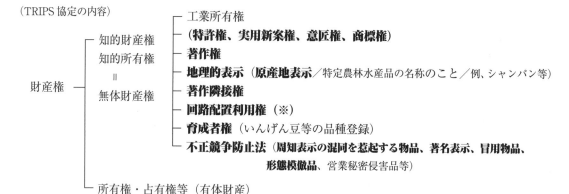

- 財産権
  - 知的財産権
知的所有権
＝
無体財産権
    - 工業所有権
（特許権、実用新案権、意匠権、商標権）
    - **著作権**
    - **地理的表示（原産地表示**／特定農林水産品の名称のこと／例、シャンパン等）
    - **著作隣接権**
    - **回路配置利用権（※）**
    - **育成者権**（いんげん豆等の品種登録）
    - **不正競争防止法（周知表示の混同を惹起する物品、著名表示、冒用物品、形態模倣品**、営業秘密侵害品等）
  - 所有権・占有権等（有体財産）

知的財産権とは、知的所有権とか無体財産権とも呼ばれている。具体的には、特許権、実用新案権、商標権、意匠権、著作権、著作隣接権、回路配置利用権そして育成者権等のことをいう。これら特許権等（回路配置権以外のもの）については、税関長に対して、その権利が侵害されていると認められる輸入貨物に対して、侵害物品である旨の認定手続を執るよう申し立てることができる。これを**輸入差止申立制度**（271頁参照）という。

この場合、輸入者がこれにより損害を被る恐れがあるときは、税関長は、**申立者に担保の提供を命ずる**ことができる。これを申立供託金という。さらに税関長は、特許法、意匠法に照らし、**特許権、実用新案権、意匠権に関しては**侵害の有無を**特許庁長官に意思を求めることもできる。**

> **回路配置利用権**（※）については、輸入差止申立制度ではなく**輸入差止情報提供制度**が認められている。この場合には、担保提供の必要はない。

2003年度より権利者による申立供託金とバランスを保つため特許権、実用新案権、意匠権に関しては、輸入者のための**解放金制度**（輸入のための担保金）が、そして、2005年度には音楽レコードの還流防止措置、特許権等の見本検査制度が導入されている。また、2007年度には、**輸入してはならない貨物および輸出してはならない貨物**（不正競争防止法上の侵害物品を含む）として外為法から関税法に移行して輸出入に関する規制が強化されている。

その他不公正な貿易を是正するために、相殺関税、不当廉売関税(アンチ・ダンピング関税)、緊急関税、報復関税等が特殊関税（297頁参照）として整備されている。

② 関税割当制度 (Tariff Quota ／ TQ 品目／ 298頁参照 **)**

輸入数量制限の撤廃は、我が国においても関税自由化（暫定措置法の整備）という形で主な農作物(米、とうもろこし、でん粉、落花生、こんにゃく芋、雑豆等)に適用されている。これらの農作物の関税自由化のひとつとして、関税割当制度(Tariff Quota)が挙げられる。また、その適用産品はTQ品目と呼ばれている。

関税割当制度とは、必要輸入数量(ミニマム・アクセス／関税割当数量＝国内需要量－国内生産量(原則))までは、一次税率(低い税率または無税)を適用し、それを超えた分については二次税率(高い税率)を適用して輸入することを可能としている。このことは、輸入数量制限を撤廃していることを意味している。あわせてこの制度は、**二重税率制度により消費者と生産者の調和**をはかることをも目的とされている。

この一次税率のための関税割当証明書の申請方法には、先着順方式と過去の輸入実績に基づく事前割当方式とがあるが、我が国においては、すべて後者の方式が採用されている。ＷＴＯにおける米国との農作物交渉において我が国は、さらなる関税率引下げと関税割当制度の一次税率（ミニマム・アクセス／WTOにおいて日本に義務付けられた輸入枠）の拡大の早期実行を迫られている。

外為法における輸入承認を必要とする**輸入割当制度(Import Quota/IQ品目)と関税割当制度(Tariff Quota ／ TQ品目)の相違点として、輸入割当制限は、数量制限であるがこの関税割当制度は数量制限ではない**ということはすでに学習した。TQ品目は、IQ品目とはその関係が深くその意味からするとTQ品目は、IQ品目を自由化するまでの掛橋（猶予措置）のようなものである。関税割当制度（TQ品目）に関しては第7章輸出入通関を、輸入割当制度（ＩＱ品目）に関しては第8章外為法を参照されたい。

③ その他関税率の改正

ＷＴＯ設立以来、我が国の鉱工業品や水産品等の関税率は、毎年引き下げられ今では、全貨物の関税率の平均は欧米の先進国並となっている。

一方、我が国の生活用品の関税率がまだ高いという批判は内外に一部残っている。

国内産業の保護のため多くの国にみられる農産物の補助金制度や輸入課徴金等は、保護貿易といって自由貿易とは相対する動きである。但し、各国政府は、食料の自給自足をどうするのかという側面も考慮しなくてはならない。

⑷　**世界の主な自由貿易地域**

世界の国々は必要な輸入品に関税をかけることにより自国産業を保護しようとしている。しかし、WTOにおいては関税等の制限を貿易障壁といって、必要以上に関税等をかけることを保護貿易主義として厳に戒しめている。障壁を除いて自由貿易を促進した方が長い目では物やサービスの行き来が増加し経済を活発化することができるからである。しかしながら、現実的に考えてみると自由貿易を世界中のすべての国々において同時進行的に押し進めることは難しい。そこで、可能な所（地域）から実施して行こうということで、現在、次のようないくつかの**自由貿易地域(Free Trade Area)**が存在する。

① **ＥＵ(欧州連合**/European Union/1993年)

かつてのEEC(欧州経済共同体/European Economic Community)、ECSC(欧州石炭鉄鋼共同体/European Coal and Steel Community)、EURATOM(欧州原子力共同体/European Atomic Community)が、1967年にEC(欧州共同体/European Community)として統合された。その後1993年ローマ条約が改正され**マーストリヒト条約**(欧州連合条約／オランダにて調印／ローマ条約＋安全保障等)が発効し、より緊密な関係を有する**EU(欧州連合/European Union)**が発足された。EUは政治、経済、金融等の面でより安定するために、当初の参加15ヵ国がより**強固な統合**をめざしたものである。アメリカを中心としたNAFTAを強く意識したものでもある。

EUでは、2002年より統一通貨として**ユーロ**（EUR／EU 19国参加）が導入されている（但し、デンマーク、ブルガリア、ポーランド等の8国はユーロを使用していない）。

2017年のEUのGDPは約17.3兆USドル（約3.5万USドル／人）であるが、その後年２％前後経済成長率（GDP）は鈍化している。

最近に至り、移民問題等を背景に今後のEUの結束が懸念されている。実際、英国（UK of Great Britain and Northern Ireland）のジョンソン首相は2020年１月末日にブレクジット（Brexit／英国のEU離脱）を実行している。現在、英国は、EU等との新協定に向けて協議中である。新協定に移行期間中は現行の税率が適用される。なお、北アイルランドとスコットランドではEU残留派が多く英国からの独立論が根強くある。日本との関係では、日英EPAの発効が2021年１月に又、英国のTPP11参加予定もある。

EU加盟国一覧（2020年９月現在）

オーストリア、ベルギー、ブルガリア、キプロス、チェコ、ドイツ、デンマーク、スペイン、エストニア、フィンランド、フランス、ギリシャ、ハンガリー、アイルランド、イタリア、リトアニア、ラトビア、ルクセンブルグ、マルタ、オランダ、ポーランド、ポルトガル、ルーマニア、スロバキア、スロベニア、クロアチア、スウェーデンの27ヶ国（**英国はEUを離脱した。**）

② ASEAN（東南アジア諸国連合／Association of South-East Asian Nations/1967年）

参加国はインドネシア、マレーシア、フィリピン、シンガポール、タイ、ブルネイ、ベトナム、ラオス、ミャンマー、カンボジアの10国である。政治、経済、文化，行政等の域内における協力体制をめざしている。

2015年、アセアンはアセアン（経済）共同体（Asean Economic Community/AEC）を設立した。これはアセアン内の格差是正のためさらに人･物･金を自由化させようとするものである。タイ、マレーシア、シンガポールにメリットが大きいといわれている。

アセアン＋3	アセアンに**日本、中国、韓国**が加わったもの。
アセアン＋6	アセアン＋3に**インド、オーストラリア、ニュージーランド**が加わったもの。
アセアン＋8	アセアン＋6に**米国、ロシア**が加わったもの。
APEC	アセアン＋8にカナダ、メキシコ、チリ、ペルー、香港、台湾、パプアニューギニアが加わったもの。

Guide!

日本、中国、アセアンのGDP比較（出所：IMF2019年）

名目GDP	日本（約５兆ドル）	中国（13.4兆ドル）	アセアン（約３兆ドル）
１人当たり名目GDP	日本（39,306ドル）	中国（9,608ドル）	アセアン（4,509ドル）
総人口	日本（1.2億人）	中国（13.9億人）	アセアン（4.5億人）

③ APEC（アジア太平洋経済協力／Asia-Pacific Economic Cooperation/1989年）

アメリカ、カナダ、オーストラリア、ニュージーランド、中国、香港、台湾、韓国、シンガポール、マレーシア、ブルネイ、ベトナム、タイ、フィリピン、インドネシア、パプアニューギニア、メキシコ、チリ、ペルー、ロシアそして、日本からなる太平洋を囲む地域の自由化促進地域でありEUと異なり穏やかな統合が特色となっている。現在、上記の**21メンバー**（エコノミーという）が参加している。関税、非関税障壁、サービス、投資等の自由化および円滑化をめざしている。原産地規制や関税評価の問題等ＷＴＯとからむ議題も多く取り上げられている。

④ CPTPP（Comprehensive and Progrresive Agreement for Trans-Pacific Partnership／包括的及び先進的な環太平洋連携協定）

米国が抜けた**TPP11**（オーストラリア、カナダ、ブルネイ、ニュージーランド、マレーシア、メキシコ、チリ、ペルー、シンガポール、ベトナムそして、日本）のことを**CPTPP**という。台湾、タイ、コロンビア、英国、韓国、インドネシア、フィリピン等の国々もCPTPP参加に興味を示しており、又、新メンバーを入れたいため、TPP11と数字で呼ばないようにしている。

CPTPPは、世界GDPの13%（約10兆米ドル）、世界貿易額の15%を占めている。CPTPPの加盟国の殆どが日本とEPAを締結しており、その意味ではカナダとニュージーランドが新メンバーである（多国間FTAのことをメガFTAという)。

TPP加盟の2国以上の原料を使用して製品を生産した場合、この原料にも又、製品にも関税等が免除されるため原材料等の調達がよりし易くなる(累積原産地制度が使用できる)。さらに、CPTPPを日本主導により加速することで、RCEPそして、FTAAPにおいて我が国がより有利な立場を確保するという狙いもある。

⑤ **RCEP** (Regional Comprehensive Economic Partnership／東アジア地域包括的経済連携)

RCEPとは、ASEAN(10か国)プラス日本、中国、韓国、オーストラリア、ニュージーランド、インドの16国の経済連携構想である。RCEP参加国は､2020年までに加盟国の署名(合意)をめざしているが、特にインドが対中国の貿易赤字が大きい等として難色を示している。実現すれば、世界人口の約半分(34億人)、世界GDPの30%(20兆米ドル)、世界貿易額の約30%(10兆米ドル)を占める広域経済圏が実現する(インドが抜けると人口で約4割減、GDPで約2割減となる)。

アメリカが保護主義に走る中で、RCEPの存在価値は以前に増して高まっている。一方、RCEPはCPTPPほど質の高い内容ではない(関税の削減や撤廃、知的所有権や電子商取引のルール等に関して中国、インドがどれ位実行できるのかという疑問が残る)。従って、RCEPにはCPTPP並のレベルは期待できない。

しかしながら、中国をRCEPに組み入れることにより曲りなりにも自由貿易体制を推進することになり、このことは大いに意義のあることと思われる(WTOは、ネガティブ・コンセンサス主義を敷いているため、中国等が反対すれば、合意することができないため、WTO以外での貿易に関するルール作りが必要とされている。これがRCEPの役割でもある)。

交渉参加国の間には、インド抜き合意も検討されているが、我が国は、この動きに反対している。

⑥ **FTAAP** (Free Trade Area of the Asia-Pacific／アジア太平洋自由貿易圏)

CPTPPとRCEPとをあわせたアジア太平洋地域における拡大EPA(**拡大TPP**ともいう)である。APEC加盟国(全21エコノミー)をメンバーとした一大自由貿易圏(日本、米国、中国を含む)となる。実現すれば、世界GDPの60%を占めるメガEPAとなる(但し、主に貿易(物とサービス)と投資等に限定されており、CPTPPのように質の高いものではない。しかし、その規模からして存在価値は大きいといわれている)。

2006年のAPEC首脳会議で提案された自由貿易圏構想であるが、当該構想が実現すれば、さらなる広範囲における地域間の貿易の自由化につながるものと期待されている。

CPTPPはすべてAPECの参加国

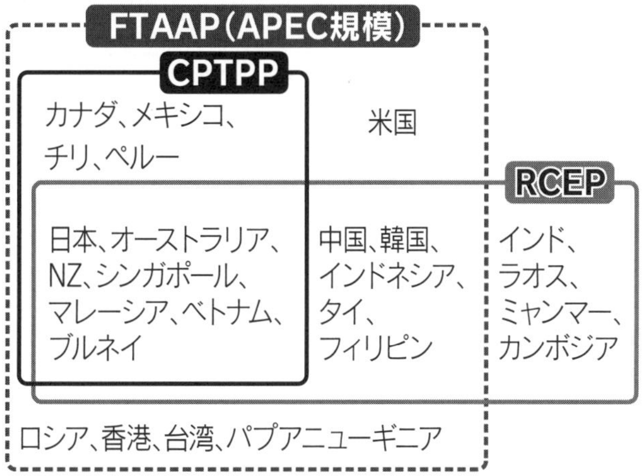

出所：日経新聞

⑦ **USMCA**（US Mexico Canada Agreement ／米国・メキシコ・カナダ協定／新ナフタ）

1994 年発効の NAFTA（North Atlantic Free Trade Area ／北太平洋自由貿易地域）に代わって 2019 年 12 月修正合意（2020 年発効予定）の**新 NAFTA** のことを USMCA という（カナダでは CUSMA と、メキシコでは T-MEC という）。

米国の意向により米国への乗用車輸入台数に数量規制を導入する等、管理貿易の側面がある。そして、完成車の生産者が、特恵関税を受けるためには鉄鋼、アルミ等の 70% を米国内にて調達する旨の条件が付されている。今までの NAFTA と比べ工業製品の原産地規則がより厳しいものとなっている。

⑧ **TAG**（Trade Agreement on Goods ／日米貿易協定）

2020 年 1 月 1 日に発効した日米間における物（農産品や工業用品等）の輸出入にかかる関税の引下げや撤廃に関する協定のことである。農業は TPP の範囲内（コメは完全除外／和牛肉の輸出拡大）とし、自動車関税は追加なしとした（関税撤廃率は日本側 84%、米国側 92%）。日本の GDP 押上げ効果は約 0.8%（4 兆円）といわれている。

⑨ **FTA**（Free Trade Agreement ／自由貿易協定）と **EPA**（Economic Partnership Agreement ／経済連携協定）

FTA とは、特定の国（又は地域）の間で、**物品の関税**及び**サービス貿易の障壁等を削減・撤廃**するための協定である。

一方、**EPA とは、FTA に加えて投資**、**人の移動**、**知的財産権の保護**、その他**政府間のルール作り**に関する協定である（我が国は、EPA による協定をめざしている）

WTO（世界貿易機関）においては、161 国による全会一致により世界貿易のルール等が決められている。しかし、先進国や途上国そして中国等の利害が対立し、2001 年頃から WTO による交渉は停滞しており（重要事項は何も決められないので）、トランプ政権等は WTO 不要論を持ち出す状況となっている。

このような事情を背景として二国間交渉（FTA、EPA 等）が盛んとなっている。さらに、現行ではより効率のよい多国間（メガという）交渉（CPTPP、日EUEPA、RCEP、FTAAP、TTIP、日中韓 FTA 等）に至っている（CPTPP や日EUEPA の発効がきっかけとなり、RCEP や FTAAP 交渉の進展が期待されている）。

日本の EPA 締結国

発行済み	発行済み
1. シンガポール（2002.11）	14. オーストラリア（2015.01）
2. メキシコ（2005.04）	15. モンゴル（2016.06）
3. マレーシア（2006.07）	16. CPTPP（2018.12）
4. チリ（2007.09）	17. 日EU（2019.02）
5. タイ（2007.11）	18. アメリカ（TAG）（2020.01）
6. インドネシア（2008.07）	**交渉中**
7. ブルネイ（2008.07）	1. トルコ（2019 年 9 月に共同研究設立の合意）
8. ASEAN（2008.12）（インドネシア未発効）	2. RCEP（2020 年度内合意予定）
	3. 英国（2021 年 1 月発効予定）
9. フィリピン（2008.12）	4. コロンビア
10. スイス（2009.09）	5. 日中韓
11. ベトナム（2009.10）	6. サウジアラビア等の中東6ヵ国（GCC）
12. インド（2011.08）	7. 韓国
13. ペルー（2012.03）	8. ASEAN（サービス、投資分野）

（2020 年 9 月現在）

対韓国との EPA は現在、交渉を中断している。一方、英国との早期合意が期待される。GCC（Gulf Cooperation Council ／湾岸協力会議／ 1981 年結成）とは、サウジアラビア、アラブ首長国連合、クウェート、オマーン、カタール、バーレーンの 6 国のことである。本部はサウジアラビアにあり、同国が最も影響力を有している。

⑩ **日EUEPA**（Agreement between the European Union and Japan for an Economic Partnership／日本・EU経済連携協定）

日本とEU諸国間のEPAであり、2019年2月1日に発効している。

世界のGDPの25%を超えており、日本にとって輸出の約11%を、輸入の約12%を占める貿易相手となっている（すでにEU特産のワインやチーズ等の価格が安くなっている）。

現在、当該協定は日欧が自由貿易体制維持のため足並をそろえて米国と対峙するという側面をも有している。

なお、日EUEPAにおける原産地証明証に関しては、**（事業者）自己証明制度**がとられている。事業者とは、生産者、輸出者そして輸入者のことで、事業者が原産地証明書を作成することができる。当該制度は、日豪EPA、TPP、日欧EPAそして、TAGにおいて採用されている。

⑪ **TTIP**（Transatlantic Trade and Investment Partnership／ティーティップという）

大西洋横断貿易投資パートナーシップ協定（欧州版TPP）のことで**米国とEUとの関税引き下げ、貿易の規制緩和**（環境保護、食品、化学薬品等）に関する協定である。欧州側は同協定に関して慎重であるが、トランプ大統領は2020年選挙戦に向けて米国に有利な形での締結に意欲を示している。

⑫ その他

(i) **一帯一路**（One Belt One Road/Belt and Road/B&R）

中国の習近平国家主席が2013年に提唱し推進している経済圏構想である。

一帯とは、中国西部から中央アジアを経てヨーロッパに続くベルト（かつてのシルクロード）のことであり、**一路**とは、中国沿岸部から東南アジア、スリランカ、アラビア半島、アフリカ東海岸を結ぶロード（かつての海上シルクロード）のことである（約60国、総人口約45億人、世界の約60%近くに相当）。今後、数十年かけてそれらの地域のインフラ投資や貿易、金融、電子商取引等を構築し、産業の活性化を図ろうとするものである。

中国が乗り越えなければならない課題としては、中国主導のAIIB（アジアインフラ投資銀行／Asian Infrastructure Investment Bank）の金融支援問題、インド、フィリピン等との領土、領海問題、投資に関してリスクが高いという問題等が挙げられている。

なお、中国のパワーとバランスをとる意味でも日米等においては、**インド太平洋構想**の構築を試みている。

我が国は、AIIBには参加せず、ADB（アジア開発銀行）やODA（Official Development Assistance／政府開発援助）を通じて米国主導のIMF（国際通貨基金）と協力しながら海外援助を実行している（アジアにおける必要な援助金額は、約＄26兆（2,930兆円）といわれており、従って、AIIBとADBそしてIMF等が国益のため対立する要因がある）。

今後大切なこととしては、対象国との間にウィン・ウィンな関係を実現できるかが問われている。

さらに、我が国では中国の一帯一路とは別に、アフリカへのインフラ輸出に対してNEXIの保険とアフリカ貿易保険機構（ATI）とが協力してインフラ出資額の全額保証とする制度の立上げを2019年5月に発表した。又、同年8月には、イスラム開発銀行をも参加して、アフリカ開発会議（TICAD）において我が国政府は、日本の民間企業の投資（2.1兆円）を後押しする等の覚書を結んでいる。

(ii) **上海協力機構**（Shanghai Cooperation Organization）

中国、ロシア、中央アジア（カザフスタン、キルギス、タジキスタン、ウズベキスタン）の6国により（2001年6月に創設された）政治、経済、安全保障等に関する地域協力機構である（米国との対立構図が見え隠れしており、日本は不参加）。

2017年にインドとパキスタンが加わり又、モンゴル、イラン、ベラルーシ、パキスタンが準加盟国（オブザーバー）となっている。

(iii) **インド太平洋構想**（Free and Open Indo-Pacific Strategy）

日本、米国、オーストラリア、インドが中心になって「自由で開かれたインド洋と太平洋戦略」という。この地域のシーレーンの安全を確保しようとする構想（安全保障戦略）である（安倍首相が提唱したもので米国も同意している）。我が国は、（RCEPと併わせて）インドからアフリカへ進出しようともしている。

中国の一帯一路に対峙しようとするものでもある。

(iv) **BRICs**（小文字のsで表記）と**BRICS**（大文字のSで表記）

有力な新興国としての**Brazil**、**Russia**、**India**そして**China**の頭文字をとった造語である（2003年に米国の証券会社であるゴールドマン・サックス社が使い始めた）。これら4国で全世界の30%の国土と40%の人口を占めており、2050年のGDPは、中国、米国、インド、日本、ロシアの順になると同社では予想し注目をあびた。

最近では、地下資源が豊富で将来、経済発展が見込まれるとして**South Africa**をも加えてBRICS（この場合のSは大文字のSで表記）ともいわれている。BRICsは4国をそして、BRICSは5国を意味している。

一方、EUにおける**PIIGS**とは、ポルトガル、イタリア、アイルランド、ギリシャ、スペインの5国である。経済的に貧しい国々としてEUの「豚」と呼ばれている。

Guide!

日本の輸出入

(i) **日本の輸出入**

日本の輸出（上位10品目）

順位	2010年 輸出総額 67兆3,996億円		2017年 輸出総額 78兆2,864億円	
1	自動車	13.6%	自動車	15.1%
2	半導体等電子部品	6.2%	半導体等電子部品	5.1%
3	鉄鋼	5.5%	自動車の部分品	5.0%
4	自動車の部分品	4.6%	鉄鋼	4.2%
5	プラスチック	3.5%	原動機	3.5%
6	原動機	3.5%	半導体等製造装置	3.3%
7	船舶	3.3%	プラスチック	3.2%
8	科学光学機器	3.0%	科学光学機器	3.1%
9	有機化合物	2.8%	電気回路等の機器	2.6%
10	電気回路等の機器	2.6%	有機化合物	2.5%

日本の輸入（上位10品目）

2010年 輸入総額 60兆7,649億円		2017年 輸入総額 75兆3,792億円	
原油および粗油	15.5%	原油および粗油	9.5%
LNG	5.7%	LNG	5.2%
衣類および同付属品	3.8%	衣類および同付属品	4.1%
半導体等電子部品	3.5%	通信機	4.1%
石炭	3.5%	半導体算電子部品	3.7%
音響映像機器	2.7%	医薬品	3.5%
非鉄金属	2.6%	石炭	3.4%
石油製品	2.6%	電算機類（含む周辺機器）	2.6%
電算機類（含周辺機器）	2.6%	非鉄金属	2.3%
医薬品	2.5%	科学光学機器	2.3%

（出所：財務省）

(ii) **日本の主な輸出入先と輸出入品**

日本の主な輸出先と輸出品	日本の主な輸入先と輸入品
アメリカ 自動車（部品を含む）、原動機、機械、電子計測機	アメリカ 穀物類、航空機類、原動機、光学機器、医薬品
カナダ 自動車（部品を含む）、航空機類、ゴム製品、鉄鋼	カナダ 石炭、木材、肉類、非鉄金属、穀物類
ドイツ 自動車、半導体部品、科学光学機器、原動機	ドイツ 自動車、医薬品、有機化合物、科学光学機器、原動機
イギリス 自動車（部品を含む）、原動機、機械、写真用・映画用材料	ロシア 原油・粗石、LNG、非鉄金属、石炭、石油製品
オランダ 自動車（部品）、電算機類部品、機械、映像機器	サウジアラビア／アラブ 石油・粗油、LPG、非鉄金属
中国 半導体部品、自動車部品、科学光学機器、プラスチック、有機化合体	中国 衣類、通信機、電算機、半導体等部品、音響・映像機器
韓国 鉄鋼、有機化合体、プラスチック、科学光学機器、半導体部分	韓国 石油製品、鉄鋼、半導体部品、通信機、非鉄金属
台湾 半導体部品、プラスチック、鉄鋼、非鉄金属、有機化合体	台湾 半導体部品、鉄鋼、金属製品、科学光学部品、通信機
香港 半導体部品、石油製品、プラスチック、科学光学機器	インドネシア LNG、原油・粗油、石炭、非鉄金属鉱、木製品（家具除く）
マレーシア 半導体部品、鉄鋼、非鉄金属、自動車（部品を含む）	マレーシア LNG、石油製品、半導体部品、音響・映像機器、木製品（家具除く）
シンガポール 石油製品、半導体部品、船舶、鉄鋼、自動車	南アフリカ 非鉄金属、鉄鉱石、鉄鋼、非鉄金属鉱、自動車
タイ 鉄鋼、自動車部品、半導体部品、原動機、金属加工機械	ブラジル 鉄鉱石、肉類、非鉄金属、鉄鋼、有機化合物
オーストラリア 自動車（部品を含む）、石油製品、ゴム製品、機械	オーストラリア LNG、石炭、鉄鉱石、非鉄金属、肉類

ⅲ 日本の主な輸出品と輸入品（年度別比較）

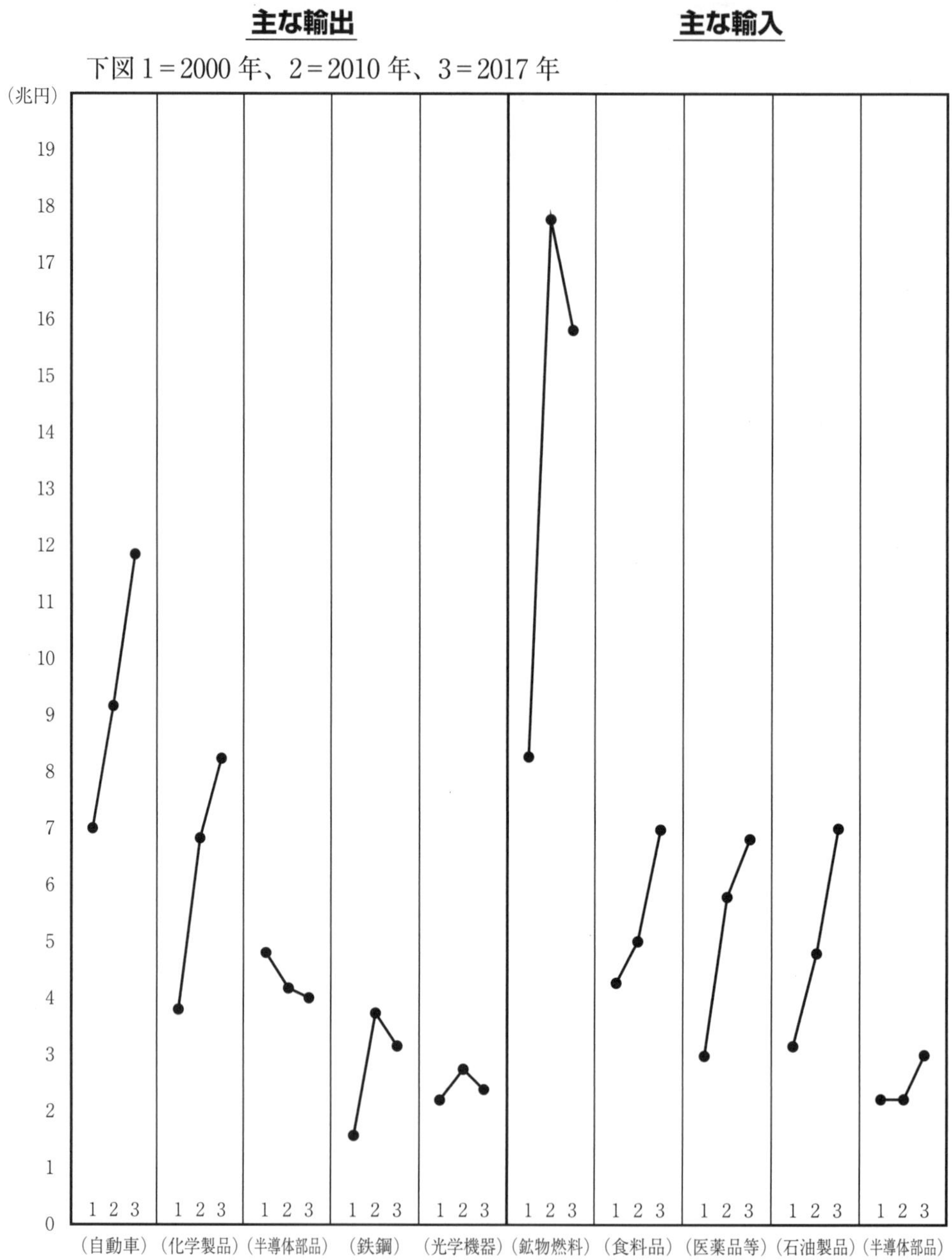

（出所：財務省統計局）

⑸　**貿易と環境／国際協定および条約**

近年関心の高い地球の環境を保全するために、一定の貨物を制限することはＷＴＯにおいても認められており、その主なものとして次のようなものを挙げることができる。

① **ワシントン条約**、(絶滅のおそれのある野性動植物の種の国際取引に関する条約)

1973年ワシントンにて採択(1975年発効)され、我が国は1980年に批准している。

付属書Ⅰ（約560種）

トキ、トラ、ゴリラ、オランウータン、ジャイアントパンダ等絶滅のおそれのある動植物で、国際取引により影響を受けているもの、または、その可能性のあるもののことである。**商業目的の国際取引（商取引）は原則として禁止されている。**ただし、**例外として学術研究目的の取引または、人工的に飼育されたもの**があり、この場合、原則として輸出国管理当局発行の輸出許可書（コピー可）を得ることができれば我が国の輸入承認を受けることができる。

付属書Ⅱ（約270種）

カメレオン、サギ、オウム、サンゴ、ラン等

現在は、必ずしも絶滅のおそれがあるわけではないが、国際取引を規制しないと、近い将来において絶滅のおそれがあるもの。輸出国管理当局発行の輸出許可書（コピー不可）により輸入できる。

付属書Ⅲ（約240種）

コアリクイ（グアテマラ）、セイウチ（カナダ）等

条約締約国が自国内の動植物を保護するために、他の条約締約国の協力を必要とするもの。輸出国管理当局発行の輸出許可書（コピー不可）または原産地証明書により商業目的の国際取引であっても輸入できる。

Attention !

ワシントン条約付属書Ⅰ，ⅡおよびⅢに区分された動植物は生きているものに限らずその**加工品であっても規制の対象**とされている。

② **モントリオール議定書**(オゾン層を破壊する物資に対するモントリオール議定書／**ウィーン条約**ともいう／Montreal Protocol on Substances that Deplate the Ozone Layer)

ウィーン条約(オゾン層保護のためのウィーン条約/1985年採択/1988年発効)に基づき**ハロン，フロンガスに関する規制**が、モントリオール議定書(1987年採択/1989年発効)として採択されている。動植物に有害な太陽からの紫外線の侵入や地球温暖化の改善に役立っている。我が国では､1988年オゾン層保護法が制定された。

③ 生物多様性条約（Convention on Biological Diversity／CBD）

地球生態系上において人類は、他の生物と共存しているものの同時に他の生物を食糧、医療、科学等に利用している。地球における環境の悪化、特定生物の絶滅等を背景としてワシントン条約やラムサール条約（水鳥の生息地としての湿地に関する条約）を補完するものとして生物多様性条約がある。

1987年６月に国連環境計画管理理事会が、生物多様性の保全に関する専門家会合を設置し、1992年６月に同条約が国連会議で採択され（同年我が国も署名）1993年12月に発効されている。下記④の（国連）気候変動枠組み条約（UNFCCC）とならび双子の条約といわれている。CBDは２年に１度、FCCCは毎年COP（the Conference of the Parties）が開催されている。

④ 国連気候変動枠組み条約（UNFCCC (United Nations Flamwork Convention on Climate Change)）

地球温暖化を防止するため、先進諸国（日欧中心）が二酸化酸素（CO_2）等の排出量を削減しようとする条約（2005年２月発効）である。国の規制（排出量削減枠、環境税等）により個人レベル、産業レベル、さらには新エネルギーの開発（水素と酸素とを反応させて電気を発生／コージェネレーションシステム）等による対応が期待されている。氷河が溶けて海面が上昇したり、サンゴ礁の白化現象等このままでは気候変動が人類の存続に影響を及ぼしかねないとする危機感があり、温室効果ガス（CO_2やフロンガス等）の排出量削減（とくにアメリカ、中国等）や再生可能エネルギー等への投資増大等が叫ばれている。

京都議定書やCOP21（2015年）のパリ協定が有名であり、ポーランドで2018年に開催されたCOP24では、2020年より「温室効果ガス削減の実施」が何とか採択された。2019年12月にはスペインでCOP25が、2020年11月には英国でCOP26が開催される。

しかし、シェールオイル・ガスの開発促進やパイプライン建設等経済重視のトランプ政権は2019年10月正式にパリ協定からの離脱宣言をしており、ここにきてひとつの曲り角を迎えている。アメリカのバック・アップ（年間1,000億ドル以上）がないということは大きなスポンサーを失うわけで、このことは中国や途上国に影響を与えている。また、フランスのマクロン政権も国内での燃料税徴収がうまく行かず、2020年のG20（仏国開催）やCOP26で今後どのように削減実行のための資金を賄うのか（我が国を含めこれ以上の負担は難しい）という現実問題（金不足）を抱え込んでいる。

⑤ **バーゼル条約**(有害廃棄物等の越境移動及びその処分の管理に関する条約)

ヨーロッパの有害廃棄物がアフリカに投棄されたことがきっかけとなり、1989年バーゼルにて採択(1992年発効)された。我が国も1993年に加盟している。

水銀、ひ素、カドニウム、医療廃棄物等の有害廃棄物を環境保護、人間の健康のために取り締まろうとするものである。

1999年に日本の業者が再生古紙(スクラップ）と偽って医療、廃棄物をフィリピンへ輸出承認なしで輸出した事件では、日本の税金により我が国へ積戻されている。同条約により1992年に国内法としての「特定有害廃棄物等の輸出入等の規制に関する法律」が制定されている。

ワシントン条約、**モントリオール議定書**、**バーゼル条約**等の対象貨物に関しては外為法の**輸出承認**および**輸入承認**の対象貨物となっている。

⑥ **ISO**（国際標準化機関/ International Standardization Organization / 1947年）

コンテナの標準規格化等をはじめとして、世界における標準化の発展のため、ISO規格を各国に勧告している。1987年には品質保証としての**ISO9000**シリーズが、また、1996年には環境問題に関する**ISO14000**シリーズがスタートしている。

⑦ **HACCP**（ハサップ／ Hazard Analysis and Critical Control Point ／危険分析重要管理点）

1960年代のアメリカのアポロ計画において、**NASA**(米国航空宇宙局）が開発した**食品**（宇宙食）**の製造の際の安全**確保のための**品質管理システム**のことである。現在ではこのシステムが食品製造の際の安全対策として衛生管理、品質管理の徹底がアメリカを中心としてヨーロッパ等にも普及している。アメリカ、ヨーロッパへの食品輸出において、HACCP管理方式によるものであることが求められている。また、**我が国の食品衛生法**においてもこの考え方が取り入れられている。

我が国においても食品が安全である旨の**ハサップ認証**（ハサップマーク）の義務化が食品衛生法改正により決定され、実質的には2021年6月より原則としてすべての食品を対象として実施される。

⑧ **CEマーキング**（Comformite Europeenne ／仏語、Eurpopean Conformity ／英語）

EU（欧州連合）地域において販売される指定製品（**電気、機械製品等**）には、ニューアプローチ指令によりCEマーキングの貼付が義務付けられている。これは**EU地域における指定製品の安全マーキング**のことである。ヨーロッパ安全基準（Essential Safety Requirements）に適合していることを意味しており、製品により、公認機関（Notified Body）の認証を受ける場合と自己認証ができる場合もある（品質の高さを証明するものではない）。

なお、中国の電気器具、自動車安全部品等に適用されるものとして**CCCマーク**（中国強制証認／ China Compulsory Certification）がある。中国国内にある認証機関にあらかじめ申請しなければならない。

⑨ その他の協定

ワッセナー・アレンジメント（新国際輸出管理機構／ワッセナー協定／ WA ／ TWA ／ The Wassenaar Arrangement ／**通常兵器**に関連する協定／条約ではない）

1996年 オランダのハーグ郊外ワッセナー市において、33カ国により設立された。
TWAの設立は1991年のソ連邦崩壊による東西冷戦の終了が引き金となっている。これにより、ココム／対共産圏輸出統制委員会は1994年3月に廃止された。

各国の武器関連および軍事関連技術の輸出管理のために**旧ココム加盟国にロシアと東欧諸国を加え**、各国の相互監視により共産圏諸国を対象とした特定の国や地域ばかりでなく**全地域を対象として輸出規制**（主に、武器、戦車、先端技術材料が対象）をかけようとするものである。このことは、迂回輸出等により紛争地域へ兵器や軍事関連技術が流出することの防止にも役立っている。**国際的な平和および安全の維持を図ることを目的**としている（全42国参加／ 2020年現在）。

ワッセナー・アレンジメント以外の主な輸出管理協定

(i) **NSG** ／原子力供給国グループ／ Nuclear Suppliers Group（**核兵器に関する協定**／ 1978発足） 核不拡散条約のことで参加国が自主的に天然原子炉等の核の輸出を規制している（全48国参加）。
(ii) **AG** ／オーストラリアグループ（**生物・化学兵器に関する協定**／ 1985年発足） オーストラリアの提唱により有毒ガス（マスタード・ガス、サリン等）等を給供できる国が協力して管理していこうとするもの（全42国及びEC参加）。 さらに、上記の科学兵器のみならず生物兵器（コレラ、ペスト等の病原菌、炭疽菌等）をも規制の対象とされている。
(iii) **MTCR** ／ミサイル管理技術レジーム（**ミサイルに関する協定**／ 1987年発足） ミサイルやロケット開発、生産に使用される汎用品及び技術の輸出を自主的に規制しようとする先進7国（日、米、英、加、仏、独、伊）等全35国における取決めである。

我が国においては、上記すべての規制が外為法の輸出許可に取り入れられている。

(6) 日本貿易の変遷

貿易とは、本来その国の得意とする物を生産し、それを交換することにより行われる国際的分業のことである。過去においては、**原料と加工品の交換(垂直分業)**が主であったが、現在は**加工品と加工品の交換(水平分業)**が増えている。

天然資源の乏しい我が国の貿易の特色としては、原産料を輸入して付加価値をつけた加工品(製造品)として輸出をする加工貿易型経済を基本としている。“Made in Japan”が、粗悪品から価値ある安全な製品へとイメージ・チェンジをして以来、加工貿易型の輸出が順調に伸び、我が国の経済成長を支えてきた。しかし、このことが、高度成長時代の貿易黒字をもたらし貿易摩擦の原因ともなっていた。

一方、我が国の輸入については、海外からの圧力や1980年代からの円高基調等もあり、当時、徐々にではあるが増加した。**円高**は1995年に¥80 / $を割り込んで以来、2011年には¥70 / $台までになった。この円高の圧力および東南アジアの**労賃の低さ**等が引き金となり輸出業者等により、海外に工場等を移転させる等の対応策(海外投資等の推進)が図られた。このことは、**産業の空洞化**といって日本の国際競争力の弱体化をまねく一因ともなった。しかし、他の側面からすれば、海外との合弁企業が誕生しいわゆるグローバル・マーケットにおけるＯＥＭ取引(Original Equipment Manufacturing)、並行輸入、逆輸入、逆委託加工貿易、仲介貿易等日本企業の様々な販売活動の**多様化**、**国際化**（日本企業のグローバル化）にもつながっている。

日本国内においては、日本版ビックバンと呼ばれている金融改革としての外為法改正(1997年改正/1998年4月施行)が実施されて以来、さらなる自由化への対応策がとられている。日本企業は、欧米の基準をグローバル・スタンダードとして取り入れながらも、今後の経済動向等を考慮に入れた国際ビジネスとしての企業戦略が、重要視された。

2008年秋以降の世界経済同時不況により戦後初めて日本の貿易取引額もマイナスに転じている。しかし中長期的観点からすれば日本の外需の伸びは内需とともに不可欠とされており、東南アジアとりわけ中国、印度、ベトナム等を中心としたいわゆる新興国に対しての貿易・投資の重要性が増している。海外投資においては、我が国の本社機能やマザー工場までをも例えばシンガポール等へ移転しないようにして行うべきである等といわれていた。

2015年12月スーチー率いる政党の勝利によるミャンマーの民主化促進期待そして、中国プラスワンを背景に中国より人件費の低いミャンマー、バングラディシュ、カンボジア等が投資対象として日本を始め欧米からも注目をあつめた。CIAのWorld Fact Book等によるとアジア（とくに中国、印度、インドネシア、タイ）の発展（GDPおよび人口）により、その地域での中間層、富裕層が増加している。

一方、最近の米中戦争、加えてコロナウイルスによる経済の減速が懸念されている（中国経済の三重苦：①バブル後の調整期／2019年までの投資額はすでに7,175兆円もある　②民間企業への厳しい環境　③米中貿易戦争等といわれている）。

これから先、我が国としては、日本のインフラ、エネルギー、鉄道、農産品、水、医療、サービス等の輸出および投資、そして、日本への観光を官民をあげてより積極的に取り組むべきであるとされてきた。

経常収支の向上

貿易収支（輸出額－輸入額）＋**サービス収支**（観光等による収益）＋**所得収支**（海外投資や海外への貸付金等外で稼ぐ力）＝**経常収支**という。なお、投資には、独資、合資、M&Aの方式がある。

Guide ！

(i) 観光立国日本／世界の観光客数と観光収入（2020年7月現在、日本への観光客数は90%以上激減している。）

観光客数	
日本 仏国 韓国	3188万人／2019年、4000万人／2020年目標、6000万人／2060年目標 （世界1位）8692万人／2017年、米国　7694万人／2017年、中国　6074万人／2017年、 1333万人／2017年
国際観光収入／2017年	
米国 中国 日本	2017億ドル（世界1位）、仏国　607億ドル（世界3位） 444億ドル（世界10位／2016年、世界11位／2017年） 341億ドル（世界10位）

日本国民を沸かせた2019年ラグビー・ワールドカップ日本大会には約40万人の訪日客があり、とくに欧州、オーストラリア等のアジア圏外の観光客が多く来日した。これら欧州等からの人々の日本での消費量は、アジア圏の人々のそれと比べると2.4倍に達している。2020年オリンピック、2025年万博を迎えて観光立国日本に向けて「東アジア頼み」から脱却できるかが問われている。

しかしながら、2020年1月に入り中国武漢発生のコロナウィルス（正式名；COVID-19）の流行（Pandemic）が与える経済へのマイナス効果が甚大である。コロナウィルスの早期収束（終息することは今のところ難しい）による経済回復が望まれる（IMFによると、2020年6月発表の2020年の経済成長（GDP）は、欧州：△10.2%、日本：△6%台、米国：△8%台、中国：＋1%とそして2021年は、世界全体で＋5.4%と予測している）。

今後の企業運営には、コロナ以降経営の効率化（数字）のみならず中国等への一極集中を避けた経営のリスク分担の重要性が問われている。

(ii) IR事業（Integrated Resort／統合型リゾート）

我が国経済において、オリンピック後の起爆剤として、大阪万博とあわせて期待が高まっている。IR事業の経済的波及は、年間2兆円になるといわれており、日本はIRの世界最大級の市場になりえるといわれている。

(iii) 国家安全保障局（NSC/National Security Council）経済班の設立

我が国の国家安全保障局のなかに経済班が2020年4月より設立されている。このことは、日米欧（有志国という）の安全保障（半導体などの機微品目の管理）と、経済活動とのバランスをどのように管理していくか等に係る行政機関が重要視されていることを意味している。

我が国においても安全保障に関して米国との擦り合わせが今までに増して必要な時代となっている。

2. 貿易取引の形態

貿易取引における形態には、次に述べるようなさまざまなものがある。

(1) 直接貿易 (Direct Trade) と間接貿易 (Indirect Trade)

輸出、又は、輸入取引を商社等の第三者に依頼することなく、直接自分で行うことを直接貿易という。これに対して、商社等の第三者に依頼して輸出または輸入取引行うことを間接貿易という。

我が国のメーカー等においても、最近では間接貿易から直接貿易に乗り出し、さらに企業によっては東南アジア諸国に投資するところが増えている。

第3者経由の間接貿易

間接貿易のプラス面	マイナス面
① 商社のノウハウを利用できる。 ② 貿易部門を抱える必要がないので費用削減となる。 ③ 自分で行う手間が省ける。 ④ その他	① 取引相手のことが、いつまで経ってもよくわからない。 ② 商社の手数料分コストが高くなることがある。 ③ 自社に人材が育たない。 ④ その他

(2) **代理店契約**（Agency Agreement）と**販売店契約**（Distributor Agreement）

① 代理店契約

代理店とは、わかり易くいえばメーカー（委託者）の代理 (人／受託者) として、製品等の営業活動をすることであり、**委託販売**（Consignment Sales）とか**委託貿易**（Consignment Trade）という。

委託販売とは、直接貿易や間接貿易のような売買契約による成約取引ではなく、販売の委託者が受託者に貨物を送り不特定多数の者に対する販売を委託する委託取引販売のことである。また、委託された**受託者 (代理店) は**これを販売し (委託販売)、**手数料** (Agent Commission) **を差し引いて残額を委託者に送金**することになる。この場合、販売の最低価格を決めておく指定委託 (With Limit) と、受託者にまかせる成行委託 (Without Limit) とがあるが、実務では後者の場合が多い。

受託者が代理人の場合**売れ残ったものは原則として委託者が引き取る**（代理人に責任なし）ものとする。この販売の受託者を販売代理人（Selling Agent）といって販売の委託者と受託者との間で代理店契約を結ぶことになる（委託販売の受託者のことを代理店又は代理人という）。

代理店契約とは、本人 (Principal) 対代理店 (Agent) の関係で行うものをいう。

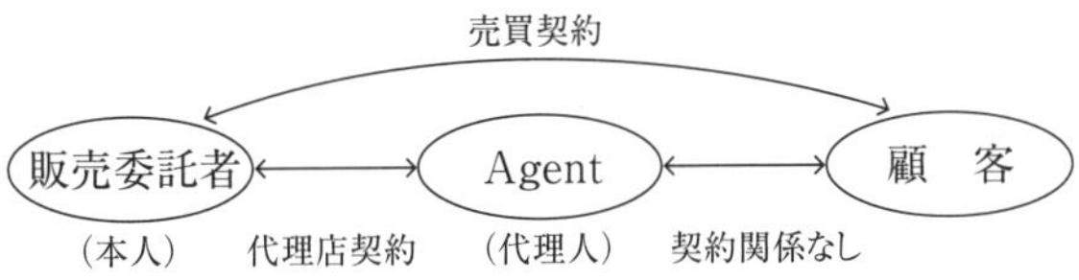

代理店の販売権に独占的な権利を与えたものを**総代理店**又は**一手販売代理店**（**Sole Agent** 又は **Exclusive Agent**）という。

Guide !

(i) **デル・クレデール・エージェント**（支払保証代理人 / **Del Credere Agent**）

代理店契約に支払保証契約 (Del Credere ／支払保証) を付け加えることにより、本人の委託にもとづいて代理人が顧客に販売した際の支払いについてその支払いを代理人が保証することをいう。

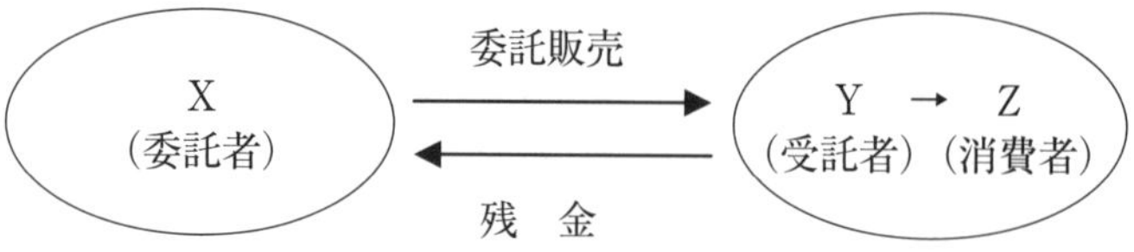

売上代金－①手数料－②保証料（Del Credere Commission）＝残 金（これを送金）

Yは、売上分から必要な手数料分を差し引いた残金を、Xに送付することを保証する。これをデル・クレデール（保証 / イタリア語）という。この場合、YがZより売上分の代金を回収しているか否かを問わないものとする。

(ii) その他の代理人（買付代理人と販売代理人）

買付代理人（Buying Agent）

海外の輸入者（買付委託者）から買付の委託を受けた買付受託者が買付手数料を受け取ることにより、商品を輸入者に送る者のことを買付代理人という。

販売代理人 (Selling Agent)

輸出国において、輸出者の代理人として注文を取り集め輸出者に出荷させ、その分の販売手数料を受け取る者のことを販売代理人という。

② **販売店契約**

代理店契約に対して**本人(Principal)対本人(Principal)の関係で行うものを販売店契約** (Distributorship Agreement) という。

この場合における**販売店は、手数料ベースではなく本人**（独立した商人）**であるため買い取った商品に必要な利益をのせて再販することになる。**このことは、**売れ残りに関しては本人としての販売店の責任**となることを意味している。

販売地域における販売権に独占的な権利を与えたものを**総販売店**、又は、**一手販売店**（**Sole Distributor** 又は **Exclusive Distributor**）という。

Guide !

代理店契約か販売店契約かの判断は、その契約書のタイトルにより決められるものではなく、契約書内容が手数料ベースなのか、そして、在庫に関しての責任はどうなっているのか等により判断されるものである。

上記の Sole と Exclusive とは、独占的（排他的）という意味でありそれらは同じであるという（欧州中心の）意見と、Exclusive（排他的）にするとさらに意味が強まり、この場合には本社であってもその地域において販売店を出店できないとする（米国中心の）意見がある。

但し、実務的には契約書のタイトルではなくその内容で判断されるものとされている。

(3)　**委託加工貿易** (Processing Deal Trade)

（委託）加工貿易とは、加工の委託者から生産に必要な原料の供給を受け、これをその受託者が加工して加工料を受領し、製品として委託者に輸出するという貿易取引のことである。

この委託加工貿易には、順委託加工貿易と逆委託加工貿易とがある。

① **順委託加工貿易** (Processing Deal Trade)

海外から原材料の供給を受けて、これを加工して仕向地に積み出すことをいう。

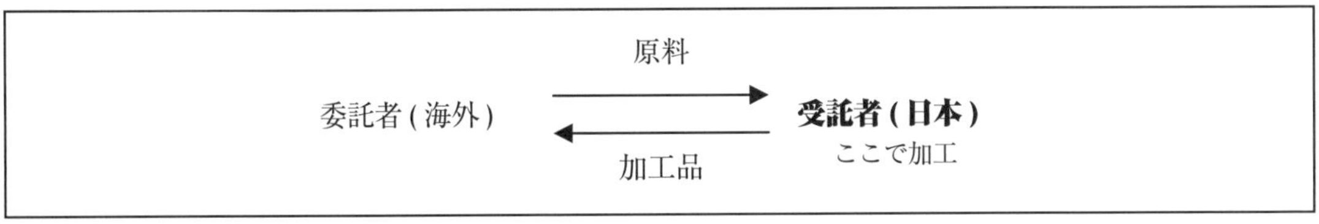

② **逆委託加工貿易** (Inverse Processing Deal Trade)

上記の逆のパターンで**日本から**例えば東南アジアの諸国等に**原材料を支給して加工**してもらい、これを引き取ることをいう。最近、我が国における加工貿易は海外の労賃の安さ等によりこのパターン (逆委託加工) となっている。

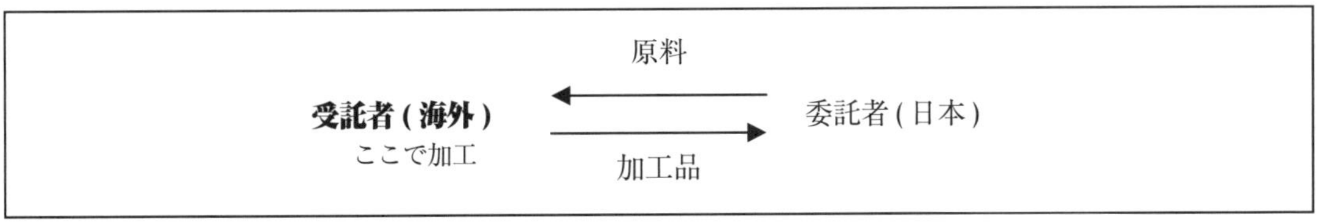

外為法の規定により**皮革原料**を逆委託加工 (輸出) する場合には、原則として経済産業省の**輸出承認**が必要となる。但し、**100 万円以下のものは例外**として承認不要とされている。最近、円高、低賃金、大震災等が起因して東南アジア等の海外における逆委託加工のパターンが少なくない。

(4)　**並行輸入**（Parallel Import）

国内において例えば商標権を取得した商品 (ブランド品) の輸入に関しては、その輸入総代理店により行われることが多い。しかし、それ以外の者がブランド品製造国以外の第三国 (シンガポールや香港のフリーポート等) の商標権者、又は、その輸入総代理店から**真正商品 (偽物は不可) を輸入**したとしても我が国においては、**独禁法の規定により**そのブランドの信用や名声を損なわないことを条件として、**合法**とされている。

従って、**並行輸入を阻止することは、独禁法違反**となるので注意したい。

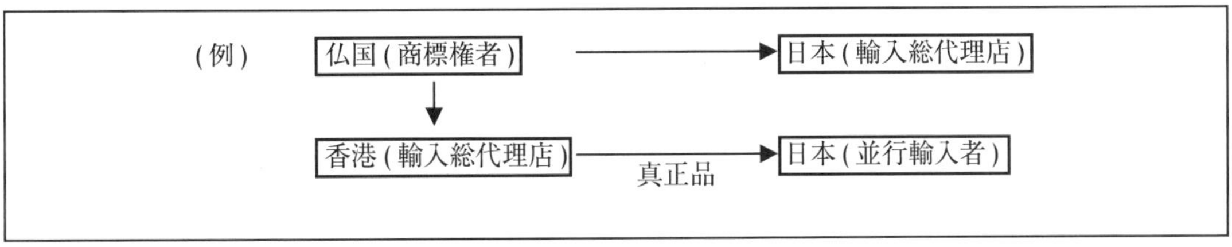

内外価格格差の大きい商品が、並行輸入の**対象**とされることが多い。並行輸入により輸入総代理店等が価格を下げざるをえない状況となることは消費者にとっては望ましい。総代理店等にとって、並行輸入者を防止するためには、商品のの適正価格を考慮しなければならない。

(5)　**仲介貿易**（Intermediary Trade ／三国間貿易ともいう）

仲介貿易とは、政治的理由、企業の国際化、加工貿易等を背景として、例えば日本の商社 B が、ある商品を輸出国 A (社) より買入れて輸入国 C (社) に売却するパターンをいう。この場合、B の決済は、あくまで輸出取引および輸入取引の**当事者として売買契約を締結する**ことになる。しかし、**貨物は** A から C に**直行 (日本では通関手続しない) させる**ことが仲介貿易の特色となっている。仲介貿易と類似した取引ではあるが、B が契約の当事者とならず A と C の取引を単に仲介するのみで、それに対する仲介手数料を取る場合にも一般には仲介貿易と呼ばれるが外為法上でいう仲介貿易ではない。

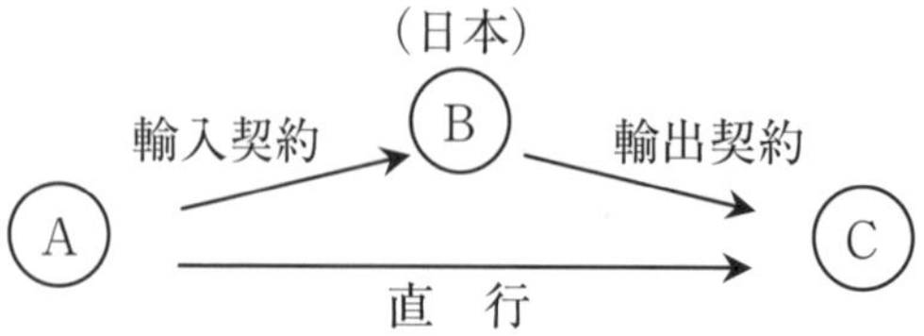

仲介貿易の要件
① 仲介人Bは輸出入契約上の**当事者**である。
② **貨物は**便宜上A国からC国に**直行**する。
③ 従って、**日本における通関は原則としてない。**
④ A、C間の**決済は、仲介者**（B社）**を通じて行う。**

外為法上の仲介貿易は、1980 年 12 月より外為法改正により自由に行なうことができる。

Guide !

中継貿易（ちゅうけいぼうえき／なかつぎぼうえき／ Intermidiate Trade）

中継貿易では、貨物が輸出国 A から輸入国 C に直行せず、途中で第三国 B に陸揚げ（輸入）されてビジネスチャンスを待つ。その後に、B 国においてそのまま (原型のまま) あるいは、簡単な加工がされて輸出国 C に行く (再輸出) パターンをいう。また、陸揚げされる港を中継貿易港（Intermidiate Port）と呼んでいる。政治的、地理的、又は、C 国における関税が安い等の理由により行われている。香港、シンガポール等が中継貿易港（自由港）として有名である。

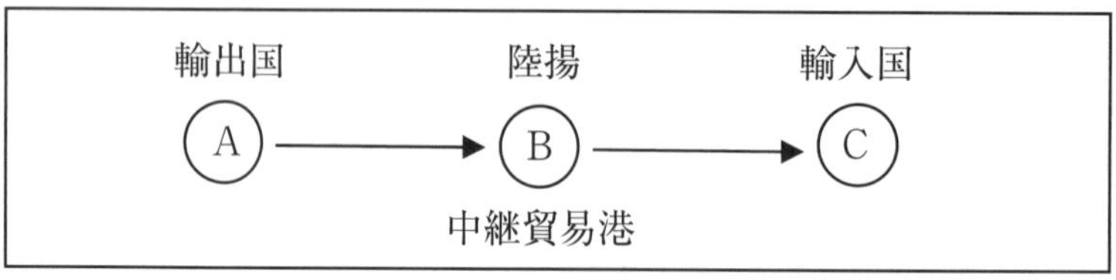

さらに、B 国において輸出契約の裏付のある加工・製造をして C 国に再輸出されるパターンを中継加工貿易という。

(6)　**逆輸入**

日本企業は、円高や労賃の低さ等を引き金として米国、中国、東南アジア等の海外に生産工場等を建設している。そして、これらの工場で生産されたものが（自動車等にみられる）日本にも輸入されている。

現在、逆輸入の概念は次のような場合を意味している。

① **海外の日本工場で生産したもののうち一部または、全部を日本に輸入**すること。これを海外生産輸入ということもある

② 日本で生産したものが他国に輸出され、それが再び日本に戻ってくること。

(7) **OEM**（Original Equipment Manufacturing 又は、Manufacturer ／**生産委託契約**）

（例）

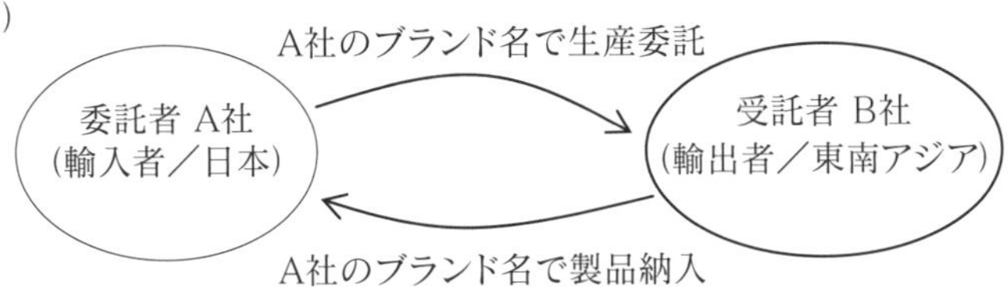

OEMとは、発注先名の商品（特注品）を製造すること、又は、その商品の製造者（請負者）のことをいう。委託者の独自のノウハウ（含むブランド名）を使って受託者がオリジナル品の生産を請負うことである。わかり易くいえば、例えばSONY、パナソニック、東芝等の日本企業が**自社ブランド製品の生産**（梱包等をも含む）を海外企業と交わす**下請契約**（請負契約／委託製造契約）のことである。かつて、アメリカが日本で行っていたことを今では日本が人件費等の安い中国、東南アジアで行っている。本体のみならず取扱説明書、外装箱まで納入先の指示通りに行われている。委託者側は、受託者にノウハウ等を真似されてしまう等というリスクも存在する。

通常、Original Equipment Manufacturingというが、Original Equipment Manufacturer(s)ともいう。OEMは生産委託者を意味するが、生産受託者を意味する場合もあり国内外において広く行われる。

OEM契約とは、基本的には海外で作らせたもの（自社の商標等を付す場合と付さない場合もある）を自社で買うときの契約であり、その商品の原料および技術に関しては、無償または有償にて委託者側で提供するか、受託者側で賄うかは話し合いにより決めることができる。

OEM契約は委託加工貿易の一種であるともいえるが、委託加工貿易は仲介貿易をも含めて表現されているためより広い意味で使われているといえよう。

通常、一般的な既製品の売買を、Sales Contractと、そして、生産委託者の特注品（オリジナル品）を売買することを、請負（OEM）契約という（広い意味では、売買契約の一種であるともいえる）。

OEMでは生産の委託者が主に製造の企画、設計を行うが、これに対して、生産の受託者が製品の企画、設計そして製造までのすべての工程を行う形態を**ODM**（Original Design Manufacturing）という。

(8) **開発輸入**（Develop and Import Scheme）

先進国の大手小売業等が、日本で売れる商品の生産に関して開発途上国に資本や技術を提供して資源を開発し、その結果できた商品を輸入することである。

野菜／中国、石油／中近東、木材／東南アジア等がよく知られている。

最近では、大手スーパーやデパート等が売れ筋となる商品（衣類、食品、日用品等）を海外で見つけ、それを輸入することをも開発輸入というようになっている。

(9) **サービス貿易**（**無形貿易**／ Invisible Trade）

国際間の**輸送、保険、観光、映画、コンサルティング、貸付、投資、教育、研究、代理店手数料、経理等**目に見えないサービスの国際間の移動、つまり商品取引ではない貿易取引のことである。貿易外収支として位置付けられており、WTOにおいてそのルールが作られている。

さらに、例えば、我が国におけるデパートの買物、レンタカー等の利用、銀行や保険の活用もそれらが**日本企業以外の業者**を利用してサービスを受けた場合には、サービス貿易が行われたことになる。

WTOの「サービスの貿易に関する一般協定（GATS ／ General Agreement on Trade in Service ／ガッツという）」（1995年1月発行）において、サービス貿易に関する規定ならびに、さらなる自由化に関する取組が行なわれている。

WTOの統計（2001年～2011年）によると、世界の貿易額（輸出額ベース）の約20%を占めており、（コロナ以前の予測では、）2030年までには25%に増加するとされていた。

⑽　個人輸入（Private Import）

販売目的ではない自己使用を目的とする輸入のことである。カタログ等の通信販売により送金(前払い)決済により、国際宅配便の限度内の容積・重量の範囲で通常行われている。個人輸入であっても輸入承認等の他法令は適用される。個人輸入は、ブランド品等の輸入が多いとされている。

一方、第三者に販売目的にて少量の貨物を輸入する**小口輸入とは区別**して考えなくてはならない。

Guide !

小口輸入は、次のようなステップにて行うことができる。

(i) 海外の展示場へ行って、**商品を探し出す**。

(ii) 当該展示場にて**サンプルを注文**する。

(iii) 日本国内の展示場に**商品を展示**する。

(iv) そして、必要な個数を**海外メーカーに注文**する。

⑾　個人輸出（Private Export）

最近になって、国内消費の伸び悩みを背景として海外の顧客（個人）が欲しがる**日本製品をインターネット**（e-bay 等）**を経由して、輸出**したいという個人（又は法人）が増えている。これを個人輸出という。

売れ筋の商品(Made in Japan のもの／例えばネットショップ関連で仕入れができるようにすれば、輸出者は在庫を抱えずに輸出することも可能となる)とそれが売れそうな地域を絞って比較的少ない資金でスタートすることができる。

具体的なやり方等は、商工会議所等にて無料でアドバイスしてくれる。

なお、B to C での小口の貨物（LCL 貨物）を輸出することを**小口(の)輸出**といっている。

Guide !

(i) 越境 EC

国境を越えて通信販売を行う**オンラインショップ(電子商店)のことを越境 EC(Electronic Commerce ／電子商取引)**という。海外に出店するより費用が少なくてすむが、商品そのものは、関税や輸送費等がかかるため国内よりも割高となる。越境 EC は、コロナウイルス発生までは中国市場が引率していた。

(ii) コロナウイルスの影響

世界中に蔓延しているコロナウイルスが短期（年内位）で収束すれば経済の U 字回復位は望めそうである。しかし、長期に渡り 2021 年のオリンピック開催も危ういようになれば、経済は L 字型となり日本人の消費に対する価値感が変化するといわれている（コロナの収束はできたとしても、終息することは難しいとする専門家が少なくない）。

実際、ほんとうに必要な物（医療品、食料品、エネルギー関連品等）は別としてもその他の物の消費が減少して景気後退を招くことになり、日本を始めとして世界経済ベースでは、500 兆円～ 900 兆円程の損失となりかねないといわれている。

このようなことを回避するためにも 2020 年早期に期待されているモデルナ社等開発のコロナウイルスワクチンによる早期収束が実現し、東京オリンピックが復興経済の足掛りとなることを切に望むものである。

日本企業は、さらなる海外投資と日本回帰（とくに上記のほんとうに必要な物は、ある程度は日本国内で生産する）という両面作戦が問われている。我が国政府も戦後最大の国難に対する緊急経済対策として 117 兆円（日本の GDP の２割程）を計上し、国民生活の自粛策とコロナ後の回復経済の対応が練られている。

実際、米国では世界各国の景気後退を背景として、韓国、ブラジル、メキシコ、オーストラリア、ノルウェー、スウェーデン等にドルの為替スワップ（ドルの貸付）を実施してきた。

一方、中国では、イタリア、イラン、イラク、パキスタン、フィリピン、ラオス、カンボジア等に人と物（医療品等）を援助している。

このことは、米中対立が激化し、あたかも二大強国によるオセロゲーム（米中のデカップリング）のようでもある。

我が国もコロナをきっかけとして永久劣後ローンの活用や必要な法整備を考える時代を迎えている。

まとめ問題12

第１問 次の記述はWTO とEPA 等について述べたものである。正しいものに○印を、誤っているものに×印をつけなさい。

1．WTO の基本精神として、貿易障害の実質的撤廃（関税の引下げと数量制限の撤廃）と無差別の原則（最恵国優遇と内国民待遇）を挙げることができる。

2．WTO加盟国は、WTO設立協定の付属書を原則として一括して受け入れる義務がある。

3．EPA とは、通常、FTA（関税の引下げ）に投資、人の移動、政府間協定等をも加味された総合的な自由貿易協定である。

4．CPTPP／Comprehensive Progressive Trans Pacific Partnership Agreementとは、包括的及び先進的環太平洋（戦略的）経済連携協定のことである。また、RCEP／Ragional Comprehensive Economic Partnershipとは、東アジア地域包括的経済連経協定のことであり、この両者をあわせた拡大TPPのことをFTAAPという。

5．不正競争防止法上の侵害物品における「周知表示の混同を惹起する物品」は、輸入してはならない貨物には該当しているが、輸出してはならない貨物には該当していない。

第2問 次の記述は輸出入に関連する国際条約や協定等について述べたものである。正しいものには○印を、誤っているものには×印をつけなさい。

1．海外旅行の際、外国で買って贈物として持ち帰った加工品としてのワニ革のベルトは、生きた野生動植物ではないためワシントン条約の規制の対象となることはない。

2．ワシントン条約附属書Ⅰに掲げられた動植物の輸入については、原則として商業輸入は認められない。

3．有害廃棄物の処理について、国境を越えて移動することを規制するために、モントリオール議定書（ウィーン条約ともいう）が締結されている。

4．バーゼル条約に定めるオゾン層を破壊する特定フロンの輸入は、輸入割当品目として、経済産業大臣の輸入割当ての対象品目である。

5．ワッセナー・アレンジメント（WA）は、世界の地域的な紛争を回避し、人命重視の社会を作るために、通常兵器、軍事に転用可能な汎用品や関連技術（通常兵器関連技術）を原則として紛争地域に輸出しないことに関する協定である。

6．アセアン＋3にインド、オーストラリア、ニュージーランド、を加えたものをアセアン＋6と、そして、アセアン＋6にアメリカ、ロシアを加えたものをアセアン＋8という。

7．FTAとEPAは、同じ意味であり何ら違いのないものであると考えてさしつかえない。

8．RCEPには、日本、中国、米国等の国々が加入している。

第3問 次の記述は輸出入に関連する国際条約や協定について述べたものである。内容が正しくなるように下の語群から（　）に適当な記号を補いなさい。

外国為替及び外国貿易法および貿易関連法規等は、国際条約や国際協定にあわせて改正等がなされる。これらの条約や協定には、例えば絶滅のおそれのある野生動植物の国際取引を規制する（１）や通常兵器等の輸出を管理する（2）、有害廃棄物の国境を越える移動を親制する（３）等がある。

A．ウィーン条約	B．ワシントン条約	C．モントリオール条約
D．ワッセナー協定	E．バーゼル条約	F．ニューヨーク条約

第4問 次の文章は、貿易の形態等に関するものである。その記述の正しいものには○印を、誤っているものには×印をつけなさい。

1．産業の空洞化は、円安が主な原因となり国内産業の活動が海外へ移り、その結果として起こる現象である。

2．外国の輸入者に、商品の独占販売権を与えて取引をすることがある。このような取引上の独占権を与えられた輸入者は、一般に一手販売店等と呼ばれる。

3．外国のブランド商品を並行輸入する際、その商品が真正品（本物）であれば税関の水際取締制度にかかわりなく輸入することができる

第5問 下の記述は仲介貿易について述べたものである。内容が正しくなるように下の語群から（　　）に適当な記号を補いなさい。

日本の貿易管理制度に基づく仲介貿易とは、日本の商社等が売買契約の当事者として商品を輸出国より買い入れ、輸入国に売却することであり、みずからが代金決済の（１）となる取引をいう。また、貨物は日本での通関行為なしに便宜上、外国相互間で（2）される。

仲介者が契約の当事者とならず（３）のみを受け取る場合には、法律上（外為法）で規定されている仲介貿易ではない。

A．手数料	B．許　可	C．当事者
D．契　約	E．直　送	F．代　金

第12章

解答と解説

第1問
解答

1－○　2－○　3－○　4－○　5－×

解説

1．正しい記述である。

2．正しい記述である。GATT時代のように協定の受諾は、各国の任意ではなくなった。WTOにおいてはその加盟国は、WTOにおける決定事項を原則として一括して受け入れる義務があることになっている。但し、一部の開発途上国には、その例外措置を認めている。

3．正しい記述である。我が国の自由貿易協定は、すべてEPAである。

4．正しい記述である。但し、米国等においては、経済の地域化が、そして、日本等においては、経済のグローバル化が重要視されており、この両方が同時に併存されている。

5．本肢における不正競争防止法の侵害物品は、輸入してはならない貨物及び輸出してはならない貨物の両方に該当している。

第2問
解答

1－×　2－○　3－×　4－×　5－○　6－○　7－×　8－×

解説

1．ワシントン条約では、生きた動植物に限らず加工されたものを含めて規制の対象としている。

2．正しい記述である。但し、学術研究目的の取引として輸出国管理当局の輸出許可書を得ることができれば、輸入可能である。

3．有害廃棄物に関することは、モントリオール議定書ではなくバーゼル条約である。

4．特定フロンは経済産業大臣より輸入割当を受けなくてはならない。しかし、それはバーゼル条約ではなくモントリオール議定書（ウィーン条約）の対象とされている。

5．正しい記述である。1995年オランダのハーグ近郊のワッセナーにおいて合意された。

6．正しい記述である。日本と友好的な3国（インド、オーストラリア、ニュージーランド）を加えたものをアセアン＋6といって我が国により提唱されている。

7．EPAは貿易の自由化（関税の引下げ）のみならず、投資や人の移動等をも含めた総合的な協定として交渉されるものである。

8．RCEPには、日本、中国は加入しているが米国は加入していない（中国はRCEPにインド等我が国と友好的な国の加入に対して歓迎ムードではない）。
なお、FTAAPには、日本、中国、米国を含むAPEC21国が加入している。

第3問
解答
1－B．ワシントン条約
2－D．ワッセナー協定
3－E．バーゼル条約

第4問
解答
1－×　　2－○　　3－○

解説
1．産業の空洞化は、輸出に不利な円高及び海外労賃の安さ等が原因となり起こる現象である。しかし、企業のグローバル化という側面も有している。
2．正しい記述である。英語でExclusive Distributorという。
3．正しい記述である。水際取締制度とは、原則としてその商品が偽物の場合を対象にしている。

第5問
解答
1－C　当事者
2－E　直送
3－A　手数料

解説
仲介貿易の要件は、次のようなものとなっている。
⑴ 輸入者、輸出者どちらも契約の当事者となっていること。
⑵ 貨物は便宜上、直送されること。
⑶ 従って、我が国における通関は生じないこと。
⑷ 決済は、仲介者を通じて行われること。

第13章

貿易ビジネスの英語

Trade Business English

その1

貿易ビジネス英語の基本表現

はじめに

貿易取引のやりとりは今でも主に英語で行われており、売買契約書等も英語で作成されています。従って、英語力を高めることは貿易実務においてきわめて大切なことといえます。しかし、貿易に関する英語は、英語の力のみで理解できるものでは決してなく、そこに書いてある背景の貿易取引の国際ルールや船積書類の内容が理解できてはじめてお互いのコミュニケーションが成り立つものです。

本章では、貿易実務の巾広い分野を背景として、そのうちの各場面における基本的かつ重要な貿易英語の表現（50程の例文）及び専門用語約80（～150）語をコンパクトにまとめました。幸いに貿易英語は、英会話等と異なりその守備範囲は決して広いものではありません。本章における約30例文（枠囲みのもの）と100前後の英単語を理解し、そして、実際にこれらの文例を書けるようになれば、初心者として第一段階達成といえるでしょう。

最後に、最近のビジネスの取引はEメール等でなされており、英語表現も“Write as you talk.”等と言われています。しかし、本章では、貿易実務の試験問題を考慮して、あえて「書き英語的表現」が身につくように作成されていますのでこの点は御承知置き頂きたい。

これから先の皆様の海外とのやりとりにおいて、本章の例文と英単語をやっておいて良かったと思うときがくることを願うものであります。

1．予備的交渉から契約成立までの流れ（第１章参照）

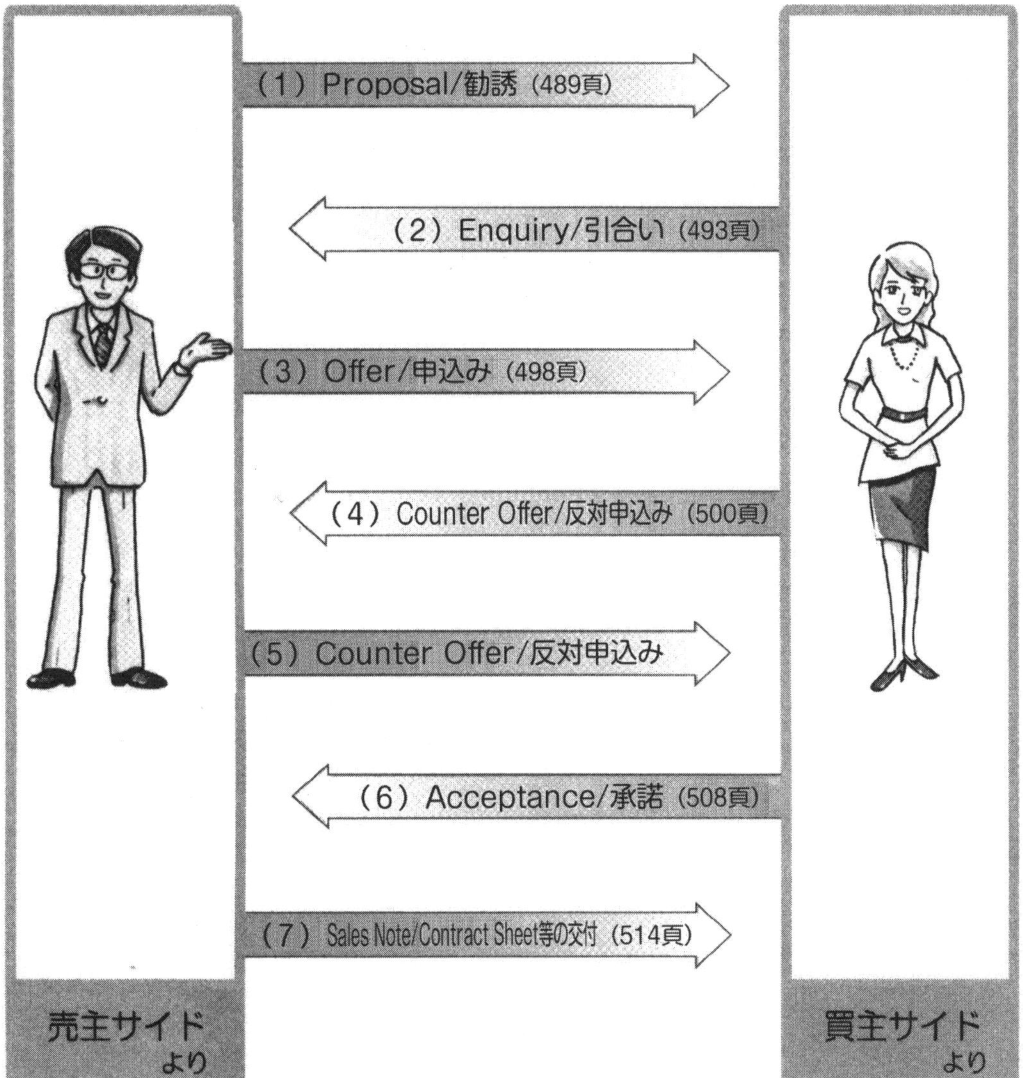

上記（5）+（6）にて契約成立

2．ビジネス・レターの基本形式（含む E メール）

（1）Letterhead
（会社名、住所、電話番号等）

（2）Date（e- メール時は自動記載なので不要／ LTR 時は、右側でも可（英）であるが、通常、左側にそろえる（米））

（3）**To**（宛名／ To ABC Co., Inc）

（4）**From**（名前とメールアドレス／ From XYZ Co., Ltd）

（5）**Subject**（又は Re: ／用件／具体的に記載／ Offering our new product, Super-Z）

（6）**Salutation**（冒頭辞）

始めての時→ Dear Sir or Madam（男女不明時／英）
Dear General manager（相手の Position 名／米）

通常時 → Dear Mr. Smith (Dear John は可／ Dear Mr. John は不可／ Dear Mr. John Smith も不可)

（7）Body（本文／メッセージ）

① **Opening:** 書き出し（なぜ書いているのかを記載→過去のこと）
My name is 〜と通常、書き出さないこと（下に書いてあるので redundant ／但し、全く始めての時は、Ichiro Suzuki (Mr.) と書いても許される。

② **Main Body:** メールの内容（言いたいこと／ In addition to 〜と補足可／→現在のこと）
We would like to introduce our new product "Super-Z" to your market, and we atteched our cataloge (together) with a price list. In addition to this, we would send you free samples of "Super-Z" if you are interested.

③ **Closing:** どうしたいか（これから先→将来のこと）
(We are) Looking forward to your response soon.（これが最も一般的）
(Look forward to your reply（古い）, Waiting for your reply も可）／ 492 頁 網掛け参照

（8）**Complimentary Close**（結辞）

Yours sincerely (Formal) ／ Sincerely, sincerely yours, (Semiformal),
Best regards は e-mail 時に多く使用) ／ Regards (Informal) 等
なお親しくなれば e-mail では、TKS（Thanks の意）と記載されることもある。

（9）**Name**（会社名、名前、役職、住所等／会社名はすべて大文字可、名前は不可）

(10) P.S.（通常は書かない／必要に応じて個人的なメッセージを）

(i) ブロック体（すべて左に詰めて書く）かセミブロック体又は、Indented Form（上記①、②、③の書き出しを 1 文字あける）かを全体として統一すること。

(ii) 文中は、**We なら We** で、**I なら I で統一**する（混ぜて書かないこと）。

(iii) 上記（6）と（8）に関しては、**英国式、米国式とで統一**をすることが望ましい。
例えば、Dear Mr Smith（英）→ Sincerely yours (英) 又は Best Wishes（英）
Dear Mr. Smith, 又は Dear Mr. Smith: (米) → Sincerely yours, (米) 又は Best Regards (米)

(iv) ビジネス文の 3C's とは、Cortesy（丁寧さ）、Correctness（正確さ）、Conciseness（簡潔さ）のこと。

(v) ビジネス文書送信時の留意点

(イ) 英文に慣れていない初心者のうちは**借文**することをおすすめする。
(ロ) 返事は 2 〜 3 日以内にする（できない時は，Please waite for 〜．と連絡する)。
(ハ) 内容は、**書出し**（用件の指定）／**つなぎ**（言いたいこと）／**結び**の要領で簡潔に作成する。
英語は、起承転結ではない。

３．基本文型

(1) Proposal ／勧誘

（原則として）**売主から買主へアプローチをかけることを Proposal** という。また、この場合自社の取引銀行（Bank Reference）や同業者（Trade Reference）等に自社のことを（どのような会社かを）問い合わせて欲しい旨をあわせて伝えることが多い。このことを **Credit Reference**（信用照会）という。

照会（Reference ／問合せ）の単語

輸出入業者 ……………… an importer and exporter (We import and export･･･) ／輸入者が先となる
信用状態 ……………… credit standing（※）
財政状態 ……………… financial standing（下記の②のこと）
営業状態 ……………… business standing（下記の③のこと）
信用供与限度 …………… credit line
信用照会先 ……………… credit reference
銀行信用照会先 ………… bank reference
信用調査 ……………… credit inquiry
信用情報 ……………… credit information（信用調査によりでてきた結果）
～で好評を得ている ……… enjoy a good reputation among ～
良い御返事を待つ ………… waiting for good news（a は付かない）, waiting for a favorable reply

（※）
Credit Standing の内容（信用状態）
- ① Character（誠実さ）
- ② Capital（資産、財政状態）／financial standing
- ③ Capacity（営業力）／business standing
- ④ Conditions（企業環境）
- ⑤ Collateral（担保能力）等

上記①～③を 3C's、①～④を 4C's という。（①等に関しては、同業者等に問い合わすことを Trade Reference という。②、③に関しては銀行等に問い合わすことが、これを Bank Reference という。

（例文）
（あ）**我が社は ～ により、貴社が（～で最も大きな製造会社）であることを知りました。**
① Your name and address have been found in an advertisement（又は a newspaper）of（又は、in） your city.
② We **understand (have heard / have learned** 又は learnt) from the Chamber of Commerce and Industry here **that**, you are one of the biggest manufacturing companies in California.

上記②の文例を借文しよう（実際に書いてみて下さい）！

____

____

We have understood（又は **have known**）**～とはいわない**（現在完了形は、動作を表す動詞／ find、hear、learn、see 等に使えるが、状態を表す動詞／understand、know 等には使わない）。

第13章

(い) 我が社の**信用状態**（B）**については**三菱 UFJ 銀行（A）**にお問い合わせ下さい。**

refer（照会する）という単語（reffer ではない）を使う（いずれの場合も to の次に照会先がくる）。

他動詞（問い合わせる）として／ refer you to A for B

③ We（would）**refer you to** Mitsubishi UFG Bank（Credit Reference/ 信用紹介先という→ Bank Reference）**for** our（又は as to）credit standing.

自動詞（問い合わす）として／ refer to A for B ／（You may ask A for B でも可）

④ Please（You）**refer to** Mitsubishi UFG Bank **for** our credit standing.

上記④の文例を借文しよう！

受動態として（ビジネス英語では、人を主語として受動態を通常、使わない／物が主語の時は使用可）

⑤ You **are referred to** Mitsubishi UFG Bank **for** our credit standing.

(cf) We are permitted to refer you to the XYZ Bank for our credit standing.(ここでは、例外的に使用可)

(cf) We would refer you to the ABC Bank for（any information on）our standing.

(cf) You ask A（三菱 UFJ 銀行）for B（信用状態）／日本語では三菱 UFJ：英語では MUFG という

⑥ 我が社は、30 年以上貴社と主に〜を**取り扱っている**輸出業者です。

We are exponters（又は、I am an exponter）mainly **handling**（又は **dealing in**）商品 **with** you（人）for more than thirty years.

上記⑥の文例を借文しよう！

(う) 我が社の製品を説明している一般カタログと会社案内を**添付**（又は、**同封**）**致しました。**

⑦ We have **attached**（又は **enclosed**）a general catalog（又は catalogue）that describes（又は describing）our products with（又は and）our company profile（又は brochure）.

(A) We **are attaching**（又は enclosing）a catalog ･･････････（現在進行形）

(B) We **attach**（又は enclose）a catalog ･･････････････････（現在形）

(C) We **attached**（又は enclosed）a catalog ･･････････････（過去形）

(D) **Attached**（又は Enclosed）is a catalog ･･･････････････（倒置法という）

(E) **Attached**（又は Enclosed）are catalogs ･･････････････（主語が複数の場合）

上記⑦の文例を借文しよう！

E メール及び Fax では attached を使用する（enclosed は、手紙文の時に使用）。

(cf) インボイスとパッキング・リストを 3 通ずつ送ります。→ each の位置に注意したい（each は後から修飾する）。

We are attaching three copies **each** of the invoice and the packing list.

モデル文例

Proposal

Kokusai Trading Co., Ltd.
1-2-3 Surugadai
Chiyoda-ku, Tokyo
101-8347

August 20, 201_
J.C. Morgan Co., Inc.
1234 Main Street
Los Angeles, CA98561
U.S.A
Dear Sir or Madam（英）、又は Dear Product Manager 又は Dear ABC Co.（米）:

Re：Proposal of Business
(1) Your name has been given to us through the courtesy of the Chamber of Commerce and Industry in Tokyo and we are approaching you with a desire to do business with you.
（注．ここで、My name is ～は Redundant.）

(2) We have been long established as exporters of Electric Appliances（Toshiba Brand）made in Japan, and are getting orders not only from Southeast Asian countries but also from Europe and the U.S.A.

We believe our goods will enjoy a ready sale in your country on account of their good qualities and reasonable prices. You will be convinced of it by the enclosed catalogs and price list.

As to our credit standing, we are permitted to refer you to The Heisei Bank, Ochanomizu Office.

Your completing credit investigation as early as possible will be to our mutual advantage.

(3) We look forward to receiving a favorable reply from you soon.

Sincerely yours,

KOKUSAI TRADING CO.,LTD.

(Signature）／Ｅメール時は、署名不要／手紙時は必要

Ichiro Suzuki
Export Manager
IS/ht（ht は、タイピスト名）

((1)書出し／相手を知った経路 (2)つなぎ／自己紹介、信用紹介先、取引の勧誘 (3)結び／こうしたい)

なお、上記(1)、(2)、(3)の番号は便宜上入れたもので実際には入っていない（以下同じ）

上記会社名はすべて大文字で記載してもかまわない。しかし、他の文章をすべて大文字にすることは Shouting（怒っている）といって、使用されることはない。

前頁文例の和訳

⑴　東京の商工会議所より貴社のお名前を存じ上げました。当社は、創立以来多年、日本製電気器具（東芝製）の輸出に従事しており、東南アジア各国からだけでなく、ヨーロッパそしてアメリカからもご注文いただいております。

⑵　当社商品は品質の良いことと手頃な値段のため、貴国においても需要が多いと思います。
　同封のカタログおよび定価表をご覧になれば、品質に比して価格が格安なことがお分りになれると思います。
　また当社の信用状態に関しましては平成銀行お茶の水支店にお問い合わせください。
　早速信用調査をお願いできますれば、双方とも好都合と存じます。

⑶　御返事をお待ち申し上げます。

結びのことばとして（下記（A）の表現が最も一般的である。）

(i)　(We are) **Looking forward to** (your reply soon. / hearing from you soon.
（心よりお待ち申しますの意）

(ii)　We **look forward to** ～.　（形式ばっている／やや古い）

(iii)　We **are waiting for** ～.　（慣れてきたらよく使う）

(iv)　**Thank you in advice for** ～.（使用しないほうがよい）

(2) Inquiry ／ Enquiry ／引合い（問合せ）／前図の(2)

"Inquiry"（米語）とは問合せのことであり、通常、**買主が売主に**商品に関するカタログ及び価格表の送付を依頼したり又は、買主が売主からの Offer をしてもらう旨を**問い合わせること**であり、「引合い」と呼ばれている。Enquiry（英語）ともいう。

引合い（inquiry）の単語

大口引合い…………… a large inquiry / an inquiry in large quantity
多くの引合い………… many inquiries / a large number of inquiries
引合いをする………… inquire for（about でも可）
商業会議所…………… the Chamber of Commerce
（商工会議所………… the Chamber of Commerce and Industry）
国際商業会議所……… International Chamber of Commerce（ICC/the 不要）
定価……………………… **list price**
価格表…………………… **price list**
我が社には **30 年の経験**がある…… We have **thirty years**（又は **thirty years'**）**experience** in ～
この場合無生物であっても **'**（アポストロフィー）を付けることができる）
（**thirty years of experience** in ～でも可）
東京に本社のある商社……………… a Tokyo-based trading company
各々 2 通のカタログ…………………… two copies each of the catalogs

例文

（え）**我が社は貴社にこの商品の引合を致します。**
⑧ We **inquire**（又は ask）**for** this article（物）**to** you（人）.（商品のときは of ではなく、for が多い／ about でも可）

（i） inquire of（人）／ inquire about（物）／ inquire for（物）
＝問い合わせるの意
（ii） You inquired on 日付 (過去の日付なので inquired となる。)
日付がなければ過去でも現在でもどちらでもよい（心理的同時制という）
（cf） Thank you very much for **your inquiry of March 10**（又は **your March 10 inquiry**）for（又は on, about）商品。

（お）**貴社の見積と一緒に貴社のカタログを送ってください。**
⑨ **Please send** us your catalog **together with** your quotation.
→ **Could you**（please）**send** us your ～.（上より丁寧）

（か）**見本を大至急送って頂けましたらありがたく存じます。**
⑩ We **would appreciate it**（英では it を省略可）**if you would send**（又は、your sending）us your samples **as soon as possible**（又は、immediately ／ほんとうに急いでいるときのみに使用）.

上記⑩の文例を借文しよう！

(i)「急いで」の表現 → immediatary（最も強い表現）, soon, at once, promptly, without delay, at your earliest convenience, as soon as possible（丁寧な表現）等

(ii) We will ～　と　We would ～との違い。／ will より would の方が丁寧となる。

(iii) We would be appreciated it if ～は誤り（但し、物を主語としてなら受動態でも使用可）

（例）An early shipment would be appreciated.（強調となる）

（cf）We are wondering if you would do ～.（控えめな表現）

(iv) Such being the case, you will appreciate that ～
（⇒この場合の appreciate は、understand の意味となる）

(v) 丁寧さの度合い（Ⅰが最も丁寧で、次にⅡ、そして、Ⅲ）

Ⅰ・We would appreciate (it) if ～（とても丁寧）
・We would be obliged it if ～（固い表現／大きな会社等で使用）

Ⅱ・We would be glad（又は pleased 又は greatful/delighted は紋切り型）if ～

Ⅲ・Please can you send ～（口語的）
・Please could you send ～（英）
・Can you please send ～（米）
・Could you please send ～（米）

（cf）E メール時には、初めての時でも上記Ⅲの表現可。

(vi) Would you **kindly** send ～.
この表現は、使用しない方がよい（目上の人が目下の人にいう時に使用される）。

(vii) カラーコピーモデル 300 を、CIF 東京条件にて至急お見積り下さい。
Please **quote us on a CIF Tokyo basis** for Color Copier, Model (No.) 300（品目名は、固有名詞として目立つように大文字使用可）at your earliest convienience.

（き）当社は昨年より貴社と**取引を開始**しております。
⑪　We **entered into business relations with** you last year.
又は、We opened an account with you last year.（但し古い表現）
→ We opened business with you last year. でもよい。

上記⑪の文例を借文しよう！

Guide ！

（i）　英／会社は、人と人との関係とみて、business relations と s を付ける。
米／会社は組織とみて a business relationship と a を付ける。

（ii）　B社とA商品の取引をする。
<u>do business in 商品 (A) with 会社 (B)</u>（又は、deal in A with B）
なお、上記のBが短いときは、BがAの前にくることもある。

（iii）　do a business とはいわない（この場合、a は不要）が、（一定の）形容詞がくると下記のように a を付ける。
→ We do **a** considerable business ／かなり取引をしている
We enjoy **a** good reputation ／好評をえる
We have **a** distributorship in our country. ／販売代理権
但し、**information, news, merchandise 等には a は付かない。**
a useful information（×）→ useful information
a piece of information は可
a good news（×）→ good news
a piece of good news は可（数える時は a <u>piece</u>（又は bit）of ～となる。）
an excellent merchandise（×）→ excellent merchandise

モデル文例

Enquiry

J.C. Morgan Co., Inc.
1234 Main Street
Los Angeles, CA98561
U.S.A.

August 27, 201_
Kokusai Trading Co., Ltd.
1-2-3 Surugadai
Chiyoda-ku, Tokyo
143-0011 JAPAN

Dear Mr. Suzuki,

(1) Thank you very much for your proposal of August 20 (又は your August 20 proposal). We are glad to hear that you had our reputation from the Chamber of Commerce and Industory in Tokyo.

(2) Now, we wish to deal in your latest Super 4K T.V. (Type B-23), and shall be much obliged if you will inform us of your best terms and the lowest prices C.I.F. Los Angeles basis. As we are in a position to handle large quantities (300 units), we trust that you will make an effort to submit us really competitive prices. We are also ready to place regular orders in future.

(3) With regard to our business and financial standing, please make an inquiry to our bankers, The Bank of America, Los Angeles Office, 123 Elm Street, California, who will be pleased to furnish you with the necessary information.

(We are) looking forward very much to hearing from you soon.

Sincerely yours,
J.C. Morgan Co., Inc.
David Jansen
Import Manager

((1)書出し／勧誘への謝意(2)つなぎ／結論を表明（必要に応じその理由）(3)結び／（肯定時）再度の返信を促す、（否定時）相手の理解を求める）

前頁例文の和訳

(1) 8 月 20 日付の取引の申込みを頂きありがとうございます。東京商工会議所から当社に関してお聞き下さったとのこと嬉しく存じます。

(2) さて、当社は、貴社の最新スーパー 4K テレビ（B-23 型）を取り扱いたく、CIF ロサンジェルス条件にて廉価にての条件をお知らせ下されば幸いです。大量注文（300 台）ができますので競争力がある価格（廉価）で御努力頂けるものと存じます。

(3) 我が社の経営状態及び財政状態に関しまして、～にあるバンクオブアメリカ、ロサンジェルス支店にお問い合わせ下さい。必要な情報を得られると存じます。御回答お待ち申し上げます。

(i) 昨日、～に関するお電話を頂きましてありがとうございます。
Thank you for your **telephone call** last week concering ～.
→ Thank you for your telephone last week ～は誤り。

(ii) Feel free to **contact us** anytime.
→動詞の **contact <u>with</u> us** は「～にさわる」の意でここでは誤り
make contact with ～、get in touch with ～は「連絡する」の意。
又は、Don't hesitate to **contact us** (又は me) anytime.
→ (B) の contact us の表現は、セクハラとまぎらわしい。かつ、old fasion なので使用しない方がよい。
また、ビジネスマンは連絡をするくらいで hesitate などしない。

第13章

⑶　Offer／申込み

Offerとは、売主が買主からの引合いに対して、又は、引合いがなくても自ら買主に条件（前述）を示して商品の売り込みをすることをいう。

Offerの基本単語

買い申込み……………………………………	buying offer（bidという）
売り申込み……………………………………	selling offer（offerという）
確定申込み……………………………………	firm offer
指値(買主からの希望価格)………………	bid price
いい値(売主からの希望価格)……………	offer price
反対申込み……………………………………	counter offer
申込みをする………………………………	make an offer
人(A)に物(B)をいくら(C)で申し込む… (人(A)は省略されることが多い)	**We offer**（you(A)）**物**(B) for 又は **at価格**(C)、 又は**We offer物**(B)（to人(A)）for 又は **at価格**(C)、 **We make**（you(A)）**an offer for物**(B) **at価格**(C)
商品を10%値上げする ……………………	raise the price of this item 10 per cent（502頁参照）
B社(人)とA商品(物)の取引をする ……	deal (do business) in A with B (in Aが長ければwith B を先にしてもよい)

Proposal と Offer の違い

Proposalとは予備的交渉であり、単に手紙文（後述）と共にカタログや価格表等を添えて取引を促すことである。

一方、Offerは、具体的な取引条件と共に取引を申し込むことである。

（く）定価表と共にカタログを**添付**（又は同封）致します。

⑫ We have **attached** (又は、enclosed) a catalog **together with** a price list.

→ We have **attached** (又は、enclosed) you a catalog ～は誤り

attach, enclose は2重目的語をとれない／ attach A to B となる

（け）我が社の商品は、顧客より**好評を得ております。**→後述 ⓜ／⑲参照

⑬ "Our goods **enjoy a good reputation among** our customers."

第13章

モデル文例

Offer（主要５条件／商品、数量、価格、船積、決済条件等）

August 31, 201_
Dear Mr. Jansen,

(1) Thank you very much for your inquiry of August 27.（又は your August 27 inquiry.）
(単に We have received your letter of ～とせず、謝意を述べることが先である。)
As requested, we have today sent the following firm offer, subject to your reply reaching us by September 15 Tokyo time.

(2) 1. Description: Super 4K T.V. Type B-23
2. Quantity: 300 Units
3. Unit Price: US$ 2,000.00 per unit CIF Los Angeles
Total Price: US$ 600,000.00 CIF Los Angeles
4. Shipment: September Shipment from Yokohama, Japan by ocean freight
5. Payment: Draft at sight under Irrevocable L/C, Usance Interest for seller' s account, subject to our receipt of your credit by the end of Sepember.
6. Insurance: Seller to cover the CIF valve plus 10% against A/R including war and S.R.C.C. Risks.

We are glad to offer you a discount of 10% for an order of 100 units or more;
that is to say, Total Price is US$ 540,000.00 ($ 1,800 × 300 units in this case).

(3) This is the best offer we can make at present and we trust that you will accept this offer without loss of time.

Sincerely yours,
（以下省略）

((1)書出し／謝意と確定申込の意思表示 (2)つなぎ／オファーの内容 (3)結び／どうして欲しい)
上記例文の Subject は、どう書くか。
→ Firm offer for Super 4K T.V. B-23 と具体的にする。(Sending firm offer では不足)
例文の和訳
(1) 貴 8 月 27 日付スーパー 4K テレビ（B-23 型）の引合いありがとうございます。御依頼の通り、9 月 15 日までに御回答頂ける条件にて本日下記のように確定申込み申し上げます。

(2) （1 ～ 6 の和訳／省略）
我が社は、100 台以上の御注文であれば 10% の値引きをさせて頂きます。つまり、300 台であれば 54 万米ドルでございます。

(3) これが我が社のできるベストオファーでありお早目にお受け頂けるものと存じます。

第13章

(4)、(5) **Offer の種類**（下記の(イ)、(ロ)、(ハ)、(ニ)）

(イ) **Free Offer**（期限の定めのない申込み／日付の記載や Firm の文字なし）
We offer you the following.／フリーオファーは、契約成立に関するリスクが残るのでおすすめではない。

(ロ) **Firm Offer**（確定申込み／通常 firm の文言と日付入り）

（こ）我が社は、何月何日の正午（東京時間）までに貴社御返事が到着することを**条件に確定申込み致します。**
⑭ "We **offer you firm the following subject to** your <u>reply</u>（又は、acceptance）<u>received by us</u>（又は、reaching us / reaching here) by noon on March 20 Tokyo time."（→到達主義となる）

(cf) subject to our receipt of your acceptance by 日付でも可
(subject to 以下は、名詞又は動名詞／動詞は不可）

上記⑭の文例を借文しよう！

(ハ) **Counter Offer（反対申込み）**の効力
反対申込み＝相手の申込みの拒否＋新しい申込み
We will <u>**accept**</u>（又は、acknowledged) **your offer <u>if</u>**（又は、**provided**) you make your shipment on April 10 instead of April 30.

⑮ In reply to the letter of February 10, **we are willing to make a counter offer** considering similar products here. Please give us **a discount of 10% off the price** in order to take more market share.

上記のような値引(反対申込み)に対して、売主はそれを単に断ってしまうのではなく、一般論として、採算があえば「さらにこれ位多く注文して頂ければこれ位の値引が可能である旨」をしっかりと相手に伝えることもビジネス対応として大切なことである（断る場合には、理由をも付すること)。
(例文)
You must understand that our price have already been reduced to the lowest possible, and our quality is unobtainable anywhere.
However, we are glad to accept your discount if you could raise your order to ～ units (又は pieces, sets 等).

(ニ) **Sub-Con Offer（最終確認条件付申込み）**
サブコン・オファー（及び Offer subject to our prior sale（先売り御免申込み））とは、法的にはオファーではなく予備的交渉であることに留意したい（前売り御免申込みも同様である)。

当方最終確認の条件にて、ゼブラボールペン 100 本を 1 本 80 米ドルでオファー致します。

⑯ We **offer** you one hundred pieces <u>of Zebra Ball-Point Pen</u> (固有名詞の時は単数で／しかし、一般名詞の時は複数となる）of ball-point pens) at U.S.$80 per pc. **subject to our final confirmation.**
(→ offer が動詞の場合)
(前売り御免条件付申込みの表現)
We (are pleased to/wish to) <u>**make**</u>（又は give, send, fax) **an offer for** one hundred pieces of Zebra Ball-Point Pen at U.S.$80 per pc. subject to our prior sale. (offer が名詞の場合)

Guide!

（i）Offerのときは、丁寧に伝えたいとして、
We would like to（又は、wish to / want to）offer you 等としない方がよい。
はっきりと、売主の意思を伝えるためには、
We offer you firm とか We place a firm offer…と現在形で言い切ることが大切である。

（ii）一方、買主は反対申込みをする際には、結論のみではなくその理由（例、関税、消費税、倉庫料が上昇しているとか、競合他者の存在等）をも記載すると説得力を増す。

反対申込みの例文（acceptとあっても承諾ではない。）

（さ）**もしも価格を20%割引して頂ければ貴社の申込みを承諾します。（（て）参照）**
⑰ We（買主）will accept your offer if you could make **(a) 20% discount**（又は **a discount of 20%**）**off**（又はon）your price（$100/pc）.

上記⑰の文例を借文しよう！

上記の例文は、承諾ではなく反対申込みである。従って、相手(売主)が当該申込みに対する承諾をすれば契約成立となる。

ここで(i)**商品**(ii)**価格**そして(iii)**数量の表現**をもう少し学習しよう。

（i）**商品について**

goods………………　(その会社等の）商品の総称(複数扱い／these goods)
merchandise……　商品（集合名詞でsは付かない）
article……………　商品
item………………　リスト（表）等にある各商品の品目
product……………　製品
seller's sample……　売手見本
buyer's sample……　買手見本
counter sample…　反対見本
advance sample…　先発見本

贈物はgiftであり御贈答用品はgift goodsである。また、返品はreturned goodsである。

（し）**当社は30年間電気器具を取り扱っております。**
⑱ We are dealing in（又は、handling）electric appliances for 30 years.

deal **in**　**物**（商品）………　to deal in an article, be handling (in) an article
deal **with**　**人**（会社）……　to deal with a firm

(cf) 進行形と現在形のニュアンスの違い
We are dealing in (home) electric appliances.（**今では**）扱っております。
We deal in (home) electric appliances.（**昔から今でも**）扱っております。

(cf) 当社の商品は、どこでも**売れ足が速い**ですので御安心下さい。
Please be assured that our goods are **find**ing **a ready sale**（又はfind a prompt saleやenjoy a quick saleでも可）everywhere（又はin every market）.

第13章

（す）我が社の商品は、貴市場で**良く売れる**ことでしょう。 ⑲ Our goods will **sell well**（又は quickly）in your market.

→ Our goods will be sold well では、受動態なので、文法的に誤りではないが消極的すぎる。

Our goods are selling like fun.（**能動態にする**と「おもしろい程よく売れる」の意が入る）

(cf) We assure you that our goods are finding a ready sale everywhere.

上記⑲の文例を借文しよう！

代用品と取替品

(i)	Substitute A for B (B の代りに A を／**代用品、代替品**) と
(ii)	replace A with B (A を B に取り替える／**取替品**)

(i) **Substitute** は本物に代わるもの（**代用品、代替品／全く同じではないがそれに代わるもの**のこと）である。

Because of the tight budget, we have to substitute A (margarine) for B (butter).

(ii)これに対して、**replacement** は、それに取って代わるもの（**取替品**／つまり、**全く同じもの**のこと）である。(We can ship you replacements for the missing 3 boxes by air freight.)

replaced A with B

→ We replaced A (the worn tire) with (又は by) B (a new one).

（せ）受け取った商品は、**品質が**見本より著しく**劣っておりました。**（(す) の返信） ⑳ The goods we have received **are** much **inferior to** the sample(s) **in quality**.

→ここでは are を were としないこと／現在形にすることで今も劣っていることを強調できる。

次の表現も可

(cf) **The quality of** the goods delivered **is** much **inferior to that** (= the quality) **of** the sample(s).

→上記の **that of** は省略しない方がよい。

(cf) Our price are lower than those (= the price) of our competition.

上記⑳の文例を借文しよう！

(i) **in shade（色合い／色調）** と **in color（色違い）**

The goods do not correspond to the sample **in shade**.

→色合いが違う (= slightly deferent color/ 色調)

但し、**in color** とすると色違いとなる (eg. 青と赤等) ため使いわける必要がある。・・・

(ii) ～について（about）の表現

Concering, Regarding, With reference to, With regard to, In regard to 等がある。

(例文) Concering your order, we are glad to inform you that ～.

なお、Concering は文末にはこない（What is your question concerning? とはいわない、但し、What is your question about? は使用可)、又、Concering about ～とはいわない。

(ii) **価格について**

三点セット（価格、インコタームズ、地名）の価格表現に慣れておこう。

（例）**ロサンジェルスまでの CIF 価格で 3 万ドル**

→ US$ 30,000 CIF Los Angeles（**輸入港**）

ここでいうロサンジェルスは、CIF（運賃込）価格なので輸入港を意味している。

（例）**東京からの FOB**（運賃含まず）**価格で 3 万ドル**

→ US$ 30,000 FOB Tokyo（**輸出港**）

ここでいう東京は、FOB 価格なので輸出港を意味している。

（例）**ロサンジェルスまでの CFR 価格で 3 万ドル**

→ US$ 30,000 CFR Los Angeles（**輸入港**）

ここでいうロサンジェルスは、CFR（運賃込）価格なので輸入港を意味している。

（例）横浜まで CIF 価格で**一台につき** 300 ドル

US$ 300 **per unit** CIF Yokohama（per の位置に留意したい）

又は

US$ 300 CIF Yokohama **per unit**（box、piece 等）

（例文）

（そ）この商品をロサンジェルスまでの **CIF 価格を条件として**お見積り致します。（売主→買主）

We quote (you) for the following items (in U.S.Dollars 又は in Yen)

㉑ { **on CIF Los Angeles basis.** (for the following items は、文尾にきても可).
on the basis of CIF Los Angeles.

上記㉑の文例を借文しよう！

___

___

（cf）on both FOB our port（輸出港）and CIF Los Angeles（輸入港）.

（cf）ドルは複数形となるが、円は複数形はない。

（cf）**quote for 物**（**quote us** (your price) **for 物**）

価格を見積もるのであって、物を見積もるのではない。

従って、“quote (us) for 物” であり、**“quote us 物” とはいわない。**

見積もり（額）という意味では、quotation 又は、estimate となる。

なお、“Will you please quote us for ～” は依頼分なのでピリオド又は！が文尾にくる（？ではない）。

（た）次の商品に関して**廉価にて**東京からの航空便での**本船甲板渡し価格を**お知らせください。（買主→売主）

㉒ Please quote (又は Will you quote/We wish you to quote) us **the lowest (possible) price, (on the basis of) FOB Tokyo by air** (※) for the following goods:

上記㉒の文例を借文しよう！

___

___

第13章

（※）前頁㉒の例文において by air であれば、本来は FCA Tokyo とするべきであるが…。
（cf）インコタームズ 2020 は 2020 年 1 月より適用（11 種類とされている）。

積地条件→ EXW、FOB、FAS、FCA、CIF、CFR、CIP、CPT
揚地条件→ DAP、DPU、DDP（アンダーラインは、コンテナ船、Air 用）

価格に関する補足説明

（i） price の種類 ･･･ net price, list price、price list、cash price、wholesale price, retail price 等

（ii） **価格が安い** ･･ **the lowest (= the rock bottom)、competitive、unusually low、keen** 等
（reasonable, low, moderate ／手頃な→これらは一般的な表現となるので、自社製品売り込み時には使用しない）
できるだけ安い商品／ **the most** inexpensive item
できるだけ安い価格／ **the best** (又は **the lowest) possible price(s)**
→ 最上級でも表現できることに留意したい。

（iii） 上記の価格／下記の価格（下記アンダーラインは説明上記入してある）
The prices below will be lowered for a quantity order.
The above prices will be lowered for a quantity order.

（iv） **（人が）** 値を上げる /raise と **（物の）** 値が上がる /rise

値(段)を**上げる**/**(人が主語)**	**raise**（又はincrease)a price	他動詞
〃　下げる/(　〃　)	**lower**（又はcut down)a price	
値(段)が**上がる**/**(物が主語)**	**rise**（又は go up)in price	自動詞
〃　**下がる**/(　〃　)	**fall**（又はdecline)in price	

raise（他／（人が）上げる）→ **raised** → **raised**（規則変化）
We have raised the price of ～
rise（自／（物が）上がる）→ **rose** → **risen**（不規則変化）
Raw material has risen in price and ～→ Raw materials have risen でも可。

（cf）相手に対する配慮として、raise（又は、increase）より、revise、adjust の方がより丁寧となる。この場合、理由も付け加えるとよい。

（cf）We rise the price(s) とは、意味上も文法上も誤りである。

（ち）最近の原料値上がりのために、この商品は 10% 値上げ致しました。

㉓ Because of（又は Due to）a recent **rise** in the prices of raw materials, we have **raised** the price of this article（又は item）by 10 percent（又は per cent 又は %）.

（つ）我が社の価格は、他社と比較すると約 15% 安い（高い）です。

㉔ Our prices are about 5%（又は 5 percent）lower（higher）than **those of** our competitors.（those = the prices）

第13章

（て）**10ダース以上の注文**には、定価より**10%の値引きを致します。**(次々頁(ⅲ)数量を参照のこと)
㉕ We (売主) are ready to **allow** (又は、**give, grant**, offer, make)（you）**a discount of 10 percent** (又は、a 10% discount) **on**（又は off）our list price **for an order of 10 dozen or more**.

上記㉕の文例を借文しよう！

(i)

We give (you) { a discount/**良い値引**（売主にとって） / a reduction/**色なし**(※) / an allowance/**悪い値引**（売主にとって） } of 10 % { on / off / from } the price. / the goods. / the order.

an allowance ＝ (クレーム時等で使用)

on / off / from ↑ ここにofは使わない

(※) 色なしとは良い値引時にも悪い値引時にも両方に使用可

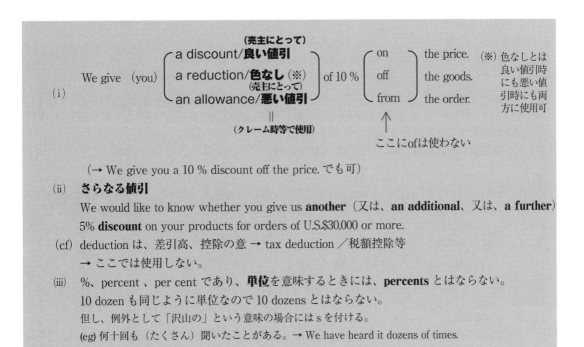

（→ We give you a 10 % discount off the price. でも可）

(ii) **さらなる値引**

We would like to know whether you give us **another**（又は、**an additional**、又は、**a further**) 5% **discount** on your products for orders of U.S.$30,000 or more.

(cf) deduction は、差引高、控除の意 → tax deduction ／税額控除等
→ ここでは使用しない。

(iii) %、percent 、per cent であり、**単位**を意味するときには、**percents** とはならない。
10 dozen も同じように単位なので 10 dozens とはならない。
但し、例外として「沢山の」という意味の場合には s を付ける。
(eg) 何十回も（たくさん）聞いたことがある。→ We have heard it dozens of times.

Guide!

時制の一致の例外（that 以下の内容が現在も事実である場合）
They advised us that their prices remain the same.
（→ We believed that the earth is round. と同じ）

第13章

ⅲ**数量について**

A. **以上と超**（そして以下と未満）の違い

（例）100 個**以上**／ 100 pieces **or more** → 100 を**含む**

100 個**超**／ **more than** 100 pieces → 100 を**含まない**。

上記のように 100 dozen or more と記載すれば 100 dozen は含まれることになる。

一方、more than 100 dozen (not inclusive ／ 100 ダース超) とすると本来は 101 dozen 以上の意味となる。しかし、more than 100 では、100 超なのか 100 以上なのかわかりにくい感があるため、**ビジネス（見積書等）では or more が多く使われている。**

なお、下記（e.g.）のようにその数字を含むか否かを厳密にする必要のない場合には、more than を「以上」の意味で使われてることもある。

（e.g.）We have been doing business with you for more than 10 years.

Above 100 pieces ｝この above, over, exceeding 等も more than に準じる。
Over 100 pieces ｝しかし、ビジネス英語 (厳密に数について話す場合) ではあまり使用されていない。

100 個**以下**／ 100 pieces **or less** → 100 を**含む**。

100 個**未満**／ **less than** 100 pcs → 100 を**含まない**。

日常会話の茶飲み話と異なり見積書等の場合には、誤解を生じないようにすることが大切である。従って、値引時に例えば「100」が含まれるか否かは重要なことであるため例えば、「100 以上」は、**100 dozen or more** と記載される。
「100 以上」を more than 99 とか「100 以下を」lesss than 101 等とはわかりにくいので表現しない。

Guide ！

（ⅰ）お求めの品

「お求めの品」は“**the goods you <u>required</u>**（又は require)”, もしくは“**the goods (you) required**”（→ the goods required by you の略）である。**“your required goods” とはしないこと。**

この商品に関する詳細情報とは、“the detailed goods information” という。

（ⅱ）数量の決定基準とは、単位のことである。

Weight（重量）

① Metric Ton（1,000 kg ／ Kilo Ton)

② Short Ton（907 kg ／ American Ton ／米トン)

③ Long Ton (1,016 kg ／ English Ton ／英トン)

④ Measurement Ton（M/T、容積トンのこと）

(cf) Gross Weight（総重量) と Net Weight（正味重量）

G.W. − Tare（風袋）＝ N.W.

N.W. + Tare（風袋）＝ G.W.

Measurement（容積）‥　M^3、f^3、Liter 等

Length（長さ）‥‥‥‥　Meter、Foot、Inch、Yard

Dimension（面積）‥‥‥　M^2、f^2 等

Number（個数）‥‥‥‥　Pieces (Pcs)、Dozen、Pair、units 等

Packing（包装）‥‥‥‥　Case、Carton、Bale、Bag、Can、Bomb 等

(iii)　More or Less Terms（過不足認容条件）

Bulk Cargo（バラ荷）の場合に数量（and ／ or **金額）の前に about、approximately、**又は circa（これは古い表現）という語を冠することにより、**10% の過不足**（± 10%）が認められている。

又、10% 以外の過不足の場合には、次のように記載する。

(eg) “Seller has the option of delivering **5% more or less** the contracted quantity (specified by contract).”

(iv)　Shipping Marks（荷卸）→ 貨物の上に印刷されているマークのこと

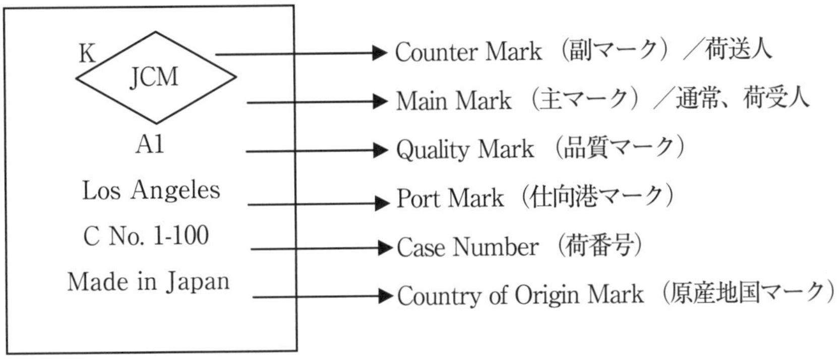

(v)　**日付**に関して（何日以前、何日以降）

①**何日以前**（例えば 4 月 20 日以前）

まず、**before** April 20 は、UCP600 の規定では「20 日を**含まず**」とある。従って、20 日を含む表現としては、（それが大切である場合には）**on or before** April 20 とすると誤解がない。

→ We would appreciate your remittance with the XYZ Bank **on or before April 20.**

（また、by April 20 inclusive, not later than April 20, April 20 at the latest でもよい。）

②**何日以降**（例えば 4 月 20 日以降）

次に、**after** April 20 は、UCP600 の規定では「20 日を**含まず**」とある。従って、20 日を含むことをはっきりさせるには、**on and after** April 20 とするとよい。（in and after, at and after とはいわない）

（例文）This contract shall be effective on and after April 20.（又は、as from after April 20 (inclusive) でもよい。）

（cf）from April 20, till July 20 (both inclusive) も使用される。

(6) Acceptance／承諾と Order／注文

売主からの **Offer 等**を受けて買主がそれを**承諾（Acceptance）**をすれば**契約は成立する**。この場合、法的に（理屈として）は注文書等は必要ないともいえるが、後日の証拠又は書類整理のためにも**注文書（Order Sheet／注文書＝ Purchase Note／買約書**／後述）を作成し売主に送付する。また、売主は、これを受けて **Sales Note（売約書）**（又は、必要に応じて**契約書**）を２通作成し、署名のうえ買主に送付し、買主も署名しそのうちの１通を売主に返送するのが原則的な手順である。

Order という名詞には注文（注文１件）と注文書（Order sheet）そして注文品（an article ordered）の三つの意味があるので留意したい。

基本単語

注文請書……… Confirmation（C は小文字可）of order（Order confirmation／Sales Note／売約書ともいう）
試験的注文…… trial order
初注文………… initial order
追加注文……… additional order
再注文………… repeat order
大口注文（大量注文）……… a large order、a substantial order、a considerable order
小口注文……… a small order
多くの注文…… a lot of orders（上記の大口注文とは意味が違う）
注文する……… give an order／place an order
(make an order とはいわない／ make an offer は使用可)
定期注文する… place regular orders（with you という／ to you とはいわない／次頁（と）参照）
注文を受ける… receive an order for ～
注文を引受ける‥accept an order for ～
注文を（丁寧に）お断りする……<u>**decline**</u>（又は not in a position to accept）an order
（注文に対して refuse, reject は強すぎる）

拒否する表現 → decline, turn down, be not in a position to, cannot accept, refuse, reject 等
（左がソフトに断る→右になる程強い表現）

Guide!

(i) We are **sorry** that we cannot accept your offer as the price is too high.
(→クレーム時とは異なるので sorry の使用は可)

(ii) We **have to (must は、全く no choice の時**) decline (強く言いたい時は refuse も可) (to take the delivery of) the cargo on the ground that their quality is not equal to <u>the standard</u> (又は、the samples).

(iii) 内容の良くないことを伝える時
We (deeply) **regret** that we cannot accept ･･･.
To our regret, we cannot accept ･･･.
We regret to inform you that ･･･.(又は、We have to inform you that･･･)
逆に良い時は
We **are <u>pleased</u>**（又は、glad, happy 等）to tell you that ･･･.

(iv) 御注文の品は、当店では取り扱っておりません。
(We are sorry to tell you that) we are not handling the goods you ordered.

第13章

（と）冷蔵庫 No.AB − 99 を 150 台貴社**に注文致します。**

㉖ We (are pleased to) **order** 150 units of Refrigerator No.AB-99 **from** you.（order が動詞の場合）

→ We (are pleased to) **place an order for** 150 units of Refrigerator No.AB-99 **with** you.（order が名詞の場合）

A 社に B（物）を注文する

We order 物 from 会社（人）（→動詞の場合 /from である。**to, for, with は誤り**）

又は **We place an order with 会社**（人）**for 物 .**（→名詞の場合）

→会社名が長いときには、for 物 with 会社でもよい。

→ make an order, do an order とはいわない。

上記㉖の文例を借文しよう！

Guide!

「12 台の車」の表現（単数か複数か）

We will ship

- 12 cars.（口語的→We ship 12 cars.）
- **12 units of（the）TOYOTA XYZ Model**（Car）（固有名詞時は単数形）
- 12 units of the car.（限定／一種類）
- **12 units of cars**（一般／**両方複数形**）→12 units of (a) car. は誤り。

(cf) 我が社は貴社の申込みを承諾し、添付注文書 No.111 のようにポータブル・ラジオを 1,000 台注文致します。
We accepted（又は accept）your offer and place an order with you for 1,000 units of portable radios as shown on attached purchase order No.111.

(cf) 今回は初注文ですが、満足な場合には大口注文致したく存じます。
This is an initial order, and if (又は、provided, 又は、providing, 但し、providing は古い表現とする者もいる) it turns out (to be) satisfactory, we will give you a substantial order.

(cf) 御注文品は、今船積するばかりとなっておりますので、御注文の取消しの御要望には**応じかねます。**
As your order is ready for shipment (now), **we are sorry we cannot**（又は are unable to、又は are not in a position to) comply with your request for cancellation.
（ビジネス文では cannot は、can not とか can't と表記しない）

モデル文例

Acceptance + Order Sheet

⑵ Accepting (the) Offer

（会社名、氏名省略）

Date

Dear Mr. Suzuki,

(1) Thank you for your email of August 31 offering us 300 units of Super 4K T.V. Type B-23.

(2) Upon careful consideration, we have decided to accept your offer (Total price: US$540,000^{00} / 300 Units). We may place further orders with you whenever you have proper machines if this first order is executed in a satisfactory manner. Thus, we would ask you to give your best attention to it.

(3) As for the terms of payment, we would prefer D/A terms (draft at 90 days after sight without (an) L/C). If, however, you prefer settlement under a letter of credit, we will arrange for the establishment of an L/C.

We would, therefore, appreciate it if you would let us know what payment method we should use.

Sincerely yours,

（⑴書出し／オファーへの謝意 ⑵つなぎ／オファーを承諾する旨の表示 ⑶結び／どうして欲しい）

上記例文の和訳

⑴　貴8月31日付スーパー4Kテレビ B-23型のオファー頂きありがとうございます。

⑵　熟慮の結果、300台を54万米ドルにて購入することを決定しました。この初回注文が満足のいくものであり、良い機種であればさらにご注文いたします。充分配慮されますようお願い致します。

⑶　支払いに関しましては、D/A条件を希望します。ただし、貴社が信用状による決済を希望されるのであれば、信用状を開設します。従いまして、決済方法を直ちにお知らせ頂ければありがたく存じます。

上記のメールは、承諾なのかそれとも反対申込みなのでしょうか。⑶の代金決済の表現が反対申込みなのか単なる希望（質問）なのかが、あいまいになっている。「（信用状なしの）D/A条件にして欲しいが、できなければL/C付でもかまいません。」というのではいわゆる反対申込みとはいい難い。

従って、上記の文例では売主は信用状取引を主張してくるものと思われる。

Order Sheet ／注文書

（会社名、氏名省略）

J.C. Morgan Co., Inc.
Los Angeles, U.S.A
September 7. 201_
ORDER No.101
To Messrs. Kokusai Trading Co., Ltd.
Tokyo, Japan

We have the pleasure of placing the following order with you:

Quantity	Description	Unit Price	Amount
300 units (10 units in one case)	Super 4K T.V. Type B-23	US$ 1,800.00 per unit CIF Los Angeles	US$ 540,000.00

Shipment: During Sptember

Marks: JCM
Los Angeles
C No. 1-30
Made in Japan

Insurance: A/R including War & S.R.C.C. Risks

Terms: Draft at 90 d/s without a Letter of Credit

J.C. Morgan Co., Inc.

Import Manager

モデル文例

Sales Note ／注文請書／売約書

KOKUSAI TRADING COMPANY, LTD.
1-2-3 Surugadai, Chiyoda-ku
Tokyo,Japan

Date: September 10, 201
Our Confirmation No.JCM-9
Your Order No.101

SALES CONFIRMATION

Messrs. J.C. Morgan Co., Inc.

....

....

Dear Mr. Jansen,

With many thanks, we are pleased to confirm having accepted your order under the following terms and conditions:

Article No.	Quantity	Commodity	Unit Price	Amount
Type-B23	300 units	Super K4 T.V.	$ 1,800.00	$540,000.00

PACKING & MARKING:　10 units in one case. Seaworthy.
SHIPMENT:　September
INSURANCE:　A/R with War & S.R.C.C.
PAYMENT:　Draft at 90 d/s with (an) L/C

You may be assured that we shall do our best to give you satisfaction in every respect.

KOKUSAI TRADING COMPANY, LTD.
Ichiro Suzuki, Sales Manager

上記決済条件については、売主より買主に信用付 D/A 手形にする旨の E メールが別途あり、買主の承諾を得ている。その E メールは、ここでは省略する。

モデル文例

Sales Contract ／契約書

KOKUSAI TRADING COMPANY, LTD.
Tokyo, Japan

Date: September 15, 201_
Our Contract No.
Buyer's Reference No.

EXPORT SALES CONTRACT

Kokusai Trading Company, Ltd. as Seller, hereby confirms having sold to J. C. Morgan company, INC. the following goods by contract of sale made on the above date and the terms and conditions hereinafter.

COMMODITY:（商品明細）	Super 4K T.V. Type B-23
QUANTITY:（数量）	300 units
PACKING & MARKING:（包装と荷印）	10 units in one case
PRICE:（価格）	US$ 540,000.^{00} (@US$1,800.^{00})
TIME OF SHIPMENT:（船積時期）	September
PORT OF SHIPMENT:（船積港）	Tokyo, JAPAN
PORT OF DESTINATION:（仕向港）	Los Angeles, U.S.A.
PAYMENT:（支払条件）	Draft at 90 days after sight with L/C
INSURANCE:（海上保険）	All Risks with Wars & S.R.C.C.
INSPECTION:（検査）	Seller' s Final
SPECIAL TERMS & CONDITIONS:（特約）	

We as Seller are pleased to confirm this day our sale to you as buyer, subject to all of the TERMS AND CONDITIONS ON THE FACE AND REVERSE SIDE HEREOF. If you find herein anything not in order, please let us know immediately. Otherwise, these terms and conditions shall be considered as expressly accepted by you, and constitute the ENTIRE AGREEMENT between the parties hereto.
(上記の文章を包括合意／完全合意／ Entire Agreement という)

Accepted and confirmed

J.C. MORGAN , CO., INC.	KOKUSAI TRADING COMPANY, LTD.
(by)________________________	(by)________________________
(Its) Import Manager	(Its) Sales Manager

前頁の Sales Note を契約書の代用とすることもできるが、本取引においては改めて契約書が作成されている。契約書には、署名が大切なので e- メールではなく通常、郵送される。

⑺ Contract (Sheet) ／契約書

契約書の裏面約款に関しては、ここでは省略する（ガイドライン第1章参照）。

― 契約締結内容に関する補足表現 ―

⑻ 保険／ Insurance

保険の手配はインコタームズによりその手配をする者が定められている（例えばCIFの場合には輸出者、FOBの場合には輸入者）。いずれの場合も本船（又は航空機）が出港する以前に手配しておかなくてはならない。また、保険金は通常、**CIF価格×110%**と規定されている。なお、この110%のうち10%を**希望利益（Imaginary Profit** 又は **Expected Profit**）という。

保険（条件）の種類としては、次の3種類がある。

	(旧約款)		(新約款)
(1)	**Free from Particular Average (FPA)**	単独海損不担保	**ICC(C)**
(2)	**With (Particular) Average (WA)**	単独海損担保	**ICC(B)**
(3)	**All Risks (A/R)**	オール・リスクス／全危険担保	**ICC(A)**

保険会社の免責事由

(1)　運送の**遅延**による損害
(2)　保険の目的物の固有の欠陥による損害
(3)　通常の自然消耗による損害
(4)　被保険者の故意による損害
(5)　**輸出者の梱包不備**による損害
(6)　戦争危険とストライキ危険（War & S.R.C.C.Risks ／ただし特約により付保可）

基本単語

保険者（保険会社）……………　insurer
被保険者（保険金をもらう人）……　insured
現実全損……………………　Actual Total Loss
推定全損……………………　Constructive Total Loss
全損…………………………　Total Loss
分担／海損…………………　Partial Loss
共同海損……………………　General Average
委付…………………………　Abandonment
貨物に保険をかける………　**effect insurance on the goods (against リスク for 金額 with 会社)**
又は **insure (goods) against** (又は subject to) **ICC(A) for 金額 with 会社**
又は **cover the goods by insurance**
又は **cover insurance on goods**
又は open insurance on goods
又は arrange insurance on goods

例文

（な） **1 万米ドルの ICC(A) 条件にて海上保険を東京海上火災会社におかけ下さい。**

㉗ Please **effect** marine insurance **on** our goods（又は on our cargo）**against** ICC(A) **for** US$10,000 **with** Tokyo Marine and Fire Co., Inc.

→ Please insure (our goods) against ICC(A) for US$ 10,000 with 会社 .

→ Please insure US$ 10,000 against ICC(A) (on our goods) with 会社 .

上記㉗の文例を借文しよう！

(cf) すべての積載品に協会貨物約款 (A) 条件にて保険を付保して頂きたい。

We (事務的表現時に would like to はなくてよい) ask you to **cover** all shipments **by** insurance **subject to** (or, against) I.C.C(A).

契約締決後には、**契約実行の事実を必要に応じて伝える**のであり、この場合、**事務的な表現でかまわない。**
We would like to cover ～ . とか We would like to ship ～等としない方がよい。

Guide!

（i） ICC (A)　=　A/R
ICC (B)　=　WA
ICC (C)　=　FPA

（ii） **付加危険（特約）の種類**

RFWD ／ Rain and Fresh Water Damage ／雨、淡水の濡れ損
TP&ND ／ Theft、Pilferage and/or Non Delivery ／盗難、抜(き)荷、不着損害
Leakage ／漏損
Bending and Denting ／曲損、へこみ損
Breakage ／破損
Contamination ／汚染　等

(cf) その荷物に対しては、抜荷に対する盗難保険を付保しました。

We have effected insurance on the cargo against pilferage.

第13章

⑼　船積（運送）／Shipment（船舶等の運送機関に荷を積込むこと）

船舶運送において、売主の依頼により乙仲（海貨業者／フォワーダー）が本船に船積をし、それを受けて船会社が発行する受取証（兼有価証券）のことをB/L（Bill of Lading／船荷証券）という。また、在来船の場合には通常、shipped B/L（船積船荷証券）がそして、コンテナ船の場合には通常、Received B/L（受取船荷証券）が発行されている。

また、航空輸送においては、その迅速さを優先するために有価証券性のないAWB（Air Waybill／航空貨物運送状）が発行されており、航空会社が発行するものをMaster Air Waybillそして、乙仲（Forwarder）が発行するものをHouse Air Waybillと呼んでいる。近年のコンテナ輸送においては、荷主に便利なDoor to Doorの**国際複合一貫輸送**が発展しており、その**運送人の運送責任は、ネット・ワーク・ライアビリティ**とされている。

なお、インコタームズの規定により売主は、船積や保険等の手配に関するシッピング・アドバンスをしなければならない。そして、FOB条件等においては、買主は売主にどの船舶に船積すべきかを知らせることになっている。

また、CIF時等においては、Shipping Advice（517頁参照）として売主はどの船に積荷したかを、買主に知らせなくてはならない。

基本単語

船積(ⓤ)…………	shipment/(cf)shippingは、形容詞的用法が多い（下記参照）。
積荷(ⓒ)…………	shipments (the shipments will reach you soon.)
(急いで)発送する…	dispatch
残部 ……………	the balance (例：arrange to ship half of the parcel this month, and the balance next month)
積残し(品) ………	short shipment
積残しになる …….	be short-shipped (例：Your order No. 23 has been short-shipped.)
分割(船)積 ………	（the）partial shipment
一括船積 …………	complete（又はfull）shipment
直積(じきと読む)…	immediate（又はprompt又はas soon as）shipment → UCP600においては直積は使用すべきではないとされている。具体的に例えばApril shipment等の使用が多い。
直積(自家積)…….	direct shipment
船積申込書 ………	shipping application
船積依頼書 ………	shipping instructions（輸出者から乙仲への船積指図書）
船積指図書 ………	shipping order（船会社から船長への船積の命令書）
船積通知 …………	shipping advice（輸出者から輸入者への船積の通知書）
着荷通知 …………	arrival notice（船会社から輸入者への着荷の通知書）
船積日 ……………	date of shipment / shipping date / ship date
船積港 ……………	port of shipment
船積見本 …………	shipment sample
船積書類 …………	shipping documents（インボイス、パッキング・リスト、船荷証券、保険証券等のこと）
～を船積する …….	船舶／ ship ～、make（又はeffect）shipment of ～, 航空機／ ship（by air）, airfreight（動）air freight a car ／（副）ship a car airfreight
引渡しの時期 …….	**time of delivery**（CIF時等では、deliveryと記載するとインコタームズのDグループと感勘いさせるので、**time of shipment**の方が望ましい。）
船積の遅れ ………	delay **in** shipment（ofではないのに留意したい）
最初に船積できる船で …………………	by the first available vessel
ニューヨーク向貨物を横浜で船積する …..	ship goods at Yokohama for New York

例文

売主→買主

（に）貴社の注文品を４月30日に**船積致しました。**
㉘ We **shipped** (他動詞) your order on the 30th of April.

上記㉘の文例を借文しよう！

→ We ship within 3 weeks. は目的語がないので正しくない（your order の省略は不可）。
→ We **made** (or **effect**) **shipment of** your order on the 30th of April.
（cf）船舶の場合も航空機の場合も ship を使用する。
（cf）dispatch は、発送する（倉庫から出す）の意

（ぬ）当社は横浜港を３月20日に出港する**明治丸にて**貴社の注文品を船積しました。
㉙ We made shipment of your order **by**（又は on, on board, 又は per ／但し、aboard は不可）**the** Meiji Maru leaving Yokohama on March 20.

上記㉙の文例を借文しよう！

（ね）船積一週間前に本船名を **e-メイルにてお知らせ下さい。**
㉚ Please **inform** us **of** the name of vessel **by e-mail** a week before shipment.
（of 以下の文章が（S+V）なら that となる。）

上記㉚の文例を借文しよう！

Let us know…／お知らせ下さい（○）／**Let you know**…／知らせる（×／この表現は、目上→目下の感）／**Please tell us**…／E メール等では使用可（△→○）

（cf）貴港向の貨物が最近混雑しているため、貴注文第23号は**積残し**となりました。
Owing to（又は Because of）the recent congestion of cargo at your port, your order No. 23 has been **short-shipped**.

（cf）貴社注文品は、あすか丸（一番早い船便）に予約しました。
横浜**出港予定日**は４月25日、ロサンジェルス**到着予定日**は５月15日です。
(The space for)Your order has been booked by the Asuka Maru (the first available vessel) ETD Yokohama April 25 and ETA Los Angeles May 15.
(**ETD**: Estimate Time of Departure ／ **ETA**: Estimate Time of Arrival)

買主→売主

（cf）船積遅延のために、当社の注文を取り消さざるをえません。
We cannot help canceling our order because of the delay in shipment.

（cf）当社注文の品物は、ロサンジェルス向の次の船便にて船積するようお願いします (FOB 時)。
We wish you to **ship**（**deliver より ship がよい**）our goods by the next vessel bound for Los

Angeles.

(cf) 注文受領より**2週間以内に船積可能か**を折返しお知らせ下さい。

Please inform us by return whether you can **undertake shipment**（又は you can **ship an order**／you can **shipのみでは誤り**）**within** <u>**a fortnight**</u>（又は two weeks）from receipt of our order.

(の) 特注品は、注文(書)受取後5週間より早く船積することは難しく存じます。

否定後の位置（文章の前か後か）に留意したい。

㉛ **We** <u>**do not think**</u> that special order items **can be shipped** any sooner than five（又は5）weeks after receipt of orders…. とする。 → **We** <u>**think**</u> that special order items **cannot**（can not とはなして書かない）**be shipped**…（誤） （→ **believe、suppose も同じ**）= **not（否定）は前にくる。**
(cf) We <u>**hope**</u> that this delay in shipment **will not cause** you much inconvenience.…とする。 → We <u>**do not hope**</u> that this delay in shipment **will cause** you much inconvenience.･･･(誤) （→ **be afraid、regret も同じ**）= **not（否定）は後にくる。**

在庫に関する表現

(i) **在庫切れ（売切れ）**の表現 お問合せの（種類の）商品は、もはや**在庫切れで**申し訳ございません。 We regret to say that the items you asked for (<u>**are**</u> (又は **run) out of stock.** (品切れの意) (**are no longer in stock.** have already **sold out**. なお、inventory は、在庫品目（又は在庫目録）の意で、ここでは使わない。
(ii) **在庫が少ない** このタイプの商品に対する注文増加のため、**在庫が**（非常に）**少なくなっています。** Because orders are rushing in for this type of item, **our stocks are running** (very) **short.** (cf) stock は、通常、不可算名詞である。但し、個々の在庫品を強調したい時は、可算名詞（stocks）として書かれるときもある。
(iii) 反対に**在庫が多くある**場合 As we have **an ample (又はlarge) stock** of this item, we will be able to ship any order within 2 weeks after receipt.

(cf) 梱包に関して

(売主→買主)

注文品の梱包指示をお願いします。ないようであれば、当社の通常のカートン（段ボール）を使用します。

Please give us packing instructions for your order. Otherwise, we will use our standand cartons.

(買主→売主)

商品は防水シートでしっかりと包装し、そして、**耐航性のある**（seaworthy）**丈夫なケース**（木製、又は金属のケースのこと）に梱包して下さい。

Please make sure that all items (又は、articles) are tightly wrapped in waterproof sheets, and packed in a **seaworthy hard case.**

船積通知（Shipping Advise）の主な内容

Letter Head

Shipping Advice

Date

Invoice Number	: 仕入書の整理番号
Messrs.	: 相手企業名（御中） 住所
Description of Goods	: 商品名
Quantity	: 数量
Number of packages	: 梱包数
Name of Vessel	: 本船名
Shipped from	: 積出地（Tokyo, Japan）
Shipped to	: 仕向地（Los Angeles, USA）
ETD	: 出発（予定）日（日付）
ETA	: 到着（予定）日（日付）

Kokusai Trading Co., Ltd.

売主は買主へ上記をEメールで送る。さらに、会社によっては船積書類（Invoice、B/L、I/P 等）のコピーを郵送するところもある。

また、船積や保険等に関してのメッセージを必要に応じて記載する。

船積通知（S/A）は、インコタームズの規定により**売主が、買主にしなければならない義務**となっている。

⑽ 信用状／Letter of Credit (L/C)

信用状とは、輸入者（発行依頼人／ Applicant）の依頼により発行銀行（Issuing 又は Opening 又は Establishing Bank）が発行する代金支払保証書のことである。最近では件数が少なくなってきているが、これにより輸出者（受益者／ Beneficiary）は代金回収リスクを軽減することができる。

信用状取引の詳細は ICC 発行の **UCP600** に規定されている。

信用状取引の当事者

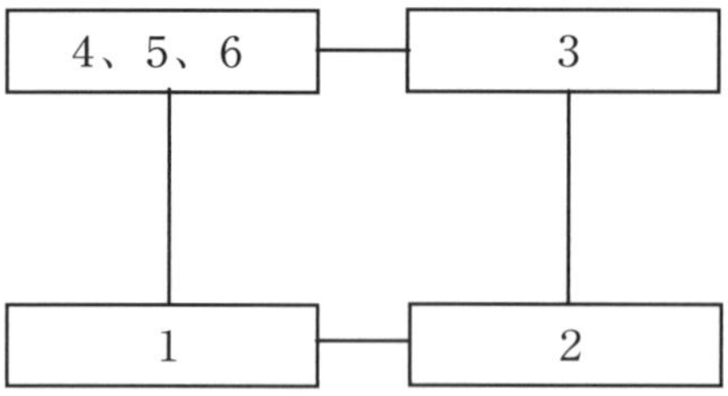

1. 受益者　　：**Beneficiary**
2. 発行依頼人：**Applicant**
3. 発行銀行　：**Issuing Bank**
4. 通知銀行　：**Advising（又はNotifying）Bank**
5. 買取銀行　：**Negotiating Bank**
6. 確認銀行　：**Confirming Bank**

（cf） L/C
- **輸入者**の手元にある時→**a (letter of) credit (又はan L/C)**
- **輸出者**の手元に届いた時→**the (letter of) credit (又はthe L/C)**

信用状の突合とディスクレの発見時の対処方法

ディスクレ発見
- 売主到着時 → アメンドする
- 銀行持込時 → 銀行と相談する
  - L/G ネゴ
  - ケーブルネゴ
  - B/C 方式

基本単語

取消不能信用状……………………… Irrevocable L/C
確認信用状………………………… Confirmed L/C
買取銀行指定信用状……………… Restricted L/C
譲渡可能信用状…………………… Transferable L/C
回転信用状………………………… Revolving L/C
信用状を発行（開設）する……… issue (又は open, establish) a credit (又は an L/C)
信用状（開設）を依頼する……… apply for an L/C (or a credit)
信用状を修正する………………… amend an L/C
信用状有効期限を（～まで）
延長する…………………………… extend an L/C (till, 又は、until ～)
信用状を取消す…………………… cancel an L/C
貴社を受益者として……………… in your favor
ABC 社を受益者として ………… in favor of ABC corp.
取消不能信用状に基づき………… under an irrevocable L/C

（例文）
英語は①～⑥の位置が大切であるが、日本語は、位置よりも「てにをは」が大切となる。
→下記の文章②、⑤、⑥が基本で①、③、④は必要に応じて記載する。

②(We) issue an L/C
||
open
||
establish

①to cover (又は aqainst) your order（注文）
③valid until 月日
④for (the amount of) 金額
⑤in your favor (又は in favor of 受益者／会社名等)
⑥with (又は through) 発行銀行

→① To cover your order, ② we have issued an irrevocable L/C, ③ valid until March 20, ④ for US$ 15,000 ⑤ in your favor ⑥ with the XYZ Bank, Los Angeles.
（**①本注文引当のため、④ 15,000 米ドルを、③有効期間 3 月 20 日までとして、⑤貴社を受益者として ⑥ XYZ 銀行ロサンジェルス支店にて②取消不能信用状を発行致しました。**）

例文

（は）我が社は、**貴社**（XYZ 社）**を受益社として**パン・パシフィック銀行のニューヨーク支店**にて信用状を開設しました。**
㉜ We **have established an** L/C **in your favor** (in favor of XYZ Co., Ltd.) **with** (又は through) the Pan Pacific Bank, Los Angeles. (買主 → 売主)

上記㉜の文例を借文しよう！

（ひ）当社は、取消不能信用状に基づき**一覧後 90 日払いの為替手形を** ABC 銀行宛**に振出しました。**
㉝ We **have drawn** a draft **at 90 days after sight**（又は **at 90 d/s**）**on** the ABC Bank **under** an irrevocable letter of credit（又は L/C）.（売主 → 買主）

上記㉝の文例を借文しよう！

（ふ）信用状を 9 月 31 日まで延長してください。
㉞ Please **extend the** L/C **to** September 31.（extend A to B）（売主 → 買主）
(cf) この取消不能信用状は、10 月 15 日**まで有効です。**（買主 → 売主）
This irrevocable L/C **is good till**（又は until）**October** 15.

until,till（継続期間の終点）と by（行為完了時点の期限）の違い。

The L/C is to be available **until**（又は **till**）the end of September, 202_. （(eg) We open until 10. → 10 時まで営業）
Please open an L/C **by** September 10. （(eg) We open by 10. → 10 時開業）

（へ）貴社の信用状を契約書と突合（Check）したところ、次のようなディスクレがございました。
㉟ **Upon checking the L/C with the contract, we have found the following discrepancies:** the（又は The）ship date and (the ／省略可) expiry date should be September 30 and October 15 instead of August 31 and September 15.

（cf）コロンの次は小文字でも大文字でもかまわない（意見がわかれている）。
上記㉟の文例を借文しよう！

（ほ）船積に間に合うためには、L/C がケーブル（又は SWIFT）により至急開設されなくてはなりません。
㊱ **It is essential that an L/C be opened** immediately by cable（又は、SWIFT）so as to reach us in time for shipment.

（→ 仮定法現在／ be の前に **should が省略**されている（通常、米語では省略され、英語では省略されない)。
上記㊱の文例を借文しよう！

（ま）当行では当ディスクレが訂正されるまで**手形を買取ることができません。**(銀行 → 売主)
㊲ **It will be difficult for us to negotiate the draft** with our bank until the above (又は said ／記述の意) discrepancy is corrected.

（cf）荷は**船積の用意ができております**が、分割積を認めるよう信用状を修正頂けなければ、船積はできません。（売主 → 買主）
The goods **are ready for shipment**, but we are unable to ship them unless you amend the L/C to allow partial shipment.
→ shipment ／ここでは **船積の意（uncountable）なので a は付かない**（従って be ready for a shipment とはいわない）

分割船積 → partial shipment (船積の意／uncountable) の時は単数形とする。
しかし、**the shipments (船荷の意**／countable) の時は複数形となる。

⑾ 代金支払い／決済／ Settlement

貿易取引における代金の支払い方法は、主に次のふたつの方法がある。

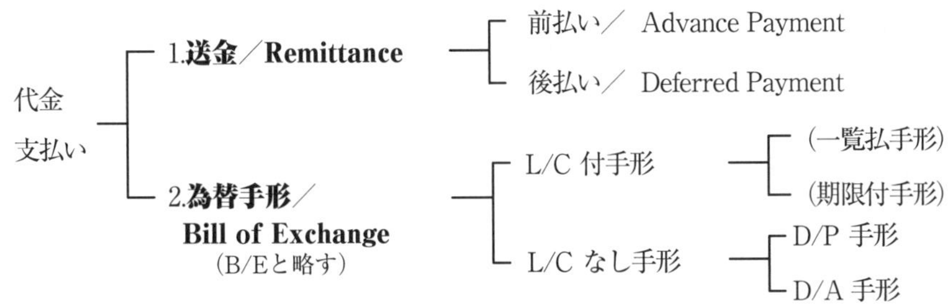

D/P ＝ Documents against Payment/ 一覧払手形／ Sight Bill
D/A ＝ Documents against Acceptance/ 期限付手形 /Usance Bill, Time Bill

貿易取引における代金支払における**送金**には通常、船積より前に行う**前払い**と、そして、商品到着後に行う**後払い**とがある。本来、代金決済は、売主、買主にリスクを伴わない同時払的な決済方法が望しい。同時払的な方法が**為替手形**によるものである。為替手形とは、売主が作成する請求書（後述）でありこの請求書（為替手形）と船積書類（インボイス、パッキング･リスト、船荷證券、保険証券、原産地証明書等）とをまとめて銀行経由にて（原則 2 lots にて）輸入者の手元に送付される。

Guide!
為替手形（B/E）**と船積書類**（S/D）の流れ

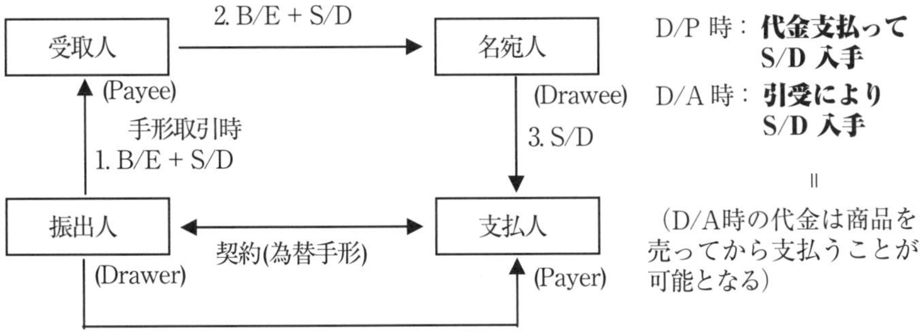

(送金取引時→S/Dのみ直送(＝B/Eなし)
B/E：Bill of Exchange（為替手形）
S/D：Shipping Document（船積書類）

A. 送金／Remittance

送金決済（前払い／後払い）においては、船積書類は輸出者より輸入者に直送（銀行経由ではない）されている。信頼ができる相手又は親子関係（本店－支店間）取引の場合においては、当該決済方法が使われる。

基本単語

金額 (A) を人 (B) に送金する

…………………… **remit B (人**／ ABC CO.,LTD) ＋ **A (金**／ US$10,000.00),
又は **remit A（金）to B（人）,**
又は **make remittance of A（金）to B（人）**

（例文）

（み）**米ドル２万ドルを**至急**御送金して頂ければ**幸いに存じます。
㊳ We would appreciate **your remitting us US$20,000.00** at your earliest convenience（ 又 は as soon as possible ／**強めに伝えたい場合は**、immediately も使用可）.

→ We would appreciate it if you **would remit us US$20,000.^{00}** ～でも
→ We would appreciate it if you would **make (a) remittance of US$20,000.^{00} to us** ～でも
→ We would appreciate your prompt remittance for US$20,000.00. ～でも可

上記㊳の文例を借文しよう！

（cf）11 月 30 日**現在で**我が社への**未払い残高**は 73,800 米ドルでございます。令和銀行お茶の水支店の口座へ電信為替にて直ちに送金して頂ければと存じます。
The outstanding（又は unpaid）**balance** (due to us) **as of**（現在での意）November 30 is US$73,800.00. We would appreciate your prompt remittance by telegraphic transfer to our account <u>with</u>（又は at）The Reiwa Bank, Ltd., Ochanomizu Branch.

第13章

B. 為替手形（代金）取引／ Bill of Exchange (B/E)

基本単語

手形 ………………	draft（正式には bill of exchange）
貴社に手形を振出す‥	draw (a draft) on you
一覧払いで …………	at sight
一覧払手形 …………	a sight bill（D/P 手形のこと）
一覧後 90 日払いで …	at 90 days after sight（又は at 90 d/s と省略可） ／ (cf) at 90 days after B/L date
期限付手形 …………	time（又は usance） bill（D/A 手形のこと）
(我社は）手形を「銀行に買取ってもらう」……	(We) negotiate a draft with a bank.（主語は**売主**／銀行に手形を買取ってもらう）
(手形を）買取る ……	Bankers will not negotiate our draft.（この場合には主語は**銀行**で、銀行が手形を買取るとか買取らないの意）
手形を呈示する …….	present (a draft) →手形の名宛人に手形を見せて（呈示という）当該代金の取立が行われる。
手形を引受ける …….	accept a draft
手形を引受けて（期日に）支払う ……………	protect（又は hono(u)r） a draft
手形を不渡にする ….	dishonor a draft
不渡手形 ………….	a dishonored draft

(例文)

(む）我が社は、貴社宛に ABC 銀行サンフランシスコ支店より一覧払い手形を振出しました。

㊴ We **have drawn** a sight draft（又は bill） **on** you **through**（又は **with**） the ABC Bank, Ltd., San Francisco.（売主→買主）

→ We have drawn on you at sight through the ABC Bank, Ltd., San Francisco. でも可。

(cf) 我が社は貴社宛に 5 万米ドルの一覧後 60 日払いの手形を振出しましたのでどうか呈示あり次第にお引受け下さい。（売主→買主）

We **have drawn** (a draft) on you **at** 60 days after sight（又は **d/s**） **for** US$ 50,000^{00}, so please accept（又は honor 又は protect） it upon（又は on） presentation.

→ We **have drawn on** you **at** 60 days after sight (又は **D/S**) draft **for** US$ 50,000^{00}, ～でも可。

(cf)（いつものように）送り状金額に対して D/A 条件で一覧後 60 日払いの為替手形を**当社を名宛人として振出して下さい。**（買主→売主）

Please **draw** a 60 days after sight draft on us(輸入者)for the invoice amount on D/A terms (as usual).

Guide !

(i) **手形の名宛人**

L/C 手形時	draw on **発行銀行**
D/P・D/A 手形時	draw on **輸入者**

(ii) 1 万米ドルの一覧後 60 日払手形を振出しましたので、**呈示**（提示とは書かない）**時にお引受け下さい。**

We have drawn (a draft) on you（輸入者） at 60 days after sight for US$10,000.00, so **please accept (又は honor) it upon presentation.**

(iii) どちらでも使用可

draw a draft on you	(他）貴社（買主）に手形を振出す
draw on you	(自）貴社（買主）に手形を振出す

但し、**draw you a draft は誤り**（二重目的語不可）

又、**draw は、on の前置詞**をとり **draw** a draft **on** you となる。

⑿ 苦情／ complaint とクレーム／ claim

支払遅延や商品の品質等に関しての苦情（不平不満）をコンプレインという。また、この苦情にあわせて**損害賠償金を請求することをクレーム**という。ささいなことで相手側に "We claim on you for ～" 等といわないよう留意したい。

但し、コンプレをしっかりと対応しないとクレームに発展することが少なくない。また、広い意味ではコンプレを含めてクレームという。

A. 苦情／ Complaint

基本単語

貴社に迷惑をかける ………… cause（又は give）you inconvenience,
又は、put 会社 to inconvenience

迷惑を被る ………………… have（又は experience, suffer）inconvenience

～の案件（B）について人・会社（A）に苦情をいう ……… **have a complaint to you (A) on**（又は about, of）～ **(B).**
（**文章なら** on ではなく **that ～**となる）
……… bring a complaint against A about B
……… make a complaint of B against A

（cf）complain（動詞）のとき … **camplain to you (A) of** (又は against, about) **(B)** も可。

Guide!

迷惑（inconvenience）の度合い（弱→強）

ほとんどない／ little ＜少し／ slight ＜多少の／ some ＜かなりの／ considerable ＜多大な／ much、重大な／ serious、大変な／ great ＜耐えがたい／ intolerable という感じである。

例文

（め）誤送品を送られまして**大変迷惑をしております。**至急代替品をお送り下さい。
㊵ We **are** greatly **inconvenienced by** the wrong goods sent (to) us. We wolud appreeiate your immediate replacement.

→ We **are** greatly **inconvenienced by** the wrong goods you sent us.（you が強調されている。）
→ The wrong goods (sent by you) have **caused us** much（又は great）**inconvenience**.

上記㊵の文例を借文しよう！

____

____

（も）損傷状態にて本日到着した貨物に関して、苦情申し上げることを残念に存じます。
㊶ We (greatly) regret to have to **complain to you of** (又 は **against, about) the goods** delivered today in damaged condition.

（cf）当社は、本品質について御苦情を頂いたことはまだ一度もございませんことを特に申し上げます。
We would specially point out that we have never heard such（又は any）complaint (against us) as to the quality of this article from any other customers.

第13章

B. クレーム／ Claim

クレームには、輸出者に対する貿易クレーム（売買クレーム）と運送人に対する運送クレーム、そして、保険会社に対する保険クレームとがある。ここでは、**貿易クレーム**に関して学習する。

基本単語

～に損害を与える ············	**cause damage to 人**（損害の意では不可算名詞）
損害（賠償）金を要求する ····	**claim damages**
損害賠償金を１万ドル～（人）に支払う ······················	**pay $10,000 to cover damages for 人**
和解 ························	compromise
調停 ························	conciliation
仲裁 ························	**arbitration**
仲裁判断 ····················	**(arbitral) award**
訴訟 ························	litigation
契約期間満了 ················	expiry（動詞は、expire）
契約解除 ····················	termination（重大な契約違反／ fundermental breach によるもの）

(i) **人（A）に対して損害金（B）を要求（クレーム）する**
······**claim on A（人）for B（損害金）**
······**file**（又は enter、lodge、put in）**a claim with A（人）for B（金）**
······**make a claim on A（人）for B（金）**

(ii)（貴社のクレームにより）**貴社に商品の損害を賠償する**
······**compensate**（又は make up to）**you for a loss of the goods** (by your claim)

（や）我が社は、貴社に**損害賠償を請求します。**

We { **file** / lodge / enter / make / put in } **a claim** { **with** / on / against } you（人） **for** { **compensation（物）** / indemnity. }

上記文例を借文しよう！

____

____

クレームの種類

不当な（根拠のない）クレーム ·····	an empty（又は unreasonable）claim （例えば、a market claim 等）
正当な（根拠のある）クレーム ·····	a reasonable claim（又は a substantiated claim）
不当なクレーム（要求（額））······	an unreasonable claim
少額要求（クレーム）·············	a small（又は slight）claim
正当な要求（額）·················	a fair claim
穏やかな要求（額）···············	a moderate claim
多額な（莫大な）要求（額）·······	a heavy（又は enormous）claim

第13章

クレームの原因

<u>買主→売主へのクレーム</u>

貨物の損失（経済的損失）・・・・・・・・・・・・ loss of the goods（抜荷等による貨物の不足等）
損傷状態で到着した貨物（物理的損失）・・ the goods delivered in damaged condition
破損 ・・・・・・・・・・・・・・・・・・・・・・・・・・・ <u>breakage</u>（breakages は、破損額）
品質不良 ・・・・・・・・・・・・・・・・・・・・・・・・ <u>inferior</u>（又は poor）goods, inferior quality
品質相違 ・・・・・・・・・・・・・・・・・・・・・・・・ different goods, different quality
未着（不渡損害）・・・・・・・・・・・・・・・・・・ non-delivery
不足（揚荷不足）・・・・・・・・・・・・・・・・・・ short delivery
積残損害（船積不足）・・・・・・・・・・・・・・・ short shipment
船積（又は引渡し）遅延損害 ・・・・・・・ <u>late shipment</u>（又は delivery）, delay **in** shippment
積残し ・・・・・・・・・・・・・・・・・・・・・・・・・・ Shut out（notime, shut out と no space, shut out がある）
　　　　　　　　　　　　　　　　　　‖　　　　　　　　　　‖
　　　　　　　　　　　（売主側の持込遅延のもの）　（本船にスペースがないためのもの）

<u>売主→買主へのクレーム</u>

代金不払損害 ・・・・・・・・・・・・・・・・・・・・ non-payment
支払いの遅延 ・・・・・・・・・・・・・・・・・・・・ delay **in** payment（delay of payment ではない）

（例文）

（ゆ）**積荷**（the shipment）**を調べましたら**、製品が当方の期待した品質に達していないことが判明致しました。

㊷ <u>**On**</u>（又は **Upon**）**examining the shipment,**
<u>**On**</u>（又は **Upon**）**unpacking the consignment,**
we have found that the products are not up to the quality we expected.

(cf) investigating（**調査**／事件、問題を調べる）は、上記の**積荷検査**の場合、使えない。
調査の結果、当初の梱包部門にミスがございました。
As a result of investigation, we found that the mistake was found in our packing section.

（よ）**積荷を解いてみましたら**、ケース #101 は、**トースター 2 台が不足しておりました。**（又は足りません）。

㊸ **On unpacking your shipment**（from 又は in）Case #101, we（又は it is）found（that）**2 toasters short**（又は **missing**）.

上記㊸の文例を借文しよう！

(cf) 箱がこわされておりましたので、荷抜きの可能性がございます。
As the case was broken, it is possible that they may have been pilfered.

(cf) 検査の結果、3 箱は輸送中に海水（又は火災）損傷を被ったものと判明致しました。
<u>We have found on examination</u>（又 は An examination has shown）that three cases were damaged in transit by <u>sea water</u>（又は fire）.

<table>
<tr><td colspan="5">（ら）その損害は、輸送中に発生したことは明らかであります。</td></tr>
<tr><td>㊹ It is quite</td><td>clear
obvious
plain</td><td>that</td><td>the damage
the loss
the breakage</td><td>occurred
happened</td><td>in transit.
en route.
when the shipment was at sea.</td></tr>
</table>

上記㊹の文例を借文しよう！

<table>
<tr><td colspan="2">（り）品物の色合い（又は色）が、貴社送付の見本と一致しておりません。</td></tr>
<tr><td colspan="2">㊺ The article（又は item）does not correspond in shade（又は、in color）</td></tr>
<tr><td>with</td><td>the sample（又は the pattern）you sent us
your sample.</td></tr>
</table>

上記㊺の文例を借文しよう！

Shade と Color
ひと目でわかる位の色違い（青とか赤とかの違い）を **in color** そして、（ほんの）少しの色合い、色調の違いを **in shade** と表現する。

(cf) 可能性の度合い（強い→弱い）
obviously, clearly > evidently, apparently > possibly, likely, probably

(cf) 支給代替品をお送り頂ければ幸いです。
We would appreciate your immediate replacement.
→ Your early replacement would be appreciated.（強調）

(cf) 遅延の例
我が社は荷を、現在までにまだ受け取っておりません。注文品の状況をお知らせ下さい。
We have not received our shipment as of today（又は by now). Please let us know the status of our order.

(cf) **支払の督促（売主→買主の例）**
4 月 30 日に US$10,000.00 の支払請求をしました。残念ながら貴社からの御回答もお支払いもございません。直ちにお支払い頂けますようお願い致します。
すでにお支払いの場合には、ご容赦下さい。
On April 30, we wrote to you and requested payment for 10,000.00 Unfortunately, we have received neither a reply nor the remittance from you. Please settle our account as soon as possible.
If you have settled your account, please disregard this mail.

第13章

モデル文例

Claim (Letter)

Date
Dear Mr. Suzuki,
(1) We have received (物理的に受け取ったの意) your shipment of 300 units of Super K4 T.V. Type D-23 today. (ここで Thank you for ～ . と書くと、クレームレターなのでおかしくなる。)
(2) Referring to our letter of September 7 enclosing Order Sheet No. 101, however, you will see that we ordered from you Super 4K T.V. B-23 and not Super 4K T.V. Type D-23. We are deeply disappointed to know that you have sent us the articles absolutely unsuitable for our requirements.
(3) If you value your trade with us you will set the matter right as quickly as possible and take necessary steps not to repeat such mistakes in the future.
In the meantime we are waiting for your immediate instructions as to the disposal of the wrong goods (Type D-23).

Yours sincerely,

(実際には、上記(1)、(2)、(3)の番号は不要)

((1)書出し／商品到着の旨を通知 (2)つなぎ／クレームの内容 (3)結び／どうして欲しい))

上記例文の和訳

(1)　本日スーパー 4K T.V.23 型 300 台の積送品が到着しました。
(2)　(しかしながら、) 9 月 7 日付の当方の書簡および注文書第 101 号をご参照くだされば、当方の注文品はスーパー K4 T.V. B-23 型であって、D-23 型ではないことがお分りいただけるでしょう。この品は当方では全く不要の品です。
(3)　当方との取引を尊重なさるならば至急本問題を解決していただきたく、将来再びこのような誤りを繰返さない処理をしていただきたい。
　取りあえず、お間違えの商品（D-23 型）の処分につき早急なるご指図をお待ちしています。

第13章

C. クレーム（レター）の返事（Adjustment Letter ／クレームへの対応文）

Reasonable Claimに対しては、積極的かつ真摯に対応し顧客をさらに怒らせないことが大切である。しっかりとした対応により顧客がリピーターとなる可能性も充分ありうることである。従って、「Reasonable Claimは、営業拡大のチャンスととらえるべきである。」ともいわれている。

例文

（る）10月20日付お手紙拝受致しました。商品の品質に（全く）御不満の旨伺いまして大変遺憾に存じます。

㊺ We have received <u>your letter of October 20.</u>（又は、your October 20 letter）We <u>greatly regret</u>（又は are very sorry）that you are not（at all）satisfied with the quality of <u>the</u>（又は our）goods.

－正当クレーム（Reasonable Claim）の場合に対して－

（cf）早速、本件を調査しましたところ（本件にかぎり）通常の慎重なる配慮を欠いていましたことを率直に認め（るところでござい）ます。

We have at once looked into this, and we frankly admit that（in this particular case）your order did not get our usual attention.

（cf）調査の結果、ポータブル・ラジオ12台が倉庫より発送されていないことが判明致しました。従いまして ･･･

As a result of investigation, we have found that we did not load（又は dispatch）12 units of portable radios from our factory. Therefore,･･･.

（れ）**このようなことが2度と起こらぬように**最善の注意（努力）を払いますことをお約束申し上げます。

㊻ We promise you that every care（又は effort）will be taken by us that **such a mistake will not <u>occur</u>（又は happen）again.**

→ We promise you that **such a mistake will not occur again.**

（上記の（れ）**「2度としません」という表現**もよいが、ケースにより下記（ろ）の例文の方が現実的である。）

（ろ）**御迷惑をおかけ致し**まして、**心中より御詫び**申し上げます。

㊼ Please **accept our <u>sincere apology</u>**（又は、many appologies）**for the inconvenience** we have caused <u>you</u>.（→ to you は誤り／ cause は他動詞）

（cf）**cause 物 to 人** → We have caused the inconvenience to you. は可。

> We are extremely sorry that ～. の表現はビジネスマンとして巧みではない。
> それよりも特に英語では、We sincerely reglet that ～. 位の表現が無難であろう。

（cf）当社は、商品の損失を弁済するため、**貴社に30%の値引をする**用意がございます。

㊽ We **are willing to give you a 30% allowance**（ここで discount は使用しない）to compensate for the loss of the goods.

（be will to ～は、（本心ではそう思わないがそこまでおっしゃるなら）喜んで～します。という意味である。）

上記㊽の文例を借文しよう！

第13章

－不当クレーム（Unreasonable Claim）等の場合に対して－

（わ）商品に関する御非難は、**全く根拠のないもの**と存じます。
⑲ We consider（that）your charges against our goods **are absolutely groundless**（又は unfounded）.

上記⑲の文例を借文しよう！

（cf）**積荷**は9月30日に船積されておりますので、**当方に落度があるとは存じません。**
As **the consignment**（単数で複数扱い／不可算名詞）**were shipped** on September 30, **we <u>do not</u>**（又は cannot）**see that there is any fault on our part.**

（を）私共に落度があるという御主張には反対ですので、**本件は仲裁に付するよう**御提案致します。
⑳ As we are against your assertion that we are at fault, we suggest
（that）**the matter** (**(should) go to arbitration.**（冠詞なし）
　　　　　　　　(be submitted to arbitration.

Guide!
日本人の好む表現（折半で／足して2でわる）
貴社とは、永いお付き合いですので、送り状価格より1割お値引きし、**貴社と妥協致したく存じます。**
In view of our long friendship with you, we **<u>compromised with</u>** <u>you</u>（又は、we are ready to **meet you halfway**／折半するの意）by making a 10% off the invoice <u>value</u>（又は、amount）**.**
→上記のようにIn view of our long friendship with you, を加えることにより柔らかな表現となっている。

Adjustment Letter

Date　　　　　　　　　　　　　: ～
To　　　　　　　　　　　　　　: David Jansen
From　　　　　　　　　　　　　: Ichiro Suzuki
Subject (Re)　　　　　　　　　: Apology for Wrong Model Goods

Dear Mr. Jansen,
(1) Referring to your letter (又は e-mail) of ～ (date), (we understand that) you received goods you did not ordered us.

(2) We have at once looked into this, and we frankly admit that your order did not get our usual order. As a result of investigation, we have found that the mistake was found in our packing care（又は attention）. Therefore, we arranged to deliver 300 units of Super 4K.T.V. Type B-23 by air departing from Haneda tomorrow (そしてここに具体的にその date を記載する).

We would like to ask you to keep the wrong goods (D-23) until we instruct our forwarder to take them back.

(3) Please accept our sincere apology for the inconvenience we have caused you. We promise you that such a mistake will not occur again.

Sincerely yours,

(実際には、上記(1)、(2)、(3)の番号は不要)

((1)書出し／クレーム受領の旨の通知 (2)つなぎ／対処内容の説明 (3)結び／今後の対応))

上記例文の和訳
(1)（何日）付のお手紙（又は e メール）拝受致しました。それによりますと、注文品と違う商品が届いたということでございます。
(2) 早速、本件を調査しましたところ、通常の慎重なる配慮を欠いていたことを率直に認めます。当社の調べにより当社梱包部門において手違いがございました。従いまして、明日（ここの具体的に日付を入れること）、羽田発の航空便にてスーパー 4K B-23 型 T.V.300 台を発送致します。また、D-23 型に関しましては、我が社の業者が引取に伺います。
(3) 御迷惑をおかけ致しまして、心中より御詫び申し上げます。
このようなことが二度と起こらぬように最善の注意を払いますことをお約束申し上げます。

第13章

その2

まとめ問題と重要基本英単語

まとめ問題（和文英訳）

貿易英語の基本表現 40（アンダーライン部分 30）

(1) Proposal ／勧誘

① 我が社は、当地商工会議所により貴社がアメリカ西海岸において主要電気器具販売店であることを知りました。

② 我が社の信用状態に関しましては、三菱ＵＦＪ銀行にお問い合わせ下さい。

③ 当社の取扱い製品を説明している一般カタログと当社の案内書を添付（又は、同封）致します。

(2) Inquiry ／引合い

④ 貴社のお見積りと一緒にカタログを送って下さい。

⑤ 見本を大至急送って頂けましたらありがたく存じます。

⑥ この商品をロサンジェルスまでの CIF 価格を条件としてお見積り下さい。

⑦ 次の商品に関して廉価にてシカゴからの本船甲板渡し価格をお知らせ下さい。

⑧ 当社は昨年より貴社と取引を開始しております。

(3) Offer ／申込み

⑨ 我が社は、東京時間で 9 月 30 日の正午までに御回答を頂けるという条件にて次のように確定申込みを致します。

⑩ 当方最終確認の条件にてボールペン Z-10、100 本を 1 本 80 米ドルでオファー致します。

⑪ この商品は貴市場にて、良く売れることでしょう。

⑫ 最近の原料値上がりのために、この商品は 10% 値上げ致しました。

⑬ 我が社の価格は、他社と比較すると約 15% 安いです。

⑭ 10 ダース以上の御注文には、定価より 10% の値引きを致します。

(4) Counter Offer ／反対申込み

⑮ 5 月 15 日付の便に応えまして、次のように反対申込みを致します。

⑯ もしも価格（$100 ／ PC）を 20% 割引して頂ければ貴社の申込みを承諾致します。

(5) Acceptance ／承諾（Order ／注文）

⑰ 我が社は貴社の申込みを承諾し、添付注文書 No.111 のようにポータブル・ラジオを 240 台注文致します。

⑱ 冷蔵庫 No.AB − 99 を 150 台を貴社に注文致します。

(6) Insurance ／保険

⑲ 1 万 1 千米ドルの ICC(A) 条件にて海上保険を東京海上火災会社におかけ下さい。

(7) Shipment ／船積

⑳ 貴社の注文品を 4 月 30 日に予定通り船積致しました。

㉑ 当社は、横浜港を 3 月 20 日に出港する明治丸にて貴社の注文品を船積しました。

㉒ 船積一週間前に本船名を e −メイルにてお知らせ下さい。

(8)　Letter of Credit ／信用状

㉓　当社は、取消不能信用状に基づき一覧後 90 日払いの為替手形を ABC 銀行宛に提出しました。

㉔　我が社は、貴社を受益人としてパン・パシフィック銀行のニューヨーク支店にて信用状を開設しました。

㉕　貴社の信用状を契約書と突合したところ、次のようなディスクレがございました。

㉖　船積に間に合うためには、信用状がケーブルにより至急開設されなくてはなりません。

(9)　Settlement ／決済

A. Remittance ／送金

㉗　米ドル 2 万ドルを至急送金して頂ければ幸いに存じます。

㉘　11 月 30 日現在で、我が社への未払い残高は 73,800 米ドルでございます。平成銀行お茶の水支店の口座へ電信為替にて直ちに送金して頂ければと存じます。

B. Bill of Exchange ／為替手形

㉙　我が社は、貴社宛に XYZ 銀行より一覧払い手形を振出しました。

㉚　我が社は、貴社宛に 5 万米ドルの一覧後 60 日払いの手形を振出しましたので、どうか呈示あり次第にお引受下さい。

㉛　船積後いつものように送り状金額に対して一覧後 60 日払いの為替手形を当社を名宛人として振出して下さい。

(10)　Complaint と Claim ／苦情とクレーム

Complaint

㉜　誤送品を送られまして大変迷惑をしております。

㉝　損傷状態にて本日到着した貨物に関して苦情申し上げることを残念に存じます。

Claim

㉞　ケース No.101 には、トースターが 3 台不足しています。

㉟　その損害は、輸送中に発生したことは明らかであります。

㊱　品物の色合いが、貴社送付の見本と一致しておりません。

(11)　Reply of claim（Adjustment Letter）／要償解決

㊲　このようなことが二度と起こらないように最善の注意を払います。

㊳　御迷惑をおかけしまして、心より御詫び申し上げます。

㊴　商品に対する御非難は、全く根拠のないものと存じます。

㊵　当社は商品の損失を弁済するため貴社に商品の 30%の値引きを致します。

2．Exercise（解答例文）

(1) Proposal

① We have heard from the Chamber of Commerce and Industry here that you are one of the leading companies of Electric Appliances in the West Coast of America.

② Please refer to the Mitsubishi UFG Bank, for our credit standing.

③ We have attached (又は、enclosed) a general catalog that describes our products and our company profile.

(2) Inquiry

④ Please send us your catalog together with your quotation.

⑤ We would appreciate it if you would send us your samples as soon as possible.

⑥ Please quote us for (又は、estimate) this item on the basis of CIF Los Angles. (又は on (a) CIF Los Angles basis.)

⑦ Will you quote us the lowest (possible) price(又　は best price) FOB Chicago for the following goods:

⑧ We entered into business relations with you last year.

(3) Offer

⑨ We offer you firm the following subject to your reply reaching by noon on September 30 Tokyo time.

⑩ We offer (又は We make an offer for) one hundred pieces of Ball-Point Pen Z-10 at $80.00 per pc. subject to our (final) confirmation.

⑪ Our goods will sell well in your market.

⑫ Because of (又は Due to) a recent rise in prices of raw materials, we have raised the price of this article (又は item) by 10 percent.

⑬ Our prices are 15% lower than those of our competitors.

⑭ We are ready to give (又は allow, grant, offer, make) a discount of 10 percent on (又は off) our list price for an order of 10 dozen on more.

(4) Counter Offer

⑮ In reply to your letter of May 15, we wish to make a counter offer as follows:

⑯ We would accept your offer if you could make a 20% discount off your price ($100/PC).

(5) Acceptance

⑰ We accepted (又はaccept) your order and place an order with you for 240 units of portable radios as shown on attached Purchase Order No.111.

⑱ We are pleased to order 150 units of Refrigerator No.AB-99 from you.（order を動詞として）

→ We are pleased to place an order for 150 units of Refrigerator No.AB-99 with you.（order を名詞として）

(6) Insurance

⑲ Please effect marine insurance on our goods against ICC(A) for US$ 11,000.00 with Tokyo Marine and Fire Inc.

(7) Shipment

⑳ We shipped your order on the 30th of April (又は April 30).

㉑ We made shipment of your order by the Meiji Maru leaving Yokohama on March 20.

㉒ Please inform us of **the name of vessel** by e-mail a week before shipment.

(8) Letter of Credit

㉓ We have drawn a draft at 90 days after sight (又はat 90 d/s) on the ABC Bank under an irrevocable letter of credit (又は L/C).

㉔ We have established an L/C in your favor with (又は through) the Pan Pacific Bank, New York.

㉕ Upon checking the L/C with the contract, we have found the following discrepancies:

㉖ It is essential that an L/C (should) be opened immediately by Cable (又は SWIFT) so as to reach us in time for shipment.

(9) Settlement

A. Remittance

㉗ We would appreciate it if you would remit us US$ 20,000.00 at your earliest convenience.

㉘ The outstanding (又は unpaid) balance due to us as of November 30 is US$73,800.00. We would appreciate your prompt remittance by telegraphic transfer to our account with (又　は at) The Heisei Bank Ltd., Ochanomizu Branch.

B. Bill of Exchange

㉙ We have drawn a sight draft (又は bill) on you with (又は trough) the XYZ Bank, Ltd.

㉚ We have drawn (a draft) on you at 60 days after sight (又は at 60 d/s) for US$50,000.00, so please accept (又は honor) it on presentation.

㉛ Please draw a 60 days after sight draft on us for the invoice amount on D/A terms as usual.

(10) Complaint and Claim

Complaint

㉜ We are greatly inconvenienced by the wrong goods you sent us (又は to us).

㉝ We regret to have to complain to you of the goods delivered today in damaged condition.

Claim

㉞ (From 又は、In) Case #101 we found 2 toasters short (又は missing).

㉟ It is quite clear that the damage occurred in transit.

㊱ The article (又は item) does not correspond the sample.

(11) Reply of Claim ／ Adjustment Letter

㊲ We promise you that every care will be taken by us that such a mistake will not occur (又は happen) again.

㊳ Please accept our sincere apology for the inconvenience we have caused you.

㊴ We consider that your charges against our goods are absolutely groundless (又は unfounded).

㊵ We are willing to give you 30% allowance to compensate to the loss of the goods.

やってみよう（いくつできますか）！

抜粋　和⇒英　問題　No.1

氏名：＿＿＿＿＿＿＿＿

No.	日本語	英語	No.	日本語	英語
1	信用調査		16	為替手形	
2	信用状態		17	確定申込み	
3	先発見本		18	運賃着払い	
4	受益者		19	海運同盟	
5	仮送り状		20	不定期船	
6	領事送り状		21	定期船	
7	関税込持込渡し		22	白地裏書	
8	船側渡し		23	共同海損	
9	国際商業会議所		24	希望利益	
10	協会貨物約款		25	推定全損	
11	指図式船荷証券		26	単独海損不担保	
12	記名式船荷証券		27	倉庫間約款	
13	荷受人		28	反対見本	
14	平均中等品質条件		29	バラ荷	
15	数量過不足認容条件		30	補償状	

抜粋　和⇒英　問題　No.1　氏名：＿＿＿＿＿＿

No.	日本語	英　語	No.	日本語	英　語
1	信用調査	Credit Inquiry	16	為替手形	Bill of Exchange
2	信用状態	Credit Standing	17	確定申込み	Firm Offer
3	先発見本	Advance Sample	18	運賃着払い	Freight Collect
4	受益者	Beneficiary	19	海運同盟	Shipping (Freight) Conference
5	仮送り状	Proforma Invoice	20	不定期船	Tramper
6	領事送り状	Consular Invoice	21	定期船	Liner
7	関税込持込渡し	DDP (Delivered Duty Paid)	22	白地裏書	Blank Endorsement
8	船側渡し	FAS (Free Alongside Ship)	23	共同海損	General Average
9	国際商業会議所	International Chamber of Commerce	24	希望利益	Imaginary Profit
10	協会貨物約款	Institute Cargo Clause	25	推定全損	Constructive Total Loss
11	指図式船荷証券	Order Bill of Lading (B/L)	26	単独海損不担保	FPA (Free from Particular Average)
12	記名式船荷証券	Straight B/L	27	倉庫間約款	Warehouse to Warehouse Clause
13	荷受人	Consignee	28	反対見本	Counter Sample
14	平均中等品質条件	FAQ (Fair Average Quality)	29	バラ荷	Bulk Cargo
15	数量過不足認容条件	More or Less Terms	30	補償状	Letter of Indemnity

(cf) Letter of Guarantee は、保証状。

抜粋　和⇒英　問題　No.2　氏名：________

No.	日本語	英語	No.	日本語	英語
1	信用照会先		16	試験注文	
2	銀行所見		17	工場渡し	
3	非売品		18	運送人渡し	
4	反対見本		19	輸送費保険料込渡し	
5	先発見本		20	輸送費込渡し	
6	販売店		21	運賃込み	
7	前払い		22	取消不能信用状	
8	正味数量		23	確認信用状	
9	総重量		24	譲渡可能信用状	
10	かさ高貨物		25	回転信用状	
11	売約書		26	仕向地持込渡し	
12	買約書		27	発行銀行	
13	注文書		28	通知銀行	
14	契約書		29	買取銀行	
15	初注文		30	買取指定信用状	

抜粋　和⇒英　問題　No.2　氏名：＿＿＿＿＿＿＿＿

No.	日本語	英語	No.	日本語	英語
1	信用照会先	Credit Reference	16	試験注文	Trial Order
2	銀行所見	Bank Opinion	17	工場渡し	EXW(EX Works)
3	非売品	Not for Sale	18	運送人渡し	FCA (Free Carrier)
4	反対見本	Counter Sample	19	輸送費保険料込渡し	CIP (Carriage, Insurance Paid To)
5	先発見本	Advance Sample	20	輸送費込渡し	CPT (Carriage Paid To)
6	販売店	Distributor	21	運賃込み	CFR (又は C&F)
7	前払い	Advance Payment	22	取消不能信用状	Irrevocable L/C
8	正味数量	Net Weight	23	確認信用状	Confirmed L/C
9	総重量	Gross Weight	24	譲渡可能信用状	Transferable L/C)
10	かさ高貨物	Bulky Cargo	25	回転信用状	Revolving L/C
11	売約書	Sales Note	26	仕向地持込渡し	DAP（Delivered at Place)
12	買約書	Purchase Note	27	発行銀行	Issuing Bank
13	注文書	Order Sheet	28	通知銀行	Advising (Notifying) Bank
14	契約書	Contract (Sheet)	29	買取銀行	Negotiating Bank
15	初注文	Initial Order	30	買取指定信用状	Restricted L/C

抜粋　和⇒英　問題　No.3　氏名：＿＿＿＿＿＿＿＿

No.	日本語	英語	No.	日本語	英語
1	支払手形		16	滞船料	
2	引受手形		17	原産地証明書	
3	一覧払手形		18	船積依頼書	
4	期限付手形		19	船積指図書	
5	振出人		20	船積通知	
6	名宛人		21	着荷通知	
7	故障付船荷証券		22	単独海損担保	
8	領事送り状		23	運賃元払い	
9	税関送り状		24	協会貨物約款	
10	用船契約		25	現実全損	
11	不積み運賃		26	個別予定保険	
12	定期船		27	包括予定保険	
13	不定期船		28	風袋	
14	受取船荷証券		29	仲裁	
15	荷送人		30	鑑定人	

抜粋　和⇒英　問題　No.3　氏名：

No.	日本語	英　語	No.	日本語	英　語
1	支払手形	Documents against Payment	16	滞船料	Demurrage
2	引受手形	Documents against Acceptance	17	原産地証明書	Certificate of Origin
3	一覧払手形	Sight Bill	18	船積依頼書	Shipping Instructions
4	期限付手形	Usance Bill	19	船積指図書	Shipping Order
5	振出人	Drawer	20	船積通知	Shipping Application
6	名宛人	Drawee	21	着荷通知	Arrival Notice
7	故障付船荷証券	Foul B/L	22	単独海損担保	WA (With (Particular) Average)
8	領事送り状	Consular Invoice	23	運賃元払い	Freight Prepaid
9	税関送り状	Customs Invoice	24	協会貨物約款	Institute Cargo Clause (I.C.C.)
10	用船契約	Charter Party	25	現実全損	Actual Total Loss
11	不積み運賃	Dead Freight	26	個別予定保険	Provisional Insurance
12	定期船	Liner	27	包括予定保険	Open Policy
13	不定期船	Tramper	28	風袋	Tare
14	受取船荷証券	Received B/L	29	仲裁	Arbitration
15	荷送人	Consignor (Consigner/Shipper)	30	鑑定人	Surveyor

その3．分野別重要基本単語 150

(1) **照会 (Reference)、引合い (Inquiry)** 等

信用調査	Credit Inquiry	半導体	Semiconductor
信用情報	Credit Information	品質見本	Quality Sample
信用状態	Credit Standing	非売品	Not for Sale
財政状態	Financial Standing	仕様書	Specifications
信用供与限度	Credit Line	買い見本	Buyer's Sample
信用照会先	Credit Reference	売り見本	Seller's Sample
銀行信用照会	Bank Reference	原見本	Original Sample
同業者信用照会	Trade Reference	控見本	Keep Sample
銀行所見	Bank Opinion	先発見本	Advance Sample
商業会議所	the Chamber of Commerce	総代理人	Sole Agent
商工会議所	the Chamber of Commerce and Industry	一手代理人	Exclusive Agent
		本人	Principal
国際商業会議所	Imternational Chamber of Commerce (ICC)	代理人	Agent
卸売商	Wholesaler		
小売商	Retailer		
問屋(仕入先)	Supplier		
メーカー	Maker		
財務省	MOF		
経産省	METI		
雑貨	Sundries		
反物	Piece Goods／Yard Goods (大きなrollで購入しなくてもよい通常、一着分の織物のこと)		

(注)書き始めは、大文字でも小文字でもどちらでもかまわない。

(2) 申込み(Offer)、注文(Order)等

確定申込み	Firm Offer	契約(書)	contract (sheet)
反対申込み	Counter Offer	初注文	Initial Order
承諾	Acceptance	試験注文	Trial Order
見積り	Estimate, Quotation	再注文	Repeat Order
一般取引条件協定書	Agreement on General Terms and Conditions of Business	追加注文	Additional Order
		定期注文	Regular Order(s)
		工場渡し	EXW
仮送り状	Proforma Invoice	本船渡し	FOB
在庫	Stock	輸送費込み	CPT
正味重量	Net Weight	輸送費保険料込み	CIP
総重量	Gross Weight	仕向地持込渡し	DAP
バラ荷	Bulk Cargo	荷卸込持込渡し	DPU
かさ高貨物	Bulky Cargo	関税込持込渡し	DDP
最小数量	Minimum Quantity	船側渡し	FAS
売約書	Sales Note	運送人渡し	FCA
買約書	Purchase Note	運賃込み	CFR
注文書	Order Sheet	運賃保険料込み	CIF
重大な契約違反	Fundermental Breach		

(3) **信用状(Letter of Credit)、決済(Settlement)**

取消不能信用状	Irrevocable L/C	支払い渡し手形	Documents against Payment(D/P)
確認信用状	Confirmed L/C		
買取指定信用状	Restricted L/C	引受け渡し手形	Documents against Acceptance (D/A)
譲渡可能信用状	Transferable L/C		
回転信用状	Revolving L/C	満期日	Due Date
受益者	Beneficiary	送金	Remittance
依頼人	Applicant	電信送金	Telegraphic Transfer
発行銀行	Issuing Bank	郵便送金	Mail Transfer
通知銀行	Advising Bank	前払い	Advance Payment
買取銀行	Negotiating Bank	後払い	Deferred Payment
為替手形	Bill of Exchange, Draft	送金小切手 （一覧払手形）	Demand Draft
振出人	Drawer		
名宛人	Drawee	郵便為替	Mail Remittance
一覧払手形 (D/P手形のこと)	Sight Bill	郵便送金 （普通送金）	Mail Transfer
期限付手形 (D/A手形のこと)	Usance Bill		
一覧後60日払手形	Bill at 60 Days after Sight		
約束手形	Promissory Note		
添え状	Cover Letter, Covering Letter		

第13章

(4) **保険(Insurance)**

現実全損	Actual Total Loss		
推定全損	Constructive Total Loss		
分損(海損)	Partial Loss		
単独海損不担保	Free from Particular Average(FPA)		
単独海損担保	With Average (WA)		
全危険負担	All Risks(AR)		
共同海損	General Average		
協会貨物約款	Institute Cargo Clause(I.C.C.)		
戦争危険	War Risks		
ストライキ、暴動、騒乱危険	S.R.C.C. Risks		
個別予定保険	Provisional Insurance		
包括予定保険	Open Policy		
希望利益	Imaginary Profit		
保険申込書	Insurance Application		
保険証書(承認状)	Insurance Certificate		
保険証券	Insurance Policy		
保険料	Insurance Premium		
倉庫間約款	W/W Clause		
協会貨物約款(A)	I.C.C.(A)		
協会貨物約款(B)	I.C.C.(B)		
協会貨物約款(C)	I.C.C.(C)		

第13章

(5) **船積 (Shipping, Shipment)**

船積船荷証券	Shipped B/L	荷送人	Shipper
受取船荷証券	Received B/L	荷受人	Consignee
無故障船荷証券	Clean B/L	本船受取証	Mate's Receipt
故障付船荷証券	Foul B/L	ドック・レシート	Dock Receipt
時期経過船荷証券	Stale B/L	貨物受取書	Boat Note
指図式船荷証券	Order B/L	定期船	Liner
記名式船荷証券	Straight B/L	不定期船	Tramper
複合輸送船荷証券	Combined Transport B/L	用船契約	Charter Party
通し船荷証券	Through B/L	運賃元払い	Freight Prepaid
船積書類	Shipping Documents	運賃着払い	Freight Collect
領事送り状	Consular Invoice	不積み運賃	Dead Freight
税関送り状	Customs Invoice	滞船料	Demurrage
白地裏書	Blank Endorsement	貨物引渡し指図書	Release Order
原産地証明書	Certificate of Origin	船積依頼書	Shipping Instructions
船積通知	Shipping Advice	船積指図書	Shipping Order
着荷通知	Arrival Notice	仕向地	Destination
着荷通知先	Notify Party	航空貨物運送状	Air Waybill
風袋	Tare	船積の遅延	Delay in Shipment
海運同盟 (又は、運賃同盟ともいう)	Shipping Conference, (or Freight Conference)		

(6) **クレーム (Claim,Complain)**

破損	Breakage		
漏損	Leakage		
目減り	Shortage		
倒産	Bankruptcy		
支払不能	Insolvency		
鑑定人	Surveyor		
鑑定報告(書)	Survey Report		
和解	Compromise		
斡旋	Conciliation／Mediation		
調停	Mediation／Conciliation		
仲裁	Arbitration		
仲裁人	Arbitrator		
裁定（仲裁判断）	Award／Arbitration Award		
紛争	Dispute		
損害、損傷	Damage		
損害賠償金	Damages		

(7) その他

円高	Appreciation of the Yen, Rise of the Yen		
円安	Depreciation of the Yen, Fall of the Yen		
需要	Demand		
供給	Supply		
黒字	Surplus		
赤字	Deficit		
輸出申告(書)	Export Declaration		
輸出許可(書)	Export Permit		
輸入申告(書)	Import Declaration		
輸入許可(書)	Import Permit		
印刷物	Printed Matter		
輸出許可証	Export License		
輸入許可証	Import License		
国際航空運送協会	IATA		
国際標準機構	ISO		
国際通貨基金	IMF (International Monetary Fund)		
経済協力開発機構	OECD		
国連貿易開発会議	UNCTAD		
世界貿易機関	WTO		
経済連携協定	EPA		
自由貿易協定	FTA		

(cf) ABC順重要英単語

用　語	訳　語
－A－	
Abandonment	委付, 放棄
Acceptance Rate	輸入手形決済相場 (一覧払手形決済に適用する相場)
Account	勘定, 勘定科目
Accountee (Applicant)	信用状発行依頼人
Advise & Pay	通知払いPay on Application(請求払)
Agency Arrangement	代理店契約
Application	申込書, 依頼書
Applicant	申込人, 依頼人
Arbitrated Rate	裁定相場
Arrival Notice	(輸入船積書類の) 到着案内
－B－	
Back Date	バック・デイト(B/L Dateを遡らすこと)
BAF	燃料調整費 (BUNKER SURCHARGEと同じ)
Bearer	(手形, 小切手の) 持参人
Bills Bought / B.B.	買為替手形 (買取ずみの輸出為替手形)
Bills for Collection / B.C.	代金取立手形
Bills Payable	未払為替手形, 未払送金為替
Bills Receivable	取立 (為替) 手形
Buying Rate	買相場
－C－	
Captain' s Protest	海難報告書
Cash on Delivery	現金引換渡
Charge	手数料, 請求する
Charter Party	用船契約
Check (Cheque)	小切手
Clean Bill	クリーン (書類を伴わない)手形
Clean B／L	無故障船荷証券
Combined Transport Document	複合運送書類
Consent Letter	同意書
Consignee	荷受人
Consular Fee	領事査証料
Correspondent	コルレス契約のある銀行
Covering Letter	添え状(船積書類を送付する際添付するletter)
Credit Risk	信用危険
Current Account	当座勘定, 当座預金
Customs Invoice	税関用送り状
Custom Duties	関税

用　語	訳　語
－D－	
Debit Note	借方票 (請求書のこと)
Deck Cargo	甲板積貨物
Delivery Note	デリバリー・ノート (納品書のこと)
Delivery Order	荷渡指図書
Demand Draft	送金為替手形 (送金小切手, 売為替手形)
Demurrage	滞船料
Documents	書類
Documentary Bill	荷 (付) 為替手形
Documents Against Acceptance	引受渡し
Documents Against Payment	支払渡し
Domestic L/C	国内信用状 (Local Credit)
Drawee	(手形の) 名宛人 (為替手形の支払人)
Drawer	(為替手形・小切手の) 振出人
Due Date	満期日
Duplicate	副本
－E－	
Exchange Contract	為替の予約 (買予約と売予約とがある)
Exchange Quotations	為替相場表
Expiry Date	有効期限
Export License	輸出許可証, 輸出承認証
－F－	
FIATA	国際海貨業者協会連合会
Forward Rate	先物相場
Forwarder	運送代理人
Foreign Currency	外国通貨
Foreign Exchange Market	外国為替市場
Franchise	免責歩合 (保険担保条件)
－G－	
General Average	共同海損
Governing Law	準拠法
－H－	
Hatch	船艙
House Bill	ハウス・ビル, 社内手形 (自社の本支店間のもの)
－I－	
Import License	輸入承認証
Import Quota	輸入割当

用　語	訳　語
Inspection Certificate	検査証明書
Institute War Clauses	協会戦争約款
Institute Strike Clauses	協会ストライキ約款
Interbank Rate	銀行間相場 (= Market Rate)
Interest	利息, 金利
Irrespective of Percentage	免責歩合不適用 (IOP)
Irregularity	不一致 (Discrepancyのこと)
－L－	
Letter of Indemnity	補償状, 損害担保契約書
Letter of Intent	意図表明書 (覚書のこと)
Lifting Charge	取扱い手数料
Local B/L	国内船荷証券
－M－	
Mail Day Interest	手形取立期間立替金利
Marry	為替のマリー
Maturity	満期, 満期日
Master' s Protest	海難報告書
Measurement Ton	容積トン (M^3のこと)
－N－	
Negotiation	(手形) の買取り
New York Acceptance	ニューヨーク決済
Notify Party	貨物到着案内通知先
－O－	
Ocean B/L	海洋船荷証券
On Deck Cargo	甲板積貨物
Open Credit	買取銀行を特定しない信用状 (General Creditと同じ)
Open Policy	包括予定保険
Open Port	開港 (不開港／Closed Port)
－P－	
Particular Average	単独海損
Pay on Application	請求払
Payee	受取人
Payer	支払人
Perils of the Sea	海固有の危険 (SSBC事故, 浸水, 波さらい等)
Presentation	(手形などの) 呈示
Protest	(手形, 小切手の拒絶時に作成される) 拒絶証書

用　語	訳　語
－R－	
Rain and/or Fresh Water Damage	雨濡・淡水濡損害
Recourse	(手形の) 償還請求権
Reimbursement Bank	補償銀行
Remittance	送金
－S－	
Set Bill	組手形
Shed Delivery	総揚げ
Shipside Delivery	自家取り
Sight Bill	一覧払手形
Society for Worldwide Interbank Financial Telecommunication	SWIFT (国際銀行間通信協会／銀行間の通信システムのこと／本部はブルッセルにある)
Special Drawing Right	（国際通貨基金 (IMF) の）特別引出権
Specimen	見本
Speculators	投機筋
Spot Exchange Rate	直物為替相場
Stale B/L	時期経過船荷証券
Stowage	積付け
－T－	
Tally Man	検数人
Telegraphic Transfer	電信送金
Telegraphic Test Key	電鍵
Tenor	手形期限
Time Bill	期限付手形
Trust Receipt	荷物貸渡, 担保荷物保管証
TP & ND (Theft, Pilferage and Non-Delivery)	盗難・不着
－U－	
Unconfirmed Credit	無確認信用状
Unpaid	支払を拒絶された
Usance Bill	期限付手形 (Time Billと同じ)
－V－	
Validity of L/C	信用状有効期限
Valuation Form	積荷価格申告書
－W－	
Waiver	ウェイバー (放棄)
Water Borne Only	ウォーターボーン約款

用　語	訳　語
With Recourse L/C	償還請求権付信用状
Without Recourse L/C	無償還請求権信用状
－Y－	
Yen Credit	円借款
Yen Exchange	円為替
Yen Shift	円シフト
Youk-Antwerp Rules	ヨーク・アントワープ規則

付　録

付録

貿　易　取　引　の　流　れ

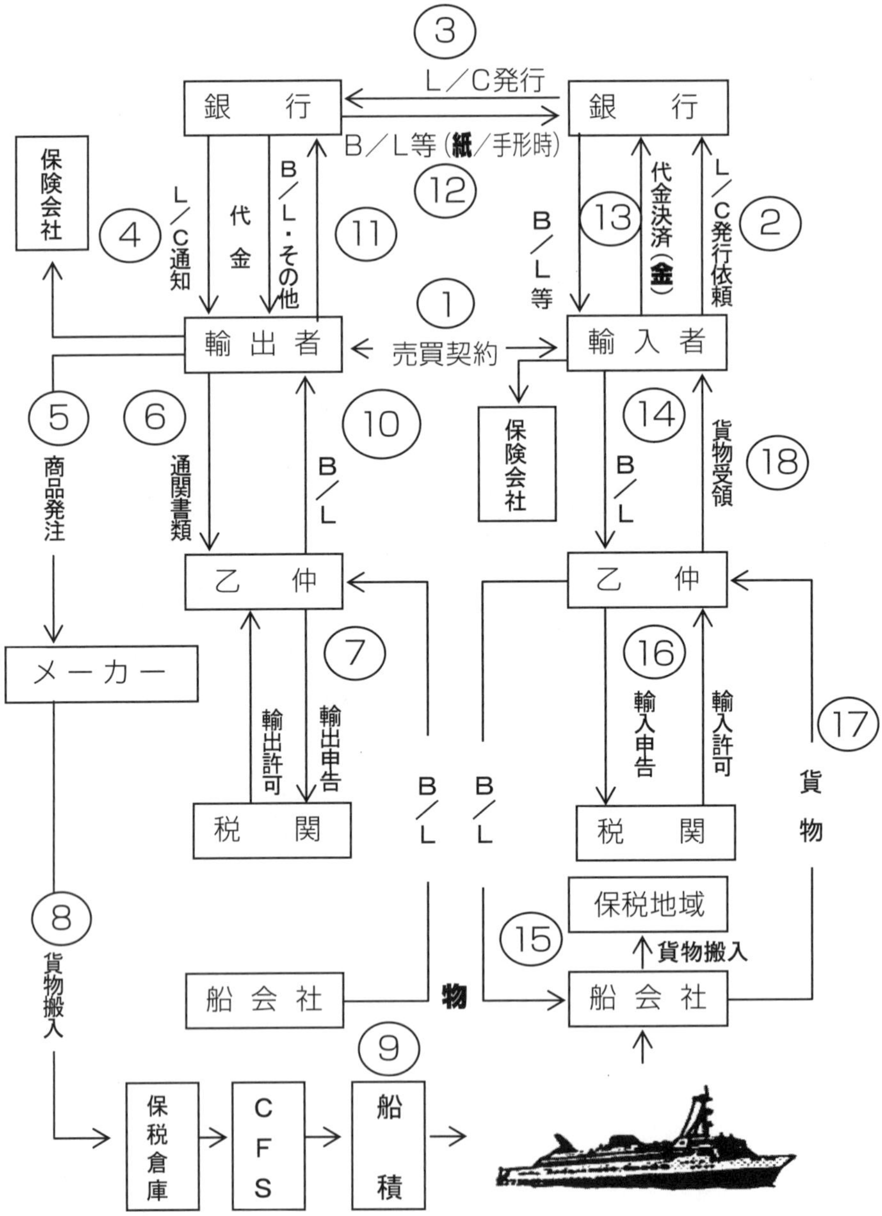
③
L／C発行
銀　行
銀　行
B／L等（紙／手形時）
⑫
保険会社
④
L／C通知
代金
B／L・その他
⑪
⑬
B／L等
代金決済（金）
L／C発行依頼
②
①
輸出者
売買契約
輸入者
保険会社
⑤
⑥
⑩
⑭
⑱
商品発注
通関書類
B／L
B／L
貨物受領
乙　仲
乙　仲
メーカー
⑦
⑯
輸出許可
輸出申告
輸入申告
輸入許可
⑰
B／L
B／L
貨物
税　関
税　関
保税地域
⑧
⑮
貨物搬入
貨物搬入
船会社
船会社
⑨
保税倉庫
CFS
船積

貿易業務のフロー

1　マーケティングから取引先の選定(輸出入者)

(1)　市場分析

(2)　取引先探し

(3)　輸出入規制のチェック

(4)　信用調査

2　取引交渉　(輸出入者)

(1)　オファーまたは引合い

(2)　条件の検討

(3)　原価計算

(4)　運送方法

3　契約成立　(輸出入者)

4　信用状開設と通知　(輸入者)

5　船積と通関　(輸出者)

(1)　船腹の予約

(2)　許認可手続

(3)　保険手配　(CIF の場合)

(4)　貨物搬入

(5)　通関手続

(6)　B/L 等船積書類

6　買取の依頼　(輸出者)

(1)　荷為替手形の作成

(2)　船積書類の買取

(3)　シッピング・アドバイス

7　輸入代金の決済　(輸入者)

(1)　貨物到着案内

(2)　手形の決済 (または引受)

(3)　B/L 等の船積書類

8　貨物の引取り　(輸入者)

(1)　輸入通関

(2)　貨物の引取り

(3)　市場へ

契約書の裏面約款

輸出契約書

参考資料／輸出契約書裏面

GENERAL TERMS AND CONDITIONS

1. **INCREASED COST:** If Seller's cost(s) of performance is (are) increased after the date of this Contract by reason of increased freight rate(s), tax(es), or other governmental charge(s), or insurance premium(s) for War & S.R.C.C. risks, such increased costs(s) is (are) entirely on the account of Buyer.

2. **PAYMENT:** Buyer shall pay the full contract price plus all banking charges outside Japan, including advising charges, regardless of being charged within or outside Japan, and shall not be entitled to offset any of them against the contract price.
(1) If and when Buyer is to establish a Letter of Credit in favor of Seller, such Letter of Credit shall be (i) Irrevocable and Unrestricted, (ii) established by a prime bank satisfactory to Seller immediately after the conclusion of this Contract, (iii) valid for a period of (21) days for negotiation after the date of shipment and expire thereafter in Japan, (iv) in strict compliance with the terms and conditions of this Contract, and (v) available for sight draft(s) to cover the full invoice amount.
Failure of Buyer to furnish such Letter of Credit as specified above shall be deemed a breach of this Contract, and Seller, without prejudice to any of the remedies stipulated herein shall have the option(s) to (i) cancel the whole or any part of this Contract, (ii) defer the shipment of the Goods and hold them for Buyer's account and risk, and/or, (iii) resell the Goods for Buyer's account.
(2) If and when payment is to be made by D/P, D/A, or Remittance, and if Seller has reason to suspect that due and full payment will not be made, Buyer shall, upon Seller's request, furnish adequate assurance/security satisfactory to Seller, or Seller may suspend the shipment of the Goods or stop them in transit in addition to the rights and remedies stipulated in Clause (9) hereof.

3. **SHIPMENT:** In case of FOB, FAS or any other trade terms under which Buyer has to secure or arrange shipping space, Buyer shall provide the necessary shipping space and give Seller shipping instructions in a timely manner.
In case of CIF, C & F or any other trade terms under which Seller must provide the necessary shipping space, shipment within the time stipulated on the face hereof shall be subject to the availability of shipping space.
The date of the Bill of Lading, Sea Waybill, Air Waybill or any other similar transport documents shall be conclusive evidence of the date of shipment or delivery.
In case the Goods shall be carried by air, risk of loss of the Goods shall pass from Seller to Buyer upon delivery of the Goods to the carrier or its agent for transportation.
Each lot of partial shipment or delivery, if allowed, shall be regarded as a separate and indipendent contract.

4. **INSURANCE:** Where Seller is to effect insurance at its own expense, such as in case of CIF, such insurance shall (i) cover one hundred and ten percent (110%) of the invoice amount, (ii) be against marine risks only, and (iii) be Free from Particular Average, F.P.A. (Institute Cargo Clauses) or on equivalent terms.
Any additional insurance requested by Buyer shall be on Buyer's account and its premium shall be added to the invoice amount for which the Letter of Credit/Terms of Payment shall provide accordingly.
If Buyer shall provide insurance under D/P or D/A payment terms, Buyer shall inform Seller of his insurance policy/certificate number, the name(s) of the insurance company(ies) and other necessary information well in time for the scheduled shipment.

5. **CLAIM:** No claim of any kind or nature shall be raised by Buyer under this Contract unless made in writing to be accompanied by full particulars of the claim and the evidence thereof certified by sworn surveyor(s) within (15) days after the arrival of the Goods at the destination specified on the face of this Contract or in the transport document.
Seller shall have the option in full settlement of such claim to repair the defective goods, replace with conforming goods or repay the purchase price.
In any event Seller shall not be responsible to Buyer for any incidental, consequential, or special damages.

6. **WARRANTY:** UNLESS EXPRESSLY STIPULATED ON FACE OF THIS CONTRACT, SELLER MAKES NO WARRANTY,

EXPRESS OR IMPLIED, AS TO THE FITNESS AND SUITABILITY OF THE GOODS FOR ANY PARTICULAR PURPOSE AND/OR MERCHANTABILITY.

7. **PATENT, TRADE MARK, etc.:** Buyer shall hold Seller harmless from, and shall waive any claim against Seller for, any liability for infringement of patent, utility model, design, trade mark, brand, pattern, copyright, or other industrial property rights in the Goods whether in the Buyer's country or any other country, provided however that Seller shall be liable for any such infringement in Seller's country if the above mentioned rights so infringed are not designated or selected by Buyer.

Nothing herein contained shall be construed as a transfer of any such industrial and/or intellectual property rights in the Goods, and such ownership and right shall be expressly reserved to the true and lawful owner(s) thereof.

8. **FORCE MAJEURE:** Seller shall not be liable for any delay in shipment or delivery, or non-delivery, of all or any part of the Goods, or for any other default in performance of this Contract due to the occurrence of any event of force majeure (hereinafter referred to as "Force Majeure") including but not limited to, flood, earthquake, typhoon, tidal wave, perils of the sea, fire, explosion or other act of God, prohibition of exportation, embargo or other type of trade control, governmental order, regulation or direction, or quarantine restriction, strike, lockout, slowdown, sabotage, or other labor dispute, war, hostilities, riot, civil commotion, mobilization, revolution or threat thereof, boycotting, accidents or breakdown of machinery, plant, transportation or loading facilities, shortage of petroleum products, fuel, electricity, energy sources, water, other raw materials, substantial change of the present international monetary system or other severe economic dislocation, bankruptcy or insolvency of the manufacturers or suppliers of the Goods, or any other causes or circumstances directly or indirectly affecting the activities of Seller, manufacturer or supplier of the Goods.

On the occurrence of any event of Force Majeure, Seller may, by giving notice to Buyer, (i) extend the time of delivery/shipment of the Goods or of performance of other obligations arising under the terms of this Contract, and/or (ii) cancel unconditionally the whole or any part of this Contact, and Buyer shall accept such of the above action(s) as Seller may take.

9. **DEFAULT:** If Buyer fails to perform any of the terms of this Contact or any other contract with Seller or if Buyer becomes insolvent or bankrupt, or takes any proceedings admitting the inability to pay or meet his obligations, or if Buyer transfers any or all of its business or important assets, or changes his legal status or organization, Seller may, without prejudice to Seller's right and remedies at law, by giving written notice to Buyer, (i) cancel immediately, or reserve the right to cancel, the whole or any part of this Contract or any other contract with Buyer, (ii) delay or suspend shipment or delivery of the Goods, (iii) stop the Goods in transit, (iv) hold and/or resell the Goods for Buyer's account and risk, and or (v) accelerate any installment or otherwise postponed or deferred payment for shipment already made under this Contract or any other contract with Buyer.

In any such event, Buyer shall be liable to Seller for any loss or damage, direct or consequential, incurred as a result thereof.

10. **NO ASSIGNMENT:** Buyer shall not transfer or assign the whole or any part of this Contract or any of his rights or obligations accruing hereunder without Seller's prior written consent.

11. **NO WAIVER:** No claim or right of Seller under this Contract shall be deemed to be waived or renounced in whole or in part unless the waiver or renunciation of such claim or right is acknowledged and confirmed in writing by Seller.

12. **ARBITRATION:** Any dispute, controversy or difference which may arise between the parties hereto, out of or in relation to or in connection with this Contract, or any breach hereof shall be settled, unless amicably settled without undue delay, by arbiration in (Tokyo), Japan in accordance with the rules of procedure of The Japan Commercial Arbitration Association. The arbitral award shall be final and binding upon both parties.

13. **TRADE TERMS & GOVERNING LAW:** Trade terms such as FOB, CIF and any other terms which may be used in this Contract shall have the meanings defined and interpreted by the Incoterms 2020 Edition, ICC Publication No.723E, as amended, unless otherwise specifically provided in this Contract. The formation, validity, construction and performance of this Contract shall be governed by and construed in accordance with the laws of Japan.

出所：一般財団法人貿易関係手続簡易化協会

契約書の裏面約款

輸入契約書

参考資料／輸入契約書裏面

GENERAL TERMS AND CONDITIONS

1. **NO ADJUSTMENT:** The price described on the face hereof shall be firm and final and shall not be subject to any adjustment as a result of a change in Seller's cost which may occur due to a change in material or labor costs or in freight rate(s) or insurance premium(s), or any increase in tax(es) or duty(ies) or imposition of any new tax(es) or duty(ies).

2. **CHARGES:** All customs duties, taxes, fees, banking charges and other charges incurred on the Goods, containers and/or documents arising in the country of shipment and/or origin shall be borne by Seller.

3. **SHIPMENT:** Seller agrees to ship the goods described on the face of this Contract punctually within the period stipulated on the face of this Contract.

In the event Seller fails to make timely shipment of the Goods, Buyer may, upon written notice to Seller and at Buyer's sole discretion, extend the period for shipment or cancel this Contract, in either event without prejudice to any of the rights and remedies available to Buyer, including but not limited to claims for damages arising out of or in connection with such delay in shipment.

In the event that shipping/freight space is arranged by Seller, Seller shall, unless otherwise agreed in this Contract, ship the Goods on an ocean-going vessel or air freighter of a type normally used for the transportation of the goods of the same type as the Goods. The Goods shall be carried by the usual route or routes without any deviation.

Seller shall notify by cable or other means to Buyer, immediately upon completion of the loading of the above-mentioned vessel(s) or aircraft(s), the particulars of shipment, including the Contract number, vessel's name, sailing date, loading port, description of the Goods and packing, quantity loaded, invoice amount and any other particulars essential to this Contract.

4. **INSURANCE:** If this Contract requires or authorizes Seller to insure the Goods, Seller shall, unless otherwise agreed on the face hereof, insure the Goods, (i) for a value equal to one hundred and ten percent (110%) of the CIF amount of the Goods, (ii) on the basis of All Risks (Institute Cargo Clauses) or on equivalent terms, (iii) with underwriter(s) or insurance company(ies) of good repute.

Any additional insurance coverage shall be arranged by Seller upon the special request and on the account of Buyer.

5. **CLAIM:** Any claim by Buyer, except for latent defects, shall be made in writing as soon as reasonably practicable of the Goods at their final destination and unpacking and inspection thereof, whether by Buyer or any customer of Buyer.

Seller shall be responsible for latent defects of the Goods, notwithstanding inspection and acceptance of the Goods, provided that notice of claim shall be made within six(6) months after the Goods become available for inspection, whether by Buyer or any customer of Buyer.

6. **WARRANTY:** Seller warrants that

(i) the Goods shall fully conform to the description of the Goods on the face hereof and any and all data and materials shown as the basis of this Contract, such as specifications, sample, pattern, drawings, etc.

(ii) the Goods shall be of good quality, merchantable, be free of any encumbrance, and fit or suitable for the purpose(s) intended by Buyer or Buyer's customer(s).

Such warranty shall not be deemed to have been waived by reason of inspection and/or acceptance of the Goods or by the payment therefor by Buyer.

If Buyer should find any defect in the Goods and notify Seller of that fact, Buyer shall have the following option(s) (i) to require Seller to replace or repair the Goods at Seller's expense and risk, (ii) to reject the Goods, (iii) to cancel the whole or any part of this Contract at any time.

In either event, Buyer may require Seller to compensate any loss or damages suffered by Buyer or Buyer's customer(s) due to or arising from such defect.

7. **PATENT, TRADE MARK, etc.:** Seller shall hold Buyer harmless from and shall waive any claim against Buyer for, any liability for

infringement of patent, utility model, design, trade mark, brand, pattern, copyright, or other industrial property rights in the Goods, provided however that Buyer shall be liable for such infringement in Buyer's country, if the above mentioned rights so infringed shall have been designated or selected by Buyer.

In case any dispute or claim arises in connection with the above right(s), Seller shall indemnify, reimburse and compensate Buyer for all losses and damages including costs, expenses and charges for defensive actions by Buyer, if Buyer should incur them as a result of such dispute or claim.

8. **FORCE MAJEURE:** Buyer shall not be liable for any delay or failure in taking delivery of all or any part of the Goods, or for any other default in performance of this Contract due to the occurrence of any event of force majeure (hereinafter referred to as "Force Majeure") such as, Act of God, war or armed conflict, ... or any other similar cause which seriously affects Buyer or any of his customers, directly or indirectly, connected with the purchase, resale, transportation, taking delivery of the Goods.

In any event of Force Majeure, Buyer shall notify Seller in writing of such event(s) and Buyer may, in its sole discretion and upon notice to Seller, either terminate this Contract or portion thereof affected by such event(s), or delay performance of this Contract in whole or in part for a reasonable period of time.

If Seller is unable to deliver the Goods in whole or in part as specified on the face of this Contract by similar reason(s) as above-mentioned, without Seller's fault, Seller shall, if requested by Seller, agree to extend the time of shipment until such event(s) shall no longer prevent delivery by Seller. In the event, however, the above mentioned event(s) cause a delay beyond thirty (30) days, Buyer may, in its sole discretion and upon written notice to Seller, terminate the Contract or portion thereof affected by such event(s), and Seller shall reimburse to Buyer any amount of money paid by Buyer to Seller with respect to any undelivered portion of this Contract.

9. **DEFAULT:** If Seller fails to perform any provisions of this Contract or any other contract with Buyer or commits a breach of any of the terms, conditions and warranties in thic Contract or any other contract with Buyer, or if proceedings in bankruptcy or insolvency or similar proceedings are instituted by or against Seller, or if a trustee or receiver for Seller is appointed, or if Seller goes into dissolution or liquidation or transfers a substaintial part of its business or assets. Buyer may, by giving notice to Seller, (i) stop or suspend its performance of this Contract or any other contract with Seller, (ii) reject the shipment or taking delivery of the Goods, (iii) dispose of the Goods, if delivery has been taken for the account of Seller in such manner as Buyer deems appropriate and allocate the proceeds thereof to the satisfaction of any and all of the losses and damages caused by Seller's default, and/or (iv) cancel the whole or any part of this Contract or any other contract with Seller,

In any such event, Buyer may recover all losses and damages caused by Seller's default including but not limited to, loss of profit which would have been obtained by Buyer from resale of the Goods and damages caused to any customer purchasing the Goods from Buyer.

10. **NO ASSIGNMENT:** Seller shall not transfer or assign the whole or any part of this Contract, or any of his rights or obligations accuring hereunder without Buyer's prior written consent.

11. **NO WAIVER:** No claim or right of Buyer under this Contract shall be deemed to be waived or renounced in whole or in part unless the waiver or renunciation of such claim or right is acknowledged and confirmed in writing by Buyer.

12. **ARBITRATION:** Any dispute, controversy or difference which may arise between the parties hereto, out of or in relation to or in connection with this Contract, or any breach hereof shall be settled, unless amicably settled without undue delay, by arbitration in Tokyo, Japan in accordance with the rules of procedure of The Japan Commercial Arbitration Association. The arbitral award shall be final and binding upon both parties.

13. **TRADE TERMS & GOVERNING LAW:** Trade terms such as FOB, CIF and any other terms which may be used in this Contract shall have the meanings defined and interpreted by the Incoterms 2020 Edition, ICC Publication No.723E, as amended, unless otherwise specifically provided in this Contract. The formation, validity, construction and performance of this Contract shall be governed by and construed in accordance with the laws of Japan.

出所：一般財団法人貿易関係手続簡易化協会

信用状と船積書類（B/E, I/P, B/L）の作成

次の信用状（129 頁参照）を参考に次頁からの為替手形（A ～ H），保険証券（I ～ L）および船荷証券（M ～ T）の空欄を埋めて下さい。

① THE BANK OF ABCD , LTD

Place and date of issue

② Los Angeles, June 20, 202_

③ IRREVOCABLE DOCUMENTARY CREDIT	Credit Number of issuing bank ④ 0123 / of advising bank
Advising Bank ⑤ The Bank of Tokyo Ltd. Tokyo Office 3-2-3, Mita. Minato-ku, Tokyo, Japan	Applicant ⑦ General Electric Corporation 234 Maple Street, Los Angeles Calif. 90036, U.S.A.
Beneficiary ⑥ Kokusai Trading Co., Ltd. 1-2-3, Ohi-machi, Shinagawa-ku, Tokyo, Japan	Amount ⑧ US$16,650.00 (Say U.S.Dollars Sixteen Thousand Six Hundred and Fifty Only) Expiry Date ⑨ for negotiation September 15, 202_

Dear Sir(s).

⑩ We hereby issue in your favor this documentary credit which is available by negotiation of your drafts at Thirty (30) days after sight for full invoice cost drawn on us under this credit, and accompanied by the following documents:

⑪ Signed commercial invoice in triplicate

⑫ Marine insurance policy or certificate in duplicate, endorsed in blank, for 110% of the invoice cost including: The Institute Cargo Clauses (ICC (A)), the Institute War Clauses and the Institute Strikes Riots and Civil Commotions Clauses.

⑬ Full set of clean on board ocean bills of lading dated not later than August 31, 202_, made out to order and blank endorsed and marked "Freight Prepaid" and Notify General Electric Corporation, Los Angeles, California, USA.

⑭ Packing List in triplicate

⑮ covering

about 1,850 Pcs. of Electric light bulbs "SP" Brand, Bulb No. 0011 size: Large (clear glass)
US$9.00 per piece
C.I.F. Los Angeles

⑯ Shipment from Yokohama, Japan ⑰ to Los Angeles, U.S.A.	Partial shipments are ⑱ not permitted.	Transhipments are ⑲ not permitted.

⑳ Special conditions: Drafts and documents must be presented for negotiation within fifteen (15) days after the on board date of bills of lading, but within the credit validity. ㉔

㉑ We hereby engage with drawers, endorsers and bona fide holders that drafts drawn and negotiated in conformity with the terms of this credit will be duly honored on presentation and that drafts accepted within the terms of this credit will be duly honored at maturity. ㉕ The amount of each draft must be endorsed on the reverse of this credit by the negotiation bank Yours faithfully, ㉓ THE BANK OF ABCD , LTD. LOS ANGELES OFFICE (Signed)	Advising bank's notification ㉒

㉖ This Credit is subject to UNIFORM AND PRACTICE FOR DOCUMENTARY CREDITS INTERNATIONAL CHAMBER OF COMMERCE NO.600

下記の為替手形（150頁参照）のA～Hに信用状にある語句を入れて下さい。

BILL OF EXCHANGE
①

NO. ② 1234　　　　③ TOKYO (PLACE)　　④ Septemcer 2, 202- (DATE)

FOR ⑤ **A**

At ⑥ **B** sight of this FIRST of Exchange ⑦

(Second being unpaid) Pay to ⑧ The Bank of TOKYO LTD. ⑨ or order the sum of

⑩ Say US Dollers Sixteen Thousand Six Hundred Fifty Only

⑪ Valued received and charge the same

to account of ⑫ **C**

Drawn under ⑬ **D** Los Angeles, California, U.S.A.

L/C No. ⑭ **E** dated ⑮ **F**

To ⑯ **G** Los Angeles, California, U.S.A.

REVENUE STAMP ⑱

⑲ ________________　　⑰ **H** (Signed)

付録

下記の保険証券（98 頁参照）のⅠ～Ｌに信用状にある語句を入れて下さい。

① THE YAMADA FIRE & MARINE INSURANCE COMPANY, LIMITED

Assured(s) etc.

② **I**

Invoice No. GEC－0011 ③

④ Policy No. 33－123456

Amount insured **J** ⑤

Claim, if any, Payable at/in

by ⑥
Benson and Johnson, Inc.
123 Washington Street
Los Angeles, Calif. 90010
U.S.A.

Conditions:

⑦ **K**

Whether in hold or on deck

⑧ Local Vessel or Conveyance

⑨ From (interior port or place of loading)

⑩ Ship or vessel called the "SAKURA Maru"

⑪ At and from Yokohama, Japan

⑫ Sailing on or about August 31, 202_

⑬ Arrived at, unshipped at Los Angeles, U.S.A

thence to ⑭

Goods and merchandise

⑮

37 Cases of Electric Light Bulbs

SPECIMEN

Subject to the following Clauses as printed overleaf

Institute Cargo Clauses
Institute War Clauses (Cargo)
Institute Strikes Riots & Civil Commotions Clauses
Institute Replacement Clause (applying to machinery)
Label Clause
Duty Clause (applying only to duty insured)
Institute Dangerous Drugs Clause

Marks & Numbers as per Invoice No. specified above.

⑯ Place and Date signed in Yokohama, August 20, 202_

[illegible]

(S) In case of loss or damage, please refer to the "IMPORTANT" clause printed overleaf and act accordingly.

⑰ No. of policies issued **L**

Be it known that

[illegible]

the same as Amount Insured.

[illegible]

as arranged per cent.

[illegible]

In Witness whereof I, the Undersigned of THE YAMADA FIRE & MARINE INSURANCE COMPANY, LIMITED, on behalf of the said Company, have subscribed My Name in as specified above [illegible]

For THE YAMADA FIRE & MARINE INSURANCE COMPANY, LIMITED

(Signed)

⑱ AUTHORIZED SIGNATORY

付録

下記の船荷証券（93 頁参照）の M ～ T に信用状を参考に適切な語句を入れて下さい。

なお、N（④）および P は、船荷証券の種類を答えて下さい。また、R（㉘）の記載を通常、何と呼びますか。そして、S に関しては、下記の B/L を見て船積日を答えて下さい。

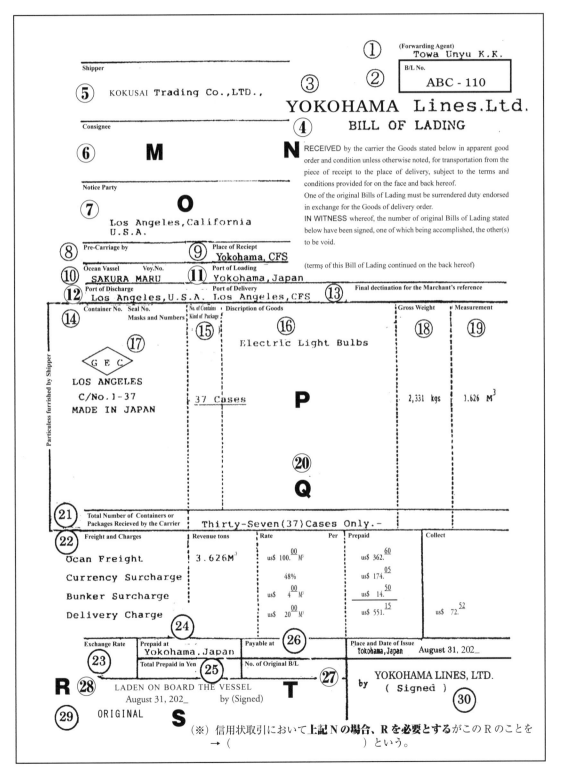

① (Forwarding Agent) Towa Unyu K.K.

② B/L No. ABC - 110

③ YOKOHAMA Lines.Ltd.

④ BILL OF LADING

N

RECEIVED by the carrier the Goods stated below in apparent good order and condition unless otherwise noted, for transportation from the piece of receipt to the place of delivery, subject to the terms and conditions provided for on the face and back hereof.
One of the original Bills of Lading must be surrendered duty endorsed in exchange for the Goods of delivery order.
IN WITNESS whereof, the number of original Bills of Lading stated below have been signed, one of which being accomplished, the other(s) to be void.

(terms of this Bill of Lading continued on the back hereof)

Shipper
⑤ KOKUSAI Trading Co.,LTD.,

Consignee
⑥ M

Notice Party
⑦ O
Los Angeles,California
U.S.A.

⑧ Pre-Carriage by

⑨ Place of Reciept
Yokohama, CFS

⑩ Ocean Vessel　Voy.No.
SAKURA MARU

⑪ Port of Loading
Yokohama,Japan

⑫ Port of Discharge
Los Angeles,U.S.A.

Port of Delivery
Los Angeles,CFS

⑬ Final dectination for the Marchant's reference

Particuless furrnished by Shipper

⑭ Container No. Seal No. Masks and Numbers	No. of Contains Kind of Package	Discription of Goods	Gross Weight	Measurement
⑰ G E C / LOS ANGELES / C/No.1-37 / MADE IN JAPAN	⑮ 37 Cases	⑯ Electric Light Bulbs / P / ⑳ / Q	⑱ 2,331 kgs	⑲ 3.626 M3

㉑ Total Number of Containers or Packages Recieved by the Carrier: Thirty-Seven(37)Cases Only.-

㉒ Freight and Charges	Revenue tons	Rate	Per	Prepaid	Collect
Ocan Freight	3.626M3	us$ 100.00	M3	us$ 362.60	
Currency Surcharge		48%		us$ 174.05	
Bunker Surcharge		us$ 4.00	M3	us$ 14.50	
Delivery Charge		us$ 20.00	M3	us$ 551.15	us$ 72.52

㉔

Exchange Rate	Prepaid at	Payable at	Place and Date of Issue
㉓	Yokohama.Japan	㉖	Yokohama,Japan　August 31, 202_
	Total Prepaid in Yen ㉕	No. of Original B/L ㉗	

R ㉘ LADEN ON BOARD THE VESSEL
August 31, 202_　by (Signed)

T

by YOKOHAMA LINES, LTD.
(Signed)
㉚

㉙ ORIGINAL　S

（※）信用状取引において**上記 N の場合、R を必要とする**がこの R のことを
→（　　　　　　　　　　　　）という。

解答

為替手形（Bill of Exchange）

A US$16,650.00（Full とは金額、つまり、US$16,650.00 のこと。）

B Thirty（30）days after

C General Electric Corporation

D THE BANK OF ABCD, LTD

E 0123

F June 20, 202_

G THE BANK OF ABCD, LTD（drawn on us の us とは、発行銀行のこと。）

H Kokusai Trading Co., Ltd.

保険証券（Insurance Policy）

I Kokusai Trading Co., Ltd.

J US$18,315.00（US$16,650 の 110%／つまり、× 1.1）

K ICC(A) with War and S.R.C.C.

L 2（又は two）

船荷証券（Bill of Lading）

M to order

N 受取船荷証券（Received B/L）

O General Electric Corporation（住所も記載するが、ここでは省略する。）

P 無故障船荷証券（Clean B/L：リマークスの記載なし、つまり、クリーン／無故障である。）空欄のままにしておく。

Q Freight Prepaid

R オンボードノーテーション（On Board Notation／船積裏書）
（受取船荷証券＋オンボードノーテーション＝船積船荷証券となる。）

S August 31, 202_（船積日は、前頁 B/L の Place and Date of Issue（右下）の日付ではなく㉘（左下／オンボードノーテーション）の日付となる。）

T 3（又は Three）

解説

信用状取引の場合、船積書類は、信用状通りに作成する（信用状なしの場合には、契約書等を見て作成する）。どこに何が記載されているのかに関して、慣れてくれば難しい作業ではないが、慣れる（理解する）までは、どこに何が書かれているのかを時間をかけて納得して下さい。（忙しい方は、解答を先に見て帰納法的に理解するのも一考です。）

いわゆる事務作業にあたりますが、その裏にはいろいろなルールが詰まっています。

（御参考）

信用状取引においては、下記のＡ～Ｔ等を参考に船積書類は作成される。

D, G ① THE BANK OF ABCD , LTD

Place and date of issue **F**

② Los Angeles, June 20, 202_

③ IRREVOCABLE DOCUMENTARY CREDIT **E**	Creidit Number of issuing bank: ④ 0123 / of advising bank
Advising Bank ⑤ The Bank of Tokyo Ltd. Tokyo Office 3-2-3, Mita. Minato-ku, Tokyo, Japan **C**	Applicant ⑦ General Electric Corporation 234 Maple Street, Los Angeles Calif. 90036, U.S.A.
Beneficiary ⑥ Kokusai Trading Co., Ltd. **H, I** 1-2-3, Ohi-machi, Shinagawa-ku, Tokyo, Japan **A**	Amount ⑧ US$16,650.00 (Say U.S.Dollars Sixteen Thousand Six Hundred and Fifty Only) **J** (⑧×1.1) Expiry Date ⑨ for negotiation September 15, 202_

Dear Sir(s).

⑩ We hereby issue in your favor this documentary credit which is available by negotiation of your drafts at **B** Thirty (30) days after sight for **A** full invoice cost drawn on us under this credit, and accompanied by the following documents:

⑪ Signed commercial invoice in triplicate

⑫ Marine insurance policy or certificate in duplicate **L**, endorsed in blank, for 110% of the invoice cost **J** including: The Institute Cargo Clauses (**K** ICC (A)), the Institute War Clauses and the Institute Strikes Riots and Civil Commotions Clauses.

⑬ Full **T** set of clean **P** on board **N+R** ocean bills of lading dated not later than August 31, 202_, made out **M** to order and blank endorsed and marked "Freight Prepaid" and Notify General Electric Corporation, Los Angeles, California, USA. **Q** **O**

⑭ Packing List in triplicate

⑮ covering

about 1,850 Pcs. of Electric light bulbs "SP" Brand, Bulb
No. 0011 size: Large (clear glass)
US$9.00 per piece
C.I.F. Los Angeles

⑯ Shipment from Yokohama, Japan ⑰ to Los Angeles, U.S.A.	Partial shipments are ⑱ not permitted.	Transhipments are ⑲ not permitted.

⑳ Special conditions: Drafts and documents must be presented for negotiation within fifteen (15) days after the on board date of bills of lading, but within the credit validity. ㉔

㉑ We hereby engage with drawers, endorsers and bona fide holders that drafts drawn and negotiated in conformity with the terms of this credit will be duly honored on presentation and that drafts accepted within the terms of this credit will be duly honored at maturity. ㉕ The amount of each draft must be endorsed on the reverse of this credit by the negotiation bank Yours faithfully, ㉓ THE BANK OF ABCD , LTD. LOS ANGELES OFFICE (Signed)	Advising bank's notification ㉒

㉖ This Credit is subject to UNIFORM AND PRACTICE FOR DOCUMENTARY CREDITS INTERNATIONAL CHAMBER OF COMMERCE NO.600

貿易関係の業者一覧

1 運送関係

(1) 船会社

①川崎汽船(株)
　港区西新橋1－2－9　日比谷セントラルビル …………… 03－3595－5063
②商船三井
　港区虎ノ門2－1－1 ………………………………………… 03－3587－7111
③日本郵船
　千代田区丸の内2－3－2 ………………………………… 03－3587－5151
④エバー・グリーン
　港区高輪2－15－13 ………………………………………… 03－6408－3300
⑤コスコ
　港区虎ノ門4－3－20　MTビル …………………………… 03－6328－2074

⑵海貨業者

①日本通運(株)
　品川区八潮2－6－2 ………………………………………… 03－5453－0287
②(株)山九
　中央区勝どき6－5－23……………………………………… 03－3536－3939
③タカセ(株)
　港区新橋1－10－9…………………………………………… 03－3571－9497

⑶航空貨物取扱業者

①近鉄エクスプレス
　千代田区大手町1－6－1　大手町ビル …………………… 03－3201－2580
②日通航空
　東京都港区海岸3－18－1　ピアシティ芝浦ビル………… 03－5442－5211

2 検定協会

①日本海事検定協会
　品川区八潮2－6－4 ………………………………………… 03－3790－0928
②新日本検定協会
　港区高輪3－25－23　東急第2ビル………………………… 03－3449－2611

3 通関・関税関係

①東京税関(本関)
　江東区青海2－7－11………………………………………… 03－3529－0700
②横浜税関(本関)
　横浜市中区海岸通1－1……………………………………… 045－212－6000
③㈶日本関税協会
　千代田区神田駿河台3－4－2　日専連朝日生命ビル …… 03－6826－1430

4 保険会社

①東京海上日動火災保険(株)
千代田区丸の内1－2－1 …………………………………… 03－3212－6211
②損害保険ジャパン(株)
新宿区西新宿1－26－1………………………………………… 03－3349－3111
③三井住友海上火災保険
中央区新川2－27－2………………………………………… 03－3297－1111
④日本興亜損害保険(株)
千代田区霞が関3－7－3 …………………………………… 03－3593－3111
⑤日本貿易保険(NEXI)
港区西新橋2－8－6 ………………………………………… 03－3512－7712

5 商社

①伊藤忠商事(株)
港区北青山2－5－1 ………………………………………… 03－3497－2121
②双日(株)
千代田区内幸町2－1－1 …………………………………… 03－6871－5000
③丸紅(株)
千代田区大手町1－4－2 …………………………………… 03－3282－2111
④三井物産(株)
千代田区大手町1－2－1 …………………………………… 03－3285－1111
⑤三菱商事
千代田区丸の内2－3－1 …………………………………… 03－3210－2121

6 その他

①商工会議所……………………………………………………… 03－3283－7651
②ジェトロ………………………………………………………… 03－3582－5171
③ミプロ(MIPRO) ……………………………………………… 03－3438－2791
④経産省………………………………　(許可)3501－3679／(承認)3501－0538
⑤東京都中小企業振興会………………………………………… 03－3438－2027
⑥国際商業会議所(ICC) ……………………………………… 03－3213－8585
⑦JIFFA…………………………………………………………… 03－3297－0351
⑧JAFFA ………………………………………………………… 03－5695－8451
⑨日本関税協会…………………………………………………… 03－5614－8871
⑩日本通関業連合会……………………………………………… 03－3508－2535
⑪日本貿易関係手続簡素化協会(ジャストプロ)……………… 03－3437－6135
⑫三菱東京UFJ銀行(貿易投資相談室) ……………………… 03－3240－4033

アジアの国々

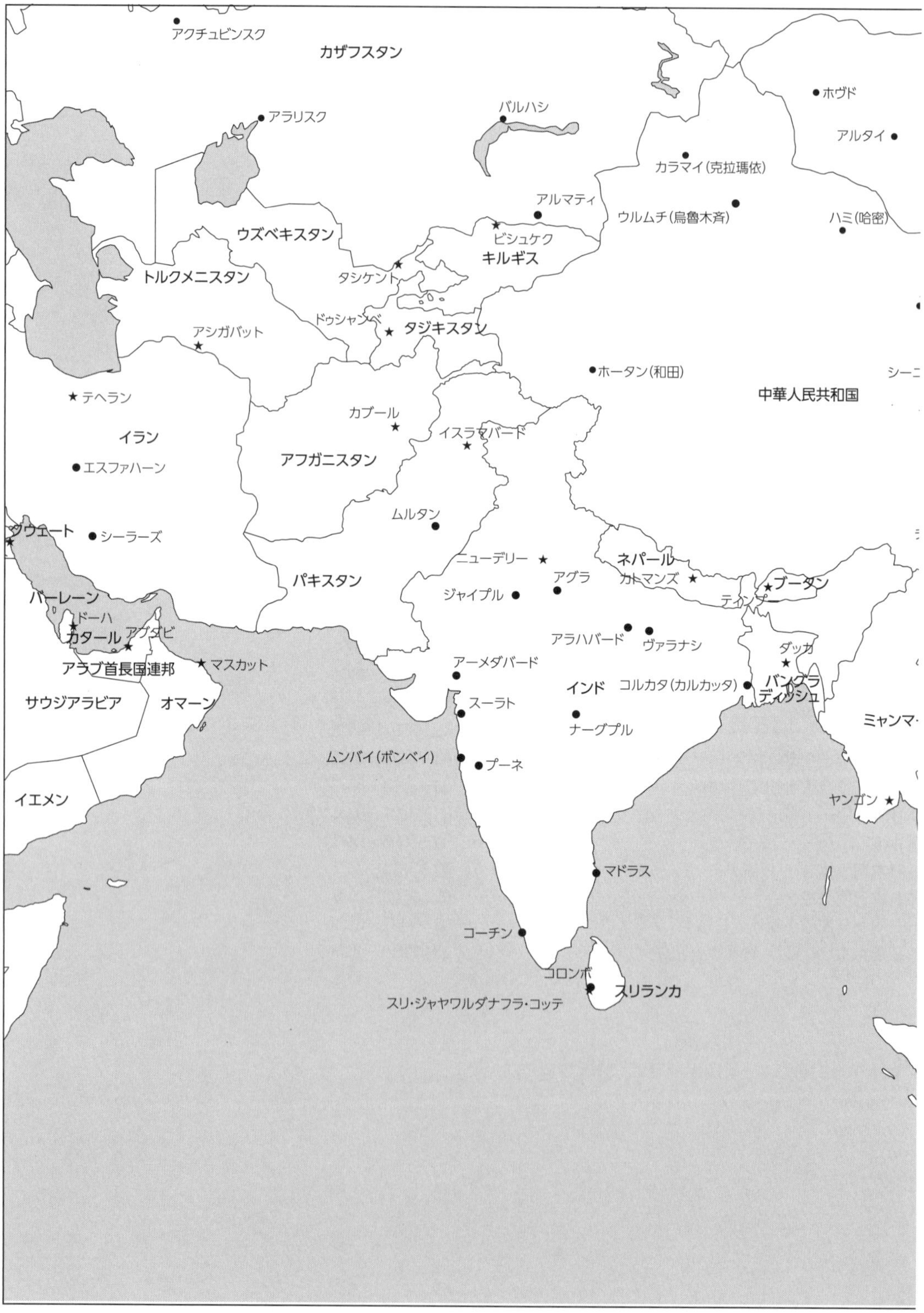
アクチュビンスク
カザフスタン
ホヴド
バルハシ
アラリスク
アルタイ
カラマイ(克拉瑪依)
アルマティ
ウルムチ(烏魯木斉)
ハミ(哈密)
ウズベキスタン
ビシュケク
キルギス
トルクメニスタン
タシケント
ドゥシャンベ
タジキスタン
アシガバット
ホータン(和田)
テヘラン
中華人民共和国
カブール
イスラマバード
イラン
エスファハーン
アフガニスタン
ムルタン
クウェート
シーラーズ
ニューデリー
ネパール
アグラ
カトマンズ
ブータン
パキスタン
ジャイプル
ティンプー
バーレーン
ドーハ
アラハバード
ヴァラナシ
カタール
アブダビ
ダッカ
アラブ首長国連邦
マスカット
アーメダバード
インド
コルカタ(カルカッタ)
バングラディッシュ
サウジアラビア
オマーン
スーラト
ナーグプル
ムンバイ(ボンベイ)
プーネ
イエメン
ヤンゴン
マドラス
コーチン
コロンボ
スリランカ
スリ・ジャヤワルダナフラ・コッテ

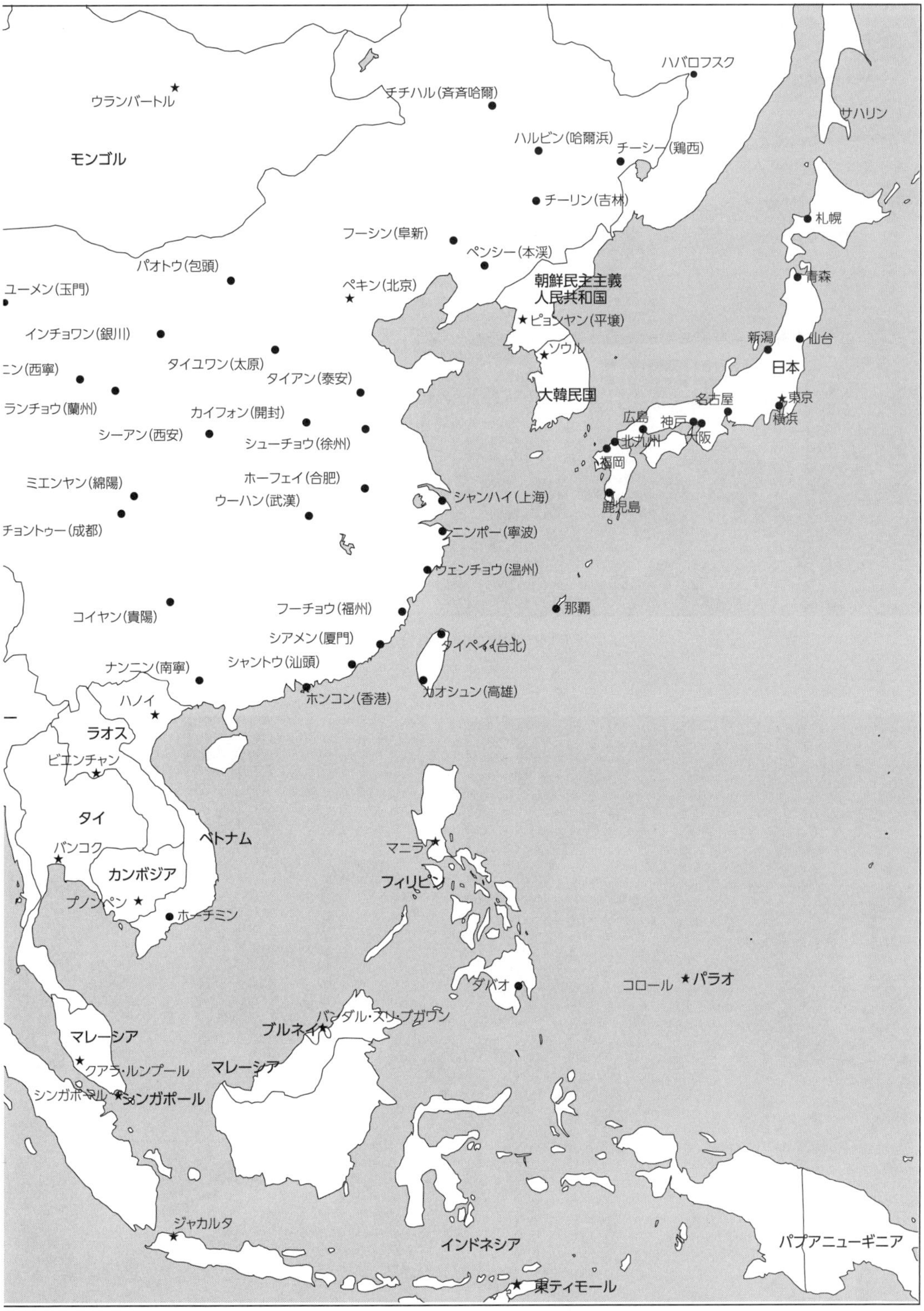

ハバロフスク
ウランバートル
チチハル(斉斉哈爾)
サハリン
ハルビン(哈爾浜)
チーシー(鶏西)
モンゴル
チーリン(吉林)
札幌
フーシン(阜新)
ペンシー(本渓)
パオトウ(包頭)
朝鮮民主主義
人民共和国
青森
ユーメン(玉門)
ペキン(北京)
ピョンヤン(平壌)
インチョワン(銀川)
新潟
仙台
ソウル
ニン(西寧)
タイユワン(太原)
日本
タイアン(泰安)
大韓民国
名古屋
東京
ランチョウ(蘭州)
カイフォン(開封)
広島
神戸
横浜
シーアン(西安)
シューチョウ(徐州)
北九州
大阪
福岡
ホーフェイ(合肥)
ミエンヤン(綿陽)
シャンハイ(上海)
ウーハン(武漢)
鹿児島
チョントゥー(成都)
ニンポー(寧波)
ウェンチョウ(温州)
フーチョウ(福州)
那覇
コイヤン(貴陽)
シアメン(厦門)
タイペイ(台北)
シャントウ(汕頭)
ナンニン(南寧)
カオシュン(高雄)
ホンコン(香港)
ハノイ
ラオス
ビエンチャン
タイ
ベトナム
マニラ
バンコク
カンボジア
フィリピン
プノンペン
ホーチミン
ダバオ
コロール
パラオ
バンダル・スリ・ブガワン
ブルネイ
マレーシア
クアラ・ルンプール
マレーシア
シンガポール
シンガポール
ジャカルタ
インドネシア
パプアニューギニア
東ティモール

東南アジア等海外出張記録
中国／山西省太原

第６回中部貿易投資博覧会会場

中国山西省太原博覧会出店（通訳と共に）

中国

中国中部博覧会開会式（赤服の案内ガイド全員身長 180cm 位）

天津商談会日本視察団先導公用車（パトカー）

付
録

中国

中国山西省太原貿易博覧会相談デスク

同上日本語通訳達

中国

外高橋保税区（中国上海）

香港ビジネス商談会（日本語通訳と）

ミャンマー

ミャンマー現地縫製工場（制服なし）

ミャンマー日系縫製工場（制服着用）

ミャンマー／ヤンゴン

開発区域内縫製工場

開発区域外縫製工場

ミャンマー／ヤンゴン

DCR 社（日系コンピューターソフト会社）事務所内

現地商談会（通訳と共に）

ミャンマー／ネピドー

ミャンマー貿易・経済担当大臣

バングラディッシュ／ダッカ

バングラディッシュ工場入口熱烈歓迎

バングラディッシュ／ダッカ

政府系工場工員の熱烈歓迎

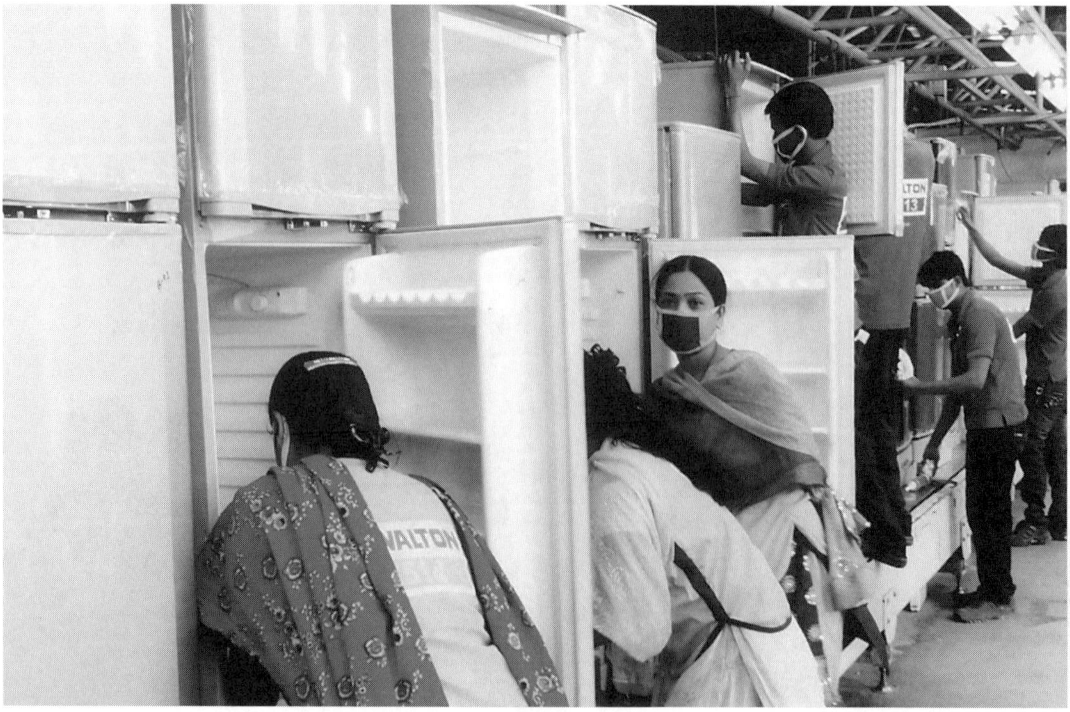

民間企業家電工場

バングラディッシュ

バングラディッシュ国営工場の警備員

バングラディッシュ電気器具工場

カンボジア

カンボジア駐日大使との研修会

カンボジア経済フォーラムにて

カンボジア

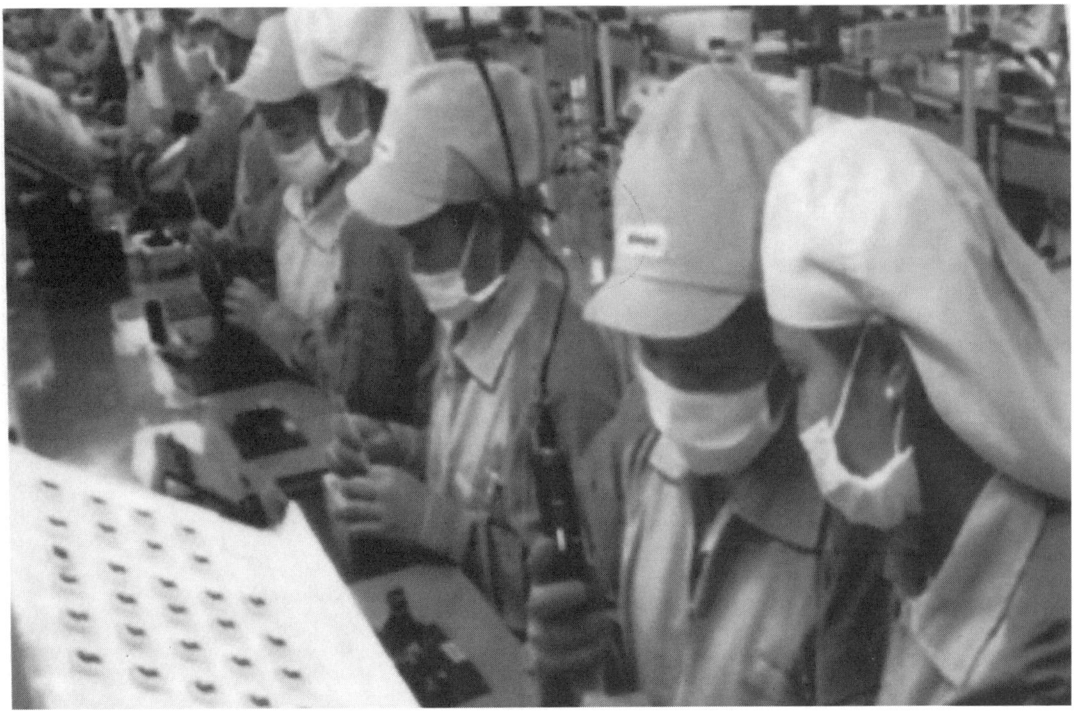

カンボジア半導体工場

ラオス

ラオス（ビエンチャンよりサワナケット空港へ）

ラオス

ラオス駐日大使館晩餐会

ラオスのトーンルン・シースリット首相と握手

マレーシア

マレーシアセランゴー税関

ザゴールデンゲートウェイ前（通訳と共に）

インド／デリー

商店街

典型的なパパ・ママショップ

タイ／バンコック

チャオプラヤー川のオースクリティ港内部

保税地域税関検問所

タイ

タイ税関前（通訳と共に）

ベトナム

ホーチミン河口　バージ船（艀）によるフィーダー輸送

ベトナム

ハノイ市ビジネス説明会

ビジネス交流会（著者）

フィリピン

マニラ　コンテナ港出入口

マニラ　コンテナ港内ノースポイント

フィリピン

マニラ港湾に隣接する貧民街

現地レセプション（日商名誉会頭と共に）

日本

大井埠頭（船上より）

ガントリークレーン（大井埠頭）

索　引

日本語
英　語

索　引（日本語）

〔あ〕

〔い〕

〔う〕

〔え〕

〔お〕

〔か〕

〔き〕

〔く〕

〔け〕

〔こ〕

〔さ〕

〔し〕

〔す〕

〔な〕

〔に〕

〔ね〕

〔の〕

〔は〕

〔ひ〕

〔ふ〕

〔へ〕

〔ほ〕

〔ま〕

〔み〕

〔む〕

〔め〕

〔も〕

〔や〕

〔ゆ〕

〔よ〕

〔ら〕

〔り〕

〔れ〕

〔ろ〕

〔わ〕

索 引 (英 語)

〔A〕

〔B〕

〔C〕

〔D〕

〔E〕

〔F〕

〔G〕

〔H〕

〔R〕

〔S〕

〔T〕

〔U〕

〔V〕

〔W〕

参考文献一覧

参考文献一覧（順不同）

『ビジュアル貿易・為替の基本』山田晃久（日本経済新聞社）
『グローバルマーケティング戦略』山田晃久、堀田一郎（中央経済社）
『貿易用語辞典』石田貞夫編（白桃書房）
『貿易実務辞典』浜谷源蔵監修（同文館）
『最新貿易実務』浜谷源蔵（同文館）
『現代貿易売買』新堀聡（同文館）
『実践貿易取引』新堀聡（日本経済新聞社）
『入門貿易実務』椿弘次（日経文庫）
『貨物海上保険』林忠昭（有斐閣）
『外国為替がわかる事典』三宅輝幸（日本実業出版社）
『貿易と信用状』東京銀行システム部（実業之日本社）
『ゼミナール外為実務Q＆A』経済法令研究会（経済法令）
『貿易がわかる事典』森井清（日本実業出版社）
『国際複合輸送の実務』織田政夫（海文堂）
『国際複合輸送の知識』大阪商船三井船舶(株)
『輸出入・シッピング実務事典』高内公満（日本実業出版社）
『ICC インコタームズ2000 の手引』国際商業会議所日本委員会
『ICC 信用状統一規則No.500』国際商業会議所日本委員会
『ICC 取立統一規則No.522』国際商業会議所日本委員会
『ISBP の解説』東京リサーチインターナショナル
『貿易取引と信用状』桐谷芳和（経済法令研究会）
『エアーカーゴマニアル』ワールドエアーカーゴ（サンデー）
『貿易取引の電子化』西道彦（同文館）
『貨物保険案内』東京海上火災保険(株)
『外航貨物海上保険案内』安田火災海上保険(株)
『国際航空貨物運送の理論と実際』木下達雄（同文館）
『航空貨物の理論と実務』来見田寛（成山堂）
『我国で使用されるトレード・タームズの実証的研究』小林晃（同文館）
『貿易売買研究ゼミナール』小林晃（中央経済社）
『ベーシック貿易取引』小林晃、赤堀勝彦（中央経済社）
『貿易・為替入門』東京三菱銀行
『基本貿易実務』来住哲二（同文館）
『国際取引』唐沢宏明（同文館）
『取引契約の理論と実際』浅田福一（同文館）
『国際商務論の諸問題』朝岡良平（同文館）
『国際取引法』柏木昇、北川俊光（有斐閣）
『貿易保険実務解説』(財)貿易保険機構
『貿易貨物海上保険改革』加藤修（白桃書房）

『WTO ガイドブック』田村次朗（弘文堂）
『東南アジア市場統合への道』渡辺利男（勁草書房）
『外国為替がわかる本』深井美佐夫（鳥影社）
『日本経済100 の常識』日本経済新聞社
『サプライチェーンマネージメント』(財)大蔵財務協会
『物流実務の基礎知識』真島良雄（研流研究会）
『輸出入外国為替実務事典』宮下忠雄（日本実業出版社）
『貿易マーケティングチャネル論』中野宏一（白桃書房）
『マーケティング戦略の実際』水口健次（日経文庫）
『１からのマーケティング』石井淳蔵＋神戸マーケティングテキスト編集委員会（中央経済社）
『貿易実務』大塚朝夫監修（成美堂）
『実際国際ビジネス教本』ジェトロ編（WEIS）
『中国国際商事仲裁の実務』梶田幸雄（中央経済社）
『キャッチオール輸出管理の実務』東芝輸出管理部編（日刊工業新聞社）
『ビジネス英語』市川功二（泉書房）
『英文契約書の読み方』佐藤孝平（かんき出版）
『英文契約100 Q＆A』長谷川俊明（商事法務研究会）
『よくわかる英文契約書』大塚一郎（JMAM）
『英文ビジネス契約書大辞典』山本孝夫（日経新聞出版社）
『中国ビジネス契約・交渉実践ガイド』（全日出版）
『新輸出入取引ハンドブック』来住哲二（同文館）
『貿易革命』平野拓也（白桃書房）
『知的財産権侵害物品の水際取締制度の解説』CIPIC
『特恵関税の実務』特恵関税研究会著（日本関税協会）
『通関士試験得点源の解説』寺尾秀雄（一ツ橋出版）

著者紹介

寺尾 秀雄（てらお・ひでお）

東京都出身。中華航空公司、大手電気メーカー代理店（貿易部門）勤務後、早稲田大学エクステンション講師、学習院さくらアカデミー等を経て現在、貿易関連会社経営。また、厚生労働省／東京都主催雇用対策講座、そして、明治大学リバティアカデミー（貿易実務講座、通関士講座）において20年余り講師を務める。
通関士、国際物流管理士、国際複合輸送士等をはじめFP、宅建士をも取得し物の見方を広めている。
（財）日本関税協会会員、日本貿易学会会員、国際ビジネスコミュニケーション学会会員、一般社団法人国際貿易マネジメント協会主催の貿易スペシャリスト認定試験委員兼理事、商工会議所会員、ジェトロメンバー。
主な著書に『ゼロからの貿易実務』（文眞堂）、『貿易実務ガイドライン　初級編』（文眞堂）、『貿易実務の指針』、『貿易ビジネス英語／初級編』、『通関士試験得点源の解説』、『通関士試験得点源問題集』（一ツ橋書店）、『リッスン アンド ラーン』（成美堂）、等がある。
海外出張20国40都市余りの経験を活かして、講義を展開している。

詳細かつ明解
ゼロからの貿易実務

2020年11月30日　第1版第1刷発行　検印省略

著　者　寺　尾　秀　雄
発行者　前　野　　隆
発行所　株式会社　文　眞　堂
東京都新宿区早稲田鶴巻町533
電　話　03（3202）8480
FAX　03（3203）2638
http://www.bunshin-do.co.jp/
〒162-0041 振替00120-2-96437

製作・平河工業社

定価はカバー裏に表示してあります
ISBN978-4-8309-5105-3　C3033